KB068944

MARKETING

CHANNEL

제3전정판

소비자 지향적 유통관리

오세조
박진용
김상덕

박영사

제3전정판 머리말

본 저서는 1996년 출판된 이후 2001년, 2006년, 2009년의 개정을 거쳐, 제3전정판 출판을 맞이하게 되었다. 초판이 발간된 이후 거의 스무 해를 지나는 동안 유통환경은 급격하게 변화하였다. 한 권의 교재로 다 담을 수 없을 만큼 현상은 복잡하고 불확실하지만, 유통관리의 이론 소개와 실무적 판단에 기여하고자 노력했던 시간이었다. 그동안 본 저서를 애용해 주신 교수님들과 학생들 그리고 실무 전문가들께 진심으로 감사드리며, 이분들의 조언과 도움이 본 개정의 초석이 되었음을 밝혀둔다. 주요 개정 내용은 다음과 같다.

우선 지난번 제2전정판에서 활용되었던 각 장의 사례(Head Case)를 새로운 사례로 대체하였다. 사례는 각 장의 내용을 포괄하면서, 흥미를 유발할 수 있는 최신 사례 중심으로 선정되었다. 선정된 사례들은 각 장에서 다루는 중요한 문제를 다루고 있어 사례 분석과 토론에 활용되기를 기대한다.

중간상의 두 축인 소매(4장)와 도매(5장)에 대한 환경적 변화를 반영하였다. 특정 장 이외에도 교재 전반에 걸쳐 중간상의 최근 현황이 반영되도록 하였다. 특히 도매와 물류(6장)에 대한 이해에서 정부가 제공하는 공신력 있는 자료를 활용하였으며, 서비스산업에서의 유통(14장)에서는 저자가 직접 수행한 연구 결과들을 활용하였다.

오프라인 온라인의 이분법이 의미를 잃고, 온라인에 특화된 소매업체의 성장이 주목받고 있다. 이를 반영하여 옴니채널 관리에 대한 절을 인터넷 시대의 유통관리(16장)에 포함하였다. 소매환경의 변화는 해당 장뿐만 아니라 소비자의 특성 변화를 비롯한 유통환경 변화로 책 전반에 반영되도록 하였다.

특정 상황 속에서의 유통관리 부분에서 중소제조업의 유통은 장을 제거하였다. 중소제조업이 유통을 설계함에 있어 가지는 한계를 고려하여, 책 전반에 걸쳐 중소기업의 특수한 상황들을 언급하였다. 이를 통해서 중소제조업이 주도적으로 경로설계를 하는 상황에 놓일 경우 고려해야 할 점을 반영하였다.

복잡한 유통환경의 진단과 예측을 위해서 자료의 관리가 중요해지는 점을 반영하였다. 상권분석 등에 활용되는 빅데이터의 활용을 유통조사(13장)에 포함하였다. 빅데이터의 중요성과 활용은 소비자에 대한 이해가 필요한 장(3장)에서도 반영하였다.

본 저서의 개정을 위해 물심양면의 지원을 아끼지 않은 연세대, 건국대, 경남대 경영학 교수님들과 유통학계의 동료 교수님들, 그리고 후원을 아끼지 않은 동문 여러분들과 친우 여러분들께 진심으로 감사드린다. 본 저서의 개정을 위해 헌신적인 노력을 마다하지 않은 연세대 박사과정 김문정 양, 건국대 박사과정 채단비 양, 임지원 양 그리고 경남대 경영학부 김경규 군에게 고마운 마음을 전한다. 마지막으로 본 개정판이 나오기까지 수고해주신 박영사의 조성호 이사님과 마찬옥 편집위원님께도 감사드린다.

2015년 저자 씀

제2전정판 머리말

1996년 본 저서가 출판된 이후 2001년과 2006년에 두 차례 개정되었고, 금번에 다시 부족한 부분을 보충하는 3차 개정작업이 이루어졌다. 그동안 본 저서를 애용해 주신 교수님들과 학생들 그리고 실무전문가들께 진심으로 감사드리며, 이분들의 지적이 본 개정의 초석이 되었음을 밝혀 둔다. 주요 개정 내용은 다음과 같다.

우선 전체적으로 각 장의 도입 부분에 사례(Head Case)가 추가되었다. 사례는 각 장의 내용을 포괄하면서, 흥미를 유발할 수 있는 최신 사례로 이루어졌으며, 경우에 따라서는 사례분석과 토론에도 활용될 수 있도록 하였다.

각 장별 개정 내용을 살펴보면, 첫째, 제4장 '소매: 형태(구조)와 전략'에서는 제8절 우리나라 주요 소매업태의 현황 및 발전방향을 최신 자료를 바탕으로 다시 집필하였다.

둘째, 제5장 '도매: 형태(구조)와 전략'에서는 부록에 첨부된 내용들을 중심으로 데이터를 최근 자료를 바탕으로 재정리하였다.

셋째, 제6장 '물류관리'에서는 제공되는 내용과 데이터를 최근 자료를 바탕으로 재정리하였다.

넷째, 제7장 '유통경로의 조직패턴'에서는 부록 국내 프랜차이즈 현황의 내용을 2008년 프랜차이즈 실태조사를 바탕으로 업데이트하였다.

다섯째, 제15장 '중소제조업의 유통관리'에서는 현재 중소유통업의 상황에 맞추어 내용을 다시 집필하였다.

본 저서의 개정을 위해 헌신적인 노력을 마다하지 않은 연세대 경영대학 박사과정의 노원희 양과 석사과정의 김선주 양과 김문정 양에게 고마운 마음을 전한다.

또한 본 개정을 위해 물심양면의 지원을 아끼지 않은 연세대, 건국대, 경남대 경영학 교수님들과 유통학계의 동료 교수님들, 그리고 후원을 아끼지 않는 동문 여

러분들과 친우 여러분들께 진심으로 감사드린다. 마지막으로, 본 개정판이 나오기
까지 수고해 준 박영사의 홍석태 차장과 조성호 부장께도 감사드린다.

2009년 저자 씀

전정판 머리말

1996년 본 저서가 출간된 이후 2001년에 1차 개정되었고, 금번에 다시 부족한 부분을 보충하는 2차 개정작업이 이루어졌다. 그 동안 본 저서를 애용해 주신 교수님들과 학생들 그리고 실무전문가들께 진심으로 감사드리며, 이분들의 지적이 본 개정의 초석이 되었음을 밝혀 둔다. 주요 개정 내용은 다음과 같다.

첫째, 2장 「유통환경변화의 파악과 영향 분석」에서 부록 국내 유통환경의 변화와 소매경영 전략을 최근 변화추이를 바탕으로 전면 수정하였다.

둘째, 3장 「구매욕구세분화, 표적구매자시장, 그리고 유통목표의 정립: 표적 유통전략」에서 시장세분화 사례를 햄버거 프랜차이즈 사례로 바꾸었으며, 부록 PC시장의 구매욕구 시장세분화도 보다 접근하기 용이하도록 수정하였다.

셋째, 4장 「소매: 형태(구조)와 전략」에서 대표사례를 레드망고로 바꾸었으며, 무점포 소매기법에 대한 설명을 보강하였다. 그리고 제8절 우리 나라 주요 소매업태의 현황 및 발전방향은 최신 자료를 바탕으로 다시 집필하였다.

넷째, 5장 「도매: 형태(구조)와 전략」에서 부록에 첨부된 내용들 특히 부록4 도매물류사업과, 부록5 농산물 도매혁신: 시장도매인제도의 도입의 내용을 최근 자료를 바탕으로 재정리하였다.

다섯째, 7장 「유통경로의 조직패턴」에서 부록2 국내 프랜차이즈 현황을 최근 자료를 바탕으로 추가하였다.

여섯째, 8장 「유통경로구조의 설계」에서 부록 유통경로 설계의 14단계 절차를 추가로 소개하여 기존 10단계 절차를 보강하였다.

일곱째, 9장 「힘(영향력) 행사」에서 부록 강압적 영향전략과 비강압적 영향전략에 관한 새로운 논의를 추가하여 업계와 학계에 새로운 연구 과제를 제시하였다.

여덟째, 10장 「갈등관리」에서 갈등사례를 최근의 대형 할인점과 제조업체간의 수평적·수직적 갈등사례로 대체하였고, 부록에는 유통경로 갈등의 정의와 측정을 추가하여 갈등의 개념을 좀더 이해하는 데 도움이 되도록 하였다.

아홉째, 11장 「경로의사소통 및 유통정보시스템」에서 최근 중요시되고 있는 CRM, CAO, POS활용 등을 보완하였고, 부록에는 의사소통 품질을 추가하였다.

열번째, 14장 「서비스산업에서의 유통관리」에서 새로운 성공사례로서 부록1 총각네 야채가게의 차별화된 서비스를 소개하였고, 부록2에는 서비스 품질의 측정을 새로이 추가하였다.

열한번째, 15장 「중소제조업의 유통관리」에서 1절 중소제조업체의 주요 환경변화에 대하여 전반적으로 수정하였고, 제3절 일본 중소제조업체의 유통경쟁력 제고 실태는 삭제하였다.

열두번째, 16장 「프랜차이즈 유통관리」에서 프랜차이즈 추진과정을 도표화하여 이해하기 쉽게 하였고, 프랜차이즈 성공사례로서 부록1 제너시스와 부록2 ㈜한국미스터피자를 각각 보완 혹은 추가하였다.

열세번째, 17장 「인터넷 시대의 유통관리」에서 현실적 이해를 돕기 위해 부록4 항공권 유통경로와 인터넷의 영향과 부록5 온라인소매와 오프라인소매를 추가하였다.

본 저서의 개정을 위해 헌신적 노력을 마다하지 않은 연세대 경영학과 박사과정의 노원희 양과 석사과정의 김성우 군과 신현승 군에게 고마운 마음을 전한다.

또한 본 개정을 위해 물심양면의 지원을 아끼지 않은 연세대, 동의대, 경남대 경영학 교수님들과 유통학계의 동료 교수님들, 연세대 유통전문경영자과정과 프랜차이즈 CEO과정 동문들, 한국유통클럽회원들, 그리고 많은 도움을 주신 학계와 업계의 친우 여러분들께 지면을 통해 진심으로 감사드린다. 마지막으로, 본 전정판이 나오기까지 수고해 준 박영사의 마찬옥 부장과 조성호 차장께도 감사드린다.

2006년 저자 씀

개정판 머리말

본 저서가 나온 지도 어언 4년이 지나가고 있다. 그동안 부족한 이 책에 대해 여러 모로 격려해 주고 애용해 주신 교수님들과 학생들 그리고 실무전문가들께 우선 감사드린다. 이분들의 책에 대한 지적은 본 교정의 초석이 되었다. 보다 쉽게 쓰고 실례를 많이 들고 지속적으로 보완하기를 바랐으며, 특히 인터넷 시대에 있어서 유통관리의 방향에 대해서 추가하기를 원하였다. 본 개정은 이를 바탕으로 이루어졌다. 주요 개정내용은 다음과 같다.

첫째, 17장 「인터넷 시대의 유통관리」를 새로이 추가하였다. 본 장에서는 인터넷과 전자상거래의 정확한 이해, 인터넷환경 하에서의 고객 구매욕구변화, 그리고 온라인-오프라인의 의미와 갈등 해결 방안 등에 대하여 언급하였다.

둘째, 1장 「유통관리의 전략적 접근체계」에서는 유통경로의 발생 근거에 대한 내용을 추가하였다.

셋째, 2장 「유통환경변화의 파악과 영향 분석」에서는 부록에 최근의 국내 유통환경의 변화에 대해서 간략히 정리하였다.

넷째, 3장 「구매욕구세분화, 표적구매자시장, 그리고 유통목표의 정립: 표적유통전략」에서는 부록에 PC유통전략 수립시의 시장세분화 사례를 제시하였다.

다섯째, 4장 「소매: 형태(구조)와 전략」에서는 신업태들의 개념과 소매업의 향후 발전방향에 대해서 재정리하였다.

여섯째, 5장 「도매: 형태(구조)와 전략」에서는 부록에 우리 나라 도매산업의 개념 및 분류, 우리 나라 도매업의 현황 및 문제점, 도매상의 혁신 방안, 도매물류사업, 농산물 도매혁신: 시장도매인제의 도입 등을 추가로 제시하였다.

일곱째, 6장 「물류관리」에서는 최근 주목을 받고 있는 Supply Chain Management(SCM, 총유통공급망관리)에 대한 개념과 추진 기구 등을 새로이 소개하였다. 또한 부록에는 물류관리의 중요성에 대해서도 언급하였다.

여덟째, 7장 「유통경로의 조직패턴」에서는 부록에 다단계마케팅 강화 전략을 새로이 도입하여 다단계 판매의 건전한 발전에 도움이 되도록 하였다.

아홉째, 10장 「갈등관리」에서는 3M의 갈등관리 사례를 추가하였다.

열번째, 13장 「유통조사」에서는 상권조사의 내용을 보다 자세히 보완하였다.

열한번째, 14장 「서비스산업에서의 유통관리」에서는 부록에 TGI Friday's 사례를 도입하였다.

열두번째, 16장 「프랜차이즈 유통관리」에서는 부록에 성공적인 프랜차이즈 사업을 추진하고 있는 ㈜제너시스의 BBQ치킨, 닭익는 마을, Fruits Gallery사례를 제시하였다.

상기의 추가나 보완된 부분 이외에도 본문 내용의 중간 중간에 최근의 실례들을 제시하려고 노력하였고, 가능하면 문장을 쉽게 하려고 하였다.

본 저서의 개정을 위해 애쓴 연세대 경영학과 박사과정의 김상덕 군, 조현진 양, 박정아 양과 석사과정의 김귀남 군, 김아영 양, 성민 군, 오일두 군에게 고마운 마음을 전한다.

본 개정을 위해 물심양면의 지원을 아끼지 않은 연세대학교와 경영학과 교수님들, 유통학계의 동료 교수님들, (사)한국유통연구원의 자문위원 및 전문위원 여러분들, 연세대 유통전문경영자과정 총동문회와 동문 여러분들께 진심으로 감사드린다. 그 외 도움을 주신 많은 분들께도 지면을 통해 감사드린다. 특히 본 개정판이 나오기까지 수고해 준 박영사의 마찬옥 부장과 조성호 과장께 감사드린다.

2001년 저자 씀

서   문

유통시장이 전면 개방되었고, 새로운 소매업태의 진출이 가속화되고 있으며, 가격할인의 열풍은 계속 몰아치고 있다. 제조업체건 유통업체건 이제 유통관리에 대한 새로운 시각과 체계적 접근을 시도하지 않고서는 그 생존이 불투명하게 되었다.

무엇보다도 유통관리자는 철저한 고객위주의 시장지향적 사고로 무장되어야 한다. 시장지향적 사고는 다섯 가지의 접근사고를 바탕으로 하고 있으며, 보다 구체적으로는 Satisfaction for Customers Approach(철저한 고객만족 지향적 접근), Start from Zero-Base Approach(항상 창의적이고 혁신적인 시각에서 접근), System Approach(유통시스템 전반적인 차원에서 접근), Synergy Approach(전략요소간의 연계성과 협력적 파트너십 형성), 그리고 Sustained Dynamic Approach(지속적 고객가치의 창출)가 포함된다. 이들은 모두 S자로 시작하면서 바퀴처럼 상호연계되어 돌아가기 때문에 이를 Wheel of 5S라고 칭할 것이다. 본 저서는 이 Wheel of 5S에 바탕을 둔 유통관리의 접근체계이다.

본 저서의 유통관리체계는 다음과 같은 특징을 지니고 있다.

첫째, 유통관리체계가 논리적으로 전개되어 있으면서도 실무적으로 그대로 적용할 수 있도록 적절한 예시와 유통계획수립 매뉴얼(책말미 부록1 참조)을 제공하고 있다. 또한 현실적인 이해를 돕기 위해 각 장에 우리 나라의 현황과 과제, 그리고 향후방향을 보완적으로 정리해 놓았다.

둘째, 본 유통관리체계는 제조업은 물론 서비스업에도 적용가능하며, 도매상이나 대규모 소매점, 소매본부(예컨대, 프랜차이즈 본부, 연쇄화 본부, 편의점 본부, 상업협동조합, 할인점 본부, 백화점 본부 등), 그리고 유통 및 물류전문회사 등에서도 적용이 가능하다. 각 조직의 특성에 맞게 잘 활용할 수 있을 것이다.

셋째, 유통목표와 전략 그리고 성과평가가 일관성 있게 연계되어 있어 유통관리의 全과정 즉 유통계획, 실행, 그리고 통제가 원활하게 이루어질 수 있도록 하였다.

본 저서의 체계는, 총 6부 16장 그리고 세 개의 별책 부록으로 구성되어 있다. 제1부 제1장에서는 앞서의 Wheel of 5S의 구체적인 내용과 전략수립에 있어 유통기능의 중요성, 그리고 유통관리의 전반적인 체계에 대해서 언급되어 있다. 이는 향후 이 책의 길잡이 역할을 할 것이다.

제 2부는 유통계획 수립의 첫 단계로서 유통환경의 변화를 이해하고 표적시장을 선정하는 방법을 소개하고 있다. 제 2장에서는 유통환경의 변화가 고객의 구매서비스욕구와 경로전략에 미치는 영향을 분석하는 데 초점을 맞추며, 제 3장은 고객의 구매서비스욕구의 변화에 따른 구매시장의 세분가능성을 검토하고, 차별화전략을 펼 것인지 혹은 집중화전략을 펼 것인지를 검토한 후, 각 표적시장별 유통목표를 정립하는 방법을 소개한다.

제 3부에서는 유통목표의 달성을 위한 유통전략 수립의 첫번째 단계로서 유통경로구조의 설계 절차와 방법을 소개한다. 제 8장에서 설명하고 있는 유통경로구조의 설계과정을 이해하기 위해서는 먼저 소매상의 형태(구조)와 전략(제 4장), 도매상의 형태(구조)와 전략(제 5장), 물류관리방법(제 6장), 그리고 경로구성원간의 조직패턴방법(통합화 혹은 계열화 방법)(제 7장) 등을 보다 명확히 이해하고 있어야 한다.

제 4부에서는 유통전략 수립의 두 번째 단계인 유통경로 조정체계의 설계 절차와 방법을 소개한다. 경로구성원이 맡은 기능을 원활하게 수행할 수 있도록 하고, 그들과의 협력적인 파트너십을 구축하기 위하여 어떠한 조정체계 즉 힘(영향력)의 행사방법(제 9장)과 갈등관리방법(제 10장), 그리고 유통정보시스템(제 11장)을 가지고 있어야 하는지를 토의한다.

제 5부에서는 유통활동의 성과평가방법과 유통조사방법에 대해서 설명한다. 제 2, 3, 4부의 계획들이 실제 실행된 후의 성과를 평가할 수 있는 방법을 소개하고(제 12장), 또한 앞서의 계획 및 성과평가에 관련되는 자료의 수집이나 분석에 관련된 조사기법들을 소개한다(제 13장).

제 6부에서는 상기의 유통관리체계가 다양한 상황에서도 적용가능하다는 것을 설명한다. 제 14장에서는 서비스산업에서의 유통관리, 제 15장에서는 중소 제조업의 유통관리, 그리고 제 16장에서는 프랜차이즈에서의 유통관리에 대해서 살펴볼 것이다.

책말미의 세 가지 부록은 본 유통관리체계를 이해하는 데 매우 중요한 자료들로서 특히 부록 1에서는 실무접근을 용이하게 하기 위해서 유통계획수립 매뉴얼을 첨부하였으니 적절하게 활용해 주기 바란다.

본 저서는 학부, 대학원, 업계 모든 분야에서 사용할 수 있도록 정리되어 있다. 우선 학부에서는 제 1부, 2부, 3부, 4부까지의 유통전략을 중심으로 접근하면

큰 무리가 없을 것이다. 그리고 대학원과 업계에서는 5부의 성과평가 및 조사방법
은 물론이고 특정상황 속에서의 유통관리에 대해서도 토의해 보아야 할 것이다. 특
히 별책 부록의 유통계획수립 매뉴얼을 사용하여 실제 유통계획서를 작성해 보면
개념의 이해나 유통업무의 개선에 큰 도움을 얻을 것이다.

　이 책은 참으로 긴 産苦를 거쳤다. 유통을 연구한 지가 거의 15년 가까이 되
어 가는 데도 아직 부족함을 많이 느끼고 있는 것은 저자의 또 다른 고통이다. 이
책은 저자의 이러한 고통을 감싸 주며 지도해 주고 격려해 준 선배 및 동료교수들
의 도움이 없이는 햇빛을 보기 어려웠을 것이다. 언제나 마케팅과 유통에 대한 과
제를 놓고 함께 씨름하고 있는 동료학자들, 나의 은사이자 친구인 Dwyer 교수
(Univ. of Cincinnati), 김경훈 교수(창원대), 김상현 교수(영남대), 김용준 교수(성균
관대), 김종훈 교수(인천대), 박윤재 교수(숭실대), 박종희 교수(울산대), 서성무 교수
(중앙대), 변명식 교수(장안대), 설봉식 교수(중앙대), 신건철 교수(경희대), 윤삼중
교수(농수산물 유통공사 유통교육원), 이수동 교수(국민대), 이승창 교수(항공대), 이진
용 교수(서울 산업대), 임영균 교수(광운대), 임채운 교수(서강대), 전달영 교수(충북
대), 전인수 교수(홍익대), 주우진 교수(서울대), 차수련 교수(동국대), 최장호 박사
(산업연구원), 한동철 교수(서울여대), 한상린 교수(충남대), 한장희 교수(전남대), 황
의록 교수(아주대), 현소은 교수(동덕여대), 김수현 교수(농협전문대), 계도훈 박사(동
국대), 그리고 유통관련학과 교수들께 진심으로 고마움을 표하면서 앞으로 더욱 더
저자의 부족한 점을 일깨워 주기를 바라마지 않는다. 그리고 황일청 교수님, 이우
용 교수님, 박충환 교수님을 비롯한 많은 선배 교수님들과 SMG, BBC, 근우회 회
원들의 지도와 후원에도 감사드린다.

　업계에 계신 전문가들로부터도 좋은 자료와 조언을 많이 받았으며, 특히 대한
상의의 민준기 이사님, 수퍼체인협회 이광종 전무님, 신세계의 이동훈 상무님, 통상
산업부의 최흥건 국장님과 전상우 과장님, 그리고 한국유통정보센터의 박동준 부장
님께 깊이 감사드린다. 또한 저자의 유통교육과 자문에 참여하면서 저자에게 실무
적인 감각을 더해 준 풀무원, 진웅, 한국타이어, POSCO, 한국통신, 한진, 두산, 두
산씨그램, 한국담배인삼공사, 미원, 금호, 한라, 강원산업, 삼성, 현대, LG, 해태 등
관계자 여러분들께도 감사드린다.

　본 저서는 저자의 둥지인 연세대 경영학과 교수들의 물심양면의 후원에 힘입
은 바 크며, 특히 이종하 교수, 정구현 교수, 이완수 교수, 장대련 교수, 박흥수 교
수, 김동훈 교수, 박영렬 교수, 이문규 교수 등 마케팅 분야 교수님들의 성원에 감

사드린다. 그리고 본 저서 내의 주요 연구들은 연세대학교 연구처의 학술지원비에 의하여 이루어진 것임을 밝히면서, 학교에 감사드린다. 또한 본 저서의 출판을 위해 물심양면의 노력을 아끼지 않은 박영사의 안종만 사장님과 황인욱 부장님, 그리고 마찬옥 차장님께도 깊이 감사드린다. 그리고 본 저서의 표지디자인을 위해 많은 시간을 할애해 주신 홍익대학교의 최대석 교수님께도 진심으로 감사드린다.

그리고 무엇보다도 본 저서가 있기까지 항상 저자의 곁에서 궂은 일을 마다하지 않으면서 고락을 같이한 본인의 애제자들, 김성일 군, 김천길 군, 박진용 군, 마정산 군, 박현진 군에게 고마움을 전한다. 또한 권준희 양, 권기대 군, 김동규 군, 박경도 군 등 많은 제자들의 협조와 성원에도 감사의 마음을 전한다.

이 작업을 위해 가정의 즐거움을 반납한 아내와 지숙이, 민석이, 그리고 오늘도 우리 가족을 위해 기도하고 계실 부모님께 이 조그만 결실을 드리는 바이다.

1996. 3.
저   자

〈本書의 구성〉

제1부 유통관리의 전반적 체계

제1장 유통관리의 전략적 접근체계
  1. 유통관리의 접근시각: 시장지향적 접근
  2. 유통경로 발생의 근거
  3. 유통기능(역할)
  4. 유통관리의 전반적 체계

⇩

제2부 유통환경변화의 이해 및 표적시장의 선정

제2장 유통환경변화의 파악과 영향 분석
제3장 구매욕구세분화, 표적구매자시장, 그리고 유통목표의
       정립: 표적유통전략

⇩

제3부 유통전략의 수립 1: 유통경로구조(시스템)의 설계

제4장 소매: 형태(구조)와 전략   제7장 유통경로의 조직패턴
제5장 도매: 형태(구조)와 전략   제8장 유통경로구조의 설계
제6장 물류관리

⇩

제4부 유통전략의 수립 2: 경로구성원 조정체계의 설계

제 9 장 힘(영향력) 행사
제10장 갈등관리
제11장 경로의사소통 및 유통정보시스템

⇩

제5부 유통활동이 선과평가 및 조사

제12장 유통활동의 성과평가
제13장 유통조사

⇩

제6부 특정 상황 속에서의 유통관리

제14장 서비스산업에서의 유통관리
제15장 프랜차이즈 유통관리
제16장 인터넷 시대의 유통관리

차   례

제1부 유통관리의 전반적 체계

제1장 유통관리의 전략적 접근체계

제2부 유통환경변화의 이해 및 표적시장의 선정

제2장 유통환경변화의 파악과 영향 분석

제3장 구매욕구세분화, 표적구매자시장, 그리고 유통목표의 정립: 표적유통전략

제3부 유통전략의 수립1 : 유통경로구조(시스템)의 설계

제4장 소매: 형태(구조)와 전략

제 5 장 도매: 형태(구조)와 전략

제 6 장　물 류 관 리

제 7 장　유통경로의 조직패턴

제 8 장　유통경로구조의 설계

제4부 유통전략의 수립 2: 경로구성원 조정체계의 설계

제9장 힘(영향력) 행사

제 10장   갈 등 관 리

제 11장   경로의사소통 및 유통정보시스템

제 5 부　유통활동의 성과평가 및 조사

제 12 장　유통활동의 성과평가

제 13 장　유 통 조 사

제 6 부   특정 상황 속에서의 유통관리

제 14 장   서비스산업에서의 유통관리

제 15 장   프랜차이즈 유통관리

제 16 장   인터넷 시대의 유통관리

제 1 부

유통관리의 전반적 체계

◎ 제1장 ◎
유통관리의 전략적 접근체계

DISTRIBUTION MANAGEMENT

제 1 장   유통관리의 전략적 접근체계

제 1 부   유통관리의 전반적 체계

제1장   유통관리의 전략적 접근체계
1. 유통관리의 접근시각: 시장지향적 접근
2. 유통경로 발생의 근거
3. 유통기능(역할)
4. 유통관리의 전반적 체계

⇩

제 2 부   유통환경변화의 이해 및 표적시장의 선정

제2장   유통환경변화의 파악과 영향 분석
제3장   구매욕구세분화, 표적구매자시장, 그리고 유통목표의
　　　　정립: 표적유통전략

⇩

제 3 부   유통전략의 수립 1: 유통경로구조(시스템)의 설계

제4장   소매: 형태(구조)와 전략　　제7장   유통경로의 조직패턴
제5장   도매: 형태(구조)와 전략　　제8장   유통경로구조의 설계
제6장   물류관리

⇩

제 4 부   유통전략의 수립 2: 경로구성원 조정체계의 설계

제 9 장   힘(영향력) 행사
제10장   갈등관리
제11장   경로의사소통 및 유통정보시스템

⇩

제 5 부   유통활동의 성과평가 및 조사

제12장   유통활동의 성과평가
제13장   유통조사

⇩

제 6 부   특정 상황 속에서의 유통관리

제14장   서비스산업에서의 유통관리
제15장   프랜차이즈 유통관리
제16장   인터넷 시대의 유통관리

유통관리의 전략적 접근체계

학습목표

1. 유통관리에 있어 시장지향적 접근시각의 명확한
   이해
2. 유통기능의 개념 및 원리, 그리고 흐름의 이해
3. 유통관리의 전반적 체계와 책의 진행과정의 이해

캐나다의 국민유통기업 로블로(Loblaws)

로블로는 캐나다 식품 유통업계에서 시장점유율 20%를 차지하는 업계 1위로 약 50년 된 업체이다. "저렴하고 질 좋은 다양한 상품을 고객에게 판매한다"는 사업이념을 가지고 있다. 본래 미국 시카고에 기반을 둔 식품 소매기업이었지만 캐나다 진출 이후 1956년 캐나다 기업인 조지 웨스톤의 자회사로 통합하여 현재 모회사인 조지 웨스톤이 회사지분의 63%를 보유하고 있다. 로블로는 Loblaws 300개 매장 이외에도 Atlantic SaveEasy, Extrafoods, Fortinos, No Frills 등 22개의 다양한 소매브랜드를 보유하고 있으며 총 1,045개 매장을 운영 중이다. 이 중에 하이퍼마켓인 슈퍼스토어 브랜드로는 Real Canadian Superstore, Atlantic Superstore 등 127개를 보유하고 있다. 식품유통 외에도 드럭스토어, 의류소매업, 주유소, 금융업 등을 병행하고 있다. 전체 고용인원 수는 13만 5천명 정도이다. 이처럼 로블로가 캐나다 식품유통 시장에서 20%의 점유율을 차지할 정도로 성공할 수 있었던 가장 큰 이유는 효과적인 PB(Private Brand) 전략이라고 할 수 있다. 로블로는 현재 대표 브랜드인 President's Choice를 포함해 NO Name, Joe Fresh 등의 PB로 8천개가 넘는 상품을 판매하고 있다. 캐나다 내에서 실시한 한 브랜드 선호도 조사에 의하면 President's Choice는 1위 MS, 2위 구글에 이어 3위를 차지할 정도이다. President's Choice 다음이 애플일 정도이다. President's Choice가 이처럼 사랑받는 이유는 소비자 기호와 특성을 고려한 상품전략을 사용했다는 점뿐 아니라 지역 커뮤니티의 아이디어를 적극 채용하고 그들을 위한 지역밀착 마케팅을 효과적으로 수행했다는 점이다. 이제 로블로는 캐나다의 국민 유통기업이 되었다.

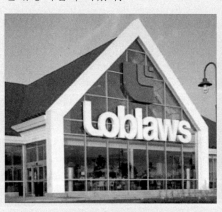

최근 들어 월마트 캐나다(신선식품 취급 매장이 기존 50%이었으나 캐나다 전역으로 확장), Costco 및 타깃(의류와 가정용품이 강점으로 2013년 4월까지 캐나다에 125개 매장 확보)과의 경쟁이 심화되면서 로블로는 새로운 도전에 직면해 있다. 이러한 도전에 대응하기 위해 로블로는 2011년 22개 브랜드 전체 사업부를 재편성하여 460개 일반매장과 600개 디스카운트 스토어가 각각의 영역에서 보다 효율적인 전략을 수행하도록 정비하였다. Loblaws의 경우 CEO를 포함한 경영진 변화, IT와 공급망 서비스 향상, 에스닉 푸드 강화에 주력하였다. 뿐만 아니라 PB의 고급화를 위해 노력하고 있는데, 최근 President's Choice의 프리미엄 라인으로 "President's Choice Blank Label"을 선보였고, 글루틴 프리 다이어트를 선호하는 캐나다 소비층을 겨냥하여 글루틴 프리 상품라인도 런칭하였으며 의류 PB인 Joe Fresh도 품질을 업그레이드하였다. 한편 식품 네크워크 텔레비전 프로그램인 "Recipe to Riches"를 직접 진행하면서, 소비자들이 로블로의 PB상품을 이용하는 요리(레서피)경쟁을 하고, 경쟁에서 선정된 레서피 상품은 다음날 매장에서 실제 판매하는 고객참여형 마케팅도 진행하고 있다. 토론토의 토론토 다운타운에는 "Food Theater"라는 신개념의 플래그쉽 스토어를 개점하였는데, 이곳에서는 매일 요리사가 로블로 PB상품으로 만든 음식과 리얼리티쇼에서 이긴 레서피로 만든 음식을 방문객들에게 제공하면서 페이스북 트위터와 같은 소셜미디어를 통해 소비자에게 실시간 전달하고 있다.

자료: 델코지식정보(2014), 글로벌유통기업 전략사례
    http://www.delco.co.kr/pages/sub4_02.htm?db=rec2&page=1&id=880&type=read
    리테일매거진 2013년 3월호

기업에 있어 장기적인 유통관리의 성공여부는 상품이 자사(생산자) 혹은 공급자로부터 최종고객에게로 원활하게 흐르도록 하는 데 달려 있으며, 이와 같은 원활한 흐름은 유통에 관여하는 경로구성원들 즉 제조, 도매, 소매, 물류기관, 그리고 기타 거래조성기관들이 각자 자기의 맡은 바 유통기능(마케팅기능)을 효과적이고 효율적으로 수행할 수 있느냐에 달려 있다. 유통기능은 기업의 유통구조(시스템)의 전반적 목표달성을 전제로 개별 경로구성원들의 일관되고 보완적인 노력 없이는 달성되기 어렵다. 그러므로 유통관리의 핵심은 최종이용자(고객)의 구매서비스 가치를 극대화시키기 위하여 기업이 어떠한 유통경로구조(시스템)를 가지고 있어야 하며, 나아가 경로구조 내 구성원들의 동참과 협력을 어떻게 지속적으로 유도해 낼 수 있느냐 하는

것이다.

상기의 맥락에서 유통관리자는 유통전략의 수립에 앞서 다음과 같은 기본적인 접근시각을 가져야 하며, 유통경로의 역할 혹은 기능에 대해서도 보다 명확한 이해가 요망된다.

제1절 유통관리의 접근시각: 시장지향적 접근

기업의 유통활동이란 ① 상품이나 서비스가 생산자나 서비스제공자로부터 최종 고객에게 이르는 과정에 개입되는 다양한 조직들 사이의 거래관계를 설계하고 운영하며, ② 그것을 통해 협상, 주문, 촉진, 물적 흐름(수송, 보관), 금융, 대금결제 등과 같은 유통(혹은 마케팅)기능의 흐름을 촉진시키는 활동을 의미한다. 또한 유통경로(혹은 마케팅경로)란 이와 같은 역할을 수행하는 조직들의 총체를 의미하며, 이들 조직들이 상호 유기적으로 연계되어 있는 것을 보통 유통경로시스템(혹은 유통시스템) 또는 마케팅경로시스템(혹은 마케팅시스템)이라고 일컫는다. 기업은 자사 상품의 마케팅 목표 달성을 위해 적당한 유통서비스를 제공하여야 하며, 이를 위해 그에 부합되는 유통경로구조(시스템)를 설계하고 이를 지속적으로 개선시켜 나가야 한다. 동시에 경로구성원들의 동참을 유도하고, 그들과의 지속적인 협력 관계를 유지하도록 노력해야 한다. 이에 대한 체계적인 계획의 수립 및 실행, 그리고 통제의 과정이 유통관리 혹은 유통경로 관리라 할 수 있다.

그 동안 우리 나라 대부분의 마케팅 관리자들은 유통관리에 대해서 그다지 많은 노력을 기울이거나 체계적인 접근을 시도하지 않았다. 주로 상품의 개발이나 광고, 그리고 가격인하 등과 같은 다른 마케팅 활동에 보다 역점을 두어 왔다. 최근 유통환경의 급격한 변화와 함께 새로운 도·소매업태에 접하게 되면서 유통관리에 대한 관심이 매우 증폭되고 있다. 이제 이들 유통경로 구성원에 대한 관리가 기업의 마케팅 경쟁력 제고에 가장 중요한 부분 중에 하나가 되고 있으며, 그에 따라 유통관리에 대해서도 다음과 같은 접근시각을 가질 것이 요망되고 있다: 고객지향적 접근, 원점 접근(Zero-Base Approach), 시스템적 접근, 시너지 중시 접근, 그리고 동태적 접근. 이를 합하여 우리는 시장지향적 유통관리사고(이념)라고 명명하기로 한다.

1. 고객지향적 접근(Customer-Oriented Approach)

유통관리에 있어 가장 우선적으로 가져야 할 사고는 철저한 고객지향적 접근시 각이다. 우리 상품의 최종고객이 원하는 구매서비스가 무엇인지를 그들의 관점에서 이해하는 것이 출발점이 되어야 하며, 다음으로는 이를 철저하게 충족시킬 수 있는 소매상이 선정되어야 하고, 또 소매상의 활동을 원활하게 지원할 수 있는 도매상이 선정되어야 한다.

제조기업이 유통경로의 리더라면 경로상의 도매상, 소매상, 고객에 대한 총괄적

그림 1-1 유통관리의 접근시각

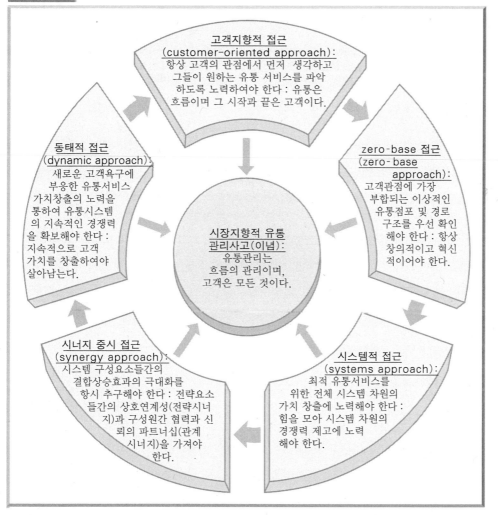

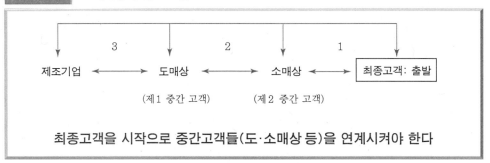

그림 1-2 고객지향적 접근 흐름도

최종고객을 시작으로 중간고객들(도·소매상 등)을 연계시켜야 한다

인 관리에 책임을 지게 된다. 물론 유통경로상에서 도매상이나 소매상이 리더로서의 역할을 수행할 수도 있지만 편의상 주로 제조기업 입장에서 설명하기로 한다. 물론 도매상 입장에서의 유통관리이든 소매점 입장에서의 유통관리이든 그 원리는 같다고 할 수 있고, 어떤 경우이든 기업은 최종고객의 관점에서 유통관리의 실마리를 풀어야 하며, "The next process is your customer"와 "customer chain"의 사고를 가지고 중간고객들의 관리에 임하여야 한다. 물론 도·소매 이외의 수송 및 보관(물류)기관이나 금융 등 조성기관에 대해서도 이러한 접근시각이 요망된다.

또한 유통은 흐름의 관리라는 점을 명확히 인식하고 그 흐름의 시작도 그리고 끝도 고객임을 명심해야 한다. 결국 고객에 대한 이해는 인간과 그들 조직에 대한 이해와 애정이 밑바탕이 되어야 하며, 그들의 생존과 행복에 대하여 끊임없는 노력을 기울일 줄 알아야 한다. 이러한 사고를 가진 기업일수록 고객의 새로운 욕구를 미리 파악하여 보다 나은 유통서비스를 제공해 주거나 기존 서비스의 불만을 신속히 개선시키는 데 앞장서는 'Pioneering Spirits(개척자 정신)'이 강할 것이다. 이는 다음의 Zero-Base 접근과 연결되어진다.

2. Zero-Base 접근(Zero-Base Approach)

기업의 유통활동은 고객의 구매서비스상의 가치를 제고시키는 방향으로 지속되어야 한다. 고객의 가치인식은 고객이 받는 제품이나 서비스에 관련된 모든 혜택(benefit, 편익)과 모든 비용(cost)간의 차이에 의해 결정된다. 혜택과 비용에는 경제적인 것은 물론 사회적이거나 심리적인 요소들도 포함된다. 유통서비스에 대해서 고객이 느끼는 가치는 고객이 실제 거래를 할 때 받는 다양한 경제적, 사회적, 심리적 혜택과 그에 대하여 지불하는 경제적·사회적·심리적 비용의 차이로써 나타나며 기업

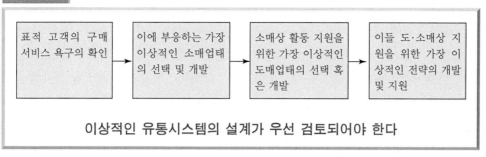

그림 1-3 Zero - Base 접근 흐름도

| 표적 고객의 구매 서비스 욕구의 확인 | → | 이에 부응하는 가장 이상적인 소매업태의 선택 및 개발 | → | 소매상 활동 지원을 위한 가장 이상적인 도매업태의 선택 혹은 개발 | → | 이들 도·소매상 지원을 위한 가장 이상적인 전략의 개발 및 지원 |

이상적인 유통시스템의 설계가 우선 검토되어야 한다

은 이러한 고객의 가치를 극대화시키고 경쟁자에 비해 보다 나은 가치를 창출하기 위하여 노력하여야 한다.

Zero-Base 접근은 앞서의 고객지향적 접근 사고를 바탕으로 하면서 모든 전략수립과 의사결정의 우선순위를 철저히 고객 가치의 극대화에 두는 것이다. 다시말해 전략수립에 있어 자사의 여건이나 한계, 그리고 주변 환경요소의 분석에 앞서 가능한 한 고객에게 가장 이상적으로 제공할 수 있는 것이 무엇인지를 고객의 욕구 및 가치 제고의 차원에서 우선적으로 접근하는 것이다. 예컨대, 새로운 시장인 어느 지역에 자동차 판매점포를 개설하려 한다고 하자. 통상적인 차원에서는 기존에 있는 업태인 직영영업소나 프랜차이즈 딜러제 둘 중에서 고르게 될 것이다. 그러나 그 시장의 원점, 즉 표적 고객들의 관점에서 보면, 그들은 다양한 자동차 브랜드들 가운데서 비교해 가면서 설명도 듣고 시승도 하고 바로 출고할 수 있는 서비스를 원할지도 모른다. 그럴 경우 기업은 그에 걸맞은 이상적인 점포로써 백화점 스타일의 자동차 판매 점포를 우선적으로 검토할 것이다. 그런 다음 기업의 여건이나 한계를 검토해 가면서 최적안을 도출해 낼 것이다. 물론 당장 실현할 수 없다 하더라도 향후 가야 할 방향을 알 수 있으며, 그를 위해 어떠한 노력을 기울여야 하는지를 알 수 있게 되는 것이다. 그러나 만약 기존의 여건을 우선 생각하여 대안을 마련한다면 근시안적인 결정을 하기 쉬우며 결국 고객이 가장 원하는 서비스 욕구를 충족시킬 수 없는 경우가 많게 된다. 경쟁자는 고객에 끊임없이 가까이 가려고 노력하며, 우리기업의 문제나 여건을 고려해 주지 않는다는 사실을 명심해야 한다.

Zero-Base 접근의 근본취지는 고객의 새로운 욕구변화에 대하여 끊임없는 탐색을 하고, 그에 대하여 항상 새로운 시각과 아이디어의 개발에 노력해야 한다는 것이다. 그러므로 유통관리자는 항상 창의적이고 혁신적이어야 하며, 시장에서 물러서서는 안 된다. 부족하면 힘을 모아야 한다. 이는 다음의 시스템적 접근과 연결되어진다.

3. 시스템적 접근(Systems Approach)

최종고객에 대한 구매 서비스 욕구를 잘 파악해서 그들의 가치를 극대화시키기 위해서는 제조업자는 물론 유통경로구조(시스템) 내에 있는 모든 경로구성원(도·소매상)들이 힘을 모아야 한다. 각 경로구성원이 시스템 전체의 유통목표를 명확히 인식하고 그의 달성을 위해 각자의 부가가치를 극대화시키도록 노력할 때 시스템 전체의 효율성(비용경제성)과 효과성(소비자 욕구 충족 정도)이 최고조에 달할 수 있는 것이다. 최근에는 공생적 마케팅 및 유통관리의 개념이 도입되고 있다. 그동안 유통에서는 수직적 차원의 통합화(예컨대, 제조업자가 도·소매업을 계열화하는 것)가 주류를 이루었으나 최근에는 가치창출을 극대화하기 위해서 동일경로 수준 내에서의 수평적 통합 형태인 공동화 사업이 많이 나타나고 있다. 판매공동화, 물류공동화, 정보공동화, 교육 및 훈련 공동화 등 주요 유통기능을 중심으로 공동사업을 영위함으로써 각 기능별 부가가치를 극대화시키려고 노력하고 있다(제15장 중소제조업의 유통관리 참조).

요컨대, 고객의 가치를 극대화시키기 위해서는 이에 부응하는 유통경로시스템의 가치를 극대화시켜야 하며, 이를 유통관리의 시스템적 접근이라고 할 수 있다. 이의 주요 성공요건을 간추려 보면 다음과 같다.

첫째, 유통경로시스템의 목표가 명확히 정립되어야 하며, 경로구성원들에게 하나의 공동 비전으로써 제시되어야 한다.

그림 1-4 Systems Approach(시스템적 접근)

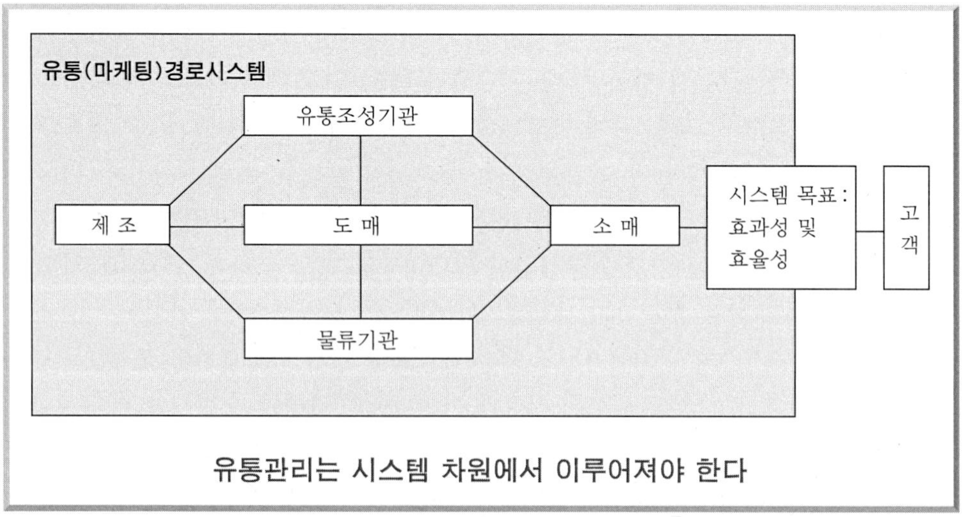

유통관리는 시스템 차원에서 이루어져야 한다

둘째, 유통목표의 달성을 위한 시스템 전반의 유통계획의 수립 즉 유통경로시스템의 설계와 경로구성원 조정체계의 설계가 우선적으로 이루어져야 하며, 실행에 따른 성과평가 방법도 미리 설정해 두는 것이 바람직하다.

셋째, 경로리더를 중심으로 유통경로시스템 목표 달성을 위한 공유가치(예컨대, Pioneering Spirits 등)가 정립되어 규범화되어 있는 것이 바람직하다.

넷째, 경로구성원간의 역할 수행과 의사결정에 도움을 줄 수 있는 경로의사소통체계 및 유통정보시스템이 있어야 한다.

이상의 내용은 앞으로 계속 논의될 것이다. 따라서 유통관리에 있어 시스템적 접근은 특히 중요하며, 유통경쟁력은 결국 시스템 차원에서의 경쟁력을 의미하는 것이다. 즉 더 이상 유통경로 구성원 개개의 경쟁력 비교가 아닌 우리 기업의 유통경로시스템 경쟁력과 경쟁사의 유통경로시스템 경쟁력이 비교되는 것이다. 이제 독불장군 식의 유통관리나 혼자만의 능력으로 모든 문제를 해결해 나간다는 사고방식은 버려야 한다. 이는 유통관리에 있어 경로구성원들간 혹은 전략요소간의 결합상승효과(시너지)가 동반되어져야 함을 의미하는 것이며, 이는 다음의 시너지 중시 접근과 연결되어진다.

4. 시너지 중시 접근(Synergy Approach)

유통관리의 성패는 시스템차원의 경쟁력이 있느냐 없느냐에 달려 있으며(앞서의 시스템적 접근의 성공요건 참조), 시스템 경쟁력의 핵심요체는 유통전략 요소간의 결합상승효과(전략시너지)와 경로구성원들간의 협력과 신뢰를 바탕으로 한 파트너십의 형성(관계시너지) 여부라고 할 수 있다.

경로구성원들은 시스템 전체의 유통목표를 명확히 인식하고, 일관성 및 보완성이 있는 유통전략을 수립하여야 한다. 좀더 구체적으로 말하면 유통전략은 유통경로구조의 설계와 경로구성원 조정체계의 설계 두 가지로 크게 나누어지는데 이들은 유통목표의 달성을 위한 보다 구체적인 전략지침으로써 유통목표와 일관성을 유지하여야 하며, 양자간에는 상호보완적이어야 한다. 즉 유통경로 내 도·소매업태의 선정과 적정 수의 문제, 그리고 조직패턴(수직적 통합화 혹은 계열화 문제)의 설계와 관련되는 경로 구조적인 전략과 경로구성원의 협력과 통제를 위한 영향력 행사와 갈등관리 등과 관련되는 경로조정(운영)적인 전략은 상호보완적으로 연계되어져야 하고, 이는 유통목표 달성을 위해 그 비중이나 예산활동이 적절히 조정되어야 한다. 이것이 전략시너지이다.

그림 1-5   Synergy Approach(시너지 접근)

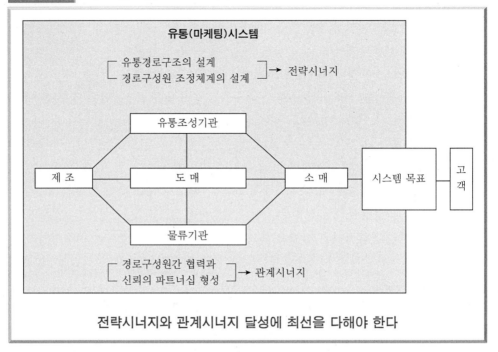

전략시너지와 관계시너지 달성에 최선을 다해야 한다

유통경로상에서 또 한 가지 중요한 이슈는 경로구성원간의 관계관리(Relationship Management)이다. 유통경로는 한번 형성되면 변화시키기가 쉽지 않고, 시간이 많이 소요된다. 그러므로 경로파트너를 선정하는 것이 유통관리에 있어 가장 중요한 업무 중의 하나가 된다. 그리고 한번 형성된 파트너와는 지속적인 협력과 신뢰관계를 구축하여야 하며, 그를 통해 불필요한 비용의 절감과 효과적인 전략수행의 이점을 얻어야 한다. 이들 경로구성원간의 파트너십은 상호간에 혜택을 주어, 이러한 관계들이 모여서 궁극적으로는 유통시스템의 경쟁력제고에 중요한 요소가 되는 것이다. 이것이 관계시너지이다.

경로리더가 되는 기업은 끊임없이 유통전략의 조정과 개선을 통하여 전략적 시너지를 얻도록 해야 하고, 경로구성원간의 협력과 신뢰를 바탕으로 한 파트너십을 통하여 관계시너지를 창출하도록 노력하여야 한다. 이러한 노력들은 한번에 끝나는 것이 아니고 지속되어야 한다. 이는 다음의 동태적 접근과 연결되어진다.

그림 1-6   Dynamic Approach(동태적 접근)

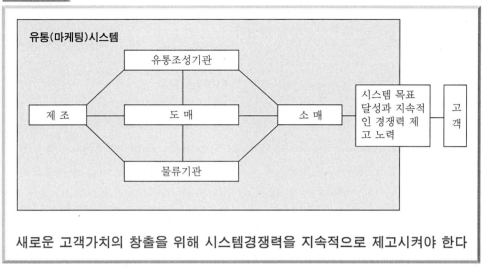

새로운 고객가치의 창출을 위해 시스템경쟁력을 지속적으로 제고시켜야 한다

5. 동태적 접근(Dynamic Approach)

고객의 욕구도 변하고, 경쟁환경도 변하며, 기업 내외의 모든 환경요소들도 변화의 여지를 안고 있다. 환경의 변화에 대응하고 고객을 위한 지속적인 가치창출을 하지 않는 유통시스템, 즉 마케팅시스템은 그 경쟁력을 상실하게 될 것이며 궁극적으로는 살아남기 어려울 것이다. 유통전략의 실행은 때때로 많은 투자를 수반하기 때문에 신중한 의사결정을 하여야 할 뿐만 아니라, 때로는 장기적 계획을 가지고 단계적으로 접근해야 한다. 예컨대, 유통정보시스템을 구축하는 데에는 오랜 시간과 막대한 예산이 소요되며, 이를 통한 유통기능의 수행과 유통서비스의 창출에 대해서 지속직인 김중과 피드백이 이루어져야 한다.

유통시스템의 경쟁력우위는 경로구조상의 개선이든 혹은 경로조정상의 개선이든 간에 끊임없는 성과평가를 통하여 문제점을 개선시켜 나가야 한다. 그리고 그 경쟁력의 방향이 가격 위주의 효율성(비용경제성)에 중점을 둔다면 지속적인 유통생산성(단위당 유통비용 혹은 물류비용 등)의 향상에 노력하여야 할 것이고, 만약 유통서비스의 지속적 개선을 도모하는 것이 보다 중요하다면 고객만족의 증대, 즉 효과성제고에 노력을 맞추어야 할 것이다. 물론 효율성 중심이든 혹은 효과성 중심이든 양자간의 비중의 문제이지 극단적인 선택은 위험하다고 할 수 있다. 결국 이러한 의사결정도 고객들의 욕구가 편익위주인가 가격위주인가로 직결되어지며, 그들의 변화상태를 면밀히 분석할 필요가 있다. 결국 동태적 접근은 고객의 욕구변화를 미리 감지하여 기업의 유통전략을 끊임없이 조정해 나가는 것이라고 할 수 있으며, 장기적인 시스템경쟁력의 확보에 필수 불가결한 것이다.

6. Wheel of 5 Approaches: 시장지향적 접근

상기에 제시한 다섯 가지 접근사고, 즉 Customer-oriented Approach, Zero-Base Approach, Systems Approach, Synergy Approach, Dynamic Approach 등이 항상 수레바퀴처럼 굴러가면서 유통관리의 길잡이가 되어야 하며, 이를 총체적으로 표현하면 시장지향적 유통관리 사고 혹은 이념이 된다. 다시 한번 요약하면, 유통관리자는 시장지향적 관리사고를 확실히 지녀야 하며, 보다 구체적으로는 첫째, 철저히 고객만족지향적이어야 하고, 둘째, 항상 창의적이고 혁신적인 시각을 가져야 하며, 셋째, 전략수립과 실행에 있어 유통시스템의 전반적인 차원에서 접근하도록 노력하여야 하며, 넷째, 시스템 내 유통전략 요소간의 연계성과 경로구성원간의 협력적 파트너십을 지속적으로 형성하여야 하며, 마지막으로 고객가치를 지속적으로 창출하기 위해 시스템 경쟁력의 제고에 혼신의 힘을 기울여야 한다.

제 2 절　유통경로 발생의 근거

유통경로에 대해 이해하기 위해서는 경로구조가 출현하게 된 배경에 대한 이해가 선행되어야 할 것이다. 우선 경제적인 이유가 기본적인 바탕을 이루게 되는데, 경제적인 이유는 경로구조를 설명하는 데 가장 중요한 결정 요소이기 때문이다. 물론 경로구조에 대한 결정에는 경제적인 이유 이외에 기술적인 이유, 정치적인 이유, 그리고 사회적인 이유들이 영향을 미치게 된다.

유통구조의 문제는 넓은 의미의 중간상 개념에서 출발한다. 결국 유통에 대한 이해는 유통경로가 생산과 소비의 중간에서 생산과 소비의 불일치를 해결하기 위해 존재한다는 점에서 중간상의 이해와 그 맥을 함께 하기 때문이다. 중간상의 등장은 다음 네 가지의 경제적 과정에 의해 그 존립의 근거를 가지고 있다.

1. 거래 과정의 효율성을 개선시킨다.
2. 분류과정을 통한 구색상의 차이를 조정한다.
3. 거래를 정례화시켜 경로구조를 지속하게 한다.

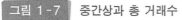
그림 1-7   중간상과 총 거래수

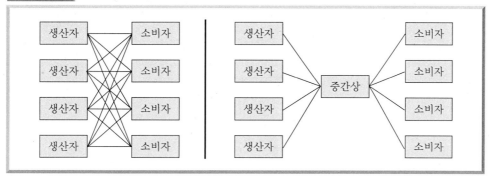

4. 거래상의 탐색과정을 수행한다.

(1) 중간상의 효율성 원리

자급자족 시대에서 가계 단위의 생산과 소비의 일치는 생산성의 증대에 의해 나타나는 잉여생산물의 교환이라는 새로운 경제 행위로 전환된다. 여기에 생산물의 보관상 문제, 생산의 전문화 문제, 그리고 요구하는 제품 구색의 증대 등으로 교환의 과정은 매우 가속화되게 된다.

그러나 교환의 중요성이 점점 증대됨에 따라, 교환에 참여하는 경제 단위들간의 상호작용을 유지하기가 점점 복잡해지고 어려워지게 된다. 수적인 측면에서 다섯 가구만 교환에 참여하더라도 10번의 분산된 거래가 존재하게 된다. 그러므로 거래의 복잡성을 줄이고 거래를 활성화하기 위해서 이 과정에 중간상이 나타나게 된다. 중간상은 거래를 집중시킴으로써 거래의 수를 감소시킬 수 있게 된다. 이에 대한 생산과 소비의 전형적인 예가 〈그림 1-7〉에 나타나 있다.

(2) 구색 및 분류상의 불일치

중간상은 소유, 장소, 시간상의 효용을 창출함으로써 상품과 서비스의 흐름을 원활하게 한다. 중간상의 효용 창출 활동을 통해서 소비자들은 보다 다양한 구색의 수준을 제공받게 된다. 원활한 흐름은 중간상의 분류 기능 수행을 통해서 가능해지는데, 분류 기능은 생산자가 제시하는 구색 수준과 소비자가 요구하는 구색 수준의 차이를 극복해 주기 때문이다. 생산자는 제한된 구색의 제품을 대량으로 생산하고자 하는 반면, 소비자는 매우 다양한 상품을 필요한 소량의 단위에서 구매하고자 한다.

중간상이 수행하는 분류 기능은 다음의 네 가지 기능을 포함한다.

> ● 분류(Sorting Out): 이질적인 제품들을 동질적인 몇 개의 재고(제품군)로 조정하는 작업
> ● 집적(Accumulation): 다양한 공급처로부터 제공된 제품을 유사한 재고(제품군)로 통합하
>   는 작업
> ● 분할(Allocation): 동질적인 재고(제품군)를 소량의 단위로 축소시키는 작업
> ● 구색(Assorting): 재판매를 위해 제품을 특정한 재고(제품군)들로 구분하는 작업

네 가지의 기능 중 분류나 집적은 농산물 등의 제품에서, 분할이나 구색은 공산품 등에서 주로 사용되는 개념이라 할 수 있다. 한편, 구색 수준의 불일치를 통해서 교환 과정에서의 전문성을 초래하게 되어, 유통경로 관리 측면에서 수직적 마케팅 시스템(Vertical Marketing System)의 도입을 어렵게 만들기도 한다. 만약 공산품을 생산하는 제조업자가 직접 소유한 소매상을 운영한다면 소매상이 고객의 다양한 구색 수준을 충족시킬 수 있도록 제품을 공급하기 어려울 것이다. 그러므로 제품을 다양하게 취급할 수 있는 전문적인 중간상 또는 도매상의 출현이 요구되는 것이다.

(3) 거래의 정례화

거래에는 제품이나 서비스에 대한 주문, 품평, 그리고 지불에 이르기까지 다양한 요소들이 포함되어 있다. 또한, 구매자와 판매자는 거래량, 거래형태, 지불의 시기 등에 대해서도 상호 동의가 있어야 한다. 이러한 거래상의 일련의 과정들이 정례화, 일상화되어 있는 경우 유통관련 비용은 매우 감소된다. 그러나 정례화되지 못한 거래에서는 매번 수반되는 비용을 감수하며 협상, 조정, 합의 등을 하여야 한다.

거래의 정례화의 또 다른 장점은 교환 시스템의 발전을 가능하게 해 준다는 것이다. 교환 시스템이 체계화되면서 제품과 서비스는 표준화되고, 교환의 참여자들은 제품과 서비스의 특성을 보다 용이하게 비교하고, 평가할 수 있게 되며, 더 나아가 보다 가치 있는 제품의 생산을 촉진하게 된다.

거래의 정례화의 문제는 정보기술의 향상과 함께 그 발전의 속도가 매우 빠르게 전개되고 있다. 주문, 발주 등의 활동에서 정보기술의 도입은 거래를 보다 용이하게 정례화하는 작업이라고 해석할 수 있다.

(4) 탐　색

구매자와 판매자는 시장에서의 탐색과정을 이중으로 수행하고 있다. 그럼에도 불구하고 생산자는 소비자의 욕구를 정확하게 파악하지 못하기 때문에 소비자들은

그들이 원하는 제품을 찾지 못하게 되고, 결국 탐색과정은 불확실해진다.

그러나 도매상이나 소매상은 취급하는 제품의 종류를 구분하여 관리하고 있다. 예를 들어 약국을 비롯하여 약을 취급하는 소매업태에 가면 소비자들은 손쉽게 약을 구할 수 있다. 이를 통해 생산자는 자신이 취급하는 제품과 관련된 중간상과 거래를 함으로써, 소비자는 자신이 필요로 하는 제품을 취급하는 중간상을 찾음으로써 효율적으로 원하는 바를 탐색하게 된다. 이처럼 유통경로상의 중간상은 생산자와 소비자 모두에게 탐색의 비용을 절감시켜 주는 기능을 수행한다.

제 3 절) 유통기능(역할)

유통관리의 전략적 체계를 논의하기 전에 명확히 이해하고 있어야 할 개념이 유통기능(역할) 혹은 마케팅기능이다. 유통기능이란 표적고객들에게 유통서비스를 제공하기 위하여 경로구성원들이 수행하는 마케팅 활동을 의미한다. 그러므로 유통서비스의 창출을 위한 유통기능은 경로구성원 중 누군가가 수행해야 하며, 그 기능을 제거할 수는 없다. 즉 경로구성원 중 도매상 혹은 소매상을 제거할 수는 있어도 유통기능 그 자체를 제거할 수는 없는 것이다.

경로구성원들이 수행하는 유통(마케팅)기능은 〈그림 1-8〉에서 보는 바와 같이

그림 1-8 유통기능과 그 흐름

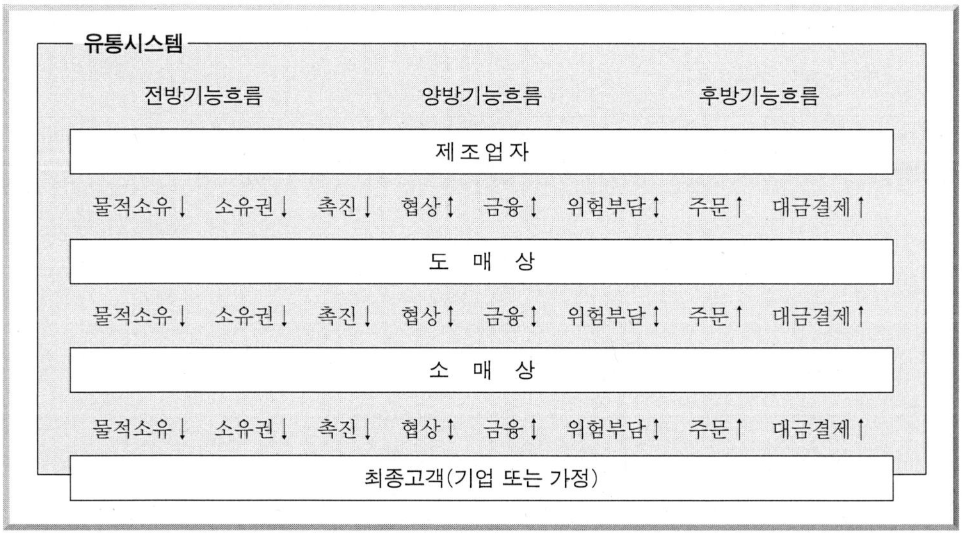

그림 1-9 유통흐름의 실제 예시 ── A음료회사의 경우

1. 상품 : 공장 → 물류센터 → 1차 거래처 → 2차 거래처(슈퍼마켓, 편의점) → 최종고객

2. 소유권 : 공장 → 물류센터 → 소매점 → 고객

3. 촉진 :
   ① 광고 : 본사 → 광고회사 → 언론매체 → 최종고객
   ② 판촉 : 본사 → 지점 → 1차 거래처 → 일반업소, 일반매장 → 최종고객
          └────→ 전문대행사 → 중점업소, 중점매장 → 최종고객

4. 위험(클레임제품교환 : 최종교환) : 최종고객 → 2차 거래처 → 1차 거래처 → 지점
                              └─즉시교환─┘ └─즉시교환─┘ └─즉시교환─┘

5. 재무 : 최종고객 ↔ 1차 거래처 ↔ 지점 ↔ 본사

6. 지불 : 최종고객 → 1차 거래처 → 지점 → 본사

표 1-1 유통기능의 주요 내용 및 특징

유통기능의 종류		주요 내용 및 특징
전방 기능 흐름	물적 소유	·공급자 → 운송업자 → 제조업자 → 중간상 → 고객 ·시간효용을 창출(보관활동) ·공간효용을 창출(운송활동)
	소 유 권	·공급자 → 운송업자 → 제조업자 → 중간상 → 고객 ·취득세, 부가가치세, 공채의 구입 등 거래비용 발생
	촉 진	·광고대행사·미디어 → 제조업자 → 중간상 → 고객 ·자사제품의 판매를 위한 촉진활동
후방 기능 흐름	주 문	·유통기능의 효율화를 위한 주문의 확보 ·고정 고객의 확보와 관리
	대금결제	·공급자 ← 은행 ← 제조업자 ← 은행 ← 중간상 ← 은행 ← 고객 ·대금회수의 신속화 ·대금회수 방법, 기간, 대손처리 문제
양방 기능 흐름	협 상	·수요와 공급의 연결상담(거래조건, 가격, 관할권 등) ·거래상대방에 대한 조사
	금 융	·생산자금, 외상판매 등
	위험부담	·수요변화, 원자재수급 및 가격변화 등에 대한 계약, 재고수준, 반품 처리 등

그들이 작용하는 방향에 따라 세 가지로 분류해 볼 수 있다. 물적 소유(수송, 보관), 소유권, 그리고 촉진과 같은 기능들은 생산자로부터 최종 고객의 방향으로 흐르며(전방 흐름), 주문과 대금결제는 최종 고객으로부터 소매상, 도매상 그리고 생산자의 방향으로 흐른다(후방 흐름). 그리고 협상(상담), 금융, 위험부담과 같은 기능들은 양방향으로 흐른다(양방 흐름). 유통기능에 대한 예를 음료회사의 경우를 통해 〈그림 1-9〉에서 살펴보았다.

여덟 가지 유통기능별 흐름은 유통경로가 실제로는 여덟 가지의 유통경로로 나누어질 수 있음을 의미하며(예컨대, 상품경로, 촉진경로, 주문경로 등), 앞으로 이와 같은 유통기능별 분석은 전략수립에 있어서 매우 중요한 부분이 될 것이다. 이들 여덟 가지 기능의 주요내용과 특징을 살펴보면 〈표 1-1〉과 같다.

지금까지 유통기능의 개념, 원리, 종류, 특징 등에 대해서 살펴보았다. 이제 이 기능과 유통서비스와의 관계를 명확히 하는 것이 필요하다. 유통경로구성원이 수행할 유통(마케팅)기능은 고객에게 유통서비스를 제공하기 위하여 수행되는 것이고, 그 이전에 기업은 고객이 기대하는 유통서비스 욕구에 대하여 어느 정도의 수준에서 서비스를 제공할 것인지를 결정하여야 한다. 이러한 과정이 〈그림 1-10〉에 나타나 있다. 이를 좀더 자세히 이해하기 위해서는 제2장 유통환경 변화 및 영향분석의 제2절 과업환경요소 중 고객부분을 참조하기 바란다. 〈그림 1-10〉에서 유통서비스 수준은 고객의 입장에서 정립된 개념이고, 유통기능은 서비스 달성을 위해 기업의 입장

그림 1-10 유통서비스 수준의 결정과 유통기능의 수행

```
┌─────────────────────────────────────────────────────────┐
│          ┌───────────────────────────────────┐          │
│          │      유통서비스에 대한 고객의 욕구      │          │
│          └───────────────────────────────────┘          │
│                          ↓                               │
│          ┌───────────────────────────────────┐          │
│          │    기업의 유통서비스 제공수준의 결정     │          │
│          │  -장소의 편의성        -기다리는 시간    │          │
│          │  -상품의 구색          -거래량의 크기    │          │
│          │  -기타:정보제공, 신용제공, 공급의 안정, 제품품질의 유지, 개인적 │
│          │       서비스와 관심, 위험감소, A/S 등    │          │
│          └───────────────────────────────────┘          │
│                          ↓                               │
│          ┌───────────────────────────────────┐          │
│          │ 유통서비스 달성을 위한 경로구성원들의 유통(마케팅)기능의 수행 │
│          │  -물적(상품)소유       -금융            │          │
│          │  -소유권              -위험부담         │          │
│          │  -촉진                -주문            │          │
│          │  -협상(상담)           -대금결제         │          │
│          └───────────────────────────────────┘          │
└─────────────────────────────────────────────────────────┘
```

표 1-2   유통서비스 수준과 유통기능과의 관계

유통서비스 수준		유통기능의 수행 정도
장소의 편의성 확대	상품소유기능	취급소매점포의 단계적 확대(지역이나 점포규모, 점포수 등의 확대)
상품구색의 확대	상품소유기능	취급상품의 확대(구체적 취급상품 내용과 수 제시)
상품품질의 유지	상품소유기능	보관 및 재고기능의 강화(보관일시 및 안전재고량의 제시)
정보 제공	촉진기능	소매점 촉진활동의 강화(촉진활동의 주요내용의 구체적 제시)
상호교류의 확대	협상기능	능력 있는 상담원의 상담기능 강화(상담원의 상담내용과 필요 인원수의 제시)
신용의 제공	금융기능	외상판매의 허용확대(외상판매 허용한도 및 회수방법의 제시)
주문시간의 단축	주문기능	주문시간의 단축(단축된 주문시간의 구체적 제시)
반품처리 허용	위험부담기능	반품처리시간의 단축(구체적 처리시간 및 방법의 제시)
카드사용의 확대	대금결제기능	취급카드의 확대(취급이 확대되는 카드 종류의 구체적 제시)

에서 정립된 구체적 기능활동들이다. 이는 상품관리에 있어서의 브랜드 개념과 그를 위한 제품 속성들과의 관계와 유사하다.

〈표 1-2〉는 유통서비스 수준과 유통 기능과의 관계를 나타낸 것이다. 기업은 제공할 유통서비스 수준이 정립되면 이를 수행할 기능들을 구체화시켜야 한다. 이는 기업의 유통목표를 의미하기도 한다. 즉 유통목표란 고객에게 제공할 유통서비스 개념을 정립하고, 수준을 결정하고, 이를 수행할 구체적 기능을 명확히 하는 것이다. 이러한 유통목표가 정립되면 이를 수행할 유통경로구성원의 형태와 수 등 유통경로 구조를 설계해야 하고, 동시에 각 구성원들이 맡은 바 기능을 잘 수행하도록 영향력을 행사하고 갈등을 관리할 수 있는 방법을 설계해야 한다.

위에서 살펴본 바와 같이 유통기능은 기업의 유통목표 설립과 전략 수립에 결정적 역할을 수행한다. 그러므로 유통기능별 목표수준의 결정, 기능흐름의 분석과 진단에 각별한 주의를 기울여야 한다. 그리고 이들 기능별로 가장 전문적으로 역할을 담당할 수 있는 경로구성원들을 선정한 후 경로구성원별로 다시 담당 기능들을 모으면 그것이 각 경로구성원이 수행해야 할 기능의 집합이 되는 것이다. 도매상, 소매상 등 경로구성원에 대한 이와 같은 기능의 분담은 적합한 경로구성원의 선정과 영향력 행사 및 갈등 관리의 전제가 되는 것이다.

제 4 절	유통관리의 전반적 체계

  기업이 새로운 고객의 욕구를 파악하여 이에 적합한 마케팅전략을 수립할 때 통상 네 가지 전략수단을 동원한다. 제품전략, 촉진전략, 유통전략, 그리고 가격전략이 그들이다. 이들 네 가지 전략들은 마케팅목표와 일관성이 있으면서도 상호간에 서로 보완적이어야 한다. 그러나 이들 전략도구들에 대한 상대적인 중요성은 기업마다 혹은 마케팅목표의 내용에 따라 달라진다. 예컨대 미국 텐트 시장의 35%를 점유하고 있는 우리 나라의 "진웅"은 '마케팅은 품질과 가격이다'라고 주장한다. 이는 마케팅 중 특히 제품전략과 가격전략에 주안점을 두고자 하는 것이며, 유통전략은 미국의 대규모 소매점들과 장기계약을 체결하여 그들의 유통업자 브랜드로 판매함으로써 그다지 힘을 기울이지 않겠다는 것이다. 그런 경우 "진웅"의 촉진활동은 대규모 소매점에 한정되고 고객에 대한 촉진은 소매점의 몫이 된다.

  기업이 유통전략을 수립함에 있어 먼저 고려해야 할 기본 전제는 일정 브랜드의 마케팅 목표를 달성하는 데 혹은 마케팅활동을 개선시키는 데 있어 당면 과제가 무엇이며 그 가운데 유통의 문제점이 심각한 것인지 그리고 유통전략 중 어느 부문을 특히 검토하여 재설계하여야 하는지 등에 대한 우선 검토 작업이다. 그것을 통해 유통전략 수립의 필요성과 범위가 정해지는 것이다. 이 책은 유통관리의 전반적 체계를 소개하는 것이므로 유통관리를 처음 기획하거나 혹은 전면적으로 재설계할 때는 물론이고 부분적인 유통전략을 수립할 때에도 탄력적으로 사용할 수 있다.

  〈그림 1-11〉은 유통관리의 전반적 체계를 7단계로 나누어 접근하고 있으며, 이는 또한 이 책의 진행과정을 보여 주는 것이다. 지금부터 이에 대하여 간략히 설명하고자 한다.

기본전제: 당면과제 및 유통전략수립의 필요성 확인

  이에 대해서는 위에서 설명하였으므로 생략하고, 그 구체적인 접근에 대해서는 책 말미에 있는 부록 "유통경로전략수립 매뉴얼" Ⅱ를 참조하기 바란다.

단계 1: 유통환경의 변화 및 영향분석

  유통계획을 수립함에 있어 우선 검토해야 할 사항은 유통환경의 변화가 고객의 유통서비스 욕구에 어떠한 변화를 일으킬 것인지와 나아가 그러한 환경변화가 도·소매상 등 경로구성원의 구조와 전략에 어떠한 영향을 미칠 것인지에 대한 분석이다. 이러한 분석내용은 다음 단계인 표적시장의 선정과 유통목표의 정립, 그리고 유통전략수립의 기초자료가 된다. 이에 대한 자세한 내용은 제2장을 참조하기 바라며, 실무적으로 접근하려고 하는 경우는 책 부록 "유통경로전략수립 매뉴얼" Ⅲ을 참조하기 바란다.

단계 2: 구매욕구세분화, 표적구매자시장, 그리고 유통목표의 정립

전반적인 마케팅전략을 수립할 때 선정된 표적 고객집단 내에서 고객들이 구매(유통)서비스 욕구차원에서 현저한 차이를 보일 때에는 그들을 다시 세분화하여 접근하는 것이 유통관리의 성과는 물론이고 전반적인 마케팅활동의 달성에도 공헌할 수 있을 것이다. 여기서 명심해야 할 것은 유통서비스 차원에서 시장을 세분화하기에 앞서 먼저 표적고객들에게 가치 있는 상품을 제공할 수 있어야 한다는 것이다. 다시 말해서, 유통서비스의 창출은 고객들에게 제공할 가치 있는 상품(서비스산업일 경우는 서비스상품)이 있는 것을 전제로 하여 실제 거래상에서 나타나는 장애요인들을 제거시켜 주거나 구매상의 편의와 즐거움을 제공해 주기 위한 것이다. 그러므로 자사의 상품이 고객의 기대가치와 경쟁력우위를 지니고 있지 못하다면 유통서비스의 창출은 단기적으로는 효과가 있을지 모르지만 그 힘이 오래 가지는 못할 것이다.

구매욕구세분화(시장세분화)는 시장을 구매자의 구매서비스 욕구의 세 가지 차원 즉, 핵심구매편익, 구매상황, 구매자특성에 의하여 여러 개의 세분시장으로 세분화하는 과정이며, 표적시장 결정은 이들 세분시장들 중에서 기업이 가장 적절하다고 판단되는 것을 표적시장으로 선정하는 과정이다. 예컨대, 우리 상품의 고객들 중 집으로 배달해 주기를 원하는 고객들이 나타나고 있을 때, 이들 고객들을 새로운 표적시장으로 기존 고객들과 분리하여 접근하는 것이 더 바람직한 것인지 아니면 아직 이른 것인지 등을 평가하여야 한다. 표적시장이 하나 혹은 둘 이상 선정되면, 표적시장별로 유통목표를 설정하여야 한다. 유통목표는 고객에게 어떠한 유통서비스를 어느 정도 제공해 줄 것인가 하는 유통서비스의 개념 및 구체적 유통기능의 정립 그리고 이를 실행하는 데 있어 얼마나 효율적으로 할 것인가에 대한 두 가지 목표로 구성된다. 전자를 효과성 목표라 하며, 후자는 효율성 목표라 한다. 이에 대한 자세한 내용은 제3장과 책 부록 "유통경로전략수립 매뉴얼" Ⅳ를 참조하기 바란다.

단계 3: 유통전략의 수립 1 — 유통경로구조(시스템)의 설계

표적시장에 대한 유통목표를 달성하기 위한 첫번째 전략수립단계는 유통경로구조(시스템)를 설계하는 것으로써, 이에는 유통경로구성원의 형태와 수, 구성원간의 조직패턴, 수직적 통합 혹은 계열화의 가능성 검토, 그리고 구체적인 개별 파트너의 선정 등의 내용이 포함된다.

유통관리자가 경로를 설계할 때는 우선 각 선택 가능한 경로구성원의 형태가 무엇이 있으며 그들의 전략이 무엇인지를 명확히 알아야 한다. 다시 말해서, 사용 가능한(혹은 개발 가능한) 소매상들의 형태(구조)와 전략을 알아야 하고, 마찬가지로 도매상, 물류기관(수송, 창고업자 등), 유통조성기관(촉진회사, 조사회사 등) 등의 형태와 전략도 알고 있어야 한다. 이는 기업이 고객을 위한 유통서비스 창출에 가장 적합한 경로구성원들을 선정하거나 개발하는 데 있어 필수적인 과정이라고 할 수 있다. 특히 최근 새로운 유통업태들이 많이 소개되고 있으며 급속한 유통혁신이 이루어지고 있기 때문에, 이들 유통 중간상들의 변화 추이를 면밀히 관찰하고 분석하는 데 심혈을 기울여야 한다.

유통경로구조의 설계과정은 제 8 장에서 10단계 절차로 자세히 설명되고 있으며, 이를 위해 제 4 장과 제 5 장은 각각 소매와 도매의 형태(구조)와 전략에 대해서 설명하고 있으며, 제 6 장은 물류관리, 제 7 장은 구성원간의 조직패턴방법에 대해서 언급하고 있다. 제 8 장의 경로설계과정은 책 부록 "유통경로전략수립 매뉴얼" Ⅴ, Ⅵ, Ⅶ, Ⅷ, Ⅸ와 함께 접근하면 도움이 될 것이다.

단계 4: 유통전략의 수립 2 — 경로구성원 조정체계의 설계

유통경로시스템이 설계되면 다음으로 시스템 내 경로구성원들에 대한 조정체계의 구축이 필요하다. 이는 경로구성원에 대한 상호협력을 유도하고, 갈등을 관리하며, 의사소통과 정보의 제공을 원활히 하기 위한 것이다. 때로는 유통관리상의 문제가 구조적인 측면보다도 이러한 조정 및 운영적인 측면에서 더 나타날 수 있으며, 그럴 경우 유통관리의 노력은 이 부분에 집중되어져야 할 것이다.

제 9 장은 경로구성원이 맡은 바 기능을 수행하도록 동기부여와 동참을 유도하는 방법 중 영향력(힘) 행사에 대해서 설명하고 있으며, 제 10 장은 경로구성원간에 일어날 수 있는 갈등의 형태와 그 원인, 그리고 갈등관리 방안에 대해서 논의하고 있다. 이들은 책 부록 "유통경로전략수립 매뉴얼" Ⅹ 과 함께 접근하면 도움이 될 것이다. 제 11 장은 최근에 특히 중요시되고 있는 경로의사소통과 유통정보시스템의 활용에 대해서 언급하고 있다. 제 9 장의 보완적인 내용으로서 참고하기 바란다.

단계 5: 유통전략의 실행

상기에서 유통목표와 전략이 수립되면 이를 구체적으로 실행하는 절차와 내용이 필요하다. 이를 실행계획이라 하며, 일정과 예산의 배분이 포함된다. 이 실행계획은 기업의 상황에 맞게 연차별 혹은 월별로 구성될 수 있으며, 각각의 전략별(예컨대, 물류관리, 소매상촉진지원, 갈등관리 등)로 나누어 수립될 수도 있다. 물론 전략수립의 과정에 포함시켜 함께 진행하는 것도 좋을 것이다. 그 한 가지 예가 책 부록 "유통경로 전략수립 매뉴얼" IX 의 3. 단계적 실행계획이 될 것이다. 그런데 실행계획의 수립은 그를 위한 일반적인 틀을 제시하기보다는 기업의 유통관리자들이 자신의 실무경험과 기업 내 사정 그리고 여기서 배운 체계와 응용능력을 바탕으로 스스로 접근하는 것이 더 바람직하다고 생각된다.

단계 6: 유통활동의 성과평가 및 조사

유통계획을 실행한 후에는 이를 평가할 수 있는 방법이 준비되어 있어야 한다. 유통목표가 달성되었는지 그리고 유통전략의 시행이 의도된 대로 이루어졌는지를 평가하여 이를 다음 기간의 유통전략수립에 반영하여야 하는 것이다. 물론 목표와 전략 이외의 다른 단계에서도 보다 나은 분석과 접근을 하기 위해서는 이들에 대한 평가가 객관적이고 신속하게 이루어져야 한다. 이를 위해 제12장에서는 유통활동의 성과평가 방법을 소개하고 제13장에서는 유통조사 방법에 대해서 설명한다. 물론 유통조사 방법은 성과 평가시뿐만 아니라 환경과 고객 욕구의 변화를 이해하고 경로 전략을 수립하는 데도 필수적으로 필요한 것이다. 한편 소매의 형태와 전략을 이해하기 위해서는 상권분석 방법도 이해해 둘 필요가 있다.

단계 7: 조정절차(Feedback)

6단계에 걸친 유통계획을 수립한 후 이를 실행하게 된다. 실행된 결과는 계획된 평가 방법에 의해 반드시 평가되어야 하며, 이는 다음 기간의 유통계획 수립에 반영되어야 한다. 최근에는 기간별 피드백을 하기보다는 수시로 성과를 평가하고 문제가 있으면 바로 바로 해결해 나가고 전략을 조정해 나가는 전략적 유통관리의 개념이 더 요망되어지고 있다. 그러나 이러한 것도 체계적인 장단기적 유통계획이 수립되어 있다는 전제하에서 가능하다는 것을 명심해야 한다.

상기의 유통관리체계는 편의상 제조업을 중심으로 전개된 것이나 서비스업의 경우에서도 그대로 적용 될 수 있다. 이에 대한 내용은 제14장 서비스산업에서의 유통관리에서 자세히 언급되어 있다.

한편 중소제조업의 경우도 유통관리의 체계를 물론 활용할 수 있다. 그러나 중소제조업체들은 어려운 여건 하에서 유통경쟁력을 키우기가 쉽지 않다. 이를 위해

그림 1-11 유통관리의 전반적 체계

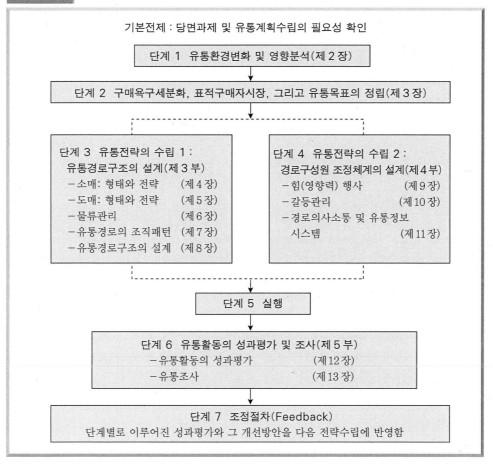

기업과 정부가 어떻게 대처하여야 하는지가 매우 중요한 과제 중의 하나이다.

앞서의 유통관리체계는 편의상 제조기업의 입장에서 전개된 것이다. 그러나 이 책의 유통관리체계는 소매본부(대규모 소매점 포함), 예컨대 슈퍼마켓 연쇄화본부, 상업협동조합, 백화점본부, 편의점본부, 할인점본부, 프랜차이즈본부, 판매자회사, 각종 유통 및 물류 전문회사들도 그대로 응용할 수 있는 일반적이고 종합적인 틀이라고 할 수 있다. 도매상이든 소매상이든 혹은 물류업자이든지 간에 누구나 경로의 리더(혹은 적어도 기능별 리더)가 될 수 있으며, 그럴 경우 유통관리의 핵심적인 주체는 그들이 될 것이다. 그리고 소매본부차원 유통관리의 한 예로서 제15장에 프랜차이즈본부(소매본부)의 유통관리에 대해서 언급하였다. 또한 최근의 인터넷을 중심으로 전개되고 있는 전자상거래에 대한 이해를 유통의 관점에서 해석한 제16장 인터넷 시대의 유통이 참고가 될 것이다.

　본 저서는 유통관리의 전략적 체계를 논리적으로 전개하고 실무적으로 직접 사용할 수 있도록 각종 예시와 계획수립 매뉴얼을 제공하고 있다. 이제 유통관리는 더 이상 남의 얘기나 주변의 문제가 아니고 우리 경쟁력의 보고임을 명심하고 다음 장을 넘기기 바란다.

● 요　약

　유통은 고객을 위한 유통(마케팅)기능의 흐름이며, 유통관리는 그 흐름에 대한 효과적 및 효율적 관리이다. 유통관리의 핵심은 최종고객의 구매서비스 가치를 극대화시키기 위하여 기업이 어떠한 유통경로구조(시스템)를 가져야 하며, 나아가 경로구성원들의 동참과 협력을 어떻게 지속적으로 유지할 수 있느냐 하는 것이다. 이에 대한 체계에 접근하기 전에 유통관리자는 시장지향적 접근사고를 확실히 가져야 하며, 보다 구체적으로는 첫째, 철저히 고객만족 지향적이어야 하고, 둘째, 항상 창의적이고 혁신적인 시각을 가져야 하며, 셋째, 전략수립과 실행에 있어 유통시스템의 전반적인 차원에서 접근하도록 노력하여야 하며, 넷째, 시스템 내 유통전략요소간의 연계성과 경로구성원간의 협력적 파트너십을 지속적으로 형성하여야 하며, 마지막으로 고객가치를 지속적으로 창출하기 위해 시스템 경쟁력의 제고에 혼신의 힘을 기울여야 한다. 한편 유통기능은 유통서비스를 제공하기 위하여 경로구성원들이 수행하는 마케팅활동을 의미하며, 이는 마케팅계획수립에 있어 가장 핵심적 개념 중의 하나이다. 그러므로 그 내용과 특징, 그리고 흐름에 대해서 명확히 이해하고 있어야 한다. 유통관리의 전반적 체계는 7단계로 접근하는 것이 바람직하며 그 구체적 진행은 〈그림 1-11〉에 요약되어 있다.

◆ 문제제기

1. Wheel of 5 Approaches에 대해서 토의해 보시오.
2. 유통서비스와 유통기능과의 관계에 대해 설명해 보시오.
3. 유통관리의 7단계 절차에 대해 토의해 보시오.

제 2 부

유통환경변화의 이해 및
표적시장의 선정

DISTRIBUTION MANAGEMENT

제 2 장   유통환경변화의 파악과 영향 분석

제 1 부   유통관리의 전반적 체계

제 1 장   유통관리의 전략적 접근체계
   1. 유통관리의 접근시각: 시장지향적 접근
   2. 유통경로 발생의 근거
   3. 유통기능(역할)
   4. 유통관리의 전반적 체계

⇩

제 2 부   유통환경변화의 이해 및 표적시장의 선정

제 2 장   유통환경변화의 파악과 영향 분석

제 3 장   구매욕구세분화, 표적구매자시장, 그리고 유통목표의
         정립: 표적유통전략

⇩

제 3 부   유통전략의 수립 1: 유통경로구조(시스템)의 설계

제 4 장   소매: 형태(구조)와 전략   제 7 장   유통경로의 조직패턴
제 5 장   도매: 형태(구조)와 전략   제 8 장   유통경로구조의 설계
제 6 장   물류관리

⇩

제 4 부   유통전략의 수립 2: 경로구성원 조정체계의 설계

제 9 장   힘(영향력) 행사
제 10 장   갈등관리
제 11 장   경로의사소통 및 유통정보시스템

⇩

제 5 부   유통활동의 성과평가 및 조사

제 12 장   유통활동의 성과평가
제 13 장   유통조사

⇩

제 6 부   특정 상황 속에서의 유통관리

제 14 장   서비스산업에서의 유통관리
제 15 장   프랜차이즈 유통관리
제 16 장   인터넷 시대의 유통관리

DISTRIBUTION MANAGEMENT

제 2 장

유통환경변화의 파악과 영향 분석

학습목표

1. 유통환경의 요소와 환경요소별 주요 분석내용의
   이해

2. 유통환경에서 나타나고 있는 주요 변화의 파악

新불황시대와 일본 소매업 혁신

  2000년대 말 글로벌경제의 침체가 본격화되면서 일본도 본격적인 경기침체 국면에 돌입하였다. 세계적인 자동차 메이커인 도요타는 2008년도에 최대 이익을 올릴 것으로 기대했으나, 세계적 경기 침체로 인해 오히려 천문학적인 적자를 기록하였다. 수출과 민간설비투자의 부진이 확실시되는 가운데, 일본 정부와 기업은 긴장과 불안 속에 있고, 미래에 대한 불안감이 증폭되고 있는 상황에서도 일본 소비자는 의외로 침착한 반응을 보였다. 이미 일본은 잃어버린 10년을 경험하면서 건전한 소비풍조가 정착되고 소매업태의 다양화가 진전되었기 때문이었다. 장기불황을 경험하면서 질 좋은 상품을 합리적인 가격으로 구입하려는 건전한 소비풍토가 정착하였고, 소비스타일도 소득, 계층, 라이프스타일에 따라 유형화하면서 소매업태가 다양화되었기 때문이다. 불황기이긴 하나 단순한 저가격지향 일변도가 아닌 가치(價値)를 추구하고 자기주장을 견지하는 소비자층이 증가하였다. 때문에 경제의 불황은 소매업체들에게 오히려 기회로 작용하였다. 불황기에 나타난 일본 소매기업들의 혁신모델은 크게 네 가지 정도이다.

〈전문점업태에 있어서 4가지 형태의 소매 혁신〉

소매혁신 형태	소매혁신 기업	소매혁신 원천
수직통합형	패스트리테일링, 시마무라	SPA(제조소매업), 물류혁신
엔터테인먼트형	다이소산업, 마츠모토키요시	쇼핑의 즐거움
라이프스타일제안형	양품계획, 니토리	토털 코디네이션
틈새형	아스쿠루, 돈키호테, 요토바시카메라, 아오야마 상사, 북오프	틈새 공략, 사업구상력

패스트리테일링 : 수직통합형 소매혁신기업

  패스트리테일링은 가격대비 고품질을 실현하기 위해 기술지도 프로젝트인 「장인 프로젝트」를 창설하였다. 30~40년 경험을 바탕으로 높은 기능을 갖춘 우수한 장인들을 스카우트하여 '봉제장인', '염색장인' 이라는 칭호를 주고, 중국각지에 있는 공장에서 생산 지도를 담당케 하였다. 이를 위해 주재원을 현지에 상주하게 하여 각 공정의 생산능력이나 가동상태를 수시로 체크함으로써 현지 생산공정을 밀착 관리하였다.

패스트리테일링은 제품을 부품으로 인식하여 제품을 입는 사람이 타사 제품과 조화롭게 잘 조화시켜 자신의 개성을 충분히 발휘할 수 있게 하는 데 노력하였고, 경쟁사 대비 적은 수의 제품 아이템에 대해 단품관리를 철저히 하였다. 취급 아이템 수는 350~400개 정도로 캐쥬얼웨어숍에서 다루는 아이템 수의 25~30% 수준이었다. 또한 규모의 경제를 통한 제조원가 절감을 단행했는데, 1990년 140개였던 공장수를 40개로 줄여 공장당 발주량을 늘림으로써 규모의 경제를 실현하였다. 뿐만 아니라 「플리즈 캠페인」으로 대표되는 제품포커스 전략, 즉 특정 단품을 핵심아이템으로 정하고 색과 사이즈를 다양화함으로써 판매 기회의 손실을 줄여 매출을 늘려가는 마케팅 전략을 전개하였고, 1,650㎡ 이상의 대형점 출점을 늘리며 점포포맷을 다양화하는 한편, 저가격 브랜드인 지유(G.U)의 출점도 병행하며 업태를 다양화하였다.

마츠모토키요시: 엔터테인먼트형 소매혁신기업

마츠모토키요시는 1일 3회 배송체제로 다빈도소량의 물류체제를 확립하였다. 인기/비인기 아이템에 연연하지 않고 진열량과 진열 선반을 균등하게 배분하는 등 다양한 상품구색으로 고객의 점포 선호도를 증대시켰고, 2009년 6월에 시행된 개정약사법 시행 이후 경쟁 격화에 대비여 차별화된 비즈니스 모델 구축에 노력하였고, M&A 및 프랜차이즈 전략을 통해 이업종 분야까지 사업을 확대하였다. 2007년 10월 그룹의 결집력 강화를 위해 지주회사 「마츠모토키요시홀딩스」로 재탄생하면서 전국 시장점유율 10% 확보라는 기치아래 신규 출점을 가속화하였다. 독자 상품인 「MK CUSTOMER」의 전체 매출 구성비를 높여나가는 전략을 수행하였다.

니토리: 라이프스타일 제안형 소매혁신기업

니토리는 일반가구 부문보다는 오히려 계절감과 패션성을 추구하는 홈패션 부문에 주력하였고, 현지생산과 물류비용 절감을 통해 이익을 확보하였다. 또한 해외 직수입에서 해외 현지 생산방식으로 상품 조달방식 변경하였는데, 1994년 인도네시아, 2004년에 설립한 베트남 자사 공장의 마진율을 55%로 끌어올렸다(일본 국내생산의 마진율은 38~40%). 뿐만 아니라 일본 내 대형 물류센터가 담당했던 재고비축 기능을 중국으로 이전하였다. 이러한 노력으로 2003년 12월 100번째 점포, 2004년 3월 1,000억엔 매출을 달성하였고, 2005년도 경상이익은 전년 대비 25% 증가한 190억엔을 기록하며 과거 최고 기록을 갱신하였다. 엔저와 원유가 급상승으로 제조원가가 상승하면서 마진율이 55%에서 50.6%로 크게 하락하였음에도 불구하고 니토리는 가격인상보다는 시스템 합리화로 비용 상승을 억제하는 데 노력하였다. 예를 들면, 파트타임 사원의 근무형태를 변경하고 전단지 광고 배포지역을 축소함으로써 판매관리 비용을 줄여 순이익을 25%나 증가시켰다. 한편 니토리는 사후 검품보다는 사전 공정 관리의 중요성을 인식하였다. 2006년 2월에 60.3%였던 수입품 비중이 동년 8월에 65.7%까지 높아지면서 생산공정 관리 및 품질관리 문제가 부각되었는데, 일본 자동차 회사 혼다의 중국 사업 확대에 혁혁한 공헌을 세운 광저우 혼다 전 사장 스기야마(杉山) 씨를 중도 채용하여 거래처와의 품질보증계약을 체결하고, 니토리 사내와 위탁 공장 간에 사용하는 전문용어를 공용화하는 한편, 담당사원 교육 연수를 통한 품질관리 등 전문가 양성에도 노력하였다.

아스쿠루: 틈새형 소매혁신기업

일본 문구업계의 1위인 "고쿠요"는 기업간 장기적 거래관계와 브랜드파워를 무기로 자사 계열 도매상을 통해 전국 문구점에 납품하였다. 반면, 문구 유통의 만년 2인자인 "플러스사"는 중소사업소들이 일부러 매장까지 와서 정가로 상품을 구입하고, 재고가 없으면 몇 일씩이나 기다려야만 하는 점을 간파하고 중소사업체를 주요 타깃으로 설정하였다. 이때, 아스쿠루는 경쟁사 기업의 제품을 취급하는 것에 대한 반대를 무릅쓰고 타사 제품도 함께 취급하며 사무관련 상품의 원스톱쇼핑을 제공하였다. 카탈로그에 게재된 상품은 고객의 요구에 따라 선정하였고, 고객은 팩스나 인터넷으로 발주하게 하였으며, 구매이력 데이터 분석으로 고객을 세분화하여 구매행동에 대한 가설을 세우고 이를 바탕으로 상품 정보를 편집하여 제조회사와 고객에게 제공하였다. 뿐만 아니라 각 지역의 문구점을 단순한 거래대상이 아닌 파트너로 인식하였고, 다단계 유통구조의 간소화로 수주재고 관리를 시스템화하였다. 제조회사와 소비자 사이에 개입해 무질서하게 범람하고 있는 제품을 엄선하는 한편, 상품구색을 재편집해 소비자에게 전달함으로써 상업의 본질인 「수요창조기능」을 훌륭히 수행하였다.

자료원: 최상철(2009), "일본 유통기업의 불황기 대응사례와 시사점," 대한상공회의소 Retail CEO Report, 1, 2-25.

새로운 유통활동의 기회를 찾기 위해서는 유통환경의 변화를 사전에 파악하고 그것이 구매서비스 욕구와 도·소매업의 구조와 전략에 미치는 영향을 면밀히 분석하여야 한다. 유통관리에 영향을 미치는 환경차원은 크게 세 가지가 있으며 그것은 내부환경(Internal Environment), 과업환경(Task Environment), 그리고 거시환경(Macro

Environment)이다. 거시환경의 변화는 새로운 구매서비스 욕구를 창출하기도 하고 기업의 유통전략, 즉 새로운 도·소매업태의 진출이나 운영활동의 내용에도 영향을 미친다. 한 기업이 거시환경의 변화로 생긴 새로운 유통활동의 기회를 활용할 수 있느냐, 없느냐 하는 것은 내부환경과 과업환경이 특정한 유통기회에 얼마나 잘 부합하느냐에 달려 있다.

본 장에서는 유통계획의 수립을 위해 파악해야 할 유통환경 요소가 무엇이며, 각 유통환경 요소들이 어떻게 고객의 구매서비스 욕구와 유통경로의 구조와 조정에 영향을 미칠 수 있는지를 살펴볼 것이다. 이는 유통계획수립의 다음 단계들인 표적 구매자시장의 선정과 유통목표의 정립 그리고 유통구조 및 조정전략을 수립하는 데 중요한 자료를 제공할 것이다. 한편, 환경 요소들의 변화에 대해서 대응적으로 접근하는 방법(Reactive Environmental Approach)도 중요하지만, 더 나아가 이들 환경 요소들을 기업의 유통관리 활동을 위해 보다 유리한 방향으로 조성해 나가는 주도적인 환경접근방법(Proactive Environmental Approach)과 진취적인 자세도 중요하다.

제 1 절 거시환경 분석

유통계획의 수립을 위해 주의를 기울여야 할 거시환경요소는 경제환경, 법·정치환경, 사회문화환경 그리고 기술환경이다.

1. 경제환경

경제환경은 경기주기와 인플레이션으로 가장 잘 설명되어질 수 있다. 경제환경은 경기주기의 단계, 인플레이션의 확장정도에 따라 기회가 되기도 하고 위협이 되기도 한다. 이러한 조건들의 변화는 유통경로활동에 커다란 영향을 줄 수 있다.

(1) 경기주기

경기주기의 네 가지 단계—번영기, 쇠퇴기, 불황기, 회복기—는 기업의 유통경로 활동에 많은 영향을 준다. 번영기는 경제성장이 높을 때를 말한다. 번영기일 때, 소비자들의 소비는 대체로 증가한다. 동시에 기업은 소비자들의 소비에 맞춰 보다 넓은 유통범위를 확보하기 위해 경비를 지출한다. 그러나 과도한 유통범위의 확대는 경기가 하락할 때 기업의 유통관리에 상당한 손실을 초래하게 된다.

실업률이 높고, 소비자의 가처분소득이 줄어드는 때를 쇠퇴기라 한다. 그다지 경제전망이 낙관적이지 못하면, 번영기 때보다 소비자나 사업자 모두 소비와 지출을 줄이게 된다. 예컨대, 제조업자가 생산량을 줄이게 되면 도매상과 소매상에 대한 유통관리 활동에 필요한 촉진비용도 줄어든다. 또한 유통업자의 경우도 새로운 유통서비스를 제공하거나 개발하는 데에 투자를 아끼게 될 것이다. 소비자들도 쇠퇴기 동안에는 소비량을 줄이게 되는데 자동차, 세탁기 등과 같은 내구소비재의 구입을 미루고 그 대신 수리를 하는 데 비용을 지출하고자 할 것이다. 쇠퇴기동안 기업에 있어 적절한 대응은 경기주기의 하락세에 대해 과도하게 반응하지도 얕보지도 말아야 한다는 것이다. 왜냐하면 과도하게 반응하면 번영기가 돌아올 때 새롭게 재투자를 해야 되기 때문에 재무적 어려움에 봉착할 수 있고 너무 얕보게 되면 심각한 손실을 입을 수 있기 때문이다.

실업률이 급증하고 소비자들의 구매의욕이 심각할 정도로 떨어지게 되면 이 상황을 불황기라 한다. 이 시기는 기업활동에 있어 '생존'과 관련된다. 유통경로관리 노력은 가장 민감하고 경제적으로 접근이 가능한 소비자 집단에 한정하여 활동하게 된다.

회복기 단계는 경제가 불황기에서 번영기로 움직이는 단계이다. 이 단계에서는 실업률은 줄어들고 가처분소득은 늘어난다. 기업의 관리자들은 회복이 되기까지 얼마나 시간이 걸릴지 예측을 해야 하며, 새로운 상품기회와 요구가 실질적으로 증가하는 것에 대비해야 한다.

(2) 인플레이션

인플레이션은 일반적인 가격인상이 주요 특징이다. 인플레이션은 경기주기의 어느 단계에서도 일어날 수 있다. 이는 돈이 너무 많거나 상품이 너무 적거나 또는 생산성에 비해 과도한 임금 때문에 발생한다. 높은 인플레이션은 소비자들의 구매력과 구매의도를 감소시킨다. 특히 이것이 쇠퇴기와 함께 일어날 때 문제는 더욱 심각해진다(높은 실업률과 높은 물가). 정부가 인플레이션 통제를 위해 세금증가, 긴축재정, 가격통제 등 여러 방법을 사용할 때, 실업률이 높아지고 소득이 낮아지는 경기후퇴의 결과를 초래하는 경향이 있다. 이것을 스태그플레이션 경제국면이라 한다.

인플레이션 시기동안 소비자들의 반응은 경기주기의 쇠퇴기와 거의 같다. 인플레이션은 기업의 유통경로전략에 중요하고도 심각한 영향을 준다. 첫째, 기업은 인플레이션율에 따라 상품의 가격을 증가시켜야 한다. 그렇지 않으면 원자재나 다른 생산가격이 증가하기 때문에 수익이 감소한다. 이는 유통기업에게도 마찬가지이다.

수익이 감소되면 계획되었던 투자를 줄이거나 연기하고 이 투자를 못하게 되면 결국 생산성이 낮아지게 된다. 다음의 전략은 심각한 가격인상 없이 수익의 손실을 막기 위해 도·소매상들이 채택하는 일반적인 방법들이다.

- 취급하는 상품의 종류를 재정비하여 재고비용이나 수송비용을 줄인다.
- 생산성이 낮은 인력이나 시설을 정리하고, 정보화를 통해 이를 대체한다.
- 무료설치, 운반, 장기보증 같은 부가적 상품서비스를 낮추거나 없앤다.
- 포장비를 낮추기 위해 값싼 포장재를 이용하거나 덕용 포장을 사용한다.
- 기존의 상품들의 모델, 사이즈, 스타일 등을 줄인다.
- 새로운 절약형 상표, 보급형 상표, 일반 상표, 자가 상표의 비중을 증대한다.

2. 법·정치환경

기업에 있어 법·정치환경은 다른 거시환경 요소와 함께 큰 의미를 지닌다. 법·정치 환경 내에서의 규제활동은 상품계획에서부터 소비에 이르기까지 유통경로의 모든 측면에 영향을 미친다. 예컨대, 환경을 보호하기 위해 쓰레기를 줄이려는 움직임, 하수처리와 관련된 규제 등은 기업의 유통관리에 많은 영향을 미친다.

정부의 규제는 특정 활동을 금지하거나 억제하기도 하지만 규제의 완화로 인해 이전에는 금지되었던 유통활동이 가능하게 되기도 한다(예컨대, 그린벨트 내의 물류기지 건설허가). 이를 잘 예측해서 어떤 기업은 다른 기업에 비해 경쟁력 우위를 가지기도 한다. 법·정치환경의 변화는 그 전에는 필요해 보이지 않았거나 수익성이 없어 보였던 유통관리 활동 등을 새로 시도할 기회를 주기도 한다. 예컨대, 정부의 물가안정정책이 할인점의 확대를 유도하고, 소위 유통경로상의 가격파괴를 일으키는 하나의 힘이 되고 있다. 또 다른 예로, 정부의 다단계마케팅의 허용은 다단계마케팅을 통한 유통기업의 활성화나, 중소제조업체의 새로운 판로 제공이라는 측면에서 유통혁신의 기회를 제공해 줄 수 있다(다단계 마케팅에 대해서는 제7장을 참조할 것). 그러므로 기업은 정부의 경제 및 유통정책의 방향과 관련 법규의 변화를 미리 파악하여 그것이 유통전략에 미치는 영향을 면밀히 분석하여야 한다.

우리나라의 유통에 관한 법률을 고찰해 보면 크게 유통산업발전법, 소매상 연쇄화 사업 운영 요령, 독점규제 및 공정거래에 관한 법률, 경품류 제공에 대한 불공정거래 행위, 소비자보호법, 가격표시제 실시요령 등으로 분류된다. 이에 대한 개략적인 내용은 본 장의 제4절 우리 나라의 유통관련법률에 언급되어 있다.

3. 사회 · 문화환경

　　모든 사회는 다양한 상황에 처해 있는 개인과 조직의 행동과 사고를 이끌고 지도하는 기본적인 믿음, 가치, 규범들을 가지고 있다. 그리고 다른 환경과 마찬가지로 사회 · 문화환경도 시간에 따라 변하며, 이러한 변화들은 소비자의 선호도를 변화시키고 마케팅활동 및 유통활동에도 영향을 미친다.

　　맞벌이 부부의 증가는 구매하는 상품의 형태뿐만 아니라 기대하는 유통서비스 수준에도 영향을 미친다. 맞벌이 부부는 쇼핑시간을 절약할 수 있는 방법을 찾으며, 그를 위해 홈쇼핑, 회원제 쇼핑몰, 또는 전자상거래를 선호할 것이다. 일하는 여성이 늘어남에 따라 가족구성원이 점점 적어진다. 한 가구 당 자녀수가 줄어들수록 부모들은 한 아이에게 더 많은 돈을 쓰고 싶어하고, 쓸 수도 있게 된다. 이렇게 됨으로써 어린이 관련 제품 전문점이 늘어가고 어린이 관련 상품구색이 보다 다양해진다.

　　건강과 안전에 대한 사회인식의 증대는 소매점포 내 환경을 보다 청결하고 위생적으로 변화시키고 있으며, 제품의 구색도 선별적으로 하게 한다. 감각적인 멋을 추

표 2-1　환경보호주의에 의한 소매점경영전략의 변화

---

① 맥도날드
- 쓰레기처리에 '3R'(Reduce, Recycle, Reuse) 원리 적용
- Reduce: 빨대를 전보다 20% 가볍게 만듦. 패키지, 컵 등도 경량화
- Recycle & Reuse: 폴리스틸렌 포장용기를 따로 수거하여 100% 재생사용. 레스토랑 신축시 재활용 건축재료 사용하여 예산 절감
- 햄버거용 소고기는 레스토랑 인접지역에서 들여옴. 열대우림 등 산림보존지역으로부터의 소고기 도입금지
- [환경행동대] 등의 교육프로그램 제공
- [Wecology] 등 어린이용 잡지 발간

② 월 마 트
고객만족과 원가절감, 그리고 환경보호의 일환으로 재활용프로그램의 실시
- 상품이나 포장의 재활용원료 사용 혹은 자체의 재활용가능성 제고
- 포장이 쓰레기 처리와 관리에 유용한지 검토. 즉 다시 채워 넣을 수 있는가? 다른 용도가 있는가?
- 납품업자의 상품이 상기의 재활용프로그램과 일치할 경우 표시라벨부착, 납품업자의 재활용상품의 개발과 추진 유도
- 납품업자에 대해 보다 많은 재사용가능제품 요청, 환경파괴상품의 철거, 재활용가능 쇼핑백 · 봉투의 사용, 빛에 의해 분해되는 쇼핑백의 도입 등 환경문제에 적극 협력

구하는 젊은이들이 증가하면서 그들의 기호에 맞는 밝고 화려한 분위기의 커피숍, 제과점, 술집, 레스토랑 등이 나타나고 있으며, 새로운 상품구색 및 서비스를 요구하고 있다.

　　최근 환경에 대한 사람들의 인식이 점점 높아지고 있다. 사람들은 삶의 질을 계속 추구하고, 생활수준이 높아질수록, 깨끗한 공기, 신선한 물, 자연 자원의 보호에 관심이 높아진다. 소비자들의 이러한 변화는 유통업체들에게 새로운 경영전략의 수행을 요구하게 된다. 〈표 2-1〉은 이런 환경에 대한 관심이 소매점경영전략에 미치는 영향의 예를 제시하고 있다.

4. 기술환경

　　오늘날 기술의 변화는 급격히 전개되고 있으며 기업의 유통활동에도 많은 영향을 미치고 있다. 기술의 발달은 생산자가 상품을 중간상에게 전달하는 능력을 향상시키고 있으며, 자동화된 장비에 의해 소매점 영업과 쇼핑의 형태도 변화시키고 있다. 최근 슈퍼마켓, 편의점, 백화점에서는 POS를 도입하여 소비자들이 계산대에서 기다리는 시간을 줄여 줄 뿐만 아니라 관리자에게 소비자의 구매행동에 대한 유용한 정보를 제공해 주기도 한다. 제조업자와 중간상 사이에 자동화된 유통구조가 확립되면 유통계획에 사용할 수 있는 유용한 정보를 신속하게 얻을 수 있게 된다.

　　이러한 기술환경의 변화는 경로구성원간의 균형에 영향을 미쳐 기존의 균형을 유지하려는 힘과 변화를 일으키려는 힘 사이에 갈등을 초래하기도 한다. 오늘날의 기술발전은 정보의 흐름을 촉진시킴으로써 시장거래의 속도, 효율성, 그리고 정확성을 증가시키고 있다. 동시에 일부 산업에서는 기술환경의 발전으로 인해 경로구성원 간에 갈등을 야기해 왔으며 결국은 전체 경로에서의 획기적인 변화를 초래하고 있다. POS시스템, EDI시스템의 도입으로 모든 경로구성원들 사이의 재고통제가 향상되며, 주문과정도 신속해진다. 또한 경로상의 다양한 갈등도 컴퓨터간의 정보교환을 통해서 해결될 수 있다. 주문서를 작성하거나 전화를 통하여 주문을 하고 난 다음에 연락을 기다리는 대신에 소매상이나 도매상은 단순히 컴퓨터 단말기를 통해서 실시간으로 제조업자의 컴퓨터에 그 주문이 전달된다. 자동발주시스템에서는 재고가 일정 수준 이하로 떨어지게 되면 주문이 자동적으로 이루어진다. 점점 인간의 행동이나 판단이 필요 없어지게 되는 기술적인 향상이 전개되고 있다.

제 2 절) 과업환경 분석

　　과업환경은 기업의 이해관계자들—즉 기업의 유통목표 달성에 직접, 또는 간접적으로 영향을 주고받는 개인 또는 조직의 집단—로 구성된다. 다양한 이해관계자 집단들이 과업 환경을 구성하므로 이들이 기업의 유통활동을 지원하고, 상호 협력할 때, 유통관리활동의 효율성과 효과성은 극대화될 수 있는 것이다.

　　과업환경분석을 유통전략수립과 보다 더 연계하여 접근하기 위해서는 유통경로 관리의 직접 대상이 되는 과업환경 요소인 최종 고객 및 유통업자(도매상, 소매상, 물류기관 등)와 간접 대상이 되는 유통조성기관(금융 및 보험, 촉진기관, 조사기관 등), 경쟁자, 공급업자, 대중, 노조, 정부, 주주 등으로 구분하는 것이 바람직하며, 전자의 경우는 제3장 구매욕구분석과 제4, 5, 6장의 소매, 도매 및 물류의 구조와 전략에서 보다 자세히 설명되어질 것이므로 여기서는 간략히 언급하기로 한다.

1. 고　　객

　　유통경로 관리자가 가장 관심을 가지는 이해관계자는 고객이다. 시장지향적 사고는 고객의 욕구를 가장 소중하게 여기는 경영상의 지침을 강조한 것이며, 고객 욕구의 변화는 유통전략의 변화에 결정적인 영향을 미친다. 그러나 고객이 주 고려대상이기는 하지만 동시에 이해관계자 집단들 중 하나일 뿐이라는 관점에서도 검토되어져야 한다. 기업과 소비자 사이에는 다른 많은 이해관계자들이 존재하며, 서로 상호작용하고 있다. 이러한 상호작용은 고객의 구매욕구를 충족시키려는 기업의 유통활동에 영향을 미친다. 이에 대한 자세한 내용은 다음 장들에서 자세히 설명될 것이므로 여기서는 고객의 구매서비스 욕구와 그에 대응하는 기업의 유통서비스 창출과정에 대해서 간략히 살펴보고자 한다.

　　최종 고객은 다른 조건이 동일하다면(특히 가격에 있어서) 높은 유통서비스 수준을 기대하고 또 그것을 제공하는 소매점포와 거래하기를 희망할 것이다. 소비자가 기대하는 주요 서비스 요소로는 구매상의 편의성(소유, 시간, 장소), 구매 단위의 적절함, 단축된 대기 또는 배달 시간, 상품의 다양성과 구색 등이 있다. 그 외에도 상품의 반품이나 보증, 애프터서비스, 정보제공, 수선이나 기술적 조언, 점포 분위기 등 다양한 유통서비스 요소가 있다. 여기서는 주요 유통서비스 네 가지 요소를 중심으로 설명하고자 한다(그림 2-1 참조).

그림 2-1 고객의 구매서비스요구와 기업의 유통서비스 창출과정

먼저 구매의 편의성은 소비자들이 언제 어디서나 원할 때 쉽게 구매할 수 있게 하는 서비스를 의미하며, 이를 위해서는 소매점포수의 확대와 적정재고의 유지가 매우 중요하다. 여기에는 많은 비용이 들어가고, 그에 따라 소비자에 대한 가격도 높아질 수 있다. 그러므로 기업의 입장에서는 고객에게 어느 정도의 구매 편의성을 제공할 것인가를 신중하게 결정하여야 한다.

상품의 다양성 및 구색은 소비자들에게 폭넓은 상품종류와 각 상품별 다양한 브랜드를 제공하는 것을 말하며, 다양한 상품을 소비자가 원할수록 더 높은 유통비용이 발생하며 이는 소비자 가격을 높이는 요인이 되기도 한다. 그러므로 기업은 소비자들이 자사의 상품을 구입할 때 다른 상품들과 함께 사기를 원하는지 혹은 우리 상품의 경쟁 브랜드들과 비교해 가면서 사기를 원하는지 등을 검토하여 적절한 상품구색 서비스 수준을 결정하고, 또한 그에 부합되는 소매점포의 선택 혹은 개발에 노력하여야 한다.

구매단위의 크기도 소비자의 혜택과 비용에 영향을 준다. 소비자들이 소량 단위의 구매를 원할 때 이를 가능하게 하면 소비를 촉진시키는 역할을 할 수 있다. 만약 대량으로 상품을 구매해야 한다면 소비자는 상품의 보관과 유지비용 등으로 부담이 증가되어 실제 구매하기 어렵게 된다. 그러나 이러한 비용부담을 감수하는 대신 더 낮은 가격을 원하는 소비자들도 있다. 그러므로 기업은 우리 상품의 구매단위의 크기를 어느 정도로 할 것인지를 정할 때, 그에 대한 고객의 요구에 부응하여 결정하여야 한다.

대기시간은 소비자가 상품을 주문하고 상품을 인도 받는데 기다려야 하는 시간을 말한다. 대기시간이 길수록 소비자들은 더 많은 불편을 겪게 되지만 상대적으로 지불하는 가격은 낮아질 수 있다. 그러므로 기업의 입장에서는 우리의 목표 고객들이 가격이 조금 높더라도 더 신속하게 상품을 구입하기를 원하는지, 아니면 상품구입은 급하지 않으니까 시간이 좀 걸리더라도 가격을 저렴하게 해 주기를 원하는지를 파악하여 이에 대한 적절한 서비스 수준을 결정하여야 한다.

최종 고객이 요구하는 것이 많으면 많을수록 중간상이 유통경로에 개입되는 수와 정도는 커질 것이다. 만약 최종소비자가 소량 단위로 구매하는 것을 원한다면 대량 생산자들과 소매점포 사이에 분류기능과 구색기능을 수행하는 전문적인 중간상들이 있어야 한다. 또 대기시간이 감소되기 위해서는 소매점이 분산되어 지역 곳곳에 있어야 하고 그를 위해 더 많은 중간상이 유통경로구조에 포함되어야 한다. 이와 같은 사항은 여타 서비스 창출에서도 적용될 수 있다. 그러나 서비스 창출이 증가될 때 기업의 유통비용은 증가되며, 그 부담은 최종 고객에게로 이전될 수도 있다.

결국 최적 유통경로구조는 적절하게 선정된 서비스 수준을 유통 시스템상의 총비용을 최소화하면서 최종 고객에게 제공하는 유통경로를 말한다. 유통경로 내에서 구성원들은 가능한 한 최소 비용으로 가능한 한 최대 서비스를 창출하기 위한 역할(마케팅·유통 기능) 분담의 참여에 정도를 조정하게 된다. 그러나 이러한 움직임은 상호간의 지속적인 조화와 협력을 통해서만이 가능하다. 이것이 유통경로 관리가 매우 중요하면서도 어려운 문제라고 말하는 이유 중 하나인 것이다.

2. 유통업자

기업의 유통경로구성원으로서 가장 중요한 것은 소매, 도매, 물류기관 등의 유통업자라고 할 수 있다. 기업은 유통경로계획을 수립하기에 앞서 선택 가능한 도·소매업자의 업태가 무엇이 있으며, 그들의 목표와 전략은 무엇인지 그리고 어떠한 새로운 서비스 개념을 지닌 업태가 나타나고 있으며, 나타나야 하는지 등에 대해서 지속적으로 파악하여야 한다. 이들은 유통경로설계의 핵심적인 고려사항들이다. 이에 대해서는 다음 제4, 5, 6장에서 보다 자세히 언급될 것이다.

3. 유통조성기관

유통조성기관은 기업이 유통경로상에서 마케팅 기능을 원활하게 수행할 수 있도록 보조하는 기관으로써 금융기관, 시장조사기관 및 촉진기관(마케팅조사기관, 광고회사, 이벤트회사, 판촉물 제조회사 등)들이 포함된다. 이들에 대한 평가와 새로운 동향 등에 대해서 파악하여야 하며, 누가 우리 기업의 유통(마케팅)기능 수행을 위해서 가장 적합한지를 항상 검토하여야 하고, 나아가 그들에 대한 관계 관리를 효과적이며 효율적으로 하여야 한다. 예컨대 중간상들에 대한 적절한 금융기능의 수행과 재무처리상의 지원을 위해서는 금융기관과의 관계가 매우 중요하다. 그러므로 기업은 금융기관들(은행, 투자기관, 보험회사, 증권사 등)의 변화에 대해 민감해야 하며 그들과 좋은 관계를 유지하기 위해 끊임없이 노력해야 한다.

4. 경 쟁 자

경쟁자라고 하면 특정 시장에서 고객들의 욕구나 그와 비슷한 욕구를 만족시킬 수 있다고 여겨지는 현재 혹은 잠재적 기업들이다. 대체로 유통기업들은 그들의 경쟁자를 같은 시장에 소구하는 다른 유통기업이라는 아주 좁은 의미로 정의하지만 사실 여러 다른 경쟁상황에 부딪히게 된다. 예를 들어 신촌지역의 경우 편의점은 같은 편의점(예컨대, GS25, 세븐일레븐 등)끼리도 경쟁하지만 동시에 현대백화점이나 그랜드마트 또는 제품에 따라서는 아트박스 등과도 경쟁을 하고 있는 것이다. 또한 제조업자가 전방통합(Forward Integration: 제조업자가 유통경로 구성원을 통합하는 경우)을 하는 경우도 잠재적인 경쟁의 원천이 될 수 있다.

많은 유통경로의 마케팅 담당자들은 경쟁을 너무 좁게 규정할 뿐만 아니라 경쟁환경을 단순히 싸움이라고만 생각한다. 예컨대, 이마트나 홈플러스와 같은 할인점이 나타났을 때 백화점들의 대응은 단순히 제조업자에게 가격할인을 할 것만을 요구하는 경우가 그것이다. 과업환경 내의 다른 요소들이 위협뿐만이 아니라 동시에 기회라고도 생각되는 반면 유독 경쟁자만은 기업의 시장위상에 대한 위협적 요소로만 여겨지고 있다. 그러나 경쟁자는 이익의 원천이 될 수도 있다. 새로운 기업이 특정 시장에 진출할 때, 그들이 지출하는 마케팅 경비는 관련 수요를 촉진시킬 수 있기 때문이며 기업의 마케팅 노력을 더욱 향상시키는 데 기여할 수도 있다.

앞의 예에서 백화점들이 할인점에 대항하기 위해 새로운 전자주문시스템을 개발하고 더욱 더 공동적인 마케팅활동을 강화한다면 오히려 할인점과의 경쟁을 통해 경쟁력이 강화되는 기회가 될 수도 있다. 다른 기업들이 각자의 이익을 추구하며 활동한다는 사실 때문에 경쟁자들은 다른 기업의 마케팅 기회를 지원하지도 못하고 그 기회를 위해 다른 이해관계자 집단들에 대한 지원을 강화하지도 못하는 경우가 있다.

경쟁자들이 우리 기업의 마케팅활동을 지원하느냐 그렇지 못하느냐는 우리 기업이 경쟁에 대해 어떻게 접근하느냐에 달려 있다. 경쟁자들과 선의의 경쟁을 하지 못하고 자기 훼손적인 경쟁적 관계를 지속한다면 경쟁자와의 긍정적인 관계를 이끌어내지 못할 것이다. 그러나 경쟁상황을 적절히 관리한다면 경쟁자들은 언젠가는 가치가 있는 이해관계자 집단이 될 가능성이 있다.

5. 공급업자

공급업자들의 행동은 신중하게 조사되어져야 한다. 특히 원재료의 공급, 가격에 대한 영향력, 가격의 안정성, 대체상품의 이용가능성에 대한 그들의 능력은 중요하게 고려되어져야 한다. 그리고 이들의 변화가 기업의 유통활동에 어떠한 영향을 미칠 것인지를 가능한 한 사전에 파악하여야 한다. 더구나 만약 공급업자들이 그 기업이 활동하고 있는 시장에 참여하려 한다면 강력한 경쟁자가 될 수도 있다. 그럴 경우 도·소매업자에 대한 재설계와 구성원간의 협력을 강화할 수 있는 새로운 전략대안을 마련하여야 할 가능성이 높아진다.

6. 대   중

대중은 현재의 고객은 아니지만 고객들의 가치체계에 간접적으로 영향을 주는 사람들의 집합이다. 예컨대, 자신이 속한 가족이나 직장 또는 친구들이 특정한 유통업체에 대해 어떻게 생각하는가는 중요한 영향력으로 작용할 수 있다. 그래서 어떤 기업은 환경친화적인 상품개발에 노력하고 동시에 위생적이고 환경친화적인 도·소매업자를 경로 파트너로 선정하는 등의 노력을 통하여 일반 대중의 좋은 반응을 유도하고 있다.

7. 노동조합

기업과 노동조합과의 관계는 노동자들의 생산성과 회사의 비용−수익 관계를 결정하는 데 점점 그 중요성이 높아지고 있다. 특히 기업이 도·소매업을 직접 관장할 경우 유통에 종사하는 많은 판매원과 보조원들의 단체적인 행동이나 요구에 대해 사전에 파악하여 미리 대처하여야 하고 유통활동에 도움을 주는 방향으로 유도하도록 노력하여야 한다.

8. 정　부

정부의 규제는 여러 가지 형태로 유통관리 활동에 영향을 주며 동시에 정부는 유통기업의 마케팅 기회의 원천으로써 작용하기도 한다. 마케팅 관리자들은 그들의 마케팅 노력을 촉진시킬 수 있는 다양한 정부의 프로그램에 대해 알고 있어야 한다. 특정한 소비자들을 만족시키기 위한 새로운 유통기관을 설립하고자 하는 관리자는 기술적 문제나 관리적 문제에 대해 다양한 형태의 지원을 정부나 정부 관련 기관으로부터 받을 수 있을 것이다.

9. 주　주

기업의 유통에 관련된 의사결정은 많은 장기적 투자를 요구하며, 그만큼 위험부담이 내재하기 때문에 주주에 대한 배당금을 감소시킬 가능성이 있다. 예컨대, 5년 간 유통정보화사업에 대하여 막대한 투자가 들어간다고 할 경우, 기업은 이들 주주들의 사전 양해와 지원을 받을 수 있도록 노력하여야 한다. 사업을 통한 소비자 가치의 창출, 기업의 유통경쟁력 제고, 나아가 기업이익의 증대를 통한 주주의 이익 환원 등에 대한 내용을 잘 설명하여 이해시키도록 하고, 장기적인 진행에 대해 지속적인 지원과 관심을 기울이도록 노력하여야 한다.

제 3 절　내부환경 분석

1. 내부환경의 영향

기업 내의 각 부문들 간의 조정은 유통관리자의 중요한 임무이다. 예컨대, 생산부문은 생산능력, 재고품, 생산공정, 생산일정을 통제함으로써 상품의 원활한 흐름에 영향을 줄 것이고, R&D부문은 제품을 향상시킬 수 있는 아이디어 개발을 통하여 기업이 제공할 수 있는 상품구색에 도움을 줄 수 있다. 재무부문은 유통관리에 필요한 자원을 적시에 제공해 줌으로써 유통관리의 성공에 영향을 준다. 운송부문은 판매부서원들이 약속한 선적계획을 맞춤으로써 결정적인 역할을 하기도 한다. 회계부문은 정확한 회계시스템을 제공함으로써 기업의 이익에 대해 각각의 상품과 유통서비스가 얼마나 기여하는지를 측정하는 데 도움을 준다. 또한 회계절차는 여러 상품들이 동일한 유통경로, 동일한 판매력, 동일한 생산설비를 사용할 때 실제비용이 얼마나 드는지 정확하게 산출하는 데 도움을 준다. 구매부문은 위급한 상황일 때도 시간에 맞추어서 적은 비용으로 질 좋은 원료를 충분히 공급함으로써 유통활동의 성공에 기여한다. 인사부문에서 개발한 동기부여 시스템은 새로운 기회를 확보함에 있어 필요한 판매인력을 할당하는 데에 효과적으로 기여할 수 있다.

유통관리자는 또한 다른 마케팅관리자나 부서와 업무조정과 협상을 하여야 한다. 특정 상품의 시장에서의 성공은 유통관리뿐만 아니라 제품기획, 촉진, 가격결정 등 다른 마케팅 기능과의 적절한 조정과 통합을 통해서 가능할 것이며, 나아가 매출액이나 이익을 극대화시키기 위해서는 마케팅 기능 이외의 다른 경영기능 즉 생산, 재무, 인사, 회계 등과의 적절한 조정과 통합이 요망된다. 즉 마케팅부서 내 마케팅 기능(4P)간의 시너지(협조)와 마케팅과 다른 경영부서(혹은 기능)간의 시너지가 얼마나 창출되느냐가 기업의 유통목표 달성과 유통경쟁력 제고에 직결된다고 볼 수 있다.

2. 내부환경 분석

고객과 경쟁자에 대한 분석은 전략을 수립하는 데 핵심적인 고려사항이다. 그에 못지않게 기업 자신의 능력에 대한 편견 없는 평가도 중요한 고려사항이다. 기업의 강점과 약점에 대하여 정확하게 평가하는 것이 쉬운 일은 아니다. 그것은 관리자에게 자신이 잘하여 왔던 것과 잘하여야 할 것을 확인시켜 주고 그들에게 약점과 한계점을 인정하게 하기 때문이다. 그러므로 객관적인 분석자료를 바탕으로 신뢰성 있는 평가를 하도록 노력하여야 한다. 내부분석은 기업의 성과분석으로부터 시작된다. 두 번째 단계는 각각의 기능에서의 강점 및 약점을 평가하는 것이다. 그리고 효과적인 분석이 되려면 기업의 전체적인 측면을 간과해서는 안 된다.

(1) 성과분석

과거의 성과에 대한 평가는 그것이 기업의 전략과 성공에 탁견을 주기 때문에 가치 있는 것이다. 성과평가는 유통목표달성에 대한 것은 물론이고 유통경로구조와 조정체계에 대한 전략상의 평가도 필요하다. 이는 다른 계획수립의 기초자료가 된다. 이 부분은 제 12 장 유통활동의 성과평가에서 자세하게 다루어질 것이다.

| 표 2-2 | 내부기능의 평가표 | | | |

마 케 팅	생 산	재 무	조직관리
유통서비스에 대한 제품의 영향 유통서비스에 대한 가격의 영향 유통서비스에 대한 촉진의 영향	비용구조 유연성 장비 생산량 노동력	수지균형상태 수익성 운전자금 자본획득능력	경험 깊이 전문력 문화 창의성 조직 인적자원관리

(2) 내부기능의 평가

유통계획전략을 수립하는 데는 기업의 다른 경영부문의 역할을 확인하는 것이 중요하다. 다른 부문과의 조화를 이루거나 그들간에 시너지를 달성할 수 있도록 연계할 수 있다면 내부기능상의 강점이 더욱 부각될 수 있는 것이다. 관심의 첫번째 영역은 마케팅이다. 이는 유통전략을 수립하는 데 함께 고려해야 하는 마케팅의 다른 기능(제품관리부문, 촉진관리부문, 그리고 가격관리부문)에 관한 내용이다. 다른 경영부문과 마찬가지로 여기에도 상호간의 조정을 통해 시너지를 달성할 수 있도록 하여야 한다.

두 번째 영역은 생산부문이다. 생산활동의 비용구조, 생산관리 및 운영의 유연성, 생산능력 등을 고려하여야 한다. 생산관리의 이와 같은 면은 기업이 차별적인 전략 조건들을 수용할 수 있는 능력을 결정한다. 관심의 세 번째 영역은 기업이 필요한 재원을 제공해 주는 재무부문이다. 기업의 수지균형상태, 유동성비율, 전반적인 재무적 '건실도'는 기업의 전략 수행 능력에 영향을 준다. 네 번째는 조직관리 부문이다. 경영능력, 인적자원관리능력, 경영의 질, 그리고 경영재능의 깊이 등은 유통전략을 수행하고 개발하는 기업의 능력을 결정하는 데 중요한 요인이 될 수 있다. 〈표 2-2〉는 상기의 내용을 중심으로 내부기능의 평가표를 제시하고 있다.

● 요 약

유통경로환경은 크게 거시환경, 과업환경, 그리고 내부환경의 세 가지로 나누어 볼 수 있다. 거시환경에는 경제환경, 법·정치환경, 사회문화환경, 기술환경이 포함된다. 과업환경에는 고객, 유통업자, 유통조정기관, 경쟁자, 원재료공급업자, 대중, 노동조합, 정부, 그리고 주주 등이 포함된다. 내부환경은 다른 마케팅믹스들과의 조정 및 다른 부서(예컨대 재무, 회계, 생산 등)와의 관계설정 등이 포함된다. 이들 환경요소들의 변화와 그것이 고객의 구매활동과 도·소매업태의 발전에 미치는 영향을 신속하게 파악하여 그를 바탕으로 기업의 유통경로관리활동 즉 유통경로구조의 설계와 조정체계의 구축에 지속적인 개선과 혁신을 도모해야 한다. 유통경로계획수립의 첫 단계인 이 환경분석 및 영향평가는 계획수립의 다음 단계들에 각각 적절하게 연계되어 사용되어져야 한다. 그리고 책의 말미에 수록된 유통전략수립 매뉴얼을 가지고 이를 실제 사례에 직접 응용해 보기 바란다.

◆ 문제제기 ────────────────────────────────

1. 유통환경을 세 가지 차원으로 분류하고 그것의 하부 구성요소에 대해 간략히 설명해 보시오.
2. 고객의 구매서비스요구와 기업의 유통서비스 창출과정에 대해서 설명해 보시오.

◆ 참고문헌 ────────────────────────────────

1) 오세조·박충환·김동훈, 마케팅원론, 박영사, 2005.

2) Louis P. Bucklin, *A Theory of Distribution Channel Structrue,* Berkeley, Calif.: IBER Special Publications, 1966.

3) Thomas J. Peters and Robert H. Waterman, Jr., *In Search of Excellence: Lessons from America's Best Run Companies,* New York: Harper & Row, 1982; and Caro J. Loomis, "Secrets of the Superstars," Fortune, April 24, 1989, pp. 50–62.

4) 오세조·강보현, "환경의 불확실성이 관계해지의도의 촉진과 완화에 미치는 조절효과에 관한 연구," 경영학연구, 제34권 제5호, 한국경영학회, 2005. 10.

5) 오세조·김상덕, "수요부문 환경 불확실성이 제조업체와 소매업체간 관계특성과 관계의 질에 미치는 영향," 경영학연구, 제34권 제2호, 한국경영학회, 2005. 2.

6) 오세조·강보현, "환경의 동태성이 관계해지의도에 미치는 영향," 유통연구, 제10권 제1호, 한국유통학회, 2005. 1.

제 3 장   구매욕구세분화, 표적구매자시장,
그리고 유통목표의 정립: 표적유통전략

제 1 부   유통관리의 전반적 체계

제 1 장   유통관리의 전략적 접근체계
    1. 유통관리의 접근시각: 시장지향적 접근
    2. 유통경로 발생의 근거
    3. 유통기능(역할)
    4. 유통관리의 전반적 체계

⇩

제 2 부   유통환경변화의 이해 및 표적시장의 선정

제 2 장   유통환경변화의 파악과 영향 분석

제 3 장   구매욕구세분화, 표적구매자시장, 그리고 유통목표의
       정립: 표적유통전략

⇩

제 3 부   유통전략의 수립 1: 유통경로구조(시스템)의 설계

제 4 장   소매: 형태(구조)와 전략   제 7 장   유통경로의 조직패턴
제 5 장   도매: 형태(구조)와 전략   제 8 장   유통경로구조의 설계
제 6 장   물류관리

⇩

제 4 부   유통전략의 수립 2: 경로구성원 조정체계의 설계

제 9 장   힘(영향력) 행사
제 10 장   갈등관리
제 11 장   경로의사소통 및 유통정보시스템

⇩

제 5 부   유통활동의 성과평가 및 조사

제 12 장   유통활동의 성과평가
제 13 장   유통조사

⇩

제 6 부   특정 상황 속에서의 유통관리

제 14 장   서비스산업에서의 유통관리
제 15 장   프랜차이즈 유통관리
제 16 장   인터넷 시대의 유통관리

DISTRIBUTION MANAGEMENT

제 3 장

구매욕구세분화, 표적구매자시장, 그리고
유통목표의 정립: 표적유통전략

학습목표
1. 고객의 구매서비스욕구의 변화와 세분화가능성의
   검토
2. 표적구매자시장의 선정과 고객모습의 명확한 이해
3. 유통목표의 정립

서점＋산책＋쇼핑! 다이칸야마 츠타야 서점의 새로운 라이프스타일

다이칸야마 츠타야 서점은 츠타야와 T카드를 운영하는 기업 컬처컨비니언스 클럽이 운영하는 새로운 커뮤니케이션 공간이다. 약 1만 1,646㎡에 달하는 부지에 건물 설계는 건축회사 Klein Dytham Architecture이 맡았고, 그래픽을 중심으로 한 아트 디렉션은 하라켄야 씨가 담당했다. 이 건물은 세계건축 페스티벌 최우수상을 받았으며, 담당자는 '책과 마주하는 거리감이 마치 내 집의 연장선상에 있는 느낌을 지향한다'라고 했다. 이 서점은 서점과 라이프스타일 공간이 통합된 컨셉으로 만들어져 다이칸야마의 새로운 랜드마크로 부상하였고, 오픈한 지 2년 반 만에 평일고객이 1만 명이 넘는 숫자를 기록할 정도로 집객력이 뛰어나며 주말에는 3만 명을 넘어설 정도이다. 건물 구성은 츠타야서점 건물을 중심으로 크게 3개 동으로 나뉘어 있다. 서적과 CD, DVD, 스타벅스가 있고 애완견을 데려올 수도 있는 산책 코스는 물론, 카페 다이닝 '아이비플레이스(IVY PLACE)'도 입점해 있다.

다이칸야마 T-Site를 만든 배경에는 고령화 사회에 접어든 일본 인구의 추이에 있다. 츠타야는 어른들을 겨냥한 컨셉의 라이프스타일을 즐길 수 있는 공간을 제공하기 위해 만들어졌다. 하지만 누구나 즐길 수 있는 공간 보네르도 다이칸야마 점은 가족 3세대가 즐길 수 있는 공간을 제공한다. 사진 전문 카메라 매장 '기타무라 사진기점'은 인테리어 디자이너가 감수하는 공간으로 많은 종류의 카메라를 취급하고 프린터는 물론 포토북 작성, 스튜디오 촬영 서비스를 제공하고 있다. 자전거 전문 매장 'Motocelo', 애완견을 위한 종합 서비스를 제공하는 'GREEN DOG 다이칸야마', 클리닉 에스테틱 '마쓰쿠라 허브 다이칸야마' 등 다양한 전문매장도 입점해 있다.

이와 같은 대규모 부지의 라이

프 스타일 존은 지금까지 전혀 없던 새로운 업태이다. 서점이라 하면 일반적으로 들러서 책을 읽는 경우가 많다. 하지만 여기에 오면 책뿐만 아니라 DVD나 그 외 다른 시설, 취미와 관련된 상품, 책과 관련해 곳곳에 전시된 팝업 상품 등을 보게 된다. 책을 보면서 커피를 마시고 문구, 여행 전문 카운터, 스타벅스 커피, 편의점 훼미리마트까지 전 동을 둘러보고 간단한 식사까지 할 수 있다. 2층 라운지 카페는 아주 옛날 잡지는 물론 해외의 귀중한 서적이나 보그 등 잡지를 셀렉트 해, 아트적인 공간에서 커피나 술, 식사를 하며 시간을 보낼 수 있다. 좌석은 120개이고, 누구나 라이브러리를 관람할 수 있으며 3만권이나 되는 서적이 있다. 이익률이 적은 책만이 아니라 다이칸야마 사이트에 입점한 다양한 부문에서 전체적인 이익을 창출해 새로운 리테일 시장을 만들었다는 것이 포인트이다. 2동 건물 2층에서는 세미나 강연, 재즈 등 음악연주회도 있다. 객의 체류시간이 길어지는 토털매장이다.

이처럼 쓰타야는 서점이 줄어드는 현실에서 발상의 전환과 새로운 업태로 누구도 시도하지 못한 도전으로 성공한 사례이다. 지가가 저렴한 곳을 선택한 대신 보통 우리가 생각하는 책방을 그냥 책을 파는 장소가 아니라 소비자를 중점에 두고 라이프스타일 관련 제품 종합매장으로 거듭 날 수 있도록 디자인 및 새로운 장르 개척에 투자를 했다. 이익률이 적은 서점이 아니라 취급 콘텐츠를 총체적으로 보고 저품 전체에서 이익률을 얻는 것으로 새로운 비즈니스 모델을 제안했다.

자료원: 델코지식정보(2014), 해외리테일. http://www.delco.co.kr/pages/sub4_02.htm?db=rec2&page=1&id=1174&type=read 패션비즈 2014년 9월호

제1절 ▶ 표적유통전략의 전반적 체계

시장은 다양한 소비자들로 구성되어 있다. 여기서 다양함이란 소비자들의 욕구가 다양함을 의미하는 것이다. 만약 소비자들의 욕구가 매우 유사하다면 기업은 소비자들의 공통적인 욕구를 파악하여 이를 충족시키는 제품을 개발하고 그들이 제품을 구매하기 용이하도록 유통경로를 구축하여야 할 것이다. 대부분의 시장이 형성되는 초기에는 소비자의 욕구는 비교적 단순한 특성을 갖는다. 그러나 초기에 개발된 제품에 만족하던 소비자들도 소득의 증대, 많은 사용경험, 희소성의 하락 등 여러 가지 이유에서 보다 다른 특징을 갖는 제품이나 구매서비스를 원하게 된다. 이 경우 기

업은 전체 시장을 대상으로 막연히 마케팅활동이나 유통활동을 수행하는 것보다 전체 시장을 구성하는 여러 세분시장들 중 특정 사용욕구나 구매서비스욕구를 지닌 소비자들을 택하여 선별적으로 접근하는 전략의 수립이 필요하다. 본 저서는 유통전략수립에 초점을 맞추기 때문에 고객의 사용욕구보다는 구매서비스욕구에 초점을 맞추어 이에 대한 구매자의 욕구분석과 시장세분화의 가능성 그리고 표적구매자시장의 선정을 검토할 것이며 나아가 각 표적구매자시장별 유통목표의 설정에 대해 설명할 것이다. 즉, 전반적인 마케팅전략을 수립할 때 선정된 표적고객집단 내에서, 고객들이 구매(유통)서비스 욕구차원에서 현저한 차이를 보일 때, 다시 세분화하여 접근하는 것이 유통관리의 효과성은 물론 전반적인 마케팅활동의 목표달성에도 공헌할 수 있을 것이다. 그러므로 유통전략수립을 위한 표적구매자의 세분화는 주로 구매욕구(유통서비스)분석에 초점을 맞추게 된다. 특히 사용자와 구매자가 다를 때 구매자에 대한 시장세분화전략은 더 한층 중요한 의미를 지니게 된다.

표적유통전략(Target Distribution Channel Strategy)은 구매자욕구분석 및 세분화, 표적구매자시장의 선정, 유통목표의 정립, 그리고 유통경로의 설계 및 조정으로 구성된다. 시장세분화(구매욕구세분화)는 시장을 구매자의 구매서비스욕구의 세 가지 차원 즉, 핵심구매편익, 구매상황, 구매자특성에 의하여 여러 개의 세분시장으로 세분화하는 과정이며, 표적시장결정은 이들 세분시장들 중, 기업이 가장 적절하다고 판단되는 구매자세분시장을 표적시장으로 선정하는 과정이다. 예컨대, 우리 상품의 고객들 중 집으로 배달해 주기를 원하는 고객들이 나타나고 있다면, 이들 고객들을 새로운 표적시장으로 기존 고객들과 분리하여 접근하는 것이 더 바람직한 것인지 아니면 구분하여 접근하는 것이 아직 시기상조인지 등을 평가하여야 한다.

표적시장이 하나 혹은 둘 이상이 선정되면, 표적시장별로 유통목표를 설정하여야 한다. 유통목표는 고객에게 제공할 유통서비스 수준을 결정(유통서비스 개념정립)하고 그를 달성하기 위한 구체적 유통기능을 설정하는 것과 그것을 실행하는데 있어 얼마나 효율적으로 할 것인가에 대한 두 가지 목표로 구성된다. 전자를 효과성목표라 하며, 후자는 효율성목표라 한다. 기업은 때로는 고객서비스를 위하여 효과성을 더 강조할 수도 있고(비용은 들지만 더 많은 매출증대를 위해), 때로는 비용절감 수준에서 적절한 서비스창출수준을 추구하는 효율성목표에 더 큰 비중을 둘 수 있다. 물론 이 둘은 상호보완적이어야 하며, 효과성이 보다 강조되는 상황에서도 효과성목표를 달성하는 범위 내에서 지속적인 비용절감을 모색하여야 한다.

그리고 유통목표는 효과성과 효율성 이외에 공정성(지역간 균형배분, 저소득자 배려 등), 유연성, 장기경영목표, 그리고 브랜드개념과의 일관성 및 보완성 등도 추가로

그림 3-1　표적유통전략의 흐름도

구매자시장세분화(구매욕구세분화)
－고객이 원하는 구매(유통)서비스의 분석 및 세분화가능성 검토

본 장
제 2 절

세분시장분석(3C분석)
－세분시장의 규모와 성장성
－세분시장의 경쟁력
－기업과 경로구성원의 가용자원과 지원 및 관련시너지

본 장
제 3 절

세분시장분석 화살표

표적구매자시장의 선정(표적시장전략)
－비차별화전략
－집중화전략
－차별화전략

본 장
제 4 절

표적시장별 유통목표의 정립

효과성목표　　　　　　　　　　**효율성목표**
고객에 대한 유통서비스 수준의 결정 :　정해진 유통기능을 수행하기 위해 가장
유통서비스 개념 및 구체적 유통기능　적절한 물리적, 재무적 생산성(산출/투
의 수준 및 우선순위결정　　　　　　입비율결정)

이들의 적절한 결합

추가고려사항 : 공정성, 유연성, 장기경영목표, 브랜드개념과의 일관성 및 보완성

본 장
제 5 절

경로포지셔닝전략

－對도매상, 對소매상, 對고객 포지셔닝전략의 설정
－이 부분은 효과성목표와 같이 수립할 수도 있음
－경로 전략 부분을 분리하여 별도로 고려할 수 있음

본 장
제 6 절

표적시장별 유통전략 수립
－유통경로구조의 설계
－유통경로 조정체계의 설계

본 저서
제 3부와
제 4부

고려되어질 수 있다. 유통목표의 정립은 제12장에서 취급되고 있는 성과평가가 밀접하게 연결되어져야 한다. 이는 목표의 정립, 구체적인 전략 방안의 마련 및 실행, 그에 대한 성과평가는 일관성 있게 연계되어져야 하기 때문이다.

다음으로 유통포지셔닝은 유통서비스의 개념을 바탕으로 보다 구체적인 경쟁적 위상을 최종고객과 경로구성원의 머리 속에 인식시키는 것이다. 이는 구체적인 유통전략의 실행을 통해서 이루어지며, 그것은 최종고객에 대한 가치창출로 연결되어진다. 표적유통전략의 체계를 도시하면 〈그림 3-1〉과 같다.

제 2 절　구매자시장세분화(고객구매욕구 세분화)

1. 구매자시장세분화의 개념

(1) 구매자시장세분화의 기본개념

구매시장세분화는 기업이 하나의 시장을 구매자의 상이한 구매욕구에 따라 서로 다른 둘 또는 그 이상의 하위집단(細市場)으로 분할시키는 것을 말한다. 이러한 분할은 구매자들과의 거래의 효과성 및 효율성을 향상시키기 위해 이루어지는 것이다. 개인마다 서로 다른 욕구를 충족시켜 주기 위한 마케팅개념을 실천하기 위해서는 구매자의 서비스욕구도 각 구매자 개별적으로 파악하여 이를 충족시켜 주어야 할 것이다. 그러나 이러한 시도는 맞춤 양복, 주문 주택 같은 경우에는 어느 정도 가능하겠으나 불특정 다수의 잠재구매자를 대상으로 하는 경우에는 용이하지 않다. 따라서 구매자시장세분화는 시장(구매자들) 내의 구매욕구의 이질성을 분석하여 비교적 구매욕구가 동질적인 하위시장(Submarkets)을 파악하고, 하위시장의 정보를 표적시장의 도출에 활용하려는 것이다.

(2) 구매욕구세분화, 세분구매자시장 분석, 그리고 표적구매자시장 선정에 있어 핵심적 고려사항: 3C

구매자시장세분화는 비슷한 구매자 집단을 구별해 주는 것 이상의 의미를 내포하고 있다. 즉 구매자의 욕구와 선호경향을 파악하는 것은 물론 이에 부응하는 기업의 내부적인 능력과 환경요소(예컨대, 공급업자, 경쟁기업 등) 관리 능력 역시 함께 고려되어야 하는 것이다. 그러므로, 구매욕구세분화 및 표적구매자시장의 선정을 위해서는 기업, 구매자 그리고 다른 환경요소들 간의 상호작용을 관리함에 있어서 해당 기업이 유통(마케팅)활동을 가장 잘 수행할 수 있는 시장(구매자 집단)을 명확히 구별하여 선택하는 것이다.

구매자욕구세분화 및 표적구매자시장의 문제를 고려할 때 명심해야 할 3C는 구매자(Customer)의 변화, 경쟁(Competition)의 영향, 그리고 기업(Company)의 자원이라 할 수 있다. 기업의 자원은 한정되어 있으며, 기업은 이 한정된 자원을 이용하여 수익을 극대화시키려는 노력을 한다. 이러한 기업의 자원에는 생산시설과 설비, 기존에 개발해 놓은 유통경로, 공급업자들과의 우호적인 관계, 그리고 자사에 호감을 가지고 있는 구매자 등이 포함된다.

기존 자원을 잘 활용하여 매출을 증대시키는 것은 시장거래의 효율성을 제고시키는 것이다. 그러나 기업이 제공하는 제품이나 서비스에 대한 반응에 있어서 구매자들 간에 중요한 차이점들이 존재할 수 있다. 그러므로 다양한 구매자들을 하나의 집단으로 취급하는 것보다는 여러 개의 하위집단(Subgroup)으로 세분시키는 것이 보다 효과적일 수 있으며, 각각의 세분시장에 대한 유통서비스를 달리할 때 보다 많은 거래가 발생하게 된다. 각 구매욕구세분시장에 대해 서로 다른 유통전략을 개발하는 데 있어 기업의 동일한 자원이 보다 많이 사용될수록 거래의 효율성은 더 커진다.

또한 구매자시장의 경쟁 개념이 반드시 고려되어져야 한다. 즉 구매자에 대해 유통서비스를 제공하는 해당 기업 이외의 다른 기업이 존재하며 이들 경쟁기업의 적극적인 활동은 특정한 구매자시장에서의 매출을 현저하게 줄일 수도 있고, 시장을 지키기 위한 불필요한 비용의 지출은 이익구조를 악화시키게 된다. 시장세분화 과정은 이러한 3C의 영향을 분석하여 진행되어야 한다.

2. 구매욕구(구매자시장)세분화의 진행절차

표적구매자시장을 선택하기에 앞서 시장을 이루는 다양한 구매자세분시장을 파악하여야 한다. 구매자들은 생물학적 차이로부터 지리적 차이 그리고 사고의 차이에 이르기까지 다양한 차이를 나타내고 있다. 구매자들간의 차이는 경쟁자 또는 규제기관 등과 같은 기업의 이해관계자들에 의해 취해진 조치에 의해서도 생겨날 수 있다. 예컨대, 경쟁자의 광고를 통해서 특정 구매자 집단은 다른 구매자들과 구별되는 특별한 태도를 형성하기도 한다. 사회적, 경제적 변화 역시 시장에서의 다양성을 만들어 낸다. 사회적 관습의 변화는 어떤 구매자들의 기호와 욕구에 변화를 일으킬 수도 있는 반면에 다른 구매자들에겐 상대적으로 영향을 주지 않을 수도 있다.

구매자들 사이의 다양한 욕구의 차이를 고려하여 의미 있는 표적구매자시장을 파악해 내는 일은 쉬운 일이 아니다. 그러므로 체계적인 접근을 시도하지 않는다면 표적구매자의 모습을 정확히 알지 못하게 되며, 나아가 유통전략수립의 방향도 결정하기 어렵게 된다. 실제로 국내의 많은 기업들이 자사 제품의 구매자를 단지 피상적으로(예컨대, 지역적 및 인구통계적 변수로써) 묘사함으로써 표적구매자의 진정한 모습을 그리지 못하는 경우가 대부분이다.

본 절에서는 올바른 구매욕구(유통서비스욕구)세분화 절차를 제시하기 위하여 먼저 구매욕구세분화를 위한 구체적 시장개념을 도입하고, 다음으로 구매욕구세분화의 기본적 접근방법과 가능한 표적세분시장의 도출절차를 설명할 것이며, 그리고 구매욕구 세분시장도출을 위한 구체적인 실행방법을 제시할 것이다. 다시 한번 강조하면, 다음의 접근방법들은 고객들이 실제 구매를 하려고 할 때 원하는 유통서비스욕구에 초점을 맞추고 있으며, 유통경로전략수립을 위한 시장세분화는 유통서비스욕구 차원에서의 세분화가능성 검토를 의미하는 것이다.

(1) 구체적 구매자시장 개념의 도입

시장(구매자들)을 세분화하기 위해서는 시장의 개념을 보다 구체적으로 정립할 필요가 있으며, 더 나아가 시장의 진화과정에 대한 이해가 필요하다. 시장이란 특정 '구매편익'(왜 구매하는가?)에 의해, 특정 '구매상황'(언제, 어디서, 어떻게 구매하는가?)하에서 유사한 특징을 가지고, 거래에 기꺼이 관여하고자 하는 '구매자'(누가 구매하는가?) 집단이라 할 수 있다. 시장의 개념을 구매편익, 구매상황, 구매자의 세 가지 차원으로 구체화시키는 것이 시장을 세분화하는 데 더 도움을 줄 수 있으며, 특히 시장의 세 가지 구성요소 각각의 변화나 발전과정을 추적해 봄으로써 시장의 진화과정과 그를 바탕으로 한 잠재 표적세분시장을 보다 용이하게 확인할 수 있게 된다.

(2) 구매욕구세분화의 기본적 접근방법

구매자가 제품을 왜 구매하려고 하고, 언제/어디서/어떻게 구매하려고 하며, 어떠한 특성을 지닌 구매자가 이 제품을 주로 구매할 것인지에 대한 질문에 답을 찾는 과정에서 다양한 세분시장을 발견할 수 있을 것이다. 다시 말해서, '왜', '언제', '어디서', '어떻게', '누가'의 다양한 조합에 의하여 구매자세분시장은 무수히 많은 경우의 수를 가지게 된다. 이러한 구매자시장세분화에 의해 구분된 세시장(細市場)의 분석을 통해 진입하게 될 시장을 선정하게 되면, 그것이 표적구매자시장이 된다. 표적구매자시장은 1개 이상이 될 수 있으며, 만약 2개 이상일 경우는 그 이후의 유통목표 및 유통전략의 전개과정이 서로 달라지는 것이다.

표 3-1	다양한 세분시장의 형성: 구매(서비스)욕구 차원의 경우				
왜	언제 / 어디서	어떻게	누가	세분시장군
기능적 편익 감각적(경험적) 편익 상징적 편익	시간: 아침 – 저녁 등 계절 장소	영향자 구매패턴 지불수단	지리적 특징 인구통계학적 특징 사회심리적 특징	왜, 언제/어디서, 어떻게, 누가의 다 양한 결합에 의하 여 세분시장 1, 2,
왜	언제/어디서	어떻게	누가	…가 형성됨
구매하는가? 구매하지 않는가?	구매하는가? 구매하지 않는가?	구매하는가? 구매하지 않는가?	구매하는가? 구매하지 않는가?	

구매자들의 구매욕구는 그들이 접하는 다양한 환경의 변화에 따라 변하게 되며, 그러한 구매욕구의 변화는 구매욕구세분화의 근거가 된다. 사실 환경변화는 가시적으로 쉽게 파악되지 않기 때문에, 구매욕구의 변화를 살펴봄으로써 환경변화가 있었다는 것을 감지할 수 있게 된다. 새로운 유통 아이디어도 구매욕구의 변화과정을 감지하여 하나의 새로운 세분시장을 대상으로 창출된다고 할 수 있다.

구매자의 욕구는 앞에서도 제시한 바와 같이 상당히 광범위한 개념으로서 '왜', '언제', '어디서', '어떻게', 그리고 '누가'의 요소가 합쳐져 하나의 세분시장의 개념 즉 특정 구매자의 모습을 그려낼 수 있다. 특히 구매자와 사용자가 다를 경우에는 구매욕구분석 및 표적시장의 선정에 더욱 주의를 기울여야 한다.

〈표 3-2〉는 햄버거 프랜차이즈의 구매욕구차원에서 다양한 세분시장의 형성가능성을 제시해 준다. 이 표에서 '왜?' 욕구는 구매자들이 추구하는 편익을 의미하며, 이는 크게 기능적 편익, 감각적(경험적) 편익, 그리고 상징적 편익으로 구분되어진다. 기능적 편익이란 다양한 상품구색, 좋은 위치, 경제적 가격, 애프터서비스, 주차시설, 정보제공 등의 구매상의 실질적인 혜택을 의미한다. 감각적 편익이란 구매자가 제품을 구매할 때 오감을 통해 느끼는 감각적인 즐거움과 느낌을 말하는 것으로, 이에는 점포의 분위기, 감각적 디자인 및 배경, 점포냄새, 점포 외관 및 간판, 네온사인, 전반적인 색깔, 테이블이나 의자의 모양 등이 포함된다. 그리고 상징적 편익이란 구매자들이 어떤 점포나 혹은 어떤 서비스가 자신의 사회적 위치나 이미지 혹은 연령이나 소득, 지위 등과 관련됨으로써 얻을 수 있는 심리적인 즐거움을 의미한다. 예컨대, 상류계층은 생활필수품도 백화점이나 전문점에서 구매함으로써 자신을 과시하기도 한다. 또한 10대들은 그들만을 위한 공간이라는 점이 강조된 점포를 선호하기도 한다.

앞의 세 가지 유형의 편익은 장기적인 유통경로관리에 있어 매우 중요한 의미를

표 3-2	햄버거 프랜차이즈의 시장세분화: 구매(서비스)욕구차원의 경우			
왜	언제 / 어디서	어떻게	누가	세분시장군
기능적 편익	**언제**	**영향자**	**지리적 특징**	**분위기 추구형**
맛있는 햄버거 △	점심시간 △	친구의 권유 ○	대도시 ○	(○표의 결합임)
다양한 햄버거	저녁시간 ○	가족의 권유	중소도시	자신의 이미지와
편리한 위치 △	평일 △	스스로 결정 △		맞는 매장분위기를
적당한 가격 △	주말 ○		**인구통계적 특징**	원하고, 친구들과
친절한 판매원	간단한 식사할 때		10대 △	만남을 목적으로
편리한 좌석 △	△		20대 ○	햄버거 프랜차이즈
매력적인 판촉	친구 만날 때 ○	**구매패턴**	30대	를 방문하는 고객
		단품구매 △	남성 △	집단
감각적 편익		세트구매 ○	여성 ○	
혼잡하지 않은		혼자방문 △	학생 ○	**식사추구형**
매장 △	**어디서**	친구와 같이 방문	직장인	(△표의 결합임)
청결한 매장	시내 중심가 ○	○		간단한 식사를
좋은 음악/냄새	지하철역 주변 △	가족과 같이 방문	**경제적 특징**	위해 햄버거 프랜
독특한 점포 경험	학교 주변 ○		고소득층 ○	차이즈를 방문하는
○	사무실 밀집지역		중산층 △	고객으로 매장
세련된 디스플레이	△		저소득층	위치와 가격이
○	동네 가까운 곳 △	**지불수단**		중요한 고객집단
		현금 △	**라이프스타일**	
상징적 편익		신용카드 ○	명품선호 ○	
나와 맞는 점포		마일리지 사용 △	가격민감 △	
이미지 ○			환경지향	
좋아하는 점포			친인터넷	
분위기 ○				
나와 비슷한 매장				
고객 ○				

지닌다. 비록 구매자들의 욕구가 2가지 유형 이상의 편익을 추구한다고 할지라도 기업의 입장에서는 어느 욕구군에 중점을 두어야 하는지에 그 우선 순위를 명확히 해야 한다. 그 이유는 구매자가 어렵고 다중적인 개념을 잘 이해하지 못하기 때문이다. 예컨대, 특정 점포를 개발함에 있어서 10대들이 좋아하는 상징적 유통서비스편익에 우선적으로 비중을 둔다고 하더라도 그러한 개념하에서 10대들이 좋아하는 기능적 편익과 감각적 편익도 연계해서 제공되어야 한다.

한편 〈표 3-1〉에서 구매(서비스)욕구 차원에서의 다양한 세분시장의 형성 가능성을 확인할 수 있다. 상기의 왜, 언제/어디서, 어떻게, 누가의 다양한 결합에 의하여 세분시장 1, 2, …이 형성될 수 있다. 〈표 3-2〉는 〈표 3-1〉의 개념을 햄버거 프랜차이즈에 대하여 적용한 예를 보여 주고 있다.

(3) 가능한 표적세분구매자시장의 도출

지금까지 우리는 구매자가 원하는 구매편익과 구매상황에 따라 다양하게 시장을 세분화할 수 있다는 것을 알았다. 그러면 보다 구체적으로 기업은 가능한 표적 세분시장들을 어떠한 절차를 통해 도출해 낼 수 있을 것인가? 이에 대한 해답을 구하기 위해서는 다음과 같은 욕구분석 절차를 밟을 필요가 있다.

① 해당 제품(제품군)을 왜, 언제/어디서, 어떻게, 그리고 누가 구매하고 있는가 또는 구매하고 있지 않는가?

② 우리회사 제품(목표 브랜드)을 왜, 언제/어디서, 어떻게, 그리고 누가 구매하고 있는가 그리고 구매하고 있지 않는가?

③ 경쟁사 제품(경쟁 브랜드)을 왜, 언제/어디서, 어떻게, 그리고 누가 구매하고 있는가?

④ 우리회사 제품을 구매하였다면 왜, 언제/어디서, 어떻게, 그리고 누가 만족 또는 불만족하는가?

⑤ 해당 제품의 대체품을 왜, 언제/어디서, 어떻게, 그리고 누가 구매하고 있는가 또한 불만 사항은 무엇인가?

⑥ 우리회사 제품을 왜, 언제/어디서, 어떻게, 그리고 누가 구매할 수 있을 것인가?

상기의 틀에 따라 모든 상황을 고려할 수 있을 때까지 기본적인 내용을 도출한 후 ①-⑥의 경우를 시장조사를 통하여 확인하여야 한다. 다음으로 위의 시장조사의 결과를 바탕으로 자사의 유통서비스에 대해 ①-⑥의 질문을 통하여 기존 서비스를 개선시킬 것인지, 아니면 새로운 유통서비스를 개발할 것인지, 혹은 새로운 소매업태를 개척할 것인지를 결정하여야 한다. 이때, 결정된 유통전략을 실행할 경우 이에 대해 구매자의 호응도가 얼마나 있는지를 파악하기 위하여 시장조사가 이루어져야 한다. 또한 대체품의 유통서비스에 대한 면밀한 관찰을 통해서도 기회를 발견할 수 있으며, 구매하는 경우와 구매하지 않는 경우를 파악하여 제품의 구매를 유도하는 방안을 도출할 수도 있을 것이다.

제 3 절 세분시장의 분석

유통경로관리자는 다수의 세분시장 중 한 개 혹은 몇 개의 세분시장을 표적으로 선정할 수 있다. 이때 표적구매자시장의 선정을 위하여 각 구매자세분시장의 규모와 성장성, 상대적 경쟁력, 기업(혹은 사업단위)의 목표와 자원 등을 분석하여야 한다. 이는 앞서 제시한 3C(Customer, Competition, Company)에 대한 내용을 참조로 하면 도움이 될 것이다.

1. 구매자세분시장의 규모와 성장성(Customer 관련 평가기준)

구매자세분시장의 평가에 있어 기업이 우선해야 할 것은 새로운 유통서비스를 원하는 해당 세분시장이 적절한 시장규모와 성장성을 지니고 있느냐 하는 것이다. 물론 여기서 적절한 규모란 상대적인 문제이다. 대규모 기업들은 대규모시장을 선호하고 소규모시장을 기피하는 경향이 있다. 반면 충분한 재원을 갖지 않은 중소기업들은 대기업이 등한시하는 소규모시장을 틈새(niche)시장으로 공략할 수 있다.

세분시장의 성장가능성도 미래의 판매와 이익에 직결되기 때문에 평가기준으로서 고려되어야 한다. 그러나 급속한 성장성은 경쟁자들의 진입 속도를 가속화시킬 수 있으며, 판매와 이익을 분산시킬 수 있는 단점도 있다.

2. 구매자세분시장에서의 장기적 경쟁력(Competition 관련 평가기준)

구매자세분시장이 바람직한 규모이며 성장성이 높다 하더라도 그 시장에서의 장기적 경쟁력을 확보할 수 없다면 그 시장은 매력적일 수 없다. 세분시장에서의 경쟁력 및 매력도의 문제는 해당 구매자세분시장에서의 경쟁자의 위협을 통해서 이해되어질 수 있다. 경쟁자들의 위협의 형태는 다음의 다섯 가지로 구분될 수 있다.

① 기존 경쟁자의 위협: 세분시장 내에 유사한 유통서비스를 제공하는 다수의 강력하고 공격적인 경쟁자들이 있는 경우, 특히 수요가 안정적 혹은 하향적이거나, 요구하는 경쟁대응능력이 크거나, 고정비가 높은 경우, 퇴출장벽이 높거나 경쟁자의 시장 사수의지가 강한 경우에는 유통경로상에서의 가격전쟁, 촉진전쟁 등의 결과를 초래하게 될 것이다.

② 새로운 경쟁자의 위협: 새로운 능력과 자원, 그리고 이익보다는 시장점유율 증대를 목표로 진입하는 경쟁자가 있을 경우 시장은 매력이 적어지게 된다. 특히 진입장벽이 낮고, 보복능력이 적을수록 세분시장의 매력은 작아진다.

③ 대체 가능한 유통서비스의 위협: 현재 혹은 잠재적인 대체 유통서비스와 관련된 기술이 발전하거나 그러한 서비스가 증대되고 있다면 해당 구매자세분시장의 수요와 이익은 증대되기 어려울 것이다.

④ 구매자의 협상력 증가 위협: 도·소매업자 등 구매자의 가격 및 구매조건에 대한 협상력이 강한 세분시장은 매력적이지 못하다. 구매자의 협상력은 그들이 조직화되고 체계화되었을 때, 제품이 비차별적일 때, 후방통합이 가능할 때에 강해진다.

⑤ 공급자의 협상력 증가 위협: 원재료 및 설비공급업자, 금융기관 등의 가격 및 공급조건의 협상력이 강한 세분시장은 매력도가 떨어진다. 공급자의 협상력은 조직화되고 체계화될 때, 대체재가 거의 없을 때, 전환비용이 높을 때, 공급자들의 전방통합이 가능할 때 강해진다.

3. 사업부 및 마케팅목표와의 일관성과 가용자원의 확보(Company 관련 기준)

구매자세분시장이 바람직한 규모와 성장성을 지니고 있으며 장기적 경쟁력이 있어 매력적이라 하더라도, 사업부의 목표나 마케팅목표와 배치된다면 표적시장으로 선정할 수 없다. 그리고 이상의 요건들이 충족된다고 하더라도 구매자세분시장의 욕구를 충족시킬 수 있는 인적/물적/기술적 자원을 갖추고 있는지 분석하여야 한다. 또한 기업이 필요한 능력을 소유하고 있다 하더라도 경쟁자에 비해 우월한 편익을 개발하거나 가격을 인하시킬 수 있는 충분한 잠재능력도 지니고 있어야 한다. 즉 경쟁자보다 우월한 가치가 있는 유통서비스를 창출할 수 없는 구매자세분시장에 진출하는 것은 신중히게 고려헤 보아야 한다. 더 나아가 기존 구매자세분시장의 유통서비스개념이나 마케팅, 생산, 관리 능력 등을 새로운 세분시장 등에 연계시킴으로써 단위당 비용을 줄이거나 동반적인 매출액의 증대를 가져올 수 있는지도 신중하게 검토하여야 한다. 이는 앞서의 장기적 경쟁력과도 결부된다.

제 4 절 표적구매자시장의 선정

구분된 세분시장을 분석한 후에 기업은 ① 얼마나 많은 구매자세분시장을 관리

하고, ② 어떤 구매자세분시장에 보다 역점을 둘 것인가를 결정하여야 한다. 이러한
일련의 과정을 표적구매자시장의 선정이라고 한다.

1. 표적구매자시장의 개념

표적구매자시장이란 가능한 구매자 세분시장들 중에서 기업이 목표로 선정하여
유통관리활동을 수행함으로써 구매자는 물론 기업에게 가장 유리한 성과를 제공해
주는 매력적인 구매자시장을 의미한다.

기업의 관심이 되는 각각의 구매자세분시장은 세밀하게 그 내용이 파악되어야
한다. 예컨대, '가격의식형 구매자 對 품질의식형 구매자' 등으로 고려하는 것만으로
는 충분하지 않다. 우리는 세분시장의 구체적 내용인 핵심 구매편익상의 특징, 구매
상황의 특징, 그리고 소득, 라이프스타일 등 구매자의 특성에 대해 보다 세밀한 것을
알아야 한다. 한 기업이 자신의 표적구매자시장을 명확히 정의할 수 있다면, 그것은
그 기업이 자신의 관심과 자원을 어디에 초점을 맞출 것인가를 정확히 알고 있다는
것을 의미한다.

2. 표적구매자시장 결정의 전략적 대안

한 기업의 관점에서 볼 때, 기업의 유통관리활동에 대한 구매자의 반응에 차이
가 있으면, 구매자세분시장은 존재하고 있는 것이다. 표적구매자세분시장은 기업이
유통관리활동을 집중시킬 수 있는 구매자들로 구성된다. 이러한 표적구매자시장의
선정은 다음과 같은 전략 대안으로 접근할 수 있다.

(1) 비차별화전략

구매편익, 구매상황, 구매자특성 등에 있어서 전체 시장이 동질적이거나 크게
차이가 없는 경우에는 비차별적 전략이 적절하다. 이 경우 기업의 유통관리활동은
어떤 특정한 집단의 구매자들을 겨냥하는 것이 아니라 전체로써의 시장을 전제로 수
행되는 것이다. 설탕이나 야채와 같은 생활필수품이나 원재료 생산자들은 전형적으
로 이 전략을 따르고 있다.

이 전략은 동질성이 존재하는 시장에서는 합리적이지만, 이러한 상황은 상대적
으로 그리 흔한 것이 아니다. 거의 모든 유통서비스에 있어서 구매자선호도의 차이
는 존재하고 있다. 그 차이가 처음에는 존재하지 않다가 시장의 발전에 따라 나타날

수도 있는데, 이는 시장의 발전에 영향을 미치는 환경을 지속적으로 관찰하여야 함을 시사하는 것이다.

(2) 집중화전략

어떤 기업이 자사 제품을 효과적이고 효율적으로 전달할 수 있는 하나의 구매자세분시장을 찾아낸 경우, 그리고 그 구매자세분시장의 욕구가 기업의 유통서비스개념과 일치하는 경우, 집중적 전략을 채택할 수 있다. 이때 기업의 유통관리활동은 매력적인 하나 또는 매우 적은 수의 구매자세분시장에 집중된다. 집중화전략은 구체적으로 다음의 두 가지 조건이 충족될 때 채택하는 것이 바람직하다.

첫째, 현재의 구매자세분시장과 고려되는 새로운 구매자세분시장 사이의 시너지효과가 없거나 미약한 경우, 집중화전략을 채택할 만하다. 구매자세분시장 사이의 긍정적인 시너지효과는 비용절감을 가능하게 하며, 이를 통해 이익을 증대시키게 된다. 반대로 긍정적인 시너지효과가 없으면 이익에 악영향을 미치게 된다. 또한 기업이 현재와 미래의 상대적 경쟁력을 보다 취약하게 만들게 된다. 왜냐하면, 각각의 구매자세분시장에서 보다 높은 효율성을 유지하고 있는 경쟁자들과 대응하여야 하기 때문이다.

만일 어떤 기업이 상이한 욕구를 지닌 두 구매자세분시장에 동시에 접근한다면, 양쪽 모두에서 성공하지 못할 수도 있다. 상이한 구매자세분시장은 그 욕구와 기호가 다르기 때문에 서로 다른 유통경로 개념을 가지고 접근해야 한다. 그러나 중요한 것은 각각의 유통경로 개념들이 서로 모순되거나 배치되어서는 안 된다는 점이다.

잠재적 구매자세분시장에 있어 유통경로 개념상의 시너지효과 이외의 다른 요소들도 함께 고려되어야 한다. 여기에는 시장의 크기, 경쟁의 강도, 운영상의 시너지효과 등이 포함된다. 기업은 표적구매자시장의 선택에 있어서 유통서비스 개념상의 시너지효과와 다른 고려 요소들 사이에서 상충된 의사결정을 하여야 하는 경우도 있을 수 있다.

둘째, 기업의 잠재적 시장규모가 큰 경우, 하나의 구매자세분시장만으로도 기업의 이익목표를 충족시키기에 충분할 수 있다. 구매자집단이 규모가 크면 클수록 그것이 제공하는 기회도 더욱 좋은 것이다. 그러나, 이런 상황에서 시장의 잠재적 매출은 기업의 잠재적 매출액과는 명확히 구분되어야 한다.

잠재적 시장 매출은 모든 기업에 의한 세분시장 전체의 마케팅 활동에 대한 반응으로서 제품이나 서비스의 구매로부터 생겨나는 매출 단위 또는 금액을 의미한다. 반면 잠재적 기업 매출은 해당 기업의 유통관리 활동에 대한 반응으로 당사의 제품이나 서비스의 구매로부터 나타나는 매출단위 또는 금액을 의미한다. 경쟁의 심화는 잠재적 시장 매출이 매우 양호할지라도 잠재적 기업 매출에 나쁜 영향을 줄 수 있다. 특정 세분시장에서 잠재적 매출이 크다고 해도 기업의 잠재적 매출은 상대적으로 작을 수도 있음을 의미하는 것이다.

또한 경쟁업체의 수, 구매자 선호의 동질성, 기업의 경쟁적 우위 등을 고려요소로 활용하여 기업의 잠재적 매출을 추정하여야 하며, 이를 통해서 얻어진 구매자세분시장 규모를 바탕으로 하나의 시장에 집중화하는 전략을 선택할 수 있을 것이다.

(3) 차별화전략

차별화된 유통서비스가 요구되는 각각의 세분시장들 가운데서 시너지효과의 잠재성을 지닌 몇 개의 표적시장을 찾아낸 경우, 차별화전략이 가장 좋은 전략이 될 수 있다. 기업이 각각의 집단에 대해 상이한 전략을 개발해야 하기 때문에 이러한 접근방법은 집중화전략보다 더 복잡한 것이라고 할 수 있다. 하지만 다음과 같은 상황이나 조건이 존재하는 경우, 차별화전략의 선택이 적절하다고 할 수 있다.

① 각 구매자세분시장의 구분이 명확하고 세분시장간 수요 잠식이 거의 없는 경우
② 마케팅, 운영기술, 전달하고자 하는 유통서비스 개념의 관점에서 구매자세분
   시장들 사이에 긍정적인 시너지효과가 존재하는 경우
③ 각 구매자세분시장의 잠재적 규모가 만족스러운 수익을 제공할 정도로 충분
   히 큰 경우

두 개 또는 그 이상의 구매자세분시장이 이들 조건에 부합되는 경우, 기업은 각각의 세분시장에 진출함으로써 전체 매출과 이익을 증대시킬 수 있다. 이 경우 복수의 구매자세분시장 사이에서 긍정적인 시너지효과를 달성하는 것이 매우 중요하다.

제5절 표적시장별 유통목표의 정립

표적시장이 선정되면 표적시장별로 유통활동의 목표가 명확히 정립되어야 한다. 유통활동의 목표는 크게 두 가지로 구분된다. 첫번째는 유통서비스 개념의 정립 그리고 유통서비스 수준의 결정을 포함한 효과성 차원의 목표이며, 두 번째는 상위에서 결정된 유통서비스 개념의 수행에 있어서 비용절감을 고려한 효율성 차원의 목표이다. 본 장 제1절에서 유통목표의 기본개념에 대해서는 설명하였으므로 추가적으

로 알아두어야 할 개념과 실제 유통목표 정립의 예를 제시하기로 한다.

(1) 유통서비스 개념과 포지션(위상)

유통서비스 개념이란 유통서비스의 내용과 수준을 소비자들에게 의미 있는 언어로 표현한 것이다. 즉, 유통서비스가 제공해 주는 내용과 수준은 구매상의 편익, 구매 상황별 용도, 표적 구매자 특성으로 구성되며, 이들의 특정한 조합에 따라 서로 다른 유통서비스 개념을 만들 수 있다.

일반적으로 유통서비스 포지션(위상)은 경쟁 측면을 고려한 유통서비스간의 상대적 차이점의 관점에서 이해되어져야 한다. 상대적 차이점이란 경쟁사가 제공하는 유통서비스로부터 자사의 유통서비스를 차별화시키는 것을 의미한다. 이러한 차별화는 구매자들이 판단하는 것으로 결국 포지션은 구매자의 지각 속에 자리잡는 것이다.

유통서비스의 개념과 포지션의 설정은 유통목표의 효과성 측면을 정립할 때 우선 고려해야 할 사항이다. 유통서비스의 개념은 보다 장기적인 관점을, 포지션은 경쟁상황에 따라 변화될 수 있는 단기적인 관점으로 구분되어 사용되기도 하지만 유통목표의 효과성 차원이라는 점에서 구분 없이 사용할 수도 있을 것이다. 본 저서에서 유통서비스 개념의 의미는 유통서비스 개념은 물론 포지션도 포함되어 있다.

(2) 유통서비스 개념의 종류

유통서비스 개념은 유통서비스 포지셔닝전략(위상정립)을 결정한다. 다음의 세 가지 유통서비스 개념은 구매서비스 욕구의 세 가지 형태를 반영한 것이다(앞의 구매욕구시장세분화를 참조할 것).

첫째, 기능적 유통서비스 개념은 구매자들에게 내/외적으로 야기되는 실제적인 거래문제들을 해결하기 위한 것이다. 예컨대, 다양한 상품구색으로 일괄구매(One-stop Shopping)를 기능히게 히는 서비스 개념이나 저렴한 가격을 가능하게 하는 EDLP(Everyday Low Price)의 개념이 여기에 해당된다. 둘째, 감각적(또는 '경험적'이라고 표현되기도 함) 유통서비스 개념은 자극과 다양성을 위하여 내적으로부터 창출되는 구매자들의 욕구를 충족시키는 데 그 목적을 지닌다. 예컨대, 신세대 여성층의 감각적인 멋에 부응하는 점포분위기의 제공 등이 이 개념에 속한다. 셋째, 상징적 유통서비스 개념을 지닌 경로형태는 구매자들을 그들이 원하는 집단, 역할, 자아상(현실적 혹은 이상적)과 연결시켜 주는 것이다. 예컨대, '귀족같은 서비스를 받을 수 있는 최고급 서비스'나 '미시족들을 위한 백화점' 등의 개념이 여기에 해당된다.

유통서비스 개념의 선택은 그에 따른 경로관리의 의사결정을 주도하는 바탕이 되기 때문에 하나의 우선적인 혹은 중점적인 유통서비스 개념을 선택하는 것이 적절하다. 기능적, 감각적, 상징적 욕구들이 두서 없이 혼재된 형태의 유통서비스 개념을 선택하게 되면, 경로관리는 비효과적이고 어렵게 된다. 그 이유는 첫째, 혼재된 개념의 유통서비스는 일관성 있는 실무적 지침들을 제공하기 어렵다. 둘째, 혼재된 개념의 유통서비스는 많은 경로의 경쟁대상이 되므로 실패하기 쉽다. 셋째, 혼재된 개념의 유통서비스는 소비자가 유통서비스의 개념을 잘못 해석하는 경향을 일으키기 쉬우며, 이는 시장에서 유통서비스의 관리와 관련된 비용을 증가시키게 된다.

그러나 유의할 점은, 특정 서비스 개념을 우선적으로 도입한다고 하더라도 다른 서비스 개념을 도입하지 않는다는 것을 의미하는 것은 아니다. 예컨대, 상징적인 서비스 개념을 도입한다고 하여도 그 하위개념으로써 기능적 개념과 감각적 개념이 연계되어져야 한다. 10대들을 위하는 점포이면 그들이 상징적 개념을 우선적으로 제공하여야 함과 동시에 구체화된 기능적·감각적 즐거움이 연계되어져야 한다.

(3) 효과성 및 효율성차원의 유통목표

효과적인 유통활동이란 유통서비스가 구매자의 욕구에 일치한다는 것을 의미한다. 그러므로 효과성 목표란 구매자의 욕구를 바탕으로 한 유통서비스 개념과 구매자에게 제공된 유통서비스 수준의 결정을 의미한다. 예컨대, 효과성 목표를 다음과 같이 표현할 수 있다.

효율성은 표적고객들에게 유통서비스를 제공함에 있어 얼마나 비용을 절감할 수 있는가의 문제를 의미한다. 즉, 유통서비스의 제공 및 유통기능의 수행과 관련된 노동이나 자본의 투여분에 대한 서비스량 산출비의 개념이 효율성이며 이는 물리적 효율성(생산성)과 재무적 효율성(수익성)으로 구분될 수 있다. 생산성의 척도로는 단위당 물류비, 단위당 수송비, 단위당 창고비, 적정재고 유지비 등이 포함된다. 재무적 효율성의 척도로는 ROI, GMROI, 자본유동성, 수지균형, 수익의 성장잠재성 등이 포함된다(자세한 것은 제13장 유통경로의 성과평가 참조할 것).

그러므로 유통경로의 효율성 목표는 앞서의 효과성 목표의 각 유통기능(장소적 편의 제공 등)마다 구체적으로 얼마만큼의 비용(예산)을 할당하여야 할 것인가와 연계되어진다. 이 경우 효과적인 유통기능의 수준을 계량화하여 그에 대한 비용을 할당하여야 한다. 예컨대, 소매점에서 고객이 비교적 결품 없이 구매할 수 있도록 하기 위해서는 지금의 소매점에 대한 납기시간을 3시간에서 1시간으로 줄여야 하며 이를 위해서는 수송비용이 단위당 1,000원 증가되어야 한다는 식의 개념이다.

물론 고객에게 결품 없이 제품을 공급한다는 유통서비스의 가치 문제는 주어진 것이라는 가정하에서 효율성 제고 노력은 출발한다. 즉, 2시간의 차이를 극복하기 위한 개선된 수송방법의 마련, 나아가 수송 기능의 수행 주체 결정에 이르기까지 복잡한 의사결정이 진행되어야 한다. 여기서 중요한 점은, 효율성 제고의 노력에 비해 달성되는 유통활동상의 성과가 어느 정도인가를 항상 검토하는 자세가 요구된다는 것이다. 예컨대, 결품률 감소가 단위당 수송비용 1,000원을 추가로 지불하고도, 고객에게 유통서비스가 향상되었다고 인지시키고, 나아가 매출 등의 재무적 성과에 영향을 주는가를 검토하여야 한다.

(4) 유통목표의 정립

유통목표는 상기의 효과성과 효율성 모두를 고려하여야 하나 양자간의 비중에는 차이를 둘 수 있다. 즉 경우에 따라서는 효과성에 보다 초점을 맞추면서 비용절감의 노력을 하기도 하고, 때로는 과거와 유사한 서비스를 제공하는 대신 효율성의 극대화를 주요 유통목표로 설정할 수 있다. 그리고 이들 이외에도 지역간의 균형적인 유통서비스의 제공이나 저소득층에 대한 유통서비스의 배려(공정성), 환경변화(급격한 수요감퇴, 경쟁심화 등)에 대한 유연성, 장기적 경영전략 방향(성장위주, 이익위주)과의 연계, 자사 이미지나 브랜드 개념과의 일관성 등도 상황에 따라 중요하게 고려되어져야 한다.

제 6 절 경로포지셔닝 전략

경로포지셔닝이란 기업이 의도하는 유통서비스 개념을 최종소비자, 소매업자, 도매업자, 물류기관 등 경로구성원들의 지각 속에 위치화시키는 것을 말하며, 경로포지셔닝 전략이란 경로포지셔닝을 효과적이며, 효율적으로 추진하기 위한 유통경로의 설계와 조정 즉, 유통관리활동을 의미한다. 예컨대, 우리는 롯데백화점이나 현대백화점은 대체로 패션과 고급화된 서비스로, E 마트·홈플러스는 실속과 할인된 가격으로 머리속에 인식하고 있다. 이는 각각의 경로형태들이 우리의 마음속에 그렇게 자리잡고 있기 때문이다. 그러므로 경로포지셔닝은 어떤 경로가 경쟁경로에 비하여 차별적 특징을 갖도록 유통서비스 개념이나 포지션을 정하고, 그에 따라 설계/조정된 유통서비스를 구매자나 소매상, 도매상의 지각속에 적절히 위치시키는 노력인 것이다. 만약 기업이 설정한 유통서비스의 포지션이 기업이 원하는 바대로 구매자나 소매상, 도매상의 마음속에 포지셔닝되고 있지 않다면 재포지셔닝(Repositioning)의 노력이 필요하다.

포지셔닝 전략은 단기적인 포지셔닝 전략과 장기적인 포지셔닝 전략으로 구분되어질 수 있다. 이는 유통서비스 개념 및 포지션의 문제와 연계되는 것이다. 단기적으로는 주어진 경쟁상황 속에서 유통서비스 개념과 포지션을 함께 구매자나 소매상, 도매상에게 전달하여 위치시키면 되지만, 장기적으로는 경쟁상황이 바뀜에 따라 포지션의 변화가 요구되며 그에 따라 정해진 상위의 유통서비스 개념 하에서 포지션의 변화를 전략적으로 관리할 필요가 있다.

경로포지셔닝의 접근방법에는 다양한 질적, 양적 방법이 있다. 경로포지셔닝을 위한 질적 방법으로 관찰방법과 초점집단면접은 특정 제품의 포지션을 결정하는 데 도움을 준다. 예컨대, 유통경로 관리자들은 소집단으로 구성된 소비자(혹은 소매상, 도매상)들이 경쟁 경로의 포지션에 대해 어떻게 느끼는가에 대해 관찰함으로써 경로포지션을 정립하는 데 중요한 시사점을 얻을 수 있다. 또한 유통서비스를 새로운 시장으로 확장하기를 원하는 기업은 그들의 유통서비스와 새로운 시장에서 경쟁자가 제공하는 유통서비스에 대한 주요 구매자(혹은 소매상, 도매상)의 반응에 주의를 기울여 중요한 정보를 획득할 수 있다.

경로포지셔닝을 위한 양적 방법으로는 ① 구매자(혹은 소매상, 도매상)의 태도와 의도에 관한 설문조사, ② 다차원 척도법, ③ 컨조인트 분석 등이 있다. 이러한 세 가지 방법은 상호 보완적이며, 가능하다면 함께 사용하는 것이 좋다. 한 가지 방법을 사용하는 것보다는 복수의 방법을 사용함으로써 최종 의사결정에 확신을 높여 줄 수 있기 때문이다.

구매자 태도와 의도에 관한 설문조사는 구매자들에게 경로의 물리적 특성, 서비스 특성, 가격의 범위 등에 관한 정보를 포함한 다양한 유통서비스 개념을 제시한다. 그리고 소비자들에게 그들 경로의 전반적인 선호도와 구매의도를 고려하여 각 유통서비스 개념을 평가하는 것이다.

다차원 척도법(Multi-Dimensional Scaling: MDS)은 ① 유통서비스 개념이 정립될 수 있는 핵심적 차원 및 기능적 속성들과 ② 이들 차원들에 대한 구매자들의 인식을 파악하는 방법이다. 다차원 척도법은 다차원의 공간에서 구매자의 특정 욕구를 만족시킬 수 있는 서비스들에 대한 구매자의 인지 구조를 지도화하여 핵심개념들의 차원을 규명하는 데 사용한다.

컨조인트 분석은 유통서비스 개념을 구성하고 있는 다양한 속성에 대한 상대적인 중요성을 평가하는 방법으로 활용한다. 다차원 척도법과 유사하게 컨조인트 분석은 유통서비스에 대한 구매자의 선호도는 해당 유통서비스 개념의 특성(기능)에 의하여 묘사될 수 있다는 점을 가정한다. 그러나 다차원척도법과는 달리 관리적 관점에서 직접적으로 통제 가능한 특성만을 고려한다(자세한 것은 제13장 유통경로조사를 참조할 것).

◉ 요   약

구매자들의 욕구가 매우 유사하다면 기업은 그들의 공통적인 욕구를 파악하여 그를 충족시켜 줄 수 있는 유통서비스 개념을 정립하고, 그들 서비스를 효율적으로 제공할 수 있는 유통경로를 구축하여야 한다. 초기의 유통서비스에 만족하던 구매자들도 소득이 증대됨에 따라 또는 자신의 편의와 즐거움을 위해 보다 다른 특징을 지니는 유통서비스를 원하게 된다. 이 경우 기업은 전체 구매자를 대상으로 막연히 유통활동을 하는 것보다는 전체 시장을 구성하는 여러 세분시장들 중 특정 구매욕구를 지닌 구매자들을 표적으로 삼아 그들의 욕구에 부응하는 유통전략을 수립할 필요가 있다. 이를 위해 본 장은 구매자의 욕구분석과 시장세분화의 가능성 그리고 표적구매자시장의 선정방법을 제시하고, 나아가 각 표적구매자시장별 유통목표의 설정과 경로포지셔닝 전략에 대해 언급하였다.

◆ 문제제기

1. 표적유통전략이 무엇인지를 설명하고, 그 진행절차를 도시해 보시오.
2. 구매욕구시장세분화의 접근 방법을 실례를 들어 설명해 보시오.
3. 구매자세분시장의 분석 기준을 3C와 연계하여 설명해 보시오.
4. 표적구매자시장 결정의 전략적 대안 중 특히 차별화전략의 성공조건이 무엇인지를 설명해 보시오.
5. 한 가지 실례를 들어 유통목표를 정립해 보시오.

◆ 참고문헌 ─────────────────────────────────────

1) A. C. Pigou, *The Economics of Welfare,* London : Macmillan, 1920.

2) 박충환 · 오세조 · 김동훈, 시장지향적 마케팅관리, 박영사, 2004, pp. 183-191.

3) Stern and El-Ansary, *Marketing Channels*, Prentice Hall, 1992.

부 록
PC시장의 구매욕구 시장세분화

본 장에서 제시된 구매욕구 시장세분화과정을 PC시장의 예를 통해서 살펴보기로 한다. 본 내용은 500명의 PC구매 경험자를 대상으로 한 설문조사에 바탕을 두고 있다.

1. 구매욕구 시장세분화 절차

구매욕구 시장세분화를 취한 절차는 다음과 같다. 여기에는 개념적인 절차는 물론 방법론의 적용에 대한 지침까지도 포함한다.

먼저 PC관련 구매욕구를 빠짐없이 나열한 후, 요인분석을 실시하여 주요 욕구군을 추출한다. 이렇게 해서 얻어진 요인적재값을 이용하여 군집분석을 실시한다. 이때 최초 계층적 군집분석을 통하여 유효집단의 수를 확인한 후, K-means방식을 통해 고객을 집단화하는 것이 효과적이다.

다음으로 군집분석 결과에 의해 세분시장을 확정한다. 이렇게 확정된 세분시장들에 대해 각각의 특성을 파악한다. 예를 들면, 세분시장별 이상적 점포는 어떠한 모습인지, 그들의 고객특성, 구매행태, 그리고 고객욕구는 무엇인지 등이다. 이렇게 세분시장별 특징이 파악되면 세분시장별 전략방향을 도출할 수 있다.

2. 주요 구매욕구군 도출

지금부터는 앞서 제시한 절차에 의해 구매욕구 시장세분화를 실시한 사례를 살펴보겠다. 먼저 설문을 통하여 가능한 구매욕구에 대한 중요도를 확인하고 이 자료를 요인분석하여 다음 다섯 가지의 중요한 욕구가 확인되었다.

제 1 요인 구매 및 구매 후 서비스 관련 요인	반품과 환불에 대한 약속, 신속한 배달 및 설치, 멤버십 및 관련 혜택 제공, 지속적인 제품 정보의 제공, 구매 전 시험사용, 가격할인, 무료 서비스 품목의 제공, A/S의 신속성, A/S의 정확성, 교육지원 서비스
제 2 요인 매장 관련 요인	세련된 전시방법, 매장의 크기, 널리 알려진 매장, 깨끗한 점포 주변 환경, 쾌적한 점포 분위기
제 3 요인 제품기획 관련 요인	다양한 제품종류 및 구색, 다양한 경쟁제품 비교 가능성, 재고 수준, 양질의 제품 보유, 적당한 가격대의 제품 보유, 다양한 주변기기의 보유
제 4 요인 접근가능성 관련 요인	점포에 대한 좋은 평판, 제공되는 정보의 신뢰성, 관련 제품 / 주변기기 상점의 밀집성, 편리한 주차공간, 편리한 교통, 반품과 환불에 대한 약속
제 5 요인 판매원 관련 요인	판매원의 친절함, 점원의 풍부한 제품 지식, 점원과의 개인적인 친분, 점원의 사무처리 숙련도

3. 세분시장의 도출

상기에서 구해진 5개의 요인, 즉 구매욕구군을 중심으로 군집분석을 실시하여 세분시장을 도출하였다. 우선 계층적 군집분석을 실시하여 의미 있는 군집의 수가 3개임을 확인하고, K-Means방식에 의해 3개의 세분시장을 도출하였다.

이때, 제 1 세분시장(195명, 42.6%)은 서비스, 제품기획, 접근 가능성 관련 요인에서 중요도가 높게 나타났으며, 제 2 세분시장(180명, 41.9%)은 서비스와 판매원 관련 요인에서 중요도가 높게 나타났다. 마지막으로, 제 3 세분시장(69명, 15.5%)은 구매욕구상에서 두드러진 특징이 없었다.

4. 이상적 점포의 확인

마지막으로 구분된 세분시장에 대해서 이상적이라고 생각되는 점포스타일에 대한 견해를 질문하였다. 시장 전체 차원과 세분시장간의 차이를 확인함으로써 고객들이 현실적 제약이 없다면 선택하고자 하는 이상적인 점포가 어떤 것인지를 확인한 것이다.

질문에 대한 응답결과를 보면 응답자 전체는 조립전문점 스타일이(163명, 37%) 가장 높게 나타났고, 그 다음으로 전문점 스타일(140명, 31.8%), 할인점 스타일(43명, 9.8%), 첨단제품 전문매장 스타일(41명, 9.3%) 순이었다. 기타로 컴퓨터통신 및 인터넷을 통한 구매 스타일, 백화점 스타일, 종합 가전제품 매장 스타일, 통신판매 스타일, 우체국 등을 통한 적금식 스타일 등이 있었다.

　한편 세분시장별로 살펴보면, 1집단은 "전문점 스타일"과 "조립전문점 스타일"의 순위가 바뀌었고, 2집단은 전체순위와 같았으며, 3집단은 "첨단 제품 전문매장 스타일"과 "할인점 스타일"순위가 바뀌었다.

　전체적으로 상위 4개의 점포 스타일이 97.9%를 차지하여, 대부분 현존하는 매장 스타일에 익숙해져 있음을 확인할 수 있었다. 조립 제품을 취급하며, 전문화가 강화된 매장의 선호가 두드러졌으며, 전문점이 강화된 형태, 즉 전문 할인점 스타일의 비중도 두드러졌다.

제 3 부

유통전략의 수립1: 유통경로구조 (시스템)의 설계

DISTRIBUTION MANAGEMENT

제 4 장   소매: 형태(구조)와 전략

제 1 부   유통관리의 전반적 체계

제1장   유통관리의 전략적 접근체계
   1. 유통관리의 접근시각: 시장지향적 접근
   2. 유통경로 발생의 근거
   3. 유통기능(역할)
   4. 유통관리의 전반적 체계

⇩

제 2 부   유통환경변화의 이해 및 표적시장의 선정

제2장   유통환경변화의 파악과 영향 분석
제3장   구매욕구세분화, 표적구매자시장, 그리고 유통목표의
       정립: 표적유통전략

⇩

제 3 부   유통전략의 수립 1: 유통경로구조(시스템)의 설계

제4장   소매: 형태(구조)와 전략   제7장   유통경로의 조직패턴
제5장   도매: 형태(구조)와 전략   제8장   유통경로구조의 설계
제6장   물류관리

⇩

제 4 부   유통전략의 수립 2: 경로구성원 조정체계의 설계

제 9 장   힘(영향력) 행사
제10장   갈등관리
제11장   경로의사소통 및 유통정보시스템

⇩

제 5 부   유통활동의 성과평가 및 조사

제12장   유통활동의 성과평가
제13장   유통조사

⇩

제 6 부   특정 상황 속에서의 유통관리

제14장   서비스산업에서의 유통관리
제15장   프랜차이즈 유통관리
제16장   인터넷 시대의 유통관리

DISTRIBUTION MANAGEMENT

제 4 장

소매: 형태(구조)와 전략

학습목표
1. 소매상이 수행하는 유통경로상의 기능에 대한 이해
2. 고객의 욕구를 만족시키기 위해 수행되어지는 소매상 전략의 이해
3. 소매업태 추세의 파악
4. 소매상 종류와 특징의 이해
5. 우리나라 소매업태들이 나아가야 할 방향의 제시

획일적 접근법을 거부한 스타벅스

성공한 브랜드를 표준화된 프랜차이즈 형태로 세계 곳곳에 진출시키는 것은 많은 장점이 있지만, 그러한 획일적 접근법이 항상 옳은 방법은 아니다. 특히 지금처럼 세계화가 빠른 속도로 진행되고 있는 시점에서는 더욱 그렇다. 세계적인 프랜차이즈인 스타벅스는 미국에 이어 세계에서 두 번째로 큰 시장인 중국에 진출하면서 현지형 매장을 선보였다. 스타벅스 특유의 모던함을 덜어내고 중국 현지 문화에 어울리는 전통 컨셉트의 매장을 선보인 것이다. 2013년 9월 스타벅스 글로벌 디자인팀과 현지의 중국 디자인 스튜디오가 함께 만든 새로운 중국 현지형 플래그십 스토어가 베이징에 오픈하였는데, 그중 한 곳은 북경 케리센터에 위치해 있다. 2층으로 설계된 매장은 각각의 층에 모두 커피를 제조해 주는 카운터가 있는데 위층에서는 원산지별로 원두를 추출한 에스프레소를 즐길 수 있다. 매장 벽에는 커피 재배 과정을 묘사한 중국 붓 그림이 걸려 있고, 중국 청자나 월병 틀 같은 중국 전통소품들도 현대적 느낌의 가구와 잘 어우러져 있다. 2호점은 24시간 운영되는데 주말에는 2층에서 라이브 음악도 감상할 수 있다.

스타벅스는 중국 투자를 확대하고 있으며, 2015년까지 1,500개 지점을 낼 계획이라고 밝혔다. 베이징 플래그십 스토어처럼 스타벅스 문화와 중국 무화를 잘 접목해 나간다면 향후 스타벅스 오픈도 성공적일 것으로 보인다. 이는 최종 고객의 니즈를 충족시키기 위해 기존에 가지고 있  던 사업경험이나 노하우를 버리고, Zero-base에서 소매의 컨셉을 개발한 좋은 사례라 할 수 있다.

자료원: 델코지식정보(2014), 글로벌 소매업계의 창의적 혁신 사례
http://www.delco.co.kr/pages/sub4_02.htm?db=rec2&page=2&id=1098&type=read
리테일매거진 2014년 3월호

제 1 절) 소매의 정의

소매가 우리나라 전체 산업에서 차지하고 있는 비중은 매우 크다. 특히 최근에는 고객의 다양한 욕구를 충족시키기 위한 기업의 노력이 더 한층 강조되고 있어 소매의 중요성은 더욱 커지고 있다. 이는 유통경로상에서 소매점포가 최종고객에게 가장 가깝게 위치하기 때문이다.

소매는 최종고객에게 그들이 원하는 제품이나 서비스를 판매하는 행위를 말한다. 제품이 제조를 통해 시작된다면 마지막에는 소매를 통해 최종고객에게 전달되는 것이다. 이러한 기능을 수행하는 조직체를 소매상, 소매기관, 또는 소매업태라고 할 수 있다.

제 2 절) 소매상의 전략 및 운영

소매상의 주된 기능은 고객들에게 제품을 판매하고 서비스를 제공하는 것이다. 소매상에 대한 이해를 위해서는 그들이 수행하는 전략과 운영의 형태를 알아야 한다. 소매상의 전략은 소매상이 취하는 기본적인 운영형태, 스타일이라고 생각할 수 있으며, 동시에 동종 부류 소매상들간의 경쟁 방식을 의미할 수도 있다.

소매상의 전략은 그들이 주 대상으로 삼는 고객들이 요구하는 서비스의 수준과 이를 제공할 수 있는 소매상의 능력에 의해서 결정된다. 특히 소매상의 재무적 능력에 의해 제시되는 분류기준이 수익률(Margin)과 회전율(Turn over) 개념이고, 상품기획 능력과 관련된 분류기준이 다양성(Variety)과 전문성(Assortment) 개념이다. 이들 분류체계의 기준은 배타적인 것이 아니라 상호 연계되어 있다. 즉 고회전에 의해 전략적 우위를 지니고자 하는 소매상의 경우 상품기획에 있어 다양성을 추구하는 경향이 전문성을 추구하는 경향보다 상대적으로 높다.

1. 수익률과 회전율

수익률은 제품에 대한 판매가격과 구입원가에 의해 결정된다. 수익을 높게 가져갈 수 있는 배경에는 고객의 구매욕구가 소매상이 제공하는 저렴한 가격 이외의 구매 서비스를 높게 평가하는데서 출발한다. 구매 서비스의 정도는 제품구색, 위치 그

| 표 4-1 | "저수익률 - 고회전율 소매전략"과 "고수익률 - 저회전율 소매전략"의 특징 비교 |

저수익률 - 고회전율	고수익률 - 저회전율
최소한의 유통서비스 또는 선택적 유통서비스	높은 유통서비스 수준
비교적 분리된 상권에 위치	비교적 밀집된 상권에 위치
다양한 제품, 얕은 제품 깊이	덜 다양한 제품, 보다 많은 제품 깊이
시중보다 낮은 가격	시중보다 높은 가격
가격에 초점을 둔 촉진	상품 지향적, 이미지 지향적인 촉진
비교적 단순한 조직 특성	비교적 복잡한 조직 특성
특별한 노력 없이 팔리는 제품 취급	다른 상점과 근접한 위치

리고 제공하는 서비스의 규모에 의해 결정된다(제3장 참조).

회전율은 제품의 판매가능성에 의해 결정된다. 소매상의 판매가능성 제고는 제품 구입에서부터 시작된다. 즉 잘 팔릴 제품을 누가 많이 취급하는 가의 문제이다. 동시에 판매력에 의한 영향이 제품의 매출에 미치는 영향이 크다. 판매력을 향상시키기 위해 소매상은 다양한 촉진 방안을 강구하게 되는데 가격할인도 가능한 대안일 수 있다.

수익률과 회전율을 바탕으로 소매상이 취할 수 있는 가능한 전략은 두 가지 기준의 높고 낮음에 의한 네 가지 대안이 가능하지만 일반적으로 '고수익률–저회전율' 전략과 '저수익률–고회전율' 전략으로 구분할 수 있다(표 4-1 참고).

〈표 4-1〉에서 볼 수 있듯이 저수익률–고회전율 전략의 특징은 일반적으로 판매되는 상품의 가격이 시중보다 낮고, 소비자들에게 최소한의 유통서비스 혹은 선택적인 유통서비스를 제공하는 것이다. 상품의 깊이는 얕으나 상품의 폭은 넓다. 그리고 상점들간의 위치는 다소 떨어진 곳에 있어 지역적으로 시장이 구분되고, 낮은 가격에 초점을 둔 촉진책을 쓴다.

반면에 고수익률–저회전율 전략에서는 판매가 빈번하지 않은 상품을 시중보다 높은 가격으로 다양한 유통서비스와 함께 제공하는 것이다. 비교적 복잡한 조직구조를 가진다는 특징이 있으며 상점들이 밀집되어 있는 상권에 위치한다. 취급하는 제품의 다양성은 떨어지나, 제품의 깊이는 깊고 상품과 기업의 이미지에 기초한 촉진책을 주로 쓴다.

〈그림 4-1〉은 수익률과 회전율 구분에 의해 우리 주변에 있는 소매상이 주로 선택하는 전략 유형이 어떤 것인지를 표현하고 있다. 여기서 중요한 것은 특정 업종이나 업태가 꼭 그러한 전략을 취한다는 것은 아니며 동일 업종이나 업태의 개별 업체

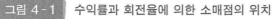

그림 4-1 수익률과 회전율에 의한 소매점의 위치

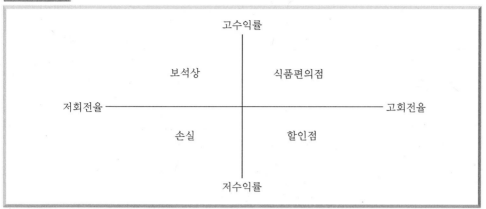

들을 중심으로 전략의 개념을 해석할 수도 있는 것이다.

이 그림을 앞의 표와 연결하여 생각해 보면 두 전략의 특징을 쉽게 이해할 수 있다. 즉 보석상과 같은 전문점은 취급제품의 깊이(Assortments)는 있지만 취급제품의 폭(Variety)은 적다. 이마트와 같은 할인점의 경우 식품이나 옷, 화장품 등 여러 종류의 상품들을 보유하고 있으나 각 항목별로 비교적 적은 종류를 취급한다. 또한 할인점의 경우 서비스의 수준을 최소화함으로써 시중보다 저렴한 가격이 가능하며 따라서 촉진도 가격에 대한 것으로 집중되어 있다고 할 수 있다.

반면에 보석상과 같은 전문점은 높은 수준의 유통 서비스를 제공하며 고가의 제품을 다루며 촉진도 상품이나 이미지에 초점을 두게 된다. 그리고 위치선정의 면에서도 다양한 제품을 갖춘 할인점의 경우, 제품탐색 시간을 줄일 수 있도록 일괄구매(One-Stop Shopping)를 가능하게 해 주는 넓은 공간이 필요하여 지가가 저렴한 곳(예를 들어 도시외곽)에 위치하지만, 전문점의 경우, 높은 지가를 감수하고 여러 상점들과 근접하여 핵심상권에 위치함으로써 전문상권의 이미지를 형성한다.

2. 다양성과 전문성

다양성과 전문성의 문제는 소매상에서 취급하는 상품과 관련된 개념이다. 제품군, 제품 라인, 제품 깊이, 제품 폭 등과 같이 제품 관련 용어는 매우 다양하다. 소매상에서 의미하는 제품은 판매를 목적으로 점포(또는 무점포)에서 취급하는 상품을 의미하는 것으로, 소매상은 상품을 얼마나 많이 취급할 것인지를 결정하여야 한다. 이러한 결정의 두 가지 기준이 바로 다양성과 전문성이다.

　　표현 그대로, 다양성은 제품을 다양하게 취급하는 것이다. 소비자들은 할인점에서 필요한 대부분의 제품을 구입할 수 있다. 이는 할인점이 취급하는 제품이 매우 다양하기 때문이다. 반면 전문점들은 다양한 제품을 취급하기보다는 특정한 제품군에 특화되어 있다.

　　전문성은 판매하고 있는 제품군에서 얼마나 많은 대안들을 가지고 있는가의 문제이다. 예를 들어 의류의 경우 남성캐주얼을 취급하는 소매상에서 스타일, 색상, 사이즈, 소재 등의 종류가 많을수록 전문성이 높아지게 된다. 특히 다양한 경쟁사의 제품을 취급하는 경우도 여기에 포함될 수 있다.

　　이처럼 다양성과 전문성의 문제는 상품기획과 관련된 문제이기 때문에, 다양성과 전문성을 통한 소매상 전략의 선택은 당연히 소매상의 머천다이징(상품기획) 능력에 의해 결정된다. 할인점의 넓은 매장에 제품을 채워놓기 위해서는, 취급하는 모든 제품들에 대한 구매결정이 있어야만 한다. 남성캐주얼을 전문적으로 취급하는 점포에서 고려하는 스타일, 색상, 사이즈, 소재, 브랜드에서 대안을 3가지 정도만 취급한다고 하여도 소매상에서 다루게 되는 상이한 옷은 243가지(SKUs)나 된다.

　　머천다이징 능력의 향상을 위해서 우선 소비자에 대한 체계적인 이해가 필요하다. 소비자의 일상을 알아야만 그들이 필요로 하는 상품을 취급할 수 있기 때문이다. 동시에 소비의 욕구를 해결해 주기 위한 상품 취급상의 방대한 의사결정을 과학적으로 수행하여야 한다. 주먹구구식 또는 감에 의해서 상품기획을 수행하기에는 고객들

표 4-2　다양성과 전문성의 장단점

전략대안	장　점	단　점
낮은 다양성, 낮은 전문성	전문화된 이미지 편의지향고객을 겨냥 관리의 용이성 적은 투자 비용	제한된 시장 낮은 내점 빈도
전문성 강조	전문화된 이미지 전문화된 인력	낮은 내점 빈도 낮은 다양성으로 인한 기회손실
다양성 강조	폭넓은 시장 높은 내점 빈도 일괄구매 가능	이미지 형성의 어려움 낮은 점포충성도 저회전 상품군 관리의 어려움
다양성과 전문성의 조화	폭넓은 시장 일괄구매 가능 낮은 기회손실 높은 점포 충성도 강력한 점포 이미지	재고 투자비 높음 관리상의 어려움 저회전 상품군 관리의 어려움

의 구매욕구 변화가 매우 빠르게 전개되고 있기 때문이다. 〈표 4-2〉에서는 소매상이 취할 수 있는 상품기획상의 다양성과 전문성 전략의 장단점을 정리하였다.

제 3 절   소매마케팅 전략의 수립

소매상은 그들의 고객이 원하는 욕구를 만족시켜 주기 위해 각자 독특한 마케팅

그림 4 - 2   소매마케팅 전략 수립

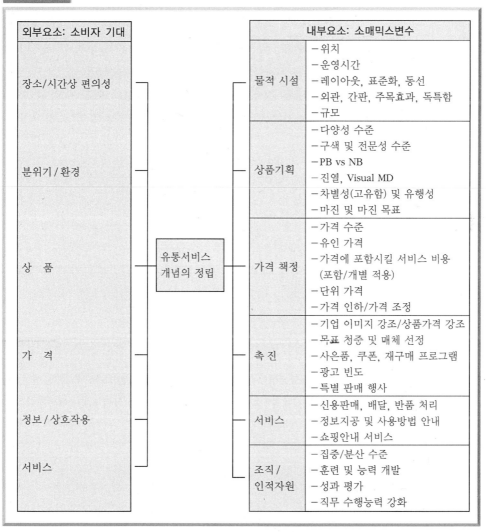

외부요소: 소비자 기대		내부요소: 소매믹스변수	
장소/시간상 편의성	유통서비스 개념의 정립	물적 시설	－위치 －운영시간 －레이아웃, 표준화, 동선 －외관, 간판, 주목효과, 독특함 －규모
분위기/환경		상품기획	－다양성 수준 －구색 및 전문성 수준 －PB vs NB －진열, Visual MD －차별성(고유함) 및 유행성 －마진 및 마진 목표
상 품		가격 책정	－가격 수준 －유인 가격 －가격에 포함시킬 서비스 비용 (포함/개별 적용) －단위 가격 －가격 인하/가격 조정
가 격		촉 진	－기업 이미지 강조/상품가격 강조 －목표 청중 및 매체 선정 －사은품, 쿠폰, 재구매 프로그램 －광고 빈도 －특별 판매 행사
정보/상호작용		서비스	－신용판매, 배달, 반품 처리 －정보지공 및 사용방법 안내 －쇼핑안내 서비스
서비스		조직/ 인적자원	－집중/분산 수준 －훈련 및 능력 개발 －성과 평가 －직무 수행능력 강화

전략을 수립하고 이를 수행하고 있다. 소매마케팅 전략은 소비자 기대와 소매믹스변
수로 나누어 설명할 수 있다. 소비자 기대는 소비자들이 소매상을 찾는 이유로 소매
상에서 어떠한 혜택을 얻으려 하는지를 알려준다. 소매마케팅 전략은 소매상이 표적
으로 하는 고객들의 특성에 따라 소매전략 변수들을 조정·결합하는 과정이다. 이러
한 믹스 변수들의 결합은 소매상의 특징을 결정짓게 된다. 소비자의 기대와 소매믹
스는 〈그림 4-2〉와 같이 정리될 수 있다.

(1) 소비자 기대

1) 장소, 시간상의 편의성

이는 시간의 압박으로 인해 가까운 곳에 위치한 점포, 편리한 시간대에 이용할
수 있는 점포를 원하는 것을 말한다. 입지에 있어서 중요한 것은 물리적 거리보다 구
매에 소요되는 시간이다. 아무리 가까워도 교통이 불편하고 복잡하면 장소의 편익이
그만큼 줄어들기 때문이다. 다시 말해서 입지는 소비자의 특성에 따라 달라질 수 있
다. 즉 시간적 여유가 있는 소비자(은퇴자, 휴가자, 주부)는 거리가 멀어도 가격이 싼
물건을 살 수 있는 곳을 선호하고 시간적 여유가 없는 소비자(직장인, 직장여성)는 접
근편리성이 있는 곳을 선호한다. 최근에는 주차시설의 유무와 편리성도 중요한 요인
으로 작용하는데, 한 예로, 백화점들의 여성 전용 주차장 운영도 이러한 맥락에서 이
해될 수 있다.

2) 분위기/환경

점포분위기는 소비자의 라이프 스타일과 일치하여야 한다. 분위기를 구성하는
요소로써 상품진열, 조명, 내부장식, 구조, 음악 등을 들 수 있다. 특히 미시족, 신세
대들에게 있어서 점포 분위기는 중요한 기대요소로 등장하고 있다.

3) 상   품

소비자는 제품유형에 따른 상이한 기대를 가지고 있기 때문에 이에 적절히 대응
할 수 있어야 한다. 제품유형에 따른 소비자들의 구매상의 특징을 간단히 정리하면

표 4-3   **제품 종류에 따른 고객의 구매행태**

	편의품	선매품	전문품
구매계획 정도	거의 없음	약간	상당 수준
브랜드 선호 정도	거의 없음	브랜드 비교	특정 브랜드 고집
쇼핑 노력 정도	최소	중간	최대

〈표 4-3〉처럼 구분할 수 있다.

4) 가   격

점포 특성에 따라 기대하는 가격범위가 다양하게 나타날 수 있다. 예컨대 백화점에서는 고가품이, 동대문 시장에서는 저가품이 있을 것으로 기대를 할 수 있다. 가격에 대한 기대도 중요하지만 가치에 대한 기대도 중요하다. 기대하는 가치란 인지된 제품과 서비스 품질(편익)에 대한 인지된 전체 비용(가격 포함)의 차이다.

5) 정보와 상호작용

소매 점포에서는 구매 가능한 브랜드에 관한 정보의 제공은 물론 전문적 지식을 갖춘 판매원을 통해 제품에 대한 자세한 정보 제공을 받을 수 있다. 뿐만 아니라 소매 점포에서는 다양한 사회적 욕구를 충족할 수 있다. 값을 흥정하는 데서 오는 즐거움을 얻을 수도 있고, 타인과의 의사소통을 통해 사회적 활동을 할 수도 있으며, 나아가 점포가 후원하는 특정 사회단체(Community)에 가입할 수도 있다.

6) 서 비 스

소비자는 제품, 사용상황 및 구매상황에 따라 다양한 서비스 수준을 기대한다. 예컨대 자신이 쓰기 위해서 자주 구매하는 비교적 저렴한 제품의 경우와 선물하기 위해서 특정시기에 구매하는 비교적 고가의 제품은 각각 소매상에서 기대하는 서비스의 수준에 차이가 있다. 그러므로 서비스의 양과 질에 대한 기대는 특정 소비자의 점포 선택에 영향을 미칠 수 있다.

(2) 소매믹스 변수

1) 물적 시설

물적 시설은 입지, 점포 계획 등을 포함한 믹스이다. 입지를 선정하려면 먼저 상권을 조사해야 한다. 상권은 고객을 점포로 유도할 수 있는 잠재적인 지리적 영역의 의미를 갖는다. 구매자의 입장에서는 경제적 가격으로 재화와 서비스를 합리적으로 획득할 수 있고, 판매자 입장에서는 수량과 원가측면에서 효율적이며, 판매 측면에서는 70-90%를 달성할 수 있는 범위를 의미한다(50-70% 달성 범위: 1차 상권, 20-25% 달성범위: 2차 상권). 상권분석에 대한 내용은 제13장에서 자세히 다루고 있다.

상권조사 이후에는 점포에 대한 접근 가능성, 교통량, 상권 인구의 규모, 수입, 경제적 안정성, 경쟁분포를 고려하여 구체적인 지리적 위치를 선정해야 한다. 점포 계획은 점포 내부계획과 점포 외부계획으로 구분할 수 있다. 점포 내부계획에서는 상품의 분류, 판매 공간의 할당, 판매대에서의 위치 결정, 상품진열 결정 등을 포함하는 점포 배치(레이아웃), 동선 결정이 있고, 조명, 색상, 음향, 기타 시설 등과 관련된 점포 설계가 있다. 점포 외부계획에는 크기를 비롯한 점포 건물의 문제, 외관 디자인, 주차시설, 간판 등과 관련된 결정이 포함된다.

2) 상품 기획

상품 기획은 고객의 욕구에 맞게 상품 믹스를 개발, 확보, 관리하는 것을 의미한다. 상품 기획에는 두 가지 특성이 있는데, 제품의 폭과 깊이가 그것이다. 제품의 폭(Width)은 제품 계열의 수가 다양한 것을 뜻하고, 제품의 깊이(Depth)는 제품계열 내에서 제품 품목의 수가 많은 것을 의미한다. 상품 계열은 바로 이러한 제품의 폭과 깊이의 조합을 의미한다(본 장 제2절 2항 참고).

3) 가격 결정

가격을 결정할 때는 단지 제품가격뿐만 아니라 제공되는 서비스 가격도 고려해야 한다. 고객에 대한 서비스 수준이 높아지면 가격도 높아지기 때문이다. 가격 결정에 있어 서비스 수준이 정해지면 이에 대한 비용을 선택 없이 받아들이는 것과 혹은 선택적으로 서비스를 받아들이고 그에 대한 비용을 지불하는 방법을 고려할 수 있다.

4) 촉   진

장기적인 관점에서, 점포 포지셔닝 개선과 지역 사회의 공헌을 고려한 공공 서비스 확대가 있으며, 이에 대한 촉진방법으로는 주로 홍보와 광고가 사용된다. 마찬가지로, 단기적인 성과촉진을 위해서는 새로운 고객 유인과 현재 고객의 충성도 제고가 중요하며, 이에 대한 촉진방법으로는 주로 인적판매와 판매촉진이 사용된다. 이에 대해서는 책 〈부록 2〉 다른 마케팅요소와 유통관리를 참조하기 바란다.

이상의 네 가지 소매믹스들은 개별적으로 존재하는 것이 아니며, 소비자의 기대와 소매점의 핵심개념을 고려하여 결정되어야 한다. 이를 보다 쉽게 이해하기 위해 어느 아이스크림 전문점의 예를 들어 분석하면 〈그림 4-3〉과 같다.

그림 4-3 A 아이스크림 전문점의 소매마케팅 전략 수립

외부요소: 소비자 기대	A 아이스크림 전문점의 핵심개념	내부요소: 소매믹스 변수	
장소와 시간상의 편의성: · 아이스크림이 먹고 싶을 때면 언제든지 금방 가서 사먹고 싶음. **분위기/환경:** · 고급스러우면서도 아늑한 분위기에서 아이스크림을 먹고 싶음. **상품:** · 맛이 있으며 부담 없이 즐길 수 있는 저지방 아이스크림을 먹고 싶음. · 남들과는 차별화된, 자신만의 취향에 맞는 아이스크림을 먹고 싶음.	A 아이스크림 전문점의 핵심개념 : 건강에 신경을 쓰고 맛을 추구하며 아이스크림을 좋아하는 신세대 여성층에게 저지방 아이스크림과 빵을 제공.	**물적 시설**	· 이대 앞에 위치하여 여대생들이 쉽게 가서 사먹을 수 있는 거리에 입지선정 · 아침시간에서 저녁까지 영업 · 전체적으로 독특하고 눈에 띄는 인테리어 색감을 사용, 신세대 여성 위주의 분위기를 살림 · 노랑, 주황, 연두색을 주된 색으로 한 모던한 디자인
가격: · 값은 별로 중요하지 않음. 저지방이며 맛이 우수하다면 그에 합당한 가격을 지불할 용의가 있음.		**상품 기획**	· 고객의 욕구에 따른 토핑제조 시스템으로 다양한 제품을 강조 · 새로운 제품을 늘 개발하여 항상 새로운 것을 찾는 고객의 욕구에 부응
		가격 책정	· 고품질 고가격 전략 채택 · 높은 서비스 수준에 어울리는 가격 수준 채택
정보/상호작용: · 아이스크림이 어떤 과정을 거쳐 만들어지는지 알고 싶음.		**촉진**	· 구매량의 일정비율을 적립시켜 현금처럼 사용가능한 멤버십 카드 발행으로 이탈고객 방지 · 온라인 커뮤니티를 통한 고객들의 입소문 유도 · 점포 앞에 무료시식회를 통해 아이스크림의 맛을 알리는 체험마케팅 실시.
서비스: · 고급스러운 서비스를 받고 싶음. 하지만 시간이 지체되는 것은 싫음. · 나를 중요한 고객으로 여기고, 나만을 위한 서비스를 제공받고 싶음.		**서비스**	· 기존의 take-out 판매 중심의 아이스크림매장과는 차별화된 편안한 공간 제공
		조직 / 인적자원	· 차별화된 제품을 계속 개발하기 위한 상품개발 전담조직 운영 · 가맹점주와 직원간의 문화를 강조함으로써 궁극적으로 고객 중심의 문화를 추구

제 4 절) 소매업의 추세

최근 등장하고 있는 소매업의 추세는 (1) 강력한 소매상의 등장, (2) 소매점의 양극화 현상, (3) 경로 지배력의 변화, (4) 소매업자 자체상표의 위력, (5) 편의제공의 중요성, (6) 정보기술의 영향, (7) 점포개념(포지션)의 중요성, (8) 무점포 소매상의 성장, (9) 소매기업의 국제화 등이다. 고객의 욕구가 다양해지고, 과거의 욕구보다 더욱 까다로워서 이를 충족시키기 위한 노력이 몇 배나 더 필요하다. 이러한 변화에 대한 소매상의 적응을 구체적으로 살펴보면 다음과 같다.

(1) 강력한 소매기업(Power Retailer)의 등장

강력한 소매기업(Power Retailer)이란 경쟁적인 전략 수립을 통해 고객들에게 월등히 뛰어난 만족을 제공해 주는 소매 기관을 의미한다. 그들은 자신의 고객을 정확하게 정의하고 그들이 무엇을 원하는지 정확하게 이해하고 있어서 그들의 강력한 역량을 사업 초기부터 집중시키는 능력을 가지고 있다.

시장탐색 및 예측기법의 정교화를 통해 단순히 위험을 회피하는 것에서 탈피하여 위험을 줄이는 것을 바탕으로 영업을 하기 때문에, 높은 수익률을 염두에 둔, 빠른 주문과 대량주문을 통해서 상품의 가격을 최대로 낮출 수 있다. 그리고 판매동향 및 재고수준을 즉시 알 수 있게 하는 정보시스템에 많은 투자를 하여, 고객이 지불하는 비용에 상응하는 가치를 제공할 수 있도록 꾸준한 노력을 전개하고 있다.

이러한 강력한 소매기업들은 주로 카테고리 킬러, 할인점, 회원제 창고형 도소매업 등의 업태에서 활동하고 있으며 이들의 최근 성장은 그들의 우수한 경영기법과 관련이 있다. 이에 대한 자세한 내용은 본 장의 제 5 절을 참조하기 바란다.

(2) 소매점의 양극화 현상

소매업에서의 또 하나의 특징은 양극화 현상이다(그림 4-4 참고). 양극화의 한 가지 극단은 대형점포, 보관기술 및 셀프 서비스 노하우를 바탕으로 한 소매형태를 나타내며, 다른 하나의 극단은 제한된 제품계열, 철저한 관리 노하우, 고도로 집중화되고 전문화된 소매형태이다. 전자를 High Tech 소매업태라고 하며, 후자를 High Touch 소매업태라고 부르고 있다. 이를 구체적으로 살펴보면 다음과 같다.

1) High Tech

진열, 보관 노하우를 바탕으로 상대적으로 낮은 마진과 대량구매 위주의 셀프서비스 방식을 특징으로 한다. High Tech라 하면 '저수익률–고회전율 전략'의 기본 틀을 바탕으로 첨단 기술을 활용하여 회전률은 더욱 향상시키고, 수익률도 상당 수준으로 향상시키는 것을 의미한다. High Tech 소매업의 고객들은 점점 가격에 민감해질 뿐만 아니라 합리적인 구매를 하려는 경향을 나타낸다. 이러한 고객들을 대상으로 성장하는 대표적인 업체로는 할인점 계열의 기업들이 대부분이다. 이마트, 롯데마트, 홈플러스, 월마트(Wal Mart), 코스트코(Costco) 등이 있다.

2) High Touch

제한된 제품라인과 특정 제품에 강하게 초점을 맞춘 제품구색을 특징으로 한다. High Touch라 함은 다양한 소비자들의 욕구들은 모두 다르며 이에 대해 적절한 서비스를 제공하여야 함을 의미한다. High Touch 소매업 고객들의 구매욕구는 점점 다원화되고, 독특한 라이프 스타일을 지니고 있으며, 구매동기, 패션 취향 면에서도 다양성을 가지고 있다. 이러한 고객을 대상으로 성장하는 대표적인 업체는 카테고리킬러와 같은 전문적인 상품기획을 바탕으로 한 기업들이 대부분이다. 하이마트, 토이저러스(Toys 'R' Us), 써킷시티(Circuit City) 등이 있다.

그림 4-4   소매업의 양극화

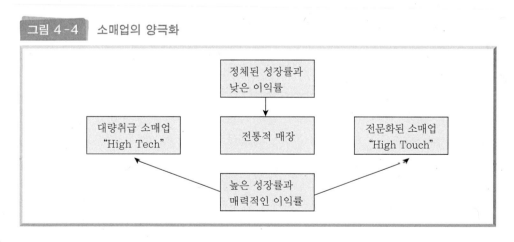

(3) 경로 지배력의 변화

유통경로상의 지배력이 제조에서 소매로 넘어 가고 있음을 의미한다. 물론 모든 제품에서 이러한 현상이 나타나는 것은 아니고, 특히 생활용품을 중심으로 이러한 현상이 두드러지고 있다. 이러한 추세의 원인은 첫째, 생활용품의 특성에 있다. 생활용품은 이제 파격적인 매출 성장을 가져오기에는 제품수명주기상 성숙기에 접어들었으며, 소매업체들의 다양한 촉진에 의해 판매가 결정되게 된다. 특히 소매가 주로 사용하는 촉진수단은 저가격이 되는데 최근의 가격파괴 현상은 유통경로상의 주도권이 제조에서 소매로 넘어가는 계기를 마련해 주었다. 둘째, 소매는 여러 가지 경영 효율을 추구하기 위해 몸집을 키운다는 것이다. 강력한 소매상의 등장에서처럼 가격결정을 주도적으로 행사하기 위하여 구매력을 늘리기 위한 체인화 전략, 다점포화 전략을 이러한 맥락에서 이해할 수 있다. 셋째, 소매기업간의 경쟁 심화는 구매담당자들이 제조업체의 판매담당자에게 더 낮은 가격을 요구하는 계기를 강화하고 거래상의 주도권이 구매담당자에게 넘어오게 하는 현상을 가속화하게 된다. 넷째, 정보기술의 도입에 의한 소매정보의 위력이다. 소매기업은 소비자들의 정보를 구매시점에서 거의 원하는 만큼 확보하게 되고 이러한 정보는 제조업자의 상품기획에 결정적인 역할을 하게 된다. 다섯째, 제조업체의 외형위주 상품관리는 다양한 브랜드를 양산하게 하였고 결국 제한된 소매기업의 진열공간을 차지하기 위해 지나친 노력을 하여야 했다. 이처럼 생활용품과 관련된 유통의 지배력은 점점 소매기업에게 유리한 방향으로 흐르고 있으며 이는 점점 더 강화될 것으로 보인다.

(4) 소매업체 자체상표의 위력

기업화된 소매업체는 체인화, 다점포화를 통해서 구매력을 향상시키게 되고 향상된 구매력은 상품기획을 거쳐 자체상표의 개발을 가능하게 해 준다. 자체상표, 즉 PB(Private Brand)는 전국적으로 유통되는 전국상표(NB: National Brand)보다 품질면에서 조금 뒤지거나 거의 동일한 수준을 유지하면서 가격은 매우 저렴하게 책정하여 고객들의 가치를 향상시키는 역할을 하여 왔다. 동시에 소매업체 입장에서는 공급가격이 NB보다 낮은 수준이기 때문에 운영상의 효율도 함께 제고하게 되는 장점이 있다.

이러한 PB가 저가격으로 고객을 만족시켜 주고, 낮은 공급가로 운영효율을 제고하는 장점 이외에도 특정 소매기업에서만 구입할 수 있기 때문에 점포충성도를 강화하는 역할을 하게 되어 그 중요성이 점점 강조되고 있다. 특히 생활용품 중심의 PB가 저렴한 가격으로 고객의 가치를 증대시켜 준다면, 의류의 경우에는, 고유한 디자인, 풍부한 사이즈의 보유, 다양한 단품의 제공 등 NB가 가지는 한계를 극복하여 점포충성도에 기여하는 바가 매우 커지고 있다. 또한 전국상표를 제공하는 제조업체와의 관계에서도 구매자의 영향력이 향상되어 PB기획력은 소매의 경로 지배력을 강화하는 요소가 된다.

(5) 편의제공의 중요성

소매는 고객의 특성을 반영하게 되는데, 고객의 추세 중의 하나가 편의의 추구라는 점이다. 고객이 추구하는 편의의 종류에 따라 소매는 편의를 충족시키기 위한 노력을 강화하고 있다. 구매가능한 시간의 제약이 없는 시간상 편의의 제공, 원하는 장소나 허용할 수 있는 정도의 위치에 점포가 있어야 하는 장소상의 편의의 제공, 고객이 사용하고 혜택을 누릴 수 있게끔 상품을 조절하여 주는 소유상의 편의의 제공 등이 대표적인 편의의 제공이라 할 수 있다.

이러한 편의의 제공이 기존 점포 소매상에서 충족되기 어렵다고 판단한 고객은 굳이 점포가 제공하는 편의에 연연하지 않고 무점포 소매형태의 편의제공에도 관심을 가지게 된다. 시간상, 장소상 거의 제약이 없는 인터넷 쇼핑몰의 경우를 편의의 제공 측면에서 이해할 수 있다.

편의의 제공은 소매상이 고객에게 제공해야 할 필수적인 유통서비스의 개념을 확대하게 된다. 점포 내 휴식공간의 제공, 유아 놀이공간의 제공, 현금인출기의 구비, 이동전화 충전대의 마련, 문화센터의 운영, 셔틀버스의 운행, 간단한 은행업무의 대행 등 소매점포가 고객의 모든 편의를 거의 다 해결해 주는 역할을 하고 있다.

(6) 정보기술의 영향

정보기술의 영향은 사회전반에 영향을 주었는데 소매의 경우도 정보기술의 영향을 받아 많은 변화를 가져왔다. 운영적인 측면에서 재고관리, 상품의 보충, 발주 등의 업무가 자동화되었고, 운영시스템의 발전으로 인력 의존에 의한 불합리적 요소가 상당부분 제거되었다. 이러한 운영시스템의 발전은 다점포화를 가능하게 하였고 소매관리자들은 다점포화를 통한 이익이 가시화되도록 다시 정보기술을 활용하였다.

정보기술을 통해서 여러 개의 점포를 효율적으로 출점시키는 것은 물론 전점포를 통합하여 관리할 수 있었기 때문이다. 다점포화를 통한 이익 실현은 역시 구매력의 향상으로 가능하게 되었는데 정보기술은 비교적 안정적인 판매예측을 제공함으로써 최적 협상가의 정보를 제공하기 때문이다. 수요예측을 하기 위해서는 구매시점의 고객정보가 필요하며, 구매시점의 방대한 정보는 정보기술의 발전으로 수집, 정리, 해석이 가능하게 되었다. 또한 판매정보는 제품군을 체계적으로 관리하여 상품기획력의 향상 및 매장공간의 최적화를 달성하게 하였다.

(7) 점포 개념(포지션)의 중요성

소매의 성공요인 중에서 입지가 매우 중요하다는 점에 이의가 있지 않을 것이다. 그러나 입지, 점포의 위치가 소매운영의 전부일 수 없을 뿐만 아니라 결정적인 역할을 하지 못한다. 입지보다도 우선되어야 할 요소가 점포 개념이 된다. 점포 개념이란 표적고객에게 자신이 제공하는 편익의 방향을 제시하는 것이다. 그러므로 점포 개념이 명확하지 못한 소매상은 실패할 가능성이 높게 된다. 고객이 불분명하고 제시하는 편익이 불분명할 때는 자신의 역량을 집중하기 어렵게 되고 효율성을 달성할 수 없게 된다.

점포 개념의 중요성이 증대된다는 것은, 과거 자리만 잘 잡으면 된다는 수동적인 소매운영에서 마케팅 개념을 적극적으로 받아들여 운영하는 소매상들이 증대되고 있음을 의미한다. 상권에서도 유동인구가 많아 성공하는 점포 조건과 유동인구보다는 목적 구매를 위해 내점하는 고객에 적합한 점포에는 차이가 있게 된다. 점점 영세한 소매상에서 경영노하우를 축적한 소매상이 등장하게 됨을 의미한다.

(8) 무점포 소매상의 성장

아직까지도 무점포 소매상에 비해 점포 소매상이 매우 중요한 역할을 한다. 그러나 최근 무점포 소매상의 성장은 점포 소매상의 성장세에 비해 매우 두드러진다. 배경을 살펴보면 다음과 같다. 우선 고객 측면에서의 변화는 무점포 소매상의 성장을 촉진시킨다. 시간, 장소상의 제약을 민감하게 받아들이는 고객은 무점포 소매상이 제공하는 편의에 관심을 갖게 된다. 여가의 활용을 추구하는 고객은 쇼핑의 즐거움보다는 쇼핑시간의 단축이 가능한 무점포 소매상을 선호하게 된다.

둘째, 무점포 소매상 기법의 다양화를 들 수 있다. 과거 자판기, 통신판매, 방문판매, 카달로그 판매, 텔레마케팅 정도의 수준에서 TV홈쇼핑, 다단계 마케팅, 인터넷 쇼핑몰, 모바일 커머스 등의 다양한 무점포 기법은 판매경로의 확대를 가지고 왔다. 셋째, 무점포 소매상관련 인프라의 확대를 고려하여야 한다. 특히 정보기술의 발달, 인터넷의 확산, 모바일과 다양한 매체의 확산 등은 무점포의 한계를 극복해 주었다. 넷째, 적극적인 마케팅 개념의 도입으로 데이터베이스(DB) 마케팅, 멤버십, 가격촉진, 반품정책, 구매 후 서비스, 후불제 등을 확대하면서 고객의 만족이 증대되고 있다는 점이다.

(9) 소매기업의 국제화

소매는 매우 지역적인 특성을 갖는다. 즉, 국가간 소매유형의 특성이 분명하다는 것이다. 다시 말해 미국 구매자와 한국 구매자의 구매스타일이 다르기 때문에 소매유형이 다르다고 생각하면 될 것이다. 또한 국가별로 소매기업의 운영풍토가 달라 구매스타일이 소매운영에 반영되는 정도도 다르다고 보아야 할 것이다. 이러한 이유 때문에 각국에서 전통을 가진 몇몇 소매기업이 아성을 구축하게 된다.

그런데 이러한 현상이 점점 무너지고 있는 추세이다. 제품에 있어 고객의 사용욕구가 점점 국가간의 경계에 관계없이 동질화되어 가듯이 유통, 소매에 있어 고객의 구매욕구가 국제적으로 점점 동질화되고, 유통시장의 개방 등 국가간 경쟁시대의 돌입은 고객욕구 파악에서 편익의 제공에 이르기까지 다년간 노하우를 축적한 선진 소매기업의 세계진출을 가능하게 하고 있다. 뿐만 아니라 소매기업이 추구하는 다점포화 전략은 자국 내수에만 적용되는 것이 아니라 세계시장을 무대로 전개되고 있고 정보기술의 발전은 이의 가능성을 증대시키고 있다.

제 5 절) 소매상의 종류

소매상은 최종소비자에게 제품 또는 서비스를 판매하는 것과 관련된 모든 활동을 수행한다. 소매상은 소비자와 직접 접촉하므로 소비자 욕구에 반응하는 데 신속하며, 따라서 운영형태를 소비자 욕구에 맞게 계속 변화시킨다. 그러므로 다양해지는 소비자의 욕구만큼이나 이에 부합하고자 생성 발전되는 소매업태의 종류는 매우 다양하다. 그래서 소매상을 구분하는 것은 의미없는 일일 수도 있다. 왜냐하면 어떤 기업이 만든 점포가 운영하는 독특한 스타일을 굳이 특정한 부류 속에 포함하여 이해할 필요가 없으며 사실 기존 부류 속에 포함하기도 어렵다.

그러므로 소매상의 종류를 이해하기 위하여 아주 커다란 줄기만을 분류의 틀로 사용하고 고유한 업태개념을 그대로 이해하는 것이 바람직하다. '이 소매상은 할인점인데 왜 이러한 운영을 하는가'에 대한 질문은 의미 없는 것이다. 오히려 기존 업태를 모방하는 것이 아니라 독창적인 업태 개발의 중요성이 부각되고 있음을 시사하는 것이기도 하다. 본 절에서는 점포 소매상을 중심으로 업태의 기본적인 개념을 설명하고 무점포 소매상에 대한 것은 다음 절에서 다루기로 한다. 우리나라에서 각 업태가 사용하고 있는 핵심 개념과 경영현황에 대한 내용은 본 장 제 8 절의 내용을 참고하기 바란다.

(1) 백 화 점

백화점은 '한 지붕아래서의 쇼핑'이라는 개념을 가지고 있다. 백화점은 대부분의 소매점보다 훨씬 크며, 제품의 깊이와 폭 면에서 방대함을 그 특징으로 하고 있다. 영문 표현 'Department Store'의 의미 그대로 화장품, 가정용품, 의류, 가구, 전기제품 등을 분리된 많은 부서(Depart)로 조직하여 신용, 배달, 인적 서비스, 고객관리 등을 포함한 서비스를 제공하며, 소매업태 중에서 서비스의 수준이 가장 높은 편에 해당한다.

할인업태가 등장하기 전까지, 편의지향 고객과 서비스 민감형 고객들의 대부분을 포괄하고 있었으나 고객의 합리적인 소비 패턴의 증가와 함께 새로운 업태들과 치열한 고객 유치 경쟁을 벌이고 있는 실정이다. 또한 획일화되어 있었던 백화점 개념을 탈피하여 고가를 지향하는 이미지를 강화하는 백화점, 특정(의류관련, 젊은 여성관련) 이미지를 차별화는 백화점 등으로 백화점 내에서도 지향하는 개념이 다양화되고 있다.

(2) 슈퍼마켓

슈퍼마켓은 낮은 가격을 위주로 하며 특히 생활잡화와 식품 등 일상적인 편의품에 대한 취급품목의 다양성을 추구하는 업태라 할 수 있다. 취급하는 다양한 품목에서 비교적 깊은 제품 구색을 추구하는 슈퍼마켓의 대형화, 일괄구매 개념을 혼합한 슈퍼스토어도 있다. 할인점 형태의 소매점이 등장하기 이전까지 백화점과 함께 소매의 중요한 위치를 가지고 있었다.

장소상의 편의 측면에서 고객과 가까이 있다는 경쟁적 우위를 중심으로 지역 밀착형 서비스를 제공하고 있다. 신선식품을 중심으로 한 철저한 상품 기획을 통한 핵심편익의 강화와 배달 서비스 등을 강화한 부가적 서비스의 강화를 통해 기존고객을 관리하는 방향으로 전략을 전개하고 있다. 대규모 체인 형태의 슈퍼슈퍼마켓의 경우 경쟁력을 가지고 있지만, 전반적으로 혁신적인 성장은 기대하기 어려운 상황이고, 새로운 활로를 모색하고 있다.

(3) 편 의 점

편의점은 대체적으로 매장면적이 60m^2 이상 230m^2 이하(30~80평)의 소규모 매장에서 영업시간이 1일 14시간 이상이고 연간 340일 이상인 소매점이라고 정의할 수 있다. 편의점은 인구밀집지역에 위치해 대체로 24시간 연중무휴로 영업을 한다. 젊은 층, 이동중인 고객을 주 고객층으로 하며, 입지적인 측면에서는 아파트단지 등 주택밀집지역이나 유동인구 및 야간활동인구가 많은 지역에 주로 출점한다. 상품구색의 측면에서는 재고 회전이 빠른 식료품, 편의품을 중심으로 일용잡화 및 문구, 신문 등을 다품종 소량으로 취급하는 것이 일반적이다.

편의점이 제공하는 편의 중 가장 큰 특징은 연중무휴 24시간 영업이다. 이는 편의점에서 고객에게 전달하고자 하는 편의가 시간상의 편의를 중심으로 장소상의 편의를 포함하고 있음을 의미한다. 실제로 편의점의 매출이 가장 높은 시간대는 밤 8시에서 자정까지로 다른 경쟁업태가 영업하지 않는 시간에 편의점이 경쟁력을 갖는 것을 보여준다.

가격에 있어서 편의점은 슈퍼마켓보다 다소 높은 가격대를 가지는데, 이는 편의점이 할인점이나 다른 업태와는 달리, 연중무휴 24시간 영업이라는 시간상의 편의성, 접근이 용이한 지역에 입지하는 공간상의 편의성, 다품종 소량의 제품을 취급하는 상품상의 편의성 등으로 높은 서비스를 제공하는 대신에 이에 해당하는 높은 가격을 요구하는 업태임을 알 수 있다.

편의점의 특징으로 빼놓을 수 없는 것으로 가맹점 제도를 들 수 있다. 편의점 본부의 입장에서는 초기에 정보시스템의 개발과 설치 등에 막대한 투자를 필요로 하게 되는데, 이러한 고정투자비를 배분하기 위해서는 체인화를 통한 다점포화가 필수적이며, 이를 위해서 본부에서 가맹점을 모집하여 수를 늘려가는 전략을 채택하고 있다.

(4) 할 인 점

할인점은 표준적인 상품을 철저한 셀프서비스하에서 저가격으로 대량판매하는 상점이라고 정의될 수 있다. 이러한 할인점의 특징으로는 아래의 네 가지를 들 수 있다.

첫째, 할인점은 정규적으로 저가격 판매를 한다. 그러므로 바겐세일이나 점포정리세일, 특별가격할인과 같은 비정규적인 저가격 판매를 하는 상점은 할인점이라고 할 수 없다. 둘째, 할인점은 저가격, 저품질의 제품을 판매하는 것이 아니라 표준적인 브랜드 상품의 품질기준을 적용한다는 것이다. 셋째, 할인점은 셀프서비스로 제품을 판매한다. 이는 원가의 절감이라는 측면에서 시작되었는데, 백화점 등이 판매원의 고용으로 인한 비용을 지출하는데 반해서 할인점은 판매원을 통한 서비스 제공은 포기하는 대신에 이를 가격으로 보상하려는 전략을 사용한다. 넷째, 할인점은 대량판매를 추구한다. 이는 대량구매를 통해서 구매력을 신장시킬 수 있고, 아울러 제품의 회전을 빠르게 함으로써 재고비용의 감축을 가져올 수 있다는 장점을 지닌다.

할인점이 시작된 후, 제일 각광받고 있는 곳은 미국이라고 할 수 있는데, 미국에서의 할인점의 효시는 1948년에 개점한 코벳(Korvette)에서 찾을 수 있으나, 실질적으로 미국에서 할인점이 시작된 것은 1957년 케이마트(K-Mart)에서 1년에 1백개 이상의 점포를 개점하며 할인점에 진출하면서 부터이다. 이후 할인판매가 소매價 유지법이라는 법에 저촉된다는 제소에 걸리면서 다소 어려움을 겪기도 하였지만, 오히려 이 제소를 계기로 소비자들에게 할인점의 상품가격의 저렴함을 확실하게 부각시키는 계기가 되어 할인점이 급속하게 발전하게 되었다. 그 결과 현재 월마트나 케이마트와 같은 할인점 업체들이 급격한 성장을 통해서 미국의 가장 크고 대표적인 소매업체로 등장하였으며, 미국의 소매업계를 주도하고 있는 업태라고 할 수 있다. 우리나라에서는 이마트, 홈플러스, 롯데마트 등을 중심으로 활동하고 있다.

이러한 할인점의 성장배경을 보다 구체적으로 살펴보면, 먼저 폭넓은 검약지향을 실천함으로써 경제성을 중시하는 대중 소비자층의 실질적인 구매센터로서의 역할을 수행하고 있다는 것을 들 수 있다. 즉, 미국의 경기가 악화되면서, 다소의 불편을 감소하더라도, 저렴한 상품을 구매하고자 하는 소비자의 욕구에 부합되는 업태였다는 것이다. 이를 위해서는 무엇보다도 저렴한 가격의 실현이 가장 중요한 문제였는데, 할인점들은 체인화를 통한 구매력의 형성, 유통업체 브랜드(Private Brand)의 도입, 셀프서비스 방식의 도입을 통한 종업원 인력의 삭감, 지대, 건물, 내부장식 등의 고정투자의 최대한 삭감, POS(Point-Of-Sales)와 EDI(Electronic Data Interchange) 등을 통한 재고비용 감축 등을 통해서 원가를 최대한 절감하는 데 성공하였다. 특히 체인화를 통한 구매력의 향상은 초기의 할인점들의 성장에 있어서 결정적인 역할을 하였다.

다음으로 소비자의 욕구를 정확하게 파악했다는 것이 성공요인이라고 할 수 있는데, 할인점들은 소비자들의 경제성을 지향하려는 욕구 이외에도, 바코드 스캐너 POS 시스템의 전점포 채용과 실용 가능한 모든 공급자와의 EDI 채용, 위성통신을 이용한 네트워크의 구축 등을 통해서 소비자들이 원하는 상품을 즉시 공급하고, 잘 팔리지 않는 제품은 즉시 제거함으로써 회전율을 높이고 재고비용을 감축할 수 있었다. 최근에 와서 할인점들은 기존의 저가격 외에 점포의 쾌적화, 상품과 서비스 수준의 향상 등을 통해서 고객층을 중소득층 이상으로 확대하면서 성장을 지속해 나가고 있다.

제품구색의 측면에서 할인점은 유행민감(Fashionable) 상품과 일상생활용품을 취급하는데, 주로 일급 브랜드의 일상소비용품을 대량매입 및 운영비의 감축을 통해서 저렴한 가격에 판매한다. 제품 폭의 측면에서는 여러 다양한 제품군을 가지므로 종합성을 띄며, 제품군 내에서 제품깊이의 측면에서는 적은 수의 브랜드 만을 취급함으로써 깊이가 얕다는 특징을 가진다. 제품구색에 있어서 미국 할인점들의 또 하나의 특징은 원래 할인점들이 하드웨어나 의류에서 시작했기 때문에, 식료품 부문이 약하다는 것을 들 수 있는데, 상품구성비에 있어서 대략적으로 매출의 15% 정도를 건강 및 미용 상품이 차지하고, 40-60% 정도를 하드웨어 상품이, 30-50% 정도를 의류와 같은 상품이 차지하고 있다.

다음으로 가격면에서의 특성을 살펴보면, 할인점은 백화점이나 슈퍼마켓, 일반 점포 등과 비교해서 낮은 가격대로 제품을 판매하고 있으나, 최근 등장한 회원제 창고형 도소매업 등과 비교해서 약 10% 정도의 고가의 가격대를 유지하고 있다.

또한 입지면에서의 특징을 살펴보면, 할인점이 정상품을 백화점 등 다른 업태보다 낮은 가격으로 판매하기 위해서는 비용과 원가를 절감해야 하는데, 이를 위해 할인점들은 일반적으로 입지비용이 낮은 저가지대지역에 입지하는 것이 보통이며, 이와 아울러 이러한 입지에서 원거리의 소비자들을 유인하여 광역상권을 형성하는 것이 일반적이다.

마지막으로 들 수 있는 것은 할인점이 셀프서비스와 최소시설로써 운영된다는 것인데, 이 역시 저가격의 실현을 위한 원가절감의 차원에서 이해할 수 있다. 즉 셀프서비스 등을 통해서 인건비와 광고비, 내부장식비용 등을 절감하는 것을 통해서 운영비용을 최소화함으로써 이 원가절감분을 가격에 반영시키고 있는 것이다.

(5) 회원제 창고형 도소매업

회원제 창고형 도소매업은 일정한 회비를 정기적으로 내는 회원에게만 구매할 수 있는 자격을 제공하고, 이 회원에게 기대한 창고형식의 점포에서 30-50% 할인된 가격으로 정상적인 제품을 판매하는 유통업태이다. 이러한 회원제 창고형 도소매업은 프라이스 회장에 의해서 1976년에 캘리포니아 샌디에고시의 한적한 교외에 넓은 입지를 바탕으로 소매업자들을 회원으로 모집하여 그들에게 파격적인 가격으로 제품을 판매하기 시작한 프라이스 클럽(Price Club)이 시초이다.

회원제 창고형 도소매업은 기존의 할인점보다 식품부문을 보강하고 훨씬 저렴한 가격을 제공함으로써 급격하게 성장하고 있다. 회원제 창고형 도소매업은 최초의 프라이스 클럽에 이어 1983년 월마트가 샘스 클럽(Sam's Club)을 만들었고 이어서 1994년에 프라이스 클럽과 합병한 코스트코(Costco), 케이마트의 자회사인 페이스(Pace)가

뒤를 이어서 회원제 창고형 도소매업에 진출하여 현재 미국에서 각광받는 업태로써 자리매김하고 있다. 또한 미국뿐만 아니라 해외에도 진출한 회원제 창고형 도소매업은 멕시코, 영국 등에 234개의 점포와 1,600만 명의 회원을 가지고 있으며 국내에는 코스트코와 킴즈 클럽이 사업을 전개해 나가고 있다.

회원제 창고형 도소매업의 가장 중요한 특징은 회원제로 운영된다는 것이다. 코스트코의 경우 회원을 비지니스 회원과 개인 회원의 두 종류로 나누어 각각 회비와 이용절차를 다르게 정하고 있다. 이러한 회원제도는 정기적이고 안정적으로 고객을 확보한다는 측면과 회비를 통한 마진의 감소가 가능하다는 장점을 지니고 있다. 미국의 경우 회원의 구성비가 비지니스 회원 25-30%, 개인 회원 70-75% 정도 되고, 매출액의 구성비율은 비지니스 회원이 60-70% 정도를 차지하는 것으로 알려지고 있다.

회원제 창고형 도소매업의 성공요인으로는 가격을 할인하는 것으로, 일반판매가보다 30-40% 정도 저렴하게 제공한다. 이렇게 저렴한 가격을 달성하는데는 출하된 팔레트를 그대로 진열하여 점포내 작업비용을 절감할 수 있고, 별도의 포장비용이 없어 서비스 비용을 절감할 수 있다는 점, 광고비의 감축과 마진율을 낮게 책정하는 점, 현금판매를 통한 금융비용의 최소화 및 회원들의 회비를 자금운용에 활용할 수 있다는 점 등을 들 수 있다.

상품 구색면에서는 제품품목수가 3,000-5,000개 정도로 그 품목이 매우 한정되어 있지만 소비자들이 주로 구매하는 제품들 대부분이 상표충성도가 높지 않은 일용품 위주이기 때문에 대표적인 품종의 구색만으로도 대부분의 소비자들을 만족시킬 수 있다.

(6) 카테고리 킬러(전문할인점)

카테고리 킬러는 전문할인점이라고도 불리는데, 대중양판점이 어느 정도 깊이를 가진 다양한 상품을 취급하고, 기존의 전문점이 높은 수준의 서비스와 깊이 있는 제품구색으로 고가상품을 취급하는 데 비해서 한 가지 상품군을 깊게 취급하여 한정된 제품군 내의 모든 상품을 할인점보다 훨씬 낮은 가격에 판매하는 소매업태를 의미한다. 현재 미국에서 매출액에서나 순이익면에서 가장 높은 성장률을 보이고 있는 업체인 홈데포(Home-depot)나 토이저러스(Toys 'R' Us)와 같은 업체가 이에 속한다.

카테고리 킬러는 미국에서 1970년대에 처음 등장하였으며, 1980년대 후반과 1990년대 초반에 급격하게 성장한 업태이다. 미국에서의 전문양판점은 완구류에서는 토이저러스, 의류에서는 리미티드(Limited), 갭(GAP), 마샬(Marshall) 등이 있고, 가전은 써킷시티(Circuit City), 문구에서는 오피스 맥스(Office Max), 스테이플스(Staples), 홈데포(Home depot)가 있다. 대부분의 업체가 100개 이상의 점포를 가지고 있어서 규모의 경제를 최대한 이용하고 있다. 이 업태는 불경기에 성장이 두드러지나, 경기에 관련없이 꾸준하게 성장하고 있다. 국내에는 전자제품의 하이마트 등이 이 업태에 해당한다.

카테고리 킬러의 특징은 저가격과 한정된 상품군(예컨대, 장난감) 내의 다양하고 풍부한 구색을 들 수 있다. 예를 들면 토이저러스는 미국에서 웬만큼 팔리는 거의 모든 장난감을 취급하고 있다. 또한 체인화로부터 오는 규모의 경제를 살려서 원가를 절감하고 있다. 구체적으로는 합리적 경영에 의한 물류비용의 절감, 대량매입의 이점, 광고비의 절감 등이다. 의류제품의 경우에는 재고품이나 하자품을 파는 경우도 있으나 대부분은 유명브랜드를 판매하고 있다. 이러한 비용절감과 저마진 정책으로 가격을 백화점의 70% 수준으로 유지하고 있다. 비록 저마진이지만 이 업태의 경우에 있어서는 높은 회전율로 이러한 저마진을 보충하고 이익을 내고 있다.

매장의 면적은 대부분 1,500-2,500평의 단층형으로 되어 있으며, 도시 외곽지역에 입지하는 것이 일반적이다. 점포장식도 철골 구조물인 곤도라랙에 박스단위로 진열되어 있어 이를 소비자들이 직접 선택하는 셀프서비스를 채택하고 있다. 상권의 규모는 넓으며, 특별한 주 고객층이 있는 것은 아니며, 계층에 관계없이 모든 소득층이 골고루 사용하고 있다.

카테고리 킬러의 성공요인으로는 첫째, 대형화와 체인화를 들 수 있다. 대형공간을 실현시킴으로써 한정된 상품군 내의 모든 상품을 다룰 수 있는 풍부한 상품진열과 막강한 구매력을 갖출 수 있어서 소비자의 편리성을 증진시키고 아울러 원가를 절감할 수 있었다. 다음으로는 점포에 있어서의 창고형식의 도입인데 일반적으로 전문점이라고 하면 고급스러운 분위기를 연상시키는 데 반해서 매장과 재고저장을 위한 공간을 하나로 만듦으로써 매장면적의 이용률을 극대화시키고 상품의 보충, 발주, 납기 작업을 대폭 간소화할 수 있었다.

(7) 대중양판점

대중양판점이란 보통 어느 정도 깊이의 구색을 갖춘 다양한 상품계열을 취급하는 점포이다. 이러한 대중양판점의 개념은 미국과 일본에 있어 개념상의 차이가 있기 때문에, 우리나라에 도입되는 데 있어 다소 혼동이 되고 있다.

먼저 미국에 있어서는 대중양판점이 단일업태의 개념으로 사용되어 다품종 대량판매를 목적으로 다점포화를 추진함으로써 매출증대를 꾀하는 업태로서, 식품을 제외한 일상생활에 필요한 전반적인 상품을 취급하고, 주로 중저가 브랜드를 취급하는 점포들을 총칭한다. 반면, 일본에 있어서는 이를 집합개념의 종합소매업으로 보고 있는데, 즉 슈퍼마켓에서 발전하여 식품을 중심으로 하여 구매빈도가 식품류와 비슷한 의류나 잡화 등 일반 생활소모품까지 취급하는 점포를 대중양판점이라고 부르고 있다.

미국에서의 대중양판점은 카탈로그 판매가 성숙기에 돌입한 1920년대에 태동하게 되었다. 쇼핑의 기회를 갖지 못하던 사람들에게 유통업체 브랜드 상품을 중심으로 우편판매를 하던 패턴이 급속한 도시화의 진전에 따라 그 의미를 상실해 가면서 점포판매로의 전환을 요구하게 되었고, 이에 따라서 과거 우편판매 지역센타가 소매점 물류 역할을 하게 되면서 대중양판점이 출현하게 되었다. 1800년대에 우편판매로 큰 성공을 거둔 시어즈(Sears)가 1년만에 186개의 점포를 개설하는 등 체인화를 통해서 90%에 이르는 유통업체 브랜드 상품을 중저가의 가격으로 중소도시에 공급하는 역할을 담당하게 되었다. 점포확장은 1920년대 후반에 급속하게 진행되어, 1930년대에는 시어즈, 제이씨 페니(JC Penny), 몽고메리 워드(Montgomery Ward)와 같은 이른바 빅(Big) 3가 공히 거대한 체인 기업으로 부상하게 되었다. 이러한 미국의 대중양판점은 1980년대에 와서 거대화로 인하여 소비자 변화에 대한 대응이 늦고, 업태간의 경쟁이 심화되면서 할인점, 전문양판점 및 고급 백화점의 성장으로 백화점보다 저렴한 중대형점으로써의 대중양판점의 의미를 상실하게 되었다. 이러한 상황에 직면하여 제이씨 페니가 중급 패션백화점으로 전환하고, 몽고메리 워드가 전문점으로 전환하는 등 방향전환을 시도하였다.

일본의 경우에는 현재 이토요카도, 다이에이, 세이유, 쟈스코 등 대중양판점 업계가 백화점을 앞질러 유통업계의 1-4위를 차지하고 있다. 그리고 업태의 개발이나, 유통의 제반 시스템 면에서도 백화점보다는 양판점업태가 더 많은 공헌을 했다고 평가되고 있다.

일본에서 대중양판점이 시작된 것은 1957년 다이에이가 13명의 인원으로 셀프 서비스에 의한 저가 판매, 의류나 잡화 등 일반생활용품까지 취급하는 점포를 개점하면서 시작되었다. 이러한 대중 양판점들은 초기에는 지방백화점의 구성패턴을 벗어나지 못하고 단순히 체인업체들이 출점한 매장면적 2,500-3,000평 규모의 대형점포들이었는데, 이의 성장에 결정적으로 기여한 것은 지가상승으로 일본의 지가가 1960년대에 무려 4-5배가 상승하게 되면서 점포를 담보로 한 은행대출로 점포를 확장하고 이 점포의 지가가 상승되는 과정이 순환되면서 계속적인 성장을 할 수 있었다. 1972년도에는 다이에이가 매출액에서 미쓰코시 백화점을 추월하여 일본최대의 소매업체로 부상하게 되었다. 이러한 대중 양판점들은 1980년대에 들어서게 되면서 소비자 욕구가 다양화되고, 편의점, 홈센터, 할인점 등 신업태가 등장하게 되면서 대형점으로써의 성장의 한계를 느끼게 되어, 대규모 업체들을 중심으로 대형 복합체제의 쇼핑센터나 전문점과의 결합을 통한 지역 밀착형 쇼핑센터를 추구하는 경향을 보이고 있다.

대중양판점은 상품구성면에서는 백화점과 슈퍼마켓의 중간위치, 가격면에서는 백화점과 할인점의 중간 정도의 위치를 차지하고 있는 특징을 지닌다. 이러한 대중양판점의 특성을 다른 업태와의 비교를 통해서 좀 더 자세하게 살펴보면, 먼저 상품구성에 있어서 백화점이 고품질, 고가격, 하이패션 등을 취급하고 슈퍼마켓은 식품중심의 일용품과 구매빈도가 높은 상품을, 편의점이 생활용품 중심의 다품종 소량상품 구성을 특징으로 하는데 반해서 대중양판점은 식품과 함께 중저가의 일반 생활소모품들을 취급하는 상품구성을 갖는다.

다음으로 고객층에 있어서는 백화점이 고소득층을 주 목표고객층으로 하는 반면에 대중양판점은 중산층을 주로 겨냥하며, 입지에 있어서도 광역상권, 대상권을 목표로 도심의 중심상업지역에 입지하는 백화점에 비해서 부도심이나 주거 밀집지역에 입지하며, 교통난 해소를 위해 주차장을 확보하는 것이 일반적이다.

가격에 있어서 대중양판점은 할인점보다 비싸며, 백화점보다는 대체적으로 저렴한 가격대의 상품을 취급하며, 판매방식에 있어서도 백화점이 판매원을 통한 대면판매를 특징으로 하는데 반해서 셀프 서비스 방식을 사용한다. 아울러 대중양판점들은 체인화를 통해서 대량구매의 이점을 활용하여 저렴한 가격으로 제품을 구입하는 것이 일반적이다.

또한 백화점이 제조업자의 상표를 주로 취급하여 상품에 대한 위험을 제조업체가 부담하는 방식을 채택하는데 반해서 대중 양판점은 비용절감을 위해서 유통업체 브랜드 상품을 개발하는데 주력하여 상품에 대한 위험을 자체적으로 부담한다는 특징이 있다.

(8) 하이퍼마켓

최근에 와서 국내에서도 하이퍼마켓에 대한 관심이 고조되고 있다. 하이퍼마켓의 대표적인 업체로는 영국의 셍즈베리(Sainsbury)와 테스코(Tesco), 프랑스의 까르푸(Carrefour) 등을 들 수 있는데, 미국보다는 유럽에서 발달된 업태개념이다. 하이퍼마켓은 대형화된 슈퍼마켓에 할인점을 접목시켜서 저가로 판매하는 소매업태를 가리키는 개념으로 국제셀프서비스협회의 정의에 따르면, 하이퍼마켓이란 식품/비식품을 풍부하게 취급하며 매장면적 2,500㎡ 이상의 소매점포이다.

이러한 하이퍼마켓은 1960년대에 프랑스의 까르푸에 의해 개발된 이후 점차 유럽에서 남아메리카, 아시아 등으로 확산되고 있다. 벨기에, 독일, 오스트리아의 3개국에서는 15-16% 정도의 점유율을 가지고 있으며, 멕시코, 스페인, 브라질 등의 개발도상국과 같이 유통기구가 제대로 발달되지 않은 지역에서 성장률이 높다. 그 이유는 이러한 업태가 성립하려면 충분히 넓은 상권이 있어야 하기 때문이다. 사실상 프랑스의 하이퍼마켓은 매장면적의 5배에 해당하는 넓은 주차면적을 가지고 있어서 광역상권을 가지는 이 업태의 특성을 잘 보여 준다.

미국의 경우에 있어서 하이퍼마켓은 그다지 성공적이지 않았는데 그 이유는 미국은 전통적으로 슈퍼마켓이 강하게 발달되어 있어서 할인점 업태와 슈퍼마켓의 혼합형태인 하이퍼마켓에 대한 매력도가 상대적으로 낮았다는 점을 들 수 있다. 그러나 최근에 와서는 미국의 대표적인 할인업체인 월마트나 케이마트의 경우에 있어서 기존의 할인점이 식품부문을 강화한 슈퍼센터를 새로운 주력 업태로 삼고 대규모로 출점하고 있는 상황이다. 이러한 슈퍼센터의 성장도 전세계적인 하이퍼마켓의 유행을 보여주는 현상이라고 할 수 있다.

하이퍼마켓의 주요고객은 자가 승용차를 소유하고 있는 중간소득계층과 소득수준이 낮은 가격반응형 구매자이며, 생활의 리듬과 새로운 쇼핑 분위기를 원하는 다수의 질적인 구매자도 포함하고 있다. 입지 및 상권의 특징으로 하이퍼마켓은 지가가 높은 도심 또는 주거지역은 피하고 지가가 저렴한 지역인 대도시 근교에 독자적으로 입지를 선택하는 것이 일반적이며, 지역쇼핑센터의 대체역할을 수행하기 위해서 출점하는 경우도 있다. 상권은 매우 넓어서 소요시간 30분 이내에 위치한 근접도시 및 그 위성지역을 포괄한다. 최근에는 도심 가까이로 접근하는 경향이 있다.

상품구색은 슈퍼마켓에서 취급하는 식품과 생활필수품등을 취급하는데, 식품과 비식품간의 구성비는 대략 60 : 40 정도다. 상품은 주로 구매빈도가 높고 널리 알려진 국내외의 유명제품이며 유통업체 브랜드 상품도 많이 있다. 취급상품의 품목수는 75,000-100,000 품목에 이르며 식품, 일상용품, 의류, 가전, 가구, 서적, 스포츠 용품까지 포괄하고, 최근에는 자동차 용품까지 추가하고 있다. 점포 내에서의 진열, 취급, 이동, 저장에 있어서는 상품더미식이나 적하식 진열방식(Bulk Display)을 채택하고 저장과 진열기능을 동시에 수행할 수 있는 시설을 갖추고 있다.

가격측면에서 하이퍼마켓은 철저한 저마진, 저가격 정책을 채택하고 있어 구매가격이 전 품목에 걸쳐서 정상적인 소매가격에 비해 10-15% 정도 저렴하다. 하이퍼마켓의 저마진, 저가격은 대량거래, 구매기능과 판매기능을 구매거래선과 고객에로

대폭 이전한 점, 철저한 셀프서비스, 시설/저장/이동/진열/가격표시 등의 효율화, 유통업체 브랜드의 활용 등을 통해서 달성될 수 있다. 하이퍼마켓의 대외적인 판촉활동은 주로 점포 위치와 할인가격을 강조하고 점포 이미지를 부각시키기 위해 비교적 단조로운 광고를 수행한다. 주요 판촉수단은 지역주민에 대한 직접우편광고 및 라디오의 지방채널과 각종 지역정보지를 통해 이루어지고 있다. 점포 내 광고는 점두의 디스플레이를 통한 단순한 POP(Point of Purchase) 광고에 중점을 두고 있다.

(9) 전 문 점

전문점은 제한된 수의 제품계열을 깊이 있게 취급한다. 예컨대, 주방용품과 같은 단일 제품라인도 용도, 스타일, 크기, 상표 등에 따라서 확대하여야 할 제품 깊이가 상당 수준에 이른다. 그러므로 전문점에서는 특정 제품라인에서 전문적인 고객의 구매욕구를 충족시킬 수 있어야 한다. 전문점을 이용하는 대표적인 제품으로는 일반 스포츠 용품, 레저스포츠 용품, 제과, 오디오, 고급의류, 공예품, 가구, 서적, 골동품, 악기 등 매우 다양하다고 할 수 있다. 어떠한 제품에서든 관심을 가지고 전문적 욕구를 가진 고객층이 있다는 점에서 전문점의 위상은 건재하다. 그러나 비교적 구매가 빈번한 장난감, 스포츠 용품, 문구, 가전 등에서는 체인화와 대량매입에 입각한 카테고리 킬러의 위협에 기존 전문점들의 경쟁력이 상대적으로 떨어지지만, 구매가 빈번하게 일어나기 어려운 제품에서는 아직까지 기존 전문점의 경쟁력이 우위에 있다고 할 수 있다. 문제는 전문적인 구매욕구를 가진 수요층이 점점 엷어진다는 데 있기 때문에, 전문적 수요 창출에 관심을 가져야 한다.

제 6 절   무점포 소매업

무점포 소매업의 형태에는 방문판매(Door-to-Door Retailing), 다단계마케팅(MLM), TV 홈쇼핑, 전자상거래(인터넷 쇼핑몰), 카탈로그 판매, 모바일커머스, 전화소매기법(텔레마케팅), 그리고 자동판매기 등이 있다. 이상의 소매업들은 점포를 가지지 않고 최종 고객에게 유통서비스를 제공한다는 공통점을 가지고 있다. 그러므로 점포 소매상에 대한 반대의 개념으로 무점포 소매상이라고 할 수도 있지만 넓은 의미에서 소매기법 또는 판매기법의 의미를 갖는다. 또한 기법의 의미를 확대하여 시장에 대한 또 다른 접근방법이라는 의미에서 직접마케팅(Direct Marketing)의 관점에서도 이해되어질 수 있다.

우선 본 절에서는 방문판매, TV 홈쇼핑, 인터넷쇼핑몰, 카탈로그 판매, 모바일 커머스, 전화 소매기법, 자동판매기 등에 대하여 하나의 소매형태라는 관점에서 살펴보기로 한다. 그리고 최근 정보기술의 발전과 함께 각광을 받고 있는 전자상거래(인터넷쇼핑몰)와 관련하여서는 제14장에서 보다 심도 있는 접근을 하고, 다단계마케팅은 제7장에서 자세히 언급할 것이다.

(1) 방문판매

방문판매란 사업자가 방문의 방법으로 그의 영업장소 외의 장소에서 소비자에게 권유하여 상품을 판매하거나 용역을 제공하는 판매방식을 의미한다. 이때 방문판매 소매상은 소비자들과의 개인적인 접촉을 하게 되는 특징을 가지고 있으며 판매는 호별방문으로 이루어진다. 미국 Avon(화장품회사)의 판매원은 구매 가능성이 있다고 판단되는 가정을 개별적으로 방문하여 판매하고 이를 대리점에서 관리한다. 미국 시장에서 Tupperware를 포함한 많은 기업들이 사용하고 있는 방문판매소매상의 방법으로 파티방법이 있는데 이는 주인(판매원)으로 하여금 상품을 판매하기 위해서 많은 친구들을 집으로 초청하게 하는 방법이다. 이것은 특히 주방용품, 보석, 선물용품 같은 소비자제품을 판매할 때 효과적인 것으로 알려져 있다.

(2) TV 홈쇼핑

TV 홈쇼핑은 매체(특히 CATV)를 이용하여 상품과 관련된 편익과 정보를 고객에게 전달하고, 고객이 통신수단을 이용한 주문을 통해 거래하여 구매상품을 배송받는 소매유형을 말한다. TV 홈쇼핑이라는 의미는 고객입장에서 제품의 구입과 인도를 집에서 한다는 차원에서 붙여진 이름이다. 홈쇼핑이 통신판매나, 텔레마케팅과 갖는 차이점은 매체를 활용한 가상점포의 운영이라는 점이다. 이는 무점포 소매를 주로하는 기업이 제품의 전시나 진열을 위해 시범적으로 운영하는 모델점포(Model Shop)와는 다른 개념으로, 매체를 통해 제품의 정보를 비교적 자세하고 현실감 있게 전달한다는 의미를 갖는다. 이를 통해서 고객은 자신이 원하는 제품의 정보를 보다 구체적으로 확보하게 되어 광고를 통한 촉진효과가 추가된 유통의 서비스를 제공받게 된다. 뿐만 아니라 점포 소매상을 이용하기 어려운 중소 제조업체가 비교적 적은 비용으로 접근할 수 있는 유통경로로 각광받고 있으며, 편리한 쇼핑 방법, 시중보다 저렴한 가격 등의 편익을 제공하면서 성장하고 있다.

하지만 불법 홈쇼핑업체로 인한 피해, 충동구매 및 쇼핑중독의 조장 등으로 인해 사회적 인식이 좋지만은 않다. 2013년 기준, 국내 1, 2위 업체인 CJ 오쇼핑과 GS

홈쇼핑을 비롯, 현대홈쇼핑, 롯데홈쇼핑, 그리고 NS홈쇼핑 등은 소비자 보호를 위해 고객 모니터링 제도를 활성화하고 있으며, 후불제, 30일 보증제, Happy Call 서비스, CEO 핫라인 서비스 등의 노력을 하고 있다.

(3) 인터넷 쇼핑몰

인터넷 쇼핑몰은 통신망으로 연결된 컴퓨터를 이용하여 직접 점포에 나가지 않고 상품을 구매할 수 있는 가상공간으로 이 가상공간에 상품을 진열하고 판매하는 소매형태를 의미한다. 이 인터넷 쇼핑몰은 기업과 소비자(B2C) 사이에 이루어지는 전자상거래의 가장 대표적인 형태이다.

인터넷 쇼핑몰은 기존의 전통적 상거래와는 달리, 시간과 공간의 편의성이 극대화될 수 있고, 유통경로가 짧고, 단순하기 때문에 저렴한 가격으로 제품을 공급할 수 있다. 뿐만 아니라 주로 정보제공에 의한 판매가 이루어지고, 고객과 상호작용을 통한 마케팅을 수행할 수 있다.

이러한 인터넷 쇼핑몰은 오프라인 점포 소매상이 인터넷 상에 홈페이지를 개설하고 상품을 판매하는 On-line Store Front 형태와 On-line으로만 상품을 판매하는 인터넷 전문 쇼핑몰이 있다. 전자는 직접몰로서 롯데, 현대, 신세계, AK 플라자, JC Penny 등의 백화점 업태가 운영하는 형태와, 아모레퍼시픽, Dell Computer 등의 제조업체 형태, 그리고 교보문고, 하이마트 등의 전문점 형태가 있다.

이와는 달리 On-line만으로 제품을 판매하는 인터넷 전문 쇼핑몰은, 마켓링크, Internet Mall 등의 단순링크 형태와 G-market, 옥션, 인터파크, 11번가 등 사업자들이 해당 쇼핑몰에 입주하는 형태로 운영되는 중개몰 형태가 있다.

(4) 카탈로그 판매

카탈로그 판매는 우편을 통하여 고객들이 필요하다고 예상되는 제품을 소개하고 판매계약을 접수한 뒤 제품을 우편(또는 택배)으로 전달하는 전통적인 무점포 소매방식이다. 우편을 사용한다는 점에서 매우 효율적인 거래수단의 특징을 갖는다. 최근에는 우편 이외에 택배 등을 통한 제품 배송에 대한 대안의 확대를 통하여 속도와 편리성을 더욱 개선시키고 있다.

카탈로그 판매의 핵심은 우편으로 배송되는 안내책자, 즉, 카탈로그의 개발에 있다. 전제되어야 할 것은 고객의 이해로부터 출발되어야 한다는 점이다. 누가 통신판매를 선호하는가에 대한 확인, 그리고 그들이 원하는 상품은 어떤 것인가를 파악하고 이러한 내용이 안내책자에 담겨 있어야 한다. 이는 지속적인 고객 데이터베이스의 관리를 통하여 가능해질 것이다.

카탈로그 판매는 카탈로그 판매를 전문으로 수행하는 업체에 의해 운영되기도 하지만 점포 소매상에서도 보완적인 경로로써 적극적으로 활용하고 있는 추세에 있다. 예컨대, 백화점에서 카드고객 데이터베이스를 활용하여 결제 청구서와 함께 통신판매 안내책자를 보내는 것은 매우 흔한 일이 되었다. 일본 카탈로그 판매의 주요 업체인 후지산케이리빙서비스社는 400명의 상품 카테고리별 전담직원이 있는 콜센터를 통해, 우편 판매로 인해 발생할 수 있는 소비자 불만사항을 효율적으로 해결해 나가고 있다.

(5) 모바일 커머스

모바일 커머스란 휴대형 정보통신 단말기를 이용한 무선 인터넷을 통해 이루어지는 정보, 서비스, 재화에 대한 금전적 거래를 의미한다. 이 모바일커머스가 기존의 전자상거래와 가장 크게 다른 점은 이동성과 사용자의 위치정보를 알고 있다는 점이다. 이용자들이 언제, 어디에 있는가에 대한 정보를 정확히 알고 있기 때문에 일대일 마케팅과 타겟 마케팅을 통한 개인화된 서비스가 가능하다. 또한 모바일 커머스의 도구인 휴대폰은 유선인터넷에 비해 기기의 가격이 저렴하여 대체 사이클이 상당히 빠르고, 새로운 기능이나 서비스를 도입하는 데 있어서 유리하다. 언제나 휴대하고 있고, 접속되어 있는 상태이므로 사용자에게 푸쉬(Push)형 서비스를 제공하는 데 유리하다. 최근 무선인터넷이 가능한 단말기를 보유한 가입자가 급속도로 늘어남에 따라 모바일커머스 사용자 비율도 급성장하고 있다.

(6) 전화 소매기법(텔레마케팅)

전화를 통한 소매기법은 이미 많은 기업에서 일반화되어 있는 무점포 소매방법 중에 하나이다. 특히 텔레마케팅(tele-marketing)이라는 마케팅 기법의 활용이 중요해지면서 전화를 통한 시장활동의 도입이 활발해지고 있다. 이 방법은 소비자들이 자신의 집에서 광고나 카탈로그에 반응하게끔 한다는 점에서 통신판매(주로 우편통신)와 밀접하게 연결되어 있다. 전화를 통한 쇼핑을 이용하는 빈도가 증가하는 이유는 최근의 급격한 통신기술의 발달과 함께 수요측면에서 볼 때, 맞벌이 가구의 증가, 신용카드에 의한 결제, 그리고 신뢰할 만한 택송 시스템과 같은 산업 여건의 발전 때문이다.

소비자들은 전화를 이용하여 다양한 구매욕구를 해결할 수 있다. 제품의 구입은 물론 정보의 취득, 금융업무 처리, 서비스 예약 등에 이르기까지 전화를 이용한 다양한 편익이 제공되고 있다. 기업들은 텔레마케팅의 두 가지 기법을 활용한다. 하나는 고객을 향한 텔레마케팅(Out-Bound Tele-Marketing)으로 적극적인 제품의 판매, 제품 정보의 제공, 지속적인 고객관리 등을 통하여 고객에게 가치를 전달하는 것이고, 또 다른 하나는 고객으로부터의 텔레마케팅(In-Bound Tele-Marketing)으로 문제를 가진 고객의 상담, 제품의 안내, 서비스의 예약 및 접수 등을 통하여 고객에게 가치를 전달하는 것이다.

(7) 자동판매기

자동판매기는 동전 혹은 소액지폐로 작동되는 셀프서비스 판매기계를 의미한다. 자동판매기를 통해서 가장 활발하게 취급되는 제품은 일회용 커피류, 캔 음료수, 컵라면, 담배 등이다. 그러나 다양한 제품들을 취급할 수 있는 자동판매기의 개발과 보급은, 양말, 골프공, 신문, 사탕, 껌, 우표, 장난감 등에 사용되기도 한다. 또한 특정 노래를 선곡 편집할 수 있는 즉석 CD제작기, 스티커 사진 등도 자판기의 범주에서 이해될 수 있다. 또한 앞으로 예상되는 선불식 전자화폐 보급의 확대는 자동판매기의 지불의 편의성을 증대시킬 것이다.

제 7 절) 소매상과 공급자와의 관계

유통경로에 있어서 구성원들 간의 지배력을 살펴보면 대부분의 경우 제조업체가 경로상의 지배력을 가지고 있다. 그러나 고객만족 개념이 점차 확산되어가고 고객에게 보다 나은 서비스를 제공할 필요성이 대두되기 시작하면서 고객에 가장 가까운 소매상의 움직임에 주목할 필요가 있다. 고객에 가장 가까이 있고, 직접적인 서비스를 수행하며, 고객의 변화를 가장 먼저 알 수 있다는 점에서 앞으로의 유통경로상에서 소매상의 지배력은 점점 증가할 것으로 보인다.

대등한 경로구성원의 존재와 고객의 욕구를 충족시켜야 한다는 공동의 목표아래 소매상과 공급업체는 공동의 노력을 기울일 것이다. 〈표 4-4〉에서는 소매상과 공급업체의 공동노력과 이를 통해서 고객들에게 제공할 수 있는 성과를 정리하고 있다.

소매상과 공급업자가 상호간에 유통경로상에서 서로에게 요구하는 기능은 결국 유통목표의 달성을 위한 것이며 이에 대한 공동의 노력은 고객의 만족을 위한 필수적인 고려요소가 될 것이다.

표 4-4	소매상과 공급업자의 공동노력과 성과

| ① 공유할 수 있는 유통상의 기술 개발
② 기술의 응용 및 관리 정보와의 통합
③ 상호 업무 관리팀과 관리 정보의 통합
④ 공급기반의 합리화
⑤ 공동의 품질관리 계획 | ① 지속적인 기반에 근거한 고품질과 적정가격을 통한 가치의 제고
② 소비자활동의 편리성을 달성할 수 있는 효율성의 제고
③ 고객만족을 위한 모든 제품과 서비스의 혁신
④ 소비자의 선택과 결정을 돕는 정보의 제공
⑤ 소비자의 기대를 넘어서는 신뢰할 만한 직업정신의 제고 |

제 8 절 우리나라 주요 소매업태의 현황 및 발전방향

1. 소매산업의 구조 및 특징

국내 유통산업의 경쟁구도는 1996년 유통시장 개방 이후 신업태 출현으로 인해 그 동안 재래시장, 슈퍼마켓, 백화점을 중심으로 형성해 온 산업구조가 재편되기 시작하였다. 특히 기업형 유통구조로의 전환이 가속화되고 있다. 2007 국내 소매판매액이 사상 처음으로 150조 원을 돌파하였는데, 이는 유통시장이 개방된 1996년과 비교하면 11년 만에 54.7%가 늘어난 수치다. 또한 IMF 외환위기 이후 소비자들의 합리적이고 실질적인 가치구매를 지향하는 소비패턴이 형성됨에 따라 이러한 경제상황과 맞물려 우리 유통업계는 할인점을 중심으로 재빠르게 재편되었었다.

즉 유통산업의 커다란 변화는 대규모 자본과 축적된 경영기법을 지닌 외국업체의 국내 진출과 우리나라 대기업의 유통시장 참여로 인해 업계 내 경쟁이 더욱 가속화되었다. 또한 1인 가구 및 실버세대의 증가, 그리고 여가시간의 증대에 따른 소비자의 소비패턴 변화는 유통업계 전반에 변화가 있을 것으로 전망된다.

(1) 백 화 점

그동안 소매업종을 대표하여 지속적으로 성장해 온 백화점 업계는 1993년 이후 연평균 20%대의 고성장을 유지하였으나 1995년을 정점으로 타 업태에 비해 둔화되기 시작하여 백화점 업계는 쇠퇴기에 들어섰다고 할 수도 있다. 그 원인은 지속되는 국내 경기침체와 더불어, 수도권에 점포가 집중되어서 이미 과포화상태이며 할인업태와 경쟁에서 경쟁력약화 등을 들 수 있다.

그러나 최근의 백화점 매출 특징은 구매객수가 감소한 반면 구매단가는 증가하는 경향을 보이며, 이는 충성고객의 비율이 늘어남을 의미한다. 백화점 매출이 2003년부터 2008년까지 줄곧 신장할 수 이었던 이유는 물가상승으로 인한 가격상승, 트레이딩 소비의 확대, 식도락의 확산, 세계화, CRM 전략의 유효성으로 꼽을 수 있다. 특히, 2003년부터 백화점 업계가 심혈을 기울였던 CRM이 빛을 발하고 있는 것이 주목할 만하다. 객수 감소에도 불구하고 객단가가 지속적으로 증가하는 것이 전체 매출 상승을 견인하고, 결과적으로 백화점이 영화를 느낄 수 있게 되었다. 제2의 금융위기라고 불리던 2008년 11월에도 백화점 매출은 7.5% 증가하였다. 이러한 결과는 국내 백화점의 매출 구성이 매우 탄탄해지고, 실제 고객층이 튼실해졌기 때문이라고 분석된다.

(2) 할 인 점

국내 유통업계의 중심으로 자리 잡고 있는 할인점은 1993년 신세계 백화점의 이마트 개점 이후 급속도로 확산하였으며 식품비중이 높은 유럽형 하이퍼마켓과 미국형 슈퍼센터가 모델이 되어 발전해 왔다. 특히 유통시장 개방 이후 뚜렷이 부각되어 있는 할인업태는 IMF 경제위기로 인한 가치 중심, 가격 중심의 소비패턴 변화 등으로 타 업태에 비해 큰 폭의 성장을 기록하고 있다.

특히 유통시장 개방 이후 뚜렷이 부각되고 있는 할인업태는 IMF 경제위기로 인한 가치 중심, 가격 중심의 소비패턴 변화 등으로 타 업태에 비해 큰 폭의 성장을 기록하였으며, 2008년 말, 전국 할인점의 점포수는 총 385개로 집계됐다. 2008년 할인점의 시장규모는 전년대비 5.4%가량 증가한 30조 6천억 원 정도로 추정된다. 할인점 시장은 포화론이 고개를 들기 시작한 2006년부터 성장률이 10%대 이하로 떨어져 해외시장 진출이 가속화되고 있다.

표 4-5   연도별 할인점 매출규모 및 점포수

연 도	2008	2009	2010	2011	2012	2013	2014(E)
매출액(조 원)	30.1	31.3	33.5	36.7	37.7	38.3	38.2
성장률(%)	6	4	7	9.8	2.9	1.9	-0.2
점포 수(개)	399	414	445	452	480	484	492

자료: 통계청 리테일 매거진
주: 2014년 시장규모 및 신장률은 추정

| 표 4-6 | 할인점 업체별 매출액과 점포 수 |

점포명	매출액(원)	신규 출점수(개)	총 점포수(개)	
			국 내	해 외
이마트	13조	3	150 - 이마트 141 - 트레이더스 9	15 - 중국 15
홈플러스	11조 7천억	1	140	
롯데마트	7조 3천억	6	113 - 롯데마트 108 - 빅마켓 5	151 - 중국 103 - 인도네시아 38 - 베트남 10
코스트코	2조 9천억	2	11	
메가마트	7,500억	–	8	1 - 중국 1

자료: 리테일 매거진, 2015년 1월호
  1) 이마트는 프랜차이즈 매장 포함, 해외 매장 제외
  2) 롯데마트 매출액은 성장률 감안한 추정치, 해외 매장 제외
  3) 코스트코홀세일 매출액은 2014년 8월말 회계기준
  4) 메가마트는 소형점 6개, 백화점 1개 매출 포함
  5) 신규점은 국내 매장만 집계

   1996년 유통개방 이후 미국의 월마트와 프랑스의 까르푸 등 다국적 기업이 한국으로 진출했지만, 국내 토종기업인 이마트와 홈플러스에 밀려 현재는 이마트와 홈플러스의 양강구도로 재편되었다.
   2014년 기준으로 이마트는 해외 15개점을 포함하여 총 165개 점포를, 홈플러스는 총 140개 점포, 롯데마트는 해외 151개점을 포함 총 264개점을 운영 중이다.

(3) 슈퍼마켓

   1990년대 후반 이후 할인점과 편의점의 급속한 성장으로 슈퍼마켓 시장은 상대적인 저성장세를 지속해 왔다. 이러한 부진의 이면에는 경기후퇴, 인력부족, 소비자 구매 행동의 변화 등 환경여건은 물론, 저가격 지향 업태의 등장으로 슈퍼마켓의 위치가 흔들리고 있기 때문이었다. 슈퍼마켓은 식품비중이 80% 이상인 유통업태로써 대형할인점과 마찬가지로 식품비중이 높았으나 상대적으로 쇼핑의 편의성이 높은 할인점과 편의점으로 주요고객이 이탈하면서 낮은 성장세를 보였다.

표 4-7	슈퍼마켓 업체별 매출액과 점포 수			
업체명	점포명	총 점포 수(개)	매출액(백만 원)	성장률(%)
농협중앙회	하나로마트	2,080	5,787,810	10.5
롯데쇼핑	롯데슈퍼	232	1,143,000	33.4
삼성테스코	홈플러스 익스프레스	182	5,811,782	25
GS리테일	GS슈퍼마켓	161	1,032,570	19.5
서원유통	탑마트	71	800,535	16.16
킴스클럽마트	킴스마트	49	259,196	27
CS유통	굿모닝마트	28	226,500	13.2
에스엠	에스엠마트	20	102,378	18.51
농협유통	하나로마트	18	143,355	12.8
수협중앙회	바다마트	18	89,896	0.3

자료: ㈜한국콘텐츠미디어, 유통업체 주소록 2014년.

하지만 최근에는 할인점 수가 포화상태에 다다르고, 유류비 상승을 계기로 고객들이 자동차쇼핑 대신 근거리 도보쇼핑을 선택하면서 슈퍼마켓을 찾게 되었다. 그리고 불황이 장기화 조짐을 보이면서 충동구매를 줄이고 소량씩 구입할 수 있는 슈퍼마켓 쇼핑을 늘리고 있다는 것이 업계의 분석이다.

한편 포화상태에 이른 할인점 대신 새로운 대안을 찾아야 하는 대형 유통업체들이 그동안 눈독을 들이던 슈퍼마켓에 본격적인 투자를 가시화한 점도 슈퍼마켓 주가를 한껏 상승시킨다. GS 리테일, 롯데쇼핑, 홈플러스주식회사 등 대형 유통업체들이 SSM(Super Super Market) 등과 같은 신개념 슈퍼마켓 사업에 뛰어들면서 대형 슈퍼마켓이 급부상하고 있다.

(4) 편 의 점

2008년 12월 말 편의점 총 점포수는 1만 2,450개로 2007년에 비해 1,400여 개가 늘어난 것으로 나타났다. 이는 국내에 편의점 역사가 시작된 1989년 이래 최고기록으로 1만점 시대를 맞으며 고도 성장기에서 벗어나 성숙단계로 진입한 편의점 업계가 2007년 11월 1만 1천점을 넘기고 불과 10개월 만에 1만 2천점을 넘긴 사실은 주목할 필요가 있다. 고도 성장기에서 벗어나 성숙단계로 접어든 편의점이 점당 이용고객수가 5천명 이하로 떨어지자 많은 전문가들은 향후 편의점의 성장세가 둔화될 것이라는 전망을 내놓았다. 하지만 예상과 달리 편의점은 사상 최대의 출점수를 기록하고 있다. 이는 최근 불경기로 소비자들의 실속형 소비패턴이 정착되고 있는 가

표 4-8	편의점 연도별 점포수 및 매출액				
연 도	2010	2011	2012	2013	2014(E)
점포 수(개)	16,937	21,221	24,559	24,859	25,900
매출액(조 원)	8.4	10.1	11.7	12.8	13.5

자료: 리테일 매거진, 2015년 1월호.

운데 적은 금액의 소량판매가 매출의 대부분을 차지하는 편의점은 타 업태에 비해 상대적으로 높은 신장률을 기록했다.

(5) 무점포 소매업

경기변화의 영향을 많이 받는 오프라인 소매업태들과 비교할 때 무점포 판매업 계는 비교적 매출에 타격을 받지 않는 편이다. 홈쇼핑 업계는 선발업체 간 외형경쟁 과 후발업체의 매출 호조로 지난 2007년 마이너스 성장에서 벗어났다. 인터넷 쇼핑 시장의 경우, 2008년 초 옥션의 개인정보 유출사고를 계기로 전자상거래 전반에서 정보 유출에 대한 위험성이 수면 위로 떠올랐지만, 오픈마켓과 종합 쇼핑몰의 거래 액은 계속해서 증가 추세를 보이며 외형 성장을 이어갔다.

2008년 인터넷 쇼핑 시장에서는 오픈마켓 업계가 지독한 불황 속에서도 전체 온 라인 소매시장의 성장을 견인하는 역할을 했다. 종합 쇼핑몰의 경우 최근 온라인 고 객들이 가격비교 사이트를 이용하여 좀 더 저렴한 상품을 찾는 성향을 보이고 오픈 마켓의 가격경쟁력을 따라가지 못해 성장동력이 떨어지고 있다. 하지만 오프라인 인 기상품의 온라인화를 통해 MD를 업그레이드하는 등 오프라인 업체와 활발한 제휴를 통해 재도약의 발판을 마련하고 있다.

지난 2006년 이후 온·오프라인 채널간 제휴로 새로운 수익을 창출하는 사례가 늘어나면서 인터넷 쇼핑몰과 오프라인 백화점, 대형마트 간 업무제휴가 더욱 활발해 졌다. 이처럼 인터넷 쇼핑몰에서 오프라인 상품을 판매하면 온라인 이용객들에게 편 리성과 신뢰성을 제공할 수 있어 해당 상품군의 매출도 동반성장하며 쇼핑몰 영업이 익 개선에도 큰 도움을 주고 있다.

지난 2007년 역신장을 기록했던 홈쇼핑 업계는 2008년 전반적인 경기침체에도 불구하고 3% 내외의 신장률을 보였다. 향후 홈쇼핑 업계는 IPTV 시대가 개막되면서 시장선점을 위한 마케팅 전략 수립에 본격 돌입할 것으로 보인다. 실제로 TV 홈쇼핑 업체들은 지난해 11월 IPTV 사업자 가운데 하나인 KT가 '메가TV 라이브' 상용 서비 스를 론칭한 이후 메가TV에 방송을 송출하며 매출을 올리고 있어 향후 홈쇼핑 업계

| 표 4-9 | 온라인 매체별 매출액 추이 | | | | | (단위: 억원) |

매　　체	2010	2011	2012	2013	2014(F)	2015(F)
TV 홈쇼핑(6개사)	24,600 (35%)	32,300 (31%)	35,916 (11.9%)	40,582 (13.0%)	47,980 (18.2%)	59,300 (14.6%)
백화점 상품판매 인터넷쇼핑(5개사)	26,200	32,100 (22.5%)	35,460 (10.5%)	39,361 (9.6%)	41,700 (6.0%)	44,500 (6.6%)
소셜커머스(3개사)	500	10,000	17,000 (70.0%)	31,400 (84.7%)	48,100 (53.2%)	69,000 (43.5%)
대형마트 인터넷쇼핑(3개사)	3,100	6,600 (113%)	10,150 (54%)	13,250 (30.5%)	16,100 (21.5%)	19,400 (20.5%)
오픈마켓(3개사)	123,300	134,700 (9.2%)	151,070 (12.1%)	163,000 (7.9%)	178,600 (9.0%)	196,620 (8.1%)

자료: 한국온라인쇼핑협회(2014), 2014 온라인쇼핑 시장에 대한 이해와 전망
　　　1) 인터넷쇼핑의 시장 규모는 PC와 모바일의 합계
　　　2) TV홈쇼핑 6개사: GS, CJ, 롯데, 현대, NS, 홈앤쇼핑
　　　3) 2012년부터 홈앤쇼핑 거래액 포함
　　　4) 백화점 상품판매 인터넷쇼핑 5개사: 롯데닷컴, Hmall, 롯데i몰, AK몰, 신세계
　　　5) 소셜커머스 3개사: 위메프, 쿠팡, 티몬
　　　6) 대형마트 인터넷쇼핑 3개사: 롯데마트, 이마트, 홈플러스
　　　7) 오픈마켓 3개사: 이베이코리아(옥션, 지마켓), 11번가, 인터파크

에 새로운 시장이 형성될 것으로 보인다.

2. 향후 발전방향

현재 국내 유통산업은 업태내, 업태간의 치열한 경쟁구도를 거치면서 향후에는 선진 유통형태로 자리잡아 가는 하나의 조정기간을 거칠 것으로 전망된다.

또한 급변하는 환경 속에서 거대 자본과 선진시스템을 지닌 다국적 유통업체에 대항하기 위한 움직임은 백화점, 할인점, 슈퍼마켓 등 전통업태의 리포지셔닝을 통해 우리 유통업태의 구조조정을 더욱 가속화시킬 것으로 보인다.

이러한 업태들의 주요 발전 방향을 살펴보면 다음과 같다.

(1) 백 화 점

백화점 업계는 치열한 경쟁에서 살아남기 위하여 여러 방면으로 노력할 것이다.

2000년대 국내 백화점의 새로운 어닝모멘텀은 단연 명품이었다. 2004년 6월부터 지금까지 백화점 명품부문은 54개월 연속 성장하는 저력을 보였다. 또한 식품 매장의 일본식 '데파치카'로의 진화도 강화될 전망이다. 식품의 패션성을 가미해 소비자에게 어필하여 소비자를 백화점으로 모을 수 있다. 마지막으로 VIP마케팅을 전개하고, 점포 및 상품 고급화 전략으로 나가는 추세는 앞으로도 계속 이어질 것으로 보이며, 윤리경영을 기반으로 한 내실위주의 경영을 더욱 강조 할 것으로 보인다.

또한 치열한 경쟁 속에서 생존이 어려운 백화점들은 통합하거나 업태를 전환 할 것으로 보인다. 무리한 신규점 오픈을 지양할 것으로 보이며 그 대신 기존 백화점의 증축이나 리뉴얼에 주력할 것으로 보인다.

(2) 할 인 점

소비자들의 소비행위가 저소득층 및 고소득층에 따라 양극화되는 것에 따라 할인점 업계의 점포 출점방식도 출점지역 특성에 맞게 대형 고급 할인점 또는 중소상권형 할인점으로 양극화될 전망이다. 또한, 그동안 점포수 확장과 출점 속도 등 양적 성장에만 주력했던 할인점 업체들이 최근 들어 매장 리뉴얼, 조직정비, 시스템 보완 등 내부 역량 강화에 주력하고 있다. 대형 할인점 업계는 PB 상품 확대 및 해외 소싱 강화로 수익구조를 개선하고 해외시장 진출 및 신규 사업으로 중장기 미래를 대비하고 있다. 전문가들은 CRM을 활용한 타겟 마케팅이나 PB제품을 통한 상품 차별화 전략이 더욱 효율적인 접근방법이 될 수 있다고 조언한다. 한편, 신규부지 확보의 어려움과 시장 포화에 따라 복합쇼핑센터에 대한 관심은 점차 높아지고 있다. 백화점이나 대형 할인점 등 유통매장을 키테넌트로 갖추고, 전문점 및 다양한 엔터테인먼트 시설을 결합한 복합 쇼핑센터는 소득수준이 높아짐에 따라 현대 소비자들의 라이프 스타일에 적격인 업태로 주목받고 있다.

(3) 슈퍼마켓

슈퍼마켓의 전문화와 대형화, 그리고 체인화가 지속적으로 이루어지고 있는 결과, 대부분의 업체들이 4백 평 이상의 대형 점포를 개점하고 있어 슈퍼슈퍼마켓 (Super Super Market: SSM) 급에 관심을 보이고 있는 것으로 나타났다. 이러한 상황에 대응하기 위해 투자를 줄이고 효율과 이익을 높일 수 있는 소형점포에 대한 관심도 새롭게 부각 될 것으로 보인다.

또한, 소비자들의 건강에 대한 관심으로 인하여 신선식품과 건강식품 위주의 식품전문 슈퍼마켓이 앞으로도 계속 슈퍼마켓의 혁신을 주도할 것으로 보인다.

(4) 편 의 점

최근 편의점 업태 특성에 맞는 다양한 NPB(National Private Brand) 상품 개발, 보너스 카드업체와의 제휴 등 적극적인 마케팅 전략은 앞으로도 지속 될 것이라고 보인다.

(5) 무점포 소매업

무점포 판매업은 경기침체에도 채널별 매출이 성장하며 전체 시장의 크기가 확대되고 있다. 오픈마켓 업계에서 대규모 인수·합병이 예상되며 예전과 같은 고성장은 어렵겠지만 오프라인 업태에 비해서 꾸준히 성장할 것으로 보인다. 무점포 소매업의 발전과정 상에서는 소비자 피해의 증가, 업체간 과다한 제살깎기식 경쟁이라는 부작용도 발생하고 있다.

◉ 요   약

소매상은 최종고객이 원하는 제품이나 서비스를 판매하는 조직이나 사람을 의미한다. 소매상의 성격은 수익률, 재고회전율, 제품구색, 위치 그리고 제공하는 서비스에 따라 달라진다. 소매상은 소비자의 기대를 만족시켜 주기 위해 소매 믹스변수들을 결합한다. 소비자의 기대로는 장소와 시간상의 편의성, 분위기/환경, 상품, 가격, 정보/상호작용, 서비스 등이 있으며 소매믹스 변수로는 물적 시설, 상품계획, 가격책정, 촉진, 서비스, 조직/인적 자원 등이 있다.

최근 소매업태의 특징으로는 힘 있는 소매상(Power Retailer)의 등장과 양극화 현상을 들 수 있다. 이러한 현상은 급격하게 변화하고 있는 소매업태의 환경변화를 반영하는 것이다.

소매상의 종류는 점포소매상으로는 백화점, 슈퍼마켓, 편의점, 할인점, 회원제 창고형 도소매업, 카테고리 킬러, 대중양판점, 하이퍼마켓, 전문소매점 등이 있다. 무점포소매상으로는 방문판매, 다단계마케팅, TV 홈쇼핑, 전자상거래(인터넷 쇼핑몰), 카탈로그 판매, 모바일커머스, 전화 소매기법(텔레마케팅), 그리고 자동판매기 등이 있다.

다양해지는 고객의 욕구는 소매업태의 변화를 필요로 하고 있다. 기존의 업태는 새로운 개념을 정립하여야 하고, 새롭게 등장하고 있는 업태들은 확고한 개념의 정립과 효율적인 운영을 하지 않고서는 살아남기 힘들게 되었다. 이에 따른 경영과제와 발전방향에 항상 유념해야 한다.

◆ 문제제기

1. 소매상이 사용하고 있는 전략을 수익률과 회전율의 관점에서 설명해 보시오.
2. 소매상이 고객에게 제공하는 기능들에는 어떠한 것이 있는가?
3. 소매업태에 있어서 최근의 두 가지 추세인 강력한 소매상(Power Retailer)의 등장과 양극성의 증가에 대해서 설명해 보시오.
4. 우리나라 소매업태별 경영과제와 발전방향에 대해서 토의해 보시오.

◆ 참고문헌

1) 박충환 · 오세조 · 김동훈, 시장지향적 마케팅관리, 개정판, 박영사, 2006.
2) Mason, Barry and Morris L. Mayer, Modern Retailing: *Therory and Practice*, 5th ed, (Homewood, Ill.: BPI/Irwin, 1990), p. 13.
3) Davidson, William R., Daniel J. Sweeney, and Ronald W. Stampfl, *Retailing Management*, 5th ed, 1984, John Wiley and Sons, Inc.
4) Stern, Louis W. and Adel I. El-Ansary, *Marketing Channels*, 4th ed, (1992) prentice-Hall, p. 61.
5) 민중기, "WTO 출범과 우리 유흥업의 대응", 유통저널, 1995, Vol 3(1), pp. 17-21.
6) 반지명, 유통실무지식, 1993, 수퍼체인협회, p.15
7) 주우진, 신유통업태분석, 1995, 유통학회 발표논문집, p. 18.
8) 박충환 · 오세조, 위의 책, pp. 387-8.
9) 송자, 오세조, "국내시장환경에서의 외향적 전화마케팅 도입에 관한 연구," 산업과 경영 (1992), 29(1), pp. 3-21.

제 5 장   도매: 형태(구조)와 전략

제 1 부   유통관리의 전반적 체계

제1장   유통관리의 전략적 접근체계
   1. 유통관리의 접근시각: 시장지향적 접근
   2. 유통경로 발생의 근거
   3. 유통기능(역할)
   4. 유통관리의 전반적 체계

⇩

제 2 부   유통환경변화의 이해 및 표적시장의 선정

제2장   유통환경변화의 파악과 영향 분석
제3장   구매욕구세분화, 표적구매자시장, 그리고 유통목표의
           정립: 표적유통전략

⇩

제 3 부   유통전략의 수립 1: 유통경로구조(시스템)의 설계

제4장   소매: 형태(구조)와 전략   제7장   유통경로의 조직패턴
제5장   도매: 형태(구조)와 전략   제8장   유통경로구조의 설계
제6장   물류관리

⇩

제 4 부   유통전략의 수립 2: 경로구성원 조정체계의 설계

제 9 장   힘(영향력) 행사
제 10 장   갈등관리
제 11 장   경로의사소통 및 유통정보시스템

⇩

제 5 부   유통활동의 성과평가 및 조사

제 12 장   유통활동의 성과평가
제 13 장   유통조사

⇩

제 6 부   특정 상황 속에서의 유통관리

제 14 장   서비스산업에서의 유통관리
제 15 장   프랜차이즈 유통관리
제 16 장   인터넷 시대의 유통관리

DISTRIBUTION MANAGEMENT

제 5 장

도매: 형태(구조)와 전략

학습목표
1. 도매기능의 이해
2. 도매상의 종류와 특징의 이해
3. 제조업자의 도매상 관리의 필요성 및 관리방법의 이해
4. 도매상 혁신전략의 이해

공영도매시장을 통한 농산물 유통 혁신

공영도매시장 이전의 농산물 유통은 유통경로가 복잡하고 기능이 중복된 수많은 유통경로 구성원이 참여하는 구조였다. 일반적 유통경로는 생산자 → 산지수집상(소규모) → 반출상(대규모) → 도매시장(공판장, 법정 및 유사도매시장) → 중간도매상 → 소매상 → 소비자 등 7단계의 복잡한 유통경로였으며, 산지단계의 주요 경로구성원은 단위농협 출하조직, 산지수집상, 정기시장(재래시장), 반출상 등이고 도매단계의 경우 법정도매시장의 법인, 중도매인, 중간도매상 등이 있었다. 이러한 다단계의 복잡한 유통경로로 인하여 다양한 문제점이 발생하였다. 전체 경로상 유통기능이 중복되거나 불필요한 경로구성원이 존재함으로써 유통비용(총 마진율)이 증가되고 농가수취율이 감소되었다. '산지수집상'과 '반출상'은 개별농가로부터 물량을 수집하여 소비지로 반출하는 기능상인으로 수집과 반출부문에서 유통기능이 중복되며, 단지 수집량과 반출량의 규모 차이만 있을 뿐이었다. 또한 도매시장(공판장, 법정 및 유사) 내 중매인(도매상), 중간도매상, 하매인은 기능이 매우 중복되었다. 따라서 1985년 이전의 청과물 유통경로 상에서는 사실상 유통기능이 중복되는 단계가 최소 2단계에 걸쳐 나타나고 있어 유통구조 개선을 위해서는 유통단계 축소와 경로구성원의 배제가 필요한 상황이었다.

이러한 상황에서 출범한 공영도매시장은 농산물 유통체계의 합리화에 일정부분 기여했다고 평가된다. 먼저 전국 농산물 가격의 기준가격을 제시하였다. 공정한 가격형성, 거래공정성에 대한 선도 및 견제기능을 수행하면서 농산물을 취급하는 대부분의 유통업태에 대하여 전국적 또는 지역적인 기준가격을 제시하고 있다. 현재 공영도매시장 경매 가격은 유사도매시장 위탁상 가격, 시장도매인제 도매상 가격, 대형유통업체와 생산자(단체)와의 계약가격, 가공업체와 생산자(단체)의 거래가격 등 모든 시장거래 및 시장 외 거래가격의 기준가격으로 활용되고 있다. 뿐만 아니라 농산물 유통경로 단축과 중복 유통기능을 배제하는 효과도 보여 주었다. 공영도매시장의 지속적 건설·운영으로 종래 유사도매시장 중심의 6~7단계 경로가 4~5단계로 짧아지고 유통비용 절감은 물론 유통시간 단축이 이루어져 보다 신선한 농산물의 원활한 공급과 유통중 감모량을 감소시키는 효과가 있다.

공영도매시장 이전과 이후의 농산물 유통경로를 비교해 보면 다음 그림과 같다.

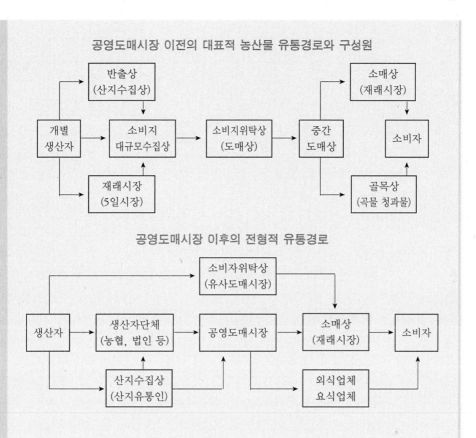

1980년대 중반 이전의 전형적인 농산물 유통경로 상의 주요 경로구성원은 산지의 경우 소규모 산지수집상, 소비지 대규모 반출상이었다. 소규모 산지수집상은 개별 농가를 방문하여 농가별로 소규모 농산물을 수집하고 소비지 대규모 반출상에게 판매하거나 전달하는 역할을 수행하였다. 그리고 소비지(산지 인근 중소도시) 대규모 반출상은 산지수집상으로부터 물량을 대규모로 수집하여 대도시 유사도매시장의 위탁상에게 판매를 위탁하는 중간도매상의 역할을 수행하였다. 그러던 것이 공영도매시장이 개장된 1980년대 중반 이후 1996년 유통시장 완전개방화 이전까지의 전형적인 농산물 유통경로는 32개의 공영도매시장 건설·운영으로 공영도매시장 중심의 네트워크가 형성되었다. 도매기구로서는 공영도매시장과 함께 민간도매시장, 유사도매시장이 공존하는 상태였으나 유사도매시장과 민간도매시장의 물량 취급 비중은 급속히 감소하는 추세였다. 또한 산지의 주요 유통주체는 생산자조직(농협, 영농법인 등), 산지수집상(산지유통인)이며, 소비지 도매단계의 경우 주요 유통주체는 공영도매시장의 도매시장 법인(수집주체)과 중도매인(분산주체), 유사도매시장 위탁상이었다. 유통단계가 축소되면서 유사도매시장의 위탁상 제도하에서 유사한 기능을 중복적으로 수행한 경로 구성원이 배제됨으로써 전체 유통비용의 절감효과를 가져왔다. 공영도매시장 운영체제를 위탁상 제도와 비교하면 산지의 경우 산지 생산자조직의 공동출하 비중이 증대됨으로써 산지수집상의 수와 취급비율이 감소하였으며, 도매단계의 경우 위탁상 아래 중간도매상, 하매상(소매상)의 수가 급격히 감소되고 중도매인의 소매상에 대한 직접 판매 비중이 증가함으로써 유통마진 감소효과가 있는 것으로 나타나고 있다.

자료원: 전창곤, 김동훈(2014), 2013 경제발전경험모듈화사업: 농산물 유통체계구축: 공영도매시장 건설·운영 정책 중심, 농림축산식품부/한국농촌경제연구원.

제1절 도매의 정의 및 기능

도매는 제품을 최종 고객에게 판매하지 않고 소매상이나, 다른 상인, 또는 다른 기관 등 상업적 사용자에게 판매하는 사람이나 조직의 행위를 말한다. 넓은 의미에서 도매는 제조와 소매를 제외한 유통경로상의 모든 활동을 의미할 수 있기 때문에 매우 광범위한 기능을 수행한다고 할 수 있다.

도매는 생산자(공급자)와 고객(소매상) 모두에게 유통경로기능을 수행한다. 도매기능은 생산과 소비상의 불일치를 조화시키는 방대한 경제적 활동을 한다. 즉, 분배과정에서 다양한 상품의 구색을 가지고 이질적인 욕구들을 조화시키는 과정이다. 도매기능은 상품이 생산될 때의 시기와 장소 그리고 소비되어질 때의 시기와 장소의 불균형을 극복해 주는 역할을 하게 된다.

그러므로 도매의 존재에 대한 근본적인 이유는, 그들이 거래하고 있는 공급자와 고객들에 대하여 가치 있는 유통(마케팅) 기능을 창출하는 데 있다. 이를 그림으로 요약하면 〈그림 5-1〉과 같다. 이는 여섯 가지의 유통기능을 도매상이 수행하는 기능으로 재해석한 것으로 제조업자를 위한 유통 기능에서 시장 포괄 기능, 재고 보유 기능은 '상품'과의 관계이고, 판매 접촉 기능은 '협상', 주문 처리 기능은 '주문', 시장 정보 기능은 '촉진', 소매상 지원 기능은 '위험부담' 등과 관계가 있다. 또한 소매상을 위한 유통 기능에서도 제품 공급 기능, 구색 편의 기능, 소량 분할 기능 등은 '상품', 신용 재무 기능, 고객 지원 등은 '위험부담'과 관계가 있다.

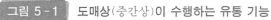

그림 5-1 도매상(중간상)이 수행하는 유통 기능

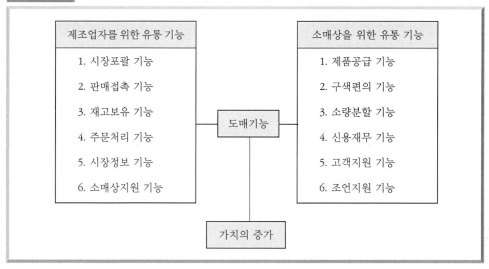

현실적으로 나타난 도매상이 수행하는 유통 기능들은 상기의 유통경로상의 기능들과 관계를 갖고 있으며, 특히 '상품', '촉진' 및 '위험부담' 등은 도매상이 주로 수행하는 유통경로상의 기능이라고 할 수 있다.

(1) 제조업자를 위한 도매상의 유통 기능

1) 시장포괄 기능

제조업자의 제품을 취급하기를 원하는 소매상들은 넓게 분포되어 있다. 제조업자를 대신하여 도매상은 소매상이 필요로 할 때 상품의 구입이 가능하도록 적절한 장소에서 적절한 가격으로 제품을 제공해 준다.

2) 판매접촉 기능

제조업자에게 있어서 외부에 직접 물건을 판매하는 판매원을 유지하는 것은 비용이 많이 든다. 널리 분포되어 있는 많은 수의 소매상들에게 제품을 판매한다고 할 때 제조업자가 자신의 판매원(력)을 이용하여 판매한다고 하면 그 비용은 엄청날 것이다. 도매상에게 소매상 전부나 일부를 맡김으로써 자사의 판매원들로 하여금 많은 수의 소매상을 관리하는 대신 훨씬 적은 수의 도매상을 관리하게 함으로써 외부 판매 접촉 비용을 경감할 수 있다.

3) 재고보유 기능

도매상은 특정 제조업자와 연계되어 있으며 대개의 경우 자신이 대표하는 제조업자의 제품을 보유, 저장하게 된다. 이를 통해 도매상은 제조업자의 재무적인 부담을 덜어주게 되며 제조업자가 많은 재고를 보유하는 데서 오는 위험부담을 덜어주게 된다. 게다가 제조업자에게 일정한 판로를 확보할 수 있게 해 줌으로써 제조업자가 안정적인 생산계획에 더욱 노력할 수 있는 기회를 제공한다.

4) 주문처리 기능

대다수의 소매상들은 소량구매를 한다. 또 제조업자는 크기의 대소에 관계없이 수많은 소매상들로부터 다수의 소량주문을 받게 된다. 그러나 제조업자는 도매상을 활용함으로써 주문 처리상의 효율성을 확보하게 되는데, 도매상은 다양한 제조업자들로부터 동일한 상품을 취급함으로써 주문 처리에 드는 비용을 극복할 수 있다.

5) 시장정보 기능

도매상은 상대적으로 제조업자보다 지리적으로 소매상과 가까이 있으며 많은 경우 소매상들과 매매 관계를 유지하면서 지속적으로 접촉한다. 따라서 그들은 소매상들의 제품이나 서비스에 대한 요구사항을 쉽게 포착할 수 있으며 그러한 정보들은 제조업자들의 제품생산, 가격책정, 경쟁적인 마케팅 전략의 수립에 크게 기여할 수 있다.

6) 소매지원 기능

제품구매 이외에도 소매상들은 여러 종류의 서비스 지원을 필요로 한다. 제품의 교환 및 반품, 설치, 조정, 수리와 같은 기술적인 지원도 필요로 한다. 제조업자가 소매상들에게 그러한 서비스를 직접 제공한다는 것은 비용도 많이 소요될 뿐만 아니라 비효율적이기도 하다. 따라서 도매상들이 그러한 서비스를 대행함으로써 제조업자를 지원할 수 있다.

(2) 도매상의 소매상을 위한 유통 기능

1) 제품공급 기능

도매상이 그들의 고객인 소매상에게 제공하는 가장 기본적인 유통 기능은 제품을 공급하는 것이다. 제품의 공급에는 완제품의 공급뿐만 아니라 제품의 부속품 공급, 완제품의 조립, 간단한 공정을 제조하는 것 등을 포함한다. 도매상과 소매상들이 서로 밀접하고 소매상의 욕구에 대한 도매상의 신속한 대응이 가능하기 때문에, 제조업자들은 여러 가지 다양한 제품의 공급을 도매상에게 맡기고 있다.

2) 구색편의 기능

제품의 구색을 갖추는 역할은 제품공급 기능과 밀접한 관계가 있는데, 도매상이 소매상들의 주문업무를 크게 단순화하기 위해서 다양한 제조업자들로부터 제품을 구매하고 상품의 구색을 갖춤으로써 소매상은 수많은 제조업자에게 주문할 필요 없이 그들이 필요로 하는 전부 또는 대부분을 도매상을 통해 제공받을 수 있게 된다.

3) 소량분할 기능

소매상들은 보통 제품을 대량으로 구매할 필요가 없다. 설사 그렇다 하더라도 주문한 제품 중 소량을 필요로 하는 경우가 발생하게 된다. 제조업자들은 소매상에게 직접 소량으로 판매하는 것이 비경제적이라는 것을 알고 있으며 거래처가 소량 주문을 하지 못하도록 최소 주문량을 정하는 경우가 대부분이다. 그러므로 소매상들은 도매상이 대량으로 구매해서 소량으로 분할하여 판매하기를 기대한다. 도매상은 소매상들이 필요한 만큼의 양을 살 수 있도록 서비스를 제공한다.

4) 신용재무 기능

도매상은 두 가지 방법으로 소매상을 재정적으로 지원하는데 첫째는 신용 거래를 통해 제품을 공급함으로써 지불 전에 소매상이 제품을 먼저 취급할 수 있도록 하는 것이며, 둘째는 소매상이 필요로 하는 양의 제품을 비축, 보관함으로써 그들이 지불해야 하는 재정적인 재고비용을 덜어 주는 것이다.

5) 소매상지원 기능

고객들은 제품의 배달, 수리, 품질 보증 등의 서비스를 종종 요구하는데 영세한 소매상의 경우 이러한 서비스를 제공할 수 있는 시스템 및 인력 구조가 형성되어 있기 어렵다. 그러므로 도매상들은 이러한 서비스를 소매상에게 제공함으로써 소매상들의 많은 노력과 비용을 경감시켜 준다.

6) 조언지원 기능

소매상들은 취급하는 수많은 제품들에 있어서 기술적 제품이 아니더라도 어떻게 팔아야 하는지에 대한 방법, 기술적인 문제, 외부 판매원의 교육방법 등에서 조언과 지원을 기대한다. 이러한 서비스를 도매상이 담당하여 관리한다.

제 2 절   도매상의 분류

도매상은 상기의 기능을 얼마나 포괄적으로 수행하느냐에 따라 분류되어질 수 있다. 일반적으로 그들이 제품에 대한 소유권을 가지는지의 여부, 그리고 시장에서 그들이 수행하는 기능들이 어떤 것인가에 따라 구분되는데 이를 정리하면 〈그림 5-2〉와 같다.

(1) 상인도매상(merchant wholesaler)

상인도매상은 제품에 대한 소유권 취득을 전제로 제조업자로부터 제품을 구입하여 소매상에게 다시 판매한다. 그러므로 상인도매상의 유통경로상의 보상은 제품판매에 의한 수익을 통해서 이루어진다. 우선 제공하는 유통서비스의 정도에 따라 완전서비스 상인도매상과 한정서비스 상인도매상으로 구분될 수 있다.

1) 완전서비스(full service) 상인도매상

완전서비스 상인도매상은 상기에 제시된 도매기능을 거의 모두 제공하는 전형적인 도매상을 의미한다. 또한 자체상표를 사용하고, 재포장이나 마킹과 같은 유통서비스를 추가적으로 수행하기도 한다. 완전서비스 상인도매상은 취급하는 제품에 따라 일반상품취급 도매상, 한정상품취급 도매상, 전문상품취급 도매상의 세 가지로

그림 5-2   도매상 분류

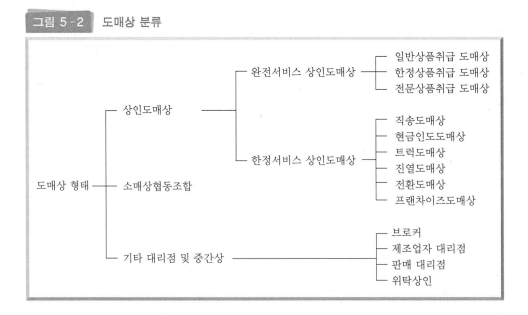

구분한다.

일반상품취급 도매상은 소매에서 취급하는 거의 모든 제품라인을 다양하게 취급한다. 소규모 식료잡화점은 물론 백화점, 그리고 할인점 등 제품 취급에 있어서 다양성을 추구하는 소매상과 주로 거래한다. 한정상품취급 도매상은 몇 가지 제품라인만을 취급한다. 그리고 그 취급제품들은 철물이나 가구처럼 어느 정도 서로 연관되어 있는 상위의 제품군을 중심으로 구성된다. 일반상품취급 도매상과 동일한 경영능력이라는 전제하에 구색을 강화할 수 있는 형태라 할 수 있다. 전문상품 도매상은 극히 제한된 수의 제품라인을 취급하며, 특정 제품라인에서 몇 가지 제품만을 취급하기도 한다. 그들의 역할은 소수의 특수한 형태의 소매상의 특별한 욕구를 충족시켜 준다. 예컨대, 조개만을 취급하는 해산물 도매상이 전문상품취급 도매상이라 할 수 있다.

2) 한정서비스 상인도매상

한정서비스 상인도매상은 도매상이 제공할 수 있는 여러 가지 기능 중에서, 몇 가지 기능만 특화된 도매상이다. 구체적으로 보관이나 비축 기능을 주로 제공하는 도매상이라든가, 배송 기능을 주로 제공하는 도매상들이 여기에 해당한다. 이들은 모든 서비스를 제공하지 않기 때문에 도매기능 운영상의 효율성을 확보하게 되고, 그들이 제공하지 않는 유통서비스는 그만큼 제조나 소매 측면에서 부담하게 된다. 특화된 서비스에 따른 주요 형태로는 직송도매상(Drop Shipper), 현금인도도매상(Cash-Carry), 트럭도매상(Truck Jobbing), 진열도매상(Rack Jobbers), 전환도매상(Converters), 그리고 프랜차이즈도매상(Franchise Wholesalers) 등이 있다.

직송도매상은 제품에 대한 소유권을 가지기는 하지만, 물적흐름에 대해서는 관여하지 않는다. 이들은 소매상과 접촉하여 계약을 체결하고, 제품은 공급자 또는 생산자가 직접 소매상에게 선적하게 하는 것이다. 취급량이 많은 경우, 보관이 어려운 경우, 굳이 도매상으로의 제품 이동이 필요하지 않은 경우, 제조업자에서 직송도매상으로, 다시 고객에게 제품을 이동시키는 것은 매우 비경제적이다. 그러므로 직송도매상이 제품을 구매한 이후에도 제조업자가 제품을 계속해서 소지한 채로 있게 된다. 직송도매상은 주로 판매활동을 통하여 교환을 촉진하는 것에 관심을 가지고 있으며, 구매한 제품이 팔리지 않을 경우 위험부담을 가지게 된다.

현금인도도매상은 현금으로 거래하는 것과 제품을 구매자(소매상)가 직접 운송해 가는 것을 원칙으로 거래하는 도매상을 말한다. 제품을 수송해야 할 경우 그 수송비용은 따로 지불하게 된다. 주로 소규모 소매상에게 소량주문을 받으므로 별도의 판매인력이 없는 경우가 많고, 유통서비스를 거의 수행하지 않는 만큼 제품가격은 가장 저렴하다. 보통 잡화, 사무용품, 또는 전기용품과 같은 제한된 제품계열을 취급한다.

트럭도매상은 소매상에게 직접 제품을 수송하며 거래하는 도매상을 말한다. 주로 제품을 트럭 등에 싣고 특정 지역을 순회하며 해당 소매상과 거래하게 된다. 이들은 대체로 과일이나 야채와 같이 부패하기 쉬운 제품 또는 일부 담배, 제과류, 잡화 등을 소규모 소매상에 공급한다. 상대적으로 영세하며 소자본으로 운영되고, 공급받는 제품에 대한 소유권을 이전하지 않는 경우도 있다. 경우에 따라서 공급처로부터 급여를 받고 제품공급을 대행하기도 한다.

진열도매상은 소매상들의 주요 취급제품이나 매출 비중이 높지 않은 제품을 공급한다. 이 제품들은 상대적으로 이윤이 낮지만 회전이 빠르다는 특징을 갖는다. 예컨대, 식료잡화점에서 취급하는 사탕, 껌, 건강제품, 미용제품, 그리고 소형 철물 제품과 같은 가공식품과 편의품류를 취급한다. 진열도매상은 소매상에게 해당 제품의 재고 파악, 재고 보충, 수요변화의 점검, 그리고 필요한 진열기구나 설비의 공급 등 여러 가지 서비스들을 제공한다. 소매상은 진열면적당 판매량 그리고 전체 공헌이익을 고려하여 진열도매상과 거래를 결정하게 된다. 진열도매상은 거래조건상에 위탁판매기준을 주로 적용하기 때문에, 소매상은 팔린 제품에 대해서만 지불하고 안 팔린 제품은 반품할 수 있다. 즉 소매상이 제품진부화로 인해 감당해야 할 위험도 최소화시켜 준다.

전환도매상은 원재료를 반제품 형태로 전환하여 제조업체에 공급하는 도매상이다. 예를 들어, 의류 산업에서 전환도매상은 의류 제조업체와의 사전 계약하에 직물공장에서 옷감을 구입하여 염색, 인쇄 등의 가공을 한 뒤, 가공된 옷감을 의류 제조업체에 공급한다. 이러한 전환도매상은 주로 외부의 공장을 이용해 옷감을 가공하기 때문에 옷감을 물리적으로 소유하지 않는 경우가 대부분이다. 의류가 시장에 출시되기 전에 미리 유행을 예측하고, 옷감을 구매하며, 제조업체와 신용 거래를 하기 때문에 소규모 옷감공장이 파산하거나, 유행하는 옷의 패턴이나 색상이 변할 경우 위험부담이 크다.

프랜차이즈도매상은 소매상들에게 브랜드와 독특한 점포 디자인을 사용할 수 있는 권리를 제공하면서 가맹계약을 체결한 도매상이다. 대부분의 도매상주도연쇄점이 프랜차이즈도매상 형태로 운영된다. 이러한 프랜차이즈도매상이 제공하는 서비스는 촉진 지원, 주문 과정 간소화, 경영지도, 회계 서비스 등이다. 자세한 내용은 제15장 프랜차이즈 유통관리에 설명되어 있다.

(2) 소매상협동조합

소매상협동조합은 독립적인 소매상들이 조합을 구성해서, 공동으로 소유하는 도매본부 창고시설을 구매 또는 구축하는 형태이다. 이때 공동으로 운영되는 도매본부의 목적은 이윤을 창출하는 것이 아니고, 조합에 가입된 소매상들에게 서비스를 제공하는 것이다. 이때 소매상협동조합에서 제공하는 서비스는 완전서비스 상인도매상이 제공하는 모든 서비스를 제공한다.

(3) 기타 대리점 및 중간상

여기서 말하는 대리점은 제품의 판매를 위탁받는다는 의미로 보통 제품에 대한 소유권을 가지지 않고, 제한된 마케팅 기능만을 수행하는 것을 의미한다. 이들은 대행이나 중개의 기능이 강하며 서비스 수행 후 그 대가로 수수료를 받는다.

1) 브 로 커

브로커는 중개기능을 수행하며, 구매자와 판매자 사이의 정보교환을 촉진시켜 준다. 중개인의 주과업은 자신이 구매자 또는 판매자 중 누구를 대표하는가에 따라서, 중개를 의뢰한 편의 소유권 이전을 지원한다. 그들은 물리적으로 제품을 취급하지는 않지만, 교환이 발생하는 데 필요한 조정을 담당한다. 대부분의 중개인들은 판매자들에 의해서 고용되며 지역시장이나 전문화된 시장에 대해서 상대적으로 많이 알고 있기 때문에 효과적으로 교환을 촉진시킨다. 예컨대, 식료잡화산업에서 중개인들은 활동 지역의 거래 동향 및 추세에 대해서 많은 경험이 있기 때문에 현지 시장 상태에 대해서 자세한 정보를 제공할 수 있다.

브로커와 의뢰자와의 관계는 단 한번의 거래를 위한 단기적인 관계라는 특징이 있다. 소비자가 접하게 되는 가장 흔한 형태의 브로커는 부동산중개인이다. 또한 브로커는 운송산업, 식품산업, 그리고 심지어는 합병을 조정하는 데에서까지도 광범위하게 이용되고 있다.

2) 제조업자 대리점

제조업자 대리점은 생산자나 공급자를 위해서 특정 지역에서만 판매기능을 대행한다. 제조업자 대리점은 판매 지역뿐만 아니라, 제품 판매 가격, 주문 처리 방법, 배달 서비스, 제품 반환 정책, 보증 조건에 대해서도 협의를 한다. 제조업자 대리점은 보통 경쟁자가 아닌 몇몇 생산자나 공급자의 판매를 대행하게 된다. 정해진 지역 내에서 소수의 보완적인 제품에 집중함으로써, 그들은 판매기능을 효과적이고도 경제적으로 수행할 수 있다. 협의에 따라 운영비용을 제조업자가 부담하기도 하며 제조업자와 대리점이 공동 부담할 수도 있다. 새로운 시장에 진입하기를 원하지만 자체적으로 소유하고 있는 효과적인 유통시스템이 없는 제조업자의 경우, 제조업자 대리점은 매우 효율적인 경로대안이라고 할 수 있다.

3) 판매 대리점

판매 대리점은 경쟁자가 아닌 몇 개의 의뢰기업을 대리하여 지정된 지역 안에서 제조업자의 제품계열의 전부 또는 일부를 판매하는 독립적인 사업가들이다. 판매 대리점은 가격결정, 촉진 방법의 선정과 같은 마케팅 변수 관리에 대해 의뢰기업으로부터 철저한 통제권을 부여받게 되어, 판매 의뢰기업의 판매 부서와 같은 기능을 수행한다. 그러나 판매 대리점은 거래 발생에 따라 판매의 대가로 수수료를 받는다. 그러므로 판매 대리점을 이용하는 경우 판매에 대한 동기부여가 잘 되어 있다고 할 수 있다. 또한 브로커와 마찬가지로 현지시장에 대한 상세한 정보를 가지고 있으며, 구매자로부터 얻은 신용정책, 포장, 그리고 신제품개발에 관한 아이디어를 제공하기도 한다.

판매 대리점을 이용하는 의뢰기업은 직접 판매원을 지원하기에는 자원이 제한되

표 5-1 도매상의 유형 및 유통경로 기능과의 관계

	물적 소유	소유권	촉 진	협 상	금 융	위험부담	주 문	대금결제
A. 상인도매상								
1. 완전서비스 도매상								
– 일반상품취급 도매상	H	H	H	H	H	H	H	H
– 한정상품취급 도매상	H	H	H	H	H	H	H	H
– 전문상품취급 도매상	H	H	H	H	H	H	H	H
2. 한정서비스 도매상								
– 직송도매상	N	H	L	H	H	H	H	H
– 현금인도도매상	H	H	L	H	N	L	H	H
– 트럭도매상	L	L	L	H	L	L	H	H
– 진열도매상	H	H	H	H	H	H	H	H
B. 기타 대리점 및 중간상								
– 브로커	N	N	H	L	N	N	H	L
– 제조업자 대리점	N	N	H	N	N	N	H	L
– 판매 대리점	N	N	H	H	N	N	H	L
– 위탁상인	H	N	H	H	H	H	H	L

H: 높은 수준으로 관여함, L: 낮은 수준으로 관여함, N: 관여하지 않음.

어 있는 소규모 회사나, 판매원을 지원할 정도로는 매출액이 크지 않은 지역까지 유통경로를 확장시키고자 하는 기업에게 매우 적절하다. 마찬가지로, 지리적으로 여기 저기 흩어져 있는 시장에서 활동하는 경우, 구매가 빈번하지는 않지만 상대적으로 빈번하게 고객과의 접촉이 필요한 경우, 수요의 계절변동이 심한 경우에는 판매 대리점의 운영을 고려해 볼 만하다.

4) 위탁상인

위탁상인은 그들이 제품을 물리적으로 통제한다는 점과 가격과 판매조건을 통제할 수 있다는 점이 특징이다. 위탁상인은 배달을 조정하고 가격을 협상하며, 수송편의를 제공한다. 예컨대, 위탁상인은 야채를 소지하고 있으면서(소유하지는 않고) 그것을 중앙시장까지 수송한다. 중앙시장에서 판매가 성사되면 야채는 구매자에게 넘기고, 전체 판매금액에서 수수료와 판매에 든 비용을 제외한 나머지 금액을 생산자에게 보낸다.

제 3 절 제조업체의 도매상 관리의 필요성 및 방법

제조업체와 소매상을 연결함으로써 제조업체에서 생산된 제품의 효과적인 판매에 도움을 주며, 최종 소비자들의 수요를 자극하기도 하는 등 도매상이 수행하는 기능의 중요성은 매우 크다. 그럼에도 불구하고 전문적인 운영이 가능한 대규모의 도매업체들을 제외하면 현실적으로 대부분의 도매상이 수행하는 활동들은 소규모 및 영세성을 탈피하지 못하고, 제조업체에 비해 상대적으로 체계적이지 못하며, 위험을 회피하려고만 하는 특성이 있다. 그러므로 제조업체에게는 도매기능을 적절히 관리하여 유통경로상의 흐름을 원활히 해야 할 필요성이 있다.

제조업체들이 생산한 제품을 효과적으로 유통시키고 경쟁업체의 상품에 대해 차별성을 가지기 위해서는 상품개발 프로그램의 개발, 유리한 가격의 제시, 판매촉진을 위한 지원의 강화, 기술적인 측면의 지원과 관리의 확대, 주문에 대한 서비스 편의성의 증진, 도매상들에 대한 훈련지원 강화 등을 통하여 유통경로상의 도매상들을 효과적으로 관리해야 하며 유통경로상에 있어서 자사에 대한 적당한 위상을 구축해야 한다.

유통경로상에서의 제조업체의 위상(경로 포지션)이란 다른 경쟁관계에 있는 제조업자와 비교하여 특정 제조업체가 제공하는 상품이나 서비스, 재무수익(운영이익), 프

그림 5-3 유통경로상에서 제조업체에 의해 제공되어지는 요소들

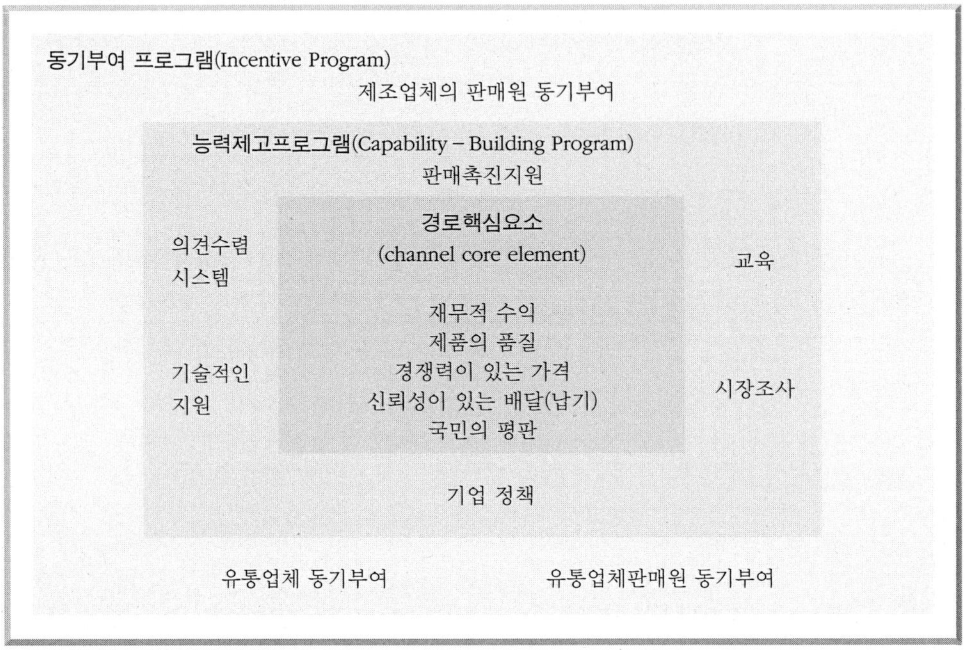

동기부여 프로그램(Incentive Program)

제조업체의 판매원 동기부여

능력제고프로그램(Capability – Building Program)

판매촉진지원

의견수렴
시스템

경로핵심요소
(channel core element)

교육

재무적 수익
제품의 품질
경쟁력이 있는 가격
신뢰성이 있는 배달(납기)
국민의 평판

기술적인
지원

시장조사

기업 정책

유통업체 동기부여   유통업체판매원 동기부여

로그램이나 시스템에 대한 유통업체들의 평판 등으로 구성되어진 경로구성원들 인식상의 차별적 위치를 의미한다. 그러므로 도매상이 가장 원하는 것이 무엇인지를 파악하고 상기의 구성요소들을 적절히 제공하여 유통경로상의 위상을 유통목표에 부합할 수 있도록 구축하는 것이 필요하다. 〈그림 5-3〉은 유통경로상에서 제조업체가 경로구성원에게 제공하는 요소들을 체계화한 것이다.

〈그림 5-3〉에서 나타난 요소들을 어떻게 제공하느냐가 유통경로상에서 제조업체의 위상이 결정되고 이는 효과적으로 도매상을 관리하는 관건이 된다. 물론 장기적으로는 도매상의 선택과정에서부터 경로의 효과성을 달성하도록 유통경로를 설계하여야 한다.

제 4 절 도매상의 혁신전략의 방향

도매상들은 합리적인 경영의 도입을 통해 경로상의 영향력을 키워 가고 있으며, 제조업체와 소매업체들의 틈바구니에서 그리고 도매상 자신들과의 경쟁에서 살아남기 위해 노력하고 있다. 여기서는 이렇게 어려운 경영여건하에서 도매상들이 선택할

수 있는 전략들이 무엇인지를 살펴보고자 한다. 이하에서 거론되는 전략들은 현재 미국 내의 도매기업들이 수행하고 있는 전략들로서 실제 조사에 의해서 확인된 것이다. 이는 우리 나라 도매기업들의 향후 혁신 방향 설정에 있어 주요한 참고자료가 될 것이다.

(1) 도매상의 합병과 매수(M&A)

도매상의 M&A는 신규 시장에 진입하기 위해서, 혹은 회사의 기존시장에서의 지위를 확고히 하기 위해서, 또는 회사의 활동을 다각화하기 위해서 그리고 소매로의 전방통합이나 생산자로의 후방통합을 위해서 이루어지고 있다.

(2) 자산의 재배치

대개 자산의 재배치 프로그램(핵심 사업부서의 정리 및 조정)은 이윤 창출 활동의 전환을 통한 회사의 핵심 사업을 강화하는 데 목적이 있다. 도매업에 있어서도 자산 재배치를 통해 조직의 재설계를 실시하고 있다.

(3) 회사의 다각화

많은 도매상들이 업종의 전환을 통해 다각화를 시도하고 있다. 이러한 다각화의 원동력은 집중적인 투자에 의해 편중되어 있던 유통라인을 유통다각화를 통해 개선하려는 데 있다.

(4) 전방과 후방통합

전방 또는 후방 통합의 경향은 1980년대에 가속화되었는데, 점점 더 많은 도매업들이 이윤과 시장에서의 지위강화를 위해 통합하고 있는 추세에 있다.

(5) 자산가치 높은 브랜드의 보유

우수한 자산 가치를 지닌 브랜드는 시장에서의 지속적인 경쟁력을 획득하기 위한 성공적인 전략이 될 수 있다. 실제로 많은 도매상들은 자산가치를 지닌 브랜드를 가지고 있거나 가지려 하고 있다.

(6) 국제시장으로의 확장

도매상들이 국제시장으로 진출하고 있다. 최근 많은 도매기업들이 내수(미국)보다 해외에 비중을 두고 있다. 이러한 경향은 서부 유럽과 동아시아의 자유무역경제에 진출하기 위해 합작투자와 전략적 제휴를 통해 가속화되고 있다.

(7) 부가가치가 높은 서비스의 개발

도매상들은 이윤의 증대와 소매상과의 관계를 강화하기 위해 점점 부가가치가 높은 서비스를 창출하고자 한다. 급행 서비스에서부터 주문 서비스에 이르기까지 가치를 증가시키기 위한 다양한 서비스가 제공되고 있다.

(8) 시스템판매(System Selling)

식품도매상들은 1930년대에 경제위기를 극복하기 위해 가맹점들에게 제공했던 종합적인 구매관리 프로그램을 발전시켜 System Selling을 개발했다. 이러한 System Selling의 개발은 다른 유통경로상에서 도매상에 의해 최근까지 지속적으로 확장되어 왔다.

System Selling을 사용하면 도매상이 재고를 보유하여 그 재고를 통해 판매하는 방법보다 종합적이고 일관된 공급 및 판매를 가능하게 한다. 동시에 소매상의 재고도 함께 관리하는 프로그램을 마련한다. 이 때문에 도매상들은 높은 이윤율과 회전율을 확보할 수 있었고 결과적으로 System Selling 회사들은 소매상과 파트너가 되었고, 이를 통해 미래를 위한 강한 기반을 만들 수가 있었다.

(9) 새로운 게임 전략

혼란스러운 시장상황에 논리적으로 대처하기 위하여 자신의 유통관련 변수만을 관리하던 것에서부터 자신의 유통관련 변수는 물론 경쟁자의 유통관련 변수 또한 고려하는 것을 의미한다. 유통시장이 복잡해질수록 게임전략의 중요도가 증가하고 있다.

(10) 틈새전략

도매상들은 한 가지 혹은 제한된 제품범위에 특화함으로써 중요한 경쟁적 우위를 얻고자 한다. 경쟁이 집중되고 시장이 더욱 세분화될수록 틈새전략은 더 많이 쓰일 것으로 예상된다.

(11) 복합 마케팅

도매상들이 효율성 제고와 경쟁력 확보를 달성하기 위해서 복합 마케팅 전략을 사용한다. 이 전략에는 2가지 측면이 있다. 우선 방어적 측면은 이익률 하락을 막기 위해서 사용되는 것이고, 두 번째로 공격적인 측면은 규모의 경제 달성, 신규시장에

서 단기적인 성과를 올리기 위해서 사용된다. 경쟁의 집중화 경향이 심화되는 요즘
에는 이와 같은 복합 마케팅 전략이 더 많은 각광을 받을 것이다.

(12) 유통의 새로운 기술

새로운 기술력은 도매업의 형태를 변화시키고 있다. 도매업에서 사용되는 새로
운 기술의 목적은 크게 원가절감과 이익창출에서 찾을 수 있다. 새로운 기술의 종류
로는 온라인 주문과 발주시스템, 향상된 재고관리, 창고 자동화 등을 들 수 있다. 신
기술의 도입은 도매업에 있어서 이익창출을 통한 기업생존의 필수불가결한 요소로서
자리잡고 있다.

● 요   약

도매는 최종 고객에게 판매하지 않고 소매상이나 다른 상인 또는 다른 기관 등
상업적 사용자에게 구매하도록 하는 사람이나 조직의 행위를 말한다. 도매가 수행
하는 기능은 생산과 소비를 조화시키는 방대한 경제적 활동 즉 분배 과정에서 다양
한 구색을 가지고 이질적인 욕구들을 조화시키는 과정이라고 볼 수 있다. 도매상이
수행하는 기능은 크게 나누어 제조업자를 위한 마케팅 기능과 소매상을 위한 마케
팅 기능으로 나누어 볼 수 있으며, 각각은 다시 6가지의 세부기능으로 나누어진다.
도매상은 일반적으로 제품에 대한 소유권, 시장에서 수행하는 기능 등을 바탕으로
분류할 수 있는데, 크게 나누어 상인도매상, 대리점과 브로커, 제조업자판매지점
및 사무소로 나눌 수 있다. 상인도매상은 다시 완전서비스 상인도매상과 한정서비
스 상인도매상으로 구분된다. 우리나라 유통경로에서 도매업은 전문화 수준이 일천
하기 때문에, 많은 문제점을 내포하고 있다. 이 중에서 핵심되는 문제점으로는 무자
료거래의 성행, 도매업 연쇄화 지정제도의 장기방향설정의 미비 등이며, 이를 극복
하기 위한 방법으로는 정부의 강력한 의지, 과세제도의 수정, 제조업체 대리점의 법
인화 시도, 연쇄점지정요건의 완화, 신규경쟁의 유도 등이 있다.

◆ 문제제기

1. 도매기능과 소매기능의 차이는 무엇인가?
2. 완전서비스 상인도매상과 한정서비스 상인도매상이 제공하는 도매기능의 차이는 무엇인가?
3. 제조업자 입장에서의 도매상관리의 필요성을 설명하고 이의 방안에 대해 설명해 보시오.
4. 도매상의 혁신전략 12가지를 설명하고 이의 예를 제시해 보시오.

◆ 참고문헌

1) Stern, Louis W. and Adel I. El-Ansary, *Marketing Channels*, 4th ed., Prentice-Hall, 1992, p. 108.
2) 박충환 · 오세조 · 김동훈, 시장지향적 마케팅관리, 개정판, 박영사, 2004, pp. 269−271.
3) Bent, C. McDammon, Jr. et al., *Wholesaling in Transtion: An Executive Chart Book*, Norman, OK: Distribution Research Program, 1990, pp. 20−25.

부 록
우리나라 도매산업의 개념 및 분류

제조업체나 소매상과는 달리 도매상은 일반 소비자들이 그 실체를 알기가 쉽지 않다. 어떤 도매상이 있으며 그 규모는 얼마나 되는지 짐작하기 어려운 것이 사실이다. 본 부록에서는 우리 나라 산업분류표에서 도매상의 의미를 어떻게 체계화하고 있는지 살펴보고, 산업분류체계에 의한 도매상의 종류, 사업체수 및 종사자수에 대한 통계자료를 소개하고자 한다.

분류코드 51: 도매 및 상품중개업(Wholesale Trade and Commission Trade)*

1. 개   념

도매업이란 구입한 새로운 상품 또는 중고품을 변형하지 않고, 소매업자, 산업 및 상업사용자, 단체, 기관 및 전문사용자 또는 다른 도매업자에게 재판매하는 산업활동을 말한다. 또한 개인이나 사업자가 상품을 팔거나 구입하고자 할 때 이러한 매매에 관련된 중개 또는 대리활동이 포함된다. 도매업에 관련하여 대량의 상품을 물리적으로 조합, 분류, 선별, 분할, 재포장, 병에 소량으로 분할포장, 보관, 냉장 및 배달과 설치 서비스 등이 부수될 수 있으며, 고객에게 판매장려 활동을 하거나 상표 등을 부착할 수 있다.

2. 형   태

(1) 도 매 업

판매하는 상품에 대한 소유권을 갖고, 특정 상품 또는 각종 상품을 도매하는 도매업자 또는 도매상과 산업체, 상업단체, 기관, 전문사용자 등에 상품을 공급해 주는 산업공급자 및 이동공급자, 수출업자, 수입업자, 상품집하장, 공동구매조합, 폐품수집상 등이 있다. 광업 및 제조업체에서 운영하는 별개의 도매사업소 또는 도매지부

---

* 통계청 홈페이지 중[http://www.nso.go.kr/stat/indclass-n/51.htm] site에서 인용.

도 포함되나, 주문만 받고 제품의 출하는 공장이나 광산에서 직접 이루어지는 경우는 제외한다.

(2) 상품중개업

판매상품에 대한 소유권을 갖지 않고, 수수료 또는 계약에 의하여 상품을 판매 또는 구매를 중개하는 상품중개인, 수탁 및 대리판매인, 대리구매 및 대리수집상, 무역중개인, 농산물공동판매조합 등이 있다.

3. 타 산업과의 관계

① 자동차, 이륜자동차 및 설상용 차량의 부품 및 부속품의 판매·수리, 개인, 가정 및 차량소비용 연료를 판매하는 주유소 또는 차량용 가스충전소는 분류코드 50(자동차 판매, 수리 및 차량연료 소매업)에 분류된다.

② 배관에 의한 가스, 상수도 공급·판매는 분류코드 E(전기, 가스 및 수도사업)에 분류한다.

③ 도매업에 주로 종사하는 사업체가 상품판매에 관련하여 부수적으로 그 기계 및 장비를 조립 또는 설치하는 경우는 주된 활동에 따라 도매업에 분류된다.

④ 자기가 직접 기획한 제품을 직접 제조하지 않고, 자기 계정에 의하여 구입한 원재료를 다른 제조업자에게 제공하여 상품을 자기명의로 제조토록 하고, 이를 인수하여 자기 명의와 자기 책임하에서 직접 판매하는 사업체는 제조업으로 분류된다.

⑤ 산업기계 및 장비, 건축자재 판매 및 기타 산업용품의 판매와 상업 및 기타 산업사용자에게 각종 상품을 대량으로 공급하는 사업체의 산업활동은 도매업으로 본다. 다만, 사무용 기계장비, 목재, 페인트, 벽지, 종자, 농약 등은 산업용품 일지라도 일반대중을 대상으로 판매장을 개설하고 자가 사용자에게 직접 분할 또는 소량으로 판매하는 경우는 소매업으로 본다.

⑥ 현금거래 또는 선물거래 방식에 의하여 예약된 미래상품을 공급, 중개하는 상품교환 활동은 분류코드 67192(투자자문업)에 분류된다.

⑦ 재생재료 및 기타 제품의 해체 또는 재생처리활동은 분류코드37(재생재료 가공 처리업)에 분류

표 1	도매 및 상품 중개업 종류, 사업체수 및 종사자수(2013년)*		
		사업체수(개)	종사자수(명)
도매 및 상품중개업 전체		281,734	1,115,068
Ⅰ. 상품중개업		7,778	32,056
– 상품중개업		7,778	32,056
1. 산업용 농축산물 및 산동물 중개업		308	1,170
2. 음·식료품 및 담배 중개업		1,585	7,440
3. 섬유 의복 신발 및 가죽제품 중개업		1,060	4,577
4. 기계장비 중개업		1,061	4,605
5. 상품종합 중개업		2,679	10,712
6. 기타 상품 중개업		1,085	3,552
Ⅱ. 산업용 농축산물 및 산동물 도매업		8,837	26,187
– 산업용 농축산물 및 산동물 도매업		8,837	26,187
1. 곡물 도매업		1,714	5,627
2. 종자 및 묘목 도매업		548	1,933
3. 사료 도매업		1,637	5,977
4. 화초 및 산식물 도매업		3,153	7,560
5. 산동물 도매업		163	624
6. 기타 산업용 농축산물 및 산동물 도매업		1,622	4,466
Ⅲ. 음·식료품 및 담배 도매업		63,371	257,016
– 비가공식품 도매업		38,673	128,212
1. 과실 및 채소 도매업		15,263	50,416
2. 육류 도매업		9,439	36,912
3. 수산물 도매업		12,349	35,613
4. 기타 비가공 식품 도매업		1,622	5,271
– 가공식품 도매업		18,639	84,997
1. 육류 가공식품 도매업		1,013	4,902
2. 수산물 가공식품 도매업		807	5,045
3. 빵 및 과자 도매업		1,732	8,577
4. 낙농품 도매업		3,728	15,920
5. 기타 가공식품 도매업		11,359	50,553
– 음료 및 담배 도매업		6,059	43,807
1. 주류 도매업		2,440	26,123
2. 비알콜음료 도매업		3,325	13,251
3. 담배 도매업		294	4,433

	사업체수(개)	종사자수(명)
Ⅳ. 가정용품 도매업	67,300	283,383
- 가정용 섬유 의복 및 의복액세서리 도매업	27,064	84,064
1. 가정용 섬유 및 실 도매업	1,018	2,637
2. 커튼 및 침구용품 도매업	976	3,111
3. 셔츠 및 외의 도매업	15,733	51,788
4. 유아용 의류 도매업	233	1,535
5. 내의 도매업	678	4,234
6. 가죽 및 모피제품 도매업	373	1,474
7. 의복액세서리 및 모조장신품 도매업	7,004	16,511
8. 기타 가정용 섬유 및 직물제품 도매업	1,049	2,774
- 신발 도매업	2,118	8,242
1. 신발 도매업	2,118	8,242
- 조명기구 가정용 가구 및 비전기식 가정용기기 도매업	7,261	28,250
1. 가정용 가구 도매업	1,600	7,361
2. 전구·램프 및 조명장치 도매업	2,443	7,642
3. 가정용 요업제품 비전기식 주방용품 및 날붙이 도매업	2,923	12,161
4. 기타 비전기식 가정용 기기 및 기구 도매업	295	1,086
- 의약품 의료용품 및 화장품 도매업	10,678	86,516
1. 의약품 도매업	3,060	46,351
2. 의료용품 도매업	1,749	9,270
3. 화장품 도매업	4,706	25,889
4. 비누 및 세정제 도매업	1,163	5,006
- 종이, 인쇄물 및 문구용품 도매업	8,349	31,850
1. 종이제품 도매업	2,272	7,667
2. 문구용품 도매업	3,541	13,350
3. 서적 잡지 및 신문 도매업	2,536	10,833
- 오락 취미 및 경기용품 도매업	3,496	15,128
1. 음반 및 비디오물 도매업	134	631
2. 악기 도매업	241	935
3. 장난감 및 취미용품 도매업	1,563	5,364
4. 운동 및 경기용품 도매업	1,306	7,206
5. 자전거 및 기타 운송장비 도매업	252	992
- 기타 가정용품 도매업	8,334	29,333
1. 가방 및 여행용품 도매업	1,458	5,307
2. 시계 및 귀금속 제품 도매업	2,364	6,007

	사업체수(개)	종사자수(명)
3. 사진장비 및 광학용품 도매업	1,039	6,226
4. 그 외 기타 가정용품 도매업	3,473	11,793
V. 기계장비 및 관련 물품 도매업	53,854	235,667
– 컴퓨터 및 주변장치 소프트웨어 도매업	5,726	31,822
1. 컴퓨터 및 주변장치 소프트웨어 도매업	5,726	31,822
– 가전제품 통신장비 및 부품 도매업	7,821	40,793
1. 가전제품 및 부품 도매업	4,652	20,647
2. 통신장비 및 부품 도매업	3,169	20,146
– 산업용 기계 및 장비 도매업	8,737	31,712
1. 농업용 기계 및 장비 도매업	1,654	5,299
2. 건설·광업용 기계 및 장비 도매업	1,857	7,384
3. 공작기계 도매업	2,778	9,491
4. 기타 산업용 기계 및 장비 도매업	2,448	9,538
– 기타 기계 및 장비 도매업	31,570	131,340
1. 사무용 가구 및 기기 도매업	2,734	11,017
2. 의료·정밀 및 과학기기 도매업	7,286	37,381
3. 수송용 기계 및 장비 도매업	648	3,137
4. 전기용 기계장비 및 관련 기자재 도매업	11,441	48,028
5. 그 외 기타 기계 및 장비 도매업	9,461	31,777
VI. 건축자재 철물 및 난방장치 도매업	29,256	91,555
– 일반 건축자재 도매업	7,682	25,032
1. 원목 및 건축관련 목재품 도매업	3,399	10,125
2. 골재 벽돌 및 시멘트 도매업	2,758	9,583
3. 유리 및 창호 도매업	1,525	5,324
– 철물 및 냉·난방장치 도매업	9,924	28,684
1. 배관 및 냉·난방장치 도매업	2,691	9,305
2. 철물 및 수공구 도매업	7,233	19,379
– 기타 건축자재 도매업	11,650	37,839
1. 도료 도매업	2,620	8,168
2. 벽지 및 장판류 도매업	1,463	5,021
3. 그 외 기타 건축자재 도매업	7,567	24,650
VII. 기타 전문 도매업	49,516	172,229
– 연료 및 관련제품 도매업	3,090	15,717
1. 고체연료 및 관련제품 도매업	281	956
2. 액체연료 및 관련제품 도매업	2,254	10,795
3. 기체 연료 및 관련제품 도매업	555	3,966

	사업체수(개)	종사자수(명)
– 1차 금속제품 및 금속광물 도매업	8,871	40,543
1. 1차 금속제품 도매업	8,545	39,404
2. 금속광물 도매업	326	1,139
– 화학물질 및 화학제품 도매업	9,717	35,520
1. 염료 안료 및 관련제품 도매업	543	2,254
2. 비료 및 농약 도매업	3,796	10,337
3. 합성고무 및 플라스틱물질 도매업	2,002	7,558
4. 기타 화학물질 및 화학제품 도매업	3,376	15,371
– 방직용 섬유 사 및 직물 도매업	7,320	21,106
1. 방직용 섬유 및 사 도매업	879	3,374
2. 직물 도매업	6,441	17,732
– 재생용 재료 및 기타 상품 전문 도매업	20,518	59,343
1. 재생용 재료 수집 및 판매업	16,715	46,090
2. 그 외 기타 상품 전문 도매업	3,803	13,253
Ⅷ. 상품 종합 도매업	1,822	16,975
– 상품 종합 도매업	1,822	16,975
1. 상품 종합 도매업	1,822	16,975

* 통계청 홈페이지 중 [http://kosis.kr/statisticsList/statisticsList_01List.jsp?vwcd=MT_ZTITLE&parm
TabId=M_01_01#SubCont] site에서 인용.

제6장 물류관리

제1부 유통관리의 전반적 체계

제1장 유통관리의 전략적 접근체계
  1. 유통관리의 접근시각: 시장지향적 접근
  2. 유통경로 발생의 근거
  3. 유통기능(역할)
  4. 유통관리의 전반적 체계

⇩

제2부 유통환경변화의 이해 및 표적시장의 선정

제2장 유통환경변화의 파악과 영향 분석
제3장 구매욕구세분화, 표적구매자시장, 그리고 유통목표의
        정립: 표적유통전략

⇩

제3부 유통전략의 수립 1: 유통경로구조(시스템)의 설계

제4장 소매: 형태(구조)와 전략   제7장 유통경로의 조직패턴
제5장 도매: 형태(구조)와 전략   제8장 유통경로구조의 설계
제6장 물류관리

⇩

제4부 유통전략의 수립 2: 경로구성원 조정체계의 설계

제9장 힘(영향력) 행사
제10장 갈등관리
제11장 경로의사소통 및 유통정보시스템

⇩

제5부 유통활동의 성과평가 및 조사

제12장 유통활동의 성과평가
제13장 유통조사

⇩

제6부 특정 상황 속에서의 유통관리

제14장 서비스산업에서의 유통관리
제15장 프랜차이즈 유통관리
제16장 인터넷 시대의 유통관리

DISTRIBUTION MANAGEMENT

제 6 장

물 류 관 리

학습목표

1. 유통관리에 있어서 물류의 중요성 확인
2. 물류관리에 있어서의 시스템적 관점의 이해
3. 물류의 하위요소(수송, 보관, 재고관리 등) 관리의 이해

아마존 닷컴의 진출에 따른 국내 택배시장의 변화

아마존 닷컴의 진출에 따른 유통시장의 변화는 필연적으로 물류산업에 영향을 끼칠 수밖에 없다. 아마존은 최근 미국 전역에 물류 창고 수를 급격하게 늘리고 있으며 미국 우정국(USPS)과 손잡고 주말배송 서비스도 선언하면서 물류를 더욱 강화하고 있다. 아마존은 1995년 이후 끊임없이 사업모델을 변화시켜 왔다. 과거에 아마존의 목표가 '모두 팔고, 재고를 최소화'하는 방식이었다면, 현재는 '모두 팔고, 재고를 더 확보하는' 전략으로 바뀌었다. 2000년대 아마존은 미국 전역에 10개 이상의 창고를 늘리면서 대부분의 상품을 재고로 보유하기 시작하였다. 재고를 통해 빠른 배송과 효율적인 물류를 실현해 고객에게 더 빠르고 정확하게 배송하기 위함이었다. 2006년에는 '아마존에 의한 주문 충족(Amazon Fulfillment)'이라고 불리는 프로그램을 공개하며, 독립 판매자들은 아마존의 창고 네트워크를 통해 주문을 충족하고 아마존은 각각의 물류를 위탁하는 3PL 형태의 아웃소싱을 결정하기도 하였다. 이러한 방식은 수많은 개별 사업자들에 의해 판매되는 상품에 대해 아마존이 일종의 도매 사업자의 역할을 할 수 있게 하였다. 또한 아마존은 140억 달러 이상을 50여개 창고 신설에 투자하여, 미국 전역에 당일배송 권역을 형성할 계획을 세우고 있다. 즉 아마존은 물류창고를 통한 직접 물류인프라를 갖추면서도 아웃소싱을 통하여 증가하는 물류비용을 줄이고 효율적인 물류시스템을 갖추고자 하는 것이다.

아마존의 물류 시스템을 좀 더 자세히 살펴보면 아마존의 물류는 자체물류센터를 통한 제품배송과 생산자 직접 배송이 혼합된 형태로 운영되고 있다. 전체 비용을 고려해 자체 재고 보유 아이템과 생산자가 아마존의 물류센터를 거치지 않고 직접 소비자에게 배송하는 아이템을 구분한 것이다. 단일 상품의 경우 생산자 직접 배송을 사용하고 있으며, 묶음 상품의 경우 아마존 물류센터에서 여러 아이템을 조합하여 배송하고 있다. 미국의 경우 아마존닷컴에서 이러한 묶음 상품은 전체 주문의 약 35% 정도를 차지한다고 알려져 있다. 국내의 대표적인 온라인 쇼핑몰인 G마켓, 옥션, 11번가 등이 소비자와 생산자를 연결해주고 수수료를 챙기던 오픈마켓이었다면 아마존은 직접 자체 물류센터를 세우고 대량구입을 통한 규모의 경제와 정확하고 신속한 배송 등을 보장하고 실현하고 있는 것이다.

아마존 닷컴은 해외에 진출할 때에도 자체적인 물류센터 설립과 동시에 기존의 물류기업과의 아웃소싱을 통해 물류거점을 확보해 왔다. 일본의 경우 아마존의 국제배송은 DHL, 국내배송은 사업초기 일본통운과 계약을 맺었고 이후 사가

⟨아마존의 주문 충족(Amazon by Fulfillment) 프로그램⟩

와 익스프레스와 야마토운수에 외주를 주어 진행하였고 최근에는 일본에서 자체 물류센터를 확대해 나가는 추세로 알려져 있다. 아마존이 한국에 진출할 때에도 처음부터 대량의 물류센터를 설립하여 시작하기보다는 국내 물류업체와 계약을 맺어 배송을 진행할 것으로 예상된다.

현재 한국의 유통기업들은 주로 생산자 직접 배송의 형식을 따르고 있다. 생산자 직접 배송사례로는 대표적인 인터넷 오픈마켓인 G마켓, 옥션 등이 있으며, 이들은 마켓 플레이스에 입점한 개별 상인이 독립적으로 물류 프로세스를 담당하는 형태를 취하고 있다. 고객이 복수의 상점에서 제품을 주문할 경우 각 아이템마다 별도로 배송비용을 지불해야 하는 문제가 있다. 배송도 여러 택배회사를 통해 이뤄지기 때문에 고객의 불편도 점점 늘고 있다. 인터파크 등의 인터넷 유통 전문기업들은 자체 재고 방식과 생산자 직접 배송 방식을 모두 활용하는 케이스이다. 반면 교보문고, yes24.com 등의 서적 전문기업들은 자체 물류센터를 통해 고객에게 제품을 배송하고 있지만 실제로는 생산자 직접 배송방식과 유사한 개념이 적용되고 있다. 그것은 각 인터넷 서적업체가 보유한 물류센터에 보관할 수 있는 아이템(서적)의 숫자가 전체 서적 수에 비해 매우 제한될 수밖에 없기 때문이다. 예를 들어 고객이 주문한 여러 권의 책이 모두 물류센터 내에 보관 중이라면 한 번의 배송으로 모든 것이 끝나지만, 그렇지 못할 경우에는 고객에게 약속한 배송 기한 내에 출판사로부터 책을 전달받아 다시 고객에게 택배로 배송하는 어려움이 따른다. 후자처럼 자체 재고로 보유하고 있지 않은 서적을 출판사로부터 물류센터에 입고 받는 경우 추가 수송비용이 발생하게 된다. 이렇듯 국내 대부분의 유통업체는 인터파크나 인터넷 서점을 제외한 대형 e-커머스 업체는 대부분 생산자 배송 형태를 취하고 있다는 것을 알 수 있다. 아마존 닷컴이 한국에 진출하더라도 당장에 물류센터를 설립하고 자체 재고 보유 전략을 사용할 수 있지는 않을 것으로 보이나, 그동안 아마존의 해외 사례를 살펴봤을 때 궁극적으로 물류센터를 확대하며 필요한 부분을 아웃소싱할 것으로 예상된다. 이럴 경우 국내 유통업체들에 비하여 배송에서 우위를 점할 수 있을 것이라는 추측도 가능하다.

자료원: 허서지(2014), "아마존닷컴의 진출과 국내 택배시장에 미치는 영향," 우정경영 연구소, 97, 여름.

제1절 물류의 정의

모든 유통경로상에 있어서 제품(혹은 서비스)은 정해진 장소에, 정해진 시간에, 정해진 품질로 중간상 및 최종소비자에게 전달되어야 한다. 물적 유통(또는 물류, Physical Distribution, Logistics)은 제조업자에서부터 최종소비자에 이르기까지 제품(혹은 서비스)의 흐름을 관리하는 것을 의미한다. 기업은 제품에 대한 물적 유통의 체계를 조직해야 함과 동시에 이와 관련한 정보의 흐름 역시 관리하여야 한다(그림 6-1

그림 6-1 물적 흐름의 단계

정보의 흐름	기 능	자재의 흐름
저	예측 주문 처리 완제품 수송, 보관 완제품 재고 통제 배송 센터 보관 공장에서 배송 센터로의 수송 포장 제품 기획 공장 저장 제품 자재 통제 원자재 저장 원자재 수송 원자재 재고 통제 조달	고
고		저

| 표 6-1 | 개별기업의 물류관리와 SCM과의 차이점 |

비교요소	접근방법	
	전통적 물류관리 개념	SCM 개념
재고관리 접근 방식	구성원 각자의 노력	경로전체의 재고 축소
총비용 접근 방식	기업비용의 최소화	경로전반의 비용효율
기간 개념	단기적	장기적
정보 공유 및 점검의 양적 수준	현 거래 유지에 필요한 만큼	기획과 점검 과정에 필요한 만큼
경로상의 조정의 수준	거래당사자 간	기업과 경로전체 간
상호 계획 수립	해당 거래	지속적으로 관여
기업 정책(철학)의 일치 여부	상관없음	적어도 핵심 관계를 유지하기 위한 정도
공급선의 수	다수: 경쟁유발/위험분산	소수: 조정의 용이함 증대
경로 리더십	불필요	조정차원에서 필요
위험 및 보상에 대한 공유의 수준	구성원 각자의 몫	장기적으로 구성원 전체에 공유됨
운영 속도, 정보 및 재고흐름 속도	창고지향(저장, 안전재고) 흐름의 장벽에 의해 지체 당사자간에 국한	배송센터지향(재고속도) 상호연계적 흐름 경로전체의 JIT, QR

참고).

　제품 흐름의 관리에 대한 용어는 다양하게 사용되고 있다. 물적 유통(Physical Distribution), 로지스틱스(Logistics), 공급 사슬(Supply Chain) 등이 혼용되고 있는데, 제조업체에서 소비자에게 이르는 제품의 흐름을 의미할 때는 물적 유통을 가장 일반적으로 사용하며, 로지스틱스는 생산 이전의 조달 부분까지를 포함한 의미이고, 공급 사슬은 조달 이전의 조직까지를 포함한다. 그러나 물적 유통, 즉 물류는 광의의 개념으로 사용될 때, 상기의 의미를 모두 내포하고 있다.

　최근 활발하게 적용되고 있는 SCM(Supply Chain Management)은 개별 기업차원의 물류관리 수준을 넘어 완성된 제품의 물적 흐름(또는 제품완성 이전의 재료에 대한 물적 흐름을 포함한)의 모든 단계에 관여하는 조직들을 시스템적으로 관리한다는 의미를 가지고 있다. 결국 물류관리에 대한 접근이 개별기업의 역량으로 제한되어 접근되기보다 유통경로 시스템 전체적인 공동노력에 의해 달성될 수 있음을 시사하는 것이다.

제 2 절) 물류의 중요성

기업에 있어 물류비용이 차지하는 비중은 매우 클 뿐만 아니라 점점 증가하고 있다는 면에서 관리가 중요해지고 있다. 구체적으로 살펴보면, 첫째, 물류관리는 물류만의 문제가 아니라 기업의 마케팅 및 유통경로 활동과의 전체적인 맥락 속에서 고려되어야 한다. 물류 시설에 대한 투자는 독립적인 것에 그치는 것이 아니라 유통목표, 나아가 마케팅 목표와의 일관성을 유지할 때 물류관리의 효과가 달성될 수 있다.

둘째, 하나의 전략적 도구로써 물류의 역할이 증가하고 있다. 기본적인 수송과 보관의 문제가 아니라 보다 개선된 물류 서비스를 제공함으로써 물류에 기초한 경쟁적 우위를 확보하고 이를 바탕으로 차별적인 유통(마케팅)활동을 수행할 수 있게 된다.

셋째, 물류관리는 기술의 발전과 깊은 관련을 맺고 있다. 최근 성장하고 있는 정보기술의 발전은 원활한 물류관리를 위해 필요한 정보 처리의 전산화를 가능하게 하였고, 각종 자동화된 물류 설비의 발전은 개별기업의 물류 활동을 보다 원활하게 수행할 수 있도록 해 주었다.

넷째, 물류관리의 목표는 더 이상 비용 효율화의 문제가 아니라 유통과 관련된 고객의 욕구를 만족시켜 주는 핵심 요소로써 의미가 있다. 단순히 특정 서비스를 수행하기 위해 치러야 하는 비용의 문제가 아니라 신속한 수송, 안전한 배달 등 고객의 다양화되어지는 욕구를 만족시켜 주는 것으로 물류의 목표가 전환되어야 한다.

제 3 절) 물류관리의 의미

증가하는 에너지 비용, 부존자원과 원재료의 부족, 생산성의 감소 등으로 특징지어지는 물류 환경하에서 기업의 수익성 유지는 점점 더 어려워지고 있다. 그러한 면에서 적극적인 물류관리는 상대적으로 보다 큰 이익창출의 가능성을 가지고 있다.

사실상, 많은 기업에서 물류비용의 비중은 상당히 높으며, 물류관련 부동산은 기업이 소유하고 있는 전체 부동산의 상당부분을 차지한다. 그러나 통합적인 물류관리를 통해서 수송, 보관, 재고, 주문 등에 소요되는 비용을 감소시킬 수 있다. 그러므로 물류관리의 관심사 중 하나는 어떻게 물류비용을 감소시킬까 하는 문제다.

또 하나의 측면은 정해진 시간에 제품이나 서비스가 고객에게 전달되지 못하여 발생하는 비용들을 고려하여야 한다. 즉 판매의 손실, 주문취소, 고객의 불만 등 이익기회를 상실하게 되는 비용의 감소에 관심을 기울여야 함을 의미한다.

그러나 실제적으로 잘 드러나지 않는 비용을 인식하고, 통제 가능한 비용을 정확하게 파악하여, 이러한 비용의 통제를 관련 조직에 할당하는 것은 쉬운 일이 아니다. 더욱이 이러한 비용과 고객서비스 수준의 상호관계는 비용 통제를 어렵게 하고 있다.

물류시스템에 의해서 제공되는 고객서비스 수준의 개선에도 상당한 비용이 든다. 그러므로 비용절감의 노력이 고객서비스 수준을 저하시킬 수도 있음을 염두에 두어야 한다. 결국 물류관리에 있어서 비용의 문제는 고객에 대한 서비스의 수준과 균형을 이루어야 하며 이러한 균형을 달성하는 데 대한 지침의 제공이 필요하다.

제 4 절   물류관리의 접근개념

물류관리에 있어 접근 시각의 결정은 물류비용 및 서비스의 수준을 결정하는 것이라고 할 수 있다. 즉 물류를 원활하게 하기 위하여 지불하는 제반 비용과 물류를 통해 제공되어지는 제반 서비스는 하나의 물류시스템에서 결정되므로 적정 고객서비스 수준에서 물류의 총체적 비용을 최소화하는 데 물류관리의 목적이 있다고 할 수 있다. 이를 위해 다음의 사항들이 구체적으로 고려되어야 한다.

1. 총비용 관점

핵심적인 것은 비용을 파악할 때 가시적인 비용과 숨겨진 비용을 동시에 고려해야 한다는 것이다. 물류와 관련된 기업의 모든 활동들은 상호작용하고 있기 때문에 특정 물류기능 상에서의 변화는 유기적으로 다른 활동에 영향을 미치게 된다. 그러므로 개별요소의 비용을 감소시키기는 것이 목적이 아니라 전체적인 물류비용의 감소방향으로 관리가 이루어져야 한다.

2. 비용상쇄의 이해

비록 한 요소에서 비용이 증가하더라도 다른 부분에서 목적한 바를 이루어, 바라는 결과를 유도할 수 있다면 전체적인 물류비용은 감소하게 될 것이다. 반대로 한

부분에서 비용을 감소시키더라도 그로 인해 다른 부분에서 비용이 증가하게 된다면 전체적인 물류비용은 증가하게 될 것이다. 예컨대, 계절변화에 따른 재고수준의 규모를 감소시키는 것은 재고비용을 감소시킬 수도 있지만 갑작스런 수요변화에 따른 추가 생산비용과 상쇄관계에 놓여진다.

3. 부분최적화의 제거

특정 부분의 최적화에 의한 결과가 다른 부분에서의 성과에 손상을 줄 수 있다. 이것은 한 부분에서의 성과가 다른 부분의 성과에 영향을 미쳐 결국 전체 성과에 영향을 주게 됨을 의미한다. 다음의 경우들을 통해서 구체적으로 살펴보자.

- 재고수준을 낮추어서 보관 비용을 감소시키는 것은 고객서비스 수준을 낮출 수 있다.
- 재고 감소를 위한 구색의 축소는 주문에 적시 대응하는 조직의 능력을 저하시킨다.
- 배달을 신속하게 해서 고객서비스 수준을 증가시키는 것은 수송비용의 증가를 초래한다.
- 높은 고객서비스 수준을 지향하는 경우 재고비용과 재고운반비가 증가한다.
- 낮은 수송비용을 지향하는 경우 고객서비스 수준의 감소를 초래한다.

물류시스템이 통합적으로 조직되고 이의 관리가 협조적으로 수행될 때 부분최적화를 최소화하거나 완전히 제거할 수 있게 된다.

4. 총체적 시스템 관점

이는 물류의 개념을 유통경로상의 여러 기능을 수행하는 데 따른 비용을 전반적으로 관리하는 데까지 확장하는 것이다. 이들의 관점에 따르면 구성요소를 조화시키는 물류시스템을 디자인하고 운영하기 위해 계획과 관리가 효과적으로 이루어져야 하며, 이를 통해서 주어진 고객서비스 차원에서 총비용을 극소화시킬 수 있다(그림 6-2 참조).

그림에서도 나타나 있는 것처럼 총체적 시스템에서 가장 핵심적인 위치에 있는 구성요소는 '고객서비스 수준'이다. 아래는 물류시스템을 구성하는 5개의 구성요소가 있으며, 상위의 개념으로는 지원시스템으로서의 마케팅 믹스가 제시되고 있다.

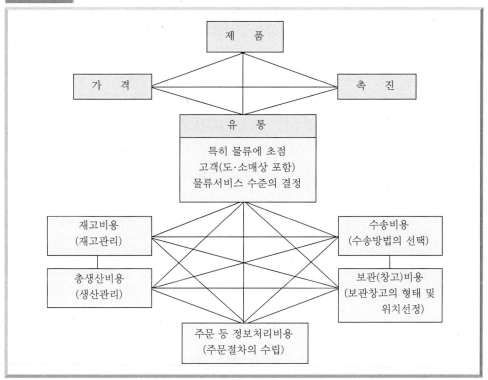

그림 6-2   총체적 시스템으로서의 물류관리

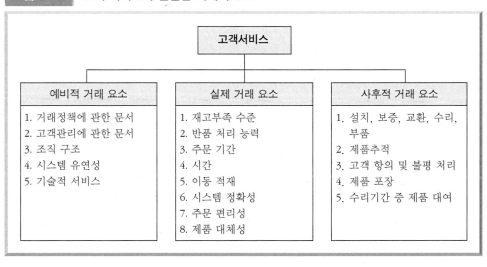

그림 6-3   고객 서비스와 관련한 거래의 요소

5. 고객 물류서비스 수준의 결정

고객서비스는 거래에 의해 달성되는데 고객서비스와 관련하여 거래는 예비적 거래, 실제 거래, 사후적 거래의 세 가지로 구분된다(그림 6-3 참조). 여기서 고객은 최종사용자, 도·소매상 등을 포함하며, 이는 제조기업의 입장에서 최종사용자는 물론 도·소매상에 대한 물류서비스 수준도 결정하여야 함을 의미한다.

예비적 거래 요소들은 물류와는 직접적으로 관계되지는 않지만 높은 고객서비스 수준에 대한 사전 분위기를 조성한다는 점에서 준비 단계의 의미를 갖는다. 실제 거래 요소는 고객에게 제품을 배달하는 것과 같이 직접적으로 거래와 관련된 활동들이다. 그러므로 고객들은 실제 거래 요소에서 제공되어지는 서비스 수준에 직접적으로 영향을 받게 된다. 사후적 거래의 요소는 판매된 제품에 대한 사후 지원 활동과 관련된다. 제품 결함의 제거, 불량품의 회수, 불평 및 불만족 사항을 접수 조정하는 것이 이에 해당한다. 이러한 요소들은 차후의 구매에 영향을 미칠 수 있다는 점에서 매우 중요하다.

고객서비스 수준을 결정하기 위해서는 다음의 다섯 가지 단계를 진행하여야 한다.

제1단계　고객에게 가장 중요한 서비스 요소의 확인
제2단계　개별 서비스를 만족시키기 위한 각 서비스 요소별 양적 기준의 설정
제3단계　개별 서비스에 대한 실제적인 성과 측정
제4단계　실제 제공된 서비스와 기준간의 차이 분석
제5단계　발생된 차이를 감소시키기 위한 조정방안의 강구

이와 같은 고객서비스 수준의 결정은 물류관리 차원 이전에 이미 마케팅과 유통 활동의 출발점임을 강조한 바 있다(제3장 참고). 〈그림 6-2〉에서 알 수 있듯이 고객서비스 수준의 결정이 선행되고 나서 물류관리가 전개된다. 따라서 물류관리를 통해 고객서비스를 보다 잘 충족시킬 수 있기 위하여 다음과 같은 방안을 검토하여야 할 것이다.

• 네트워크화된 물류정보 시스템의 적극적인 활용
• 물류시스템 진행의 오류사례 점검 관리를 통한 효율성 확보
• 물류의 관심을 공급자 측면에서부터 최종고객 쪽으로 전환
• 모든 물류업무를 고객서비스의 관점에서 이해
• 물류관련 의사결정 권한의 일선이양 및 수평조직의 도입

• 원활한 제품 흐름을 위한 물류관리 구조의 변화
• 급속한 변화에 대한 장기적 차원의 계획수립

제 5 절 　물류 아웃소싱과 제 3 자 물류

1. 물류 아웃소싱

물류 아웃소싱(logistics outsourcing)이란 기업이 고객서비스 향상, 물류비 절감 등 물류활동을 효율화할 수 있도록 물류기능 전체 혹은 일부를 외부의 전문업체에 위탁, 대행하는 업무를 말한다. 즉 외부사업자와 효율적인 관계를 구축하여 물류활동의 생산성을 향상시키는 기법이다.

제조업체가 물류 아웃소싱을 추구할 때, 그 업체는 전문화의 이점을 살려 고객욕구의 변화에 대응하여 주력사업에 집중할 수 있게 된다. 더 나아가 물류공동화와 물류표준화도 가능하게 된다. 이 밖에 물류시설 및 장비를 이중으로 투자하는 데 따르는 투자 위험도 피할 수 있다. 결과적으로 기업의 경쟁우위 확보는 물론 사회적 비용절감 및 국가경쟁력 강화에도 기여할 수 있는 효과를 얻을 수 있다.

물류 아웃소싱은 초기에는 단순한 운송, 창고, 자재관리에 국한되어 운영되어 왔으나, 최근에는 EDI 정보교환, 주문접수, 운송업체 선정, 포장, 라벨링(labeling), 상품조립 등 직접적인 고객업무를 포함하는 방향으로 확대되고 있다. 구체적인 물류 아웃소싱의 대상영역은 판매운송, 창고운송, 조달운송, 배송, 제조부문의 일부, 라벨링, 포장, 운임지불 등에 활용도가 높으나, 주문접수, 처리, 고객서비스 관리, 재고관리, 제품조립, 정보시스템 분야의 활용도는 낮은 실정이다.

산업통상자원부의 2013년도 보도자료에 따르면, 발생물류비의 기능별 비중은 운송비 59.6%, 보관비 28.8%, 포장비 7.0%, 하역비 3.5%, 물류정보 및 관리비 2.3%로 나타나, 2010년 대비 운송비와 포장비, 물류정보 및 관리비는 증가 추세로 확인되며, 보관비 및 하역비는 감소하였다. 또한 물류기업과의 체계적인 계약에 의한 장기간의 거래 비중이 높아지고 업체당 이용하는 물류기업 수는 2010년 기준 평균 3.16개에서 2011년 약 2.82개로 나타나 전반적으로 국내 기업의 물류 효율성은 증가하는 추세로 확인된다.

그러나 국내 기업이 지출하는 물류비용은 약 6.47%로, 이는 일본(4.90%)에 비해 높은 편으로 나타나 기업차원에서의 물류 효율화 및 개선을 위한 방안의 모색이 필요하다.

2. 제3자 물류

제3자 물류(the third-party logistics: 3PL)라는 용어는 1988년부터 미국 물류관리협회에서 처음 사용하기 시작하였다. 여기서 제3자란 물류경로 내의 다른 주체와의 일시적이거나 장기적인 관계를 가지고 있는 물류경로 내의 대행자 또는 매개자를 의미하며, 화주와 단일 혹은 복수의 제3자가 일정기간 동안 일정비용으로 일정서비스를 상호합의하에 수행하는 과정을 제3자 물류 또는 계약물류라고 정의하고 있다.

국내에서 제3자 물류가 본격적으로 태동한 것은 1998년 화물자동차운수사업법 및 화물유통촉진법의 규제완화와 경제암흑기인 IMF 체제 이후라고 볼 수 있다. IMF 시기는 국내경제에는 치명적인 암흑기였지만 물류산업에 있어서는 물류를 전문화시키고 발전시킨 중요한 전환점이 되었다. 당시 기업들은 생존을 위해 구조조정을 다각적으로 실시하면서 기존 조직에 흡수되어 있던 물류부문이 분리·독립되어 하나의 전문분야로 자리잡게 되었다. 또한 대기업을 필두로 분사된 물류자회사나 전문 물류 기업 등 제3자 물류기업에게 자사의 물류부문을 아웃소싱하기 시작하면서 제3자 물류는 활성화되어 나갔다.

국내에는 아직 제3자 물류의 개념이 명확히 정립되어 있지 않고, 제3자 물류시장에 대한 정확한 시장규모나 성장가능성 또는 일반현황조차도 매우 부족하지만 제3자 물류를 이용하는 기업체가 점차 늘어나고 있으며, 그 활용범위도 대부분이 부분적인 아웃소싱에 치중하고 있지만 점차 확대되고 있다.

이러한 제3자 물류는 단순한 외주물류와 다른 개념으로 이해되어야 한다. 외주물류는 제3자 물류의 이행과정에 있는 중간단계로 볼 수 있다. 외주물류 및 제3자 물류는 기업 물류활동이 외부에서 운영된다는 점에서 볼 때 별반 차이가 없다고 할 수 있다. 그러나 기존 연구를 종합적으로 고려해 볼 때, 이들은 그 내용과 개념에서 엄격히 구분할 필요가 있다.

외주물류는 주로 운영측면에서 원가절감 효과를 확대하는 데 초점을 두고 있는 반면에 제3자 물류는 전략적인 관점에서 원가절감 그 이상의 성과, 즉, 경쟁우위의 획득, 고객서비스의 향상 등을 얻기 위한 것이다. 물론 외주물류 또한 운영 측면뿐만 아니라 물류관리 및 계획부문까지 수행할 수 있지만 사실상 이에 해당하는 경우는 거의 없다. 〈표 6-2〉는 제3자 물류의 활용효과에 대한 실태조사 결과이다.

| 표 6-2 | 제 3 자 물류 활용 효과에 대한 실태조사 | |

구 분	중요도	만족도
전문성 및 역량	4.2	4.0
물류비 절감	4.4	4.2
규칙적이고 안정적인 서비스	4.5	4.3
문제 발생 시 신속한 대응	4.4	4.1
제품의 손상 및 파손율 감소	4.2	4.0
화주-물류기업 간 원활한 커뮤니케이션	4.1	4.0
물류기업의 시설 및 장비	4.0	3.9
물류기업의 IT시스템(물류정보망)	4.0	3.9

자료: 한국무역협회(2012), 2012년 제3자 물류 및 물류공동화 활용 실태조사.
*본 표의 척도는 5점을 총점으로 계산됨.

제 6 절 수송방법의 선택

　적절하지 못한 수송 서비스와 불확실한 운송시간의 문제는 기업으로 하여금 많은 재고를 보유하게 하는 등 물류계획의 차질을 초래한다. 또한 수송상의 문제는 재고 및 운반비용을 증가시키고, 재고회전율을 감소시키며, 판촉효과의 상실도 야기하게 된다. 수송비용은 전체 물류비용에서 차지하는 비중도 커서 결과적으로 적절한 수송방법의 선택과 체계적인 수송관리는 물류관리의 선결요건이라 할 수 있다.

　일반적으로 수송방법에는 철도, 공로, 해운, 항공, 파이프라인 등 다섯 가지가 있다. 이러한 대안들은 철도-공로, 공로-해운, 공로-항공, 철도-해운 등의 이용 가능한 조합으로 결합되어 한 가지 방법에 의해서는 제공할 수 없는 서비스를 수행하

| 표 6-3 | 비용과 성과 차원에서의 수송방법간의 차이 | | | |

수송방법	비 용	성 과		
		소요시간	시간편차	손 상
철 도	3	3	4	5
공 로	2	2	3	4
해 운	5	5	5	2
파이프라인	4	4	2	1
항 공	1	1	1	3
	1=높음	1=빠름	1=최소	1=최소

기도 한다.

수송방법을 선택, 결정함에 있어 물류관리자는 비용, 수송소요시간, 신뢰성, 분실가능성, 손상 등을 고려해야 한다(표 6-3 참조).

(1) 수송의 형태

수송과 관련된 산업의 규모는 꾸준히 증가하고 있으며 특히 자동차에 의한 수송 및 항공에 의한 수송의 성장이 주목할 만하다.

◎ 철도: 다른 수송수단의 발달로 인해 상대적인 비중은 감소하였지만, 절대적인 규모면에서는 꾸준한 성장을 하고 있고, 수송비용이 가장 저렴하다는 면에서 중요성이 증대되고 있다. 철도 운송은 대량 및 중량화물의 중장거리 운송에 적합한 운송형태이며, 기후 및 일기변화에 거의 영향을 받지 않는 전천후 운송수단이다. 또한 높은 안정성과 운송시간의 정시성도 확보하고 있다는 장점이 있다.

반면 철도 운송은 철도망의 부족과 화차의 적기배차 문제 등과 같은 운송 인프라의 취약성을 가지고 있으며, 반드시 자동차 운송과 해상운송 등과 같은 다른 운송수단과의 연계가 필요하기 때문에, 환적비용을 포함한 추가비용을 부담해야 하는 문제를 안고 있다. 또한 문전 서비스를 제공하기 곤란하며 운송거리가 짧은 경우에는 부적합한 운송 방식이다.

◎ 공로: 자동차를 통한 공로운송은 기차와 함께 육상운송에서 경쟁적 위치를 가지고 있다. 공로운송은 소량 및 중량화물의 근거리 운송에 매우 적합한 운송형태로써, 송하인의 문전에서 수화인의 문전까지 운송할 수 있는 가장 대표적인 육상운송수단이며, 매우 높은 기동성과 탄력성을 가지고 있는 방법이다.

그러나 공로운송은 적재할 수 있는 화물의 중량과 용적에 많은 제한을 받고 있으며, 운송거리가 길어질수록 운임이 급격히 증가하기 때문에 장거리 운송에는 부적합하다. 또한 갈수록 심각해지고 있는 교통체증과 환경오염 등의 문제는 자동차 운송의 경쟁력을 약화시키는 주된 원인이다.

◎ 해운: 해상운송은 대량 및 중량화물의 장거리 운송에 적합하고 운임이 매우 저렴하기 때문에 수출입 화물의 운송에 가장 많이 이용되고 있는 방식이다. 그러나 해상운송은 기후변화에 매우 민감하게 반응하고, 운송기간이 너무 길기 때문에 화물의 적기운송이나 안정성에 부정적인 영향을 미칠 수 있다. 또한 해상운송을 이행하기 위해 항만까지 화물을 이동시키고 적재하는 데 많은 비용이 소요된다는 한계를

안고 있다.

◎ 항공: 항공운송은 정기적인 서비스를 원하는 운송업자에게 큰 매력을 준다. 항공운송은 소량 및 경량화물의 장거리 운송에 가장 적합한 운송수단으로써, 높은 가격으로 인해 전체 산업에서 차지하는 비중은 작지만 최근 서비스의 질, 신속한 운송 등으로 인해 이용고객의 규모가 증가하고 있다. 그러나 항공을 통한 수송이 빠르다고는 하나 픽업, 지상 조정 시간 등을 고려의 대상에서 제외하기 때문에 이의 관리가 완벽하게 수행됨을 전제하여야 하며, 육운 즉 자동차수송과의 연계가 요구된다. 또한 기후에 상당한 영향을 받을 수 있다는 단점도 가지고 있다.

◎ 파이프라인: 우리 나라에서는 사용이 제한되어 있으나, 국토의 면적이 넓거나 국가간의 협조가 잘 이루어지는 경우에는 안전하게 수송할 수 있는 방법으로 인정받고 있다. 물론 가스나 액체의 일방적 수송이라는 단점이 있으나 제품의 손실과 손상이 가장 적은 수송방법이다.

(2) 수송방법의 선택

화물을 수송하고자 하는 수송수요자는 화물의 수량과 중량, 수송거리, 수송시간, 수송비용, 수송의 안정성, 하역비 및 포장비용, 일관수송 및 택배서비스 가능성 등과 같은 다양한 요인들을 종합적으로 고려하여 가장 적합한 수송방법을 선택해야 한다. 왜냐하면 어떠한 수송수단을 선택하느냐에 따라 수요자가 달성하고자 하는 수송목적을 성취할 수도 있고, 그렇지 않을 수도 있기 때문이다. 따라서 수송 수요자는 수송 방법들 간의 비용과 편익에 대한 종합적인 분석을 통해 수송비용의 최소화는 물론 수송편익과 고객서비스의 최대화를 실현할 수 있는 최적의 수송방법을 선택해야 하며, 서로 다른 수송방법간 결합을 통한 복합수송 형태도 고려해야 한다.

표 6-4 우리나라 수송형태별 운송 실적 (단위: 천톤)

연 도	철 도	공 로	해 운	항 공
2007년	44,562	550,264	120,079	316
2008년	46,805	555,801	126,964	254
2009년	38,898	607,480	120,031	268
2010년	39,217	619,530	119,022	262
2011년	40,012	621,474	125,588	281
2012년	40,309	732,918	119,057	265

자료: 대한상의(2014), 국내외 물류산업 통계집.

제 7 절   유통관리의 접근시각: 시장지향적 접근

보관 결정에 있어서 고려해야 할 점은 보관의 형태와 창고의 위치이다. 우선 보관의 형태를 살펴보자. 경로구성원에게 이용 가능한 보관설비는 크게 세 가지로 분류할 수 있다. 첫째는 제조업자 소유의 설비에 보관하는 것이며 둘째는 도매상이나, 소매상의 창고에 보관하는 것이고, 마지막으로는 전문창고업자에게 창고를 임대하여 보관하는 것이다.

일반적으로 제조업자가 자신 소유의 창고에 보관할 때는 수요에 맞게 재고를 보관할 수 있어 유동성이 확보되고, 설비의 통제가 용이하며, 정보의 피드백이 원활하고, 단위당 변동비는 다른 창고에 비해 저렴하다고 할 수 있다.

도매상이나 소매상의 창고에 보관할 때는 보통 소유권이 도매상이나 소매상으로 이전되기 때문에 특별히 관리할 사항이 없다고 생각될 수 있으나, 최종고객이 원하는 시기에 제품을 제공받기를 원할 때 원활한 공급이 이루어질 수 있도록 통제할 수 있어야 한다는 점에서 도매상과 소매상과의 관계 관리가 선행되어야 한다.

독립적인 전문창고업자의 설비를 이용할 때에는 비싼 사용료를 지불하여야 하나, 창고를 소유하기 어려운 상황일 경우 이 방법 또한 유용하다고 할 수 있다. 창고를 가지고 있더라도 갑작스러운 수요의 확대를 예상하고 재고 보관의 필요성이 제기된다면 전문업자의 창고를 활용하여 유연하게 창고공간을 확보하는 것이 (창고를 구입하거나 짓는 것보다) 오히려 저렴하다고 할 수 있다. 또한 특수한 형태의 보관시설이 필요할 때 이에 적합한 기능을 갖춘 창고를 선택할 수 있다는 장점도 있다. 창고의 종류를 구체적으로 살펴보면 다음과 같다.

---

① 특화상품창고: 이 창고는 농산물을 저장하는 데 가장 널리 쓰인다.
② 야적창고: 소유자의 토지 위에 제품을 보관하는 것을 말한다. 야적창고의 목적은 재고에 있어서 재정신용을 얻는 것이다. 이러한 재정신용은 야적창고에 보관된 제품의 재고가치의 일정비율에 의해 설정된다.
③ 냉동/냉장창고: 과일, 계란, 냉동식품, 냉장식품이나 화학제품, 의약품 등 상하거나 변질될 우려가 있는 제품의 보관에 쓰인다.
④ 일반상품창고: 완제품이거나 특별한 처리 또는 처치를 필요로 할 때까지 보관하는 창고
⑤ 보세창고: 관세를 물기 위해 제품을 보관하는 창고

실제적으로 대부분의 창고들은 상기의 기능들을 혼합하여 수행하고 있다. 예컨 대, 식품을 전문으로 취급하는 창고에서 고객의 요구에 의해 냉장창고 시설을 부분 적으로 운영할 수도 있다. 전문창고업자의 추가적인 서비스로는 재고운반 서비스, 화적계획 서비스, 포장조립 서비스, 신용정보 서비스, 수송 중 상품보관 서비스, 주 문정리 서비스 등이 있다.

1. 수송과 저장의 관계

제품이 고객에게 전달되기 전에 머물러 있는 시간은 창고비용을 감소시킨다. 특 히 철도로 수송할 경우 이러한 가능성이 있다. 대량의 곡물 등을 기차로 수송하고 야 적을 활용하는 것은 창고비용을 절감할 수 있는 방법 중의 하나이다.

2. 창고설비의 수와 위치의 결정

경로구성원이 어떠한 창고를 활용하는가에 관계없이 몇 개의 창고를 어디에 설 치할 것인지에 대하여 결정하여야 한다. 독립된 경로구성원의 창고를 활용할 때에는 그들의 창고 위치에 따라 선택이 달라질 수 있으나 자신이 소유하는 창고를 활용할 때에는 창고를 건설하기 위한 의사결정 과정에서 위치선정이 우선되어야 한다.

창고의 수와 위치의 결정에 가장 중요한 기준은 제공하는 고객서비스 수준과 창 고가 제공하는 서비스의 수준이 일치하는가이다. 예컨대, 보관 과정에서 제품의 가 공이 필요한 경우라면 창고의 위치는 제조업자의 공장과 가까워야 할 것이다. 반면 완성품을 보관하는 경우라면 수요변화에 적절히 대응하기 위해 고객에 가까운 위치 에 있어야 할 것이다.

또한 비용외 문제를 고려하여야 한다. 즉 효율화를 달성하면서 서비스 수준을 맞추어야 한다. 보관에 있어서 비용개념은 다른 물류 활동과 깊은 관계를 맺고 있다. 창고의 수가 많으면 수송비용은 감소하며, 재고비용은 창고의 수가 많을수록 증가한 다. 이러한 상황은 창고의 수뿐만 아니라 창고의 위치에서도 적용된다. 대표적인 관 련비용은 고객과의 거리로 인한 판매손실의 기대치와 거리로 인한 수송비용 등이다.

제8절 재고관리 및 주문절차의 수립

1. 재고관리 및 통제

재고는 모든 경로구성원 사이에서 보유될 수 있다. 그러나 재고는 각각의 경로구성원에 따라 다르게 받아들여지고 있다. 동일한 양의 재고라도 제조업에서의 입장과 도매상이나 소매상에서의 입장은 재무적인 입장에서만 보더라도 크게 차이가 있다. 도매상과 소매상에 있어서 재고는 그들이 투자하고 있는 자산의 대부분을 차지하고 있으며 이는 자금의 회전을 악화시킬 수 있다. 그럼에도 불구하고 다량의 재고를 유지함으로써 치열해지는 경쟁상황에서 기회를 잡고자 노력하기도 한다. 그러나 물량 결정으로써 재고관리의 의미뿐만 아니라 품질 유지라는 차원에서 재고관리가 수행되어야 한다. 이를 위해 주문시스템의 전산화, 수요의 정확한 예측 등을 통해 재고관리의 효과를 높일 수 있다.

2. 주문절차

고객의 수요가 정확히 예측하기 어려울 때 재고를 관리하기 위한 전통적인 방법은 고전적인 재주문시점 재고모델이다. 정해진 고객서비스 수준을 유지하면서 재고투자에 대한 총변동비를 최소화시키는 재고수준을 찾는 것이 재주문시점 재고모델의 목적이다. 이러한 목적을 달성하기 위해 재주문시점 재고모형에서는 재고수준을 세 가지로 개념화하고 있다.

---

① 주문차원 재고수준, Order Level: 주문과 주문 사이에 기대되는 수요를 충족시키는 수준에서 재고를 보유하는 것을 말한다. 이것은 주문량을 경제적 주문량(EOQ; Economic Order Quantity)에 의해 산출된 근거를 기준으로 결정한다. EOQ는 제품을 주문하는 데 소요되는 비용과 제품을 보유하는 데 소요되는 비용을 고려하여 최저의 총재고비용을 산출하게 된다.

② 리드타임차원 재고수준, Lead-Time Level: 이것은 기대되는 제품보충 리드타임 동안, 기대되는 수요를 충족시키기 위한 재고의 수준이다. 예측이 완벽하다면, 리드타임 차원 재고수준은 발주 관리자에게 재주문 시점을 알리는 역할을 수행할 것이다.

③ 안전차원 재고수준, Safety Level: 이것은 고객의 수요 또는 재주문사이클 동안 제

품보충 리드타임에 있어서의 기대하지 못한 변동분을 충족시키기 위한 재고 수준이다. 완충재고(Buffer Stocks)나 위험회피 재고(Hedge Stocks)라고도 하는데, 안전수준의 재고는 기업에게 재고 미보유에 의한 기회손실이 없게 해 준다.

이상의 세 가지 개념을 토대로 재주문 시점을 계산하면 다음 식과 같다.

재주문시점(ROP; Reorder point) = 조달기간 동안의 평균수요 + 안전재고
조달기간 동안의 평균수요 = 하루의 평균수요 × 조달기간
안전재고 = 안전계수 × 수요의 편차 × 조달기간

여기서 안전계수는 제공하고자 하는 고객서비스 수준에 의해 결정된다.

제 9 절 주문과정과 관계된 정보시스템의 흐름

고객의 주문은 물류시스템을 가동시키는 메시지이다. 고객의 주문 사이클은 주

그림 6-4 물류 전략 계획 절차

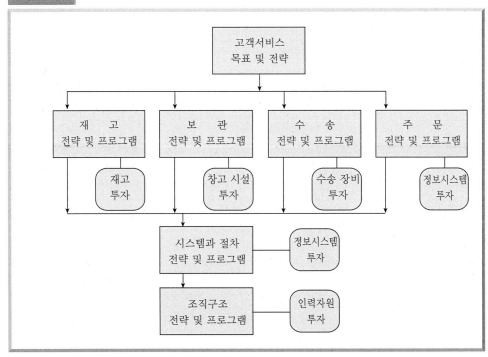

문 준비와 전달, 주문접수, 주문유입, 주문처리, 창고선택, 포장, 수송, 배달, 그리고 하역하는 데 소비되는 총시간을 의미한다. 그러므로 고객주문사이클의 길이는 제품의 물적 흐름뿐만 아니라 유통경로에 있어서의 정보와 의사소통 흐름의 속도, 효율성에 의해서도 결정된다(그림 6-4 참조). 보다 빠른 주문 사이클이 주문 리드타임을 줄여 주고, 주문상의 잘못과 재고를 줄여 주며, 재고부족을 감소시켜 준다. 전산화, 자동화된 온라인 주문 시스템을 통해서 고객서비스 수준은 보다 향상될 것이다.

유통경로상에서의 정보시스템과 경로 의사소통에 대해서는 제10장에 자세히 다루어질 것이다.

제10절) 물류시스템 설계와 관리를 위한 전략적 계획 절차

물류시스템의 설계는 물류시스템 내의 구성요소들, 즉 앞에서 살펴본 물류서비스 수준, 수송방법, 보관창고 형태 및 위치, 재고관리 및 주문절차 들을 체계적으로 통합시키는 일이다. 즉 유통목표를 달성하기 위해서 물류시스템을 구성하고 있는 요소들의 최적 조합, 최적 믹스를 찾아내는 것이다. 전략적 관점에서 체계적으로 계획된 물류시스템은 ① 물류활동에 대한 기업차원의 전략이 미치는 영향, ② 물류관리 경쟁력 향상, ③ 물류 및 유통환경 탐색, ④ 물류비용 감소와 서비스 최적화 등에 대한 이해 및 중요성의 인식을 증대시켜 준다.

한편, 물류시스템 설계에 대한 전략적 계획과정은 최저의 총시스템 비용하에서 고객이 요구하는 서비스에 부합하는 효과적인 물류시스템의 윤곽을 그려 나가는 것이어야 한다. 이를 위한 단계적 과정은 첫째, 고객서비스 수준의 결정과 이를 충족시키기 위한 전략의 결정에서 시작되고, 둘째, 고객서비스 수준과 전략은 물류 관련 투자를 비롯하여 재고, 보관, 수송, 주문 등과 관련된 전략 및 프로그램 도출의 기초를 제공하며, 셋째, 물적흐름 및 정보흐름에 기초하는 물류활동을 관리하는 시스템과 절차를 구체화하여야 하고, 넷째, 조직을 정비하고 시스템을 실행하게 되는 인적자원을 관리하여야 하며, 다섯째, 전략적 물류계획이 개발된 후, 계획 실행의 구체적 방법과 경로구성원 선택의 기준이 마련되어야 하고, 여섯째, 물류시스템에 대한 주기적인 평가와 성과개선 활동을 수행하여야 한다.

◉ 요 약

물류관리는 모든 상품의 효과적이고 효율적인 흐름을 관리하는 것으로써, 마케팅 특히 유통경로관리에서 중요하다. 그러나 물적 소유의 흐름과 관련된 비용은 놀라울 정도로 높다. 그러므로 기업은 고객 및 도·소매상에 대한 물류서비스를 제고시키는 데 노력하면서도 동시에 물류의 절감을 위해서도 많은 노력을 경주하여야 한다.

물류의 개념은 유통경로상의 물적 흐름을 효율화하는 동시에 고객의 서비스 수준을 달성하는 데 있다. 이를 위해서는 총비용관점, 비용상쇄의 이해, 부분최적화의 제거, 그리고 총체적 시스템 관점에서 접근해야 한다.

물류관리를 위한 주요내용으로는 고객서비스 수준의 결정, 수송방법의 선택, 보관 창고형태와 위치의 선정, 재고 관리 및 주문절차의 수립 등이 포함된다. 보다 체계적인 물류시스템 설계를 위해서는 7단계의 전략적 체계 과정을 거치는 것이 바람직하다.

◆ 문제제기

1. 물류에 관한 시스템적 관점은 무엇인가?
2. 물류관리자가 고려해야 할 상쇄관계(Trade off)는 무엇인가?
3. 물류에 있어서 수요예측의 중요성에 대해 설명해 보시오.
4. 물류는 기술의 발전과 밀접한 관련을 맺고 있다. 최근 등장하고 있는 물류관련 기술에 대해 설명해 보시오(제11장 경로의사소통 및 유통정보시스템을 참조하기 바람).

◆ 참고문헌

1) Stock, James R. and Douglas M. Lambert, *Strategic Logistics Management*, 2nd ed., Homewood, Ill.: Richard D. Irwin, 1987, p. 42.

2) Ballou, Ronald H., Basic Business Logistics, Transportation, *Materials Management, Physical Distribution*, 2nd ed., Englewood Chiffs, N.J.: Prentice-Hall, Inc., 1987, p. 57.

3) La Londe, B. J. and M. C. Cooper, Partnerships in Producing Customer Service: A Third Party Perspective, Oak Brook, IL: Council of Logistics Management, 1989, pp. 6-9.

4) 김병민 외, 물류의 이해, 형설출판사, 2005, p. 34.

제 7 장   유통경로의 조직패턴

제 1 부   유통관리의 전반적 체계

제1장   유통관리의 전략적 접근체계
   1. 유통관리의 접근시각: 시장지향적 접근
   2. 유통경로 발생의 근거
   3. 유통기능(역할)
   4. 유통관리의 전반적 체계

⇩

제 2 부   유통환경변화의 이해 및 표적시장의 선정

제2장   유통환경변화의 파악과 영향 분석
제3장   구매욕구세분화, 표적구매자시장, 그리고 유통목표의
       정립: 표적유통전략

⇩

제 3 부   유통전략의 수립 1: 유통경로구조(시스템)의 설계

제4장   소매: 형태(구조)와 전략   제7장   유통경로의 조직패턴
제5장   도매: 형태(구조)와 전략   제8장   유통경로구조의 설계
제6장   물류관리

⇩

제 4 부   유통전략의 수립 2: 경로구성원 조정체계의 설계

제 9 장   힘(영향력) 행사
제 10 장   갈등관리
제 11 장   경로의사소통 및 유통정보시스템

⇩

제 5 부   유통활동의 성과평가 및 조사

제 12 장   유통활동의 성과평가
제 13 장   유통조사

⇩

제 6 부   특정 상황 속에서의 유통관리

제 14 장   서비스산업에서의 유통관리
제 15 장   프랜차이즈 유통관리
제 16 장   인터넷 시대의 유통관리

DISTRIBUTION MANAGEMENT

제 7 장

유통경로의 조직패턴

학습목표
1. 전통적 유통경로의 특징과 한계점 파악
2. 수직적 경로구조(시스템)의 특징과 종류
3. 소매상협동조합 및 도매상 주도 연쇄점의 특징
4. 프랜차이즈 시스템의 특징과 운영형태 파악
5. 다단계 마케팅의 정의와 특징 분석

한국 영화 유통구조의 수직적 결합

한 영화가 생산되어 소비되기까지의 제작, 배급, 그리고 상영의 각 단계를 담당하고 있는 제작사, 배급사, 극장주는 공급의 측면에서 영화산업을 구성하고 있는 주체라고 할 수 있다. 제작에서 상영까지를 하나의 수직적 체계로 보았을 때 각 단계의 주체가 자신들의 분야 외 상방(Up-stream) 또는 하방(Down-stream)으로 결합하는 경우를 수직적 결합(Vertical Integration)이라 한다. 즉 한 업체가 제작 및 배급 또는 배급 및 상영을 동시에 수행하거나 아니면 제작, 배급, 상영에 이르는 영화공급의 전 부문을 수행하는 경우이다. 미국 할리우드의 메이저 영화사들은 거의 모두 이와 같은 수직적 결합을 이루고 있다. 미국 영화사들의 수직적 결합은 1920년대부터 본격적으로 이루어지기 시작하였다. 치열한 경쟁 속에서 살아남은 회사들은 대부분 수직적 결합을 이룬 영화사들이었으며 이들이 현재의 할리우드 메이저 영화사로 존재하고 있는 것이다. 미국 영화산업이 영화산업 그 자체를 대표하는 것은 아니지만 현재의 세계적 시장지배력으로 볼 때 수직적으로 결합된 거대 영화사들이 지배하는 미국 영화산업의 구조는 산업적 측면에서 영화산업의 대표적 전형으로 보아도 큰 무리는 아닐 것이다. 또한 영화가 하나의 산업으로서 발전한 상당수의 나라에서도 수직적 결합을 통한 대형 영화사의 출현과 이들 영화사들을 중심으로 한 영화산업의 발전은 공통적으로 나타나는 현상이었다.

그렇다면 수직적 결합은 영화산업에 있어서 어떤 의미를 가지는 것인가? 결론적으로 말하면 영화산업에 있어서 수직적 결합은 단순히 시장지배력 확대를 위한 도구가 아니라 지속적으로 영화라는 상품을 공급하기 위해 선택된 효율적인 산업구조이다. 영화산업을 특징짓는 '3大'로, 대규모의 협력제작, 대규모의 선불비용(Up-front expense), 매우 큰 불확실성을 들 수 있다. 하나의 영화가 만들어져서 공급되기까지는 아주 많은 인적·물적 자원이 투입되며 이들 자원간의 효율적 협력은 영화의 성공에 아주 중요한 요소로서 이것이 잘 이루어지지 않을 경우에는 막대한 거래비용을 야기시킨다. 또한 영화가 만들어져서 시장에 공급되기까지의 대부분의 비용은 먼저(Up-front) 지불되어야 하는 선불비용이며 앞에서 언급한 바와 같이 한 영화에 대한 수요는 사전에 예측하기 불가능하리만큼 매우 불확실하다. 따라서 영화산업의 구조는 영화가 제작·공급되는 여러 단계에서 발생하는 거래비용을 절감하고 선불비용을 최대한 회수하며 수요의 불확실성에 따른 위험을 회피할 수 있도록 발전되어 왔는데, 수직적 결합은 이와 같은 역할을 하기 위해 선택된 산업구조라고 할 수 있다.

참고로 미국의 경우 영화공급에 드는 비용을 크게 네거티브 비용(Negative Costs)과 마케팅 비용(Marketing Cost)으로 나눈다. 네거티브 비용이란 원본 프린트 (MasterPrint)를 제작하기까지 투입된 모든 비용을 말한다. 이 비용에는 시나리오 작가, 감독, 배우, 기타 고용인(Employee), 그리고 촬영세트 건립 등에 투입된 비용이 포함된다. 또한 영화가 메이저 스튜디오에 의해 제작되는 경우 스튜디오 시설사용에 대한 오버헤드 비용(Overhead Cost)과 여러 네거티브 비용과 오버헤드 비용에 대한 이자(Capitalized Interest)도 총 네거티브 비용에 포함된다. 마케팅 비용은 상영관에 공급되는 프린트 제작에 드는 비용(Print Cost)과 광고비용 (Advertising Cost)을 포함한다. 통상 이 두 가지 비용을 합쳐 P&A 비용이라고 한다. 2004년 현재 MPAA(Motion Picture Association of America) 회원사의 한 영화당 평균 제작비용은 네거티브 비용과 마케팅 비용을 합쳐 9천8백만 달러에 이르며 이는 10년 전인 1984년에 비해 4.6배 상승한 규모이다.

자료원: 좌승희, 이태규(2006), 한국영화산업 구조변화와 영화산업정책: 수직적 결합을 중심으로, 한국경제연구원.

위 내용은 영화 산업에서 생산부터 유통기능의 수직적 통합이 긍정적인 성과에 미치는 영향을 나타낸 사례이다. 수직적 경로구조시스템에는 기업형, 계약형, 관리형 수직적 경로구조가 있는데, 위 사례는 제조와 유통의 기능이 하나의 기업을 통해 수행되고 있는 전형적인 기업형 수직적 경로구조라 할 수 있다. 이러한 기업형 수직적 경로구조는 유통경로상의 최대한 통제를 행사할 수 있을 뿐 아니라 생산과 유통에 있어서 규모의 경제를 가능하게 하며, 효율적인 운영을 가능하게 하는 반면, 거대해지고 소유의 규모가 커질수록 환경변화에 신축적으로 대응하기 어렵다는 단점을 가지고 있다.

전통적인 유통경로는 독립적으로 소유되며 관리되고 있는 기관들의 연합이다. 이러한 독립적 유통경로에서는 각 경로구성원들이 각자의 성과에만 관심을 가지게 된다. 경로구성원간의 협조는 주로 협상과 타협을 통해서 달성되기 때문에 향상된 시스템적인 활동을 하기에는 한계점을 지니게 된다.

취급되는 제품의 유형과 다양성, 촉진의 수준, 소매상의 입지 등은 생산자와 유통업자들간의 상호작용에 의해서 이루어진다. 그런데 전통적인 경로 내에서는 관련되는 서비스제공 수준의 결정은 물론이고 가격이나, 수량의 결정 그리고 투자의 결정 등에 있어서 다양한 경로구성원들이 의사결정자로서 참여하게 된다. 그들이 수행하는 의사결정은 보통 전통 지향적 또는 관행 지향적이고, 때로는 운영과 조정활동에 있어서 감정적으로 개입하기도 한다. 이때 의사결정과 권한의 행사는 각 경로구성원 수준에서 개별적으로 수행될 수밖에 없다. 공식적인 상호간의 노력 분담도 없으며, 경로활동에 대한 참여도 단지 자신의 조직에 국한하여 이루어진다. 또한 현실적으로 구성원간에 시스템 전반에 걸친 목표나 비전 그리고 공통분모가 없는 경우가 많다. 이들의 거래는 소비자시장, 소매시장, 도매시장 등에서 형성되고 있는 가격 메커니즘에 의해서 이루어진다. 그리고 이런 형태의 경로구조는 자본주의 제도하에서는 가장 일반적인 형태라 할 수 있다.

상기의 전통적인 독립적 유통경로는 몇 가지 문제점을 내포하고 있다. 경로구성원들이 접하고 있는 환경이 새로운 규제정책, 공급부족, 낮은 성장률, 다른 경로와의 치열한 경쟁 등을 겪게 되어, 경로구성원간의 기회주의적 행동이 급증하게 된다면, 일반 경쟁 시장에서의 거래에 드는 경제적 및 사회정치적 비용(통제강화, 갈등해소, 의사소통 증진 등과 관련된 비용)이 특히 무거운 짐으로 작용하게 된다. 이 경우에 전통적인 경로는 유통서비스의 창출이 저하되고, 거래비용이 증가하게 되어 경쟁력을 잃게 된다.

이러한 전통적인 경로에서 나타나는 비효과성과 비효율성을 제거하고, 그 한계점을 극복하기 위해서 새로운 유통경로의 조직패턴이 사용되고 있다. 새로운 조직패턴은 경로구성원을 자율적으로 상대하기보다는 일정한 연계를 통하여 통제활동을 강조하는 것이 특징이라고 할 수 있다. 이러한 조직패턴을 보통 수직적(통합) 경로구조(시스템)라고 부르며, 일부에서는 유통 계열화라고 일컫기도 한다.

그러나 수직적으로 통합된 경로구조를 통해서 제품이나 서비스를 최종고객에게 전달하고자 할 때에는 유통경로상에서의 통제 수준은 강화시킬 수 있으나 그 경로조직을 소유하거나 운영하는 데 필요한 투자와 관리상의 비용(Administration Cost)이 증가하게 된다. 그러므로 기업은 수직적 경로를 통하여 얻는 이점과 그에 관련된 추가비용을 면밀히 검토하여 어느 정도 수준의 수직적 통합 조직을 지닐 것인지를 결정해야 한다. 이러한 관점에서 수직적 경로의 조직패턴은 그 내용상 다양하게 나타날 수 있으며, 나아가 동일한 경로상에서도 제조업체와 도매상, 도매상과 소매상 등 각각의 관계에서 서로 다른 수직적 조직패턴을 지닐 수 있다. 본 장에서는 가장 일반적인 세 가지 수직적 경로구조(시스템)(경로조직패턴)의 유형과 특징을 살펴보고, 나아가 최근 새로운 조직패턴으로 부상하고 있는 다단계마케팅에 대해서 보다 심층적으로 토의해 볼 것이다. 이는 기업의 유통경로 관리자가 유통경로 시스템을 설계할 때 각 경로구성원과 어떠한 조직패턴을 형성할 것인지를 결정할 때 도움을 준다. 다만 여기서 제시하는 조직패턴은 일반적인 것들이고, 그 외에도 이들의 혼합형태나, 같은 조직패턴이라 하더라도 다양한 내용의 것들이 포함될 수도 있다.

제 1 절 수직적 경로구조(시스템)

유통기능을 제조업체, 도매상, 소매상으로 나누어 수행하던 전통적 경로구조(시스템)에서 기능상의 일부 또는 전부를 통합하여 수행하는 방식을 수직적 유통경로구조(시스템)라고 정의할 수 있다. 그러므로 수직적 경로구조는 경로구성원들간의 연결방식을 경로기능의 소유여부를 통하여 유형화하는 것이다.

많은 기업들이 자신의 제품을 최종고객에게 전달하기 위하여 경로상의 모든 기능을 독자적으로 소유하고 있는 시스템을 가지고 있다. 여기에는 도매상의 기능, 소매상의 기능은 물론 물류기능을 비롯한 금융, 시장조사, 촉진 등 경로상의 기타의 서비스를 모두 포함한다.

제조업체뿐만 아니라 소매업체들도 그들의 경제력을 향상시켜 도매상의 기능과 물류기능을 통합하는 형태를 취하기도 한다. 이와 같이 수직적 경로구조의 구성을 누가 주도적으로 수행하는가에 따라 다양한 양상을 보이고 있다.

한편 수직적 유통경로구조는 경로설계는 물론 영향력 행사와 같은 경로운영상의

그림 7-1 수직적 경로구조(시스템)의 세 가지 일반적 유형

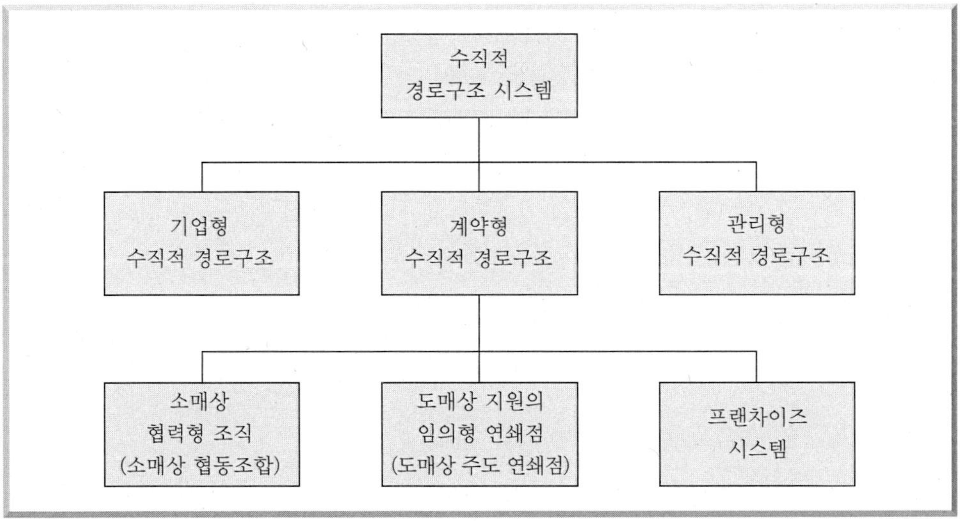

문제들과도 관련이 있다. 수직적 유통경로구조에는 〈그림 7-1〉에서 보는 바와 같이 크게 세 가지 유형이 존재한다.

(1) 기업형 수직적 경로구조(시스템)

기업이 유통경로상에 존재하는 하나 또는 그 이상의 조직을 소유해서 경영하고 있을 때, 기업형 수직적 경로구조가 존재한다. 만일 제조업자가 도매상이나 소매상을 소유 경영하는 경우라면, 이 시스템이 전방통합되어 있다고 말할 수 있으며 도매상이나 소매상이 생산단위를 소유하고 있는 경우는 후방통합되어 있다고 말한다. 비록 많은 조직이 부분적으로는 통합되어 있지만, 완전히 전방 또는 후방통합된 조직은 거의 없다.

유통경로의 수직적 통합을 이루는 방법은 여러 가지가 있을 수 있다. 우선 제조기업들이 둘 혹은 그 이상 함께 합작투자(Joint Venture)나 컨소시엄(Consortium)을 형성하여 도매나 소매를 소유할 수도 있으며, 제조와 도·소매의 M&A에 의해 경로를 통합할 수도 있다. 그리고 합작투자나 컨소시엄의 경우, 자본, 토지, 경영 노하우 등을 가지고 공동으로 참여할 수도 있으며, 그 외에도 다양한 방법으로 이러한 조직패턴을 구성할 수도 있다.

기업은 기업형 수직적 경로구조를 통해서 유통경로상에 최대한의 통제를 행사할 수 있을 뿐만 아니라 제품의 생산과 유통에 있어서 규모의 경제를 가능하게 하며 독립적인 경로구성원에게 의존할 때보다 생산과 유통수준에서 보다 효율적인 운영이 가능하다. 예컨대, 美 Sears社와 같은 소매상은 수직적으로 연결된 많은 제조업자들에게 많은 양의 제품을 생산할 수 있게 하며, 생산된 제품을 소화해 낼 수 있는 Sears의 능력으로 인해 원하는 제품의 생산을 통제할 수 있다.

또한 국내의 아트박스나 모닝글로리 등이 처음에는 문구류에서 시작하여 카드, 액세서리, 생활용품까지 다양한 품목을 취급하게 되었고, 매출증대와 점포수의 급속한 증대에 힘입어 현재는 전국적인 유통망을 구성하였으며, 대량판매를 하게 됨에 따라 소위 '팬시제품'을 생산하는 제조업체들과 수직적으로 연결되어 있다.

그러나 기업형 수직적 경로구조는 거대해지고 소유의 규모가 커질수록 환경변화에 신축적으로 대응하기 어렵다는 단점을 가지고 있다. 즉 환경변화에 반응하려면 모든 경로구성원들을 변화에 적응시키는 비용이 발생하기 때문이다.

(2) 계약형 수직적 경로구조(시스템)

계약형 수직적 경로구조는 경로구성원들이 공식적인 계약에 의해 상호 의존되어 있을 때 존재한다. 계약형 시스템의 가장 일반적인 예로는 간이음식 프랜차이즈, 가전산업에서의 전속적 딜러십, 슈퍼마켓 연쇄화 사업, 슈퍼마켓 협동조합, 편의점본부와 가맹점 등을 들 수 있다. BBQ나 파리크라상 등은 프랜차이즈 제도를 도입하여 가맹점들에게 브랜드 이름과 재료, 기술 및 판촉활동을 제공하고 로열티를 받고 있다. 이들에 대해서는 3절과 4절에서 그리고 제16장에서 자세히 언급하기로 한다.

(3) 관리형 수직적 경로구조(시스템)

관리형 수직적 경로시스템은 전통적인 유통경로에서 통합의 정도가 한 단계 옮겨진 형태라고 할 수 있다. 관리형 수직적 경로구조는 독립적인 경로구성원간의 상호 이해와 협력에 의존하고 있지만 협력을 해야만 하는 분명한 계약상의 의무는 없으며 경로구성원은 서로 다른 목적을 추구하면서 독립적으로 존재한다는 면에서 전통적 경로와 크게 차이가 있는 것은 아니다. 물론 관리형 경로에서는 마케팅 및 유통활동이 경로 선도 기업이 개발한 프로그램을 통해서 이루어지고 이와 같은 시스템에서는 힘의 사용과 더불어 관리에 필요한 전략이 체계적으로 사용되어진다. 그러므로 관리형 수직적 경로시스템은 효과적인 조직간 관리의 원칙이 적용되어진 전통적 경로라고 볼 수 있다.

관리형 시스템에서, 각각의 구성원들은 각자의 목적을 가지고 있으며, 또한 모

표 7-1 머천다이징 계획에 포함된 내용

1. 머천다이징 목표
  a. 판매 계획(예상 판매 목표량)
  b. 초기 markup 비율 계획
  c. 할인계획을 포함한 절감 계획
  d. 총이윤 결정
  e. 비용비율 결정
  f. 총이익 결정

2. 재고조사 계획
  a. 재고회전율 계획
  b. 상품구색 계획
  c. 품절불가 상품 목록 작성
  d. 정규판매와 촉진판매의 혼합비율 결정

3. 제품진열 계획
  a. 권장 점포내 고정설비 결정
  b. 공간배치 계획
  c. 상품진열 계획

  d. 구매시점 전시, 소비자 안내문, 가격표를
     포함한 필요한 여러 가지 촉진물

4. 인적 판매 계획
  a. 권장 판매 방법 결정
  b. 판매교육 계획
  c. 우수 판매원 선발 등 동기부여 계획

5. 광고와 판매촉진 계획
  a. 광고와 판매촉진 예산
  b. 매체 일정 계획
  c. 주요 캠페인과 촉진을 위한 광고문구 설정
  d. 특별판매 행사

6. 책임과 의무 기한
  a. 계획과 관련된 공급자의 책임
  b. 계획과 관련된 소매상의 책임

두 독자성을 가지고 있다. 하지만 유통시스템의 메커니즘은 특정한 목적을 달성할 수 있도록 구성원 상호간의 긴밀한 협조를 요구하고 있다. 전통적인 경로에서의 경로구성원의 참여는 스스로의 목적과 이익을 위하여 만들어졌지만, 관리형 시스템에서는 구성원 전반에 걸쳐 적어도 최소한의 목표 지향점을 공유하고 있다.

관리형 수직적 경로 시스템의 핵심은 '머천다이징 계획 협정'(Programmed Merchandising Agreement)에서 찾아볼 수 있다. 이 협정에서는 생산자가 그들의 제품을 취급하고 있는 소매점 각각에 적합하고 전문화된 머천다이징 계획이 수립된다. 이러한 머천다이징 계획은 일반적으로 협정에 포함되어 있는 〈표 7-1〉과 같은 내용을 포함하고 있다.

유통경로에서의 관리형 시스템은, 시스템의 모든 부분이 계획되어지는 완전 관리형 또는 마케팅 흐름상에서 단지 몇 가지만이 계획되어지는 부분 관리형으로 나눌 수 있다. 상품관리 계획이라는 관점에서 전통적 경로 시스템과 관리형 경로 시스템(완전 관리형)의 차이를 〈표 7-2〉에서 정리하였다.

관리형 시스템에서 관리를 주도적으로 수행하는 구성원은 보상력과 더불어 전문력을 모두 가지고 있어야 한다. 영향을 받는 경로구성원은 관리자(Administrator) 역할을 수행하는 구성원이 믿을 만한지, 그리고 자신들보다 환경과 상황에 대해서 더 많이 알고 있는지에 대해서 확신할 수 있어야 한다. 그리고 자신들이 관리자가 원하는 행동을 했을 때, 관리자로부터 보상 혹은 지원을 받을 수 있는지를 알아야 한다.

이와 같은 관리형 경로상의 특징은 소비재뿐만 아니라 산업재의 유통경로의 관리에 있어서도 필요하다. 〈표 7-3〉에서는 산업재 유통에 있어서의 판매전 지원, 판

표 7-2   전통적 경로와 관리형 경로 사이에서의 공급자 - 유통업자 관계의 특성 비교

특　　성	전통적 경로	관리형 경로
계약의 성격	각각의 주문마다 그에 해당하는 협상	일정 기간 동안의 보다 향상된 통합 공동 계획
고려되어지는 정보	공급자의 판매량 자료	유통업자의 상품관리계획 자료
공급업자 담당자	공급자의 지역 영업사원	판매원과 지역 고위 담당자
유통업자 담당자	구매자	다양한 관리자, 특히 최고경영층
유통업자 목표	판매이익과 마진율	계획되어진 전체 수익성
공급자의 목표	대량 주문	지속적인 이익관계
성과평가의 성격	판촉이나 단기적인 성과기준을 바탕으로 한 행사 중심	문서양식으로 계획된 특정 성과기준

표 7-3	관리형 수직적 경로구조상에서 요구되는 지원활동(산업재의 경우)

1. 판매 전 지원
- 기술적 편익에 대한 최종사용자 교육을 위해 제작된 상품광고
- 강한 브랜드 인지도를 위한 기업 홍보
- 전시회와 기술관련 세미나 개최
- 상품 설명서나 카탈로그 제작 및 활용 지원
- 구매자의 올바른 사용이나 시스템 구현방법을 결정하도록 도움을 주기 위한 구매자욕구 조사보고서
- 상품설명회나 용도테스트
- 경제적 비용/편익 분석 및 적정 가격결정
- 어디서/어떻게 상품을 구매할 것인가와 관련된 정보제공

2. 판매(거래) 지원
- 판매 준비된 상품의 확보지원

- 최종 입찰 상황에서의 신속한 가격결정
- 배달, 설치, 훈련 등을 통한 즉각적인 자원 지원
- 설비, 시설에 대한 리스 및 기타 특별한 재무적 편의 제공

3. 판매 후 지원
- 보증서비스
- 초기 및 지속적인 고객 교육
- 기술지원(예: 엔지니어링, 무료전화서비스, 문서화 등)
- 설치
- 부속품 지원 및 유지
- 제품 up-grade와 up-date
- 고객관리, 지원 및 유지활동

매(거래) 지원, 판매후 지원과 같은 활동이 관리되어져야 함을 강조하고 있다.

다음은 경로구성원들이 통합 프로그램에 참여함으로써 얻을 수 있는 중요한 핵심 편익을 나열한 것이며, 크게 공급업체와 유통업체로 나누어 검토할 필요가 있다.

공급업체
- 상품 판매를 위한 단기적 경쟁 없이 매출 극대화 및 이익의 잠재력을 개발할 수 있다.
- 생산 및 유통활동을 효율화함으로써 지속적인 촉진과 판매 활동이 가능해진다.
- 생산과 유통활동에 있어 판매예측능력을 향상시킬 수 있다.
- 중간상에 의한 제품 홍보를 극대화시킬 수 있다.
- 최종사용자를 중심으로 한 총체적인 조정, 계획, 통제 등이 가능해진다.
- 재고관리에 대한 통제력을 바탕으로 중간상의 필요재고량을 명확하게 파악할 수 있다.

유통업체
- 상품기획의 적합성과 시의적절성을 증대시킨다.
- 핵심 자원공급의 우선적 고려대상이 된다.
- 구색 계획과 머천다이징 관련 통제가 가능하다.
- 필요 재고투자를 세밀하고 명백하게 한다.
- 가격을 유지하면서 구매의 안정성을 확보한다.
- 제품의 품질 및 고객유지를 바탕으로 한 높은 수준의 공급업체 서비스를 받게 된다.
- 주문과 같은 기능을 공급업체에게 이동시킴으로써 효과성과 효율성을 획득할 수 있다.

경로구성원간의 관계를 관리함에 있어서, 보다 원만하고, 보다 공동체적인 분위기로 만들어 나가기 위해서 수행되고 있는 방법 중에는 경로전반에 걸쳐 IT(정보기술: Information Technique)를 활용하는 방법이 있다. 경로구성원들의 IT와 관련된 거래특유투자는 공급업체와 유통업체 모두 신뢰할 만한 결속의지가 있음을 의미하게 된다. 그리고 이러한 결속은 경로구성원간의 관계를 구축하고 유지하게끔 하는 동기부여 역할을 수행한다. 정보기술의 발달과 역할에 대해서는 제 11 장에서 자세히 다루고 있다.

제 2 절   소매상협동조합 및 도매상 주도 연쇄점

(1) 소매상협동조합(Retailer – Sponsored Cooperative)

소매상협동조합은 소매상들의 자발적인 동기에 의해서 이루어진다. 협력을 해야겠다는 의도가 도매상에서부터 나오는 것이 아니고 소매상들로부터 나온 경우를 의미한다. 소매상들은 자신들만의 도매상(도매본부)을 소유하고, 이를 공동으로 운영한다. 그리고 이런 방식으로 운영되는 도매상은 조합에 참여하는 소매상들에게 관련 서비스를 제공한다. 구성원들은 자신들이 일정기간 동안 협동조합에서부터 구입한 제품의 누적량을 바탕으로 보상금을 받게 된다.

소매상집단이 협력구매 및 영업행위를 공식화시키고 자신들이 소유하는 도매본부를 설립하여 협동조합을 구성하면 집단구매로부터 얻을 수 있는 수량할인, 집단 광고, 점포설비 공유, 정보시스템의 공유, 관리상의 조언 등과 같은 중요한 이점들을 활용할 수 있게 된다.

미국의 경우 소매상협동조합은 전체 소매점 판매 가운데 상당 부분을 차지하고 있으며, 식료품, 철물, 약품, 가전제품, 사무용품, 문구류와 같은 산업에서 쉽게 찾아 볼 수 있다. 예를 들어, American Hardware는 2,700개의 하드웨어 철물 딜러를 가지고 있다. 이러한 소매상협동조합은 구매 및 운영에서 규모의 경제를 달성할 수 있기 때문에 다른 소매점들(예를 들어, 연쇄점, 양판점, 기타 여러 가지 소매점들)과의 경쟁에 효과적으로 대처할 수 있게 된다.

(2) 도매상 주도 연쇄점(Wholesaler – Sponsored Voluntary Chain)

독립적으로 운영되고 있는 소매상을 자발적인 참여에 의해 집단화한 도매상은, 독립적인 소매상이 각각 유통기능을 수행하는 것보다 경제적으로 제품과 서비스를 제공할 수 있다. 이 조직은 두 가지 점에서 소매상협동조합과 구별될 수 있다. 첫번째는, 조직을 설립하게 되는 최초 동기가 소매상에서부터가 아니라 도매상에서부터 나온다는 점이고, 두 번째는 소매상의 공동소유하에 있다기보다는 도매상이 완전히 독립되어 있다는 점이다.

이러한 계약형 수직적 시스템에서 소매상은 지원해 주는 도매상으로부터 대부분의 제품을 구매하며, 각 소매 구성원들이 실제로는 같은 가격에 판매하게 된다. 자발적 협력을 통해 가능해진 집중화된 구매력 때문에, 소매상들은 기업형 연쇄점시스템에 비해 유리한 가격으로 구매할 수 있다. 이때 지원 도매상은 소매상 구성원들에게 다양한 서비스를 제공해 준다. 소매점간에 동일한 이미지를 심기 위한 SI(Store Identity) 작업, 점포입지탐색, 점포계획서비스, 관리자 및 종업원교육 같은 서비스가 대표적인 예가 된다. 이러한 도매상 주도 연쇄점은 식품산업에서 쉽게 찾을 수 있으며, 의류산업 등 다른 산업에서도 그 중요성의 인식이 증가하고 있는 추세이다.

소매상협동조합과 도매상 주도 연쇄점이 제공해 주는 서비스의 규모가 증가하고 있다는 사실은 이들이 제조업체에 비해 상대적으로 영향력이 더 증가하고 있다는 것을 의미하고 있다. 따라서 제조업체는 경로상에서 지배적인 리더십을 얻는 것이 과거보다 점차 힘들어지고 있으며 독립적인 영업활동을 하고 있는 소매상도 이런 계약형 수직적 시스템과 경쟁하기가 더욱 어려워지고 있다.

소유권의 차이를 제외하고는, 소매상협동조합과 도매상 주도 연쇄점은 동일한 방식으로 운영된다. 구성원들은 집단화를 통해서 많은 양의 구매를 해야 한다는 것과 더 많은 경제적인 효과를 얻기 위해서 필요한 소매상 광고, 운영절차 등에서 표준화를 해야 한다는 것을 서로 이해하고 있다. 구성원은 일반적으로 공동으로 광고자금을 부담하고, 공동의 상표하에서 점포를 운영하고 있다.

사실 이러한 계약시스템은 새로운 것은 아니다. 이러한 자발적(Voluntary)이거나 협동적인 그룹은 기업형 연쇄점이 등장함에 따라, 그에 대항하기 위해서 1930년에 미국에서 처음으로 등장하였다. 협동적 노력의 범위는 중앙집중화된 구매에서부터 중앙집권화된 소비자 광고, 촉진, 점포입지 선정, 훈련, 재무, 회계 그리고 경우에 따라서는 지원서비스의 통합 패키지 등 많은 수의 프로그램 개발까지로 확대되었다.

계약형 시스템은 급격한 성장을 기록하여 왔다. 이런 성공적인 성장은 시스템 전반에 걸쳐 프로그램의 적용을 통해서 제공되는 모든 내용들을 명확하게 함으로 달성되어졌다. 일단 소비자가 상점의 디자인을 보게 되면, 그들은 소매상의 마케팅 방식과 지향하는바, 제품, 서비스, 매장의 분위기 등을 쉽게 알 수 있다.

물론 성과면에서 이들간의 차이가 없는 것은 아니다. 도매상 주도 연쇄점은 시스템 내에서의 분산된 힘을 중앙집중화해서 강력한 리더십을 제공할 수 있다는 면에서 이론적으로는, 소매상협동조합보다 훨씬 더 효과적일 수 있다. 하지만 실제적인 자료에 의하면 소매상협동조합이 도매상 주도 연쇄점보다 더 성공적으로 운영되고 있다. 사실 소매상협동조합에서는, 힘이 구성원들에게 혼재해 있어 규칙의 세분화와 자원할당을 달성하기는 매우 어렵다. 반면 도매상 주도 연쇄점의 경우, 소매상 구성원들이 전문적인 도매상에게 오히려 의존함으로써 자신들의 자율성 중에서 상당 부분을 스스로 포기하고 있다. 그러나 소매상협동조합에서는 개개의 구성원은 더 많은 자율권을 가지고 있으며, 공급업자에게 덜 의존하는 경향이 있어 점포 운영상의 동기부여 측면에서 효과성을 높이고 있는 것이다.

제3절 프랜차이즈 시스템

프랜차이즈 시스템은 미국의 소매업 전체의 50%에 달할 정도로 많은 비중을 차지하고 있다. 2014년 기준 프랜차이즈 사업체수는 총 770,368개로 이들의 전체 매출은 8,390억 달러를 기록하고 있다. 또한 2014년 기준 프랜차이즈 부문의 GDP는 4,930억 달러, 직접고용은 약 850만개의 수치를 보여주고 있다(IHS Global Insight, 2014). 아마도 계약형 수직적 마케팅 시스템을 이해하는 데서 가장 혼란스러운 문제는 '프랜차이즈'라는 용어에 대한 파악일 것이다.

프랜차이즈란 일반적으로 일정투자에 의해 매장이 설립된 후, 사업을 운영하도록 지원하고, 그로 인해 이익을 보장해 주는 특별한 방식을 의미한다. 여기서 일정투자는 로열티 지불, 수수료 등 가맹점(Franchisee)이 본부(Franchisor)에게 제공하는 초기비용(초기지불금) 등이 포함되어 있다.

또한 이때 본부입장에서의 프랜차이즈 이윤의 원천은 다음과 같다.

---

1. 초기의 프랜차이즈 수수료
2. 로열티
3. 광고 수수료
4. 제품 판매
5. 렌탈과 리스비용
6. 라이센스 수수료
7. 관리 수수료

물론 많은 경우의 프랜차이즈 계약에는 그와 같이 번거로운 공식화 과정을 생략하고 제품공급만을 받는 경우도 있다. 이런 경우는, 흔히 '제품 프랜차이즈'(Product Franchise)라고 불리어지며, 제조업체 혹은 도매상이, 소매상을 자신의 유통경로의 전속적 혹은 배타적인 관계로 받아들이며, 대신 권리(독점판매권)를 부여하는 것을 의미한다. 시스템의 구성원이 부담하는 비용은 일반적으로 이양 받은 프랜차이즈 권리를 가지고 매장에서 판매한 제품의 판매량을 바탕으로 제공받는 마진율을 통해서 지불되어진다.

프랜차이즈에 대한 예를 들자면, 다음과 같이 미국의 두 가지 예를 들 수 있다. 우선 IBM으로부터 제품판매에 관한 프랜차이즈권리를 양도받은 Businessland라는 상점이 있고, 두 번째 형태로는 맥도날드 햄버거의 지역가맹점을 들 수 있다. 두 가지 경우 모두 소매상들은 독립적인 사업자들이고, 계약은 모두 특정한 양식에 맞추어 이루어진다는 공통점이 있다. 하지만 본사와 가맹점들 사이의 관계를 맺어 주는 재무상, 관리상, 그리고 계약상에서는 많은 차이점이 있다. 전자의 경우에는 Businessland와 IBM 사이의 관계는 IBM 컴퓨터라는 특정 상품의 판매에 대한 관계이지만, 후자의 경우는 맥도날드사와 가맹점들간에 로열티와 사업형식을 사용하는데 관련된 프랜차이즈 계약 관계이다. 프랜차이즈의 종류와 관리상의 특징들을 살펴보면 다음과 같다.

(1) 권한이양형 프랜차이즈 시스템(Authorized Franchise System)

제품 흐름을 원활하게 하는 유통활동 전반에 걸친 통제를 일관되게 유지하기 위해서, 그리고 그러한 통제의 효율화를 유지하기 위해서, 공급업체들은 도매상과 소매상에게 권한을 이양해야 한다. 권한의 이양이 가능해지려면, 공급업체입장에서 그들 제품의 유통망을 기존에 결정한 최소한의 기준을 갖춘 소매상이나 도매상으로 제한하게 된다. 이러한 상황에서 소매상이나 도매상은 공급업체의 거래상호(Trade Mark)를 걸고 영업을 하게 된다. 권한이양형 프랜차이즈에서의 초점은 취급하는 제품이 무엇이냐에 있으며 이러한 종류의 권한 이양은 제조업체는 물론 도매상 수준에서도 이루어질 수 있다.

(2) 본부/가맹 프랜차이즈 시스템(Franchisor / Franchisee System)

본부와 가맹점 시스템은 하나의 기업(즉 본부)이 다수의 소매상(가맹점)에게 제품과 서비스를 시장에서 판매할 수 있고, 본부에 의해서 만들어진 이름과 상표, 서비스 상표, 노하우, 사업 운영 방법 등의 사업 형식을 사용할 수 있도록 라이센스를 제공하는 사업형식이라고 정의되어질 수 있다. 제품 프랜차이즈와는 달리 이 시스템의 초점은 어떻게 사업을 운영하느냐에 있다. 본부가 받는 주된 보상은 로열티 그리고 (또는) 수수료의 형식으로 제공되어진다. 법률에 의해 설정된 바에 의하면, 본부 또한 제품을 팔 수 있으며, 장비를 팔거나 리스할 수도 있고, 사업에 필요한 방식과 노하 우를 팔거나 리스할 수도 있다. 본부/가맹점 시스템은 거의 모든 사업영역에서 폭넓 게 적용될 수 있는데 간이음식, 회계서비스, 세탁소, 자동판매기 영업 등 제품과 서 비스에서 다양한 영역을 차지하고 있다.

일반적인 기업가들과 마찬가지로, 가맹점 주인들은 자신의 돈을 투자하지만, 신 제품 개발, 회사설립, 시장조사 등의 활동을 하지는 않는다. 대신에, 가맹점들은 독 립적인 성격을 포기하게 되고, 총판매의 1.5~12%의 비용을 본부에 지불하게 된다. 최근 프랜차이즈의 성장은 매장의 외형에서부터 종업원의 훈련까지 모든 영역을 담 당하고 있는 사업 형식 프랜차이즈(Business Format Franchising)를 통해서 달성되고 있다.

(3) 프랜차이즈의 원리

프랜차이즈 시스템은 시장과 권한을 제한하는 유통형태이다. 계약상에 표명된 규정에 의하면, 양방은 그들 사이에 있는 시장을 변경하거나 제한할 수 있다. 프랜차 이즈 본부와 가맹점 사이의 시너지를 통한 혜택이 최종고객에게 전달되게끔 일정이 짜여지고, 프로그램이 만들어지고, 협력이 이루어진다. 이를 위해서, 프랜차이즈 본 부는 시스템 전반의 성과를 향상시킬 수 있도록 프랜차이즈 가맹점에게 훈련, 판매, 서비스, 촉진 그리고 재정적 지원을 제공하여야 한다.

뿐만 아니라, 프랜차이즈 시스템은 소비자 선호도, 불평, 구매의향 등을 빨리 파 악할 수 있도록 본부와 가맹점 사이의 시장 정보 흐름을 용이하게 해 준다. 마지막으 로 프랜차이즈 시스템은 잠재적인 가맹점들이 즉시에 사용할 수 있는 중요한 판매, 서비스, 관리 지원 등의 내용을 제공해 주고 사업 위험의 재조정을 통해서, 상호 독 립적인 투자와의 조화를 추구하게 된다. 그럼으로써 가맹점들에게 투자의 기회를 제 공해 주고 필요한 투자를 촉진시킬 수 있다.

프랜차이즈는 매우 매력적인 시스템이기 때문에 기존의 많은 회사들은 자신들의 운영체제 혹은 수직적으로 통합된 제도를 프랜차이즈 형태로 전환하고 있다. 프랜차 이즈의 성공은 다음의 다섯 가지 특성의 결과를 통해서 일어난 것이라고 볼 수 있다.

① 제조 중심의 경제에서 서비스 중심의 경제로 전환 (프랜차이즈는 서비스 부분에서
   의 첨병의 역할을 수행)
② 편리함과 일관된 품질에 대한 소비자 선호 증가(프랜차이즈가 제공하는 특성과 일
   치)
③ 전문품(specialty goods)에 대한 소비자의 선호 증가
④ 고객의 다양한 구매욕구(프랜차이즈를 새로운 시장과 제품, 과거에 다루어지지 않
   았던 다양한 영역으로 확대할 수 있게 함)
⑤ 프랜차이즈의 해외진출(미국이나 선진국의 경우)

(4) 운영의 형태(Modes of Operation)

프랜차이즈 가맹점들은 본부로부터 제공받는 제품과 서비스를 통해서 안정적인
수요창출을 기대한다. 프랜차이즈를 통해서 제공되어지는 제품과 서비스는 일관된
품질과 수량, 그리고 적극적인 촉진 등에서 전통적인 소매점들이 제공받을 수 있는
제품, 서비스와는 차이점이 있다. 프랜차이즈 본부는 사업 초기부터 진행하는 시장
형성, 이미지 형성, 촉진 전략을 통해서, 가맹점 모집과 對고객 마케팅 활동을 수행
한다. 본부가 그들의 가맹점들에게 제공하는 초기 서비스(Initial Service)와 지속적인
서비스(Continuous Service)는 〈표 7-4〉와 같다.

본부가 제공하는 현장 서비스와 운영에 대한 통제에 대해서 가맹점이 항상 긍정
적으로 받아들이는 것은 아니다. 가맹점이 본부와 프랜차이즈 계약을 체결하였지만
가맹점은 각각 독립된 사업체라는 점을 항상 고려하여야 한다. 프랜차이즈 시스템
내에서 본부의 감독이나 통제에 대해 가맹점과 갈등이 있을 경우, 본부는 일반적으

표 7-4 프랜차이즈 본부가 가맹점에 제공하는 서비스

초기 서비스	지속적인 서비스
• 시장 조사 및 입지 선정 • 설비설계와 배치 • 리스협상 조언 • 재무서비스 • 운영매뉴얼 • 가맹점주 관리기법 훈련 프로그램 • 가맹점 종업원 훈련	• 영업 감독 • 상품기획 및 촉진자료의 제공 • 관리자 및 종업원 재교육 • 품질조사 • 전국적인 광고 • 중앙집중화된 계획 수립 • 시장자료와 지침 안내 • 회계감사와 보고서 작성 • 관리보고서 • 단체보험 가입

로 현장에 파견된 본부 직원을 통해서 해결하려는 경향이 있다. 그러나 대부분의 경우 현장 직원들의 업무가 가맹점의 불만사항이나 점포 운영상의 문제점에 대한 점검 이외에 가맹점 유치에 더 큰 비중을 두는 경우가 많아 근본적인 갈등 해결이 어렵게 된다.

본부와 가맹점 사이에 발생하는 갈등의 또 다른 원천은 많은 본부들이 다수의 직영점을 소유하고 있고, 이들이 일반 가맹점들과 서로 경쟁상황에 놓이게 된다는 점이다. 물론 여러 가지 이유에서 본부는 직영점을 운영하거나 가맹점을 직영으로 통합하게 된다. 첫째, 기존의 가맹점들이 파산함으로써 그들 가맹점들을 떠맡아야 하는 경우도 있고, 둘째, 다른 가맹점들에 제공할 운영 시스템과 서비스 등을 조사하는 목적으로 직영점을 운영하기도 한다. 셋째, 초기에 시장점유율 확보를 위해 직영 점포를 다소 개설하기도 한다. 넷째, 완전히 소유, 운영되는 매장이 더 이익이 날 수도 있기 때문이다. 다섯째, 완전소유의 매장에서의 가격정책을 바탕으로 제품과 서비스의 상한가격을 제시할 수 있다. 마지막으로 프랜차이즈 시스템 전반의 통제력을 강화하기 위하여 직영의 비율을 높이게 된다.

감독권과 직영매장을 통해서 발생하는 문제점뿐만 아니라, 본부와 가맹점 사이에는 계약기간 이후 경쟁 브랜드의 취급, 부정확한 이윤 계획, 관리와 촉진에서의 의무 불이행, 지역 전속권 침해, 점포 리뉴얼 비용 부담, 로열티 규모 조정 등에서 많은 갈등이 발생할 수 있다.

이상의 내용을 이해한 후 제15장 프랜차이즈본부(소매본부)의 유통관리를 접하게 되면 보다 전략적이며 실무적인 응용력이 배양될 것이다.

제 4 절 수직적 유통경로구조(시스템)의 비교

지금까지 살펴본 유통경로의 조직패턴은 시장 메커니즘에 의존하는 전통적 유통경로와 이의 단점을 극복하기 위해 발전하여 온 수직적 경로시스템이다. 수직적 경로시스템 또한 경로구성원의 통합화된 정도에 따라 관리형, 계약형, 기업형 수직적 경로시스템으로 나뉘고 있다. 이들의 특징을 파악함으로써 유통경로를 설계하는 데 도움이 될 수 있다. 〈표 7-5〉는 이러한 경로시스템의 특징을 몇 가지 기준에 의해 정리한 것이다.

| 표 7-5 | 전통적 유통경로 시스템과 수직적 유통경로 시스템의 비교 |

	전통적	관리형	계약형	기업형
공동의 목표에 대한 경로구성원의 관계	공동목표의 부재	각각의 분리된 목표, 비공식적인 공동의 노력	각각의 분리된 목표, 어느 정도 구조화된 공동목표	공동목표의 달성을 위해 조직화된 경로구성원
공동 의사결정의 중심	경로구성원 내부	공식적 구조 없이 구성원간의 상호작용	구성원 비준에 근거하는 공동구조	공동구조
권한의 중심 구조	구성원 수준에서 분산되어 있음	구성원 수준에서 분산되어 있음	구성원 수준에서 분산되어 있으나 우선권이 있음	상위부분에의 집중

제 5 절 하나의 새로운 조직패턴: 다단계 마케팅

(1) 다단계 마케팅의 정의 및 현황

1) 다단계 마케팅(Multi Level Marketing: MLM)이란?

다단계 마케팅은 대략 70년 정도의 역사를 가지고 있지만, 회사마다 사용하는 다단계 마케팅 기법들에서 차이가 있으며, 또 유사한 형태의 다양한 기업들이 존재하기 때문에 다단계 마케팅의 개념을 한마디로 정의하기는 쉽지 않다. 하지만 전세계적으로 모범적으로 활동하고 있는 다단계 마케팅 기업들(예컨대 미국의 Amway 등)의 경영철학이나 기법을 통하여 다음과 같이 정의할 수 있다. 다단계 마케팅이란 Direct Marketing 기법 중의 하나로서, 중간상을 통한 유통구조나 대중매체를 통한 광고를 사용하지 않는 대신, 상품을 사용해 본 소비자가 상품 품질의 우수성과 독특함을 인정하여 자의로써 상품의 소비자이자 판매원(Distributor)이 되고, 주위 사람들에게 권하여 상품을 나누어 쓰거나 판매하는 과정을 통하여 새로이 형성된 소비자들이 다시 소비자인 동시에 판매원이 되는 과정이 계속됨으로써 상품의 판매범위가 점차로 넓어지는 무한연쇄 소개판매의 한 형태이다.

다단계 마케팅은 흔히 MLM으로 줄여서 불리기도 하고, 그 외에도 다단계 판매, Network Marketing, 멀티상술, 피라미드 판매, 무한연쇄 취인(無限連鎖 取引), 네즈미고(ねずみ講) 등으로 다양하게 불리고 있다. 이중에서 Network Marketing은 미국계열의 다단계 마케팅 회사들이 피라미드 기업 등으로 인하여 자신의 사업방식이 오인받게 됨에 따라, 다단계 마케팅이라는 용어가 악용되자 자신들의 방식을 새롭게 부

르기 위해서 만들어 낸 용어이다. Network Marketing은 다단계 마케팅이 사람들간의 연결구조 즉 하나의 네트워크를 바탕으로 이루어진다는 점을 잘 보여 주는 용어이다. 그리고 피라미드 판매, 無限連鎖 取引, 네즈미고 등의 용어는 다단계 마케팅과 유사하지만 사회적으로 물의를 일으키고 있는 기업들을 지칭하기 위하여 사용되는 용어들이다.

2) 다단계 마케팅의 기원과 현황 — Amway 를 중심으로

일반적으로 다단계 마케팅의 효시를 Amway로 보는 경향이 있으나, 이는 잘못된 생각이다. Amway가 널리 알려지고 다단계 마케팅에서 중요시되는 이유는 Amway가 다단계 마케팅이 시작된 초기에 활동을 시작하였고, 전세계적으로 가장 성공한 다단계 마케팅 기업이 되었기 때문이다.

다단계 마케팅은 1945년 '뉴트릴라이트'라는 한 영양보급 식품 제조회사가 처음으로 사용했으며 처음으로 이 시스템을 고안해 낸 사람은 리 마이팅거라는 세일즈맨과 윌리엄 켓셀베리라는 심리학자라고 일컬어신다. 이 두 사람은 세일즈맨이 자신의 판매액뿐만 아니라 자신이 모집한 사람들의 매출에서도 금전적인 보상을 받을 수 있게 하는 것이 더 큰 자극제로써 세일즈맨에게 작용한다는 것을 알아냈고, 이러한 과정에서 비용이 들어가는 광고 대신 구전 혹은 소개판매를 이용하는 것이 비용을 크게 절약할 수 있다는 것도 알게 되었다.

이러한 이론을 바탕으로 설립된 뉴트릴라이트에 디스트리뷰터로 일하고 있던 미시간주 출신의 리처드 디보스와 제이 반 안델 두 청년은 뉴트릴라이트의 내부불화를 기회로 1959년 반 안델의 작은 지하창고에서 자신들만의 다단계 마케팅 회사인 Amway를 설립하게 된다. 이때 이들이 처음으로 시도한 것은 제품라인의 개발이었다. 몇 가지 실험을 통하여 다단계 마케팅에 가장 적합한 판매제품은 비누, 세척제 등을 포함한 가정용품과 일상용품이라는 확신을 가졌다. 그 이유로는 비누, 세제와 같은 가정용품은 판매하기가 쉽고 사용과 보관이 용이하며, 반복구매가 가능하다는 점이었다. 그리고 유행이 없고 상하거나 녹슬어 버리게 되는 일도 없으며 유통기한에도 제한이 없다는 장점이 있었기 때문이다. Amway의 이러한 제품라인은 최근에는 매우 다양화되어 있다. 예컨대 카탈로그를 통해서 판매하는 제품 중에는 국내 유명 전자회사의 제품들도 포함되어 있다. 아무튼 Amway가 선택한 제품라인은 다단계 마케팅을 지향하는 대부분의 기업들이 선택하고 있는 방식이다.

이들은 불과 1년 만에 사무실을 옮겨 자신들만의 건물을 소유하게 되었으며, 현재 에이다에 있는 본부는 32만 5,160평방미터나 되는 넓은 대지 위에 많은 설비를 갖고 있으며, 전세계적으로 약 2만 1,000여 명의 직원들과 300만 명 이상의 디스트리뷰터를 보유하고 있는 다국적기업으로 성장하였다. 현재 이들이 판매하는 제품은 약 7,000가지, 이 중 자사생산이 450가지, OEM 방식이 200가지, 위탁판매가 6,350가지이다.

물론 현재와 같이 엄청난 규모로 성장한 Amway이지만 고성장 과정에서도 많은 시련을 겪었다. 미국에서 피라미드 시스템, 피라미드 회사 등의 폐해가 발생하자 Amway를 포함한 다단계 마케팅 기업들도 많은 제재를 받게 되었고 사회적 지탄을 받게 되었다. 현재까지도 미국의 주정부법에 따라 다단계 마케팅이 허용되지 않는 주들도 존재하고 있다. 하지만 다단계 마케팅은 미국에서 피라미드 기업과는 달리 1979년 이후 미국에서 경쟁에서 살아남기 위한 하나의 마케팅방법으로 공인되어 '직접판매협회'(Direct Marketing Association)하에서 활동하고 있다.

Amway 이외의 다단계 마케팅 기업으로는 영양보조식품 생산자인 샤클리(Shaklee), 화장품 회사인 에이본(Avon), 뉴스킨, 건강보조식품을 만드는 선라이더 등이 있다. 일본의 경우에는 재팬라이프, 원헬쓰, 이이데스 등의 기업들이 활동하고 있다.

한국에서의 다단계 마케팅은 한국의 폐쇄적인 유통구조 때문에 미국에서 직접 들어오는 대신 대체로 일본을 경유하여 소개되었다. 하지만 소개되는 과정에서 진정한 의미의 다단계 마케팅 대신 소위 피라미드 방식으로 도입이 되어, 일부업자들이 나쁜 제품을 떠넘기는 식으로 판매하거나 사행심을 조장하는 방식을 사용함으로써 큰 사회문제를 일으키게 되었다. 따라서 다단계 마케팅이 한국에 정착이 되기도 전에 사람들에게 부정적인 인상만을 남기게 되었다. 최근에는 미국의 유명 다단계 마케팅 회사들이 한국시장에 진출하고 있다. 공정거래위원회에 따르면 2013년 다단계 판매업자는 106개로 약 5백72만명의 사람들이 이에 종사하고 있는 것으로 추산되며, 시장 총 매출액은 3조 9,491억원에 달한다. 법률적으로는 상공자원부(現 산업통상자원부) 유통산업과에서 1994년 5월 국내에서 다단계 판매를 허용하기로 공식적으로 발표했고, 1994년 8월에는 다단계 판매 허용을 기본으로 하는 '방문판매 등에 관한 법률' 개정안을 공청회에 붙여, 12월에 국회 본회의를 통과했다. 또한 2002년 3월에는 불법 다단계업체에 대한 규제를 강화하고, 소비자 피해를 줄이기 위한 법률안 개정이 이루어졌고, 2014년에는 다단계판매업자의 결격사유 정비, 다단계판매원 등의 청약철회 방식 개선 등에 관한 법률 개정안이 의결됐다.

(2) 다단계 마케팅의 특징

다단계 마케팅은 앞에서 서술한 바와 같이 다이렉트 마케팅의 한 가지 기법이다. 따라서 다이렉트 마케팅이 지니고 있는 몇 가지 특징을 포함하고 있다. 우선 중간상을 배제하여 유통마진을 제거함으로써 제품의 가격을 낮추어 소비자에게 그 이익을 환원한다는 점이다. 다음으로는 대량고객에 대한 일방적인 마케팅활동 대신 특정 고객 개개인을 겨냥한 마케팅을 수행한다는 점이다. 그리고 그 확산속도가 매우 급격하여 많은 기업과 신생회사들이 채택하고 있다는 점이다. 이러한 공통적인 특징 외에도 다단계 마케팅이 가지고 있는 독자적인 특징은 크게 4가지로 나눌 수 있다. 다단계 마케팅을 통해서 볼 수 있는 대부분의 활동, 장점 그리고 문제점 등은 다단계 마케팅만이 가지고 있는 핵심적인 특징들을 바탕으로 생겨나고 있다고 볼 수 있다. 각각의 구체적인 내용은 다음과 같다.

1) 소비자 = 판매원

다단계 마케팅의 가장 핵심적인 특징은 소비자가 판매자가 된다는 점이다. 이는 제품을 한번 구입하여 사용한 사람이 제품의 성능이 우수하여 가까운 사람들에게 권할 만하다고 생각되어진다면, 자신이 판매자가 되어 제품을 판매한다는 것을 말한다. 그리고 이런 소비자=판매자인 사람을 가리켜 '디스트리뷰터'(Distributor)라고 칭하는 것이다.

이와 같이 소비자=판매원이 되는 다단계 마케팅이 가지는 강점은, 바로 제품 판매에 있어서 광고가 필요 없어진다는 점이다. 제조업자는 제품판매에 대해서 광고나 매체선정과 같이 복잡한 문제와 매장선정, 유통경로상에서의 갈등조정 등의 활동을 하지 않고 자신의 능력과 자본을 제품개발이나 생산, R&D 등에 투자할 수 있게 된다. 이 점에서 제조업자는 적은 자본이더라도 제품을 유통시킬 수 있게 된다. 다단계 마케팅에서의 제품들은 모두 구전에 의하여 판매되기 때문이다. 제품을 이미 사용하여 만족한 경험이 있는 소비자가 판매원이 되기 때문에 제품을 구입하는 사람들은 제품에 대하여 신뢰성을 가지게 된다. 뿐만 아니라 판매원은 제품의 손쉬운 판매를 위하여 자신이 잘 알고 있는 친지나 친구, 이웃들에게 제품을 팔고, 고객 각자의 필요와 소구점에 맞추어 제품을 선전하기 때문에 제품을 쉽게 판매할 수 있게 된다. 이 점에서 무턱대고 고객들을 방문하여 제품을 판매하려고 했던 기존의 방문판매보다 향상된 점을 찾아볼 수 있다.

또한 소비자가 판매원이 된 경우에 몇 가지 혜택을 제공함으로써 소비자=판매원

이 되도록 유인하고 있는 것이다. 혜택 중에서 가장 대표적인 것으로는 제품의 할인
이다. 예를 들어 비슷한 제품이 시중에서 100원에 판매되고 있다면, 다단계 마케팅에
서는 유통경로 및 비용의 제거를 통하여 소비자에게 원가 30원의 제품을 80원에 판
매할 수 있다. 이 점에서 소비자는 20원 만큼의 이익을 얻게 되지만, 판매원이 된다
면 80원에서 다시 30-40% 정도 할인된 가격으로 제품을 구입할 수 있게 된다.

　2) 조직구조
　다단계 마케팅을 하는 기업들의 조직구조를 살펴보면 우선 관리부서와 영업부서
가 분리되어 있는 점을 볼 수 있다. 다단계 마케팅은 기본적으로 우수한 제품을 바탕
으로 제품의 생산·판매를 계획하고 조직을 관리하는 소수의 관리부 인원들과 제품
을 판매하는 다수의 영업사원(즉 판매원 또는 디스트리뷰터)으로 이원화된다. 관리부서
의 인원관리라든지 조직관리는 다수의 판매원을 관리한다는 점을 제외하고는 일반적
인 회사와 별다른 차이는 없다. 다단계 마케팅의 조직구조가 일반적인 기업들과 가
장 많은 차이가 나타나는 점은 영업부서에서이다.
　앞에서 서술한 바와 같이 다단계 마케팅에서 독특한 점은 소비자=판매원이라는
관계 속에서 판매원은 비록 회사에 후원금을 받으며, 그 회사를 위해서 일하지만 어
디까지나 판매원 하나하나는 모두 독립적인 자영사업가의 성격을 지니고 있다. 따라
서 디스트리뷰터들은 출퇴근시간과 근무장소가 없으며, 모든 일정과 사업계획 등을
자신이 스스로 선택할 수 있다. 심지어 자신이 벌고 싶은 만큼의 액수만을 미리 정하
여 그 액수를 정하면 더 이상 일을 하지 않더라도 아무런 제재를 받지 않는다. 그리
고 이와 같은 형태를 유지하기 위해서 소비자 혹은 판매원들이 행하는 일은 크게 3
가지이다. 첫번째 활동은 우선 상품을 판매함으로써 자사 제품의 우수성을 널리 알
리고 소비자를 많이 모으는 활동이고, 두 번째는 소비자들을 판매원이 되도록 이끄
는 모집(Recruiting)활동이다. 마지막으로는 후원(Sponsoring)활동이다. 후원활동은 새
로운 사람들은 자신의 휘하에 판매원으로 모집하고, 이들이 성공적으로 제품을 판매
하고 모집활동을 수행하도록 도와주는 활동을 말한다.
　이런 구조 속에서 핵심적인 내용은 1명의 판매원이 자신의 아래에 더 많은 판매
원을 모집할수록 다단계 마케팅 회사로부터 더 많은 혜택을 받게 되고, 승진을 하게
되는 것이다. 즉 제품을 구입할 때 더 높은 할인율을 적용 받게 되고, 회사로부터는
더 많은 보조금과 후원금을 받게 된다. 하지만 이러한 보상제도는 각각의 다단계 마
케팅 회사마다 차이가 있으며, 미국식 스타일(능력본위로 더 많은 실적이 있어야 더 많은
수익을 받게 되는 시스템)과 일본식 스타일(자신의 능력보다는 더 빨리 진급하여야만 더 많

은 이익을 얻게 되기 때문에, 누가 다단계 마케팅에 빨리 참여했느냐가 중요한 시스템) 또한 많은 차이가 있기 때문에 보상제도와 가격구조를 일반화하기가 쉽지 않다.

3) 배수의 법칙

다단계 마케팅의 전형적인 구조는 어쩔 수 없이 피라미드와 같은 형태를 지니고 있다. 즉 한 명의 디스트리뷰터가 몇 사람을 계속 모집하여 자신의 하부조직으로 계속 넓혀 가는 과정의 연속을 다단계 마케팅이 진행하기 때문이다. 하지만 한가지 유념해야 할 것은 본질적인 의미에서 다단계 마케팅은 조직의 형태가 꽉 짜여져 있지는 않다는 점이다. 즉 기본적인 개념이 하부로의 연속적인 확장이지만, 각각의 디스트리뷰터들이 몇 명의 사람들을 끌어 모아야 한다는 규정은 없다. 따라서 단계가 진행됨에 따라 각 단계에는 몇 명의 판매원이 있다라고 정확히 말할 수는 없고, 단지 평균의 개념을 사용하여 이야기하게 된다. 다단계 마케팅의 가장 전형적인 형태는 〈그림 7-2〉와 같다.

그림에서의 C/S는 소비자(Customer)인 동시에 판매원(Salesman)을 뜻하며, C는 단순히 소비자로서 판매를 할 수 있는 권리를 가지고 있지는 않다. 위와 같은 조직에서 사용되는 것이 바로 배수의 법칙이다. 배수의 법칙에 의해서 확장되는 판매원의 수를 보다 쉽게 이해하기 위해서 표로 작성한다면 〈표 7-6〉과 같다.

〈표 7-6〉은 계산의 편의를 위하여 단지 3의 배수를 이용하였지만, 만약 1인당 5명 혹은 7명의 판매원을 모집하는 5의 배수, 7의 배수를 사용하게 되면 각각의 경우 10단계에서 활동하는 판매원의 수는 9,765,625명, 282,475,249명이라는 엄청난 숫자가 된다. 그렇다면 이와 같은 판매방식을 사용하는 제조업자들이 얻을 수 있는 이점은 무엇일까?

우선 제조회사가 순이익 1원의 제품을 제1수준의 3명의 판매원에게 판매한다

그림 7-2   다단계 마케팅의 전형적인 조직구조

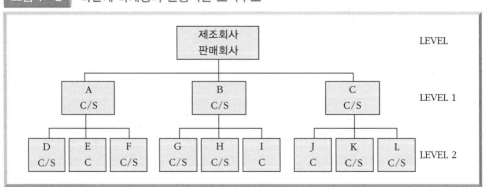

표 7-6	다단계 마케팅에서의 확장인원수 분석표

(1명의 판매원이 평균 3명씩의 하위판매원을 모집하는 경우)

단 계	판매원수	총 판매원수
1	3	3
2	9	12
3	27	39
4	81	120
5	243	363
6	729	1,092
7	2,187	3,279
8	6,561	9,840
9	19,683	29,523
10	59,049	88,572

면, 제조회사가 벌게 되는 순이익은 3원이 된다. 그리고 제1수준의 3명이 각각 3명씩의 소비자인 동시에 판매원(제2수준)을 모을 수 있다면 제조회사가 벌게 되는 순이익은 3원+9원(=3×3)=12원이 된다. 제2수준의 9명이 또 각각 3명씩을 모을 수 있다면 회사가 얻을 수 있는 순이익은 3원+9원+27원(=3×3×3)=39원이 된다. 이상과 같이 계속적으로 배수의 법칙에 따라 얻을 수 있는 수익은 증가하게 된다. 물론 계산의 단순성을 위하여 다단계 마케팅에서 꼭 들어가는 보상제도라든가 할인율 등은 다 제외하였지만 다단계 마케팅을 사용하면 제조회사는 단시일 내에 막대한 돈을 벌 수 있다는 장점이 있다. 뿐만 아니라 이 방식은 중간상이나 광고를 이용하는 것이 아니고, 친분관계를 이용한 일종의 방문판매이기 때문에 생산과 판매에 있어서 추가적인 경비가 소요되지 않는다.

여기서 한 가지 짚고 넘어가야 할 부분이 있다. 정상적인 다단계 마케팅 회사와 사회적으로 물의를 일으키고 있는 피라미드 기업에서의 차이는 배수의 법칙을 얼마나 획일적으로 정하느냐로 평가할 수 있다. 즉 다단계판매에서는 판매원이 자신의 하부에 얼마만큼의 판매원을 계속 모집하느냐는 전혀 통제하지 않는다. 만약 자신의 하부에 많은 수의 판매원을 두게 되면 그만큼의 대가를 보상받게 되고, 적은 수의 판매원을 두면 그만큼 적은 이익을 얻게 된다. 이 모든 것은 자신의 결정사항이자 자신의 능력과 노력의 결과인 것이다. 하지만 피라미드 기업에서는 조직의 통제와 붕괴 방지를 위하여 1인당 몇 사람의 하부조직을 거느리고 있어야 한다고 규정하고 있기 때문에 개인의 능력이나 친분관계의 폭 등을 무시하고 있다. 만일 일정한 수의 사람들을 자신의 하부판매원으로 모집하지 않으면, 자신이 부족한 사람분만큼을 채워야 한다.

4) 라이프 스타일을 판다(독특한 경영이념)

앞의 두 가지 특징을 통해서 다단계 마케팅은 매우 많은 사람들이 특정한 규정 없이 모여서 활동하고 있음을 알 수 있다. 특히 배수의 법칙에 의해서 하부의 낮은 단계에서는 매우 많은 사람들이 있음을 볼 수 있다(예컨대 1인당 5명씩 모집할 때, 5번째 단계에 있는 사람들의 수는 5의 5승, 즉 3,125명). 그렇다면 이 많은 사람을 어떻게 관리하여 다단계 마케팅 회사가 붕괴하지 않고 계속적으로 활동하며 이윤을 창출하도록 할 수 있는가?

바로 다단계 마케팅 회사만의 독특한 심리적 공감대 형성이 이를 가능하게 하는 것이다. 즉 사람마다 기본적으로 가지고 있는 라이프 스타일에 공감대를 조성하는 것이다. 다단계 마케팅 회사의 구성원들에게 인간들이 공통적으로 바라고 잠재적으로 꿈꾸고 있는 이상적인 라이프 스타일을 제시해서, 그것이 단순한 꿈이 아니라 실현될 수 있는 가능성이 있으며, 바로 다단계 마케팅을 통하여 이룩할 수 있다고 주장하는 것이다. 이상 속의 라이프 스타일을 이룩할 수 있는 방법으로는 물론 다단계 마케팅을 통한 수익도 되고 여가선용과 생활의 여유 등을 통하기도 하며, 우수한 제품을 타인에게 소개하여 이를 통하여 타인의 삶이 과거보다 좋아지게 함으로써 타인에게도 보다 좋은 라이프 스타일을 제공하는 등의 다양한 방법이 있다.

뿐만 아니라 다양한 교육방법이 구성원들로 하여금 강한 유대의식과 만족감을 제공해 줄 수 있다. 우선 다단계 마케팅은 대인접촉을 통한 판매이기에 교육은 지속적으로 대인관계 개선 및 개발에 초점을 두고 있으며, 협동정신, 심리적 만족감 등을 교육하고 있다. 하지만 이러한 특징들은 경우에 따라서 마치 종교와 같은 힘을 발휘하는 반면 피라미드 기업과 같이 악용되는 경우에는 구성원들에게 흡사 종교적 맹신과 집단 최면과 같은 해를 입히기도 한다.

이상의 내용에서 다단계 마케팅의 가장 핵심적인 4가지 특징을 살펴보았다. 이외에도 다음에서 살펴볼 제품, 가격, 유통, 촉진 등에서도 다양한 특징을 발견할 수 있다. 이와 같은 특징들을 바탕으로 다단계 마케팅 기업의 장단점을 살펴보면 〈표 7-7〉과 같다.

(3) 다단계 마케팅에 대한 4P 분석

다단계 마케팅은 기존의 여러 마케팅 기법들 예컨대 방문판매, 통신판매, 회원제 판매, 무점포 판매 등의 방법들 중에서 장점을 조합하여 만들어 낸 기법이라고 볼

| 표 7-7 | 다단계 마케팅 장단점 분석 | |

구 분	장 점	단 점
판매원 수 익	· 작은 부수입을 목적으로 출발하여 노력에 따라 커다란 부를 축적할 수 있다. · 어느 정도 위치에 오르면, 경제적으로 보장된 생활을 할 수 있다. · 회사에서 제공하는 후원금으로 지속적으로 성장할 수 있다.	· 사행심을 유발할 수 있다. · 피라미드기업에 악용된다.
사업 특성	· 새로운 형태의 사업이다. · 재택근무가 가능하고 회사, 시간, 장소에 얽매이지 않고 자유롭게 할 수 있다. · 부업의 개념으로 할 수 있다. · 자금이 부족하고 뛰어난 제품을 가지고 있는 중소기업에서 사용할 수 있는 방법이다. · 단기간 내에 성공할 수 있다.	· 단기간 내에 급성장할 수 있기 때문에 급증한 수요에 신속하게 대처하지 못할 경우에는 제품판매에 많은 지장을 초래할 수 있다.
판매원 자 격	· 학력, 연령, 빈부의 차이, 성별에 상관없이 누구나 할 수 있는 사업이다. · 추가적인 부수입을 원하는 사람들이 할 수 있다. · 직업을 갖고 있으면서 부업을 하고자 하는 사람들에게 유리하다.	
상품 유통	· 회사가 제공하는 고품질 상품의 회원제 할인구매 방식을 택하고 있다.	· 제품판매를 위해서 거짓으로 제품을 과장 광고하거나 남을 속이기 쉽다.
판매원 비 전	· 무한한 성장가능성을 지닌 자영사업가로 성장한다. · 다단계 마케팅을 통하여 자신의 꿈과 희망을 이룬다. · 좋은 제품을 소개하고 널리 알림으로써 사회에 이익이 된다.	· 다단계 마케팅에 대하여 지나치게 낙관적인 사고방식을 가지게 만들 수 있다. · 꿈과 희망 등의 추상적인 개념을 지나치게 강조할 경우에는 다단계 마케팅에 대한 냉정한 분석을 할 수 없게 된다.
후원 수당의 의미	· 불필요한 유통비용과 광고비용을 소비자에게 환원한다는 개념	
기업 비전	· 단기간에 성장할 수 있다. · 종합유통회사로 성장할 수 있다.	· 제품력이 부족하면 단기간에 도산하기 쉽다.
소요자금	· 적다.	
판매관리	· 관리조직을 최대로 줄일 수 있다. · 매출향상에 따른 추가비용의 증가가 적다.	· 종업원들에게 높은 임금을 지불하고 있다.
품질개발	· 충분한 수익을 바탕으로 R&D에 많은 돈을 투자할 수 있다.	· 개발비란 명목으로 부당하게 기업이익을 증가시킬 수 있다.

수 있다. 따라서 다단계 마케팅은 보는 각도에 따라서 다양한 모습으로 나타난다. 그러므로 다단계 마케팅을 포괄적으로 분석하는 방법보다는 마케팅에서의 4P를 바탕으로 분석하는 방법이 보다 효율적일 수 있다. 물론 개별적인 분석은 앞에서의 전반적인 특징을 바탕으로 이루어지기 때문에 서로 겹치는 내용도 있을 수 있다. 하지만 마케팅 시스템에서의 모든 요소들은 각각 독립되어 활동하는 것이 아니고 서로 일관성과 보완성을 바탕으로 움직이는 요소들이기 때문에 지나치게 각각의 요소들을 분리해서 분석할 필요는 없을 것이다.

1) 제품(Product)

다단계 마케팅에서 취급할 수 있는 제품에는 한계가 없다. 산업재의 경우는 제외하고 우리가 흔히 집에서 혹은 사무실에서 사용할 수 있는 제품은 모두 그 대상이라고 볼 수 있다. 규모가 작아서 가방 속에 넣고 다니면서 판매할 수 있는 비누, 세제, 화장품, 건강보조식품 등뿐만 아니라 부피가 큰 TV, 팩시밀리, 가구 등도 카탈로그를 통해서 소개하고 판매할 수 있다. 하지만 일반적으로 다단계 마케팅에서 판매할 수 있는 제품의 종류는 크게 두 가지로 나누어 볼 수 있으며, 각각의 경우의 예를 들어보면 〈표 7-8〉과 같이 나눌 수 있다.

전세계적으로 활동하고 있는 다단계 마케팅 회사들은 대부분 저가-계속적 구입 제품을 바탕으로 성공하였다. 그 이유는 대표적인 다단계 마케팅 기업인 Amway의 창업자 리치 데보스의 말에서 명확히 드러난다.

"왜 우리는 비누를 팔아야 하는가? 그것은 누구나 비누를 사기 때문이다."

표 7-8   다단계 마케팅에서 판매할 수 있는 제품의 종류 및 특성

종 류	예	특 징
생필품—계속적 구입 제품	세제, 화장품, 건강보조식품 등	·낮은 가격이고 일상적으로 많이 사용하는 제품이기 때문에 소비와 판매에 부담이 없다. ·누구나 사용하는 일상용품이기 때문에 소비계층이 무한하다. ·제품가격이 낮기 때문에 마진이 적다. ·지속적인 구매가 일어난다.
사치품—일회성 구입 제품	자석요, 가구, 침구류 등	·높은 가격 때문에 소비와 판매가 쉽지 않고, 소비계층이 제한된다. ·제품의 가격이 높기 때문에 마진이 높다. ·한번 구매한 후 추가구매가 일어나지 않는다.

즉 사람들이 보편적으로 사용하는 제품은 그 수요가 무한하기 때문에 비록 마진이 낮더라도 많은 수익을 얻을 수 있기 때문이다. 이른바 박리다매를 바탕으로 한 제품이념이며, 다단계 마케팅의 조직구조가 이를 가능하게 해 주고 있는 것이다. 뿐만 아니라 계속적으로 구매해야 하는 제품의 경우는 그 제품의 품질이 우수하다면, 한 번 사용한 소비자는 계속적으로 그 제품을 구입하기 때문에 지속적으로 안정된 수익을 보장받게 되며, 항상 새로운 소비자를 찾기 위한 필요 이상의 노력을 하지 않아도 된다는 장점이 있다.

반면에 고가-일회성 구입제품의 경우, 이들 제품의 가장 큰 매력은 높은 마진율이다. 시가 300만 원 상당의 침구류 한 세트를 판매하는 것이 시가 5,000원의 화장품 하나를 판매하는 것보다 훨씬 높은 이윤을 창출하기 때문에 매우 매력적인 제품으로 볼 수 있는 것이다. 하지만, 추가구매가 없기 때문에 상식적으로 한번 구매한 소비자는 더 이상 그 제품을 구매하지 않게 되므로, 늘 새로운 소비자를 찾기 위해서 고심해야 하며, 그렇기 때문에 일정 한도를 넘게 되면 판매에 제약을 받게 된다. 일반적으로 고가-일회성 구입제품은 좋은 의미에서의 다단계 마케팅 회사에서도 판매하지만, 주로 피라미드 기업에서 많이 판매하는 경향이 있다.

다단계 마케팅에서 위에서의 두 가지 제품 중 어느 것을 팔든 몇 가지 꼭 지켜야 할 조건이 있다. 우선 ① 제품의 품질 또는 효능이 우수해야 한다. 모든 제품이 다 그렇듯이 품질은 제품평가에 있어서 가장 기본적인 요소이다. 다단계 마케팅에서는 더욱 그렇다. 이는 Amway의 슬로건 'We deliver the Best!'에서 극명하게 나타난다. 이렇듯 품질의 중요성을 강조하는 이유는 다음과 같다. 일반 소매점 등에서 판매하는 제품들을 소비자들이 점포에 들러서 호기심 때문에 충동구매를 한다거나 아니면 광고만을 보고 사는 경우가 많다. 하지만 다단계 마케팅에서는 소비자=판매원이라는 공식에 의해서 사용자가 제품의 우수성 때문에 다른 사람에게 그 제품을 널리 알리고 판매하는 방식을 택하고 있다. 따라서 우수하지 못한 제품은 다른 사람들에게 판매하거나 추천할 수가 없다. 만일 품질이 열악한 제품을 다단계 마케팅을 빌어 판매한다면, 이는 소비자 즉 자신이 판매하고자 하는 사람들을 속이거나 강제로 떠넘기는 행위가 된다. 이런 행위는 일반적으로 피라미드 기업에서 흔히 볼 수 있는 것이다.

② 어디서나 쉽게 구할 수 있는 제품이 아니거나, 전속적 혹은 배타적인 유통망을 통해서 유통되는 제품이어야 한다. 비록 품질이 아무리 우수한 제품일지라도 집 옆에 있는 슈퍼마켓이나 편의점에서 쉽게 구입할 수 있는 제품이라면, 일부러 판매원을 기다리거나 별도로 주문하는 등의 행위는 하지 않을 것이기 때문이다.

③ 제품의 가격은 동일 수준의 다른 제품보다 낮아야 하며, 마진율은 높아야 한다. 다단계 마케팅에서는 소비자=판매원이기 때문에 만약 특정 제품의 가격이 품질이나 다른 제품에 비해 높다면 구매가 이루어지지 않을 것이며, 반면 제품의 가격이 낮더라도 마진이 높지 않다면, 단지 제품구매만을 하고 판매를 하지 않을 것이기 때문에 다단계 마케팅은 존립할 수 없게 된다. 이러한 가격을 낮추고 마진을 높여야 한다는 상반되는 문제점은 다단계 마케팅이 가지고 있는 유통시스템 즉 중간상을 배제하고 광고비, 창고비 등을 제거함으로써 해결할 수 있다.

④ 원활하게 공급할 수 있는 공급능력이 있어야 한다. 앞에서 본 다단계 마케팅의 확장형태에서 알 수 있듯이 다단계 마케팅은 매우 빠른 속도로 판매망을 넓혀가기 때문에 제품수요가 순간적으로 급격하게 증가한다. 따라서 급증하는 제품수요에 신속하게 대응하지 못하는 기업은 재고부족으로 인하여 판매망의 혼란을 가져오게 되고, 이 경우 심할 때는 다단계 마케팅 네트워크의 붕괴까지 초래할 수 있게 된다. 이 점에서 흔히 다단계 마케팅은 제품력과 기술은 있으나 자본이 없는 기업이 하기에는 최적의 마케팅 기법이라고 일컬어지지만 추가공급능력을 고려하지 않은 기업 혹은 추가공급을 할 능력이 없는 중소기업에게 많은 문제점을 안겨 주고 있다.

2) 유통(Place)

지금까지 누누이 강조해 왔듯이 다단계 마케팅에서는 중간상을 유통경로상에서 제거시키고, 그들의 역할을 소비자=판매원인 형태를 통하여 충족시키는 유통구조를 가지고 있다. 이 과정에서 기존의 유통상들에게 돌아가던 비용이 없어지게 되고, 따라서 소비자와 판매자는 할인된 가격으로 제품을 구입하게 된다.

일반적으로 사람들이 오인하고 있는 점 중 하나가 다단계라는 용어이다. 다단계라는 말은 유통경로가 다단계라는 말이 아니라, 판매원들이 형성되어 가는 과정이 단계를 이루면서 하부로 계속 이어진다는 점에서 나온 말이다. 따라서 최근에는 이런 오해를 일으키지 않기 위해서 다단계 마케팅이라는 말 대신 네트워크 마케팅이라는 말도 사용되고 있다. 제품을 구매하는 소비자들은 제품을 자신에게 판매한 판매원에게서 공급받는 것이 아니고, 제조회사로부터 직접 제품을 공급받게 된다. 이를 다단계 마케팅의 조직확장 유형과 비교하면 〈그림 7-3〉과 같다.

이와 같은 유통구조의 가장 큰 장점은 가격할인뿐만 아니라 저장시설이 불필요하게 되고, 불특정다수의 소비자들을 대상으로 하기 때문에 개개의 고객들에 대한 데이터베이스를 작성할 수 있으며, 또한 친분을 이용한 방문판매 형식이기 때문에 소비자들에 대한 지속적인 관리를 판매원들에게 맡길 수 있게 됨으로써 기업의 입장

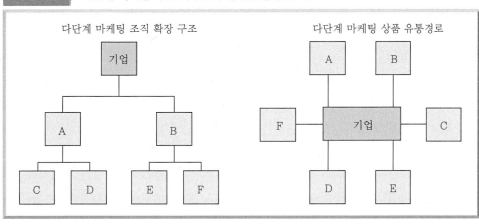

그림 7-3   다단계 마케팅의 조직구조와 상품유통경로 비교

에서는 고객들에 대한 세부적인 서비스보다는 조직전체 차원에서의 활성화와 이익, 그리고 더 좋은 제품개발에 더 많은 시간을 쏟을 수 있게 된다.

또 다른 장점으로는 일단 다단계 마케팅 경로가 확정되면, 그 경로를 통하여 다양한 제품들을 유통시킬 수 있게 된다. 따라서 기존의 제품라인과 차이가 있는 제품을 개발하거나 라이센스를 받아 판매하려고 할 경우에, 그 제품이 앞에서 제시한 제품 조건들을 만족시킨다면, 새로운 유통경로나 시스템을 개발하지 않고도 유통시킬 수 있다는 강점이 있다.

하지만 다단계 마케팅과 같은 유통구조에도 문제점들이 있다. 우선 조직이 계층적인 구조로 하부로 이어지기 때문에 상부에 위치한 계층 구성원 중 한 명(예컨대 〈그림 7-3〉에서 구성원 B)이 잘못된다거나 붕괴될 경우 그 하부계층들도 모두 붕괴될 수 있으며, 반대로 하부계층이 붕괴되거나 더 이상의 소비자를 구하지 못하게 되어 수익이 나지 않는다면, 상부의 계층들은 하부에서부터 수익금을 더 이상 받지 못하게 되어 기업의 조직 전체에 문제가 생기게 된다. 이러한 경향은 피라미드 기업에서 더욱 두드러지게 나타난다. 피라미드 기업들은 조직의 수익성을 위하여 매우 엄격한 조직구조를 형성하고 있기 때문에 조직구조상에서 조그마한 문제점이라도 나타난다면 쉽게 붕괴됨을 볼 수 있다. 따라서 성공적으로 조직을 운영하고 있는 다단계 마케팅 회사들은 보다 많은 여유를 가진 형태로 조직구조를 이끌어 나가고 있다.

다음으로 나타나는 문제점은 판매원의 수가 매우 빨리 증가하고, 또 제품의 배달 및 관리도 전부 제조회사 혹은 판매회사에서 담당해야 하기 때문에 이를 전담할 수 있는 전산체제가 매우 중요하다. 따라서 다단계 마케팅을 효율적으로 수행하기 위한 전산망과 소프트웨어가 준비되지 못한 경우에는 판매망의 급격한 증가로 인하여 회사가 도산하게 되는 경우도 생길 수 있다.

3) 촉진(Promotion)

다단계 마케팅에서는 대중매체를 통한 광고를 찾아보기는 힘들다. 이는 다단계 마케팅의 본래 목적이 생산자와 소비자간에 존재하는 불필요한 비용을 제거하는 데 있기 때문이다. 또 최고의 광고는 구전(Words of Mouth)이라고 믿기 때문이다.

하지만 홍보와 같은 촉진기법들은 많이 사용되고 있다. 왜냐하면, 개개의 제품에 대한 촉진전략보다는 기업에 대한 좋은 내용들을 소비자에게 알림으로써 잠재적 고객이자 판매원에게 다단계 마케팅 회사에 대한 인식을 높이고, 이를 통하여 더 많은 고객과 판매원을 만들어 낼 수 있기 때문이다. 그 외에 Amway와 같은 기업은 환경보호에 깊은 관심을 가지고 있으며, 이를 통하여 Amway에 대한 좋은 이미지를 형성하도록 노력하는 등 다양한 활동을 하고 있다.

다음으로 다단계 마케팅에서 중요시하는 촉진기법은 인적판매이다. 앞에서 말했듯이 다단계 마케팅은 기본적으로 판매원과 소비자를 바탕으로 형성되는 기법이기 때문에 인적판매가 가장 핵심적인 내용이 된다. 따라서 보다 효율적인 다단계 마케팅을 위해서 개개의 판매원들에게 다음과 같은 사항들을 지속적으로 강조해야 한다. 우선 기업에 대한 정보를 강조할 필요가 있다. 판매원들이 소비자와 대면해서 단순히 제품에 대한 지식만을 알려 주는 것보다는 기업에 대한 정보를 제공함으로써 소비자들이 기업에 대하여 호의를 가지게 하는 것이 중요하다. 다음으로는 제품에 대한 풍부한 지식을 가지고 있어야 한다. 매출이 일어나는 가장 기본인 제품에 대해, 핵심 기능 등은 물론 다양한 지식 등을 기초로 하여, 소비자에게 제품의 재구매가 이루어질 수 있도록 하는 것이 중요하다. 세 번째로는 시장에 관한 정보를 알고 있어야 한다. 최근의 시장상황과 환경변화뿐만 아니라 경쟁회사에 관한 내용까지 알고 있어야 한다. 마지막으로는 고객에 대한 정보를 가지고 있어야 한다. 다단계 마케팅은 고객을 직접 찾아가서 제품을 판매하고, 판매원이 되도록 종용하는 방법이기 때문에 찾아가는 고객의 특성과 경제적 여건 등에 대한 풍부한 정보를 가지고 있어야 한다. 그리고 판매원들의 보다 효과적인 행동을 위해서 다양한 의사소통 기술에 대한 교육을 강조해야 한다.

4) 가격(Price)

다단계 마케팅에서 가격의 특징은 매장에서 판매되는 비슷한 종류의 제품보다 값이 저렴하다는 점이다. 값이 싼 이유는 중간마진을 제거했기 때문이다. 이러한 가격구조를 바탕으로 다단계 마케팅을 하는 기업들은 혁신적인 유통구조와 조직을 바탕으로 하고 있기 때문에 기존의 유통방법을 바탕으로 했을 때 발생하는 유통마진을 100% 모두 소비자에게 환원한다고 말하고 있다. 즉 기업에서 제품에 들어가는 생산원가와 회사를 운영하는 데 들어가는 기본적인 비용을 제외한 모든 수익은 소비자와 판매원에게 다시 환원된다는 것이다.

이와 같이 가격은 소비자가 싼 가격으로 제품을 구입할 수 있도록 하기 때문에 우선 가격경쟁력에서 우세하며, 판매원에게는 유통마진이 모두 자신에게 환원되기 때문에 더욱 열심히 판매활동을 하도록 만드는 촉진제의 역할을 하게 된다.

하지만 많은 비판과 사회적 물의를 빚고 있는 피라미드 기업의 경우에는 이와는 다른 가격체제를 가지고 있음을 볼 수 있다. 이들은 일반적으로 시중에서 구하기 힘든 고가의 제품을 판매하곤 한다. 아니면 흔히 볼 수 있는 제품이더라도 이런저런 이유를 들어서 정상가격보다 훨씬 높은 가격으로 제품을 판매하고 있다. 피라미드 기업이 이러한 고가격 정책을 채택한 이유는 수익성을 높이기 위해서이다. 시가 5,000원대의 세제 하나를 판매하는 것보다 약 300만원대의 침구류 등의 제품을 판매하는 것이 훨씬 높은 이윤을 가져온다. 높은 이윤을 제공하기 때문에 피라미드 기업에서 판매하는 고가의 제품들은 판매원들에게 강한 촉진제의 역할을 하게 되지만, 반면에 더 많은 소비를 촉진시키지 못하게 된다. 따라서 높은 가격대의 제품을 피라미드식으로 팔 경우에는 다음과 같은 문제점이 발생하게 된다. 첫째로 지속적인 제품구매를 일으킬 수 없게 된다. 일반적으로 사람들은 세제류와는 달리 수백만원대의 제품을 한번 구입하게 되면 더 이상의 구매를 하지 않는다. 두 번째 문제점은 반복구매가 더 이상 일어나지 않기 때문에 판매원은 계속해서 새로운 고객을 찾아야 한다는 것이다. 하지만 계속적으로 새로운 고객을 찾는 활동에는 어느 정도 한계가 있기 때문에 일정 단계가 되면 더 이상의 소비자를 구할 수 없게 되고, 늦게 피라미드식 판매활동에 참여한 판매원은 더 이상의 소득을 얻을 수 없게 된다.

(4) 다단계 마케팅 기업과 피라미드 기업의 비교

1980년대 말부터 국내에 소개된 다단계 마케팅 기법은 일본을 거치면서 한국에서는 피라미드 기업으로 변형된 상태로 유입되었다. 피라미드 기업은 1990년대에 들어와 사회적으로 많은 물의를 일으켰고, 건전한 의미의 다단계 마케팅마저 피라미드 기업으로 오인 받아 정상적인 경영활동을 하기 힘들었다.

다단계 마케팅은 경쟁력을 증가시키기 위해서 만들어진 마케팅 기법의 하나이다. 따라서 이 자체로는 선악의 구분을 하기 힘들다. 다만 이를 사용하는 사람들과

표 7-9	다단계 마케팅 기업과 피라미드 기업 비교	

구 분		다단계 마케팅 기업	피라미드 기업
기업조직	창업 목적	소자본으로 시작하여 우수한 제품을 빠른 시간 안에 유통시킴을 목적으로 함	상품 판매를 목적으로 모여서 금전적으로 많은 이익을 얻기 위하여 설립됨
	가입자의 참여 동기	장기적으로 소득을 증대시키기 위해 다단계 마케팅활동에 참여하고, 부업의 개념으로 시작하여, 성공하면 나중에 주업으로 전환함	단기적으로 편안하게 불로소득을 얻겠다는 목적이 강하며, 피라미드 기업 활동을 주업으로 하고자 함
	가입자의 부담	가입시 부담이 거의 없고, 모든 것이 자신의 자유의사에 따라 결정됨	판매원자격을 얻기 위해서 고가의 제품을 구매하여야 하고, 매월 제품을 구입하여야 한다.
	투자금의 회수방법	스스로의 의사로 사업진행을 위해 투자하는 자금 외에는 별도의 자본금이 필요하지 않고, 인원확보에 실패하더라도 별다른 큰 피해가 없음	판매원이 되기 위해서는 고가의 제품을 강매하여야 하고, 승진하기 위해서는 더 많은 제품을 사야만 하기 때문에, 많은 비용이 소요되고, 따라서 자신의 하부 조직을 만들지 못했을 경우나 기업이 붕괴될 경우에는 많은 피해를 입게 됨
	보 수	장기적인 차원에서의 소득수준	단기적으로 고소득을 추구함
	기업 분위기	개방적, 자유로움, 개인의 특성과 능력 등을 인정하고, 과학적인 교육과 연구방법을 중시	폐쇄적, 배타적, 개인차를 인정하지 않고, 과학적인 교육방법보다는 이상적이고 자기최면적인 교육방법을 선호
상품	품 질	우수한 품질, 독특함, 널리 사람들이 애용할 수 있는 품질 수준	조악한 품질
	종 류	양질의 소비재, 화장품, 건강식품 등	고가의 제품, 일회성 제품 등
	판매형태	제품을 써본 후 만족했을 때 판매	강제로 판매하는 형태
가격	가격수준	낮은 가격 수준	높은 가격 수준
	마 진 율	낮으나, 박리다매를 통해서 높은 수익률을 얻음	마진율은 높으나, 많은 양을 판매하는 데는 제한이 있음
유통	확장구조	판매원 수에 제한이 없음	판매원 수가 제한됨
	하부조직의 중요성	하부조직이 생기지 않으면 단지 자신의 수익률에만 영향이 생기고, 기업차원에서는 큰 영향을 안 받음	하부조직이 생기지 않을 경우에는 피라미드 기업이 붕괴할 수 있음
촉진	촉진목적	특정 제품보다는 기업을 알림으로써 더 많은 제품을 판매할 수 있는 기회를 얻고자 함	제품 판매에서 생기는 수익만 강조해서 촉진활동을 함으로써 더 많은 조직원을 끌어들이고자 함
	촉진내용	기업의 사회활동, 제품의 특징 및 성능	높은 수익률, 사람들의 성공담 등

적용 기업에 따라 건전한 다단계 마케팅 기업과 피라미드 기업으로 구분된다고 볼 수 있다. 하지만 이들은 기본적인 구조와 형태가 매우 비슷하기 때문에 다단계 마케팅에 대한 풍부한 지식이 없다면 서로를 혼용하여 피라미드 기업에 참여함으로써 경제적 · 사회적으로 많은 피해를 일으키는 것을 볼 수 있다. 따라서 본 절에서는 다단계 마케팅과 피라미드 기업간의 중요한 차이점을 몇 가지 제시하고자 한다.

우선 피라미드 기업의 기원은 1950년대에 시작한 피라미드 시스템에서부터 볼 수 있다. 피라미드 시스템은 상품 거래가 배제된 철저한 금전적인 조직으로써 새로운 조직원이 피라미드에 들어오면, 피라미드의 맨 위에 있는 사람과 자신의 바로 위 계층에 있는 사람에게 가입비를 절반씩 제공하고, 자신 밑으로 새로운 사람을 받아들이면 자신의 하부조직원으로부터 가입비의 절반을 받게 되는 조직 구조를 가지고 있다. 이러는 과정을 되풀이하면서 결국 피라미드는 정원을 모두 채우게 되고, 그러면 최상층의 사람은 분리되어 나가고 다음 단계의 사람들이 각자 자신들의 피라미드를 분리시키면서 계속적으로 피라미드 시스템을 구축해 가게 된다. 예컨대 5개 계층으로 구성된 피라미드에 100만 원을 내고 들어가면, 나올 때는 1,600만원을 가질 수 있다. 하지만 이 시스템은 계속적으로 발전하기 힘들고, 이를 통해서 많은 사람들이 금전적으로 피해를 입게 되자 미국 정부에서는 피라미드 시스템을 금지시켰다.

이러한 피라미드 시스템을 모방하여, 상품거래를 바탕으로 해서 다시 만들어진 것이 피라미드 기업이다. 피라미드 기업은 앞에서도 부분적으로 설명을 하였지만, 많은 점에서 다단계 마케팅 기업과 흡사하다. 특히 조직이 확장되는 방법과 이윤 분배제도 등에서 많은 공통점을 가지고 있다. 하지만 상품의 종류, 수익성, 가입 동기 등에서 많은 차이를 보이고 있다. 이러한 차이점들을 다단계 마케팅 기업들과 비교하여 정리하면 〈표 7-9〉와 같다.

제 6 절 유통경로 조직패턴의 선정

수직적 통합은 경로통제에 있어서 많은 이점을 제공한다. 우선 유통활동들의 중복을 최소화할 수 있으며 효율적으로 기능을 수행할 수 있게 한다. 또한 지속적인 유통기능의 수행이 가능하게 하며, 그에 대한 통제를 보다 쉽게 할 수 있게 한다. 그러나 수직적 통합을 위해서는 재무적 투자가 필수적으로 요구된다. 이런 투자는 재고유지, 장비개발, 그리고 인적 자원관리 등과 관련되는 것이다. 이와 같은 투자는 동태적인 환경 속에서 조직의 유연성을 제한할 수 있다.

　한편, 수직적 통합에 반대되는 전통적 유통경로의 이점은 이론적으로는 보다 효율적이고 낮은 비용으로 성과를 달성할 수 있고 노동의 전문화를 증대시킬 수 있다는 것이다. 그렇지만 전통적 경로의 한계점은 통제력을 상실할 수 있고, 거래당사자 간의 목표 달성에 있어 갈등을 일으킬 수 있는 잠재성을 가지고 있다는 것이다. 이러한 갈등은 시스템의 효과적인 기능 수행을 방해할 수 있다.

　수직적 통합과 전통적 경로 사이의 선택은 보통 '제조-구매 의사결정'(Make or Buy Decision)이라고 불린다. 궁극적으로 경로는 구성원들에게 이익을 창출시켜주는 경제적 배열이다. 만약 기업이 '구매(Buy): 다른 사람으로부터 기능을 구매'하는 것보다 자신이 직접 '제조(Make): 자신이 기능을 수행'하는 것이 유통기능을 더 잘 수행할 수 있는 방안이라면 그 의사결정은 유통경로 기능의 수직적 통합을 의미하는 것이다. 그와는 반대로 다른 구성원이 이러한 기능을 보다 잘 수행할 수 있다면 유통기능들은 외부로 이전될 것이다.

　유통경로상에서 각 기능별로 다수의 전문 조직이 있다면 '제조-구매 의사결정'(Make or Buy Decision)은 각각의 유통기능에 대해 이루어질 수 있다. 그러므로 촉진기능에 있어서 한 기업이 자신의 판매원을 통해 인적 판매활동을 수행하든지 혹은 독립적인 판매대리인을 고용할 수 있다. 수송도 자신의 수송수단을 이용하든지 아니면 다른 운송업자를 이용할 수 있을 것이다. 자신의 창고를 만드는 것보다는 공동창고나 창고업자의 창고를 이용할 수 있을 것이다. 혹은 상기의 기능을 완전서비스 상인 도매상에게 모두 맡길 수도 있을 것이다.

　여기서 유통기능을 내부적으로 혹은 외부적으로 수행할 것인가의 의사결정은 매우 복잡한 문제이다. 거래비용분석(Transaction Cost Analysis: 이하 TCA)은 이러한 중요한 의사결정에 대한 경제적이며, 행동적인 관점을 제공하고 있다.

　윌리암슨(Williamson)에 의해 소개된 TCA는 유통문헌에서 광범위하게 논의되어 왔다. TCA의 근본적인 논지는 거래비용의 영향을 확인하고자 하는 것이다. 거래비용은 정보를 취합하거나 협상을 하고 유통활동의 성과를 조사하는 데 관련되는 비용으로 정의된다. TCA는 이상적인 상황하에서는 거래비용이 항상 최소가 됨을 전제로 한다. 그러므로 경제성이나 유연성의 목적 모두에 있어서 전통적 경로가 최상의 선택이 되는 것이 논리적이다. 그러면 왜 기업들은 수직적 통합을 고려하고 유통활동을 흡수하는 것인가? 윌리암슨은 이러한 이유에 대해 시장에서는 이상적인 상황이 존재하지 않거나 존재하기가 어렵다는 것을 제시하며 이를 시장 실패라고 설명하고 있다. 이러한 시장 실패의 요인으로는 인적 차원과 환경적 차원의 두 가지가 있다. 여기서 인적이라는 의미는 조직을 구성하는 인적 요소라는 의미에서 이해해야 한다.

1) 인적 요인

불완전한 시장을 야기하는 인적 요인에는 '제한된 합리성'(Bounded Rationality)과 '기회주의적 행동'(Opportunistic Behavior)이 있다. TCA에 관련된 연구의 대부분은 기회주의적인 행동에 초점을 맞추지만 제한된 합리성의 개념도 때로는 주목을 기울일 가치가 있다.

제한된 합리성은 복잡한 문제를 해결하거나 광범위한 정보를 처리할 수 있는 인간능력의 한계에 관련된 것이다. 이러한 제한된 능력 때문에 인간은 의사결정에서 이용 가능한 모든 정보를 다 고려할 수 없어 객관적으로 보아 합리적이고자 노력은 하지만 제약이 있다는 것이다. 게다가 현실적으로 대행 계약을 맺은 기업에 대해 성과를 측정하기가 어렵고 얼마나 적절한 유통기능이 실제로 수행되는지를 알기가 어렵다. 수직적 통합은 이러한 성과를 비교적 엄밀하게 통제할 수 있기 때문에 제한된 합리성의 문제를 최소화할 수 있다.

기회주의는 '기만적으로 자기의 이익을 추구하는 것'(Self-Interest Seeking With Guile)이라고 정의할 수 있다. 조직이나 인간의 행동에 대한 윌리암슨의 가정은 조직이나 인간이 이익이 있을 때 기회주의적으로 행동할 수 있다는 것이다. 결론적으로 기업은 경로의 상대편으로부터 나오는 정보를 왜곡하거나 제거할 수 있고 경로관계상에서 그들의 의무와 책임을 회피하려 한다는 것이다. 경로 구성원으로서 다른 구성원의 기회주의적 행동을 방지하고자 한다면 성과를 조사하고 관리하는 데에 투자를 하여야 하고, 그에 따라 거래비용은 그만큼 증가하게 된다. 그럴 경우 수직적 통합에 의해서 유통활동을 내부화시키게 되면 거래비용이 감소하게 된다.

2) 환경적 요인

거래비용을 발생시키는 환경적 요인은 '환경의 불확실성이나 복잡성'과 '이용가능한 대안적 경로구성원의 수'이다. 거래 환경에는 불확실성과 복잡성의 수많은 원천들이 있다. 유통의 모든 경로는 그것을 둘러싸고 있는 환경의 직접적인 혹은 간접적인 영향에 놓여 있다. 만약 환경이 불안정하다면 즉, 예측하기 어렵다면 불확실성은 증대되고 환경이 이질적이라면 복잡성도 증대된다. 그러므로 이질적인 문화나 관계 속에서 거래를 하는 기업은 증대되는 복잡한 환경적 요구에 대응하여야 한다. 이러한 환경 요인들의 빠른 변화는 유통의 성과에 대한 불확실성을 증대시키는 방향으로 전개된다.

한편 잠재적인 경로구성원의 이용가능성은 이상적인 시장 거래 상황을 위협하는 환경적 요인이다. 많은 제조업자와 적은 수의 중간상이 거래를 한다면 중간상들이 기회주의적으로 행동할 가능성이 증대하게 된다. 그러므로 제조업체 입장에서는 이용 가능한 중간상 대안이 많을수록 거래비용을 줄일 수 있다. 그러나 현실적으로 중간상의 수를 늘릴 수 있는 방안은 용이하지 않다.

소수(Small Numbers)의 거래 상황에서 핵심적인 거래구조의 결정요인은 거래특유자산(Transaction Specific Assets)의 존재나 필요성이다. 즉, 특정한 유통경로가 그 구조를 유지하기 위해서는 특정한 자산에 어떤 기업은 필요한 투자를 해야 하는 위험을 감수해야 한다. 특히 그 자산이 다른 거래 상황에 전환될 수 없을 경우에는 더욱 그러하다. 예컨대, 쿠어스 음료(Coors Brewing)사는 다른 회사의 제품과는 달리 그의 제품들을 냉장차로 운반하고 냉장창고에 보관하기를 요구하고 있다. 그러므로 이러한 투자를 하는 유통업체들은 그 관계를 다른 공급업체로 쉽게 전환할 수 없게 된다. 동시에 쿠어스는 만약 다른 유통업체들이 그러한 장비를 소유하고 있지 않다면 쉽게 다른 대안들을 찾기가 어려울 것이다. 이러한 거래특유자산의 존재는 각 기업들이 대안의 교체를 어렵게 함으로써 기회주의적인 행동을 유발할 가능성을 줄어들게 한다.

윌리암슨에 따르면 유통경로는 제한된 합리성을 최소화하고 동시에 기회주의의 위험에 대해 안전 장치를 마련하여야 한다는 것이다. 즉, 전통적 경로는 환경적 불확실성이 낮을 때, 요구되는 자산에 대한 특유성을 줄일 수 있을 때, 그리고 성과측정이 단순하고 분명할 때(기회주의 행동에 대한 잠재성의 감소) 보다 효율적이다. 그러나 만약 이러한 상황이 형성되지 않는다면 통제 메커니즘에 의해 지배되는 수직적 경로구조(시스템)가 보다 효율적일 것이다.

거래비용분석에 있어서 또 하나의 중요한 변수는 윌리암슨과 다른 연구자들에 의해 설명되는 '정보 밀집성'(Information Impactedness)이다. 이것은 한쪽의 당사자가 다른 당사자는 이용이 가능하지 않은 정보를 가지고 있거나 다른 당사자가 그 정보를 획득하기가 어려울 때 발생한다. 다시 말해, 한 기업이 자신의 정보와 지식을 다른 기업과 나누기를 거부할 때 발생한다. 이러한 현상은 상기의 인적 요인과 환경적 요인이 결합할 때 발생하기가 쉬워진다.

정보는 유통활동을 수행하는 데 있어 매우 높은 가치를 지닌 자산이다. Just In Time, Efficient Customer Response, 재고감소전략, 그리고 많은 다른 접근방법들은 정보에 대한 정확하고 즉각적이며 자유로운 접근을 요구한다. 정보밀집성과 그로 인해 강화되는 기회주의적 행동에 대한 잠재성은 경로구성원들의 분명한 역할과 요구가 명시된 경로구성원들간의 밀접한 전략적 제휴를 필요하게 만든다.

기회주의에 대한 잠재성은 비공식적인 관계에서 높게 나타난다. 왜냐하면 그와

| 표 7 - 10 | 제조 - 구매에 대한 거래비용분석의 영향 |

변 수	구 매	제 조
상대편의 성과조사에 있어서의 어려움	低	高
복잡하고 / 불확실한 환경	低	高
거래특유자산에 대한 필요성	低	高
대안적 경로의 이용가능성	高	低

같은 관계를 공식화된 관계로 전환하는 것은 상당한 비용을 초래하기 때문이다. 게다가 이런 비공식적인 관계는 정확한 안전성을 보장해 줄 수 있는 역할의 정의와 성과측정에 필요한 명백한 기준이 부족하다. 그와 같은 환경에서, 수직적 통합구조의 형성을 통해서나 혹은 성과 실패에 대한 책임을 계약상에서 의무화함으로써 기회주의를 감소시킬 수 있는 것이다.

한편 TCA에서는 경제적 관점하에서 의사결정이 수행된다. 즉 경쟁적인 시장에서 다른 구성원들에 의해 수행되는 비용보다 낮은 비용으로 관리될 수 있는 기능만을 선택하는 것이다. 수직적 통합에 대한 의사결정은 거래비용이 높을 때 바람직하다. 즉 시장의 경쟁이 가속화되거나 기회주의의 가능성이 있을 때를 말하는 것이다. 경제적 이점을 얻을 수 있고 동시에 기회주의적 행동의 위험을 감소시킬 수 있는 이러한 수직적 통합은 많은 기업들에 있어 선호되는 경로구조로 꼽히고 있다. 〈표 7-10〉은 제조(수직적 통합시스템의 운영)와 구매(외부 참여자들의 이용) 의사결정에 영향을 줄 수 있는 거래비용이론의 핵심변수들을 요약한 것이다.

TCA에는 몇 가지 한계가 있다. 첫째, 거래비용을 측정하기가 매우 어렵다는 것이다. 거래비용의 대부분은 정보를 모으고 성과를 조사하는 데 드는 것인데 이는 기업의 간접비에서 나오게 되며 그 측정과 배분이 쉽지 않다. 둘째, 비록 TCA가 수직적 통합이 바람직하다는 것으로 밝혀지더라도 통합에 필요한 투자는 그 기업의 재무적인 능력을 넘어서는 것일 수도 있다. 끝으로 거래비용은 다른 경로목표들과 비교분석을 통해서 측정할 수 있어야 한다. 예컨대, TCA분석은 수직적 통합이 보다 나은 대안이라고 밝혀 줄 수 있지만 그와 같은 통합이 기업의 유연성을 감소시키고 그에 대한 손실이 어느 정도라는 것을 밝혀 주지는 못한다. 이는 특히 불확실하고 복잡한 상황하에서는 더욱 그러하다.

◉ 요   약

독립적으로 소유되며 관리되고 있는 전통적인 유통경로는 경로상에서의 협조가 주로 협상과 타협을 통해서 달성되기 때문에 시스템적 활동을 수행하는 데에는 한계점이 있다. 이러한 한계점을 극복하기 위해서 구성원의 자율적인 활동보다는 일정한 연계를 통한 통제활동을 강조하는 수직적 통합 조직패턴이 사용되고 있다. 이러한 조직패턴의 종류로는 첫번째로 유통 기능상의 일부 또는 전부를 통합하여 수행하는 방식의 수직적 유통경로 시스템이 있다. 이는 다시 기업이 유통경로상에 존재하는 하나 이상의 조직을 소유하고 경영하는 기업형 수직적 경로구조(시스템), 경로구성원 간의 공식적인 계약관계를 통한 상호의존적인 계약형 수직적 경로구조 그리고 시스템적인 활동을 하지만 구성원들은 각자 자율성을 가지고 활동을 하는 관리형 수직적 경로구조로 다시 세분된다. 여기서 계약형 수직적 경로구조는 소매상협동조합 및 도매상 주도 연쇄점, 그리고 프랜차이즈 시스템이 있다. 이 중 소매상 협동조합과 도매상 주도 연쇄점의 공통점은 소매상과 도매상들이 경쟁력을 제고시키기 위해서 자발적으로 공동활동을 한다는 점이다. 또한 프랜차이즈 시스템은 일반적으로 일정투자에 의해 매장이 설립된 후, 사업을 운영하고, 그로 인해 이익을 보장해 주는 특별한 방식을 가리킨다. 마지막으로는 최근 각광받고 있는 조직패턴으로 다단계 마케팅을 들 수 있다. 다단계 마케팅은 방문판매와 다양한 직접 마케팅 기법들을 바탕으로 만들어진 마케팅 기법으로 조직원과 조직의 규모가 무한히 확장되는 조직패턴을 가지고 있다.

◆ 문제제기

1. 전통적 유통경로와 관리형 수직적 경로구조(시스템)의 공통점과 차이점을 설명해 보시오.
2. 프랜차이즈의 종류와 운영형태에 대해 토의해 보시오.
3. 다단계 마케팅의 정의와 특징에 대해서 설명해 보시오.
4. 거래구조의 결정요인은 크게 인적(조직) 요인과 환경적 요인으로 나누어진다. 이들 요인이 거래구조의 결정에 미치는 영향에 대해 설명해 보시오.

◆ 참고문헌 ─────────────────────────────────────

1) 박충환 · 오세조 · 김동훈, 시장지향적 마케팅관리, 개정판, 박영사, 2004, p. 276.

2) McCammon, Bert C., Jr., "Perspectives for Distribution Programming," in Louis P. Bucklin (eds.), *Vertical Marketing Systems*, Glenview, Ill.: Scott, Foresman and Company, 1970, pp. 48-49.

3) Warren, Ronald L., "The Interorganizational Field as a Focus for Investigation," in M. B. Brinkenhoff and P. R. Kunz (eds.), *Complex Organizations and Their Environments*, Dubuque, Iowa: Wm. C. Brown Co., 1972, p. 316.

4) Frank Lynn & Associates, Inc., *Marketplace Chemistry*, Chicago: Frank Lynn & Associates, Inc., 1986, pp. 10-11.

5) Ronald L. Ernst, "Distribution Channel Detente Benefits Suppliers, Retailers, and Consumers," *Marketing News*, March 7, 1980, p. 19.

6) Stern, Louis W. and Adel I. El-Ansary, *Marketing Channels*, 4th ed., Prentice-Hall, 1992, p. 342.

7) 오세조, "프랜차이즈 경로상에서 관계결속에 대한 내부정치경제적 영향," 경영학연구(1990) 제19권 (2), 한국경영학회, pp. 47-66.

8) 오세조 · 박진용 · 강호석, "간이음식산업 프랜차이즈에서 유통경로지배구조의 결정," 연세논총(1993) 제29편, pp. 95-108.

9) 김준녕, 암웨이 마케팅, 스몰비즈니스, 1995, pp. 134-136.

10) 김준녕, 다단계 마케팅, 21세기북스, 1995, p. 68.

11) 오세조 · 임영균 · 박종희 · 이승창, "유통경로구조의 결정요인에 관한 연구-주요산업별(가전, 석유, 간이음식, 주류, 자동차) 비교분석," 창간호, 1996.

12) Dwyer, F. Robert, and Sejo Oh, "A Transaction Cost Perspective on Vertical Contractual Structure and Interchannel Competitive Strategies," *Journal of Marketing*, 52, April 1987, pp. 21-34.

13) Williamson, Oliver E., *Markets and Hierarchies: Analysis and Antitrust Implications*, New York: Free Press, 1975; Ruekert, Robert W., Orville C. Walker, and Keneth J. Roering, "The Organization of Marketing Activities: A Contingency Theory of Structure and Performance," *Journal of Marketing,* 49(1) Winter 1985, pp. 13-25; John, George, "An Empirical Investigation Some Antecedents of Opportunism in a Marketing Channel," *Journal of Marketing Research,* 21(3), August 1984, pp. 278-289.

14) Aanderson, Erin and Barton Weitz(1986), "Make-or-Buy Decision: Vertical Integration and Marketing Productivity," *Sloan Management Review*,(Spring), pp. 3-19.

15) Williamson, Oliver L.(1975), *Market and Hierarchies*, New York: The Fress Press.

16) _____ (1979), "Transaction-Cost Economics: The Governanceof Contrctual Relation," In Jay B. Barney and William G. Ouchi (eds). (1986), Organizational Economics, Jossey-Bass Publishers, pp.98-129.

17) _____ (1985), The Economic Institution of Capitalism, New york, The Free Press.

부 록 ──

자동차 유통경로구조의 제조-구매 결정(조직패턴, 지배형태):
거래비용접근법(TCA)을 중심으로

──

우리나라 자동차 유통경로 구조의 지배형태가 성립되고 변화하는 과정의 원인들에 대하여 제조-구매 의사결정 모형을 중심으로 검토해 보고자 한다. 이는 기존의 제조업체 직영 유통구조가 형성된 배경과 최근의 딜러제 도입현상을 TCA를 바탕으로 한 제조구매의사결정 모형을 바탕으로 설명해 보려는 것이다. 따라서 시기적으로 서로 다른 상황에서의 의사결정을 두단계로 나누어 검토하게 될 것이다.

1. 제조업체 직영 유통경로의 형성배경 분석

우리나라 자동차 유통경로구조는 1980년대 말까지 거의 전부가 수직적으로 통합된 기업형 유통경로의 형태를 띠고 있었다. 이러한 구조를 거래비용변수 및 수직적 통합에 따른 관리비용을 중심으로 분석해 보면 다음과 같다.

(1) 경쟁의 감소

1) 소수의 참여희망자

공급자 시장의 경쟁의 감소는 시장의 실패를 야기시켜 수직적 통합의 효율성을 증가시키는 중심적인 역할을 하는데, 우리나라 자동차 유통경로구조의 형성에도 이러한 요인이 작용했다고 보여진다. 즉 자동차산업 분야에서 제조업체 이외에는 자동차의 유통을 담당할 만한 참여희망자가 많지 않았었다. 이는 자동차 유통활동을 수행하기 위해서는 어느 정도의 자금력과 기술력이 필요한데 이러한 능력을 갖춘 기업이나 개인이 많지 않았던 것과 자동차 유통구조가 제공하는 유인이 그리 크지 않았던 데에 기인한다. 이러한 요소들에 대해 좀 더 자세히 살펴보면 다음과 같다.

첫째, 우리나라의 자동차 산업이 본격적으로 대량생산체제를 갖춘 것은 1980년대 중반 이후이므로, 관련 산업의 종사자가 그리 많지 않았다. 즉 자동차 산업에 대한 경험과 더불어 자금력 및 기술력을 갖춘 사업자가 그만큼 적었다는 것이다. 이는 자동차 관련 사업, 즉 중고차 매매업이나 부품판매업, 정비업 등이 영세한 사업자에 의해 수행되고 있는 현실에서도 충분히 유추할 수 있는 것이며, 국내 자동차의 딜러들이 자동차 산업 경험이 별로 없는, 주로 자금력을 보유한 인사들이거나 영업사원 출신으로서 소규모 위탁판매인의 역할만을 수행하는 데에서 확인할 수 있다. 또한 과거에는 경제규모도 작았으므로 금융서비스의 제공 등 본격적인 딜러의 역할을 수행하기 위한 충분한 자금력을 가진 사업자도 많지 않았던 것이다.

둘째, 위의 요인과 함께 그들에 대한 유인도 적었으므로 딜러제 참여 희망자가 많지 않았다. 이는 (1) 자동차 제조원가가 너무 높고, 관련 세금이 너무 많아서 딜러에게 보장할 이윤이 적었고, (2) 자동차 관련사업이 정상적인 유통구조를 가지고 있지 못하므로 신규참여자에게 상대적으로 유인이 적었던 데 기인하는 것이다. 먼저 자동차 제조원가가 너무 높다는 사실은 딜러에게 보장할 이윤이 적어 참여 희망자에게 매력적인 유인이 되지 못한다는 것과 함께 딜러제의 도입시 가격인상이 불가피해 가격 경쟁력이 감소될지 모른다는 부가적인 결과까지 낳는다. 또한 자동차에 부과되는 세금은 총 11종으로 제조원가의 21-64%에 달해 매우 높은 편이고(기아경제연구소 1990), 이에 따라 자동차의 판매가격도 외국에 비해 매우 높은 편이다.

다음으로 자동차 관련사업이 정상적이지 못하여 신차판매를 매개로 한 정비사업과 중고차매매업, 부품공급 등을 통해 얻을 수 있는 수익을 감소시키므로 신규참여자에는 상대적으로 유인이 적은 결과를 낳는 것이다. 이는 (1) 정비업의 경우, 1991년까지 허가정수제에서 자유제나 마찬가지인 허가제로 바뀜에 따라 ⓐ (허가제에 의해) 딜러가 정비업을 할 수 없는 경우와, ⓑ (경쟁이 많아짐에 따라) 정비업을 해도 수지가 신통치 못하다는 상반되는 결과가 발생했다. 또한 경쟁수준이 높아짐에 따라 인력난 및 인건비의 증가로 인한 관리비의 증가, 자동차 산업의 정상궤도 진입에 따른 불량률의 감소에 따라 수익성이 과거와 같지 못하다. 따라서 업계에서는 이제 정비업이 사양업종이라는 인식이 널리 확산되고 있다. (2) 중고차 매매업의 경우, 중고차 매매시 허가된 사람만이 관인 계약서를 작성해야 하는 등 형식적인 조항이 많으며, 주차공간의 확보 등 허가기준이 까다롭고, 또한 사업자 거래가 일어나지 못하고 위장 알선 거래(당사자 거래)가 주로 이루어짐에 따라 중고차 구매와 판매시점에서 합리적인 가격이 형성되지 못한다. (3) 부품의 경우에도 대부분의 부품이 조립용으로 투입됨에 따라 충분한 부품이 공급되지 못하고 있으며, 그 유통구조도 비정상적인 경로가 많이 존재한다. 이러한 요인들은 신규참여자에 대한 유인을 감소시키는 역할을 하는데, 이는 역으로 만약 이러한 요인들이 개선된다면 자동차 산업이 여러가지 사업을 함께 할 수 있으므로 수익성에서는 오히려 잠재력이 큰 사업이라는 것을 의미할 수도 있다.

2) 기업 및 판매원 특유능력과 규모의 경제

기업특유능력은 특정회사를 위한 마케팅활동을 수행하는 데 요구되는 특별한 지식이나 기술을 의미한다. 앞에서 언급한 바와 같이 자동차 산업에 참여하기 위해서는 일정 수준의 기술력 등이 필요하므로 산업경험이 요구되는데, 이는 산업경험을 갖추지 않은 대리인으로 대체하는 데 어려움으로 작용할 것이다. 또한 우리나라의 자동차 판매에 있어서는 영업사원과 고객과의 관계에 많이 의존하므로 이는 판매원 특유자산의 역할을 하게 된다.

규모의 경제는 기회주의의 위협을 증가시켜 수직적 통합의 효율성을 증가시키지만 우리나라 자동차 산업에 대해서는 설명력이 떨어진다고 보여진다. 즉 제조업체의 생산량 중 1% 이상을 취급할 수 있는 능력을 갖춘 대리인이 존재하지 않는 상황이므로 제조업체는 절대적인 힘의 우위에 서있는 것이다.

이와 같이 경쟁의 감소는 거래비용접근의 논리와는 조금 상이한 의미를 갖는다. 즉 거래비용접근에서 설명하는 경쟁의 감소에 따른 수직적 통합의 효율성 증가는 주로 소수의 교섭 당사자에 기인한 기회주의의 위협에 대응하는 것이지만, 우리나라 자동차 산업에서의 경쟁의 감소는 주로 산업의 미성숙에 기인한 것이고 제조업체측이 커다란 상대적 힘의 우위에 서 있는 만큼 기회주의로 인한 위협으로 수직적 통합이 더 효율적이었다고 보기는 힘들다.

(2) 산업적 요인 - 제품수명주기의 함의

제품수명주기 상의 위치에 따라 기업특유능력의 차이와 환경적 요인의 차이가 존재하며, 이는 기업의 제조-구매 의사결정의 효율성에 영향을 미치게 된다. 이러한 제품수명주기에 따른 수직적통합의 효율성 변화는 우리나라 자동차산업에 있어서는 제품에 대해서라기보다는 산업에 대해서 적용된다고 할 수 있다. 즉 개별 제품에 대한 논리라기보다는 산업전반에 대해서 설명력이 더 큰 것이다.

자동차 산업은 현재까지는 성장기라고 볼 수 있으며, 이러한 요인이 유통경로구조의 형성에 많은 영향을 미쳤다. 산업의 도입기, 즉 초기에는 여건의 미비에 따라 직영 유통경로를 구축할 수밖에 없는데 이는 미국과 일본의 예에서도 살펴볼 수 있다. 또한 성장기에 있어서는 규모의 경제에 진입하기 위하여 생산의 중요성에 의해 유통경로에 대한 의사결정은 중요한 전략적 변수로 인식되지 못하며, 과거의 수직적으로 통합된 유통경로를 유지하게 된다. 여기에 우리나라의 자동차산업에서는 공급이 수요에 미치지 못하는 상황이었으므로 관리상의 이점 등 수직적으로 통합된 유통경로구조의 효율성이 더욱 커지게 된다.

요약하면 그동안 자동차산업은 성장기였으므로 시장화에 있어서 기업특유능력이 요구되고, 산업의 미성숙으로 외부대리인의 확보가 어려웠으며, 수요가 공급을 초과하는 전형적인 공급자 시장이었으므로 수직적 통합의 효율성이 더욱 컸다는 것이다.

(3) 환경적 요인

우리나라 자동차의 유통경로가 내부화된 이유에는 환경의 요인도 많이 작용한 것으로 보여진다. 첫째, 기업의 내적 환경에 있어서 중앙집권적인 통제를 선호했다고 할 수 있다. 이는 우리나라 대기업들의 공통적 특성으로 볼 수 있는데 일사분란한 관리체제에 대한 선호와 산업초기의 특성, 즉 직영의 불가피함이 결합되어 유통경로에 대한 수직적 통합의 결과를 낳았다고 할 수 있다. 둘째, 외적 환경에 있어서는 우리나라의 사회·문화적 환경, 특히 소비자의 특성이 영향을 미쳤다고도 볼 수 있다. 즉 과거 우리나라의 소비자들은 대규모 제조업체로부터 직접 구입하는 것이 보다 나은 제품과 서비스를 제공받을 수 있으리라는 기대를 갖고 있었다. 이러한 특성은 통제의 강화를 선호하는 경영층의 특성과 함께 미국과 일본의 사회·문화적 특징과 비견되는 것이라 할 수 있다. 즉 여러회사의 제품을 계약에 의해 취급하는 미국의 멀티딜러나 제조업체와 딜러간의 밀접한 관계에 근거한 일본의 전매(배타적 경로)체제와 비교되는 것이다. 셋째, 규제집단의 영향으로써 정부의 높은 세금부과와 자동차 관련사업에 대한 까다로운 허가규정 등의 영향도 있었는데, 이에 대해서는 앞에서 이미 논의되었다. 넷째, 경쟁부문에서는 기존의 자동차 산업이 공급자 시장의 성격을 띠면서 상대적인 경쟁의 감소에 따라 마케팅 활동의 중요성이 인식되지 못하였는데 이는 과거에 승용차를 사기위해 계약 후 몇 달을 기다리거나, 쌍용차의 경우에는 사례금까지 지불했었다는 사실에서 확인할 수 있다. 이러한 요소들은 수직적으로 통합된 유통경로구조를 유지시키고 다른 대안에 대한 검토의 필요성을 감소시켰다.

(4) 관리비용

이상과 같은 수직적통합의 효율성을 증가시키는 변수에 대하여 그에 따른 관리비용은 그동안 큰 비중을 차지하지 않았다. 즉 영업사원의 유지비용이나 점포의 유지비용등이 충분히 받아들여질 만한 것으로 인식되어온 것이다. 그러나 점포수와 영업사원의 증가에 따라 영업효율이 떨어지는 면을 감안하고 수요의 지속적인 증가와 함께 점포수 및 영업사원의 증가가 필수적이라는 사실을 고려하면 이에 대한 관리비용이 기업측에서는 점점 더 큰 부담으로 작용하여 수직적 통합의 효율성을 재고할 필요성을 더욱 크게 할 것이다.

2. 딜러제 도입배경 분석

기존의 제조업체 직영 유통경로구조를 형성시킨 요인들은 1990년대 들어서면서 많은 변화를 겪고 있다. 여기에는 1980년대 말 이후 대량생산체제가 구축되면서 공급의 증가에 따라 공급자시장에서 수요자시장으로 변화되었고 산업의 성숙화에 따른 제반 여건의 마련, 임대료 등의 증가에 따른 관리비용의 증가 등이 영향을 미쳤다고 볼 수 있다. 여기서는 과거 수직적으로 통합된 유통경로구조를 형성시킨 요소들 및 제조-구매 의사결정에 영향을 미치는 변수들에 대하여 상황의 변화에 따른 현재의 상황에서의 의미들에 대해 평가해 본다.

(1) 공급자 시장의 경쟁

제조업체 직영의 유통구조를 형성시킨 가장 큰 요인인 참가희망자의 소수는 자동차 산업의 성장과 함께 많이 변화하고 있다. 즉 1980년대 중반 이후 우리나라의 자동차산업이 대량생산체제를 확립하면서 규모의 경제를 실현한 이후 국내시장이 급속히 성장함에 따라 관련산업의 종사자가 급증하고 있고 경제규모도 커져서 현재는 자동차 유통구조에 필요한 능력을 갖춘 참여희망자가 계속 증가하고 있다고 볼 수 있다. 이는 기아자동차 측에서 능력을 갖춘 딜러의 모집은 거의 어려움이 없다고 주장하는 데에서도 확인할 수 있다. 즉 아직 딜러를 공식적으로 모집하지 않은 상황임에도 불구하고 참여희망자의 문의 및 신청이 많다는 것이다. 물론 이러한 참가희망자들이 모두 충분한 능력을 갖추었는지에 대해서는 의문이며, 현재의 상황에 대한 대우 및 현대 자동차의 입장은 조금 상이하다. 즉 자동차산업이 정상궤도에 진입한 것은 사실이지만 미국, 일본과 같은 본격적인 의미의 딜러가 등장하기에는 아직 시기상조라는 것이다. 이들은 대개 자동차 산업이 성숙기에 도달하는 1990년대 말이나 2000년대에 이르러서야 생산과 판매의 분리를 의미하는 본래적 의미의 딜러제 도입이 가능할 것이라고 분석한다. 대우자동차에서 도입한 위탁판매인으로서의 딜러제는 이러한 상황에서 불가피한 것이며, 앞으로도 당분간은 이러한 체제의 유지가 이루어질 수밖에는 없다는 것이다. 이러한 논리는 기아자동차의 딜러제가 아직은 시험단계이며, 장기적 의사결정의 관점에서 시도되는 것이라는 기아자동차의 설명에서도 부분적으로 지지되는 것이다.

따라서 현재의 상황에서 미국, 일본과 같은 완전한 의미의 외부대리인, 즉 딜러의 본격적인 등장은 이르다고 판단되지만, 반면에 소수의 참여희망자에 의한 경쟁의 감소가 현실에 갖는 의미가 점점 약해지고 있는 것도 사실이며 수직적 통합으로 인한 효율성에 대해서도 다시 검토해야만 하는 시점에 다다른 것이다.

(2) 환경의 불확실성

자동차 산업은 경쟁의 증가와 차종의 다양화, 수요자 욕구의 다변화 등의 요소에 따라 환경의 불확실성이 더욱 증가하고 있다. 즉 최근의 자동차 산업은 대미자동차 수출환경의 급변과 자동차 대중화, 업체수 증가에 따른 공급과잉현상 및 완성차업체들의 라인업 강화 전략에 따라 경쟁이 치열해지고 있으며, 특히 자동차 대중화의 진전에 따른 영향과 경기부진, 자동차 수요를 억제하는 정책 전개 등에 의하여 수요증가율의 저하는 이러한 상황을 부추기고 있다. 또한 작년 초 대도시의 자동차 보유세를 50% 이상 인상할 수 있는 법적 근거를 마련한 이후, 1세대 복수차량 중과세 및 차고지 증명제, 소비자 금융 억제, 지프형 차에 대한 특소세와 자동차세 인상 등의 정책이 추진되고 있는 등 정부의 정책도 자동차의 보유를 억제하는 방향으로 전개되어 가고 있다.

즉 신규업체의 참여와 기존업체의 생산차종 확대, 과거에 비한 시장성장성의 둔화에 따른 경쟁의 심화와 함께 모델다양화와 자동차 대중화의 정착에 따른 소비자의 의식변화 및 욕구다양화는 환경의 불확실성을 더욱 높게 하고 있는 것이다.

이러한 환경의 불확실성은 분권화된 시스템보다는 중앙집중화된 시스템에 더욱 많은 어려움을 안겨 줄 것이다. 즉 불확실한 환경하에서 기회주의적 행동을 감소시키는 수직적 통합의 이점은 공급자 시장의 경쟁이 깨어졌을 때에만 가능한 것이다. 따라서 공급자시장의 경쟁의 정도가 낮았던 과거에는 수직적 통합이 환경의 불확실성에 대처하기 위한 의미있는 대안이었으나 외부대리인의 사용이 점차 용이해지고 있는 현 상황에서는 환경의 불확실성에 대처하기 위한 융통성의 확보, 즉 외부대리인의 사용에 의한 효율성이 더욱 커지고 있다고 할 수 있다. 그 실례로 최근 외제차 진출이 활발해지면서 이에 대응하여 국내 회사들의 딜러제 도입이 점차 확대될 조짐을 보이고 있다.

(3) 자동차 산업의 성장

과거 전형적인 공급자 시장을 형성해왔던 자동차산업은 공급이 수요를 초과하고 (이는 표 V-1에 잘 나타나 있다), 경쟁이 급격히 증가함에 따라 수요자 시장으로의 정착이 뚜렷해지고 있다. 또한 현재의 상황은 자동차산업이 성장후기에 접어든 것으로 평가되어 판매 및 유통이 더욱 중요시되고 있는 상태이다. 즉 자동차 산업에 있어서는 대체로 신규수요가 대체수요를 현저하게 능가할 때를 성장기로 파악하는데 이제는 대체수요가 신규수요에 근접해가는 성장후기라고 평가되는 것이다. 이러한 상황에 있어서는 제품을 취급할 능력과 관심을 가진 외부대리인의 경쟁적 시장이 형성되면서 판매는 예측가능해지고 마케팅 활동의 효과도 추적할 수 있게 되어 수직적 통합이 불가피한 상황들이 완화되고 외부대리인에 의한 효율성이 더욱 증가하게 된다.

표 Ⅴ-1   **승용차의 생산량 및 판매대수 비교***   (단위: 천대)

1991				1992				1993(전망)			
생산	판매			생산	판매			생산	판매		
	내수	수출	계		내수	수출	계		내수	수출	계
1,158	773	378	1,151	1,307	889	413	1,302	1,487	1,022	465	1,487

* 지프형차를 포함한 수치임.
자료: 기아경제연구소, 1992.

(4) 성과측정의 어려움

산출물을 통한 성과측정의 가능성은 자동차의 유통경로구조에서는 높은 것으로 평가된다. 물론 제조업체의 광고와 판촉활동에 대한 지원 등 마케팅 활동의 공동노력이 존재하지만 시장규모나 제품력 등에 의해 특정 지역의 판매 가능량을 예측함으로써 이를 극복할 수 있다는 것이다. 또한 현재의 영업소 등에서 이루어지고 있는 위장 판매(실제로는 판매되지 않았는데 판매된 것으로 보고하는 것) 등의 방법에 의한 성과의 위장과 같은 문제도 소유권이 이전되는 외부대리인의 사용하에서는 문제가 되지 않을 것이다.

(5) 무임승차 가능성

마케팅 활동을 수행하는 데 있어서 다른 사람의 노력에 무임승차할 가능성은 자동차의 판매에 있어서는 낮다고 평가된다. 자동차는 고관여 제품인만큼 고객은 여러 회사 및 여러 판매점의 조건을 비교해 본 후 구입하게 될 것이며, 따라서 특정 대리인의 무임승차의 가능성은 낮다고 할 수 있다.

(6) 관리 비용

산업의 성장기에 있어서는 큰 문제를 야기시키지 않았던 수직적 통합으로 인한 관리비용은 산업의 성숙 및 경쟁의 심화에 따라 기업측으로서는 점점 더 큰 부담이 되고 있다. 즉 점포수와 영업사원수의 증가는 지속적으로 이루어져야 하는데 수의 증가에 따른 영업효율의 감소와 임대료 등의 증가에 따라 이를 제조업체측에서 수행하기란 어려운 형편이다.

이외에도 제조업체 산하의 영업사원수가 너무 많아서 마케팅 활동을 원활하게 수행할 수 없다는 부담도 있다. 즉 판촉을 예로 들면, 영업사원이 너무 많아서 판촉물을 골고루 일시에 나눠주기에는 한꺼번에 너무 큰 자금이 들어가서 회사에 큰 압박이 된다. 또한 판매의 호조에도 불구하고 잇달아 추진되고 있는 신차개발 및 설비투자로 인한 비용증대와 무이자 할부판매 기간 확대등의 요인에 따라 수익성은 크게 악화되었으며(이는 자동차 업계의 영업실적을 나타내는 표 V-2에서 확인할 수 있다), 따라서 판매부문의 자금을 외부대리인으로부터 조달하여 생산에 전력할 필요성이 더욱 커지고 있는 것이다.

표 V-2 자동차업계의 영업실적 (단위: 억원)

	89년	90년	91년	92년
매 출 액	75,605	99,541	114,881	129,658
순 이 익	669	1,388	−608	−348

자료: 자동차공업협회, 자동차산업 현황, 1993. 4.

3. 분석결과

(1) 이론적 의미

이상에서 살펴본 바와 같이 우리나라 자동차 산업의 유통구조에 대한 제조−구매 의사결정 모형의 적용결과는 모형이 설명력이 있음을 보여주었으며, 산업이 성장, 성숙해감에 따라 거래비용 모형으로 설명할 수 있는 부분이 더 커질 것으로 판단된다. 즉, 초기에는 거래비용변수에 의해 야기되는 기회주의를 통제하기 위해 수직적 통합을 했다기보다는 산업의 미성숙과 기업의 전략적 환경에 의해 유통구조가 형성되었으나 시간이 흐르면서 공급자시장의 경쟁의 감소 및 이와 결합된 환경의 불확실성, 성과측정의 가능성 및 무임승차 가능성 등 수직적 통합의 효과성에 영향을 미치는 요소들의 변화 및 관리비용의 증가 등이 딜러제의 도입을 촉진한 것으로 나타난 것은 거래비용접근에 토대를 둔 제조구매결정모형의 적용가능성을 보여준 것이라 하겠다.

(2) 실무적 의미

본 연구에서의 유통경로구조의 결정모형에 의한 평가결과는 수직적통합의 효율성이 그리 높지 않은 것으로 나타났다. 즉 연구의 모형이 제시하는 여러 변수들은 외부대리인의 사용을 통해서 더욱 효율성이 개선될 수 있다는 함의를 제공하고 있는 것이다. 이는 공급자시장의 경쟁의 감소 및 이와 결합된 환경의 불확실성, 성과측정의 가능성 및 무임승차 가능성 등 수직적 통합의 효과성에 영향을 미치는 요소들의 변화 및 관리비용의 증가 등이 우리나라 자동차 산업에 대하여 점차 외부대리인의 사용을 지지하는 방향으로 변화하고 있음을 보여주는 것이다.

그러나 이러한 변화는 가장 중요한 변수인 공급자시장의 경쟁의 정도에 대한 인식에 따라 인식의 정도와 실현성에 차이를 보이고 있다. 즉 산업의 성장과 함께 장기적으로는 공급자시장의 경쟁의 정도가 증가할 것이라는 데에는 모든 응답자가 동의를 하고 있지만, 현재의 상황이 외부화의 효율성을 충분히 달성할 수 있을 만큼 잠재적 외부대리인이 충분한 것인지에 대해서는 업체마다 입장의 차이를 보이고 있으며, 이는 각 업체별 유통경로구조의 상이함에서도 뚜렷이 볼 수 있다.

그러나 이러한 인식 차이는 자동차 유통경로의 장기적인 외부화(제조보다는 구매선호)의 흐름 아래에서 기업들간의 전략적 의사결정의 단기적인 차이를 나타내고 있는 것으로 보여진다. 즉 대우자동차의 직영과 소규모딜러의 혼합시스템과 기아자동차의 딜러제 시험도입, 현대자동차와 현대자동차서비스의 이중적인 관계 등은 외부화로 나아가는 방법상의 차이를 의미할 수도 있는 것이다. 이와 같은 중간적 과정에는 이외에도 당분간 이러한 양극단의 방법을 혼용하여 성과상의 차이를 검토하는 방법이나, 대우자동차가 암시하는 바와 같은 수직적 통합의 중간적인 형태의 유통경로가 이용될 가능성도 있을 것이다.

결국 이러한 변화는 생산초기에는 직영체제를 유지하다가 산업의 성장과 함께 자연스럽게 딜러제를 정착시킨 미국과 일본의 경우와 유사한 과정을 밟는 것으로 보여진다. 그러나 국내에서 미·일과 같은 의미의 딜러제를 실시하는 데 충분한 여건이 갖추어 졌는지 등에 대한 보다 심층적인 연구가 향후 기대된다.

제 8 장   유통경로구조의 설계

제 1 부   유통관리의 전반적 체계

제1장   유통관리의 전략적 접근체계
 1. 유통관리의 접근시각: 시장지향적 접근
 2. 유통경로 발생의 근거
 3. 유통기능(역할)
 4. 유통관리의 전반적 체계

⇩

제 2 부   유통환경변화의 이해 및 표적시장의 선정

제2장   유통환경변화의 파악과 영향 분석
제3장   구매욕구세분화, 표적구매자시장, 그리고 유통목표의
        정립: 표적유통전략

⇩

제 3 부   유통전략의 수립 1: 유통경로구조(시스템)의 설계

제4장   소매: 형태(구조)와 전략   제7장   유통경로의 조직패턴
제5장   도매: 형태(구조)와 전략   제8장   유통경로구조의 설계
제6장   물류관리

⇩

제 4 부   유통전략의 수립 2: 경로구성원 조정체계의 설계

제 9 장   힘(영향력) 행사
제10장   갈등관리
제11장   경로의사소통 및 유통정보시스템

⇩

제 5 부   유통활동의 성과평가 및 조사

제12장   유통활동의 성과평가
제13장   유통조사

⇩

제 6 부   특정 상황 속에서의 유통관리

제14장   서비스산업에서의 유통관리
제15장   프랜차이즈 유통관리
제16장   인터넷 시대의 유통관리

제 8 장

유통경로구조의 설계

학습목표

1. 유통경로구조(시스템) 설계의 구성요소 파악
2. 유통경로구조 설계의 단계별 접근
3. 유통경로구조 설계상의 경로구성원 수의 결정
4. 유통경로구조 설계상의 경로구성원에 대한 보상

글로벌 SPA 의류 브랜드의 수직적 유통경로 구조: 유니클로(Uniqlo)와 자라(Zara)

유니클로의 파트너형 수직 계열화: 유통업체로 시작한 유니클로는 1990년 중국에 생산기지를 만들면서 기획에서 생산까지 직접 담당하는 수직 계열화 체제, 즉 SPA 체제를 구축하게 되었다. 야나이 회장에 따르면 '일본 소비자에게 세상의 옷이란 값비싼 브랜드 의류와 값싼 노브랜드 의류 두 종류밖에 없는데, 결국 싸고 좋은 옷을 공급하여 성공하기 위해 SPA 체제를 선택했다'고 한다. 그러나 유니클로의 수직적 통합은 Make형, 즉 자체공장 체제가 아니라 '파트너'형, 즉 전략적 제휴 체제로 볼 수 있다. 생산의 90%를 담당하는 중국을 중심으로 약 70개사의 파트너와 거래를 하고 있는데, 이들을 장기 파트너로 인식하고 적극적인 기술지원과 철저한 품질관리를 통해 100만 단위로 대량 생산되는 상품에 대해서도 높은 품질을 유지하고 있다. 기술지원은 일본 섬유산업에서 30년 이상의 경험을 가진 기술자 집단인 유니클로 '마스터팀'이 담당하는데, 방적, 방직, 직포, 염색, 봉제, 마무리, 출하에 이르기까지 공정관리 전반에 걸친 기술을 파트너 공장에 전수하고 있다. 아울러 상하이, 심천, 호치민 등 주요 생산거점의 생산관리 사무소에 주재하는 170여명의 유니클로 생산관리담당자가 매주 공장에 가서 품질을 체크하고 있다. 수직적으로 계열화된 가치사슬(value chain) 구조 속에서

〈유니클로의 파트너형 수직 계열화〉

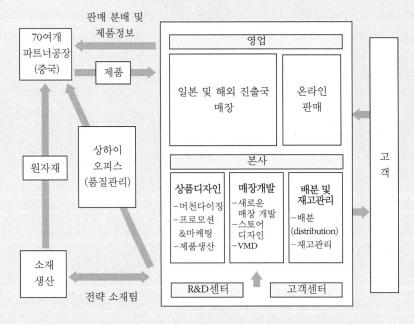

이른바 '토털 프로듀서'를 지향하는 것도 패스트 패션의 근간이 되는 빠른 의사결정과 소비자 욕구 반영을 가능하게 해준다. 여기서 토털 프로듀서란 가치사슬 전 과정의 담당자들이 함께 모여 의사결정을 하는 시스템을 말한다.

자라의 수직적 통합: '디자인-생산과정-유통'의 수직계열화, 그중에서도 디자인과 생산과정의 수직적 통합은 인디텍스 사업모델이 작동할 수 있는 가장 큰 원동력 중의 하나다. 생산과정의 수직계열화와 조직의 유연성은 빠르게 고객의 니즈를 만족시켜 줄 수 있도록 한다. 인디텍스의 생산 과정 중 절반 정도는 스페인과 포르투갈, 모로코, 그 외 다른 인접 유럽국가에서 이루어진다. 2008년에는 전 세계적으로 약 1,200개의 납품업체들과 견고한 협력관계를 맺고 있다. 자라는 모든 제품의 60% 정도를 인하우스(In-House)방식으로 조달함으로써 최신의 트렌드를 15일 정도에 상품화하는 시스템을 갖추고 있다. 때문에 일주일에 2회 신상품을 전 세계에 투입할 수 있는 초고속 생산이 가능하다. 스페인 본사에는 축구장 크기의 90배에 달하는 50만 평방미터에 완전 자동화 물류 시스템을 갖춘 물류센터가 운영되고 있는데, 여기서 매주 수요일과 토요일에 상품을 각국의 점포별로 구분해 그 다음 주 목요일과 일요일 아침에 전 세계에 출고시키고 있다. 생산과 물류의 자체 처리는 빠른 속도뿐만 아니라 생산을 모두 외부에 의뢰했을 경우 발생할 수 있는 품질불량 및 납품지연 등과 같은 문제점을 예방할 수 있다는

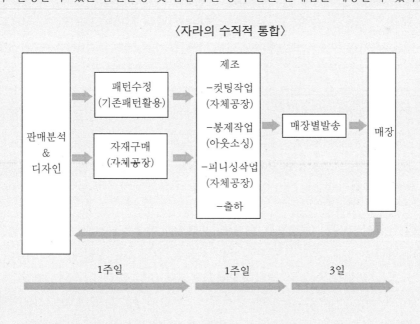

〈자라의 수직적 통합〉

장점도 제공해준다. 심지어 원단의 40%에 달하는 물량을 직접 제조하여 계열사를 통해 염색 작업을 수행할 정도이다. 자라의 경우 300여명의 디자이너로 구성된 디자인팀이 거리와 매장에서 수집한 소비자 욕구와 패션 트렌드를 곧바로 디자인에 반영한다. 디자인과 생산의 긴밀한 협업을 가능하게 하는 지리적 근접성, 그리고 협업문화를 통해 이룩한 수직적 통합은 자라가 가지고 있는 최대 장점이다.

자료원: 김주헌, 이상윤(2009), "글로벌 SPA 의류브랜드의 한국시장 진출: 유니클로(Uniqlo)와 자라(Zara)," 국제경영리뷰, 13(4), 271-297.

　　유통경로는 일단 구축되면 단기적인 조정을 제외하고는 구조적인 변경이 매우 어렵다. 이는 유통경로구조의 결정을 하기 전에 다양한 변수들을 신중하게 고려해야 할 필요가 있음을 의미한다. 유통경로구조의 설계에는 경로구성원의 형태, 경로구성원의 수, 경로 조직 패턴, 경로구성원의 선정 등 다양한 의사결정이 포함되어야 한다. 이는 〈그림 8-1〉에 정리되어 있다.

　　경로구성원의 형태결정은 소매상, 도매상 등 경로구성원 각각의 형태(구조)와 전략에 대한 이해를 바탕으로 한 경로의 길이와 업태의 선정을 의미한다. 즉 〈그림 8-2〉에서와 같이 소비재의 유통경로대안은 여러 가지가 있을 수 있다. 이 중 가장 적합한 경로 형태가 어떠한 것인지를 결정하여여 한다.

　　경로구성원의 수 결정은 유통경로가 포괄하는 시장의 범위를 의미한다. 되도록이면 많은 고객에게 접근하기 위해서는 개방적 경로를 통해 시장 포괄범위를 넓혀야 한다. 그러나 선택적 경로인 경우는 소수의 몇몇 경로구성원을 사용하여 시장포괄범위를 줄이며, 전속적 경로인 경우에는 경로구성원의 수를 최소한으로 한정하여 시장포괄범위를 제한하는 것이다. 이러한 결정은 경로상에서 제공하는 구매서비스에 맞게 선택되어야 한다.

　　또 하나의 결정은 경로조직 패턴의 결정으로 유통경로상의 기능을 직접 수행할 것인지 아니면 경로상의 다른 구성원을 사용할 것인지를 결정하는 것이다. 전통적 경로는 모든 기능을 독립된 경로구성원으로부터 조달 받는 것이며, 수직적 경로는 관리형, 계약형, 기업형으로 크게 구분되어 그 순서대로 유통경로기능을 직접 수행하는 정도가 높아진다. 수직적 경로는 업계에서는 계열화라고도 일컫는다.

　　만약 유통경로상의 기능을 외부에서 구매하기로 결정하였다면 그 기능을 구체적

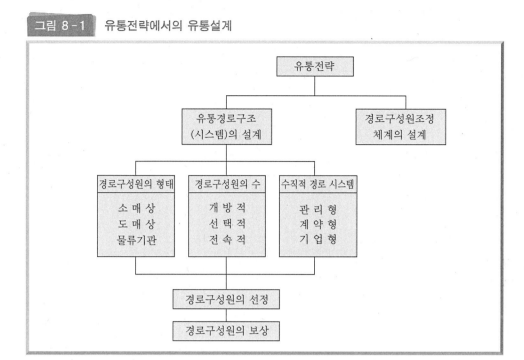

그림 8-1 유통전략에서의 유통설계

으로 누구로부터 받을 것인지를 결정하여야 한다. 이러한 결정을 위해서는 경로구성원의 선택기준이 정해져 있어야 하다.

동시에 이들 경로구성원에 대한 보상체계가 마련되어야 한다. 보상체계는 유통경로의 기능을 원활하게 수행할 수 있는 동기 부여의 역할을 하기 때문에 경로구성원 관리의 핵심적 고려사항의 하나이다.

유통경로설계를 제대로 수행하기 위해서는 다음과 같은 질문에 답을 할 수 있는

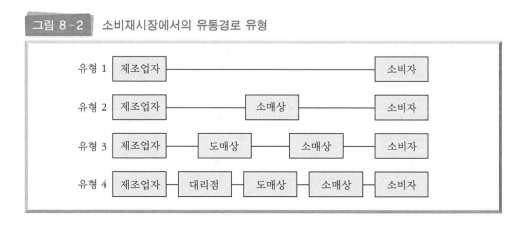

그림 8-2 소비재시장에서의 유통경로 유형

지를 지속적으로 검토하여야 한다.

---

① 최종고객의 유통서비스 기대 수준을 만족시켜 주기 위해 유통경로상에서 어떠한 서비스가 제공되어야 하는가?
② 상기의 서비스를 수행하기 위해 유통경로상의 어떠한 기능들이 수행되어져야 하는가?
③ 상기의 기능을 적절하게 수행할 수 있는 소매상 및 도매상, 물류기관 등의 업태나 형태는 무엇인가?
④ 시장을 포괄하기 위해서 필요한 경로구성원의 수는 얼마나 되어야 하는가?
⑤ 경로구성원을 외부에서 조달할 것인가 아니면 직접 수행할 것인가?
⑥ 상기의 기능들을 수행하기에 가장 적합한 경로구성원은 누구인가?
⑦ 경로구성원에게 어떠한 보상 메커니즘이 있어야 하는가?

　지금부터 경로설계에 대한 구체적인 절차를 설명할 것이다. 유통경로 설계는 매우 다양한 의사결정을 포함하고 있기 때문에 이에 대한 체계적인 절차에 따르는 것이 바람직하다. 여기서는 경로설계의 단계를 10단계로 나누어서 설명하고자 한다. 이러한 경로구조결정은 표적시장별로 이루어지지만 나아가 표적시장간의 시너지도 고려되어져야 한다. 즉 각 표적시장별로 결정된 유통경로간에 공동으로 추진하여야 할 사항 등을 고려하여 결정된 그들간의 시너지를 도출할 수 있어야 한다.

　또한 경로설계를 위한 단계는 보다 구체화될 수 있다. 즉 다음에서 제시하는 10가지의 단계 중 특정 단계를 보다 강화할 수 있다. 그러나 기본적으로 제시한 10단계는 소홀하게 취급되는 일이 없어야 할 것이다. 경로설계에 대한 매뉴얼이 책 부록 유통경로전략수립 매뉴얼에 포함되어 있으니 본 장의 내용과 함께 활용해 보기 바란다.

제1절 경로설계의 10단계

　지금부터 유통경로구조 수립의 절차를 10단계로 나누어 설명하고자 한다. 10단계 절차는 새로운 경로나 추가적인 경로의 설계 혹은 기존경로의 개선 등 다양하게 이용되어질 수 있다. 한편, 이들 단계는 편의상 생략할 수 있는 성격의 것이 아니므로 의사결정의 기간이 길어질 수 있는 점을 유의해야 하며, 경로변화에 있어서 신중한 접근이 요구됨을 다시 한번 강조해 둔다.

(1) 단계 1: 제품 / 서비스의 가치 확인

유통경로구조를 설계함에 있어서 첫째 원리는 판매하고자 하는 제품이나 서비스의 가치를 확고히 해야 한다는 것이다. 만일 고객이 제품이나 서비스의 효용을 제대로 인식할 수 없다면 아무리 잘 고안된 유통경로일지라도 그것은 쓸모없는 것이 될 것이다. 즉 유통경로를 통해 약한 제품력을 강하게 만들기는 불가능한 것이다. 제품이나 서비스의 장기적 경쟁력 우위를 전제로 한 후에 고객의 유통서비스 욕구를 파악해서 이를 충족시켜 줄 수 있는 유통경로를 설계하는 것이다. 고객의 욕구 파악은 유통경로와 관련한 고객조사를 통해 세분시장을 나누는 것에서부터 시작한다.

(2) 단계 2: 최종고객의 세분시장분석(Zero-Base접근)

최종고객이 원하는 것이 무엇인지, 특히 실제 구매상에서 기대하는 서비스 욕구가 무엇인지를 파악하는 것이 매우 중요하다. 보다 구체적으로는 '첫째, 제품에 기초해서 구분되어진 각 세분시장에 관계없이 최종 고객이 구매절차상에서 공통적으로 원하는 것이 무엇인가?' '둘째, 이러한 욕구들이 각각의 세분시장에서는 어떠한 차이를 보이는가?'에 대한 답을 이끌어 내어야 한다. 이에 대해서는 제3장 구매욕구세분화, 표적구매자시장, 그리고 유통목표의 정립에서 자세히 언급되었으므로 여기서는 하나의 실무적인 접근방법을 소개하기로 한다.

특정 제품에 대한 최종고객은 그 제품의 특성을 고려한 특정 구매서비스 욕구를 갖게 된다. 개인용 컴퓨터에 대한 예를 든다면, 제품의 시험작동(Demonstration), 장기 제품보증, 정확한 배달, 지불절차의 융통성, 사용상의 조언, 설치 및 수리, 기술적인 자문 그리고 기타의 서비스 제공 여부 등에 관심을 가질 것이다.

이때 구매상에서 최종고객이 원하는 서비스를 유통경로상에서 제공하기 위한 방법에는 크게 두 가지가 있다. 하나는 세분시장들간의 구매욕구의 공통점을 찾아 이를 제공하는 것이고, 또 하나는 세분시장 각각의 구매욕구를 만족시키기 위한 구매서비스를 제공하는 것이다. 예를 들어 〈표 8-1〉에서는 사무기기에 대한 최종고객의 구매서비스 요구 수준을 나타내고 있다. 다섯 개의 세분시장이 존재하는데 공통적으로 '구매상의 지원'에서 높은 기대 수준을 나타내고 있다. 여기서의 시사점은 어떠한 유통경로를 설계하더라도 구매상의 지원이 가능한 유통경로를 택하여야 하는 것이다.

표에서 알 수 있듯이 사무기기와 관련된 다양한 구매욕구(첫째 열)에 대한 고객의 중요도를 확인할 수 있다. 그리고 각각의 세분시장별로 다른 세분시장에 대해 두

| 표 8-1 | 사무기기에서의 최종고객의 구매서비스 기대 수준 |

서비스 산출물 (구매욕구)	세분시장				
	브랜드 다양성 / 전시	지원촉진	관 계	가격 민감도	제품 다양성 / 조언
지속적인 관계 / 개인적 방문	13	8	30	6	11
제품 / 조언의 폭넓 음의 정도	13	8	13	7	29
지원 / 유지 / 신뢰성	23	58	29	33	32
브랜드 다양성	14	8	8	8	6
저 가 격	20	9	10	37	12
제품전시	17	9	10	9	10
총 합	100	100	100	100	100
세분시장에서의 수익률	21%	26%	25%	15%	13%

드러진 중요도를 보이는 구매욕구에 따라 그 세분시장의 특징을 이름(음영처리한 부분)으로 정하고 있다.

상기의 특성을 고려하여 구매욕구 시장세분화의 다음 절차인 표적구매자시장을 선정하여야 한다. 물론 고객의 구매욕구만으로 표적구매자시장이 결정되는 것은 아니고 경쟁관계, 자사의 특성이 모두 고려된 세시장의 전반적인 매력도를 검토하여야 한다(제3장 부록 참고).

단계 2에서 주의해야 할 점은 표적 구매자시장에 제시할 유통경로가 기존 경로와의 비교에서 만들어지는 것이 아니고 최종고객의 구매욕구에 초점을 맞추어 새롭게 확인되어져야 한다는 것이다. 이는 유통경로 설계는 새로운 시각으로 설계되어야 함을 강조하는 것이기도 하다.

(3) 단계 3: 최종고객을 위한 소매점포(Outlet)의 설계

상기에서 확인된 표적세분시장 즉, 표적구매자시장의 분석을 통해서 가장 적합한 이상적인 소매형태가 무엇인지를 확인하는 것이다. 예컨대, 내구재 가전제품에서, 어떤 고객 집단이 낮은 가격, 셀프 서비스, 다양한 구색, 애프터서비스, 다양한 브랜드, 그리고 근검절약의 사회분위기 등에 긍정적 태도를 취한다면, 이들은 파격적으로 싼 가격을 제시하면서 신뢰할 수 있는 현재의 할인점과 같은 형태의 소매를 선호할 것이라는 결론에 도달할 수 있다.

산업재의 예를 하나 더 들자면, 특정 고객이 적절한 가격, 신속한 납기, 신용거래기간의 확대, 높은 수준의 제품 깊이와 폭, 간소한 주문절차 등의 서비스를 원하고 있다면, 제조업자의 유통센터보다 완전서비스를 제공하는 독립 대리점이 더 적합할 것이다.

이상적인 소매점포를 설계하기 위해서는 앞서 3장에서 정립된 표적세분시장의 특성과 유통목표를 우선 명확히 확인하여야 한다. 특히 유통목표 중 효과성차원의 목표 즉 표적고객에게 제공할 주요서비스의 수준과 구체적 유통(마케팅) 기능의 내용을 확인하여야 한다. 이를 위해서는 소매점포가 어떠한 특성을 갖는지 정확하게 분석하여야 함은 물론이다. 〈표 8-2〉는 자동차를 판매하기 위한 소매점포의 특성을 파악하기 위하여 조사한 사항들을 요약하고 있다. 이를 바탕으로 기존의 내외적 여건을 고려하지 말고 가장 이상적인 소매점포의 형태를 서술하여야 한다. 백화점형 자동차 소매점포나 할인점형 점포 등이 그 한 예가 될 것이다. 여기서 백화점이나 할인점의 의미는 꼭 해당 제품을 백화점이나 할인점에서 유통시킨다는 것을 의미하기보다 백화점의 소매특성, 할인점의 소매특성을 검토하라는 의미를 갖는다. 백화점의

표 8-2 자동차 소매점포 선정시 고려사항

업 태	소 매 특 성
백 화 점	다양한 브랜드, 모든 모델, 고품위 장식, 매장내 적정 재고, 다양한 서비스, 편리함
대중양판점	어느 정도의 다양한 브랜드, 어느 정도의 다양한 모델, 대규모 재고 보유, 제한된 서비스, 편리함
고가 전문품점	대부분의 고품위 브랜드와 모델, 고품위 장식, 무재고, 주문에 의존, 부가 서비스 지원, 편리함
슈퍼마켓	대부분의 유명 브랜드, 최신 소비 모델, 제한된 서비스, 적절한 가격
편 의 점	선택적인 최신 소비, 브랜드와 모델, 제한된 구매 후 서비스, 높은 편의성, 고가격
창 고 점	대부분의 유명 브랜드, 최신 소비 모델, 장식 거의 없음, 제한된 서비스, 구매 후 서비스 없음, 낮은 편의성, 매우 저렴한 가격
카탈로그 판매	대부분의 유명 브랜드, 최신 소비 모델, 특별 주문에 의존, 제한된 서비스, 구매 후 서비스 없음, 반품정책, 편리함, 적절한 가격
할 인 점	대부분의 유명 브랜드, 저렴한 경제적 모델, 장식 거의 없음, 제한된 서비스, 구매 후 서비스 없음, 편리함, 저렴한 가격
기존 소매상	단일 브랜드, 모든 모델, 충분한 재고, 많은 서비스, 편리함
부상하는 소매상	다양한 브랜드, 모든 모델, 많은 서비스, 낮은 편의성

| 표 8-3 | 내구재 전기제품에 있어서 이상적 점포의 도출 | | |

표적세분시장	가격 민감형 고객	가격 및 핵심서비스 중심고객	관계 중심형 고객
주요 구매욕구 특성	• 낮은 가격	• 낮은 가격 • 교육 지원 • 신속한 수리 • 다양한 브랜드	• 사용상의 자문 • 제품정비 • 신속한 수리 • 교　육
유통목표 중 효과성 목표에 초점 (주요서비스 관련 마케팅 기능의 확인)	• 저가격 욕구를 충족시켜줄 수 있어야 함 • 부가적인 서비스는 별도의 가격으로 제공되어야 함	• 낮은 가격을 제공할 수 있어야 함 • 'push' 판매가 가능하여야 함 • 교육이 가능하여야 함 • 수리 등 구매 후 서비스를 수행하여야 함	• 제품관련 정보를 원활하게 전달하여야 함 • 구매 후 교육과 지원이 제공되어야 함 • 인간적 관계형성이 가능하여야 함 • 다양한 제품과 브랜드를 제공하여야 함
이상적인 소매점포 형태	통신판매나 할인점 특성을 혼합한 소매상	강력한 교육/수리에 힘입은 저가격 소매상	높은 지원의 제공을 기초로 한 소매상

소매특성은 표에 나타난 것과 같이 다양한 브랜드의 보유, 모든 모델의 취급, 고품위 실내 및 실외 장식, 매장내 적정 재고의 유지, 다양한 서비스의 제공, 각종 편의성 제공 등이라고 요약할 수 있다(각각의 소매업태에 대한 특성은 제4장을 참고하기 바람).

　　단계 3에서 중요한 점은 단계 2에서 수집된 고객의 자료가 매우 중요하게 역할하고 있다는 것이다. 고객이 원하는 구매서비스와 이를 충족시킬 수 있는 적합한 소매점포의 도출은 매우 밀접하게 연계되어져야 한다. 만약 이 두 단계에서 근시안적으로 접근하게 되면 이후의 모든 단계는 실패할 가능성이 크게 되므로 각별한 주의가 요망된다. 이를 종합하여 〈표 8-3〉에서 내구재 전기제품의 예를 제시하였다.

(4) 단계 4: '이상적' 유통경로구조(시스템)의 설계

　　'이상적' 유통시스템의 설계는 두 가지를 포함한다. 하나는 단계 3에서 살펴본 소매점포가 현실적으로 가능한 것인지 점검하는 단계이다. 여기에는 전문가들의 의견을 듣는 것이 중요하다. 전문가들이 생각하기에 실현 불가능하거나 시도하기 어려운 방법으로 속성들을 결합한 점포는 피한다는 생각을 해야 한다. 예컨대, 가격은 저렴하며 서비스 또한 높은 수준을 유지하여야 한다면 두 가지 기준 중 하나는 소홀해지기 쉬운 것이다.

또 하나는 소매점포의 개념이 제대로 작용하게 하기 위한 다른 경로구성원의 설계이다. 소매점포가 아무리 고객의 구매욕구를 충족시킬 수 있도록 잘 설계되어 있다고 하더라도 소매점포는 단독으로 유통기능을 수행할 수 없으며, 다른 경로구성원들의 상호작용 및 긴밀한 협조에 의해서 이루어질 수 있다. 이는 소매점포가 유통시스템 전체의 최종지점이므로, 최종고객을 위한 소매점포를 실현하기 위해서는 전체 유통시스템에 대한 설계가 수행되어야 함을 의미한다.

소매점포를 지원할 수 있는 유통경로의 설계를 위해서는 유통경로상의 기능을 살펴봐야 할 필요가 있다. 이것은 유통경로상의 기능을 정확하게 파악함으로써, 이 기능을 어떻게 수행해야 할 것이며, 누가 이를 수행할 것인가를 결정하여야 한다. 산업, 제품, 기업의 특성에 맞게 적합하도록 유통기능의 세부항목을 재구성하여야 한다. 유통기능을 수행하기 위해서는 그만큼의 비용을 지불하게 되는데 〈표 8-4〉에서는 유통기능별 유통시스템의 점검목록을 관련 비용과 함께 제시하고 있다(유통기능에 대한 내용은 제1장을 참고하기 바람).

또한 유통경로구성원의 설계에 있어서 한 가지 더 고려해야 할 것이 있는데 이는 경로 조직패턴의 문제와 관련된 것이다. 즉 경로상의 기능을 외부에 맡길 것인지 아니면 내부화된 조직(Vertical Integrated System)을 이용하여 자체적으로 수행할 것인지를 결정하여야 한다. 이러한 결정을 '제조(Make)혹은 구매(Buy)'의사결정이라고 한다.

거래비용의 감소, 효과적인 통제, 경로 기능의 원활한 흐름 등 내부화를 통한 기업의 이익이 있기는 하지만, 현실적으로 이러한 기능을 모두 수행하기 위한 관리상의 비용이 너무 커서 다른 경로구성원의 협조를 구하는 것이 대부분이다. 이는 완전하게 내부화된 수직적 경로시스템이 존재하지 않는다는 점에서도 알 수 있다. 이에 대해서는 제7장 유통경로의 조직패턴을 참조하기 바란다.

표 8-4 경로구조의 유통기능별 접근

유통기능(흐름)	관련 비용 분석
1. 물적소유	보관 및 배달 비용
2. 소 유 권	제품수송 비용
3. 촉 진	광고, 판촉, 홍보, 인적판매 관련 비용
4. 협 상	시간 및 법적 비용
5. 위험부담	가격보증, 품질보증, 보험, 설치, 수선 및 A/S 비용
6. 금 융	신용기간, 판매기간 및 조건
7. 주 문	주문절차에 드는 비용
8. 대금결제	수집, 회수 불능 손실

(5) 단계 5: '기존' 유통경로구조(시스템)의 분석

이 단계에서는 기존의 유통경로를 점검하는 단계이다. 일의 순서상, 기존 유통 체계를 점검하는 과정은 2단계가 완료되면 이상적인 유통경로의 설계와 함께 진행할 수도 있을 것이다. 기존 유통경로에 대한 주요 분석 내용은 다음과 같다.

---

① 기존 유통경로구조의 현황 및 과제
  (시장점유율 및 성장률, 상대적 경쟁력, 관련 시너지 여부 등)
② 유통경로에서의 물류 및 판매기능
③ 기업과 외부조직과의 관계
④ 현 유통경로의 경제성(비용, 할인 등)
⑤ 고객 구매욕구에 대한 현 유통경로의 부합 수준

이중에서 고객 구매욕구와의 부합이 가장 중요한 항목이다. 또한 경쟁자나 산업에서 대체로 사용되는 경로를 조사하는 것도 필요할 것이다. 이 단계의 분석절차와 방법은 제12장 유통활동의 성과 평가와 제13장 유통조사방법을 참조하기 바란다.

기존 유통경로구조 분석의 예를 들어 살펴보자. 사무기기 산업에 있어서 기존의 유통경로는 크게 3가지로 구분될 수 있다. 장비회사의 대리점, 서비스회사의 대리점, 소매점이다. 이들의 평가를 〈표 8-5〉에서 정리하고 있다.

이 표에서 장비회사 대리점이 구매 후 서비스 제공에서 높은 점수를 받고, 서비스회사 대리점은 계속적 관계 구축 면에서 그리고 소매점은 차별적 제품의 제공에서 각각 높은 점수를 받고 있다. 5점보다 낮은 점수를 받은 항목에서는 최종고객의 욕구를 충족시켜 줄 수 있는 여지가 많이 남아 있음을 의미한다. 그러므로 낮은 점수를

표 8-5   사무기기 산업의 기존 유통경로구조 분석

	장비회사의 대리점	서비스회사의 대리점	소 매 점
계속적 관계의 구축	4.0	5.1	2.7
구매 후 서비스의 제공	6.3	5.5	3.7
차별적 제품의 제공	2.0	3.1	5.0
적절한 가격의 제공	3.2	4.6	4.9
제품 試演의 제공	4.1	2.8	5.9

"0" 매우 못하고 있음 ~ "9" 매우 잘하고 있음

받았을 때 새로운 경로의 설계는 더욱 큰 의미가 있게 된다.

그러나 상기의 자료는 고객 전반에 관한 것인데 이러한 점검은 각 세분시장별로 추가적으로 수행되어져야 한다. 또한 점포의 평가를 경로전반의 수준으로 확대시켜야 한다. 즉 경로구성원별 기능에 대한 효과성과 고객 욕구에 대한 부합정도가 평가되어야 한다(보다 실제적인 예는 제3장 부록에 자세히 취급되어져 있음).

(6) 단계 6: 내적 · 외적 제약 및 기회의 조사

제2장에서 유통과 관련한 환경의 이해에 대해 자세히 다룬 바 있다. 단계 6에서는 유통경로 설계에 있어 의미 있는 환경적 요인들을 보다 심층적으로 다루게 된다. 이렇게 분석되어진 환경요소들은 관리상의 목표를 설정하고 제약조건을 확인하는 데 영향을 주게 된다. 이러한 관리상의 목표와 제약조건의 확인을 통해서 이상적인 유통경로와는 다른 제약상황이 고려된 유통경로가 대안으로 등장하게 된다. 결국 이상적인 경로로 가기 위한 중간 정도의 단계로써 제약을 극복해 가는 과정에 초점이 맞추어지는 것이다. 환경의 분석은 크게 두 가지로 나뉜다. 하나는 기업의 외적 환경(거시환경과 과업환경)이며, 또 하나는 기업의 내적 환경이다.

1) 외적 환경의 분석

환경의 변화가 심할수록 그 불확실성에 대한 통제가 요구되며, 동시에 변화에 적응하기 위한 유연성이 강조된다. 외적 환경이 기업의 의사결정에 어떠한 영향을 미치는지를 알기 위해서는 산업의 집중도, 거시경제적 지표, 기술수준, 규제의 정도, 진입장벽, 경쟁자의 행동, 고객의 충성도, 고객의 지역적 분포, 그리고 제품의 수명주기 등이 충분히 검토되어져야 한다. 이러한 요소들은 기업이 유통경로를 통하여 무엇을 해야 하고 또한 무엇을 할 수 있는지에 대한 제약과 기회를 동시에 제공해 준다.

2) 내적 환경의 분석

경영자들의 위험에 대한 태도 유형, 내부정치 관계, 조직구조 및 기업문화 등을 내적 환경이라 하는데, 이는 강점/약점으로써 유통경로설계에 영향을 미치고 있다. 이러한 요인을 고려함으로써 '이상적' 유통경로와 다른 '제한된' 유통경로를 확인할 수 있으며 경영자들은 효과성, 효율성, 적용가능성을 고려하고 가능한 대안을 모색하게 된다.

그러므로 합리적이든 비합리적이든 모든 목표들과 제약조건들이 명확하게 제시되어져야 하고, 일단 목표들과 제약조건들이 파악되면 그것들의 목록을 유통문제에 관여하고 있는 모든 경영자들이 검토할 수 있어야 한다. 최종적으로 '단계 9'에서는

경영자들의 편견을 제거하는 절차를 거쳐야 할 것이다. 〈표 8-6〉에서는 환경분석의
틀을 제시하고 있다. 보다 자세한 내용은 제2장 유통환경의 변화 및 영향분석을 참조
하기 바란다.

표 8-6	환경분석의 틀

① 각 환경변화의 징후를 사전에 파악하여, 그것이 각각 고객의 구매욕구 등에 어떠한
  영향을 미치고, 그에 대해 기업이 어떻게 대응해야 하는지를 검토함
② 환경변화의 긍정적 영향 → 기업의 활용가능성 → 새로운 유통경로의 창출
③ 환경변화의 부정적 영향 → 기업의 해결방안 강구 → 기존 유통서비스의 가치제고
  (개선)

(7) 단계 7: 대안에 대한 점검(차이 분석)

지금까지의 단계에서 유통경로는 세 가지로 구분되어진다. 고객의 특성을 파악
하여 도출한 이상적인 유통경로(4단계), 기존의 유통경로(5단계), 그리고 경영진에 의
해 제한된 유통경로(6단계)이다. 이 단계에서는 이 세 가지의 유통경로를 비교하여
차이(gap)를 분석한다.

세 가지의 유통경로의 관계를 살펴보면 부분적으로 일치하는 경우와 동떨어져
차이가 있는 경우의 두 가지로 나뉠 수 있으며 이와 같은 관계는 세 가지 유통경로
대안과 함께 조합을 이루어 수많은 상황이 존재하게 된다. 그중 가장 의미 있는 세
가지 상황을 살펴보면 〈그림 8-3〉과 같다. 그러나 때로는 이러한 세 가지의 유통경
로('이상적', '기존', '제약 고려') 모두를 고려하기보다 그중 의미 있는 두 가지의 경로만
을 고려하는 것도 바람직할 수 있다. 즉 이상적인 유통경로와 기존의 유통경로만으
로 차이분석을 하는 것도 실무적으로 유용하며 큰 의미를 지닌다.

여기서 강조해 둘 것은 이상적인 유통경로, 즉 고객의 욕구에 가장 부합하는 유
통경로가 기준이 되어야 한다는 것이다. 제약을 고려하되 제약을 극복하고자 하는
노력이 적으면 이상적인 유통경로는 포기하는 것이며, 이는 고객의 욕구를 희생해야
하는 것임을 명심해야 한다.

차이 분석을 통해서 ① 이상적인 구조와 기존 구조와의 차이의 극복이 가능한가
를 확인하고, ② 가능하다면 단계적 발전방향을 도출하여야 하며, ③ 만약 그것이 불
가능하다면 그 원인은 무엇인지 확인하고, 나아가 ④ 구조적인 차이보다 운영(구성원
조정)적인 문제가 더 큰지를 확인하여야 한다.

그림 8-3 유통경로구조(시스템)의 차이분석

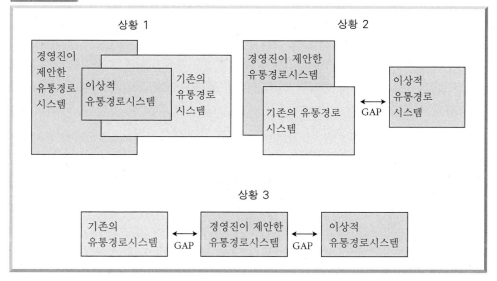

① 세 가지의 유통경로가 부분적으로 일치하는 상황

  유통경로의 설계보다 경로구성원의 조정에 보다 초점이 맞추어져야 한다.

② 기존의 유통과 제약을 고려한 경로는 부분적으로 일치하나 이상적인 유통경로와는 차이가 있는 상황

  고객의 욕구에 부합하지 못하는 상황이므로 경영상의 제약과 고객의 욕구를 재파악하고 이를 충족시킬 수 있는 경로개발이 필요하다.

③ 세 가지의 유통경로가 모두 일치하지 않고 차이가 있는 상황

  경영상의 제약을 검토하여 기존 유통경로가 이상적인 유통경로로 가기 위한 단계적 조정이 필요하다.

(8) 단계 8 : 목표와 제약에 대한 외부 분석

이 단계에서는 경영자의 선입견이 타당한지 점검하는 단계이다. 관리자들의 선호와 인식을 평가하기 위해서, 고려된 목표와 제약조건은 회사 외부의 사람들과 내부의 관계자들에게 제시되어 타당성을 검토 받아야 한다.

'단계 3'이 창의성을 요구한다는 면에서 가장 중요한 단계라고 한다면 '단계 8'은 가장 위험스럽고 만만치 않으면서도 소홀히 여겨버리기 쉽다는 점에서 중요한 단계라고 할 수 있다. 보통의 경우 관리자가 목표의 설정과 제약 조건의 확인에 있어서

실수를 한다고 생각하기란 어려운 일이다. 그러나 미래의 제약 환경이 어떻게 변할 것인지, 법적 환경이 어떻게 바뀔 것인지 정확히 알기란 매우 어렵기 때문에 설정한 목표와 제약조건의 철저한 확인이 필요한 것이다.

(9) 단계 9: 제약과 목표의 극복

이 단계에서는 현재의 유통시스템과 이상적인 유통시스템과의 차이를 극복할 것을 요구한다. 이는 두 가지 면에서 전체과정 중 가장 중요한 부분이라 할 수 있다. 첫째는 관련된 관리자 모두가 참여해야 한다는 것이며, 둘째는 관리자들이 자기반성을 하고 관점을 수정해야 한다는 것이다.

유통경로 설계과정에서 이러한 일의 중요성을 강조하기 위하여, 현장회의(Off-Side Session)가 계획되어져서 이상적인 유통시스템이 설명되고, 단계 6과 단계 7의 결과가 공유되어야 한다. 최고경영자는 이상적인 유통시스템을 제시하고, 그리고 나서 이상적인 유통시스템에 대한 목표와 제약조건을 검토해 봐야 한다. 그것은 목표와 제약이 최종고객이 바라는 것과 어떻게 다른 결과를 가져왔는지를 파악하는 것이다. 그런 다음 이러한 요소들의 타당성과 상반되는 자료를 찾아야 한다.

(10) 단계 10: 최적 유통경로구조(시스템)의 도출과 수행 준비

유통경로시스템 설계과정에서 마지막 단계는 단계 9의 시점에서 아직도 관리자가 보유하고 있는 목표와 제약조건들의 조합에 의해(단계 4부터) 최적 유통경로시스템을 완성하는 것이다. 최종적인 유통경로시스템은 집중적인 실행계획이 따라야 한다(그림 8-4 참조). 왜냐하면 이 시점에서는 설계과정을 통해 익혀 온 모든 것을 고려한 최적 유통경로시스템을 나타내기 때문이다. 최적 유통경로시스템은 이상적인 것

그림 8-4 최적 유통경로(시스템)의 구축

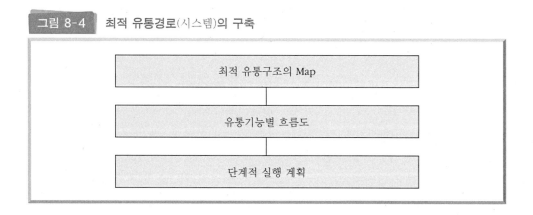

그림 8-5 유통경로 설계과정

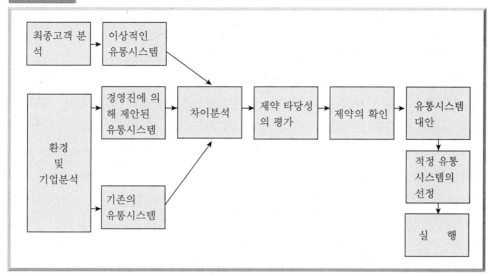

이 아닐지도 모른다. 그러나 그것은 가장 좋은 능력, 품질에 관한 관리자의 기준, 효율성, 효과성 그리고 적응력에 부합될 것이다. 만약 최종적인 유통시스템이 이상적인 것이 아니라면 그 회사는 고객지향적인 유통시스템을 개발한 경쟁자에 비해 취약성을 갖게 될 것이다.

유통경로시스템을 설계하는 열 가지 단계가 〈그림 8-5〉에 나와 있다. 이 그림은 어느 분석들이 함께 수행되고, 어떠한 분석들이 계속해서 수행되어야 하는지를 나타내고 있다.

제 2 절 경로구성원의 수

기업이 이용하는 경로구성원의 수는 표적시장의 범위에 영향을 준다. 시장포괄범위의 정도(유통의 개방정도)는 유통목표의 달성에 실제적인 영향을 미친다. 즉 유통의 개방정도는 고객들이 어떻게 제품을 인지하는지(예를 들면, 전속적이라는 이미지는 제품이 단지 제한된 지역에서만 이용 가능할 때 발생한다)에 영향을 미친다. 또한 그것은 제품판매, 유통비용, 유통업체에 대한 통제정도, 그리고 유통업체에 대한 지원정도 등에도 영향을 준다.

일반적으로 유통의 개방정도(시장의 포괄범위)에 따라 개방적 유통, 선택적 유통, 전속적 유통으로 분류된다.

(1) 개방적(Intensive) 유통

개방적 유통은 시장을 더 넓게 개척하기 위해서 많은 경로구성원을 이용함으로써 시장의 노출을 극대화하는 것이다. 슈퍼마켓 또는 편의점에서 팔리는 대부분의 소비 제품이 이런 기준에서 유통되고 있다. 美 American Time社는 많은 소매상에게 자사 제품인 타이맥스시계를 유통시키기 위해서 이러한 유통전략을 사용했다. 이 방법은 보석상, 전문점, 백화점, 가구점, 그리고 약국을 포함한 여러 다른 형태의 소매상들에게 판매하는 것이다. 개방적 유통은 경로구성원의 수보다는 기업의 시장집중과 노출로서 측정된다. 예컨대, 美 Avon社는 단 하나의 경로구성원, 즉 자사 판매원에 주로 의존하고 있지만, 개방적 유통전략을 이용하는 것이라 할 수 있다.

(2) 선택적(Selective) 유통

선택적 유통의 목적은 시장범위를 제한하는 것이다. 이 방법을 통해서 기업은 선적비용과 같은 유통비용을 낮출 수 있고, 동시에 경로구성원의 수가 많을 때보다 구성원들과의 관계를 더 잘 유지하게 된다. 특히 제품개념에 독특함, 희소성, 선택성 같은 이미지를 부여하고자 할 때 적절하다. 왜냐하면 소비자들은 자신들이 원하는 제품이 제한된 점포에서만 팔릴 때 그 제품이 더욱 배타적이고 세련되었다고 생각하기 때문이다. 또한 선택적 유통은 경로구성원에게 고객들의 서비스에 관한 교육이 필요로 한 제품의 경우에도 선택적 유통은 적절하다. 끝으로 수요가 지리적으로 집중되어 있을 때도 좋은 유통방법이 된다.

국내에서 선택적 유통방법을 사용하는 예로서 부광약품의 '파로돈탁스'를 들 수 있다. 파로돈탁스는 일반치약들이 일반 소매점에서 경쟁적으로 판매되는 것과는 달리 약국에서만 판매됨으로써 치료약이라는 제품개념과 고가임을 고객에게 소구하여 신뢰를 얻고 있다.

(3) 전속적(Exclusive) 유통

전속적 유통은 정해진 지역에서 특정 경로구성원만이 활동하는 유통방식이다. 전속권은 기업이 바람직한 경로구성원을 끌어들이기 위해서 사용하는 강력한 동기이기도 하다. 이 전략은 선택적 유통에 비해 여러 가지 이점을 지니고 있다. 즉, 제품과 연관된 배타성과 유일하다는 이미지를 더욱 효과적으로 소비자들에게 전달할 수 있으며, 경로구성원과의 긴밀한 관계를 더욱 공고히 하여 판매의 원활화를 꾀할 수 있다.

그러나 전속적 유통에는 약점이 있다. 시장노출이 제한되어 있기 때문에 제품을 접촉할 수 있는 고객이 제한되어 전반적인 수요를 감소시킬 수도 있다. 또 전속성은 경로구성원들의 상품촉진 동기를 감소시키기도 한다. 왜냐하면 같은 지역에서 같은 상품을 놓고 또 다른 경로구성원들과 경쟁을 벌이지 않아도 되기 때문이다.

전속적 유통에는 딜러계약, 판매지역계약, 연대계약 등에 관한 몇 가지 법적인 의미가 있다. 전속적 딜러계약은 경로구성원들(도매상 또는 소매상)이 다른 경쟁사 제품을 취급하는 것을 금지하지만 보통 경쟁을 제한하거나 독점을 창출하는 경우에 이는 불법으로 간주되고 있다.

연대계약에 따르면 경로구성원들은 기업의 모든 제품에 대해서 전속적 딜러가 되어야 한다. 그러나 만일 그러한 계약이 경쟁을 제한한다면 연대계약도 불법이라고 간주될 것이다.

(4) 시장포괄(Market Coverage)에서의 주의점

위에서 시장의 포괄범위와 관련하여 경로구성원의 수에서 취할 수 있는 세 가지 대안을 살펴보았다. 시장 포괄의 범위를 넓히는 것은 그만큼의 판매가능성을 확보한다는 점에서 대단히 매력적인 대안이다. 그러나 브랜드 개념 전달이 혼돈되어 노력의 효과성이 저해될 수 있고, 제공되는 서비스가 점포별로 다양하기 때문에 고객들이 이질적 서비스를 감수해야 한다는 점 등 간과해서는 안 될 문제점들이 있다.

그러므로 상기의 사항을 충분히 고려하여 경로구성원의 수를 결정하여야 한다. 또한 경로구성원의 수 결정은 경로의 시장포괄의 범위 이외에도 그 경로에서 취급하고 있는 제품의 종류에 따라 적합하게 결정되어야 한다.

(5) 경로상의 시장포괄 범위와 제품의 특징

앞에서 유통의 개방정도에 대한 일반적인 사항들을 검토하였다. 결론적으로 경로상에서의 시장포괄 정도는 제품의 특성을 고려하여야 한다는 것이다. 즉 개방적 유통이 적합한 제품이나 산업이 존재한다는 것이다. 우선 시장포괄의 범위와 제품 특성과의 일치를 살펴보고 이의 확장을 위해서 점포특성을 함께 고려해 보기로 한다.

제품은 소비자들의 구매행동에 기초해서 편의품, 선매품, 전문품으로 분류될 수 있다. 예컨대, 껌, 사탕, 비누 등은 편의품으로 분류될 수 있는데, 이는 소비자들이 이 제품들을 구입할 때 시간이나 노력을 많이 들이지 않기 때문이다. 따라서 이런 제품은 낮은 비용으로써 가능한 최대한으로 노출시키는 것이 바람직하다. 한편 의류, 가전제품 등은 구입할 때 여러 브랜드들과 비교하게 된다. 이런 유형의 제품을 선매품이라 하며, 이들은 경쟁하고 있는 여러 제품들과 같은 상점에서 취급하게 함으로써 소비자가 그 제품을 선택하는 데 용이하게 하는 것이 바람직하다고 할 수 있다.

끝으로, 전문품은 소비자들이 구매할 때 특별한 노력을 기울이는 제품으로써, 소비자들이 대체품을 고려하지 않는다는 점에서 선매품과 구별된다. 즉, 구매노력은 브랜드들간의 비교보다는 특정 브랜드에 의해서 자극되고, 소비자들은 이런 유형의 제품을 찾는 데 많은 노력을 기울이기 때문에 전문품은 전속적 유통전략에 어울리는 제품형태이다.

제품분류를 시장 포괄의 범위와 연관시키는 것이 항상 타당한 것은 아니다. 즉, 같은 제품분류 안에 있는 두 브랜드라도 마케팅 목표와 유통 목표에 따라서 유통의 개방정도가 서로 상이한 유통전략을 사용할 수도 있기 때문이다. 〈표 8-7〉은 제품의 특성 그리고 제품의 특성을 고려한 점포 특성의 분류가 시장포괄의 범위와 어떤 관계에 있는지를 정리한 것이다.

표 8-7   제품형태, 점포형태 및 경로구성원의 수

점포 및 제품형태	고객 특징	경로구성원의 수
편의품점 – 편의품	구매하기에 가장 편리한 소매상에서 가장 구매하기 쉬운 제품을 구매	개방적 경로
편의품점 – 선매품	구매하기에 가장 편리한 소매상에서 제공하는 제품 중에서 선택하여 구매	개방적 경로
편의품점 – 전문품	구매하기에 가장 편리한 소매상에서 제공하는 제품 중 가장 선호하는 브랜드를 구매	선택적 / 전속적 경로
선매품점 – 편의품	제품에 대해서는 무차별적이지만 보다 나은 소매 서비스 / 가격을 선호	개방적 경로
선매품점 – 선매품	소매상이 제공하는 요소와 제품에서 추구하는 요소 모두를 비교하여 구매	선택적 / 전속적 경로
선매품점 – 전문품	특정 제품에 대해 강한 선호를 가지지만 몇 개의 소매상 중에서 구매	선택적 / 전속적 경로
전문품점 – 편의품	특정 소매상에서의 거래를 선호하지만 제품의 선호에 대해서는 무차별	선택적 / 전속적 경로
전문품점 – 선매품	특정 소매상에서의 거래를 선호하지만 제품에 대해서는 선택하여 구매	선택적 / 전속적 경로
전문품점 – 전문품	특정 소매상에서의 거래를 선호하며 가장 선호하는 브랜드를 구매	선택적 / 전속적 경로

제 3 절) 경로구성원의 선택

제 4 장과 제 5 장에서 소매상과 도매상의 형태(구조)와 그들의 전략에 대해서 살펴보았다. 일단 유통경로상의 기능을 외부 기관에서 조달할 것이라면 경로구성원을 선택하여야 할 것이다. 경로구성원을 선택하는 데는 〈표 8-8〉과 같은 기준들을 고려하여야 한다. 이러한 기준들은 상황에 따라 우선순위가 변경될 수 있으며, 이러한 우선순위를 결정할 수 있는 기준의 마련이 필요하다. 또한 결정된 고려사항들이 적절하게 구성되었는지를 평가하는 평가 방법도 강구되어져야 한다. 이에 대해서는 제 12 장 유통활동의 성과평가를 참조하기 바란다.

제 4 절) 경로구성원에 대한 보상

경로구성원으로부터 협조를 받기 위해서는 적절한 보상이 이루어져야 한다. 지금까지의 보상 시스템의 근간은 공급가격 또는 할인에 기초하고 있다. 즉 낮은 가격으로 제품을 제공한다든지 매출실적에 몇 %를 할인해 주는 등의 방법들이 사용되고 있다.

물론 경로구성원에 대한 비경제적인 보상, 예컨대 안정적인 제품의 공급, 공동의 촉진, 협상의 참여, 영향력 있는 브랜드의 사용 등 여러 가지 차원이 있으나 이러한 사항들을 계량화하기 어렵고 경제적인 보상에 비해 아직까지는 비중이 크지 않다. 물론 비경제적인 보상에 대한 관리도 무시하여서는 안 되지만 경제적인 보상에 대한 합리적인 관리 메커니즘의 도출이 요망된다.

결론적으로 경제적인 보상은 경로구성원이 받아들이고 명확하게 제공할 수 있도록 기준을 마련하여야 한다. 이러한 기준은 유통경로관리상의 각 기능들에 대한 경로구성원의 기여도를 바탕으로 이루어져야 한다. 이러한 기준들은 제품, 산업에 따라 각각 다르게 나타날 것이다. 예를 통해 이를 살펴보자.

컴퓨터에 사용되는 LAN카드를 생산하는 컴퓨터 부품업체가 있다고 가정하자. 이 업체는 시가 13만 원의 LAN카드를 새로 개발하여 시장에 출하하고자 한다. 회사의 경영진은 자사의 신제품을 시장에서 판매할 때, 자신이 직접 생산과 판매를 모두 담당하는 대신, 적절한 자격을 갖춘 중간상을 택하여 판매를 맡길 계획을 가지고 있고, 실제로 용산전자상가에서 적임자라고 여겨지는 중간상을 발견하였다. 회사의 임

표 8-8	경로구성원 선택시 고려사항

1. 재무적 능력과 전망	③ 마케팅 지향성　④ 전략 방향
① 수익, 손실　② 재무제표	8. 광고 및 판촉 프로그램
2. 매출능력	9. 교육 프로그램
① 판매 대리점의 수	① 자기 관리
② 판매 및 기술적 능력	② 공급자 참여 허용 의지
3. 취급제품의 수	10. 보상 프로그램
① 경쟁제품　② 호환제품	11. 공장, 설비, 장치(하부구조)
③ 보완제품	① 수송 및 배달 방법
4. 평　판	②　재　　고
① 리 더 십　② 건 실 도	종류 및 크기
③ 지역사회에서의 지위	안전재고
④ 핵심 관리자의 배경	③　보　　관
⑤ 전문적 수준	현장 제공력
5. 시장 포괄범위	선적 능력의 효율성
① 지리적 포괄범위	12. 주문 및 지불 처리절차
② 산업의 포괄범위	13. 설치 및 수리 서비스
③ 포괄범위의 밀도	① 판매 후 관리　② 보증 업무
6. 판매 성과	14. 시연능력(Demonstration)
① 관련 계열의 성과	15. 관계결속에 대한 의지
② 일반적 판매 성과	16. 공동 프로그램에 대한 협조 의지
③ 성장 전망	17. 자료 공유의 의지
④ 목표시장의 도달 성공률	① 고객 자료　② 판매원 자료
⑤ 판매 후 관리	③ 재고 자료　④ 배송 자료
7. 관리능력	18. 할당 수용에 대한 의지
① 계　　획　② 종업원 관리	

원진은 중간상이 경로 흐름에서 얼마만큼 참여했는지를 바탕으로 중간상에게 얼마만큼의 돈을 지불하여야 하는가를 결정하여야 할 것이다.

　중간상에게 지불할 돈을 계산하기 위해서는 우선 〈표 8-9〉와 같은 기여도를 정리할 필요가 있다.

　〈표 8-9〉는 컴퓨터 업계에서 일반적으로 일어나는 8가지 유통기능 흐름이 가지고 있는 가중치(중요성)를 나타내고 있다. 이러한 유통기능 흐름을 바탕으로, 컴퓨터 부품업체는 자사와 중간상이 유통경로 내의 각각의 흐름에서 어떠한 일을 할 수 있으며, 어떤 위치에 서 있는지를 평가하여야 한다. 예를 들어 물적 소유에서 부품업체는 단순히 생산기능만을 담당하고 있기에 생산된 신제품을 저장할 만한 공간이나 창고가 부족한 반면, 중간상은 신제품을 저장할 만한 충분한 공간을 지닌 창고를 가지

표 8-9	컴퓨터 부품업계에서의 8가지 유통기능 흐름의 가중

마케팅 흐름 / 유통 기능	가중치(%)
물 적 소 유	20
소 유 권	5
촉 진	30
협 상	2
금 융	18
위 험 부 담	15
주 문	6
대 금 결 제	4
합 계	100

고 있다면, 물적 소유에서 생산자가 참여하는 정도는 매우 미약하나, 중간상의 참여도는 매우 높다고 볼 수 있다. 그리고 불량품이 발생했거나, 재고 부족으로 손해가 날 경우 등의 위험에 대해서 생산자와 중간상이 모두 동일한 수준으로 손실을 감당하기로 계약했다면, 위험에 대한 참여도는 모두 50:50이라고 할 수 있다. 이상의 내용을 바탕으로 생산을 담당하는 부품업자와 중간상이 유통경로의 8가지 기능상의 흐름에서 각각 참여하는 정도를 나타내면 〈표 8-10〉과 같다.

　　이상과 같이 생산자와 중산상의 참여도가 수치화된 후, 각각의 참여도를 가중치에 곱하면 각각의 흐름 전체의 참여도를 구할 수 있다. 흐름 전체의 참여도는 다음과 같이 계산된다.

　① 생산자의 참여도 : [(.20×.20) + (.05×.30) + (.30×.25)
　　　　　　　　　　　+ (.02×.10) + (.18×.60) + (.15×.50)
　　　　　　　　　　　+ (.06×.30) + (.04×.15)] = .339
　② 중간상의 참여도 : [(.20×.80) + (.05×.70) + (.30×.75)
　　　　　　　　　　　+ (.02 ×.90) + (.18×.40) + (.15×.50)
　　　　　　　　　　　+ (.06×.70) + (.04×.85)] = .661

　　생산자와 중간상의 참여도는 경로 전체의 활동을 100으로 잡는다면, 각각 33.9%, 66.1%씩 참여한다는 것을 나타내며, 이 수치에 입각하여 수익을 할당할 수 있다. 이를 바탕으로 실제로 할당 받을 돈을 계산하기 위해, 우선 시가 13만 원의 LAN카드를 1,000단위 판매했다고 가정하자. 이때, 시가 13만 원이란, 생산자가 일방

표 8-10	유통경로의 8가지 흐름에 대한 생산자와 중간상의 참여도			
마케팅 흐름	가중치(%)	생산자(%)	중간상(%)	최종소비자(%)
물 적 소 유	20	20	80	100
소 유 권	5	30	70	100
촉 진	30	25	75	100
협 상	2	10	90	100
금 융	18	60	40	100
위 험 부 담	15	50	50	100
주 문	6	30	70	100
대 금 결 제	4	15	85	100
합 계	100			

(최종소비자는 생산자와 중간상의 참여도를 더하면 항상 100%이다.)

적으로 결정한 목록가격이 아니라, 최종적으로 소매점에서 판매된 가격을 뜻한다. 왜냐하면, 목록가격은 변경되기 쉬우며, 최종적으로 판매된 가격이야말로 실질적인 매출액 또는 계획된 매출액을 나타내기 때문이다.

LAN카드를 총 1,000단위 판매했다면, 1억 3천만 원어치의 매출을 하였고, 제품당 매출원가가 7만 원이라면, 전체 매출원가는 7천만 원이 된다. 따라서 제품을 판매함으로써 얻게 되는 순이익은 6천만 원이 됨을 알 수 있다. 순이익을 앞에서 말한 비율로 분할하면, 생산자는 6천만 ×.339=20,340,000원, 중간상은 6천만 ×.661=39,660,000원의 순이익을 지불 받을 수 있다.

따라서 중간상은 최종소비자에게 1억 3천만 원어치의 LAN카드를 판매함으로써 30.68%의 마진(39,660,000÷130,000,000)을, 생산자는 22.57%의 마진[20,340,000÷(130,000,000−39,660,000)]을 필요로 한다.

◉ 요 약

유통경로는 일단 결정된 뒤에 수정을 하기 매우 어렵기 때문에 설계에 있어서 신중한 접근이 요구된다. 유통경로설계의 내용은 경로구성원의 형태, 경로구성원의 수, 수직적 경로시스템의 결정, 그리고 실제 경로구성원(파트너)의 선정으로 이루어진다.

이러한 유통경로의 설계를 위해서는 10단계의 접근이 요구된다. 즉 제공하는 서비스의 확인, 표적고객의 파악, 소매점포의 설계, 이상적 경로의 도출, 기존경로의 분석, 제약과 기회의 조사, 경로간의 차이분석, 외부분석, 제약의 극복, 유통경로구조(시스템)의 도출과 수행준비 등의 단계를 거쳐 설계하는 것이 바람직하다.

유통경로 구조의 설계에서 경로구성원의 수의 결정도 중요하다. 경로구성원의 수는 대체적으로 개방적 전략, 선택적 전략, 전속적 전략으로 구분된다. 이는 고객이 원하는 구매서비스 수준과 제품의 특성을 고려하여 결정하여야 한다.

또한 경로구성원의 보상은 경로구성원이 받아들일 수 있는 공정함이 있어야 하며 이를 위해서는 경로구성원의 기여도를 정확하게 평가할 수 있는 기준이 마련되어야 한다.

◆ 문제제기

1. 유통경로 구조의 설계를 위해 고려하여야 할 사항을 열거하여 보시오.
2. 유통경로 구조의 설계를 위해 고려하여야 할 단계별 접근이 무엇인지를 예를 들어 설명해 보시오.
3. 경로구성원의 수 결정에 있어서 주의할 점을 특히 개방적 유통과 관련하여 설명해 보시오.
4. 경로구성원 선택시 고려하여야 할 사항이 무엇인지 설명하시오.
5. 경로구성원의 보상체계에 있어서 가장 바람직한 방법은 무엇이고, 그것이 현실적으로 가능한 것인지에 대해 토의해 보시오.

◆ 참고문헌

1) 박충환·오세조·김동훈, 시장지향적 마케팅관리, 개정판, 박영사, 2006.
2) Stern, Louis W. and Adel I. E1-Ansary, *Marketing Channels*, 4th ed., Prentice Hall, 1992, p. 205.
3) Anderson, Erwin and Barton Weitz, "Make-or-Buy Decision: Vertical Integration and Marketing Productivity," *Sloan Management Review*, 1986(Spring), pp. 3-19.
4) Buckin, Louis P., "Retail Strategy and the Classification of Consumer Goods," *Jounal of Marketing*, Vol. 23, Jan. 1963, pp. 50-55.

부 록
유통경로설계의 14단계 절차*

유통경로를 설계하기 위해서는 매우 체계적인 방법이 필요하다. 최근에는 이러한 필요에 따라 유통경로 설계 10단계를 보다 풍성하게 확대한 틀을 제시하고 있어 이를 소개한다. 전체적으로는 10단계와 동일한 체계를 가지고 있지만 14단계로 확대하면서 10단계에서 취급하지 못했던 부분들에 대해 보다 구체화한 노력을 찾을 수 있다. 특히, 현 상황의 파악에 포함되어야 할 내용을 확대한 점, 이상적 유통경로 시스템을 도입하기 이전에 단기적으로 채택할 수 있는 대안의 적극적인 개발을 강조한 점, 그리고 산업분석을 통하여 유통경로의 전체적인 영향관계를 조망한다는 점이 특징이다. 이하에서 각 단계를 설명함이 있어 유통경로 설계 10단계와 중복되는 부분은 되도록 생략하였다.

1단계~4단계: 기존 상황과 변화에 대한 완벽한 이해

1단계에서 4단계까지의 기본 목표는 현재의 유통경로 현황을 파악하는 데 있다. 파악되어야 할 대상에는 유통경로의 형태, 시장포괄의 범위, 창출하는 부가가치, 그리고 이들의 변화 가능성 등이 포함되어야 한다. 특히 이러한 내용을 파악하기 위하여 2차 자료의 분석은 물론 기존 유통경로 구성원과의 면접과 토론이 필요하다.

다음의 사항들이 독립되어 검토되어져야 한다. 기업입장에서 시장에 접근할 수 있는 운영 가능한 경로, 각 경로간에서 수행되어지는 물류 및 영업 기능, 기업과 외부조직간의 역할분담 방안, 그리고 시스템의 경제성(비용, 할인, 총이익, 순이익 등).

경로전략에 장기적으로 영향을 줄 수 있는 요소들 즉 거시경제적 측면, 기술적 측면, 구성원의 행동적 측면들이 검토되어져야 한다. 최근 몇 년간 유통시스템에 대한 환경적 요인에 대한 연구들을 보면, 환경이 매우 급격하게 변화되고 있으며, 이에 대한 유통시스템의 통제력을 증대해야 한다는 점을 공통적으로 지적하고 있다.

유통시스템에 대한 외적 요인의 영향을 확인하기 위해서 다음의 내용들이 검토되어져야 한다. 산업집중도, 거시경제 지표, 현재 및 미래의 기술 수준, 규제 및 규제

---

* 출처: Coughlan, Anne · Anderson, Erin · Stern, Louis W. and Adel El-Ansary, *Marketing Channels*(7th edition), Prentice Hall, 2005.

완화의 정도 및 경향, 진입장벽, 경쟁자의 반응, 최종고객의 상표충성도, 최종고객의 지역적 분포, 제품수명주기의 위치, 시장 변화의 수준(변동의 정도, 다양함의 정도).

3단계와 4단계에서는 경쟁자들이 경로 활동을 어떻게 수행하는지에 대해 검토하는 것을 주요 목적으로 한다. 기존 경로 구성원과의 워크숍 회의, 초점 집단 면접, 일대일 면접 등을 통하여 관련 정보와 1차 자료를 수집할 수 있다. 특히, 경쟁자들이 산업의 특성을 감안하여 어떻게 마진을 유지하고 비용 압박을 감당하는지에 대해 주의를 기울여야 한다. 또한 수요창출을 위한 마케팅 전략과 경로 지원을 위한 마케팅 프로그램 평가의 중요성이 강조되는 단계이다.

5 단계~6 단계: 즉각적(신속한) 대응방안(Hits)의 창출

1단계에서 4단계를 통하여 확인된 경로 환경의 변화를 검토하면서, 현재의 경로에서 수행되고 있는 전략, 전술, 정책의 변화가 필요하게 됨을 알 수 있다. 예컨대, 경로구성원에 의한 Feedback 또는 경쟁자의 분석에 기초하여 경로 촉진 프로그램이 개선되어질 수 있다. 그러므로 유통경로 설계 14단계가 완료되어 최적 유통경로시스템을 도입할 때까지 아무것도 하지 않는 것이 아니라 단기적인 변화에 의해 성과를 개선할 수 있는 분명하고 명백한 기회에 대해 적극적으로 대응하여야 함을 의미한다.

그렇다고 해서 본 단계에서의 프로그램의 변화가 위험이 전혀 없음을 의미하는 것은 아니다. 즉, 단기적인 개선은 궁극적인 유통설계를 지연시킬 수 있으며, 심지어 궁극적인 개선으로의 변화를 어렵게 만들 수도 있다. 결국 단기적인 관점에서의 개선과 장기적인 관점에서 개선의 조화를 고려하여 판단하여야 할 문제다.

7 단계~10 단계: '이상적' 유통(Channel) 시스템의 설계

7단계에서 10단계까지는 발상의 전환, 신선한 아이디어를 필요로 한다. 이를 위해서는 기존 유통시스템에 대하여 잠깐 잊을 필요가 있다. 그러므로 새로운 유통시스템을 설계하기 위한 가장 좋은 방법 중의 하나가 백지 위에서 시작하는 것이다. 즉 Zero-base로부터의 시작을 의미하는 것이다.

7단계에서 8단계를 거치는 동안, 최종고객이 원하는 유통관련 서비스, 다시 말해 최종고객의 구매욕구 파악에 초점을 맞추어야 한다. 특히, 적정 취급량, 금전적 가치 요구수준, 시장의 분포정도, 납기 및 대기 시간의 요구수준, 제품의 다양성과 구색의 요구수준 측면이 기본적으로 파악되어져야 한다(그 외의 자세한 사항은 본 저서 3장의 구매욕구 시장세분화를 참조하기 바람).

결국 7단계와 8단계를 통해서 '최종고객의 구매욕구는 무엇인가?' 그리고 '구매욕구를 중심으로 최종고객을 어떻게 그룹화할 것인가?'의 문제를 파악하여야 한다. 이를 위해서 7단계에서는 질적인 분석을 시도하고 8단계에서는 양적인 분석을 시도하게 된다.

9단계(산업 분석: 유사 소매기구의 확인)에서는 소매기구에 대한 분석을 수행한다. 7단계와 8단계를 통해 도출된 최종고객의 구매욕구를 충족시켜줄 수 있는 소매 유형을 찾는 작업이다.

만약 최종고객의 욕구가 저렴한 가격, 셀프 서비스, 적절한 제품구색 및 다양한 제품종류의 취급, 제한된 구매 후 서비스 등을 중요하게 생각한다고 파악되었다면 할인점을 통해 구매하면 해당 최종고객의 구매욕구를 만족시킬 수 있을 것이다. 이처럼 고객이 원하는 구매 욕구가 현재의 소매기구를 통해 실현될 수 있는지를 검토한다. 이는 단순히 할인점을 이용한다는 뜻이 아니고 할인점이 가지고 있는 유통서비스의 특성을 검토한다는 뜻이다. 예를 들어, 증권, 채권, 기타 신탁상품 등 여러 소매 금융 상품을 취급하는 금융기관은 '금융관련 슈퍼마켓'이라고 표현할 수 있다. 이는 슈퍼마켓이 다양성을 갖는다는 소매상의 특성을 부각한 것이다. 상기의 내용을 검토하여 고객이 원하는 소매형태를 확인한다.

10단계에서는 7단계에서 9단계까지의 자료를 토대로, 고객이 원하는 소매형태를 가장 잘 지원할 수 있는 '이상적' 유통시스템을 확인한다. 고객이 원하는 소매상을 지원하는 경로구성원은 어떤 역할을 수행해야 하는가? 어떤 조직이 그 기능을 수행하는가? 어떤 업체가 그 기능을 담당할 것인가? 등을 결정하여야 한다. 이를 위해서는 소매상, 도매상, 물류기관의 본질과 특성에 대한 충실한 검토가 있어야 한다.

11단계~14단계: 최적 유통경로 시스템의 도입

11단계(관리 및 기타 제약의 조사)에서는 유통환경을 둘러싸고 있는 외적, 내적 요소들을 검토한다. 이러한 검토는 현장의 상황을 잘 파악하고 있는 경영진에서부터 출발한다. 본 단계에서는 합리적인 근거를 가지고 있건 그렇지 못하건 상관없이 경로설계에 따르는 모든 제약을 검토한다. 경로설계는 기존의 경로구성원과의 문제, 법규정의 문제, 산업 내의 관습 등 무시할 수 없는 제약들이 존재하고 있다. 이러한 제약에 대한 검토를 통하여 경영자들은 제약을 감안한 경로를 설계할 수 있다.

12단계(대안의 윤곽파악, 차이분석)에서는 이전까지의 단계에서 도출된 이상적인 경로와, 기존 경로, 제약을 감안한 경로, 세 가지에 대한 차이를 검토한다. 10단계에서의 내용과 동일하다.

13단계(전략 대안의 확인 및 개발)에서는 경영자의 판단에 대한 타당성을 확인하는 단계이다. 11단계에서 경영자의 판단에 의해 경로를 둘러싼 제약에 대한 확인을 하였고 이러한 경영자의 판단에 대한 검토 및 제약을 극복하기 위한 발전방안의 도출이 필요하다. 상황에 따라서는 외부의 기관에 타당성 검토를 의뢰할 수도 있다.

14단계(최적 유통경로시스템의 도입 및 실행 준비)에서는 이상적 유통경로시스템과 타당성이 입증된 제약을 반영한 최적 유통경로시스템을 완성하는 것이다. 그러므로 제약의 타당성이 많이 인정될수록 최적 유통경로시스템은 이상적인 것으로부터 많은 차이를 가지게 된다. 그러나 그것은 가장 좋은 능력, 품질에 관한 경로 관리자의 기준, 효율성, 효과성 그리고 적응력에 부합될 것이다. 그리고 이러한 차이를 극복하기 위한 일련의 노력을 준비하여야 한다.

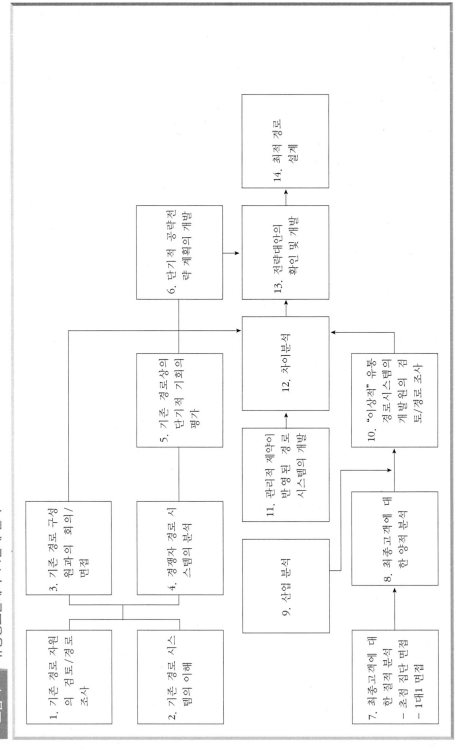

그림 1   유통경로설계의 14단계 절차

제 4 부

유통전략의 수립2: 경로구성원 조정체계의 설계

DISTRIBUTION MANAGEMENT

제 9 장 힘(영향력) 행사

DISTRIBUTION MANAGEMENT

제 9 장

힘(영향력) 행사

학습목표

1. 유통경로 조정과정에 대한 전반적인 이해

2. 힘의 개념 및 원천

3. 힘의 행사에 대한 체계적인 접근

명품 브랜드의 유통 교섭력 : 최고급 시계 브랜드의 엇갈린 대접

명품시계라고 다 똑같은 명품은 아니다. 시계업계에는 자타가 공인하는 엄연한 서열이 있다. 스위스의 유력 시계잡지들은 시계 제조 역사와 기술력, 예술성, 브랜드파워 등을 잣대로 '명품 브랜드'를 줄세운다. '명품시계 3인방'으로 꼽히는 롤렉스, 까르띠에, 오메가는 상위 5개 등급 중 2~3등급으로 분류된다. 맨 위 칸은 언제나 특A급 브랜드들의 몫이다. 보석 하나 없는 '기념 시계' 스타일마저도 2000만원이 넘는 파텍필립, 바쉐론콘스탄틴, 오데마피게, 브레게, 블랑팡, 랑게운트죄네 등이 여기에 해당한다. 파텍필립은 이들 '빅6' 중에서도 단연 'No.1'으로 꼽힌다. '명품시계 마니아들의 종착역'으로 불릴 정도로 최고의 기술력과 브랜드파워를 자랑한다. 차이콥스키, 록펠러, 아인슈타인, 달라이라마 등도 주요 고객 리스트에 올라 있다.

이런 파텍필립이 본격적인 한국시장 공략에 나섰다. 연말께 서울 갤러리아명품관에 매장을 낸 것. 한국의 명품시계 시장이 폭발적인 성장세를 거듭하자 더 늦기 전에 뛰어든 것이다. 지금까지는 유동인구가 적은 서울 롯데호텔에 소형 매장만 운영해왔다. 갤러리아 관계자는 "명품관 이스트에 있는 '하이주얼리&와치' 매장에 단독 부티크를 낼 것"이라며 "규모와 시설 면에서 파텍필립의 플래그십스토어가 되기에 충분하도록 꾸밀 계획"이라고 말했다. '세계 최고 시계 브랜드'란 위상에 걸맞게 파텍필립 유치전은 치열했다. 강남 딜러 모집에 웬만한 시계 수입업체는 모두 뛰어들었다. 결국 국내 최대 시계 수입업체인 우림FMG가

파텍필립 '5146G'   오데마피게 '로열오크이퀴지션오브타임'

태그호이어, 위블로 등을 수입·판매하는 엠앤비아이앤씨와 오데마피게를 유통하는 스타일리더를 제치고 파텍필립의 '낙점'을 받았다. 롯데, 현대, 신세계, 갤러리아 등 주요 백화점들도 일제히 파텍필립에 '러브콜'을 던졌다. '파텍필립이 선택한 유일한 한국 백화점'이란 사실이 명품 백화점 이미지를 구축하는 데 도움이 될 것이란 판단에서다.

경쟁 브랜드들은 파텍필립의 갤러리아 입점 시점에 맞춰 서울시내 주요 백화점에 단독 부티크를 여는 등의 대응을 하였고, 바쉐론콘스탄틴과 브레게는 서울 강북지역의 '명품 메카'인 롯데백화점 에비뉴엘에 단독 부티크를 냈다. 작년 말 에비뉴엘에 세계 4번째 부티크를 낸 랑게운트죄네는 여러 시계 브랜드를 함께 판매하는 편집숍에 추가로 입점하는 방안을 검토하기도 하였다. 블랑팡도 현대백화점 서울 압구정 본점을 비롯한 몇몇 백화점과 단독 입점 여부를 협의하였다.

서울시내 주요 백화점들도 앞다퉈 '빅6' 유치에 나서고 있지만, 단 하나 예외는 있다. 오데마피게다. 이 브랜드는 최근 롯데백화점으로부터 "에비뉴엘에 있는 단독 부티크에서 철수하라"는 통보를 받았다. '단독 부티크를 운영할 정도의 매출이 안 되니 편집매장에 다른 브랜드들과 함께 소규모로 입점하라'는 것이다. 사실상 바쉐론콘스탄틴과 브레게에 자리를 내주기 위한 '희생양'이 된 셈. 오데마피게 입장에선 단독 부티크를 둘러싼 특A급 브랜드 간 '힘 겨루기'에서 밀린 것이다. 업계 관계자는 "수천만~수억원짜리 시계를 구입하는 국내 부유층은 대개 클래식한 모델을 선호하는 반면 오데마피게는 스포티한 디자인이 많아 성장에 한계가 있었던 것으로 보인다"고 말했다.

자료원: 오상헌(2011), "서로 오라는 파텍필립 vs 매장 뺏긴 오데마피게," 한경닷컴 2011년 7월 28일자.
http://w.hankyung.com/news/app/newsview.php?aid=2011072895561 &sid=01047901&nid=254&ltype=&q=

유통경로의 성과는 유통경로의 구조적 측면과 경로구성원들간의 행동적 측면에 의해 결정되어진다. 유통경로의 구조적 측면은 앞서 제3부 유통경로구조의 설계에서 논의된 바 있다. 본 장에서는 주어진 유통경로구조 하에서 높은 경로 성과를 달성하기 위하여 유통경로구성원의 행동이 상호간의 관계 속에서 어떻게 조정되어야 하는지에 대해서 살펴보게 될 것이다. 한 기업이 일정 제품(혹은 제품군)의 성공적인 유통경로 관리를 하기 위해서는 유통목표의 명확한 설정과 함께 그에 적합한 유통경로구조와 경로구성원간의 조정체계를 사전에 정립한 후 이를 실행에 옮기고 평가해 나가야 한다.

제1절   유통경로의 조정과정

유통경로의 조정은 다음의 세 단계로 이루어진다(그림 9-1 참조). 제1단계는 유통목표에 따른 서비스 제공 수준을 달성하기 위해 수행해야 할 유통기능들을 명확히 하고 이 기능들을 경로구성원들에게 할당하는 것이다. 유통경로에서 고객욕구 충족을 위해 중요한 서비스는 무엇이고, 어느 경로구성원이 어느 정도의 유통기능(예컨대, 상품 보관 및 수송, 소유권, 촉진, 협상, 재무지원, 위험부담, 주문, 지불 등)에 참여하는

그림 9-1   유통경로 조정체계

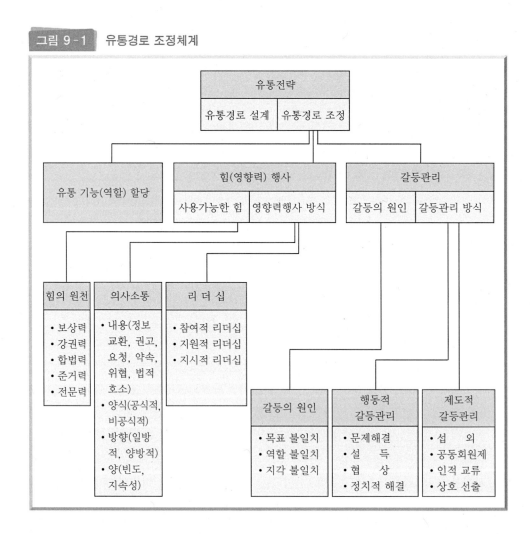

것이 바람직할 것인지에 관한 역할을 명확히 정의할 필요가 있다. 이러한 기능의 할당 내지 배분은 경로구성원간의 계약이나 협상 혹은 자본적 소유에 의한 경로구조와 의사결정에 의해 이루어진다. 여기서 주의할 점은 기능의 할당 즉 역할의 분담에 있어 경로구성원들이 경로리더(일반적으로 제조업체 혹은 대형유통점)를 중심으로 하여 각각의 전문성과 수용능력 등을 충분히 고려하여야 한다는 것이다. 제 2 단계는 경로구성원에게 할당된 과업이나 역할을 잘 수행할 수 있도록 영향력을 행사하는 것이다. 이는 효과적인 영향력 행사를 통해 경로구성원으로부터 협조를 얻거나 구성원을 통제하기 위한 것이다. 보다 구체적으로는, 영향력을 행사하기 위해 필요한 힘의 원천이 무엇이고 영향력을 행사하는 방식들 중에서 어떤 것이 가장 효과적인지를 고려하여야 한다. 마지막 제 3 단계는 유통기능의 분담에 따른 경로구성원들간의 상호 의존관계 속에서 나타날 수 있는 갈등을 해소시킬 수 있는 방식을 개발하는 것이다. 이를 위해 어떤 사안에 대해 갈등이 발생하고 그 원인은 무엇이며 이에 적합한 갈등관리 방식은 무엇인지를 고려하여야 한다.

이와 같은 조정과정 중에서 제 1 단계 내용은 앞서 제 2 부와 제 3 부에서 충분히 언급되었으므로 본 장에서는 제 2 단계 영향력행사를 다루고 다음 제 10 장에서는 제 3 단계 갈등관리에 초점을 맞추면서 추가로 정보기술의 발전이 유통경로 조정에 미치는 영향에 대해 살펴보고자 한다.

제 2 절   힘(영향력) 행사

1. 사용가능한 힘(영향력)

(1) 힘(영향력) 개념

유통경로상에서의 힘(영향력)이란 기존 유통경로상에서 다른 구성원의 마케팅전략상의 의사결정변수를 통제하는 능력이라고 정의할 수 있다. 즉, 한 경로구성원이 다른 경로구성원의 의사결정이나 목적달성에 영향을 미치거나 변경시킬 수 있는 능력을 의미한다. 이러한 기업간의 영향력 관계를 이해하기 위하여 종종 기업간의 '의존'(dependence)의 의미를 고려하게 되는데, A기업에 대한 B기업의 힘은 B기업의 A기업에 대한 의존의 정도에 기초한다는 것이다.

힘과 의존의 관계를 잘 이해하기 위해서, Emerson(1962)의 연구에 기초하여 유통경로상에서 힘의 행사자(Source Firm)와 상대방(Target Firm)간의 힘-의존관계에 대

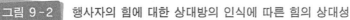

그림 9-2 행사자의 힘에 대한 상대방의 인식에 따른 힘의 상대성

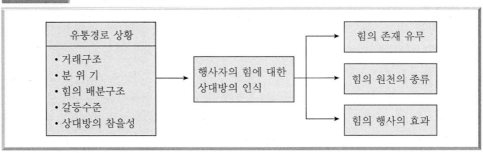

한 세 가지 접근법을 살펴보자. 먼저 "매출액 및 이익" 접근법의 논지는 행사자가 상대방에 기여한 매출액과 이익이 크면 클수록(Emerson에 의하면, 동기적 투여; Motivational Investment), 상대방의 행사자에 대한 의존은 커진다는 것이다. 특정 제조업체와 가맹점의 관계에서 행사자를 제조업체로 상대방을 가맹점이라고 할 때, 가맹점에서 판매되는 상품의 대부분이 그 제조업체의 제품일 경우 가맹점은 그 제조업체에게 크게 의존되어 있다고 말할 수 있다. 또한 행사자의 마케팅프로그램에 대한 개입과 행사자를 대체하기 어려운 점도 상대방의 의존 정도를 증가시키게 된다(Emerson에 의하면, 의존의 대체가능성).

"역할성과" 접근법에 따르면, 행사자의 역할성과(역할을 얼마나 잘 수행하는지)가 높다고 상대방이 지각한다면 상대방은 행사자의 거래관계를 유지하려고 할 것이고, 나아가 행사자의 역할성과가 높으면 높을수록 그 기업을 대체할 만한 다른 기업을 찾기 어려워지게 된다.

유통경로상에서 의존수준의 근거를 설명하는 세 번째 접근방법은 "특유자산-상쇄투자" 접근법이다. 이것은 상대방의 행사자에 대한 의존은 상대방의 거래관련 특유투자에 비례하여 증가하고, 상대방이 그들의 고객들과 함께 수행하는 결속된 행동(예컨대, 상쇄투자)에 따라 감소되어진다는 것이다. 상쇄투자를 통해서 상대방 기업은 힘 행사자의 기회주의적 행동을 견제하게 된다.

(2) 힘(영향력)의 상대성

일방의 힘과 그 크기는 상대방의 인식과 그 수용 정도에 의해 상대적인 것이며, 또한 상이한 유통경로 상황(예컨대, 거래구조, 분위기, 힘의 배분구조, 갈등수준, 및 상대방의 참을성)에 따라 힘의 내용과 정도가 달라질 수 있다. 그러므로 힘은 상대적인 차원과 그 주변 상황에 의해 이해되어지고 행사되어져야 한다(그림 9-2 참조). 힘의 행

| 표 9-1 | 힘의 행사의 효과 |

		행사자의 힘의 실재 여부	
		有	無
행사자의 힘에 대한 상대방의 인식	有	순응시 효과 발생	순응시 단기적 효과: 술책(Bluffing)에 불과하므로 장기적인 경로관계에서 상대방의 저항이나 보복 유발가능
	無	상대방이 행사자에게 힘이 있다고 인식하지 않으므로 힘의 행사는 효과 없음. 그러나 불응에 따라 힘이 집행되어 상호 갈등 유발	힘이 행사되지 않을 것임

사자와 상대방간의 관계 및 이를 둘러싼 유통경로 상황은 각기 상이하다고 볼 때, 행사자는 어떤 상대방에게는 힘의 우위에 있으나 다른 상대방에게는 힘의 열위의 상태에 있을 수 있고, 행사자의 의도가 어떻게 인식되느냐에 따라 동일한 힘에 대해서도 강압적인 것으로 혹은 비강압적인 것으로 느껴질 수 있으며, 그리고 이러한 상이한 인식은 결국 영향력행사 이후 효과가 어떻게 나타나게 될 것인지를 결정한다. 예컨대, 어떤 소매상은 제조업체의 요구사항에 대해 순응하거나 그렇지 않을 수도 있다. 예컨대, 재고확보율을 10% 이상으로 증가시키라는 제조업체의 요구에 대해 소매상의 인식에 따라 힘의 원천이 다르게 해석된다. 즉, 어떤 소매상은 자신과 제조업체의 장기적인 이익에 도움이 된다고 인식한다면, 이는 제조업체가 시장 흐름을 읽을 수 있는 전문성이 있다고 할 수도 있고(추후 힘의 원천 중 '전문성'이라 함), 다른 소매상은 단기적으로 자신에게 이익이 되는 것이 없다고 인식한다면, 제조업체가 판매량을 늘리기 위해 강제적인 힘을 동원한다고 할 수도 있다(추후 힘의 원천 중 '강권력'이라 함).

힘(영향력)의 행사의 효과는 〈표 9-1〉에서와 같이 행사자의 힘에 대한 상대방의 인식과 힘의 실제 여부에 의해 다르게 나타날 것이다. 힘은 필요할 때 사용될 수 있는 잠재적 능력이므로 상대방이 행사자에게 힘이 있다고 인식하고 있을 때 힘의 행사의 효과가 발생한다. 반면 힘의 집행의 효과는 힘의 실재 여부에 달려 있다고 할 수 있다.

(3) 힘의 열위 상태에서 대응 방안

힘의 불균형관계에서 약자의 대응방안은 다음과 같은 접근방안이 적용될 수 있다. Emerson은 약자의 대응방안으로서 ① 비용경감(Cost Reduction)과 ② 힘의 균형화(Balancing Operation)를 들고 있다. 비용경감 방안은 약자가 강자의 요구에 부합함으로써 자신에게 부과되는 고통이나 부담(cost)을 감소시키기 위해 자신의 개인적, 경제적, 사회적 가치를 변화시켜 불균형관계에 적응하는 과정을 의미한다. 이러한 비용경감 방안은 불균형관계를 변화시키지 못하는 데 반해, 힘의 균형화는 힘의 불균형을 보다 균형화시키려는 적극적인 활동을 의미하며, 이에는 동기철회(Motivational Withdrawal),

표 9-2 힘의 균형화 방안 비교

방 안	약자의 행동	동기적 투여/대체 가능성	의 존
동기철회	강자의 과다한 요구로 공동목표에 대한 흥미를 상실	약자의 동기적 투여 감소	약자의 의존 감소
힘 네트워크 확대	기존 관계 내에서 혹은 밖에서 새로운 관계를 모색	약자의 대체가능성 증가	약자의 의존 감소
지위인정	의존이 낮은 강자를 붙잡아 두기 위해 강자에게 심리적 보상이나 금전적 혜택을 제공케 함	강자의 동기적 투여 증가	강자의 의존 증가
연합체 형성	기존관계 내의 약자들이 강자에 맞서 연합	강자의 대체가능성 감소	강자의 의존 증가

표 9-3 영향력의 원천 및 유통경로상의 사례

구 분	개 념	사 례
보상력	물질적·심리적·보호적 보상을 제공할 수 있는 능력	판매지원, 영업활동지원, 관리기법, 시장정보, 금융지원, 신용조건, 마진폭의 증대, 특별 할인, 리베이트, 광고지원, 판촉물 제공, 신속한 배달, 빈번한 배달, 감사패 제공, 지역 독점권 제공
강권력	영향력 행사에 따르지 않을 때 처벌이나 제재를 가할 수 있는 능력	상품공급의 지연, 대리점 보증금의 인상, 마진폭의 인하, 대금결제일의 단축, 지역 전속권의 철회, 인접 지역에 새로운 점포의 개설, 끼워팔기, 밀어내기, 기타 보상력의 철회
합법력	오랜 관습이나 공식적 계약에 근거해 규정된 행동을 준수하도록 정당하게 주장할 수 있는 능력	오랜 관습이나 상식에 따라 당연하게 인정되는 권리, 계약, 상표등록, 특허권, 프랜차이즈 협약, 기타 법률적 권리
준거력	매력이나 일체감 및 안전욕구에 의해 거래관계를 계속 유지하고 싶어하게 할 수 있는 능력	유명상표를 취급한다는 긍지와 보람, 유명업체 또는 관련 산업의 선도자와 거래한다는 긍지, 상호간 목표의 공유, 상대방과의 관계지속 욕구, 상대방의 신뢰 및 결속
전문력	상대방이 중요하게 인식하는 우수한 지식이나 경험 혹은 정보의 제공 능력	경영관리에 관한 상담과 조언, 영업사원의 전문지식, 종업원의 교육과 훈련, 상품의 진열 및 전시 조언, 경영정보, 시장정보, 우수한 제품, 다양한 제품, 신제품 개발능력

힘 네트워크 확대(Extension of Power Network), 지위인정(Emergence of Status), 그리고
연합체형성(Coalition Formation) 등이 있다(표 9-2 참조).

(4) 힘(영향력)의 원천

상대방의 의사결정이나 목적달성에 영향을 미칠 수 있는 방법은 여러 가지가 있
다. 영향력의 행사수단을 힘의 원천이라고 하는데, 이에는 보상력(Reward Power), 강
권력(Coercive Power), 합법력(Legitimate Power), 준거력(Referent Power), 전문력(Expert
Power) 등이 있다. 이러한 영향력의 원천들의 개념과 유통경로상에서의 일반적인 사
례는 〈표 9-3〉과 같다.

보상력은 한 경로구성원이 기대하는 어떤 역할을 다른 경로구성원이 수행할 때
그에게 물질적·심리적·보호적 보상을 제공할 수 있는 경우에 나타난다. 기업이 도
매상에게 특별할인이나 리베이트 또는 신용조건을 제공하는 것은 물질적(재무적) 보
상의 예이고, 계속적인 사업보증을 하거나 감사의 표현을 하는 것은 심리적 보상의
경우에 해당한다.

그리고 보호적 보상력은 다음의 세 가지 형태를 취한다.

① 판매영역 및 입지보호: 경로구성원은 주어진 영역에서 판매활동을 독점적으로 운영
   할 수 있다.
② 성과-책임 보호: 기업은 경로구성원에 대하여 성과요구 수준을 조정할 수 있다. 예
   컨대, 일정한 할인을 허용하기 위하여 정상적으로 요구되는 매출할당액을 낮추거
   나, 기업이 경로구성원에게 요구할 수 있는 제품광고, 고객에 대한 기술지원 및 창
   고기능 등을 면제할 수 있다.
③ 고객 보호: 경로구성원을 대신하여 기업이 고객과의 직접 접촉을 통하여 개별적 서
   비스를 제공함으로써 경로구성원의 경쟁자로부터 고객을 보호해 준다.

강권력은 경로구성원을 제재할 수 있는 능력인데 영업에 해를 끼치거나 긍정적
인 보상을 철회하는 것도 이에 해당된다. 합법력은 법적 계약에 기초하여 경로구성
원에게 정해진 행동을 준수하도록 주장할 수 있는 권리이다. 또한 합법력은 기업의
요구 및 기대가 경로구성원에 의해 정당하다고 인지되어야만 존재할 수 있다. 이것
은 기업이 경로구성원의 마케팅노력을 적극적으로 지원할 때 발생할 가능성이 높다.
예를 들어, 기업이 전국적인 광고를 통해 매출을 증진시켰을 때 경로구성원에게 자
사의 상품을 눈에 잘 띄는 곳에 위치시킬 것을 요구하거나 적정재고를 유지하기를
요구할 수 있는 것이다.

준거력은 매력이나 일체감 및 안전욕구에 의해 거래관계를 계속 유지하고 싶어
하게 할 수 있는 능력으로, 자사의 목적과 경로구성원의 목적이 상호 일치하므로 동
반자관계라는 생각이 공유될 때 준거력이 높다고 할 수 있다. 경로구성원의 이익 및
손실이 기업의 영업실적에 따라 변동하는 방식으로 보상구조를 설계하는 것이 준거
력을 높이는 방법이 될 수 있다.

전문력은 기업이 시장상황을 잘 알고 있을 때 발생한다. 그런 경우에 경로구성
원은 고객이 무엇을 원하는지, 그들의 욕구를 얼마나 잘 충족시켜야 하는지에 대해
기업의 충고를 따르는 경향을 보일 것이다.

보상력이 실제로 집행된다면 행사자에 대한 신뢰가 높아져 미래의 보상력 효과
가 증대될 수 있다. 강권력은 보통 불균형적 힘 관계에서 상대방의 의지에 반하여 힘
을 행사하는 것이므로 역기능적 갈등을 유발할 수 있고, 상대방은 대항수단을 강구
할 수 있다. 그러므로 장기적인 경로구성원들간에는 강권력의 사용에 특히 신중해야
한다. 보상력과 강권력은 특정한 안건에 관련되므로 그 효과가 즉각적이라는 장점이
있는 반면, 동일한 보상력이나 강권력을 반복 사용한다면 학습효과에 의해 효과가
체감될 수 있으므로 점점 강도를 높여가야 한다는 어려움이 있다. 전문력을 보유하
는 데는 상당한 시간과 비용이 소요되는 데 반해, 그것은 상대방과 공유하게 된다면
전문성이 상실될 수 있으므로 전문력의 사용은 신중히 고려해야 한다. 전문력의 확
보를 위해서는 시장정보가 중요하므로 지속적인 환경탐색 시스템을 갖추어 신속하게
환경변화를 발견하고 바람직한 환경상태를 구체화하여 적극적인 조치를 강구하는 것
이 요구된다. 준거력과 합법력은 상대방의 태도가 바탕이 되므로 비교적 장기간에
걸쳐 강력한 효과를 지닌다는 특징이 있다. 특히 준거력은 공동광고나 공동판매촉진
과 같이 문제해결활동에 공동으로 참여함으로써 동반자관계라는 인식을 바탕으로 자
발적인 협력을 유도할 수 있는 것이다.

2. 힘(영향력) 행사 방식

(1) 의사소통

의사소통은 유통경로구성원을 하나로 연결하여 주는 매개체라고 할 수 있으며,
의사소통을 통해 영향력이 행사되고, 왜곡된 의사소통에 의해 갈등이 발생할 수 있
다는 점에서 의사소통은 유통경로운영에 있어 중요한 위치를 차지하고 있다. 의사소
통이 수행되어지는 과정을 살펴보면, 이는 양, 방향, 양식, 내용이라는 요소로 구성
되어짐을 알 수 있다.

　　의사소통 양　　의사소통을 통해서 경로구성원들은 서로 접촉하게 되는데 접촉의 빈도, 그리고 지속성이 의사소통의 양을 결정한다. 의사소통의 양이 적정수준을 유지할 때 유통경로의 운영이 원활하게 된다.

　　의사소통 방향　　이것은 경로구성원간 의사소통의 수직적이고 수평적인 흐름을 의미한다. 이는 힘의 행사와 관련되어 있는데 의사소통의 방향은 힘을 가지고 있는 경로구성원에서 하향 또는 상향으로 흐르게 되며 일방적인 경우와 양방적인 경우가 있다.

　　의사소통 양식　　이것은 의사소통을 통해 전달하고자 하는 정보를 어떠한 방법으로 전달하는가의 문제이다. 이는 매체라고도 할 수 있는데 공식적, 비공식적 의사소통 등이 의사소통 양식이 된다. 제조업체와 중간상인간의 직접 혹은 간접 정보매체와 정보의 종류는 〈그림 9-3〉과 같이 예시할 수 있다.

　　의사소통의 내용　　이것은 전달되는 메시지를 의미하는 것으로, 종류에는 정보교환, 권고, 요청, 약속, 법적 호소 및 위협 등이 있다. 정보교환은 일반적인 사업내용이나 운영절차에 관해 토론하며 구체적인 행동을 요구하지 않는 의사소통 내용이다. 권고는 구체적인 행동에 관하여 영향력 행사자(Source)의 제안을 따르면 상대방(Target)에게 이로울 것이라는 점을 알리는 것이다. 요청은 순응 또는 불응에 대한 구

그림 9-3　제조업체와 가맹점간의 의사소통 매체

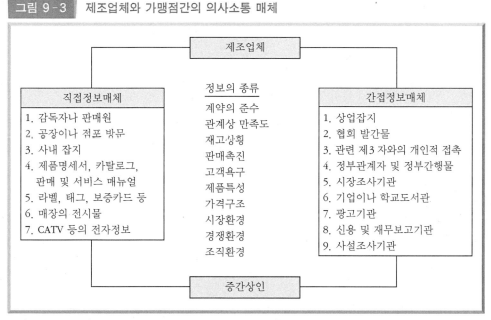

자료: Gross(1968), *Business Horisons*(December), p.39 참조.

체적인 결과를 알리지 않고 원하는 행동만을 알리는 것이다. 약속은 행사자의 요구에 순응하면 구체적인 보상을 약속하는 것이다. 법적 호소는 법적 계약이나 구속력 있는 비공식적 합의사항에 의해 어떤 행동을 요구하는 것이다. 위협은 원하는 행동을 취하지 않을 때 응징이 가해질 것임을 알리는 것이다.

의사소통 내용들은 지금까지의 연구에서 다음과 같이 구분되어 왔다. 첫째, 상대방의 인식을 수정하여 영향력을 달성하는 간접적 내용(예컨대, 정보교환 및 권고)과 상대방의 인식을 수정하지 않고 영향력을 달성하는 직접적 내용(예컨대, 요청, 약속, 위협 및 법적 호소)이 있다. 둘째, 불응시 가해질 응징을 명확히 하는지에 따라 강압적 내용(예컨대, 약속, 위협, 법적 호소)과 비강압적 내용(예컨대, 정보교환, 권고, 요청)으로 구분된다. 셋째, 의도된 행동이 일반적인지(예컨대, 정보교환), 구체적인지(예컨대, 권고, 요청, 약속, 위협, 법적 호소)에 따라 구분되기도 한다.

유통경로상황에 따라 적절한 의사소통 및 정보 믹스가 구성되어져야 한다(표 9-4 참조). 예컨대 다음과 같이 '협력적 의사소통 믹스'와 '비협력적 의사소통 믹스'로 구분하여 생각할 수 있다. 여기서 비협력적 의사소통 믹스는 낮은 빈도, 일방적 흐름, 직접적 내용, 공식화된 양식의 의사소통으로 구성되어 있고, 협력적 의사소통 믹스는 높은 빈도, 양방적 흐름, 간접적 내용, 비공식화된 양식의 의사소통으로 구성되어 있다.

또한 〈그림 9-4〉에서와 같이 의사소통믹스는 유통경로의 거래구조, 분위기, 힘과 결합하여 성과에 다른 영향을 미친다. 이러한 접근은 최근 '많은 의사소통', '의사소통 개선'과 '개방적 의사소통' 같은 주먹구구식의 단순한 구호에 대해 체계적인 접근이 요구됨을 시사하고 있다. 이에 대한 보다 자세한 내용은 다음의 제11장 경로의사소통과 정보시스템에서 검토되어질 것이다.

표 9-4   유통경로 상황과 의사소통 믹스와의 관계

유통경로 상황		의사소통 믹스			
		빈 도	방 향	양 식	내 용
거래구조	관계적 구조	높음	양방적	비공식적	간접적
	단속적 구조	낮음	일방적	공식적	직접적
분 위 기	지원적 분위기	높음	양방적	비공식적	간접적
	비지원적 분위기	낮음	일방적	공식적	직접적
힘	균형적 힘	높음	양방적	비공식적	간접적
	불균형적 힘	낮음	일방적	공식적	직접적

(2) 리 더 십

영향력의 행사 방식은 의사소통 이외에 리더십 스타일과도 큰 관련이 있다. 그러므로 유통경로조정은 리더십에 의해 그 성과의 정도가 달라지게 된다. 리더십 스타일은 대개 참여적 리더십, 지원적 리더십 그리고 지시적 리더십으로 분류될 수 있다.

참여적 리더십(Participative Leadership)을 가진 참여적 리더는 조직구성원과 함께 상의를 하고, 그들의 제안을 유도하며, 의사결정에 있어 구성원들의 의견을 고려한다. 이러한 과정을 통해 경로 내의 협력적 분위기를 형성할 수 있고, 그로 인해 경로 내에서의 갈등을 줄일 수 있다.

지원적 리더십(Supportive Leadership)을 가진 지원적 리더는 경로구성원이 필요로 하는 사항이 무엇인지를 고려하고, 그들의 복지 등에 관심을 표명하며, 명랑하고 우호적인 업무환경을 조성한다. 지원적 활동은 무엇보다도 쾌활한 분위기를 제공하는데 이는 갈등 수준을 줄이는 데 직접적인 영향을 미친다.

지시적 리더십(Directive Leadership)을 가진 지시적 리더는 업무환경의 조직 및 정의, 수행되어야 할 기능의 분담, 의사소통 네트워크의 조사, 그리고 업무조직의 성과를 평가함에 강력한 지휘력을 발휘한다. 이는 경로와 관련된 계획, 조직, 조정 그리고 통제 활동과 관련되며, 경로구성원은 일관된 경로의 목표, 정책 그리고 운영절차를 제시받게 되어 역할분담상의 모호함으로 발생하는 경로 내의 갈등수준을 감소시키게 된다.

그림 9-4 유통경로 상황과 의사소통 믹스와의 관계: 성과에의 의미

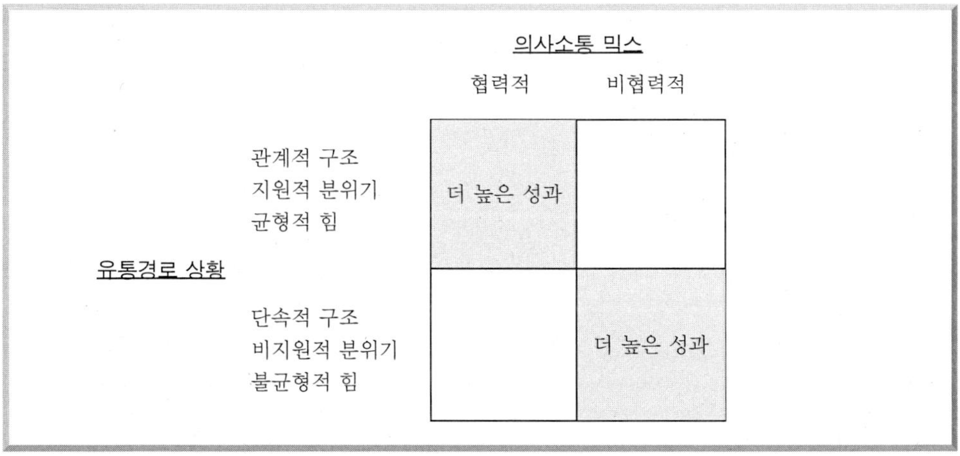

리더십의 문제는 영향력행사의 장애가 되는 경로갈등의 제거와 깊은 관련이 있다. 그리고 리더십의 세 가지 유형은 경로갈등의 독특한 상황에 따라 미치는 영향이 다양하게 나타날 수 있다. 예컨대, 참여적 리더십은 관리상의 문제 또는 제품이나 서비스와 관련하여 발생하는 갈등과 관련되어 있다. 광고비용, 서비스품질의 유지, 회계정보 및 계약기간 등은 경로구성원들이 관련 정책결정에 적극적으로 참여하기를 원하기 때문이다. 그러므로 이러한 사안들에 대해서는 참여적 리더십을 통해 갈등을 줄일 수 있다.

한편, 지원적 리더십도 관리상의 문제와 관련이 있으며, 지시적 리더십은 업무의 성질과 관련되어 있다. 업무의 내용이 명료할수록 지시적 리더십은 갈등해결에 별다른 효과가 없으며, 반면 업무의 내용이 모호하거나 애매할수록 효과가 크게 된다.

3. 힘(영향력) 행사에 대한 접근체계

힘 또는 영향력을 행사하기 위해서는 먼저, 유통경로상에서 행사할 수 있는 힘의 원천들 중 특정 경로 상대방에게 적절한 것은 무엇이며 언제 어떻게 행사되는 것이 바람직할 것인가를 검토해 보아야 할 것이다. 이 문제에 접근하기 위해서는 환경

그림 9-5   힘(영향력) 행사에 대한 접근체계

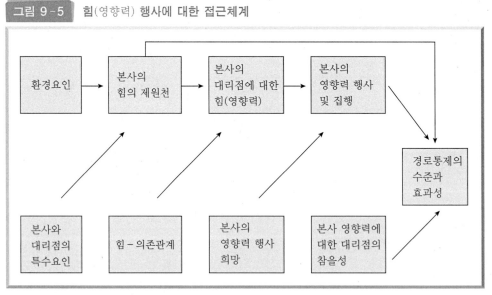

자료: M. Etgar, "Channel Environment and Channel Leadership," *Journal of Marketing Research*, Feb. 1977, p. 70을 수정.

요인들이 유통경로관계와 유통목표달성에 미치는 영향을 분석하여 영향력을 행사할 필요성이 높은 활동 분야를 선정하여야 한다. 힘 또는 영향력 행사에 대한 접근체계는 〈그림 9-5〉와 같다.

지금부터 앞서 언급한 영향력행사의 접근체계를 단계별로 보다 자세히 살펴보고, 이에 대한 이해를 돕기 위해 우리 나라 A오디오 회사의 실제 접근사례를 참고로 제시하고자 한다. A오디오社는 프랜차이즈 본부로서 산하에 가맹점을 두고 있다. 업계에서는 가맹점들을 대리점이라고 하나 이는 잘못된 표현이며, 특약점 혹은 A회사 가맹점 등이 맞는 표현이다. 그러나 여기서는 실무 차원에서의 대리점이라는 용어를 사용하기로 한다. 그리고 이의 실제 응용을 용이하게 하기 위해 제13장 제3절의 설문지를 활용하기 바란다.

(1) 환경의 변화와 대리점 통제의 필요성

수요, 공급, 경쟁, 기술 및 법적 규제 등의 환경변화는 고객의 제품 사용 및 구매 욕구에 영향을 미치기도 하지만 유통경로의 설계와 조정에도 영향을 미칠 수 있다. 특히 이러한 환경의 변화가 얼마나 기업의 중간상에 대한 통제를 약화시키고 있는지를 파악하여야 한다. 물론 이러한 징후를 미리 파악하여 통제의 강화 필요성을 명백히 하고 신속하게 이에 대처하여야 한다. 이에 대한 대처방안은 크게 경로 조직패턴의 조정과 영향력행사 방법의 개선 등 두 가지로 구분되어지는데, 전자는 제7장에서 자세히 다루었으므로 여기서는 후자에 초점을 맞출 것이다. 예컨대 A오디오社의 경우, 수입오디오의 등장과 국내 대리점들간 경쟁이 치열하여 A사 제품만으로는 대리점의 매출 및 이익이 악화되고 있어 대리점이 가격할인 및 수입오디오 제품 취급을 고려하는 등 기존 대리점 체계가 심각히 우려되고 있다. 이에 따라 고급 전문품으로

표 9-5 A오디오社의 환경의 변화와 내리섬 통세의 필요성

주요 유통환경의 변화	기회/위협 정도와 통제의 필요성
• 불안정한 수요증가로 수요예측과 대리점에 대한 수익성 보장이 어려움 • 타사 대리점뿐만 아니라 자사 대리점들간에도 경쟁이 치열함 • 수입오디오의 증가로 국내 오디오시장이 잠식되고 있음 • 대리점에서 수입오디오 취급 찬성에 따라 전속적 대리점 관계가 위협받고 있음	• 가격할인 등에 의한 고급 전문품 이미지 손상 가능성 심각 : 고급 전문품 이미지 보호를 위한 대리점 통제의 필요성 증대 • 매출 증진을 위한 대리점 확대의 어려움과 기존 대리점의 이익구조 악화 : 기존 대리점에 대한 지원활동을 강화할 필요성 증대 • 전속대리점들의 이탈과 반발 증대 : 기존 대리점에 대한 지원과 통제의 필요성 증대

써의 제품이미지를 보호하고 대리점의 반발을 억제시키기 위해 대리점에 대한 지원과 통제의 필요성이 인식되고 있었다.

(2) 본사와 대리점의 특수 능력 요인(힘의 원천의 확인)

상대방에게 영향력을 행사할 필요성이 있다면, 그 상대방과의 관계에서 영향력을 행사할 만한 능력이 자신에게 있는지 고찰해 보아야 할 것이다. 영향력을 행사하고자 하는 특정 의사결정 사항에 대해 힘을 갖기 위해서는 영향력 행사자의 힘의 원천이 그 기반이 된다. 이러한 힘의 원천의 크기는 자신과 상대방간의 관계에서 존재하는 특수한 능력 요인들에 기반을 두고 있다. 본사와 대리점의 입장에서 특수 능력 요인이 어떤 상태에 있는가를 살펴보면, 영향력 행사자의 가능한 힘의 원천은 무엇이고 힘의 원천이 미약하다면 그 이유가 무엇인지를 알 수 있다. 예컨대, A오디오社의 경우 본사의 능력은 대리점과의 관계를 고려하여 검토해 본 결과, 대리점에 대하여 자금지원능력 등의 보상력과 전속권 철회나 인근지역 점포개설 등의 강권력 그리고 업계 수위 유명상표로서의 준거력 등을 유지하고 있으나, 시장조사와 마케팅 전반에 대한 전문력은 미흡한 것으로 나타났다.

(3) 본사의 힘의 제 원천과 사용(적절한 힘의 원천의 선정)

힘의 행사자와 상대방간의 특수 능력 요인 관계를 분석하여 나타난 힘의 원천이 실제 사용 가능한지와 실제 사용한 적이 있는지를 분석하고, 대리점은 어떤 힘의 원천이 사용되기를 바라는가를 확인하여야 한다.

〈표 9-7〉에서 A오디오社의 경우 전반적으로 볼 때 대리점은 대체로 보상력의 사용을 희망하고, 대리점은 본사가 전문력은 사용하고 있으나 보상력과 강권력은 사용하지 않고 있는 것으로 느끼고 있다. 또한 대리점은 본사의 힘의 원천이 미약한 것으로 판단하고 있다. 구체적으로 대리점은 본사에 대해 대리점 광고 원조와 대리점 영업에 따른 재무지원을 희망하고 있는데 대리점 광고 원조는 본사가 실제 사용하고 있으나 가장 희망하는 것으로 보아 효과적인 지원이 되지 못하고 있는 것으로 판단되며, 대리점 영업에 따른 재무지원은 본사에서 확대해 주기를 바라고 있다고 볼 수 있다. 따라서 대리점 광고 원조를 대리점과 협의하여 더욱 효과적인 방안을 강구해야 할 것이며 대리점 영업에 따른 재무지원에 대해서는 대폭 확대할 필요성이 제기되고 있다고 볼 수 있다.

(4) 힘-의존 관계의 구조

이것은 힘의 행사자와 상대방간의 상호의존관계를 확인하고자 하는 것이다. 상대방이 행사자에 대해 상대적으로 많이 의존하고 있다는 사실은, 상대방이 행사자의 영향력을 수용할 가능성이 많다는 것을 의미하며, 영향력의 효과가 실제로 달성될 것이라고 기대할 수 있다. 힘 또는 영향력의 존재를 확인하기 위해서는 앞서 살펴본 세 가지 힘-의존 관계의 접근법(매출액 및 이익, 역할성과, 특유자산-상쇄투자)을 근거로 다음과 같이 살펴볼 수 있다. 예컨대 A社와 대리점간의 관계의 경우, 본사는 총 매출의 대부분을 대리점을 통한 것이며 기존 대리점을 교체하는 데 상당한 어려움이 있다. 대리점의 입장에서는 전속 가맹점 계약에 따라 전적으로 본사의 제품만을 취급하고 있으며, 가전 회사간 경쟁 가열과 수입오디오의 등장으로 전속적 관계에서 벗어날 수 있는 배경은 조성되었으나 교체시에는 상당한 비용이 수반될 것으로 예상되고 있다. 따라서 현재는 본사가 힘의 우위를 점하고 있으나 점차 대리점의 입장이 강화되고 있다고 볼 수 있다.

(5) 본사의 대리점에 대한 힘

이것은 경로당사자들간의 주요 의사결정요소에 대하여 상대적인 통제수준을 확인하는 것이다. 여기서 의사결정요소는 고객에게 최상의 만족을 제공하기 위해 필수적인 중요한 유통경로서비스를 말한다. 어떤 유통경로에서는 배달이 가장 중요한 의사결정요소일 수 있고, 또 다른 경로에서는 점포의 위치나 소매가격이 가장 중요한 것일 수도 있다. 보통 중요한 경로서비스는 본사에서 통제하고 중요하지 않는 것은 가맹점에서 결정하도록 할 수 있다.

〈표 9-9〉에서 보는 바와 같이, 대리점 소매가격 결정과 외상매입금 회수기간을 제외한 대부분의 의사결정 영역에서 대리점이 결정하고 있으며, 특히 〈표 9-7〉에서 가맹점이 바라는 우선 순위가 높게 나타난 대리점 광고 측면에서 본사의 역할은 미미한 것으로 나타나고 있다.

(6) 본사의 영향력 행사 희망

이것은 선정된 영향력 행사 영역에 대해 기대되는 효과를 설정하고 행사될 구체적인 힘의 원천은 무엇이며 어떤 원천과 함께 또는 어떤 순서로 사용할 것인지를 고찰하는 것이다. 경제적 힘의 원천은 각 경로구성원에게 개별적으로, 그리고 특정 성과와 연계시켜 행사될 수 있으므로 비경제적 힘의 원천에 비해 단기적인 통제에 유

표 9-6   A오디오社와 대리점의 특수 능력 요인

특수 능력 요인	본 사	대 리 점	본사의 힘의 원천에 미치는 영향
① 경로상의 위치	경로선도자	지역별 집단행동의 강화로 대응력 개발	대리점의 대응력은 본사의 힘의 원천을 전반적으로 희석시킴. 그러나 준거력 및 합법력은 유지하고 있음
② 경로상의 전문력	대리점 관리능력 부족 – 조직의 미약, 매너리즘 – 인력의 전문성 부족 – 의사소통 부실	본사에 대한 정보제공자로서의 영업능력(경험 및 전문성)이 본사 사원보다 우수하다고 여김	전문력 부족
③ 거래의 크기	대리점에 비해서는 대규모. 그러나 다른 경쟁업체보다는 규모가 작은 편임. 특히 경쟁사들은 그룹을 형성하고 있음	전반적으로 소규모. 다른 경쟁사 대리점에 비해서도 소규모	경제적인 힘(보상력, 강권력) 유지. 그러나 경쟁사의 경우보다는 미약
④ 경제적 성공	동종업계 수위 유지 브랜드 이미지 유지	경쟁사 대리점에 비해 평균 이상의 수익률 유지	보상력, 강권력, 준거력 유지
⑤ 재무적 자원	자금능력 유지. 그러나 다른 재벌들에 비해 포트폴리오 전략상의 한계	큰 어려움은 없음. 그러나 규모 확대시에는 본사 협조 희망	보상력 유지
⑥ 인력 자원	기획능력 및 요원 부족, 마케팅 전문인력 부족, 마케팅 교육훈련 미비, 시장조사 시스템 및 인력 미약, 전반적 매너리즘, 책임소재의 불분명 (동기부여 결여)	오랜 경험으로 상당한 판매능력 쌓음. 그러나 경쟁에 대응하고 고객의 개발 및 유지를 위해서는 교육훈련이 강화되어야 함	전문력 부족
⑦ know-how	제품개발, 원가계산	별로 없음	전문력 유지
종 합	• 자금지원능력 측면에서 보상력 유지 • 전속권 철회나 인근 지역 점포개설 측면에서 강권력 유지 • 업계 수위 유명상표로서의 준거력 유지 • 인적 전문력 부족		

| 표 9-7 | A오디오社의 힘의 제 원천과 사용 | | | | | | (단위: %) |

힘의 원천	본사의 사용 가능한 힘의 크기			본사의 힘의 실제 사용 여부			대리점이 본사에 바라는 영향력의 순위
	반 응		무반응	반 응		무반응	
	크다(A)	작다(B)		하고 있다 (C)	안하고 있다(D)		
〈경제적 힘의 원천〉							
보상력							
−대리점 초기의 재무지원	6.8	52.5	40.7	25.4	37.3	37.3	
−대리점 영업에 따른 재무지원	10.2	50.8	39.0	22.0	35.6	42.4	2
−대리점 광고 원조	11.9	54.2	33.9	52.5	8.5	39.0	1
−대리점 광고 지원	`5.1	50.8	44.1	30.5	32.2	37.3	6
−시장정보 제공	11.9	45.8	42.4	27.1	35.6	37.3	3
−판매 프로그램이나 제품의 제공	`6.8	47.5	45.8	39.0	27.1	33.9	4
−배달의 신속성	18.6	47.5	33.9	28.8	18.6	52.5	8
−배달의 빈번함	15.3	35.6	49.2	30.5	25.4	44.1	
〈비경제적 힘의 원천〉							
전문력							
−좋은 제품의 제공	20.3	35.6	44.1	42.4	15.3	42.4	8
−다양한 제품의 제공	18.6	32.2	49.2	37.3	11.9	50.8	
−교육 훈련 지원	15.3	35.6	49.2	45.8	18.6	35.6	8
−신제품 개발	18.6	37.3	44.1	33.9	23.7	42.4	8
−본사광고에 의한 뒷받침	16.9	37.3	45.8	35.6	20.3	44.1	7
−영업사원의 전문 지식	15.3	50.8	33.9	27.1	16.9	55.9	8
준거력							
−대리점과의 결속, 신뢰	25.4	32.2	42.4	44.1	13.6	42.4	5
−본사와의 업무 만족도	20.7 (만족)	43.1 (보통)	36.2 (불만)				
−본사에 대한 신뢰도	43.1	46.6	10.3				
−본사와의 관계 지속성	89.6	8.6	1.7				
합법력							
−인간관계 중시 혹은 계약 중시	43.9 (관계)	7.0 (계약)	49.1 (혼합)				
종 합	대리점은 본사의 힘의 원천이 미약한 것으로 판단하고 있음. 다만 관계 지속 욕구는 강함			대체로 전문력은 사용하고 있으나 보상력 / 강권력은 사용하지 않고 있음			

표 9-8 A오디오社의 힘 - 의존관계의 구조

	본 사	대 리 점	
1. 판매액	총매출액의 85%를 대리점에 의존	본사에 전적으로 의존	
2. 판매선/공급선의 다양화	특판과 백화점판매. 그러나 백화점판매 부진	대체공급선이 없음	
3. 교체 가능성	대체로 어려움	보통 수준임	
4. 교체/비교체 이유		예(%)	아니오(%)
① 교체비용		36.2	63.8
② 대리점 이윤		44.8	55.2
③ 제품 차이		41.4	58.6
④ 심리적 부담		22.4	77.6

표 9-9 A오디오社의 가맹점에 대한 힘 (단위: %)

통 제 의사결정요소	대리점이 통제 (1)	(2)	양자 합의 (3)	(4)	본사가 통제 (5)	무반응 (6)	통 제
대리점 소매가격 결정	11.9	3.4	13.6	10.2	55.9	5.1	본사
대리점 위치 선정	10.2	5.1	37.3	6.8	35.3	5.1	합의, 본사
대리점 주문량	18.6	6.8	54.2	6.8	6.8	6.8	합의
주문제품의 종류	25.4	10.2	44.1	3.4	6.8	10.2	합의, 대리점
대리점 광고	49.2	10.2	25.4	0	8.5	6.8	대리점
고객에 대한 신용제공	47.5	11.9	23.7	0	5.1	11.9	대리점
판매원 훈련	47.5	16.9	18.5	5.1	0	11.9	대리점
판매원 고용	78.0	10.6	1.7	0	0	6.8	대리점
점포 내 배치	76.3	10.2	5.1	0	0	8.5	대리점
협회참여	33.9	18.6	18.6	0	1.7	27.1	대리점
판매지역 제한	32.2	11.9	27.1	6.8	3.4	18.6	대리점, 합의
외상매입 여부	25.4	1.7	37.3	10.2	11.9	13.6	합의, 대리점
외상매입 금액 정도	20.3	6.8	33.9	15.3	10.2	13.6	합의, 대리점
외상매입금 회수기간	5.1	3.4	28.8	23.7	30.5	8.5	본사, 합의

표 9-10	A오디오社가 희망하는 영향력 원천	
영향력이 행사될 주요 의사결정요소	영향력 행사의 기대 효과	행사될 힘의 원천
고급 전문품의 이미지를 위해 기존에 대리점이 통제해 오던 대리점의 판매정책, 광고 및 판매원교육을 통제할 필요가 있음	① 할인가격 판매비율을 30% 이내로 ② 50만원 이상 제품에 대한 대고객 서비스 향상 ③ 신기술의 신속한 습득 ④ 고객인지도 향상	① 전문력 : 제품광고를 높이고, 할인가격 판매비율을 낮추고, 판매원에게 전문지식을 교육시키는 것이 장기적으로 유리할 것임 ② 보상력 : 대리점 광고 보조금, 별도의 리베이트 ③ 합법력 : 할인가격 판매비율을 30% 이내로 하도록 되어 있는 대리점 협약 ④ 강권력 : 신제품 공급중단, 마진폭 인하, 지역전속권 철회

용하다고 할 수 있으나 갈등을 발생시킬 가능성은 높다. 또한 힘의 원천을 행사할 때 여러 가지를 순차적으로 사용하거나 두 가지 이상을 병행적으로 사용하여 상호 보완적 효과를 기대할 수 있다.

〈표 9-10〉에서 A오디오社는 대리점의 수입오디오 취급을 방지함은 물론 고급 전문품의 이미지를 유지하고 고객인지도를 향상시키기 위해 기존에 대리점에서 통제해 오던 대리점 판매정책, 광고 및 판매원교육 등을 본사에서 강력히 통제할 필요성이 인식됨에 따라, 사용 가능한 힘의 원천을 〈표 9-10〉과 같이 선정하였다. 또한 할인가격 판매비율을 낮추고 제품광고를 확대하여 고급 전문품의 이미지를 유지하는 것이 장기적으로 바람직함을 인식시키고, 이러한 본사의 정책에 순응할 때는 그에 따른 보상이 수반되며, 그렇지 않을 경우는 여러 가지 제재가 가해질 수 있음을 인식시키도록 하고자 하였다.

표 9-11	영향력 행사 방식에 대한 접근 양식
유통경로 상황	영향력 행사 방식
① 거래구조(관계적/단속적) ② 분위기(지원적/비지원적) ③ 힘(균형/불균형) ④ 갈등(심각성/빈도/지속기간) ⑤ 상대방의 참을성(정도 및 이유)	의사소통 ① 내용(비강압적 : 정보교환, 권고, 요청/강압적 : 약속, 위협, 법적 호소) ② 양식(공식적/비공식적) ③ 방향(일방적/양방적) ④ 양(빈도 및 지속성)

(7) 힘(영향력)의 행사 방식

이것은 가맹점의 저항이나 유통경로상의 갈등을 발생시키지 않고 기대되는 효과를 달성할 수 있는 영향력 행사 방식을 선택하는 것이다. 영향력의 행사로 기대효과를 달성한다고 하더라도 유통경로상의 갈등을 심화시킨다면 장차 상대방의 협조나 신뢰를 약화시키는 부정적인 결과를 낳을 수 있다. 따라서 영향력 행사 방식의 선택에는 유통경로 상황을 고려하여 어떠한 의사소통 내용을 어떤 양식으로 얼마나 자주 행사할 것인지 등을 결정하여야 한다(표 9-11 참조).

A오디오社의 경우, 유통경로 상황은 본사와 대리점간에 관계적인 거래구조를 이루고 있으나 본사와 대리점간에 상대방에 대한 분위기는 비지원적이며 점차 갈등이 표출되고 있는 것으로 나타났다. 이에 따라 A오디오社는 가능한 강압적인 행사방식을 피하고 상대방의 비우호적인 태도를 우호적으로 바꿀 수 있도록 정보교환, 권고 및 요청의 방식을 가맹점과의 공식적인 협의 과정을 통해 행사하고자 하였다. 다만 이러한 방식에 순응하지 않을 경우는 대리점 계약을 단절할 수 있다는 극단적인 처방을 고려하고 있다.

표 9-12   A오디오社의 영향력 행사 방식

유통경로 상황	영향력 행사 방식
① 거래구조 : 관계적 ② 분위기 : 비지원적 ③ 힘 : 본사 우위의 불균형 구조 ④ 갈등 : 약간 심각, 지역간 대리점협회나 모임을 통해 본사에 요구사항을 전달하고 있음 ⑤ 상대방의 참을성 : 기존의 매출액 푸시전략에 기인하는 재고관리 문제, 외상매입 회수기간 문제 등으로 본사의 영향력에 대한 참을성을 잃고 있음. 또한 대리점 협회나 모임 등의 연합체를 형성하였음	의사소통 ① 광고를 높이고 할인가격 판매비율을 낮추도록 요청하고, 판매원교육을 권고 ② 할인가격 판매비율을 30% 이내로 하도록 대리점에 업무협조공문을 통해(공식적 양식) 요구하고(요청), 순응시 광고지원을 할 수 있는 구체적인 방안에 대해 지속적으로(양) 의견을 수렴하고(양방적 방향) 광고보조금과 리베이트 제공을 약속(약속) ③ 만일 수입오디오 취급시 대리점계약(법적 호소)에 따라 전속권을 철회할 것임을 공문을 통해(공식적 양식) 알림(일방적 방향) ④ 불응시 신제품 공급중단과 마진폭의 인하 및 지역전속권 철회를 위협(위협)

(8) 힘(영향력)의 집행

실제로 상대방의 의사결정 대안에 제약을 가하거나, 상대방에 대한 정보를 통제하거나, 상대방의 경영환경을 변화시키는 것을 힘의 집행(Exercise of Manipulative Power)이라고 한다. 이것은 상대방이 행사자의 영향력 행사에 순응할 경우뿐만 아니라 행사자에게 힘이 있음을 인식하지만 순응하지 않을 경우 혹은 인식하지 못하여 불응하는 경우 등에 대해 행사자가 힘의 원천을 실제로 상대방에게 적용시키는 것을 말한다. 힘의 행사에 순응한다면 보상력이나 전문력의 제공과 강권력의 철회로 나타날 것이나, 불응한다면 반대로 보상력이나 전문력은 철회되고 강권력이 행사될 것이다. 강압적인 힘을 실제로 집행해야 할 것인지는 안건의 중대성과 역기능적 갈등의 발생가능성을 고려하여 결정하여야 한다.

(9) 경로통제의 수준과 효과 평가

보상력 및 강권력과 같은 경제적인 힘의 원천은 개별적인 경로구성원이나 특정 성과를 목표로 적용될 때 그 효과가 증진될 수 있다. 반면 전문력, 합법력 및 준거력과 같은 비경제적인 힘의 원천과 그 사용은 특정 성과나 경로구성원에게 직접 연결되기가 어렵다고 하더라도, 경로구성원간의 장기적인 관계결속을 위해서는 매우 중요한 기반이 될 수 있다. 또한 상대방이 인식하는 행사자의 힘의 원천의 크기와 상대방이 느끼는 행사자의 실제 사용 정도를 비교해 보면 힘의 원천에 대한 상대방의 만족 수준을 알 수 있다. 만약 행사자의 힘의 원천이 크다고 상대방이 인식하고 있음에도 불구하고 실제 사용하고 있지 않다고 하자. 이때 힘의 원천이 보상력이나 전문력일 경우 상대방은 불만을, 강권력이나 합법력일 경우 상대방은 만족을 느낄 것이다. 영향력 행사의 효과(성과)에 관한 평가방법에 대해서는 다음 제12장 유통활동의 성과평가에서 보다 자세히 검토되어질 것이다.

◉ 요   약

　경로구성원들은 업무상 상호의존되어 있으므로 자신의 목표달성을 위해 상대방의 협력을 구하거나 상대방을 효과적으로 통제할 필요가 있다. 이때 상대방에게 영향력을 행사하고자 하는데, 각각의 경로구성원들은 서로 다른 수준의 힘을 보유하고 있으므로 오히려 상호간의 비협조적인 분위기나 갈등을 야기할 수도 있다. 그러므로 힘(영향력)의 행사는 체계적인 사전 준비가 요구된다.

　먼저 환경변화에 따른 통제의 필요성은 무엇인지, 당사자들간의 특수한 능력 요인을 고려해 볼 때 힘의 원천은 무엇인지, 힘-의존 관계로 볼 때 영향력 행사의 효과가 있을 것인지, 그동안 누가 주요 의사결정요소를 결정해 왔는지 등을 파악하고, 이상의 분석내용을 바탕으로 어떤 의사결정요소에 어느 힘의 원천을 어떻게 사용할 것인지를 결정하여야 할 것이다.

◆ 문제제기

1. 유통경로상에서 힘의 열위에 있는 경로구성원이 어떠한 행동을 취할 수 있는지 가능한 실제 예를 들어서 설명해 보시오.
2. 영향력의 원천과 실제 유통경로상의 사례에 대해 토의해 보시오.
3. 영향력행사의 접근체계와 책 부록의 전략수립 매뉴얼을 바탕으로 실제 문제의 해결에 참여해 보시오.

◆ 참고문헌

1) 오세조 · 박진용 · 강호석(1994), "산업자 구매자-판매자관계에서 규범, 관료화, 그리고 힘의 배분구조," 한국경영학회, 제23권 제4호(11월), pp. 1-16.

2) El-Ansary, Adel and Louis W. Stern(1972), "Power Measurement in the Distribution Channel," *Journal of Marketing Research*, 9(February), pp. 47-52.

3) Levey, Michael and Dwight Grant(1985), "Financial Terms of Sale and Control of Marketing Channel Conflict," *Journal of Marketing Research*, 22(November), pp. 365-376.

4) Frazier, Gary L.(1983), "On the Measurement of Interfirm Power in Channels of Distribution," *Journal of Marketing Research*, 20(February), pp. 158–166.

5) Heide, Jan and George John(1988), "The Role of Dependence Balancing in Safeguarding Transaction–Specific Assets in Conventional Channels," *Journal of Marketing*, 52(January), pp. 20–35.

6) French, John R. P.. Jr. and Bertram Raven(1959), "The Bases of Social Power," in Studies in Social Power, Dorwin Cartwright, ed., Ann Arbor, MI: University of Michigan, pp. 150–167.

7) 박충환·오세조·김동훈, 시장지향적 마케팅관리, 박영사, 2004, pp. 277–279.

8) Frazier, Gary L. and John O. Summers(1984), "Interfirm Influence Strategies and Their Application Within Distribution Channels," *Journal of Marketing*, Vol. 48(Summer), pp. 43–55.

9) Dahlstrom, Robert F., F. Robert Dwyer, and Sejo Oh(1988), "Interfrim Influence Strategies in Franchise Channels of Distribution," Second Annual Conference Proceedings, F. Robert Dwyer, ed., Lincoln: Society of Franchising.

10) Mohr, Jakki and John R. Nevin, "Communication Strategies in Marketing Channels: A Theoretical Perspective," *Journal of Marketing*, Vol. 54(October 1990), pp. 37–40.

11) Schul, Patrick L., Willam M. Pride, and Taylor M. Little, Jr., "The Impact of Channel Leadership Behavior on Intrachannel Conflict," *Journal of Marketing*, Vol. 46(Summer 1983), pp. 21–31.

12) Dwyer, F. Robert and Sejo Oh(1986), "The Effects of Environmental Munificence on Channel Member Relations," in *Marketing Management and Institutions*, Terence A. Shimp et al., eds., Chicago: American Marketing Association, pp. 195–200.

부 록 ───
강압적 영향전략과 비강압적 영향전략에 관한 새로운 논의
───

앞서 언급하였듯이 힘(영향력)의 행사 방식 중 의사소통의 내용은 권고, 정보교환, 요청, 약속, 위협, 법적호소 등으로 구성되어 있다. 이는 영향력을 행사하는 원천(Source) 기업이 대상(Target) 기업에게 강압적인가 그렇지 않은가로 다시 구분할 수 있는데, 강압적인 영향전략에는 약속, 위협, 법적 호소, 비강압적인 영향전략에는 권고, 정보교환, 요청 등이 포함된다.*

이러한 영향전략은 많은 학자들에 의해서 경로상 갈등, 합의, 만족, 관계결속 등 유통경로의 관계적 성과에 영향을 미친다고 연구되어 왔다. 하지만 영향전략의 근본적인 목적이라 할 수 있는 경로구성원의 순응에 어떠한 영향을 미치는지는 아직까지 명확히 밝혀지지 않았다. 강압적 또는 비강압적 영향전략은 어떠한 경우에 대상 기업의 순응을 유도하는지, 영향전략 중에 어떠한 전략이 가장 효과가 큰지 등에 대해서는 연구되지 않았다.

그렇다면 영향전략은 대상 기업의 순응에 어떠한 영향을 미치는 것인가?

최근 Payan and McFarland(2005)**의 연구는 이와 같은 물음에 해답을 제시하고 있다. 저자들은 기존에 연구되었던 6가지 영향전략 이외에 '합리성'(Rationality)이라는 새로운 영향전략을 제시하였다. 그들이 제시한 합리성이란 원천 기업이 관련 정보를 제공하면서 대상기업이 원천기업의 요청을 순응해야만 하는 이유를 설명하는

표 1	합리성과 비강압적 영향전략의 비교		
영향전략	직접적 요청(명시적 요청)	근거(데이터)	결론적 진술(정당화)
요 청	예	아니오	아니오
정보교환	아니오	예	아니오
권 고	예	아니오	예
합 리 성	예	예	예

---

* Frazier, Gary L. and John O. Summers(1986), "Perceptions of Interfirm Power and Its Use within a Franchise Channel of Distribution," *Journal of Marketing Research*, 23(May), pp.169-176.

** Payan, Janice M. and Richard G. McFarland(2005), "Decomposing Influence Strategies: Argument Structure and Dependence as Determinants of the Effectiveness of Influence Strategies Effectiveness of Influence Strategies in Gaining Channel Member Compliance," *Journal of Marketing*, 69(July), pp.66-79.

것을 의미하는데, 이 영향전략과 기존의 비강압적인 영향전략을 〈표 1〉과 같이 설명하고 있다.

표에 나타난 것처럼 합리성은 다른 비강압적 영향전략과는 달리 원천기업이 대상기업에게 원천기업의 요청을 따르도록 직접적으로 말하면서, 관련 근거도 제시하고, 결론적으로 원천기업의 요청이 정당하다는 것을 인식시키는 영향전략이다.

Payan and McFarland(2005)의 연구결과에 의하면, 이러한 합리성은 다른 모든 비강압적 영향전략 보다 대상기업의 순응을 더 효과적으로 유도하는 것으로 나타났다. 그 다음으로는 정보제공=요청>권고의 순으로 나타났다. 한편 약속, 위협 등의 강압적 영향전략은 그 자체로는 대상 기업의 순응을 유도하지 못하는 것으로 나타났지만, 대상기업의 원천기업에 대한 의존성이 강한 경우 약속이 합리성 다음으로 유의적인 효과가 있었다.

영향전략은 유통경로 구성원의 조정을 위해 매우 중요하다. 따라서 향후 합리성에 대한 추가적인 연구를 통해 영향전략의 복잡성에 대한 명확한 규명이 이루어져야 할 것이다.

제10장   갈등관리

DISTRIBUTION MANAGEMENT

제10장

갈등관리

롯데백화점과 샤넬의 갈등과 화해

갈등과 매장철수

2009년 세계적 명품 화장품 업체 샤넬이 결국 롯데백화점과 결별을 선언하며 7개점에서 화장품 매장을 모두 철수했다. 롯데와 샤넬간 충돌은 우월적 지위를 누려온 해외 명품브랜드에 대한 재평가, 유통업체와 유명브랜드간 힘겨루기 등 여러 면에서 시사점을 줬다는 평가다. 롯데백화점과 샤넬간 힘겨루기는 막판 극적 반전을 기대했지만 1월 영업종료와 함께 철수하면서 샤넬 굴욕이란 오점을 남기게 됐다.

롯데측은 샤넬과 이렇게까지 극단적인 방법을 취하고 싶지는 않았지만, 자사가 세운 MD(매장개편)에 관한 원칙을 샤넬로 인해 변경할 수 없었다고 설명했다. 매출이 저조한 상태에서 샤넬에만 특별대우를 할 수 없었다는 것. 이에 따라 최근까지 샤넬측이 매장 철수를 2월 10일까지 미뤄달라는 요청이 있었지만 더 이상 끌려다닐 수 없다는 데 결론을 내렸다고 밝혔다. 그러나 샤넬측의 주장은 전혀 다르다. 매출 저조에 따른 MD개편이 아니라 지난해 롯데 센텀시티점에 '샤넬 패션 부티크'를 열지 않기로 한데 따른 '보복성 조치'라는 것이 공식적인 입장이다. 사실 샤넬측도 지난 14일 '철수'란 입장을 롯데측에 전달한 후 20일 공식 입장을 발표하기 전까지 29%의 매장 수수료를 기존 브랜드의 평균 수준인 32%까지 맞추겠다는 수정안까지 내면서 조율해 왔다.

롯데백화점 관계자는 "샤넬이 이전과 달리 적극적인 자세로 임해 서로 합의문 작성까지 협의를 마친 상태에 돌연 철수를 통보해 자신들도 당황했다"고 밝혔다. 그는 이어 "샤넬이 부산 롯데 센텀시티에 입점하는 조건으로 도저히 수용할 수 없는 조건을 내세워 결국 무산된 것이지 샤넬이 주장하는 보복조치는 어불성설"이라고 말했다. 결국 양사는 협상이 아닌 자존심을 건 감정싸움으로 팽팽하게 대립하면서 '결별'이란 극단으로 치닫게 됐다. 업계 일각에선 이번 롯데와 샤넬 사건을 두고 '명품이라는 우월적 지위를 내세워 한국시장에서 대접을 받아온 해외 유명브랜드에게 경종을 울린 사건'으로 보고 있다.

그러나 업계에서는 롯데백화점과 샤넬의 이번 행보가 완전 결별이 아닐 것이란 분석도 나온다. 악어와 악어새의 관계로 조건이 맞는다면 언제든지 다시 매장을 열 수 있다는 것. 협상에서 유리한 고지를 점하기 위해 강경한 입장을 취했지만 더 이상 추가 철수는 없을 것으로 보고 있다. 롯데측은 언제라도 대화의 장이 열려 있다는 입장이다. 서로 간에 합의점이 도출된다면 다시 매장을 조정할 수 있다는 것이 롯데측의 설명이다. 롯데로서는 샤넬과의 더 이상 불협화음을 원치 않는다는 이야기다. 무엇보다 득보다 실이 많기 때문이다. 매장 철수 후 당장은 샤넬측이 손실을 보겠지만, 장기적으로는 백화점 특성상 명품 브랜드의 구색을 갖추려는 롯데측도 마이너스일 수밖에 없다. 롯데측이 매장개편(MD)에 관한 협조 공문을 처음으로 보낸 후 그동안 9차례나 샤넬과 협상을 벌인 것도 모두 이 같은 이유에서라는 분석이다.

이번 롯데백화점-샤넬의 충돌은 샤넬뿐만 아니라 다른 명품 브랜드에게도 위협을 줄 만하다는 평가다. 그동안 명품이라고 자존심만 내세운 해외 유명브랜드에게 일종에 경고와도 같은 메시지다. 해외 유명브랜드들은 그동안 백화점 내 위치, 수수료, 홍보 조건 등에서 유리한 조건을 요구하고 누려왔다. 상황이 이렇다 보니 피해는 항상 국내 업체들에게 돌아갔다. 명품브랜드에게 차별적으로 적용된 백화점 수수료 차이만큼 토종브랜드에게 모두 전가되어 왔다는 것이 업체들의 이야기다.

화해와 재입점

2012년 8월 프랑스 명품 화장품 브랜드 샤넬이 롯데백화점에 재입점하였다. 이는 롯데백화점과 샤넬이 지난 2009년 초 화장품 매장의 면적과 위치를 두고 갈등을 빚은 지 약 3년여 만이었다. 양사 모두 갈등상태를 유지하는 것보다 협력관계를 구축하는 것이 이익이라는 판단이 있었기 때문이다. 물론 갈등이 근본적으로 해결된 것은 아니고, 언제든지 다시 발생할 수 있다.

자료원: Chosun.com(2009), "샤넬의 굴욕이 던진 메시지," 2009년 1월 30일자.
  http://news.chosun.com/site/data/html_dir/2009/01/30/2009013000640.html
  ChosunBiz(2012), "롯데-샤넬 화해, 3년만에 재입점," 2012년 7월 5일자.
  http://biz.chosun.com/site/data/html_dir/2012/07/03/2012070301956.html

제9장에서는 경로구성원에게 할당된 유통기능을 적절히 조정, 관리하기 위해 사용 가능한 힘(영향력)의 원천과 행사방식에는 무엇이 있는지 그리고 힘(영향력)을 행사하기 위해 어떠한 접근체계를 사용할 것인지를 살펴보았다. 이제 본 장에서는 이러한 힘(영향력)의 행사 과정에서 발생할 수 있는 갈등은 무엇이며 어떻게 관리하는 것이 바람직할 것인지에 대해 고찰해 보기로 한다. 이를 위해 갈등의 개념과 원인,

그리고 갈등관리 방식에 대해 살펴보고, 마지막으로 정보기술의 발달에 따라 유통경로의 조정이 어떤 방향으로 변화될 것인지에 대해서 살펴보기로 한다.

제 1 절   갈등의 개념

(1) 유통경로상에서 갈등의 발생

유통경로구성원들은 고객의 욕구에 부응하기 위하여 각자 수행할 유통(마케팅)활동을 조정하고 기능의 전문화를 시도한다. 제조업체들은 생산과 시장 전반에 대한 판촉활동에 주력하고, 소매점포들은 해당 지역수준에서의 상품기획, 촉진활동 등에 전문화를 추구한다. 각 경로구성원의 전문화는 경로구성원들간의 업무상 상호의존도를 창출하고 증진시킨다. 즉, 각 경로구성원은 자기의 목표를 혼자서는 달성할 수 없거나 자신이 직접 수행하더라도 비효율적이라고 생각하기 때문에 다른 경로관계에 참여하므로 경로구성원들은 경로관계에 참여하여 다른 경로구성원들에게 의존하게 되는 것이다. 그런데 경로구성원들간의 상호의존성이 높을수록 그리고 경로구성원들의 목표와 관계참여 동기가 상이할수록, 사소한 이해관계의 상충에도 상대방의 목표나 유통활동에 간섭할 가능성이 높아지게 되는데, 이때 갈등의 발생가능성도 높다고 할 수 있다.

(2) 갈등의 정의

간략히 말해서, 갈등이란 "실제 혹은 기대되어지는 제반 반응들의 비양립성으로부터 야기되는 둘 혹은 그 이상의 사회적 실체들(개인, 집단, 혹은 더 큰 조직들)간의 긴장상태"라고 정의될 수 있다. 이와 유사한 관점에서 "유통경로 갈등은 하나의 경로구성원이 자기의 목표들을 달성하려는 데 있어 다른 경로구성원이 방해하거나 해롭게 하는 행동에 종사하고 있다고 지각하고 있는 상태이다"라고 정의할 수 있다. 즉 갈등은 유통경로구성원들이 상호배타적이고 양립 불가능한 목표, 가치, 이해들을 지니고 있을 때 발생할 수 있는 것이다. 이에 대한 보다 구체적인 설명은 본 장 말미의 부록을 참조하기 바란다.

(3) 갈등의 기능

갈등을 보는 시각은, 유통경로상의 협조적 관계를 저해한다(역기능적 갈등)는 견해와, 경우에 따라서는 구성원간의 긍정적 관계 형성에 도움을 준다(순기능적 갈등)는 서로 다른 견해가 있다. 역기능적 입장에서 볼 때, 갈등은 구성원들을 덜 협조적이게 하고 유통단계상의 기능이 중복되게 하여 비능률을 야기하며, 신뢰를 약화시켜 정보가 공유되지 못하고 왜곡되게 한다. 반면 순기능적 입장에서 볼 때, 갈등은 유통경로구성원들로 하여금 갈등의 근본원인을 찾기 위해 과거 행동을 비판적으로 검토하고 적합한 시정조치를 강구하게 하며, 무사안일을 제거하고 능동적이고 혁신적으로 활동하게끔 만든다.

현실적으로, 적절한 수준의 갈등은 효과적으로 통제되고 조정되는 과정을 통해서, 능동적으로 비능률적인 요소를 제거하고, 새로운 시장기회를 포착하며, 경로구성원간의 협력체제를 강화하게 하는 계기를 제공해 주는 순기능적 측면이 강하다. 반면 갈등의 수준이 높을 경우, 갈등이 건설적으로 해결되기보다는 구성원들간의 불만과 좌절감을 유발하고 정보의 왜곡과 자원의 낭비를 초래하는 역기능적 측면이 부각될 가능성이 높다고 할 수 있다.

(4) 갈등의 분류

갈등은 유통경로상 동일단계의 구성원간에 발생하는 수평적 갈등, 다른 단계의 구성원간에 발생하는 수직적 갈등, 그리고 서로 다른 경로형태의 구성원간에 발생하는 갈등으로 구분할 수 있다. 또한 갈등이 심화되는 단계에 따라 다음과 같은 다섯 가지로 분류할 수도 있다.

---

① 잠재적 수준의 갈등: 갈등의 원천이 내재된 상태
② 지각 수준의 갈등: 갈등원천의 존재를 지각만 하고 있는 상태
③ 감정적 지각 수준의 갈등: 긴장, 근심, 미움 등을 감정적으로 느끼고 있는 상태
④ 현시된 갈등: 상대방의 목적달성을 방해하는 행동이 밖으로 표출된 상태
⑤ 갈등의 여파: 갈등행동이 나타난 이후 갈등이 해소되었거나 감정적으로 억제되고 있는 상태

---

(5) 갈등의 원인

유통경로갈등의 원인은 경로구성원간의 목표불일치, 역할불일치, 그리고 지각불일치로 구분하여 생각해 볼 수 있다. 나아가 경로구성원간의 상호의존성이 커지면 커질수록 사소한 목표불일치나 역할불일치 그리고 지각불일치에 의해서도 갈등이 심화될 수 있다. 따라서 갈등의 정도는 위와 같은 불일치의 심각성(Intensity)과 빈도(Frequency) 및 지속기간(Duration)으로써 설명될 수 있다. 〈표 10-1〉은 유통경로상에서 갈등의 원인과 그에 따른 사례들을 보여 주고 있다.

갈등 원인 중 역할불일치는 제조업체가 이중적인 경로를 이용할 때와 어떤 경로구성원이 자신의 능력 이상으로 역할이 주어질 때, 그리고 한 경로구성원이 다른 경

| 표 10-1 | 유통경로갈등의 원인 및 사례 | | |

구분	목표불일치	역할불일치	지각불일치
개념	구성원간의 목표가 서로 다르고 이들 목표를 동시에 달성할 수 없을 때	구성원간에 각자의 역할영역에 대한 합의가 이루어지지 않을 때	동일한 사실이나 실체에 대해 서로 다르게 지각할 때
사례	제조업체의 대규모 고객에 대한 취급방법, 중간상의 재고수준, 중간상의 자질문제, 판매관할권의 중복문제, 마진의 크기, 품질유지상의 문제, 경쟁전략(성장/현상유지)의 차이, 성과평가기준(매출, 수익, 시장점유율)의 차이, 타사제품 취급	-시장 역할영역; 백화점, 연금매장, 직영점 등의 목표고객이 상충 -기능 역할영역; 마케팅활동에 대한 충분한 지원(예컨대, 판매원파견, 중간상 판매원 훈련, 판촉지원금, 매장진열 지원금) 없이 무리한 판매목표 할당(밀어내기) -제품 역할영역; 취급가능한 제품범위, 가격덤핑, 반품, 끼워팔기	소매점 재고부족으로 판매기회를 놓친 사실에 대해, 제조업자는 소매점의 안전재고 부족에, 소매점은 제조업자의 출고지연에 기인한 것으로 생각할 경우, 소매점의 운영방식(머천다이징, 촉진)에 대한 견해 차이

로구성원이 생각하고 있는 것과는 다르게 자신의 역할영역을 규정할 때 많이 나타나는데, 우리나라에서 경로구성원간의 갈등은 대부분 기능역할영역의 불일치에 기인한다고 할 수 있다. 그동안 제조업체의 대량생산체제와 급격한 소비증가에 부응할 수 있는 중간상의 능력부족으로 제조업체에 의한 유통계열화가 자리잡게 되었다. 그리하여 중간상에 대한 배려나 역할영역에 대한 합의 없이 제조업체의 목적달성만을 위해 강권력을 바탕으로 밀어내기식 판매가 성행하게 되었다. 그러나, 최근 유통업체의 규모가 커지고 전문성이 높아짐에 따라 이러한 강권력을 통해서는 더 이상 협력을 얻어내기 어려운 상황이 전개되고 있다.

제2절 갈등관리 방식

경로구성원들간의 기능상 상호의존성은 경로상의 과업을 달성하기 위해서 최소한의 협력을 요구한다. 이러한 최소한의 협력이 없이는 유통경로가 존속하기 어려운 것이다. 그러한 협력을 전제로 유통경로구성원들이 그들의 계획수립, 정보, 의사결정 등을 조정하는 수단들을 탐색하고, 경로구성원 각자의 입장에서 공동목표들을 정당화시킬 수 있는 이익구조를 조정하게 된다. 갈등관리의 목표는 갈등이 심각한 수준에 도달하기 전에 이를 효과적으로 통제하고 조정하여 협력적 관계를 유지시키는 것이다. 이와 같은 갈등관리의 방식은 크게 행동적 또는 과정적 방식과 제도적 방식으로 나누어 볼 수 있다.

갈등관리 방식의 선택은 갈등의 원인이 무엇이고, 갈등의 심각성, 빈도 및 지속기간은 어느 정도이며, 경로선도자의 힘의 원천과 비중이 어떠한지를 고려하여 결정되어야 한다.

(1) 행동적 갈등관리 방식

행동적/과정적 방식은 제도적 갈등관리 방식이 유용하게 이용될 수 있는 토대가

표 10-2 행동적 갈등관리 방식의 개념 및 핵심활동

행동적 메커니즘	개념 및 핵심활동
문제해결 (Problem Solving)	각자의 근시적 이익추구보다는, 상위의 공동목표를 설정하고 이의 달성을 추구함으로써 상호 만족할 수 있는 해결책을 찾고자 하는 포괄적이고 높은 위험을 수반하는 활동들 ① 목표와 우선순위에 대한 개방적이고 정확한 정보교환과 같은 조정활동, ② 상대방의 관점이나 가치체계를 교육시키는 활동, ③ 양보적 행동, ④ 새로운 대안들에 대한 지속적인 환기, ⑤ 공동목표의 장애요인에 대한 공동대응
설 득 (Persuasion)	하위목표상의 차이가 정보교환만으로는 해결되지 않을 때, 이러한 차이를 줄이기 위해 상위의 공동목표에 연관시켜 상대방의 관점이나 의사결정기준을 수정해 보려는 시도 ① 비강압적인 영향력의 원천을 바탕으로 상대방의 인식을 수정, ② 리더십을 바탕으로 상대방의 인식을 수정
협 상 (Bargaining)	당사자들간의 목표의 차이가 상당히 커서 공동의 목표를 추구하기보다는 새로운 협의를 통해 최소한 갈등이 증폭되지 않도록 함. 따라서 근본적인 긴장상태는 잔존하고 미래에 다른 갈등을 야기할 수 있음 ① 상호간의 일부 양보를 통한 타협(Compromise)
정치적 해결 (Politics)	갈등해결과정에 제3자가 개입하게 되는 행동적 갈등관리 메커니즘 ① 힘이 약한 당사자들이 연합하여 강자와 대등하게 권력구조를 변화시켜 갈등을 해결하려는 연합체형성(Coalitions), ② 제3자가 설득과 권유를 통해 갈등당사자들의 위험에 대한 태도나 성과변수에 대한 선호 측면에서 가능한 공통점을 모색하여 적정점을 유도해 가는 것으로 중재(Mediation)와 조정(Arbitration)이 있는데, 제3자의 갈등 해결안을 당사자들이 반드시 받아들여야 하는 구속력이 없는 것이 중재이고 구속력이 있는 것은 조정(예컨대, 조정자는 정부나 사법기관), ③ 갈등해결을 위해 정부나 국회의 법률과정에 영향력을 행사하는 로비(Lobbying)

| 표 10-3 | 행동적 갈등관리 방식들의 비교 |

구　분	문제해결	설득	협상	정치적 해결
공동목표의 내부화 수준	고 ⟷			저
상호호혜적 수준	고 ⟷			저
비용 발생 가능성	고 ⟷			저
갈등관리의 영역	포괄적 ⟷			비포괄적
근본적 갈등원인의 해결	용이 ⟷			곤란

되거나 보완적으로 사용될 수 있는 행동들 또는 활동들이다. 이러한 행동적 방식에는 문제해결, 설득, 협상, 및 정치적 해결의 네 가지 방법이 있다(표 10-2 참조).

　　그런데, 문제해결에서 정치적 해결로 진행할수록, ① 공동목표의 내부화 수준이 낮고, ② 상호 호혜적인 수준도 낮아지며, ③ 갈등해결과정에서 수반되는 물질적/재무적/사회적 비용(예컨대, 정보의 유출) 발생가능성(즉, 위험 수준)도 낮다고 할 수 있으며, ④ 갈등관리의 영역도 비포괄적이라고 볼 수 있고, ⑤ 특히 갈등의 근본 원인을 해결하기가 어려운 방법이라고 할 수 있다(표 10-3 참조).

(2) 제도적 갈등관리 방식

　　제도적 방식은 유통경로상의 리더에 의해 시행되는 정책으로, 갈등을 체계적이며 지속적인 방법으로 해결하려는 데 역점을 두고 있으며, 경로구성원간의 상호작용과 의사소통 향상을 목표로 한다. 갈등관리를 위한 제도적 방식에는 대략 경계인 활용, 협회 공동 가입, 인력 교류 및 위원회의 구성 등이 있다. 그러나 갈등 해결을 위한 제도적인 방법은 유통경로상황에 따라 매우 다양하게 나타날 수 있다. 〈표 10-4〉에서는 3M의 갈등해결 전략 방안을 나열하였다.

　　경계인 활용　　경로구성원간의 관계를 국제관계에서의 '대사'나 '외교관'처럼 경로구성원간의 경계에서 그들의 관계를 관리하는 것을 의미한다(예컨대, 경영자문을 위해 소매점포에 파견된 전문가). 특히 수직적으로 통합되어 있지 않은 경로 형태에서 사용되어진다. 이 제도가 효과를 거두기 위해서는 경계인(Boundary Personnel)들의 영향력이 발휘될 수 있을 만큼 충분히 그들의 지위(예컨대, 이사)가 보장되어야 한다.

　　협회 공동 가입　　경로구성원들이 관련 협회에 공동으로 가입하여 갈등을 해결할 수 있다. 예컨대, 제조업체는 중간상들이 결성한 협회에 가입함으로써 상호 이해를 증진시킬 수 있다. 그러나 이것은 협회 모임이 있을 때만 산발적으로 의사소통이 일어나므로 일상적인 갈등을 해소하는 데는 부족하고 단지 POS시스템 도입시 바코

표 10-4	3M의 갈등해결 전략 방안

1. Association Involvement
2. Dealer Advisory Council
3. Business Planning Partner
4. Fieldwork
5. Personal Letters
6. Market Needs Conference
7. Branch Coordinators Conference
8. National Office Study
9. Market Needs Research
10. Individual Distributor Conference
11. Informal Mini Council

드의 제정과 같은 특별한 이슈에 대해서는 유용한 방식이다.

인력 교류 특정 기간 동안 상호 인력을 교류하여 갈등을 관리하는 기법이다. 이는 상대방의 주장을 그저 듣는 것에 그치는 것이 아니라 역할을 서로 바꾸어 수행함으로써 상대방을 보다 잘 이해해 보자는 맥락에서 시도되는 제도이다. 이 기법을 사용할 때의 주의사항은 경로구성원 각자에게 갈등의 핵심이 되는 분야에 인력을 교류하기 위해 먼저 갈등원인의 규명이 정확히 수행되어야 하며, 프로그램에 참가한 인원들이 각자의 본사로 돌아가 유기적인 접촉 창구의 역할을 수행하여야 한다는 점이다. 그러나 이 제도는 갈등이해가 개인차원에서 그칠 수 있으며, 직접 또는 간접적으로라도 영향을 미칠 수 있는 최고경영자의 인식변화나 관련 부서의 문제점 해결에 한계가 있을 수 있다.

위원회의 구성 이는 도매상제안협의회나 영업조정협의회와 같은 위원회나 협의회 등을 설치하여 경로구싱원간의 의견을 수렴하는 제도이다. 이를 통해 서로의 입장을 확인할 수 있고 갈등의 원인을 제거할 수 있다. 예컨대, 도매상들은 자신들의 공동 문제를 해결하기 위해 설립한 위원회에서 소매상의 대표들을 일정비율 선출하여 의견을 수렴할 수 있다.

(3) 갈등관리 접근체계

효과적인 갈등관리를 위해서 먼저 갈등이 발생하는 사항과 그 원인이 무엇인지를 명확히 할 필요가 있다(표 10-1 참조). 예컨대 대리점이 본사에 비협조적인 이유가

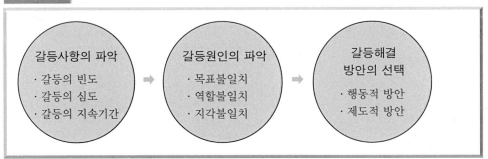

그림 10-1   갈등관리 접근체계

인근 백화점에서도 동일상품을 취급하고 있기 때문인지 아니면 영업사원의 자질부족에서 기인한 것인지를 명확히 해야 할 것이다. 이에 따라 갈등관리 방식이 선정될 수 있을 것이다(행동적 및 제도적 갈등관리 방식 내용 참조). 갈등관리에 대한 평가방법에 대해서는 제12장 유통활동의 성과평가에서 다루어질 것이다.

제3절 유통경로조정의 변화

경로조정 과정으로 인해 기존 경로구성원의 역할과 기능이 변화되거나 개선되기도 하지만, 유통환경 변화가 경로구성원 사이의 힘의 배분 관계를 변화시키거나 힘의 원천의 효과를 무력하게 만들 수도 있다. 그러므로 유통경로와 직접·간접적으로 관련된 정보를 신속하고 정확하게 수집할 수 있는 체계적인 시스템의 구축은 유통경로조정에 중요한 토대가 된다고 볼 수 있다.

이러한 정보는 다음 두 가지로 분류하여 생각할 수 있다. 하나는 경로구성원의 업무성과와 관련된 정보로써, 업무성과에 따라 유통경로조정 과정에서 경로구성원별로 차별적인 기능을 할당하거나 힘의 원천 및 영향력 행사 방식을 재조정하거나, 갈등관리 방식을 개선하는 데 사용되는 정보이다. 이것은 제12장 유통경로의 성과통제를 참조하기 바란다. 여기서 언급하고자 하는 정보는 유통경로시스템 외부의 기술환경 변화가 경로조정에 미치는 영향에 관한 것이다.

오늘날의 정보 기술의 발전은 유통경로 내의 정보의 흐름을 촉진시켜 거래의 속도, 효율성, 그리고 정확성을 증가시키고 있다. 이러한 정보 기술의 영향은 제조업체는 물론 도매상, 소매상, 그리고 소비자에 이르기까지 유통경로 전체에서 변화를 일으키고 있다. POS(Point of Sales)시스템의 도입, 고속통신망 인프라의 구축, 전자대금결제시스템 정착, 경로구성원간의 실시간 정보 교환, 자동발주시스템 등을 통한 변화는 이제 우리의 일상이 되었다.

이와 같은 정보기술의 변화 속에서 기존의 경로조정 믹스가 제대로 역할을 할 것인가에 대한 검토가 필요한 것이다. 경로구성원 각자의 시스템이 컴퓨터로 연결되면 가능한 서비스의 수를 증가시킬 기회를 제공받을 뿐만 아니라 현재의 사업범위에 대해서도 성과를 개선시킬 수 있다. 결과적으로, 경로간의 기존 힘-의존 관계에 변화가 발생하게 된다.

경로에 변화를 주는 요소들은 각각 독립적으로 작용하는 것이 아니라 거시환경 및 과업환경에서 발생하는 다양한 변화와 유기적인 연관을 맺고 있다. 기술적 측면에서 정보 기술의 발달은 택배업의 운영 방식을 체계화하는 데 기여하였으며, 향상된 택배업체들의 증가 및 서비스의 개선은 다양한 무점포소매상들의 확산을 지원하고 있다. 또한 수요 측면에서는 맞벌이 부부가 증가하고 더불어 쇼핑시간이 단축됨에 따라 무점포 소매상의 선호가 증대되고, 이러한 영향은 경쟁측면에서 점포 소매상의 영업시간 확대에 영향을 주고 있다.

유통경로의 변화과정은 유통전략뿐만 아니라 마케팅전략에도 중요한 의미를 지니고 있다. 현재 경로구성원들이 가지는 효과가 내일에도 계속된다고 보장할 수 없다. 그러므로 환경을 탐색하고 통제하는 것, 즉 정보를 수집, 정리, 적용하는 활동에 정보 기술의 도입을 통한 더욱 세심한 노력이 기울여져야 할 것이다.

● 요   약 ────────────────────────────

거의 모든 유통경로상에서 상대방에 대한 불만이나 긴장상태가 존재한다고 할 수 있다. 이와 같은 긴장상태를 갈등이라고 할 수 있는데, 갈등은 보통 나쁜 것이고 해소되어져야 한다고 여겨지고 있다.

그러나 갈등은 역기능적 측면뿐만 아니라 순기능적 측면도 있다. 갈등은 당사자들간의 목표, 역할, 지각상의 불일치로 인해 발생하며, 사용되는 힘의 원천과 행사방식에 따라 갈등을 증가시키거나 감소시킬 수 있다.

갈등관리 방식에는 행동적인 방식과 제도적인 방식으로 구분되어지며, 행동적 갈등관리방식에는 문제해결, 설득, 협상 및 정치적 해결이 있고, 제도적 갈등관리방식에는 섭외, 공동회원제, 인적교류 및 상호선출 등이 있다. 이와 같은 여러 가지 갈등관리방식들은 갈등의 발생 사항과 그 원인에 따라 선택되어져야 한다.

◆ 문제제기 ─────────────────────────────

1. 유통경로상에서 갈등은 왜 발생하는지 설명해 보시오.
2. 경로구성원과의 이해상충을 효과적으로 조정할 수 있는 방안은 무엇인지 제시해 보시오.
3. 어떻게 하면 갈등을 발생시키지 않고 경로구성원에게 영향을 끼칠 수 있는지 토의해 보시오.
4. 유통경로상의 갈등을 효과적으로 관리하는 방법에는 무엇이 있는지 가능하면 실제 예를 들어 설명해 보시오.
5. 유통경로상의 갈등을 그대로 방치하면 어떻게 될 것인지, 그리고 어느 정도 심각한 상태에서 관리해야 하는지를 토의해 보시오.

◆ 참고문헌 ─────────────────────────────

1) Raven, Bertram H. and Arie W. Kruglanski, "Conflict and Power," in *The Structure of Conflict*, Paul Swingle, ed., New York: Academic Press, 1970, pp. 69-109.

2) Stern, Louis W. and Adel El-Ansary, *Marketing Channels*, Engelwood Cliffs, NJ: Prentice-Hall, 1992, p. 289.

3) Brown, J. R. and R. L. Day, "Measures of Manifest Conflict in Distribution Channels," *Journal of Marketing Research*, 18, August 1981, pp. 263-274.

4) 오세조·임병수·김성일, "산업재 구매자-판매자 관계에서 관계적 규범과 관료화가 갈등에 미치는 영향," 마케팅연구, 제8권 제1호, 한국마케팅학회, 1993년 3월, pp. 1-17.

5) Pondy, Louis R., "Organizational Conflict: Concepts and Models," *Administrative Science Quarterly*, 12, September 1967, pp. 296-320.

6) 오세조, "가전제품 프랜차이즈경로상에서의 갈등: 측정과 상황적 이해," 경영학연구(강원지회지), 제2권, 1989년 12월, pp. 1-10.

7) Oh, Sejo, "Effects of Seller's Choice of Communication Channel, Relative Power, and Expectation of the Future Interaction on Bargaining Behavior and Outcomes in Sales Ngotiations," 이춘근교수 회갑논문집, 1988년 4월, pp. 187-200.

8) Lusch, Robert F., "Sources of Power: Their Impact on Intrachannel Conflict," *Journal of Marketing Research*, 13, November 1976, pp. 382-390.

9) Frazier, Gary L. and John O. Summers, "Interfirm Influence Strategies and Their Application Within Distribution Channels," *Journal of Marketing*, Vol. 48, Summer 1984, pp. 43-55.

10) Kale, Sudhir H., "Dealer Perceptions of Manufacturer Power and Influence Strategies in a Developing Country," *Journal of Marketing Research*, 23, November 1986, pp. 387-393.

11) 오세조·김성일·김천길, "지속적인 구매자-판매자 교환관계 속에서 영향전략의 사용에 대한 관계적 규범의 역할," 경영학연구, 제23권, 1994년 2월, p. 64.

12) Dant, Rajiv P. and Patrick L. Schul, "Conflict Resolution Process," *Journal of Marketing*, 56, January 1992, pp. 38-54.

13) Bowersox, Donaid J. and M. B Bixby Cooper, *Strategic Marketing Channel Management*, McGraw-Hill International Editions, 1992.

부 록 ──

유통경로 갈등의 정의와 측정

──

　　갈등에 관한 연구는 심리학, 정치학, 사회학 등 인접 과학에서 많이 이루어졌으며, 갈등에 대한 정의는 여러 학자들에 의해 다양하게 제시되어 왔다. 일반적으로, 심리학에서의 개인내 갈등과는 달리 유통경로 갈등의 연구에서는 개인, 집단, 조직 등이 주체가 되는 사회단위를 중심으로 이원적 갈등 관계를 다룬다.

　　갈등이란 실제 혹은 원하는 제반 반응들의 비양립성으로부터 야기되는 둘 또는 그 이상의 사회적 실체들, 즉 개인, 집단 및 조직간의 긴장상태를 말한다(Raven & Kruglanski, 1970). Bowersox(1980)는 유통경로의 한 구성원이 다른 구성원에게 손해를 입히거나, 방해하거나, 희소한 자원의 획득을 목적으로 적대적인 행위를 한다고 인식하는 상황을 갈등이라 하였으며, Stern & El-ansary(1992)는 한 경로구성원이 자기의 목표를 달성하는 데 있어 다른 경로구성원이 방해하거나 해롭게 하는 행동에 종사하고 있다고 지각하고 있는 상태라고 설명하였다.

　　이러한 개념을 구체적으로 살펴보면, 경로갈등의 특징은 첫째, 둘 이상의 유통경로 기관 사이에 일어나는 행동적 현상이며, 둘째 경로갈등은 심리적 대립감과 대립적 행동을 내포하는 동태적 과정으로 볼 수 있으며, 갈등관계는 서로 연관된 일련의 행위과정을 통해 형성되며, 셋째 경로갈등은 표출된 대립적 행동뿐만 아니라 심리적 메커니즘을 포함하고 있으며, 넷째 갈등이 진행되는 과정에서 나타나는 대립적 행동의 양태는 매우 다양하며, 마지막으로 경로갈등은 유익한 것일 수도 있고 해로운 것일 수도 있다는 것이다.

　　유통경로내 갈등을 원인에 따라 분류해 보면 목표불일치, 역할불일치, 그리고 지각불일치로 나누어 볼 수 있다. 구성원간의 목표가 서로 다르고 이들 목표를 동시에 달성할 수 없을 때 갈등이 발생하게 된다는 것이 목표불일치에 따른 갈등이다. 이러한 목표불일치에 의한 갈등은 흔히 경로구성원간의 이해관계의 대립 또는 경로구성원이 추구하는 자원의 희소성에서 비롯된다. 역할불일치는 경로구성원이 해야 할 권리와 의무가 불균등하다고 인식될 때 나타나는 것으로 각자의 역할이 명확하게 규정되어 있지 않은 경우가 많다. 지각불일치는 동일한 사실이나 실체에 대해 서로 다르게 지각할 때 발생하게 된다.

구체적인 측정 항목은 다음과 같다.

〈목표불일치 갈등〉

1) A사와 우리의 목표는 서로 다르다.

2) A사와 우리는 장기적인 목표가 다르다.

3) A사와 우리는 가치관이 서로 다르다.

4) A사는 자신들의 목표달성을 위해 우리의 목표를 희생시키기도 한다.

〈역할불일치 갈등〉

1) A사와 우리의 업무분담이 명확하게 구분되어 있지 않다.

2) A사와 우리는 서로 권한과 책임의 한계가 불분명하다.

3) A사와 우리는 거래과정에서 업무영역이 모호하여 업무를 서로 넘기거나 차지하려고 한다.

〈지각불일치 갈등〉

1) A사와 우리는 같은 시장상황을 두고 서로 다른 인식을 보인다.

2) 우리가 중요하게 다루는 사안을 A사는 경시한다.

3) A사와 우리는 거래과정에서 견해차이를 보인다.

제11장 경로의사소통 및 유통정보시스템

제 1 부   유통관리의 전반적 체계

제1장   유통관리의 전략적 접근체계
　1. 유통관리의 접근시각: 시장지향적 접근
　2. 유통경로 발생의 근거
　3. 유통기능(역할)
　4. 유통관리의 전반적 체계

⇩

제 2 부   유통환경변화의 이해 및 표적시장의 선정

제2장   유통환경변화의 파악과 영향 분석
제3장   구매욕구세분화, 표적구매자시장, 그리고 유통목표의
　　　　정립: 표적유통전략

⇩

제 3 부   유통전략의 수립 1: 유통경로구조(시스템)의 설계

제4장   소매: 형태(구조)와 전략　　제7장   유통경로의 조직패턴
제5장   도매: 형태(구조)와 전략　　제8장   유통경로구조의 설계
제6장   물류관리

⇩

제 4 부   유통전략의 수립 2: 경로구성원 조정체계의 설계

제 9 장   힘(영향력) 행사
제10장   갈등관리
제11장   경로의사소통 및 유통정보시스템

⇩

제 5 부   유통활동의 성과평가 및 조사

제12장   유통활동의 성과평가
제13장   유통조사

⇩

제 6 부   특정 상황 속에서의 유통관리

제14장   서비스산업에서의 유통관리
제15장   프랜차이즈 유통관리
제16장   인터넷 시대의 유통관리

DISTRIBUTION MANAGEMENT

경로의사소통 및 유통정보시스템

학습목표

1. 유통활동에 있어 의사소통과 정보시스템의 중요성
   인식
2. 유통정보시스템의 5 단계 관리절차의 이해:
   Software 측면
3. 유통정보의 기술적 시스템의 이해:
   Hardware 측면
4. 경로기능별 관리를 위한 유통정보시스템의 활용

롯데닷컴의 유통정보시스템

온라인종합쇼핑몰 롯데닷컴(www.lotte.com)은 백화점 계열 온라인몰의 대표주자로, 1996년에 설립되어 국내 전자상거래 시대의 개막을 주도한 국내 최초의 온라인 종합쇼핑몰이다. 이 회사는 롯데의 풍부한 실물유통과 전자상거래 노하우를 결합한 인터넷쇼핑 서비스를 제공하고 있다. 또한 지난 16년간 쌓아온 마케팅 노하우와 온라인 플랫폼 구축, 물류센터 및 고객센터 인프라를 통해 브랜드 및 소매 유통기업의 온라인스토어 구축을 지원하는 렉스(Lotte E-commerce Customizing Service) 서비스를 제공하고 있다. 또한 롯데닷컴, 영플라자, 뷰티넘버원 등의 SNS 채널을 통해 소비자들과 실시간으로 소통하고 정보를 공유하고 있다.

3개월 만에 초기버전 오픈

롯데닷컴은 종래 운영해오던 상거래 시스템 전반을 개선하는 "시스템 롯데닷컴화" 프로젝트를 2010년 완료했다. 이 사업의 한 축으로 경영정보시스템에 데이터웨어하우스(DW) 시스템을 도입했다. 묶여 운영됐던 상거래시스템과 운영시스템을 새 프로젝트서 분리한 후, 상거래시스템과 커뮤니티 시스템에 싱글사인온을 적용해 다시 DW시스템과 연결했다. DW시스템 구축을 위해 다양한 방법론과 솔루션을 고민했던 롯데닷컴은 DW 어플라이언스가 적합하다고 결론내렸다. 이후 엄밀한 솔루션 검증과정을 거쳐 2010년 하반기에 IBM의 '네티자(Netezza) 1000(옛이름: 네티자 트윈핀3)'을 최종 선택했다. 네티자는 영업, 마케팅, 인사, 상품개발 등 기업 내 모든 현업이 시스템에 접근해 분석 기능을 사용할 수 있는 제품. 속도가 빠르고 관리가 편한 점이 좋은 평가를 받았다. 특히 빠른 조회속도는 제품 선택의 결정적인 이유가 됐다. 매일 방대한 데이터가 DW에 쌓여 이를 신속히 분석 및 처리해야 했기 때문이다. 시스템 도입 시 테스트 기준은 "한달 간 쌓인 데이터를 1초 안에 조회하는 것." 네티자는 이 기준을 여유있게 만족시켰다. DW 구축작업은 매우 신속히 진행됐다. 네티자를 처음 도입한 것은 2010년 9월. 3개월 후인 11월엔 초기 버전을 오픈했다. 이 과정에서 리포팅시스템을 함께 구현했다.

우수한 시스템 성능 확보

롯데닷컴의 하루 방문자수는 80만명. 대형 뉴스포털 보다 많은 방문 수치다. 거래도 하루에 4만 건을 넘긴다. 방문자들의 로그기록이나 거래 때 발생하는 트랜잭션은 상상을 초월한다. DW시스템은 계정계서 발생한 데이터를 받아, 분석

작업에 필요한 정보를 사용자에게 제공한다. 롯데닷컴의 모든 직원은 하루에도 몇차례, 혹은 몇십번씩 DW에 접근해 필요한 정보를 조회한다. 이렇게 발생한 빅 데이터(Big Data)를 효과적으로 처리하고 분석하는 DW환경을 새로 만들어야 했다.

최적 리포팅 처리 속도 구현

DW 구축 후 롯데닷컴은 빅 데이터를 매우 손쉽게 처리하고 있다. 네티자를 도입해, 시스템에서 데이터를 쉽게 처리하는 방식을 썼기 때문이다. 기초 데이터에서 리포트 요구에 맞춰서 데이터를 제공해준다. 네티자가 충분한 성능을 보장해줬기 때문에 이런 시스템 구현이 가능했다. 리포트 처리 속도도 매우 빠르다. 운영 중인 DW에 쌓인 전체 데이터에서 최근 한달 간 데이터를 조회하는 데 걸리는 시간 제한 기준은 불과 3초. 네티자는 이 같은 기준을 충분히 만족시키고 있다. 네티자를 도입하지 않았다면, 리포트마다 데이터를 집계하는 과정서 성능 저하 문제가 발생했을 것이다. 롯데닷컴은 데이터 배치 작업을 1시간 단위로 진행한다. '니어 리얼타임(near real time)'이다. 네티자의 빠른 데이터 처리 성능 때문에 이를 실현할 수 있었다.

다양한 업무정보 실시간 파악

DW 구축 후 다양한 비즈니스 성과를 거뒀다. 먼저 고객 만족에 걸리는 커뮤니케이션 시간과 품을 크게 줄였다. 고객들이 어디서 방문하고, 방문 후엔 어떤 경로를 거쳐 상품을 구매하는지 바로 확인할 수 있다. 고객 문의 내용과 처리 현황도 바로 알 수 있다. 이렇게 파악한 정보를 전직원이 공유하고 있다. 이를 통해 현업은 담당 업무의 문제점을 스스로 파악해 개선책을 직접 찾을 수 있다. 이처럼 고객 관점으로 업무 프로세스를 개선한 것은 시스템 구축의 장점이며, 성장을 위한 기회가 되고 있다.

고객 만족도 · 매출 상승에 기여

DW 데이터는 상급자가 봐도 알고 말단 직원이 봐도 안다. 누가 봐도 쉽게 인지할 수 있다. 이를 위해 시스템은 사용 포인트를 지정해서 데이터를 제공한다. 또한 정보 요청 후 확인까지 하는 시간의 갭이 현저히 줄어 현업의 정보 활용률이 높아졌고, 문제점이 발생하면 속히 개선할 수 있다. 마케터라면 행사 상품에 대한 하루 방문객을 쉽게 조회할 수 있다. 배송담당자는 고객에게 행사 물건이 배송되는 시간을 정확히 알 수 있다. 만약 배송에 문제가 발생했다면 MD는 거래처 쪽에 시정을 요청할 수 있고, 배송담당센터(SCM)선 문제점을 속히 처리할 수 있다. DW시스템은 매출을 높이고 불필요한 비용을 줄이는 데 기여했다. 고객들이 원하는 상품을 정확히 파악해서 싼 가격으로 매입한 제품을 더 저렴하게 공급할 수 있다. 배송담당자는 잘 팔리는 상품이 품절되지 않게 대응할 수 있다. 시스템은 고객 유지에 큰 도움이 되고 있다. 고객들이 제기하는 문제와 개선 포인트를 찾아 응대할 수 있고, 문제점을 사전에 파악한 후 예방 조치할 수 있다. 롯데닷컴은 시스템 구축 후 특별한 상품 서비스를 개발하지 않았지만, 매출은 해마다 20~30%씩 급증하고 있다. 이 같은 매출확대가 DW시스템 구축을 통해 얻은 투자효과(ROI)라고 회사 측은 설명했다.

인덱스 없이도 충분한 성능 발휘

롯데닷컴은 DW 운영을 위해 별도의 관리자를 두지 않고 있다. 관리 포인트가 극히 적어서다. 이 때문에 개발자가 관리도 함께 담당하고 있는데, 특별히 관리할 내용이 없는 게 네티자의 장점이다. 관리 포인트가 없으니, 개발자는 리포트 및 ETL 개발에 집중할 수 있다. 네티자 도입 직후 테이블 설정에 신경 썼고, 이후 어플라이언스에 대한 주기적인 배큠(Vacuum)작업이 관리의 전부가 되고 있다. 데이터를 장비가 처리하면서 쌓인 유효공간이나 로그정보를 클린징해주는 일을 배큠이라고 하며, 개발자가 이를 간헐적으로 진행한다. 인덱스를 만들지 않고도 충분한 성능을 발휘하기 때문에, 인덱스도 필요 없다. 네티자의 최대 장점이다.

"리포트 개선해 사용자 편의성 강화"

네티자의 성능이나 기능에 충분히 만족하고 있는 롯데닷컴은 앞으로 현업들이 DW시스템을 이용하는 방식을 개선하는 작업에 주력하기로 했다. 기존 리포트를 보완하고 새로운 리포트를 만들고, 안정적인 서비스를 위한 관리체계를 갖출 예정이다. 또한 사용자들이 더 직관적으로 정보를 이해하고, 지표의 의미를 쉽게 찾게 도움을 줄 방침이다.

자료원: 데일리그리드 리서치센터(2012), 롯데닷컴 경영정보시스템 도입 성공사례

유통전략을 체계적으로 수립하고 원활하게 집행하는 데 있어 의사소통의 중요성과 방법에 대해서 제 9 장에서 언급한 바 있다. 최근 유통경로구성원간 협력과 효율적인 접근이 강조되고 있어 정보기술의 급진적 발달과 함께 경로 의사소통에 있어서 보다 체계적이고 정보 기술에 기초한 시스템적 접근이 요구되고 있다. 경로상의 정보를 수집하고, 해석하고, 전달하는 것은 구성원들의 경로상의 불확실성을 제거하는 데 도움을 준다. 또한 경로상에서의 유통기능의 여덟 가지 흐름(물적 소유, 소유권, 촉

진, 협상, 금융, 위험부담, 주문, 대금결제)을 효과적이며 효율적으로 관리하기 위해서는 구성원간의 의사소통이 원활하게 이루어져야 하므로 체계적인 유통정보시스템의 개발과 운영이 절실히 요구된다.

본 장에서는 우선 제1절에서 의사소통과 유통정보시스템의 중요성을 다시 한번 확인하고, 제2절에서는 유통정보시스템의 첫번째 과정으로써 5단계 관리 절차를 소개할 것이다. 이는 유통정보시스템의 소프트웨어적인 측면을 의미하는 것으로 이어 설명되는 기술적 시스템 개발에 선행되는 것이다. 제3절에서는 첨단 정보기술의 활용을 통한 유통정보시스템의 개발 및 활용에 대해서 언급한다. 보다 구체적으로, 정보관련 기술의 활용 및 혜택을 살펴보고, 유통정보시스템의 근간이라고 할 수 있는 EOS(Electronic Order System, On-line 발주시스템), POS Data(Point-of-Sales Data, 판매시점 데이터)의 활용방안, 그리고 멀티미디어에 의한 유통혁명에 대해서 차례로 살펴볼 것이다. 마지막으로 유통경로상에서 마케팅 기능별 관리에 있어 유통정보시스템의 활용방안에 대해서 검토할 것이다.

제1절 경로의사소통과 유통정보시스템의 중요성

유통정보시스템은 하나의 조직이 운영되는 데 필요한 활동과 기능들을 조정하는 수단이다. 유통경로는 피라미드의 형태와 유사하다. 예컨대, 일반적으로 제조업체들은 피라미드의 정점을 형성한다. 제조업체, 도매상, 소매상들은 각각 경로구조에 있어서 서로 다른 수준에서 구조를 형성하게 되며 다중경로시스템(Multiple-Channel System)으로써 운영된다. 그들은 물리적인 유통경로, 고객서비스경로, 그리고 시장정보수집에 대한 경로로써 최종소비자와 연결되어 있다. 의사소통은 경로시스템의 모든 면에서 작용하고 있으며, 수직적 그리고 수평적으로 작용하고 있다. 정보는 각각의 수준을 구성하는 구성원들과 각 수준들간에서 공통적으로 교환되는 것이다.

경로의사소통에서 수직적인 경로흐름이나 활동이 이루어지려면 첫째, 시의적절한 의사소통이 되어야 한다. 시의적절성(Timing)은 메시지의 해석과 조정에 직접적인 영향을 주게 되는데 정보가 매우 빨리 주어지더라도 만약 그것을 받은 사람이 정보의 중요성을 알지 못하게 되면 무시될 수 있는 것이다. 따라서 메시지의 지연이 나타나고 이런 메시지 지연은 전체경로에서 불균형적인 재고, 조정되지 않는 촉진 캠페인과 같은 역기능적인 결과를 가져올 수 있다. 예컨대, 신제품 촉진캠페인의 효과적인 조정은 그 제품의 성공에 있어 매우 중요한 요소이다. 재고의 적절한 흐름은 특정 상품이 소매점 진열 선반에 없을 때 발생하는 제조업체의 광고비 낭비(판매기회 손실에 의한)를 막아 주도록 조정되어야만 한다. 그러므로 유통경로에 있어 유통기능의 적절한 조정이 이루어지기 위해서는 의사소통시스템의 시의적절성이 중요하다. 전산정보시스템과 전자의사소통매체의 발달은 경로구성원들 사이의 정보흐름의 속도를 증가시킴으로써 경로의사소통을 향상시키고 있다. 또한 경로구성원들은 주문을 주고 받는 다른 구성원들과 직접적으로 연결되어 있다. 이처럼 시장상황이나 판매에 대한 시의적절한 정보는 최대한 빠르게 특정 시장상황에 대한 가격이나 촉진정책의 조정을 가능하게 해 준다.

둘째, 다양한 의사소통흐름에 대한 경로구성원들의 빈번한 상호작용은 서로의 행동을 확인하게 해 주어 상호 역할이나 미래의 행동을 예측할 수 있게 해 준다. 이것이 의사소통에 대한 인지(Perceptions)에 해당된다. 갈등이 발생하는 것도 경로구성원들이 또 다른 경로구성원들의 행동이 그의 성과나 존립, 혹은 목표획득을 방해한다고 인지하기 때문이다. 경로간 갈등의 원천은 크게 태도적(Attitudinal)인 것과 구조적(Structural)인 두 가지 범주로 나누어 볼 수 있다. 전자는 경로구성원들이 경로나 그 환경에 대한 정보를 흡수하거나 처리하는 과정으로부터 야기된다. 후자는 목표와의 괴리, 자원에 대한 분쟁 등을 포함하는 경로구성원간 이해의 상충으로부터 나오게 된다. 한편 다양한 의사소통 관련 요인들은 갈등에 대한 태도적 원천을 줄여 주는데, 이런 태도적 원천에는 역할에 대한 서로 다른 인지, 비밀보장에 대한 요구, 의사소통 방해와 같은 것이 포함된다.

셋째는 비밀보장(Secrecy)의 중요성이다. 경로구성원들은 종종 다른 경로구성원들이 힘을 가질 수 있는 가치 있는 정보를 서로에게서 얻을 수 있다. 예컨대, 소매점들은 공급자로부터 협상력을 높일 수 있는 제품이동상황에 대한 정보를 가질 수 있다. 하지만 제조업체들은 만약 최종소비자들에게 자신이 직접 유통시킬 경우 비밀보장이 필요할 것이다. 그러므로 효율적인 조정에 대한 필요성과 특정 경로구성원으로부터의 경쟁적인 자료의 획득에 대한 욕구 사이에는 상충되는 면을 가지고 있다. 비밀보장을 완화시키는 것은, 특히 산업재의 경우에 있어 제조업체의 유통업체에 대한 의존의 증가를 의미한다. 다시 말해서 직접판매비의 증가, 국내 혹은 국제적인 경쟁의 증가, 그리고 고객에 의해 요구되는 서비스수준의 증가는 산업재 유통에 있어 제조업체의 유통업체에 대한 의존을 증가시키는 몇 가지 요인들이 된다. 이런 점을 피하기 위해서는 경로구성원들 사이에 보다 강력하고 협조적인 동반자관계의 정립이 필요하다. 새로운 관계확립에 대한 핵심적인 요인은 시장정보의 공유와 사용이 필요하다. 이는 양쪽 모두에게 공통적인 목표에 대한 신뢰와 결속, 그리고 성공적이고 효

표 11-1	자동확인기술의 예
바 코 딩	특정 시점의 경로전체에 걸쳐 재고의 위치를 확인시켜 준다. 그리고 재고 계획을 수립하는 것을 보다 용이하게 해 준다. 그러므로 모든 공급체인상의 재고를 최소의 수준에서 유지할 수 있다.
O C R	표식을 사람을 통해 인식할 수 있는 것을 제외하고는 바코딩과 유사하다. 그렇지만 이것은 상대적으로 시간이 걸리며 덜 정교하고 먼 거리에서 인식할 수 없다.
자 기 선	많은 자료를 포함하고 쉽게 반복해서 인식할 때 용이하다. 그러나 바코딩보다 비용이 비싸며, 먼 거리에서 인식될 수 없다. 이것은 인력에 의한 확인과 결제방식에 있어서 플라스틱 카드 형태를 도입하여 사용된다.
무선주파수 표식장치	정보가 장거리에서 혹은 열악한 환경에서 인식되어질 필요가 있을 경우 가장 유용하다. 표식은 제품이나 진열선반에 부착되어 있고 시스템의 안테나를 통해 자료를 교환할 수 있는 자료교환기를 포함하고 있다. 매장 내에서 무선 자료 전송기술을 활용하여 POP 등에 활용할 수 있다.
스마트 카드	간단한 컴퓨터칩을 내재하고 있고 보다 많은 양의 정보를 저장할 수 있다. 인식오류가 적어 전자화폐로의 확장이 가능하다.

과적인 동반자관계 구축을 전제로 하는 것이다.

넷째, 메시지를 오해하는 주요한 요인은 잡음(Noise)이다. 세세한 정보가 많으면 그것을 받아들이는 쪽에서의 처리 용량을 초과하기 때문에 오히려 오해가 생기기 쉽다. 의사소통시스템에 있어 정보과다를 피하기 위해서는 정보교환이 수용하는 쪽에서 필요로 하는 정보에 한정되어야 한다. 메시지에 있어서 잡음, 기밀누설 그리고 오해를 감소시킬 수 있는 효율적인 수단은 전자적인 메커니즘을 사용한 자동확인기 (Automatic Identification: Auto ID)를 사용하는 것이다. 자동확인기는 타이핑이나 수작업이 없이 수많은 재고항목을 확인할 수 있도록 자료를 수십하고, 저장해 줄 수 있다. 또한 자기선(Magnetic Stripe), 광학문자인식기(Optical Character Recognition: OCR), 음성인식기(Voice Recognition), 바코딩(Bar Coding), 스마트 카드(Smart Card), 무선주파수 표식장치(Radio Frequency Tagging), 시각인식 기기(Machine Vision) 등의 기술이 중요해 지게 된다. 자동확인기술은 제조, 도매, 소매에 걸쳐 다양하게 활용된다.

제 2 절   유통정보시스템의 설계 I – 소프트웨어적 측면

(1) 5단계 관리절차

유통정보시스템 설계의 5단계 관리절차를 〈그림 11-1〉에서 보여주고 있다. 먼저 제1단계에서는 핵심의사결정의 영역을 확인하는 것이다. 다시 말해서 정보시스템이 제공할 수 있는 정보의 영역을 확인하는 것이다. 예컨대 주문처리, 지불수단의 보완, 촉진의 시기제공, 불확실성 감소를 통한 촉진의 증가 등이 그 영역에 포함된다. 이런 영역을 명확히 한다는 것은 향후 그 시스템의 성과를 측정하고 통제하기 위한 수단이 된다.

제2단계에서는 의사결정이 이루어지는 각 수준이 확인되어야 한다. 예컨대 어떤 정보시스템이 제조업자 수준에 필요한 것인지, 또는 도매상이나 소매상에게 필요

그림 11-1   유통정보시스템설계의 단계

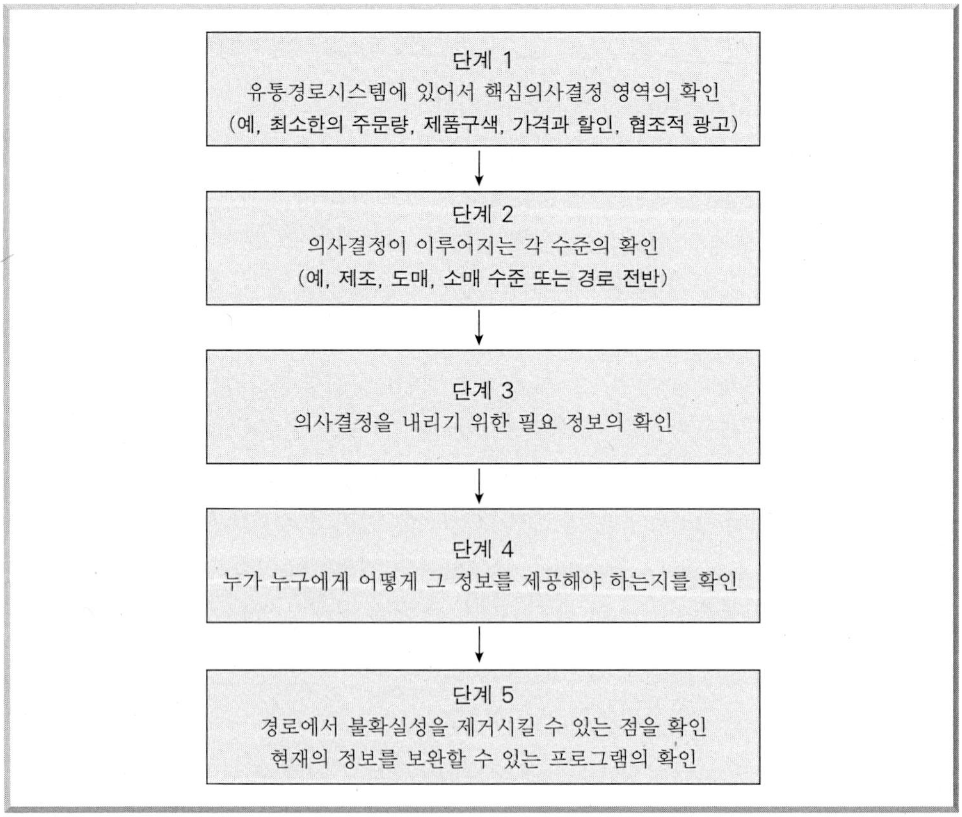

단계 1
유통경로시스템에 있어서 핵심의사결정 영역의 확인
(예, 최소한의 주문량, 제품구색, 가격과 할인, 협조적 광고)

↓

단계 2
의사결정이 이루어지는 각 수준의 확인
(예, 제조, 도매, 소매 수준 또는 경로 전반)

↓

단계 3
의사결정을 내리기 위한 필요 정보의 확인

↓

단계 4
누가 누구에게 어떻게 그 정보를 제공해야 하는지를 확인

↓

단계 5
경로에서 불확실성을 제거시킬 수 있는 점을 확인
현재의 정보를 보완할 수 있는 프로그램의 확인

한 것인지 아니면 경로전반에 걸쳐 특정 정보를 의사소통시키기 위해 필요한 것인지를 확인하는 것이다. 종종 정보시스템의 구축에 있어 그 정보시스템의 범위가 확인되지 않음으로써 모호한 면을 지니고 있게 되는데 이런 것을 피하기 위해서는 정보서비스 제공의 수준을 확인하는 것이 필요하다.

제3단계에서는 어떤 의사결정을 내리기 위한 필요한 정보가 무엇인지를 확인해야 한다. 가령 물류의 통제를 위한 시스템이라면 수송, 선적, 보관, 재고 등에 관한 정보를 확보하고 있어야 하는 경우가 많을 것이다. 따라서 그러한 시스템에 제공해야 하는 정보의 목록을 확보하여 설계할 필요가 있다. 이런 목록을 알지 못하고 설계를 할 경우 그 시스템에 결정적인 하자를 제공할 수 있다.

제4단계에서는 이런 정보의 목록이 확인되었다면 유통정보시스템을 구성하고 있는 어떤 구성원이 어떤 구성원에게 어떻게 그 정보를 제공해야 하는지를 확인해야 한다. 이런 것에 대한 명확한 규명이 없으면 시스템의 운영에서 서로에게 책임을 전가하거나 제 때에 정보가 파악되지 않게 된다.

끝으로 제5단계에서는 그 시스템의 운영을 통해 경로에서 불확실성을 흡수시킬 수 있는 사항을 확인, 그리고 현재의 정보시스템을 보완할 수 있는 프로그램을 확인해야만 한다. 왜냐하면 한번의 유통정보시스템의 구축으로 기존의 모든 정보를 활용할 수 없고 경로환경의 변화에 따라 새로운 정보를 파악해야 할 필요가 생기거나 기존의 정보가 불필요할 수 있기 때문이다.

(2) CRP(Continuous Replenishment Program, 지속적인 상품보충)*

CRP는 상품을 소비자 수요에 기초하여 유통소매점에 공급하는 방법으로 (이를 Pull 방식이라 함) 기존에 유통소매점에 재고가 있음에도 불구하고 상품을 공급하는 것(이를 Push 방식이라 함)과는 차이가 있다. 이러한 CRP는 거래선간에 상품이 공급되는 모든 지점에 적용될 수 있는 개념이다.

CRP의 초기단계에서는 유통공급과정에서 상품을 공급받기 위해 유통업체의 물류센터 또는 도매배송업체의 출고데이터를 사용한다. CRP의 발전단계에서는 POS데이터를 사용하여 상품보충 프로세스를 보다 개선시킬 수 있다.

CRP는 유통공급망에 종사하는 거래업체들간에 서로 협력하는 업무관행으로써, 이는 주문수량에 근거하여 물류업체가 주문을 하는 전통적인 상품보충 프로세스로부터 실질적인 상품수요와 예측수요를 근거로 상품보충을 하는 것이다. CRP를 구현하

---

* 본 내용은 한국유통물류진흥원 홈페이지에 있는 자료를 발췌 정리한 것임.

게 되면 다빈도 배송이 가능하게 되어, 재고수준과 운영비를 낮출 수 있다.

또한 CRP에서는 판매데이터와 판매예측을 근거로 한 소비자 수요를 통해 상품 보충에 필요한 주문과 배송을 실시하게 된다. 가장 보편적인 형태로 운영되는 공급자 재고관리(VMI: Vendor Managed Inventory)는 물류업체에서 재고데이터와 점포별 주문데이터를 매일 공급업체에 전송하면, 공급업체는 물류업체가 소매점포의 상품수요를 충족시킬 수 있는 주문업무를 책임져야 한다.

이러한 CRP의 근간은 바로 EDI이다. EDI는 소매업체가 제조업체에게 상품의 출고요청을 전송할 수 있도록 한다. 비록 초기 단계에서는 소매업체 창고의 출고데이터를 기초로 EDI 문서를 전송하게 되지만, POS 데이터의 통합관리 능력이 증대됨에 따라 점포에서 실제 판매된 판매량에 근거한 EDI 문서전송이 가능해 진다. 이를 통해 각각의 단품별 판매에 따른 제조업체의 단품별 보충이 가능하게 된다. 판촉활동이 없다고 가정한다면, POS 데이터에 근거한 상품보충은 제조업체로부터 소매점포까지 원활하게 흘러갈 수 있게 되며, 심지어 상품흐름에 대한 예측도 가능해질 수가 있다.

한편 CRP는 전반적인 유통공급과정에서의 상품에 대한 주문기능을 향상시킨다. 본능적인 예감에 의해 주문을 하기보다는, 상품보충을 위한 주문수량은 실질적인 소비자 수요와 판촉행사로 인해 예상되는 수요예측에 의해 결정된다. 정보는 컴퓨터에 의해 처리되므로 유통공급과정상에서 발생되는 수많은 데이터 입력시점에서의 수작업이 제거되어 비용을 절감할 수가 있다. 또한 정보의 흐름이 정보통신망을 통해 전자적으로 처리됨에 따라 상품의 보충주기가 단축되어, 결과적으로 소비자 수요에 대한 반응도를 높일 수 있게 된다.

CRP는 또한 유통공급과정에서의 상품의 흐름을 향상시킬 수 있다. 한번에 많은 양의 상품을 배송하는 대신, 소매업체와 도매업체 창고의 재고수준을 낮출 수 있도록 소량단위로 배송빈도를 증대시킬 수 있게 된다. 또 다른 이점이라고 한다면 타산업의 거래업체들과 보다 나은 업무적 협조관계를 구축할 수 있다는 점을 들 수 있다.

| 제 3 절 | **유통정보시스템의 설계 Ⅱ - 하드웨어적 측면:
유통정보기술시스템, 첨단정보기술의 활용방안** |

1. 정보관련 기술의 활용과 혜택

정보시스템과 원거리통신(Telecommunication)은 의사소통의 연계가 경로전반에 걸쳐 이루어짐으로써 기술적인 수단을 제공해 주었는데, 〈표 11-2〉는 다양한 정보와 원거리통신을 열거한 것이고 유통경로에서 응용되는 예를 제공해 준다.

이러한 정보기술 혁명은 유통경로의 구조와 경쟁력에 영향을 주었다. 유통경로는 컴퓨터에 의해 구매 및 판매를 수행하기 때문에 컴퓨터 시스템의 발전과 함께 변화되어 가고 있다. 전자시장(E-Marketplace)은 기업들이 그들의 내부 컴퓨터시스템을 공급자와 고객에게로 확대시키면서 발전되어져 왔다. 전자시장은 고객들이 경쟁적인 공급자들을 비교하는 것이 가능하게 한다.

> 유나이티드 에어라인(United Airline)은 아폴로(Apollo)라고 불리는 시스템을 가지고 있다. 이것은 처음에는 여행대리점에게 유나이티드에게 전자시스템을 통해 비행예약을 할 수 있는 단순한 판매경로였다. 그런데 아메리칸 에어라인이 사브레(Sabre)라는 경쟁사들의 예약도 가능한 시스템을 개발하게 되었다. 경쟁에서 뒤쳐지지 않기 위해 유나이티드는 아폴로에 다른 항공사의 예약도 가능하게 하는 것을 포함시키지 않으면 안 되었다.

또한 전자시장은 협상의 비용을 절감시키고 구매자에게 최상의 공급자가 어디에 있는지 찾는데 도움을 줌으로써 제품이나 서비스의 구매를 더욱 매력적이게 하고 있다. 그러므로 수직적으로 통합된 경로를 관리하는 기업들에게는 점점 통합화의 매력은 축소되고 있으며, 유통경로에서 서로 다른 기능을 서로 다른 단계에서 수행하여 부가가치를 창출하는 기업들의 네트웍이 지배적인 유통경로구조가 되는 것이다.

공급자와 구매자 사이의 협상과 '힘-의존' 관계성은 정보기술에 의해 상당한 영향을 받고 있다. 예컨대, 공급자들은 힘이 있는 구매자와 지속적인 관계성을 유지하기 위해서 JIT 재고배치를 할 수 있다. JIT 재고배치를 위해서 모든 공급자들은 구매자에게 그들의 재고상태 정보를 제공해 준다. 그러므로 보다 더 구매자의 힘의 위상을 높이게 된다.

| 표 11-2 | 정보시스템기술의 응용 |

	기능적 응용가능성			
EDP/기술영역	판매와 마케팅	구매, 재고 관리	물 류	일반적인 관리측면
1. 온라인 데이터 베이스와 시스템	– 온라인주문 – 시장분석 – PC이용 – 생산성측정	– 자동구매주문 – 재고통제 – PC이용	– 운송일정 – 수집 – PC이용	– 회계 – 관리정보 – 경영계획 – 지역네트웍
2. 스캐닝	– 가격책정 – 청구 – 카탈로그 – 주문 – 판매요청 주문서	– 재고통제 – 반환	– 수집 – 접수 – 창고이동	– 보안(security) – 고용인추적 – 현금영수
3. 원거리 통신	– 원거리회의 – 고객연계 – 이동차량	– 상인리스트	– 운전자추적	– 원거리회의
4. 사무자동화	– 전자메세지	– 지역네트웍	– 최종고객	– 워드프로세싱
5. 비디오텍스	– 카탈로그 – 종업원훈련	– 카탈로그 – 종업원훈련	– 운반정보	– 전자파일링
6. 인공지능	– 가격결정	– 주문결정	– 운송계획	– 전략적 모델링
7. 검색/저장 시스템				– 서류통제
8. 로봇 공학			– 수집 – 포장	

자료: Arthur Andersen and Company, *Facing the Forces of Change: Beyond Future Trends in Wholesale Distribution*(Washington, D.C.:Distribution Research and Education Foundation, 1987), p. 68.

많은 경로구성원들은 컴퓨터와 통신기술이 경쟁적인 우위를 제공해 주는 중요한 흐름이라는 사실을 재빨리 깨닫고 있다. 예컨대, 팜탑(Palm-Top)컴퓨터는 초기 도입시 재고의 신속한 검색을 위해 사용되었는데 점차 경로구성원이 경비를 절감하는 수단이 되었고, 현장판매와 서비스 종사자들과 의사소통을 원활하게 하는 도구로 자리잡게 되었다.

● 페더럴 익스프레스는 운전자와 다른 종업원들이 사용하는 수많은 팜탑컴퓨터를 사용하여 정보를 추적하고 있다.

- 아비스와 헐쯔는 팜탑컴퓨터를 통에 바쁜 지역에서 자동차회수와 영수기능을 상당히 개선시켰다.
- 버거킹은 음식의 부패를 방지하기 위해서 재고시스템부분에서 팜탑컴퓨터를 사용하고 있다.

　　한편 경로구성원들은 정보기술의 효과적인 사용을 통해 경로우위을 가질 수 있는 수많은 기회를 가지고 있다. 정보시스템기술의 도입을 통한 다양한 혜택들은 다음과 같다.

① 비용절감(Cost Reduction): 전자판매경로는 주문처리, 영수처리, 트랙킹, 운송 그리고 회계업무에 관련된 거래의 처리에 있어서 서류작업과 종업원의 수고를 덜어주게 되어 비용절감을 꾀할 수 있다.

② 비용이전(Cost Displacement): 전문가시스템은 제품전문가의 비용을 제조업체와 유통업체의 판매원에게 이전시킬 수 있다. 제품지식은 소프트웨어에 저장되어 텔레마케팅 판매원과 고객서비스 담당자에 의해 용이하게 검색될 수 있다. 전문가시스템 프로그램은 자동적으로 고객들에게 응답하고자 하는 텔레마케터의 질문에 부합할 수 있게 해 준다. 또한 제품, 브랜드, 그리고 추천가격에 대한 적절한 답변을 제공해 줄 수 있다.

③ 수지개선(Revenue Growth): 판매원이 컴퓨터의 도움으로 제안서를 작성할 수 있을 때 그들이 그 시간에 다른 일을 함으로써 수지를 개선시킬 수 있다.

④ 비용회피(Cost Avoidance): 몇몇 고객의 요청에 대한 비용을 회피하는 것은 주문처리, 제조, 운송 주기의 속도를 증가시킬 수 있다.

⑤ 성과향상(Performance Improvement): 이전에 듀퐁은 단지 몇몇의 고객들에게만 설계기술을 설명해 줄 수 있는 소수의 기술전문가들을 가지고 있었지만 지금은 많은 고객들에 의해 설계기술을 열람할 수 있는 소위 "패키징 어드바이저(Packaging Advisor)"라고 하는 전문가 시스템 소프트웨어를 개발하여 이용하고 있다. 이 기술은 듀퐁으로 하여금 많은 고객들에게 기술적인 지식을 전달할 수 있는 수단이 되었다.

⑥ 위험감소(Risk Reduction): 디지털 이퀍먼트(Digital Equipment Corporation)는 판매원들에게 복잡한 견적서를 해결할 수 있고 주문의 정확성에 대해서 검색할 수 있는 전문가시스템을 가지고 있다. 이것은 초기에는 평균 30분이 사용되고 70%의 정확성을 가지고 있었지만 현재는 불과 3분과 98%의 정확성을 가지고 있다.

⑦ 관계성의 재설계(Relationship Redesign): 공급자와 고객들 사이의 직접적인 의사소통은 몇몇의 유통과 서비스의 중간상을 제거할 수 있다.

⑧ 경쟁적인 이득(Competitive Gains): 시스템의 사용으로 도요타의 물류프로그램은 판매원들로 하여금 생산계획과 직접적으로 의사소통할 수 있게 하여 회전시간을 줄일 수 있었다.

⑨ 경쟁적인 생존(Competitive Survival): 기술은 경쟁의 양상을 변화시켰고 혁신과 경쟁력 향상을 위해서는 정보기술의 사용이 필요하다.

2. 유통정보기술 시스템의 근간: CAO(Computer Assisted Ordering: 자동발주시스템)

자동발주시스템은 고객에 대한 반응과 효율적인 상품보충 측면에서 상당한 잠재적 개선을 이룰 수 있도록 하는데 중요한 역할을 한다. POS(Point of Sales) 데이터와 상품보충과정을 연계함으로써 비용을 줄이고 매대공간의 효율적인 활용으로 상품판매 효과를 높일 수 있으며, 판촉활동에 의해 발생하는 제품수요에 즉각적으로 대응할 수 있게 된다. 현행 주문관행과는 대조적으로 자동발주시스템을 통해 소매업체는 보다 신속하게 소비자의 수요에 반응할 수 있을 뿐만 아니라 동시에 운영비를 절감하고 재고수준을 낮출 수 있다.

기존의 수작업에 의한 발주에서는 담당직원이 일일이 상품수량을 파악하여 주문내역을 결정하고, 이러한 주문내역은 다시 수작업을 통해 주문시스템에 입력하여 물류센터로 전달하는 방식을 취하였다. 반면 자동발주시스템은 POS 데이터를 근거로 수작업 없이 점포에서 주문을 할 수 있게 된다. 이러한 주문은 EDI를 통해 물류센터로 전송되고, 즉각적으로 재고 보충이 이루어지게 된다. 이러한 업무처리과정을 통해 물류의 동기화 및 수요관리의 통합화가 가능해진다.

자동발주시스템의 성공적인 구현을 위해서는 실제 상품의 판매량과 보충 상품의 필요수량 사이의 차이를 효과적으로 관리하는 것이 매우 중요하다. 매주 판매량과 같이 반복적인 구매형태에 의해 발생하는 차이는 파악하고 관리하기가 상대적으로 쉬우나, 판촉활동 등 불규칙적인 구매형태에 의해 발생하는 차이는 제대로 관리되지 못하는 실정이다. 특히 판촉상품의 영향을 받는 상품 카테고리에서는 이러한 문제가 심각하다. 또한 문제시되는 것 중의 하나가 원인파악이 힘든 재고손실과 지역적으로 과다하게 산재하고 있는 재고로써 이들로 인해 제품의 실제 재고와 차이가 발생하게 된다.

CAO는 도소매에서 수발주업무의 합리화 수단으로 각 기업에서 많은 효과를 거두고 있으며, 특히 최근 VAN(Value Added Network)이 보급되어 중소소매점에서의 CAO도입 및 운용이 용이해 졌다. 최근에는 선진 각국에서 보급되고 있는 VAN(부가가치통신망)회사는 온라인 수발주 전문회사이다. VAN회사는 소매업, 도매업, 제조업의 수발주시스템개발을 이들 기업을 대신하여 수행하고 서비스를 제공함으로써 그 이용도를 높이고 있는 실정이다. 이러한 모든 정보화 노력은 서로간의 의사소통잡음을 줄여서 더욱 효과적이고 효율적인 경로관리를 가능하게 해 준다.

3. POS Data(Point-of-Sales Data: 판매시점데이터)의 활용방안*

근래 한국에서도 POS Data에 관한 관심이 고조되고 있다. 국내 유통업계에 새 바람을 몰고 온 편의점들(예컨대 7-Eleven, GS25, Family-Mart 등) 대부분 그들의 체인점에서 수집한 POS Data(Point-of-Sales Data: 판매시점데이터)를 상품판매관리와 재고관리에 이용하고 있다. 근대식 슈퍼마켓체인점들도 비슷한 방식으로 POS Data를 이용하고 있고, 백화점들도 그들의 판매자료를 이용해 고객에 관한 정보를 관리하고 있고 이를 경영에 활용하고 있다. 또한 제조업체들도 고객카드를 만들어 구매정보를 수집하고 있다. 이처럼 유통업체들의 POS Data이용이 날로 증가해 가고 있는 이 시점에서 우리나라보다 먼저 POS를 도입하여 여러 방면에 이용하고 있는 선진국의 POS Data 수집 과정과 활용실태를 살펴보는 것은 우리에게 많은 시사점을 줄 것이다.

(1) POS Data의 두 가지 종류: 점포데이터, 패널데이터

POS Data는 크게 두 가지로 분류한다. 한 부류는 점포데이터(Store Data)로써, 이는 특정점포에서 팔린 품목, 수량, 가격 그리고 판매시점의 판촉여부 등에 관한 자료이다. 다른 하나는 패널데이터(Panel Data)로써 각 가정단위로 구매한 품목의 수량, 가격 등에 관한 자료를 의미한다.

우선 점포데이터는 전국에서 표본이 되는 점포를 선정하여 그 점포에 팔린 품목이나 수량, 가격, 판매시점의 판촉여부 등을 월 1회 또는 2회 정도 수집하게 된다. 이 데이터는 지역별, 품목별로 구분되어 유통업체나 일용품 제조업체에게 판매된다. 유통업체들은 이 데이터를 이용하여 '다른 상점에 잘 팔리는 품목이 무엇인지'를 알

---

* 본 내용은, 주우진, "POS Data활용으로 마케팅과학의 실현," 월간 「마케팅」, 1995. 5, pp. 20-23을 발췌 정리한 것임.

수 있을 뿐만 아니라 '여타업체들이 어떤 가격으로 팔고 있으며, 어떤 품목을 얼마나 자주 판매시점 판촉을 실시하는지'를 알 수 있게 되어 상품관리와 가격책정에 매우 유용하게 활용한다. 또한 일용품 제조업체의 경우, 점포데이터를 통하여 어떤 지역에서 어떤 품목이 잘 팔리는지를 파악할 수 있으며, 자사의 시장점유율, 타사의 가격 정책, 타사제품의 판촉여부 등을 관망할 수 있어서 마케팅담당자의 의사결정에 많은 도움을 주고 있다.

(2) 패널데이터는 각 개인 단위로 수집

패널데이터는 각 개인단위로 수집되는데 약 1-2천명의 표본 가정을 선택하여 그 가정의 모든 구매행위를 기록하게 함으로써 자료를 수집한다. 패널데이터를 수집하는 방법에는 두 지가 있다. 첫번째는 패널참여 가정에게 신용카드와 같은 카드를 발급하여, 협력점포에서 물건을 구매할 때 카드를 제시함으로써 스캐너에 읽히도록 하면 그 패널가정이 구매하는 모든 품목, 수량, 점포종류가 기록되는 카드방식이다. 두 번째는 패널가정이 구매한 물건을 집으로 가져와 가정용 스캐너로 직접 기록하는 가정용 스캐너방식이다.

패널데이터를 가장 많이 활용하는 집단은 체인점들로 이들은 'ABC 분석'이라고 불리는 기법을 가장 많이 사용한다. ABC 분석은 단순한 개념으로, 전 품목을 판매율에 따라 A, B, C로 등급을 분류하고 C에 해당하는 품목은 제품믹스에서 탈락시키는 것이다. 이들은 또한 패널데이터를 이용하여 재고관리도 하고 있다. 유통체인점들과 마찬가지로 대부분의 일용품 제조업자들도 자사와 경쟁사의 판매실적이나 가격, 판촉 및 광고 현황을 알아보기 위해 패널데이터를 이용하여 다음과 같은 분석을 하고 있다.

① 구매형태에 의한 시장세분화
② 시장가격의 분포
③ 광고노출이 구매에 미치는 영향(광고효과분석)
④ 판촉활동이 구매에 미치는 영향(판촉효과분석)
⑤ 새로운 상표의 시장진입형태의 결정
⑥ 광고노출이 신제품의 시험구매에 미치는 영향
⑦ 시장점유율의 예측

특히 패널데이터를 이용할 경우 판매를 매우 정확하게 예측할 수 있기 때문에 최근에는 제조업자들도 POS Data에 많은 관심과 연구를 하고 있다. 〈그림 11-2〉는

그림 11-2 소비재 마케팅에 있어서의 데이터의 흐름

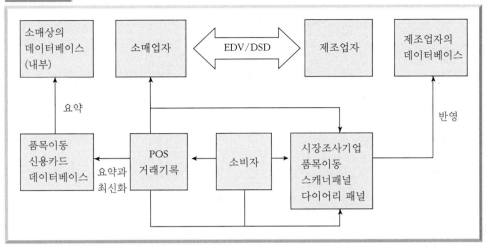

소매상 내부에서 시장조사기관을 거쳐 제조업자에 이르는 자료의 흐름을 보여준다. 소매점에서 POS거래는 고객의 구매과정에서 단말기에 기록된다. 즉, 판매된 품목이 기록되고 가격, 지불방식, 쿠폰사용 등과 같은 정보도 기록된다. 대부분 POS시스템은 프로그래밍이 가능한 PC플랫폼에 기초하고, 투입기구(키패드나 스캐너)로 바코드나 단품 번호를 읽으면 거래품목의 가격을 저장하거나 검색할 수 있다. 데이터의 기초흐름은 품목이동이나 현금계정 등으로 POS시스템에 누적되도록 처리된다.

시장조사기관은 표본점포에 기구를 설치함으로써 POS데이터를 얻고 POS단말기와 체크아웃 카운터, POS컴퓨터 사이의 '점포연결고리'에 귀를 기울인다. 마이크로컴퓨터는 거래를 축적하고, 중앙에서 통합하여, 시장품목추적 데이터베이스를 만든다. 이 데이터베이스는 보통 제품범주별로 조직되고 매출, 시장점유율, 가격, 전시, 광고에 대한 정보를 모든 제품범주물량기준으로 계산하는 데 사용된다. 소매점은 POS시스템을 보유하고, 거래를 포착하기 때문에 데이터이용의 한계는 자원투하량에 의해서만 제한을 받으나, 소비재 생산자들은 이런 데이터에 직접 접근할 수 없기 때문에 전문 시장조사기관에 주로 의존한다.

(3) POS Data활용으로 소매상의 힘 증대

제조업자와 소매상의 가장 명백한 POS지향점의 차이는 제조업자의 경우, 특정 브랜드에 관심이 있고, 소매상은 전체범주의 이익률 더 나아가서 각 점포의 효율에 주로 관심이 있다는 점이다. 또한 제조업자는 시계열 데이터로 지난 기간의 성과를

그림 11-3 POS데이터의 정교화 단계

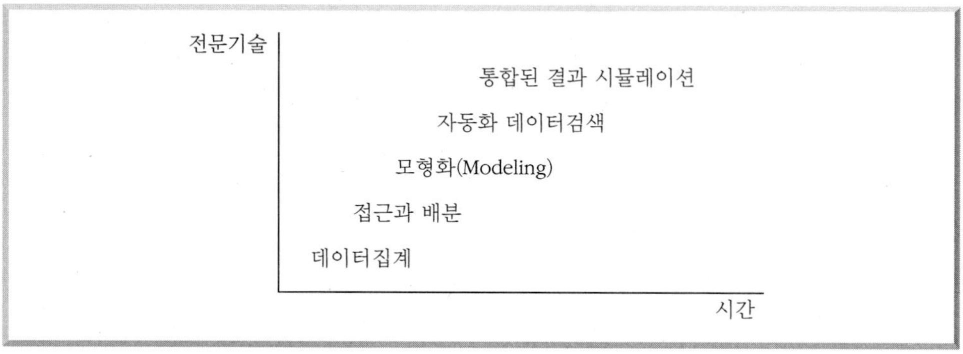

전문기술

통합된 결과 시뮬레이션

자동화 데이터검색

모형화(Modeling)

접근과 배분

데이터집계

시간

비교하는 것에 관심이 많은 반면에 소매상은 단면적인 지향점을 가지고 있다. 즉, 재고유지비용을 반영하고, 유행추세나 경쟁자의 가격판촉에 대응하기 위하여 주어진 기간의 재고품에 대해 관심을 갖는다. 제조업자들은 마케팅에서 발생하는 문제점들에 대한 분석적 해법을 통해 많은 편익을 가지고 왔으나, 소매상은 많은 시간과 노력을 들여 최적의 해답을 찾는 것을 원하는 것이 아니라 즉각적으로 '실현 가능한' 해답을 원한다.

소매상은 역사적으로 수동적인 마케터였다. 제품을 개발하고, 광고를 통해 그것을 알리는 것은 제조업자의 역할이라고 여겨온 것이다. 마케팅정보혁명은 제조업자와 소매상의 지향점 그리고 그들의 관계에 변화를 가져 왔다. POS데이터에의 접근은 소매상의 힘을 크게 강화시켰고 그들을 적극적인 마케터로 변신하게 했다. 이런 데이터로 소매상의 개별 단품과 제품범주 그리고 판촉의 수익성을 평가하고, 이러한 정보로 무장한 소매상은 더 이상 제조업자에 의해 지배되지 않고 자신들의 전략에 기초한 특정한 판촉과 제품을 요구하게 되었다. POS데이터는 〈그림 11-3〉에서와 같이 5개의 정교화 발전 단계를 가지고 잇다.

첫번째 단계는 데이터집계로써, POS Data를 수집하는 시스템을 개발하고, 다른 관련자료와 통합하여 마케팅데이터베이스를 조직하는 것이다. 두 번째 단계는 마케터가 직접 그들이 필요로 하는 데이터에 접근하도록 시스템을 위치시킨다. 데이터접근, 배분시스템은 숙련되지 못한 사용자일지라도 상호작용을 통하여 데이터베이스에 질문하는 것을 가능하게 해 준다.

마케팅이 과학이라고 인정하기 시작하는 것은 세 번째 단계인 모형화 단계부터이다. 이 단계에서는 계량적인 분석방법을 사용하여 마케팅변수와 변수간 효과의 관계에 관한 마케터의 개념을 공식화한다. 계량적인 분석방법은 소비자구매데이터나 행동에 기준한 소비자군집화에도 사용된다. 즉, 각 집단을 각기 다른 제품과 판촉으로 표적화하는 것이다. POS데이터를 이용하는 데는 상당한 시간이 필요하지만, 계속되는 단계에서의 주요 강조점은 자동화된 데이터 검색으로 의사결정자들이 편리하게 데이터를 사용할 수 있도록 자동적으로 분석하고 구조화하는 것이다.

다섯 번째는 제일 상위의 단계로 통합된 결과의 시뮬레이션 임무를 수행하는 시스템구축이다. 제조업자는 이런 시스템을 통하여 세 번째 단계에서 개발된 계량적 모형을 이용해 브랜드 관리자가 마케팅계획으로 수립할 수 있는 매출, 시장점유율, 이익 등을 추정할 수 있다. 소매상은 이 시스템을 이용해 다음기의 상품화 계획 및 전략을 세울 수 있다. 이 시스템은 전략계획문제의 수립이 아니라 개선된 새로운 계획의 창조에 중점을 두는 것이다.

(4) POS Data Base의 확립과 데이터 분석능력 배양이 필요

결론적으로, 마케팅은 이제 과학으로 발전하기 시작했고, 우리가 알아왔던 기업세계를 변화시킬 것이다. POS Data를 마케팅 경쟁우위요소로 활용하기 위해서는 무엇보다도 신뢰도가 높은 데이터베이스를 풍부하게 구축하는 작업이 선행되어야 한다. 이 작업이 제대로 이루어지지 않은 상태에서 분석기법을 논한다는 것은 수레를 말보다 앞에 놓는 격이라고 할 수 있다. 이 과정은 미국이나 일본 등의 선진국에서와 마찬가지로 업계와 학계의 협력이 이루어져야 한다.

유통시장이 개방된 시점에서 우리 기업들도 이러한 마케팅정보의 수집 및 활용능력을 배양해 나가야 한다. 그러기 위해서는 우선 각 체인단위가 아닌 전국을 모집단으로 하는 POS 데이터 베이스의 확립이 있어야 하며, 진정한 산학협동을 통한 데이터분석능력도 배양해야 한다.

유통업체 POS 데이터 활용방안

- 매출관리를 통한 판매실적 향상

POS 데이터를 통해 각 시간대별, 요일별 매출 실적은 물론 지역별 판매 특성이 어떻게 다른지 확인할 수 있으며 거래형태별로 직영, 임대, 특판, 수수료 매장에서 발생하는 실적을 각각 구분할 수 있다. 또한 현금, 카드 결제 등 지불수단별로 구분해 매출 실적을 파악할 수도 있다. 이렇게 수집된 로우 데이터(Raw Data)를 분석하고 재가공하면 판매실적을 향상시킬 수 있는 훌륭한 자원으로 활용할 수 있다.

- 상품관리를 통한 수요예측

유통업체들은 POS 데이터에서 수집한 단품별 실적을 바탕으로 품목별 주력상품을 선정할 수 있으며, 이를 통해 기본적인 수요예측이 가능해진다. 재고에 대한 뒤떨어진 예측과 잘못된 예측은 재고부족과 과잉재고 현상을 초래한다. 하지만 POS 데이터를 근간으로 단품별 실적을 분석해 필요한 상품만 주문하게 되면 적정재고를 유지하고 결품률을 떨어트릴 수 있는 것이다.

홈플러스를 비롯한 일부 유통업계에서는 보다 효율적인 재고관리를 위해 자동보충발주 시스템을 채택, 실시간으로 재고를 파악해 자동으로 보충발주하고 있다. 자동보충발주 시스템은 POS 시스템을 통한 판매 데이터를 기초로 정확한 수요예측 결과에 의해 수작업을 거치지 않고 점포에서 상품을 주문하는 시스템이다. 주문은 EDI를 통해 물류센터로 전송되고 즉각적으로 재고 보충이 이뤄지게 된다. 이처럼 정확한 수요예측 시스템이 가동되면 유통업체 입장에서는 바이어 업무 부담이 줄어들고 수 · 발주관리의 자동화가 가능해지며, 공급업체 입장에서는 합리적인 생산 계획을 마련할 수 있다는 장점이 있다.

- 고객관리를 통한 일대일 마케팅

유통업체들은 자사의 패밀리카드나 포인트 카드를 이용해 고객정보를 등급별로 데이터베이스화할 수 있다. 또한 POS 데이터를 근간으로 장바구니 분석 (Market-Basket Analysis)와 같은 데이터마이닝(Data Mining)을 통해 고객 성향에 맞는 쿠폰을 발송하는 등 원하는 정보를 미리 제공해 고객별 맞춤 마케팅을 실시할 수 있다.

자료: 주우진, "POS Data활용으로 마케팅과학의 실현," 월간 [마아케팅], 1995. 5, pp. 20-23.

제 4 절 유통경로 기능별 관리와 유통정보시스템

유통정보시스템 개발의 방향은 유통기능 전반의 문제를 취급한다. 본 절에서는 유통경로상의 기능을 중심으로 유통정보시스템의 중요성을 확인하고 구체적인 내용을 확인한다.

1. 재고관리

재고관리는 경로전반에 걸쳐 있는 문제점이자, 전반적인 경로 내의 의사소통을 요구하는 측면이다. 제조업자, 도매상 그리고 소매상들은 서로 상대편의 재고량의 변화에 대하여 알고 있을 때, 재고에서 발생하는 문제점들을 보다 잘 해결할 수 있다. 얼마나 많은 물건들이 구매되어 창고에 저장되어 있는지, 얼마나 많은 재고들이 수송중에 있는지, 무엇이 도매상의 진열대와 소매상의 매장에서 전시되고 있는지를 아는 것은 매우 중요한 문제이다. 이는 제조업체의 생산 계획에 도움을 줄 뿐만 아니라, 소매상과 도매상의 구매계획에도 도움을 주게 되는데, 이는 도매상이나 소매상이 주문 리드타임(lead time)을 예측할 수 있기 때문이다.

경로 전반에서의 재고관리에 있어서의 가장 큰 도움은 EDI(Electronic Data Interchange) 시스템을 통해서 얻어질 수 있다. EDI 시스템들을 이용하여 제조업자, 도소매업자, 수송업자, 그리고 중간상은 주문에 있어서 최적화 및 자동화를 이룩할 수 있으며, 생산공정, 선적, 배달활동 등을 조직화할 수 있다.

2. EDI(Electronic Data interchange) 시스템

EDI는 컴퓨터간의 직접적인 자료의 전송을 통해서, 서류를 전자적으로 대체하는 것으로 정의될 수 있다. EDI는 조직간 혹은 한 조직 내의 다른 부서들 간의 EDI로 구성되어 있다. EDI시스템이 제공하는 직접적인 편익은 서류작업의 감소, 일관성의 증가, 정확한 데이터 전송, 실시간 자료(Eeal-Time Data)의 증가, 업무 중복의 감소, 관리자 수와 관련 간접비의 감소, 그리고 전반적인 관리비의 감소 등을 들 수 있다. 또한 간접적인 편익은 경로 구성원 조직 내부 혹은 조직간에 일어나는 활동을 보다 쉽게 통제할 수 있고, 불확실성을 제거함으로써 필요한 안전재고 양을 감소하며, 정확하고 시의적절한 정보 제공을 통해 판매자와 구매자간의 반품의 양 및 총 주문시간을 줄일 수 있다. 따라서 EDI 시스템을 구축하고 있다는 가장 큰 가치는 각각의 경로구성원들을 장기적이고 전략적인 동반자관계의 구축에 도움을 준다는 것이다. 이런 동반자관계를 통해서 정보의 공유, 품질향상, 그리고 부가가치 서비스의 증대와 제반 비용 절감을 달성할 수 있다.

EDI와 연관된 문제들의 대부분은 네트워크과 네트워크간의 정보전달과 관련된 문제들이다. 일반적인 장애요소는 시스템 자체의 신뢰성과 또 다른 네트웍을 구축하는 데 소요되는 추가적 비용에 관한 내용들이다. 조직내부는 물론 거래 파트너와의 조정, 거래 파트너들간의 EDI에 대한 기술적 지식의 차이, EDI 사용상의 미숙함 등도 문제점들로 대두되고 있다. 이러한 문제점들에도 불구하고, 현재 많은 마케팅 경로에 사용중인 다양한 네트웍간의 의사소통들이 통합되고 있다는 사실은 EDI의 도입이 당연한 것으로 여겨지고 있음을 나타낸다. 왜냐하면 급변하는 경쟁적인 환경을 맞이하여 경로구성원들은 자신들의 의사소통활동과 정보의 흐름을 평가하고 통합해야 할 필요성을 계속 자각하고 있기 때문이다.

- 듀퐁(Du Pont)은 소비자들의 욕구에 적합한 화학제품을 찾고 선택할 수 있도록 도와줄 수 있는 방법들을 데이터베이스화 하고 있다.
- 오웬스-코닝(Owens-Corning Fiberglass)은 자사의 제품을 사용하고 있는 빌딩들의 열효율을 측정할 수 있는 설계시스템을 보유하고 있다.
- 보잉(Boeing)은 하부 생산을 맡은 기업들이 생산의 전방, 후방에서 설계가 원활하게 전송될 수 있도록 자사의 CAD/CAM 시스템을 연결시켜 놓았다.
- 아메리칸 에어라인(American Airlines) 외국의 4개 수송업체들과 더불어 공동으로 코비아(Covia)라는 예약 시스템을 공유하고 있다.

경로구성원 사이의 의사소통, 그리고 정보 시스템의 성공을 결정짓는 중요한 요인은 의사결정에 필요한 많은 양의 정보를 정확하게 처리할 수 있는 능력이라고 할 수 있다. 컴퓨터의 능력은 이런 측면에서 실질적으로 무제한적이라고 할 수 있다. 그러나 정보를 무제한적으로 취급할 수 있다는 측면이 초기에 부작용을 일으킨 경우도 많이 있다. 현장에서 의사결정을 하는 관리자에게 가공되지 않은 너무 많은 정보를 고려하도록 요구하는 것은 부정적인 측면이 더 강하다. 그러므로 필요한 정보 제공에 대한 경로 의사소통 계획이 체계화되어야 함을 이해하여야 한다. 즉, 관계가 없거나 중요하지 않은 정보가 나타날 경우에는 초기에 제거할 수 있어야 한다. 현실적으로 현장의 관리자들로부터 불필요하고 오히려 혼란스러운 정보들이 너무 많다고 불평하는 목소리를 듣는 것은 그리 어렵지 않다.

향상된 정보기술을 통해서 진일보된 정보의 흐름은 유통경로 구성원간 상호작용에서 전통적으로 관찰되어진 많은 문제들을 해결할 수 있다. 예를 들면 협상을 통한 가격책정, 선적과 이의 확인, 재고의 파악, 수요의 예측 등 유통활동 과정상에서의 여러 요인들에 대한 정보들을 경로 구성원들이 동시에 활용할 수 있을 때, 불확실성은 줄어든다. 새로운 컴퓨터와 정보처리 네트워크은 또한 사용자들의 질문에 신속하게 응답할 수 있으며, 정보가 정확하다는 확신을 줄 수 있다.

3. 수송관리

역사적으로 물류에 관련된 기술들은 한번에 한단계씩 점진적으로 발전해 왔다. 하지만 로보트 공학과 다양한 컴퓨터 소프트웨어, 원자재 관리 등을 동시에 결합시킴으로써, 물류관련 기술들은 비약적인 진보를 하게 되었다. 이를 통해 주문절차와 재고품을 확인하고 유지하는 데 들어가는 시간을 감소시킬 뿐만 아니라, 컴퓨터는 유통경로 내에서 제품 수송을 더 빠르고 더 저렴하게 할 수 있게 해 준다. 선적을 담당하고 있는 사무실에 있는 컴퓨터는 여러 프로그램들과 데이터 베이스를 통해서 선적계획, 수송경로, 제품배달에 드는 비용 등에 관련된 내용과 접속할 수 있다.

기업들은 이러한 능력들이 제품유통에 있어 역동적인 의사결정에 중요한 기여를 할 수 있음을 인식하고 있다. 물론 그러한 시스템 개발에 많은 비용이 들지만, 인프라와 소프트웨어의 발달로 대규모 고객들과 수송업체의 수송비용 절감을 이룩할 수 있었다. 이러한 시스템 중 하나인 TRACTS(Transportation Rating Accounting Controls and Tracking System)은 다양한 선적 형태들의 비용, 시간, 활용가능성 등을 비교할 수 있도록 해 준다. 예컨대, 특정 제품 수송에 있어 항공편을 통한 선적이 요구되어진다면, 항공사에서 제공하는 비용과 일정 등을 비교하여, 최적 비용과 최단 소요시간 등을 중심으로 대안의 순위를 제공해 준다.

영국철도(British Rail)는 자동화된 열차 관리를 위해 통합전자통제센터(Integrated Electronic Control Center: IECC)를 개발하였다. 이 시스템은 열차위치를 파악하는 전자적 기계구조를 통해 수작업을 통한 열차 궤도를 할당하던 방식을 인공지능과 비디오 스크린이 내장된 전기 신호 장치로 대체하는 것이다. IECC는 영국에서 가장 교통이 혼잡한 리버풀 역에서 사용되어졌고, 표준화된 소프트웨어와 하드웨어, 낮은 설치비와 유지비 등을 통하여 효율성을 크게 증가시켰고, 사고에 보다 빨리 대응할 수 있도록 하였으며, 영국철도의 사업 목표의 변화에 따라 신축적이고 적합하게 반응할 수

EDI는 APC를 사용하는 고객들이 자신의 수화물이 이미 선적되어 있다고 할지라도 최종 목적지를 변경할 수 있는 기회를 제공한다. 의사결정을 용이하게 하기 위해서, APC는 다양한 목적지들 각각의 제품 하역에 드는 비용을 비교할 수 있도록 전산화된 정보 시스템을 제공하고 있다. 이에 필요한 프로그램들은 수입업자들의 사무실에 놓여있는 PC를 통해서 접근할 수 있다. 제품 이동, 제품 구입 가격 등을 제공하는 APC는 수입업자들에 의해서 선적된 제품이 현재 어디 있는지를 추적할 수 있으며, 정확한 도착일시가 언제인지도 확인할 수 있게 한다. 뿐만아니라 EDI 구성요소들은 APC의 해양 운송 자회사인 APL(American President Lines)이 보유하고 있는 선적에 미리 예약을 할수 있도록 만들어 주기도 한다. 이런 기능은 가장 큰 규모의 선적업자들이라 수출 거래에 필요한 수요를 충족시키지 못하는 선적이 가장 많이 일어나는 기간에 더욱 많은 능력을 발휘한다. 수송에 있어서 컴퓨터가 가장 많이 활용되는 경우는 선적을 추적하는 경우이다. APC는 두가지 측면에서 이 문제접근하고 있다. 하나는 스크린에 현재의 상태를 직접 보여주는 PC link이고, 다른 하나는 전자 음성 반응 장치를 가지고 있는 장거리 무료 전화번호를 제공하는 방법이다. 선적업자들은 언제든지 전화기에 제품의 번호만을 누르면, 자신의 수화물은 24시간 동안 언제든지 추적할 수 있으며, 수화물의 위치, 소비자들의 상황, 운임료 등의 정보를 얻을 수 있다.

있었다.

여기서 나타난 것과 같이 EDI는 운송업자에게 단순한 수송이 아닌 그 이상의 물류상에서의 통합인 조정 및 통제를 가능하게 해 준다. APC(American President Companies Ltd.)는 컴퓨터를 통해서 창출되는 정보를 하나의 제품으로 간주하고 있다.

비록 EDI가 경로 생산성에 있어서 매우 중요한 발전을 가져왔지만, 내부 자료 처리 시스템, 현재 사용중인 양식의 불완전함으로 인한 어려움을 겪고 있다. 이런 문제를 해결하기 위해서 '수송자료조정위원회'와 같은 제도적 장치를 통해 서로 다른 조직들이 사용하고 있는 데이터 양식이 표준화될 수 있어야 한다. 이런 활동은 산업 간에서 EDI를 채택하는 데 장애가 되었던 요인들을 성공적으로 제거할 수 있을 것이다. 몇몇의 기업들은 이와 같은 작업을 진행하고 있다. 한진이나 현대 등의 택배회사들은 선적업자들, 수송업자들과 더불어, 각자가 사용하고있는 프로그램에 상관없이 핵심적인 EDI패키지를 바탕으로 상호연계를 시도하고 있다.

4. 머천다이징관리

소매점의 의사소통에 있어서 컴퓨터가 많이 활용되어질수록 머천다이징관리에 대한 견해와 가능성에서 많은 변화가 일어나고 있다. 새로운 가능성을 살펴보면 다음과 같다.

① 계량화된 소매 전략 목표를 구매계획에 적용하는 것이 용이하게 된다.
② 우량한 상품의 확인을 통한 이익 기회를 명확하게 할 수 있다.
③ 주문, 제품 수령, 처리 그리고 운송 등과 연관된 활동들을 보다 세밀하게 통제할 수 있다.
④ 상품구매와 관련된 재무적 정보를 처리하고 이를 기초로 의사결정을 수행할 수 있다.

소매 정보 시스템은 관리자들에게 앞으로의 판매계획뿐만 아니라 과거의 운영자료를 제시함으로써 핵심적인 구매의사결정과 계획을 수립하는 데 도움을 준다. 관리자들이 재고를 관리하고 개개의 점포 또는 구매결정권과 영업목표를 가지고 있는 부서들을 연계할 수 있도록 도와 준다.

전산화된 소매 정보 시스템의 구매과정처리에 대한 보고능력은 효율적인 주문과 처리, 제품 수령, 유통 그리고 판매 보고와 다양한 판매지점에서의 제품관리 등에 대한 통제를 더욱 용이하게 해 준다. POS 단말기와 전산화된 금전등록기는 회사 관리자들에게 그들이 선적 또는 재고/수송에서 필요하며, 또한 소비자들의 욕구와 제품 가용성에 즉시 반응할 수 있도록 해 주는 실시간(Real-Time) 데이터를 제공해 준다. 예컨대, 미국 캔사스 토페카에 위치한 보어스펠드 슈퍼마켓(Bauersfeld's Supermarket)은 선반 위에 자동적으로 가격이 변하도록 만들어진 전자 가격라벨(Electronic Price label)을 사용하고 있다. 이 시스템은 액정화면에 나타나는 가격을 통제하는 마이크로칩이 내장된 라벨에 신호를 보낼 수 있도록 만들어진, 작은 사이즈의 컴퓨터를 사용하도록 되어 있다. 이러한 시스템은 소매점주에게 인건비를 줄이게 하고 경쟁에 보다 빨리 대응할 수 있으며, 보다 경쟁력 있는 가격을 제시할 수 있으며, 하나의 선반에는 동일한 가격의 제품들로만 구성될 수 있도록 도와 주고 있다.

가격을 결정하는 문제에 있어서 경로 구성원들간의 효과적인 의사소통은 도소매점에서의 구매관리에서 특히 중요하다. 일반적으로 제조업체의 가격 목록은 불완전하고 잘못 이해된다는 문제점을 내포하고 있다. 중간상이 사용할 수 있는 단가에는 제품가격 이외에 잠재 고객들이 지불해야 하는 추가적인 비용을 포함하고 있다. 즉,

광고비, 제품선적비용, 창고비용 그리고 내부관리비용 등이 그것이다. 가격관리는 수량할인, 선반의 위치, 전시장에서의 제품배치 등에 따라 활용되어질 수 있다. 이것에는 가격조정 보증, 초기 주문에 따른 몇 가지 인센티브들이 종종 사용되고 있다. 하지만 이러한 가격요인들이 판매촉진에서 지나치게 많이 사용되어지면 오히려 성가신 요인으로 작용할 수도 있다. 실제로 가격을 결정하는 전통은 몇 가지 전문화된 용어들은 만들어 냈는데(예: Credit Terms, Chain Discounts), 이런 요인들은 더 많은 효율성을 만들어 낼 수도 있으나, 때때로 많은 해석작업을 추가로 해야 할 경우가 많다.

　　도매상과 소매상은 그들의 구매를 효과적으로 하기 위한 정보를 필요로 하고 있다. 예를 들자면 중간상이 특정 제품에 대하여 재무적으로 지원을 할 경우, 그를 통해서 제조업자에게서 얻을 수 있는 할인혜택이 재고비용이나 운반비용보다 크고, 제조업자가 경기가 불안정한 시기에 제품의 가격수준에 대하여 확실한 보증을 해 준다면, 특정 제품의 시즌이 도래하기 전에 제품을 미리 주문하기를 원하며, 이를 위해서 제조업자의 운영활동에 재무적 지원을 하고자 할 수도 있다. 반대로 제조업자는 그들 제품의 가격이 경쟁력이 있는지, 그들의 판매지역에서 가격에 비하여 납득할 만한 시장점유율을 지니고 있는지, 그리고 중간상이 고객을 끌어들이려고 손해는 보면서 파는 행위(Loss Leader)를 못하도록 하기 위해 그들이 불만하지 않을 정도의 실질적인 마진을 제공하고 있는지를 알기 위해서 소매점과 도매점에서의 가격구조에 대한 정보를 알고 싶어한다.

　　앞에서 언급되어진 것처럼, 정보시스템과 결합된 표준화는 소비자와 소매점 조

표 11-3　스캔데이터 활용

스캔데이터의 일반적 활용	스캔데이터의 추가적인 활용
주문 수령	판매원 방문 보고
송장 계산	구매 수량 통제 및 검사
주문 보고서 작성	종업원 확인
재고 통제	반송품 처리
제품 인수	반송 가능한 컨테이너 통제
선　　적	물리적 재고품 인수
거래 홍보 추적	현금 인수 조사
보　　안	고객의 주문에 따른 카탈로그 발송
종업원 추적	
구매된 제품의 도매상 내에서의 움직임 추적	

자료: Distribution Research and Education Foundation and Arthur Anderson and Company, Facing The forces of Change Beyond Future Trends in Wholesale Distribution(Washington D. C. Distribution Research and Education Foundation, 1987), p. 61.

사에서 새로운 가능성을 제시하고 있다. POS데이터에서 추려진 정보는 추적, 모형화, 그리고 실험 등에 사용되어질 수 있고, 검색에 기초한 데이터는 슈퍼마켓과 그들의 공급자들에게 중요한 원가 절감의 기회를 제공해 준다. 제조업자는 검색에 바탕을 둔 보고서는 제품이 특정 시장에서 얼마나 많이 판매되고 있는지에 관한 정보를 제공한다. 제조업자들은 정확하고 시의적절한 정보의 제공 또는 수집을 통해서 중간상과의 관계가 호의적으로 유지되는 것을 인식하고 경로상의 스캔데이터의 중요성을 깨닫고 있다. 검색자료가 일반적으로 많이 사용되고 있는 영역과 도매 유통업자에 의해서 발전되고 있는 영역은 〈표 11-3〉과 같다.

5. 촉진관리

새로운 기술의 발달과 현존하는 통신기술의 광범위한 발전은 마케팅 경로에서의 촉진 흐름과 촉진관리에 있어서 보다 세분화된 조사가 가능하도록 해 주었다. 촉진 관련 의사소통과 실행상의 비효율성의 증가는 제조업체가 소매상에게 제공하는 즉각적인 가격할인(Trade Deals)에서 많이 찾을 수 있다. 예컨대, 가공식품 제조업자는 소매상들이 자사의 제품을 많이 구매하도록 유인하는 다양한 판촉활동을 사용하고 있다. 가공식품에서 가장 많이 사용되고 있는 가격할인은 오프-인보이스(Off-Invoice)와 빌-백(Bill-Back)이다. 전자는 계산서 작성에 드는 비용을 직접적으로 감소시키는 것을 말하며, 후자는 특정기간 내의 모든 구매는 과거의 가격으로 소급하여 계산되어지는 것을 말한다. 제조업체들이 이런 활동을 제공할 것이라는 기대는 소매상들에게 가격절감효과를 제공하고 가격이 감소한 제품을 선반의 더 좋은 위치에 놓고 더 많이 홍보하도록 만들 것이다.

대규모 소비재 시장이 더 세분화되어지고 회사들이 세분시장에 그들의 관심을 기울임에 따라, 정보기술은 새롭고 효과적인 홍보수단을 더 많이 활용하도록 도와주고 있다. 이러한 예는 아래와 같다.

- P&G는 슈퍼마켓에서의 스캔데이터를 바탕으로 자사의 홍보 프로그램을 효과적으로 계획, 판단하고 있다.
- P&G는 Wal마트로부터 판매, 판매예측, 선적에 관한 자료를 인공위성을 통해서 매일 자동적으로 얻고 있다.
- 인포메이션 리소스(Information Resources Incorporated)는 슈퍼마켓의 카트에 부착된 스크린에 광고를 하고 있다.

> ⦿파도시스템(Pado System)은 계산시 구매한 물품목록에 따라, 제조업체와 연계하여
> 할인제도 및 쿠폰(Electronic 쿠폰) 발행, 영수증 광고가 가능한 POS 운영시스템을 제
> 공한다.

홍보프로그램을 관리하는 데 사용되는 이와 같은 발전된 방식뿐만 아니라, 유통
정보시스템 기술은 촉진과정 자체를 변화시키고 있다. 예컨대, 전자매체들은 점포 내
에서 점원없이 고객들과 대화를 할 수 있도록 하는 강력한 수단으로 발전하고 있다.

- 프로쉐임(Florsheim Shoe Company)은 유니포트(Uniport)라는 비디오 터미널을
  사용하여 현재 생산하고 있는 제품군을 보여 주고, 고객의 선택을 촉진하는
  활동을 제공하며, 소비자의 주문을 받아 소매점에게 전달함으로써 직접적으
  로 소매점의 매상을 증진시키고 있다.
- 어드벤스 프로모션 테크날러지(Advanced Promotion Technologies)는 부정확한
  제품 보상을 줄이고, 보상작업을 보다 신속하게 처리하고, 소매상과 제조업
  자들의 쿠폰발행에 많은 양의 비용절감을 달성할 수 있도록 해 주는 쿠폰이
  터(Coupon Eater)라는 제도를 만들어 냈다. 쿠폰은 검색하고 자료를 검증하고
  자료를 분할할 수 있는 기계에 한번에 하나씩 부착되어지고, 바코드를 장착한
  쿠폰은 보상과 마케팅과 관련된 정보를 제공해 준다. 이 회사는 또한 검색에 쓰
  이는 기계와 로보트, 자동 확인기계, 터치스크린(Touch-Screen), 프린터, 컴퓨
  터 그래픽 그리고 촉진, 체크아웃, 재무적 기능에 쓰이는 레이저 비디오디스크
  등을 사용할 수 있는 화상시스템(Vision System)을 설계하였다. 비디오 스크린은
  제품 가격과 세부사항, 할인정도, 부가적인 정보 등은 보여 준다. 시스템은 또
  한 쿠폰에 인쇄된 가게와 그들이 구입한 제품에 바탕으로 둔 내용들을 보여 준
  다. 일종의 스마트 카드에 속하는 화상카드는 구매시점의 빈도를 누적시킬 수
  있으며, 이는 자동적으로 결제가 되며, 구매자의 대차대조표상의 대변(Debit)에
  기록되어진다. 소매상에게는 이 시스템은 완벽한 결제시스템과 촉진 기능 그리
  고 경로 전반에 걸친 프로그램을 다루는 데 아주 용이하다. 화상카드(Vision
  Card)는 정보를 모니터하고 경신하며, 구매시기를 계산하고 보충할 수 있는 특
  정한 고객들에게 제공되어진다. 촉진은 구매자들을 위해 자동적으로 조정되어
  지도록 미리 설계되어질 것이다. 총괄적인 마케팅 프로그램은 화상시스템과 더
  불어 수행되어질 것이며, 직접우편, 신문광고, 고객을 위한 상점내 물품 등을
  포함할 것이다.

상점 내에서의 비인적 의사소통뿐만 아니라, 화상회의 기술은 촉진에 사용되는 경로를 새롭게 변화시키고, 기존의 촉진수단들을 대체하고 있으며, 경로 구성원간의 촉진 프로그램의 성격을 변화시키고 있다.

텔레마케팅은 원거리통신(Telecommunication) 기술과, 서비스를 수행할 수 있는 훈련받은 인원과, 표적 고객들에게 직접적으로 접근할 수 있는 측정 가능한 마케팅 활동을 사용하는 마케팅 의사소통스템이라고 할 수 있다. 굿리치(B. F. Goodrich), 3M, 웨스팅하우스(Westinghouse Credit) 등과 같은 많은 회사들은 회사내에 텔레마케팅 센터를 설치, 운영하고 있다.

굿리치는 주문 수령, 고객 서비스, 정보제공 등의 목적으로 텔레마케팅 센터를 운영하고 있다. 고객이 전화를 하면, 센터에 있는 전문가는 자신의 스크린을 통해서 고객의 정보가 담긴 파일을 보면서 생산계획, 제품선적계획 등에 관하여 의사소통할 수 있다. 현장에서 판매를 하는 영업사원들 또한 텔레마케팅 센터를 통하여 현재 남아있는 재고, 제품의 도착시간 등에 대한 정보를 얻을 수가 있다.

3M은 텔레마케팅 센터를 고객들이 가지고 있는 장비 혹은 설비에서 발생하는 문제점을 해결하는 데 사용하고 있다. 3M의 전용 전화번호인 800번에 전화를 하면, 고객들은 전문기술자와 자신이 가지고 있는 장치의 문제점에 관하여 통화할 수 있다. 3M은 고객들의 전화의 30% 이상은 서비스 요원을 파견하지 않고서도 충분히 해결되어질 수 있는 문제임을 발견하고 텔레마케팅을 활용함으로써 보다 양질의 서비스를 보다 합리적인 가격으로 고객들에게 제공할 수 있게 되었다.

웨스팅하우스(Westinghouse Credit)는 텔레마케팅을 세일즈맨을 위해 향후 전망을 예측하고, 믿을 만한 제안을 제시하는 것을 목적으로 사용하고 있다. 텔레마케팅 센터에서는 이자율을 결정하고, 우편정보를 분류하고, 판매원을 각각의 지사에 보내기 위하여 필요한 전화를 걸고 있다. 이러한 결과들은 수량과 지역에 근거하여 미래의 유통계획을 설계하는 데 사용되어지고 있다.

◉ 요 약

유통경로상에서 의사소통이 부족하거나 효과적이지 못할 경우에는 경로구성원들의 협조적인 노력을 이끌어 내는 데 한계를 갖게 된다. 경로 의사소통에는 메시지의 해석과 조정에 직접적인 영향을 주는 시의적절성, 경로구성원들의 역할을 확인해 주는 인지, 서로간의 비밀보장, 그리고 오해의 주요 요인이 되는 잡음으로 살펴볼 수 있다. 이러한 의사소통의 원활화와 일관성을 위해 유통정보시스템의 개발이 필요한데 이것은 의사소통의 연계가 경로전반에 걸쳐 이루어 질 수 있는 기술적인 수단을 제공해 준다. 경로기능별 흐름에서의 의사소통은 재고관리, EDI 시스템, 수송관리, 상품계획관리, 촉진관리 등으로 살펴 볼 수 있다. 그리고 이러한 정보시스템은 향후 유통에서의 대대적인 변화를 가져오게 될 것이다. 한편 유통정보시스템의 발달은 판매원의 역할을 변화시키고 있는데 자원관리자, 경로구성원의 동반자, 전략가 등으로 역할의 변화를 가져오고 있다.

◆ 문제제기 ────────────────────

1. 유통정보시스템 설계의 5가지 단계를 구체적인 예를 들어 설명해 보라.
2. 경로의 기능별 흐름에 대한 정보시스템의 역할에 대해 논해 보라.
3. 정보시스템의 발달이 미래의 유통경로의 설계와 조정과 성과에 미치는 영향을 논의해 보라.
4. 우리 나라의 POS데이터의 활용정도를 논하고 향후의 발전과정을 예측해 보라.

◆ 참고문헌 ────────────────────

1) Clive Cookson, "Codes for Efficiency-Automatic Identification," *Financial Times*, May 23, 1990, p. 13.
2) Mohan N. Reddy and Michael P. Marvin, "Developing a Manufacturer-Distributor Information Partnership," *Industrial Marketing Management*, Vol. 15, no. 2(May 1986), pp. 157-163.
3) David Grace and Tom Pointon, "Marketing Research Through the Salesforce," *Industrial Marketing Management*(February 1980), pp. 53-58.
4) Michael E. Porter and Victor E. Miller,"How Information Gives You Competitive Advantage," *Harvard Business Review*(July-August 1985), pp. 149-150.
5) Thomas Malone, JoAnne Yates, and Robert Benjamin, "The Logic of Electronic Markets," *Harvard Business Review*(May-June 1989), pp. 166-167.
6) David Wessell, "Computer Finds a Role in Buying and Selling, Reshaping Business," *The Wall Street Journal*, March 18, 1987, p. 1.
7) Gilbert Fuchsberg, "Hand-Held Computers Help Field Staff Cut Paper Work and Harvest

More Data," *The Wall Street Journal*, January 30, 1990, p. B1.

8) Paul B. Carroll,"Computers Cut Through the Service Maze," *The Wall Street Journal*, May 1, 1990, p. B1.

9) Paul Strassman, "Productivity and Strategic Advantage," *Fortune*, December 5, 1988, pp. 197-214.

10) Gene R. Tyndall, "Supply-Chain Management Innovations Spur Long-term Strategic Retail Alliances," *Marketing News*, December 19, 1988, p. 10

11) CSC Index, "EDI-The Intercompany Electronic Connection," *Executive Summary*(Index Alliance, 1988), pp. 15-16.

12) CSC Index, "Computer-Supported Regional/Niche Marketing," *Executive Briefing*(Index Alliance, 1988), pp. 13-16.

13) CSC Index,"Rethinking the Roles of Marketing, Sales and Information Systems," *Meeting Summary*(Index Alliance, 1989), p. 13.

14) Bridget O'Brian,"Delta Air to Merge Reservation Unit with PARS System," *The Wall Street Journal*, February 8, 1990, p. 42.

15) Distribution Research and Education Foundation and Arthur Andersen and Company,Facing the Forces of change Beyond Future trends in Wholesale Distribution (*Washington,D.C.: Distribution Research and Education Foundation*, 1987), pp. 71-72.

16) Computers Turn On to Rating and Routing," *Distribution*(March 1981), p. 56.

17) Alan Cane, "Train Management Switches to the Screen," *Financial Times*, January 12, 1990, p. 7.

18) Robert J.Bowman, "Going the Extra Mile," *World Trade*(Winter 1988-1989), pp. 34-36

19) Richard Gibson, "Electronic Price Labels Tested in Supermarkets," *The Wall Street Journal*, March 31, 1988, p. 25.

20) "Nielson Scanning-Bases Information System - A New Generation of Research," *The Nielson Research*, Vol. 1(Fall 1986), pp. 2-4.

21) Zachary Schiler,"Stalking the New Consumer as Marketing Fracture, P&G and Other Sharpen 'Micro Marketing,'" *Business Week*, August 28, 1989, pp. 54-62.

22) Sheila A.Zwelling,Linda L. Hyde, and Thomas M.Murnane,"Promotion and Communication," Presented at the Management Horizon's Spring Management Conference 1987(Dublin, Ohio: Management Horizons, 1987), pp. 12-15.

23) Lynn Coleman, "Smart Card.'Coupon Eater Targeted to Grocery Retailers," *Marketing News*, Vol. 22 no. 12 June 6, 1988, pp. 1-2.

24) Roy Vorhees and John Coppett," Telemarking in Distribution Channel," *Industrial Marketing Management*(December 1983), p. 105.

25) Ibid,pp.106-107,For other examples of the use of telemarketing,see "Making Service a Potent Marketing Tool," *Business Week*, June 11, 1984, pp. 164-170.

26) Bill McGee and Lucy garrick, *The New Electronic Media*(San Francisco: BMC Publications, 1982), p. 3.

제 5 부

유통활동의 성과평가 및 조사

DISTRIBUTION MANAGEMENT

제12장   유통활동의 성과평가

제 1 부   유통관리의 전반적 체계

제1장   유통관리의 전략적 접근체계
  1. 유통관리의 접근시각: 시장지향적 접근
  2. 유통경로 발생의 근거
  3. 유통기능(역할)
  4. 유통관리의 전반적 체계

⇩

제 2 부   유통환경변화의 이해 및 표적시장의 선정

제2장   유통환경변화의 파악과 영향 분석
제3장   구매욕구세분화, 표적구매자시장, 그리고 유통목표의
        정립: 표적유통전략

⇩

제 3 부   유통전략의 수립 1: 유통경로구조(시스템)의 설계

제4장   소매: 형태(구조)와 전략   제7장   유통경로의 조직패턴
제5장   도매: 형태(구조)와 전략   제8장   유통경로구조의 설계
제6장   물류관리

⇩

제 4 부   유통전략의 수립 2: 경로구성원 조정체계의 설계

제 9 장   힘(영향력) 행사
제10장   갈등관리
제11장   경로의사소통 및 유통정보시스템

⇩

제 5 부   유통활동의 성과평가 및 조사

제12장   유통활동의 성과평가
제13장   유통조사

⇩

제 6 부   특정 상황 속에서의 유통관리

제14장   서비스산업에서의 유통관리
제15장   프랜차이즈 유통관리
제16장   인터넷 시대의 유통관리

DISTRIBUTION MANAGEMENT

제12장

유통활동의 성과평가

학습목표
1. 유통목표 및 전략의 성과평가 기준과 방법의 이해
2. 유통목표의 평가기준 및 방법
3. 경로구조 및 경로구성원의 평가기준 및 방법
4. 영향력 및 갈등의 평가기준 및 방법

농산물 유통구조 개선으로 6,241억 절감

직거래 확대 등을 통한 농산물 유통구조 개선으로 2014년 유통비용 6,241억원이 절감된 것으로 분석됐다. 가구당 3만3,811원 절감 효과를 본 셈이다. 농림축산식품부는 '농산물 유통구조 개선 종합대책' 추진 3년차를 맞아 2년간 추진성과를 평가하고, 3년차 추진(보완) 계획을 발표했다. 지난 2년간 직거래 확대, 도매시장 등 유통경로간 경쟁으로 2014년 유통비용은 6,241억원 절감된 것으로 나타났다. 농식품부는 그동안 로컬푸드 직매장 등 직거래 인프라의 대폭 확충과 함께 포스몰(POS-Mall), 직거래 플랫폼 '이웃농촌' 등 ICT 기반의 신 유통모델 성장이 주 요인인 것으로 분석했다. 이와 함께 대형업체와 산지간 직거래 확대 등 새로운 유통관행이 증가되고, 농협 안성물류센터 개소(2013. 6) 등에 따른 도매조직 중심의 유통체계 구축이 유통단계 단축에 기여한 것으로 평가했다.

한편, 농식품부는 '농산물 유통구조 개선 종합대책' 추진 3년차에는 ① 사전적 수급관리, ② 신유통경로, ③ 유통계열화, ④ 도매시장 효율화, ⑤ 관측 등 5대 부문을 중심으로 지난 2년간 성과가 도출된 부문은 적극 추진하면서 미흡한 부분은 개선·보완에 중점을 두기로 했다. 특히, 기후변화 및 생산면적 변화 등에 따른 농산물 가격 등락과 저가격 문제는 지속적으로 보완해 나갈 계획이다. 유통주체간 자율경쟁을 기본으로, 정부는 보다 정교한 관측과 생산·유통·소비 관련 정보 제공으로 적정 생산·소비를 유도해 나가고, 농산물 특성상 일정 범위의 가격 변동이 불가피한 점은 생산자·소비자가 이해하면서 정부정책을 신뢰할 수 있도록 홍보를 강화할 계획이다.

〈농산물 유통구조 개선대책 3년차 세부 추진(보완) 계획〉

• 사전적·자율적 수급관리 강화

과거와 달리 정부의 직접적 개입에서 벗어나 이해관계자의 '참여와 합의'에 바탕을 둔 수급정책이 농산물시장 조기 안정화에 기여하고 있다. '수급조절매뉴얼'을 통해 가격안정대를 설정하고, 위기 단계별 정책을 사전 공개하는 등 자율적 수급관리 시스템 운영으로 가격변동이 축소되고 있다. 계약재배가 확대되면서 시장의 불안심리가 줄어들고 농업인의 안정적 생산기반 유지에 기여하고 있다. 다만, 생산단계부터 적정재배 등 사전적 수급조절이 적정하게 이루어지지 못해 저가격세가 지속되었고, 계약재배의 한계점도 나타나고 있다.

따라서 계약재배 사업이 실질적으로 수급안정에 기여할 수 있도록 '채소류 생산출하 안정사업'으로 개편할 계획이다. 계약재배 사업은 농협 중심에서 대형마트, 가공업체 등으로 계약주체를 다양화하면서 고정 수요처 위주로 지원을 확대하고, 생육단계 면적 조절 등 사전에 적정면적 재배를 유도하기 위해 계약물량에 일정가격을 보장하는 생산안정제를 신규 도입할 계획이다. 지난 2년간 농산물 수급안정에 큰 역할을 해 온 농산물 '가격안정대'도 개선해 나갈 계획이다. 금년 중 수급조절매뉴얼상 위기 구간별 가격 설정 시 직·간접 경영비 등을 추가로 반영하여 실효성을 높이고, 위기단계 도래 전에도 수급대책 추진이 가능하도록 예비단계 구간 설정을 검토할 예정이다.

• 직거래 등 대안 유통경로 확산

'유통경로간 경쟁을 통한 유통 효율성 제고'를 위해 중점 추진한 직거래가 새로운 유통경로로 자리 잡아 가고 있다. 로컬푸드 직매장 등 소비자의 호응이 좋은 신유통경로가 확대되면서 유통비용 절감에 크게 기여하고 있다. 포스몰(POS-Mall)('14. 9), 온라인 직거래 플랫폼 '이웃농촌'('14. 9) 등 ICT 기반의 새로운 모델 등 직거래 인프라도 확대되고 있다. 그러나, 직거래 관련 산지, 소비지 정보 부족과 기존의 거래관행이 직거래 확산에 도전과제가 되고 있다.

최근 귀농·귀촌 증가 트렌드, 세계 최고의 IT 기술과 택배시스템 발달 등으로 우리나라는 직거래가 확산되기 좋은 여건이다. 지역별로 생산지, 소비지 등을 중심으로 빅데이터를 구축·제공하여, 산지·소비지간 직거래 매칭사업을 추진하는 등 근본적인 직거래 확산 방안을 마련, 추진할 계획이다. 또한, 직거래법 시행('16. 6)에 맞추어 직거래 활성화 기본계획 수립, 우수 직매장 인증제 도입, 직거래에 대한 국민적 공감대 형성을 위한 대국민 홍보 등을 전개할 계획이다. 아울러, 기존 직거래 중 소비자 만족도가 높은 경로는 지속적으로 확산시켜 나갈 계획이다. 로컬푸드 직매장(~'15 : 100개소) 등 직거래 인프라를 지속 확대하는 한편, 전통시장·공영주차장 등을 활용한 직거래도 확대할 계획이다. POS-Mall 활용의 애로요인이었던 다품목 소량 합포장, 순회배송 확대 등을 중심으로 POS-Mall을 개선하고 '이웃농촌', 농수산물 전용 공영 홈쇼핑(7월 개국) 등 온라인 기반의 다양한 직거래 모델도 개선·보급해 나갈 계획이다.

• 생산자단체 중심 유통계열화 확대

산지 조직화 및 규모화 추진 결과, 공동선별·계산 생산자 조직인 공선출하회와 읍·면 단위 지역조합의 경제사업을 시·군 단위로 광역화한 조합공동사업법인의 규모가 확대되고 있다. 농협 도매유통의 기반인 안성물류센터('13. 6)는 생산자단체 중심 유통계열화의 기초가 되고 있는 것으로 평가되고 있다. 다만, 지역 및 주산지 중심의 생산·유통구조 형성이 여전히 미흡해 생산자 중심 유통계열화의 걸림돌이 되고 있다.

유통계열화가 지속적으로 확대될 수 있도록 시·군 단위 이상 광역마케팅 조직과 계열화된 생산자에 생산·유통 지원사업을 집중 지원하는 방향으로 관련사업을 개편해 나갈 계획이다. 무엇보다 지역단위 원예농산물 생산·유통 종합계획(가칭 '원예산업 종합계획') 수립 지침을 마련(10월)하여 지역단위로 체계적인 수급정책이 추진될 수 있도록 유도해 나갈 계획이다. 주요 원예농산물의 경우 규모의 경제를 달성하고, 품질·가격 경쟁력을 높일 수 있도록 공동체 중심 경영을 확대시켜 나갈 계획이다. 주산 단지를 조직화·규모화함으로써 자율역량에 기초한 품질개선, 부가가치 등을 창출하도록 밭농업공동경영체를 육성해 나갈 계획이다. 주산지 육성계획(지역 농발계획)을 토대로 생산–유통 계열화 등을 총괄하는 주산지협의체 구성을 지원하여 주산지 중심의 계획적인 생산을 유도해 나갈 계획이다.

• 도매시장 효율성 제고

농안법 개정 및 규제 완화(도매시장법인의 매수집하 허용, 중도매인 간 거래 허용)로 도매시장 내 정가·수의매매가 활성화되고 있다. 정가·수의매매 비중이 확대되면서 경매제 중심 거래에서 나타났던 도매시장 가격의 급등락이 완화된 것으로 평가되고 있다. 다만, 기존 경매거래 선호 경향, 산지와 소비지의 규모화·조직화 미흡 등은 정가·수의매매 확산에 장애요인이 되고 있다. 지방 도매시장의 도매기능 미흡, 시설 노후화에 따른 물류비 절감 애로 등 비효율적 요인도 아직 산재해 있다

농식품부는 도매시장 정가·수의매매 활성화를 위해 도매시장 평가시 정가·수의매매 비중 확대, 경매사 자격 개편 등 제도적 장치를 보완해 나갈 계획이다. 또한, 저금리 자금 지원 확대('15 : 470억원), 저온창고 신규 지원(2개소, 춘천·안동) 등 인센티브를 제공하고, 예약거래·출하정보 제공시스템 보급도 확대할 계획이다. 도매시장의 물류 효율화 및 기능 활성화를 위해 도매시장 현대화 및 기능 재설정을 추진할 계획이다. 도매시장 기능 정상화를 위해 평가지표·절차 등 도매시장 평가제도를 보완하고, 운영 부진 도매시장에 대한 외부기관 위탁관리 등 감독 기능을 강화할 계획이다. 금년부터는 거점시장(서울·가락·강서 등)에 최소출하단위를 운용해 물류비 절감 확대를 추진할 계획이다.

• 관측정보 제공 확대

재배의향, 작황예측 등 농업관측 정보는 산지 조직화가 미흡한 상황에서 개별

영농주체의 합리적 의사결정에 큰 도움을 주고 있다. 그러나, 생산·소비 예측 정보 부족 및 정보 적시성 문제 등은 관측정보 활용도 저하의 원인이 되고 있다.

수급안정 범위 생산을 위해 농업관측 정보를 고도화해 나갈 계획이다. 시기·품목별 소비량을 분석해 예상수요 예측을 확대하고, 소비·공급량 변화와 가격 등을 통해 적정 범위 재배면적을 산출('16)할 계획이다. 이와 함께 위성·항공영상 등 첨단기술을 활용하여 작물지도 작성 및 재배면적을 추정하고, 위성·항공영상의 식생지수를 이용, 품목별 원격 생육 수량 판별기술을 개발할 계획이다.

• 대국민 홍보 및 소통 확대

농식품부는 농정 신뢰의 바로미터인 농산물 유통구조 개선대책의 성과를 적극적으로 홍보해 나가는 한편, '생산자는 제값 받고, 소비자는 덜 내는 지속가능한 유통생태계 조성'을 위해 관련 대책을 차질 없이 추진해 나갈 계획이다. 아울러, 농산물의 특성상 불가피한 일시적 가격변동 등에도 생산자·소비자가 시장상황을 이해하고 합리적 행위를 이어갈 수 있도록 정보 제공 등에 많은 노력을 기울일 계획이다. 특히, 농산물이 물가에서 차지하는 비중축소('85:182.3/1000 → '12: 44.1/1000) 및 기저효과 등을 감안하여 농산물 물가에 대한 불필요한 오해가 농산물 유통구조 개선대책의 성과를 퇴색시키지 않도록 관리할 계획이다.

자료원: 식품저널(2015), "지난해 농산물 유통구조 개선으로 6241억 절감," 2015년 6월 10일자. http://www.foodnews.co.kr/news/articleView.html?idxno=55263

지금까지 우리는 유통환경변화의 파악, 표적시장의 확인, 표적시장별 유통목표의 설정, 그리고 유통전략(경로 설계 및 조정)의 수립과정을 살펴보았다. 이제 제5부는 유통관리의 마지막 단계로써 유통전략의 실행 후 성과를 평가하여 유통시스템의 문제점을 파악하고 피드백하는 과정을 알아보고자 한다. 그런데 다음 유통활동의 성과평가는 유통전략 실행 이후뿐만 아니라 유통전략을 수립(혹은 재수립)하는 과정에서도 사용될 수 있음을 유념하기 바란다.

유통경로의 구성원, 즉 제조업자, 도매상, 소매상들은 각자의 입장에서 그들의 업무수행에 대하여 평가를 하게 되며, 유통경로의 리더(Leader)는 경로 전체의 전반적인 목표달성을 위하여 이러한 평가 결과를 활용하여야 한다. 여기서 성과평가기준의 선정과 기준들간의 상대적인 중요성은 유통목표의 내용과 그 우선순위에 밀접하게 연계되어야 한다.

성공적인 성과평가를 위해서는 그 평가기준과 방법을 전략수립시에 함께 개발하여야 하며, 그에 대하여 경로구성원들이 충분히 숙지하고 있어야 한다. 또한 평가기준과 방법은 가능한 한 객관적이고 구체적으로 제시되어야 한다. 이는 향후의 전략수립에 정확한 피드백을 제공해 줌은 물론, 평가 후 인센티브나 동기부여에도 중요하기 때문이다.

〈표 12-1〉은 유통목표 및 전략에 대한 성과평가 내용과 방법, 그리고 본 장에서의 설명 순서를 참고로 제시하고 있다. 먼저 개괄적으로 한번 음미해 보고, 본문 내용을 자세히 읽은 후 다시 한번 〈표 12-1〉로 돌아와 총괄적으로 정리하기 바란다.

표 12-1   유통활동의 성과평가에 대한 전반적인 체계

유통목표 및 전략	유통활동의 평가내용	평 가 방 법	참 조
1. 표적시장별 유통목표의 설정	유통시스템 전반의 효과성과 효율성의 평가	사전의 목표, 소비자 기대, 업계 평균, 혹은 최대 경쟁사와 비교	본 장 제1절
2. 유통경로구조 설계			
1) 도소매업태 선정	업태별 제조업체 성과에 대한 기여도는? 특정 업태 내에서 제조업체의 성과에 기여도가 큰 경로구성원은?	물가상승률로 조정된 업태의 매출액 성장률, 매출액 중 제조업체 제품에 대한 비율 및 매출액 대비 비용비율 등에 따른 업태별 포트폴리오 분석	본 장 제2절
2) 경로구조 결정			
① 경로구조 개선점 평가	현재 능력을 고려하여 이상적 유통경로구조(시스템)에 근접하도록 기존 구조를 개선할 여지는 있는가?	기존, 제한적, 이상적 유통시스템 차이 분석	제8장 제1절
② 경로구조 대안 평가	이상적 유통경로구조에 근접하는 경로구조 대안들은 무엇인가?	복수의 경로구조 대안들에 대한 평가(선택모형)	본 장 제3절
3) 경로구성원 선정	제조업체 및 중간상은 할당된 유통기능을 잘 수행하였나?	평가기준들을 비교분석하여 우량/불량 도소매업체 파악 (상대적 가중평균 선형모형)	제8장 제3절 본 장 제4절
3. 경로구성원 조정			
1) 영향력행사	영향력변수별 행사정도에 대해 경로구성원은 어떻게 인식하고 있나?	영향력변수들의 강약점 발견	본 장 제5절
2) 갈등관리	갈등관리변수별 중요성과 심각성은 어느 정도인가?	갈등관리변수들의 강약점 발견	본 장 제6절

제1절 유통목표의 평가

우선 유통경로구조(시스템) 전반의 성과평가는 유통목표의 개념과 일관성을 유지하여야 한다. 다시 말해서 정해진 유통목표, 즉 효과성과 효율성 목표가 제대로 달성되었는지를 평가하고, 그렇지 못한 경우 그 원인을 파악하여 이를 다음의 유통전략 수립에 반영하여야 한다.

유통목표의 평가, 즉 경로구조 전반의 효과성 및 효율성의 평가는 ① 소비자 만족 혹은 불만족 수준으로, ② 유통전략 실행 이전에 기업의 목표와 비교하여, ③ 동종 산업 내의 평균치와 비교하여, ④ 동종 산업 내 최고 수준의 경쟁사와 비교하여 수행하는 방법이 있다(표 12-2 참조). 이를 위해 크레임건수나 단위당 총물류비 등과 같은 평가기준은 경로시스템 내부의 업무 자료를 수집 정리하여 산출해 낼 수 있으나 고객의 전반적인 만족도나 표적시장 내 차별적인 서비스 수준의 충족도 등은 설문에 의한 소비자조사를 통해 구해질 수 있다.

제2절 도소매업태 평가

이것은 도소매 업태별로 유통경로 전반의 성과달성에 대한 상대적인 기여도를 비교 평가하는 것이다. 즉, 경로구조 전반의 효과성과 효율성을 업태별로 살펴보고 어떤 업태의 성과가 우수하며 혹은 문제점이 많은지를 확인하는 것이라고 할 수 있다. 예컨대, 제조업체가 자사가 이용하고 있는 전문점, 슈퍼마켓, 할인점 및 백화점 등의 소매업태별로 그들의 상대적인 효과성과 효율성을 비교 평가하는 것과 같은 것이다. 이를 위한 평가기준은 〈표 12-2〉에서와 동일하며, 경로의 전반적인 성과평가를 위한 조사 자료를 업태별로 분류하여 사용할 수 있다면 별도의 자료수집이 불필요해진다.

업태별 성과평가는 어떤 업태가 상대적으로 효과적 혹은 효율적으로 자사제품을 판매하고 있는지를 확인하고자 하는 것이다. 먼저 효율성을 분석할 수 있는 방법을 알아보고 나서 효과성 분석방법을 살펴보기로 한다.

업태별 효율성 평가는 경로구성원들의 간단한 재무비율을 검토하는 것으로부터 시작된다. 이를 위해, 마케팅 관리자는 각 업태의 매출액뿐만 아니라 제품의 유통비용(투자비)도 파악해야 한다. 일단 매출액과 유통비용에 대한 수치가 계산되면 각 경

| 표 12 -2 | 유통목표 평가표 | | |

유통목표	평가기준	평가방법	조사내용 및 방법
유통시스템 전반의 효과성 및 효율성 평가	(1) 효과성: 고객의 전반적인 만족도, 크레임 건수, 수요예측의 정확성, 시장별 차별적인 서비스 (구매정보, 전시, 배달, 교환, 주차장 등), 신시장 개척건수 및 비율, 중간상의 거래전환 건수, 신규대리점의 수와 비율 (2) 효율성(생산성): 단위당 총유통비용, 단위당 총물류비용, 단위당 수송비, 단위당 창고비, 단위당 생산비, 적정재고 유지비, 악성미수금 비율	① 소비자 기대치와 비교 ② 사전의 목표와 비교 ③ 업계평균과 비교 ④ 최대 경쟁사와 비교	경로내부자료 조사, 소비자 조사 (보다 구체적인 내용은 제13장 유통조사를 참조)

로구성원별로 비용/매출액 비율을 산정할 수 있다. 이때 기업은 이러한 비율을 해석하기 위해서 일정한 기준(예를 들면, 평균 매출액 대비 비용 비율)을 산정해야 한다.

간단한 재무비율의 분석 후에 기업은 업태별 포트폴리오 분석을 통해 경로구성원의 업무수행에 대한 보다 심도 있는 평가를 행할 수 있다. 이것은 ① 물가상승률로 조정된 업태의 연간 매출액 성장률, ② 업태의 매출액 중 자사제품에 대한 비율에 따라 업태의 위상을 정립함으로써 만들어진다. 이들 두 가지 차원이 효율성 척도를 제공한다. 즉, 이 매트릭스는 특정 업태를 통해 판매하고 있는 제품의 매출이 증가 중인지 또는 감소 중인지와, 전체 제품 매출액에서 각 업태가 차지하고 있는 비율을 확인해 준다. 기업은 각 업태의 매출액과 관련된 비용 및 이익을 검토함으로써 다양한 업태들의 효율성을 평가할 수 있다. 〈그림 12-1〉에서 각 원의 크기는 자사제품의 매출액에서 각 업태가 차지하는 비율에 비례한다. 그리고 매출액은 제조 및 판매촉진비용, 유통비용 및 이익의 세 부문으로 구분된다. 물론 이러한 주요 비용부문들은 더욱더 세분될 수 있다. 예를 들면 할인, 운임공제, 그리고 화물취급비용을 총유통비용에 포함시키지 않고 이들 비용을 각각의 부분으로 분리시킬 수 있다.

〈그림 12-1〉은 특정 제조업체가 이용하고 있는 소매업태들에 대한 것이다. 기업은 이러한 그림을 통해 각 유통업체의 효과성과 효율성을 쉽게 분석할 수 있다. 예를 들면, 이 제품을 생산하는 기업은 업태 B와 D를 통한 매출 비중이 높다는 점을 알 수 있다. 그러나, 업태 D는 B에 비해 낮은 비용으로(즉, 보다 많은 이익을 내면서) 비슷한 매출액을 올릴 수 있으므로 더욱 효율적이라고 판단된다. 그러나 업태 B의 성장률은 D의 성장률보다 높다는 사실에 주목해야 한다. 즉 두 업태간 비용 차이는 부분적으로 성장률의 차이에 기인한 것으로 파악될 수 있다. 일반적으로 성장은 수

요를 자극하는 판매촉진과 같은 활동에 투자하지 않고서는 이루어지지 않기 때문이다. 또한 업태 C는 단지 마이너스의 성장률을 나타내고 있을 뿐만 아니라, 이 제조업체의 제품보다 경쟁업체의 제품에 대해 더 적극적으로 판매촉진 활동을 펴고 있을지도 모른다는 사실을 주목해야 한다.

〈그림 12-1〉에 나타난 분석은 소매점 수준에 있는 특정 업태들의 상대적인 업적평가에 초점을 맞추었다. 그러나 제조업체가 여러 업태 내의 소매상들간 상대적 성과를 평가하기 위한 포트폴리오 분석이 행해질 수도 있다. 그러므로 제조업체는 업태간의 분석뿐만 아니라 각 업태에 해당하는 개별 경로구성원의 성과를 평가할 수 있다.

한편, 제조업체가 유통경로의 성과평가를 위한 포트폴리오 분석을 사용할 때 몇 가지 주의해야 할 점이 있다. 첫째, 포트폴리오 분석은 유통시스템의 성과에 대한 진단적인 정보를 제공하는 것이지 경영의사결정을 위한 대안 도출로써는 사용될 수 없다. 즉 비록 포트폴리오 분석을 통해 비효율성에 대한 증후를 발견할 수 있으나, 이

그림 12-1 성과평가를 위한 업태별 포트폴리오 분석

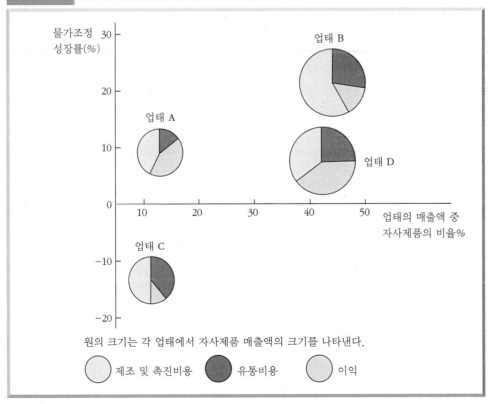

원의 크기는 각 업태에서 자사제품 매출액의 크기를 나타낸다.

제조 및 촉진비용   유통비용   이익

러한 증후의 근본원인을 확인하고 적정한 대응조치를 강구하는 것은 바로 경영자의 책임이다.

둘째, 분석가가 보다 신뢰성 있는 성과 정보를 얻으려면 다양한 기준을 사용하는 복합 포트폴리오(Multiple Portfolio)를 구성해야 한다. 예를 들면, 업태의 총매출액 성장률 대신에 제조업체 제품과 관련 있는 특정 제품부류의 매출성장률을 사용하면 보다 정확한 분석이 이루어질 수 있을 것이다. 또 하나의 대안으로는 주경쟁 제품과 비교하여 특정 제조업체의 제품 매출액의 성장률을 고려해 볼 수도 있다.

마지막으로, 업태별 포트폴리오 분석의 기본이 되는 자료들은 제조업체의 마케팅과 회계 부서간의 원활한 상호작용을 필요로 한다. 회계체계는 각 경로구성원의 매출액과 직접비용을 기록해야 할 뿐만 아니라 공동비용 및 간접비용을 합리적으로 배분할 수 있어야 한다. 대리측정치가 활용되어야만 하는 경우도 종종 있다. 예를 들면, 경로구성원이 총매출액에 대한 자료제공을 기피할 경우 제조업체는 총매출액에 대한 제조업체 제품의 비율을 평가하기가 곤란하다(즉 〈그림 12-1〉의 수평축). 이러한 경우에는 전체적으로 그 제품부류에 할당된 총건물면적 중 제조업체의 제품진열에 할당된 건물면적의 비율을 산출함으로써 총매출액의 몫에 대한 대리측정치를 구해 낼 수 있다.

업태별 효과성 평가는 평가기준들에 대한 업태별 성과를 비교하여 파악할 수 있다. 〈그림 12-2〉는 종축에는 효과성 평가기준을 횡축에는 업태별 효과성 평점을 나

그림 12-2 업태별 효과성 평가표

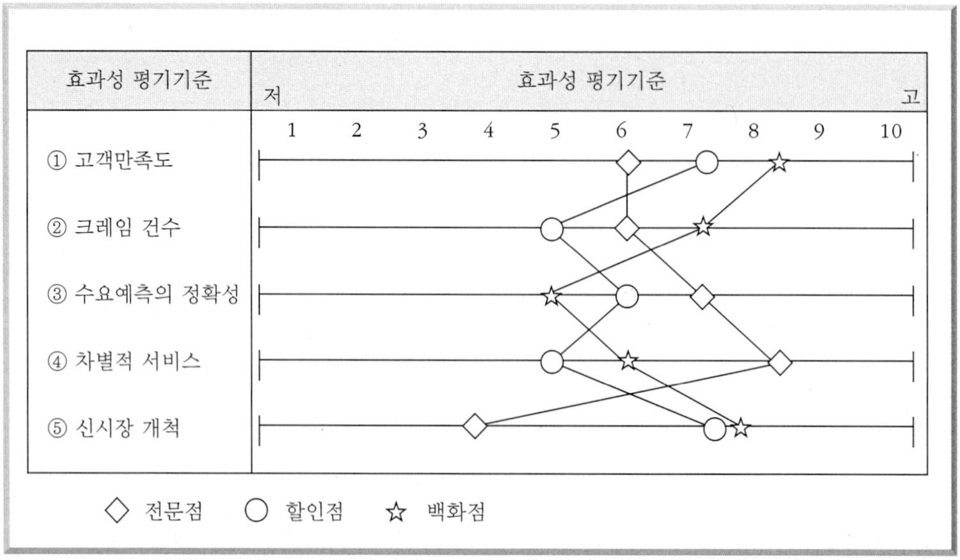

타내고 있고, 이를 바탕으로 각 업태의 위치를 도시한 것이다. 이러한 그림을 통해 각 효과성 기준에 대한 업태별 성과를 쉽게 비교할 수 있다. 그리고 각 업태에서 시급히 개선해야 할 유통서비스가 무엇인지를 알 수 있다.

제 3 절 경로구조의 평가

(1) 경로구조의 개선점 평가

이것은 기존의 경로구조가 최적 대안인지와 그 개선점이 무엇인지를 평가하는 것이다. 이는 이상적인 유통경로시스템, 경영진이 제한한 유통경로시스템 및 기존의 유통경로시스템을 비교 분석하여 도출할 수 있다. 보다 자세한 사항은 제8장 제1절 경로설계의 10단계를 참조하기 바란다.

(2) 경로구조 대안 평가

세 가지 유통경로구조(시스템)에 대한 차이분석 결과, 최종고객의 욕구에 부합하는 이상적인 유통경로구조에 근접하는 경로구조로써 복수의 대안들이 도출될 수 있다. 이러한 복수의 경로구조 대안들에 대한 평가는 유통 목표와 경영상의 제약조건들을 고려하여 평가할 수 있으며, 대안을 평가하기 위해 선택모형이 사용된다.

선택모형(Choice Model)은 먼저 실행 가능한 대안을 분명하게 설정할 필요가 있다. 둘째, 각각의 대안들의 비교에 사용되어질 수 있는 목표와 제약 속성을 규명해야 한다. 셋째, 각 목표와 제약 속성의 중요성이 결정되어야 한다. 끝으로 각각의 목표와 제약 속성에 대한 경로대안별 평점이 측정되어야 한다. 속성의 중요성과 경로대안별 평점은 패널집단의 주관적인 판단으로 결정된다. 이러한 자료를 바탕으로 경로대인은 다양한 방법으로 선택되어질 수 있다(표 12-3 참조).

레스토랑 설비제조업자의 경우를 예로 들면, 첫번째 단계에서 다음과 같은 세 가지의 경로대안이 확인되어질 수 있다.

- 경로대안 A: 판매를 위해 자신의 판매원과 유통센터를 이용하고 전국적인 체인과 독립적인 소매점을 이용한다.
- 경로대안 B: 브로커의 네트워크를 이용하고 독립적인 식료품 유통업자들을 이용한다.
- 경로대안 C: 자신의 판매원을 이용하고 독립적인 식료품유통업자를 이용한다.

| 표 12-3 | 선택모형의 특징 비교 |

선택모형(Choice model)	선택 전략	특 징
선형모형 (Linear Model)	단순 평균 (Linear Averaging)	경로대안 평점의 합이 가장 높은 대안을 선택
	상대적 가중 평균 (Linear Additive)	속성별 상대적 가중치에 경로대안 평점의 곱의 합이 가장 높은 대안을 선택
순차적 결정 모형 (Lexicographic Model)	순차적 선택 (Regular Lexicography)	가장 중요한 속성에서부터 평점이 가장 높은 경로대안을 순차적으로 선택
	순차적 제거 (Lexicographic Semiorder)	가장 중요한 속성에서부터 평점이 가장 낮은 경로대안을 순차적으로 제거
최소기준 모형 (Multiple Cutoff Model)	상회 선택 (Disjunctive)	속성별 최소 평점 기준을 마련하여 하나의 속성에서라도 최소기준을 상회하면 그 경로대안을 선택집합에 포함
	하회 제거 (Conjunctive)	속성별 최소 평점 기준을 마련하여 하나의 속성에서라도 최소기준에 미달하면 그 경로대안을 선택집합에서 제거

자료: Stern, Louis W. and Adel I. El-Ansary, *Marketing Channels*(Englewood Cliffs, NJ: Prentice-Hall, 1992), pp. 99-100 인용.

두 번째 단계로 세 가지 대안을 비교하기 위해 판매량(규모 및 성장성), 수익성, 불황이나 경쟁의 심화시에 쉽게 적응(혹은 변경)할 수 있는 유연성, 통제가능성 및 시너지 등의 목표와, 요구되는 투자비 및 위험 등의 제약 속성들을 평가기준으로 선택한다.

세 번째와 네 번째 단계는 그 기업에 대한 목표와 제약 속성의 중요도 및 각 경로대안의 평점을 포함하는 하나의 표를 만듦으로써 이루어질 수 있다. 〈표 12-4〉는 이와 같은 과정을 통해 도출된 결과이다.

표에서 대안인 경로의 평점은 1점부터 10점까지의 점수가 주어졌다. 판매량, 수익성, 유연성, 그리고 통제 등의 목표에 있어서 높은 점수가 주어졌다는 것은 그 목표를 달성하는 데 그 경로대안이 유리하다는 것을 나타낸다. 요구되는 투자와 위험 등 제약 속성에서는 낮은 평점일수록 많은 투자비와 높은 위험이 수반될 것을 나타내며, 따라서 그 경로대안은 바람직하지 못한 것으로 볼 수 있다. 이러한 평가표를 만듦으로써 경로구조 대안들은 선형모형, 순차적 결정모형, 최소기준 모형을 통해 비교되어질 수 있다.

표 12-4	경로구조 대안 평가표				
속 성		중요성 (상대적 가중치)	경로대안 평점		
			A	B	C
목 표					
판 매 량		.1	10	4	7
수 익 성		.15	8	4	7
유 연 성		.1	3	8	6
유 통 제		.1	10	4	6
제 약					
투 자		.25	3	10	8
위 험		.3	2	10	10
		1.0			

1) 선형모형

이 모형은 각 속성의 상대적 혹은 단순 가중치에 각 경로대안의 평점을 곱한 후 속성별 가중평균을 합하여 경로대안의 점수를 산출하는 방법이다.

〈표 12-4〉의 예에서는 상대적 가중평균 선형모형을 나타내고 있는데, 각 경로대안의 가중평균 점수는 다음과 같이 계산된다.

경로 A = .1(10) + .15(8) + .1(3) + .1(10) + .25(3) + .3(2) = 4.85
경로 B = .1(4) + .15(4) + .1(8) + .1(4) + .25(10) + .3(10) = 7.70
경로 C = .1(7) + .15(7) + .1(6) + .1(6) + .25(8) + .3(10) = 7.95

자신의 판매원과 독립적 식료품유통업자들의 네트워크를 이용하는 경로 C가 가장 높은 가중평균점수를 받아 최적 대안으로 선택되어질 것이다.

이러한 상대적 가중평균 선형모형은 각 속성의 상대적 가중치의 합이 총 10점이 되도록 함으로써 어떤 요인에 높은 점수를 주게 되면 상대적으로 다른 요인에는 낮은 점수를 주어야 한다는 것이 특징이다. 반면 단순평균 선형모형은 속성별 가중치가 모두 1이 되어 속성별로 가중치가 동일하게 부여되는 모형이다. 선형모형에서 각 속성에 대한 가중치는 가장 바람직한 경로의 선택에 결정적인 영향을 준다. 속성의 중요성에 대한 가중치의 변화는 경로대안에 대한 평가를 변화시킬 것이며, 최적대안 결정에 영향을 미친다.

2) 순차적 결정모형

이 선택모형도 선형모형에서와 동일한 계산 과정을 거친다. 가장 중요한 속성에서부터 시작하여 평점이 가장 높은 대안을 선택집합에 포함시키거나(순차적 선택모형) 평점이 가장 낮은 대안을 선택집합에서 제거하는(순차적 제거모형) 순차적 선택전략이 적용된다.

순차적 선택모형에서는 가장 중요한 목표나 제약 속성에 가장 높은 평점을 받은 대안이 선택된다. 본 예에서는 대안 B와 C가 가장 중요한 속성(위험)에서 동일한 평점을 받았다. 그러므로 두 번째 중요한 속성(요구되는 투자)을 가지고 비교를 하여야 한다. 브로커와 독립 식료품유통업자를 이용하는 대안 B가 투자 속성에서 평점이 C보다 높으므로 최선의 경로대안으로 선택된다.

순차적 제거모형을 적용하면, 가장 중요한 속성인 위험에서 경로대안 A가 가장 낮은 평점을 받아 일차적으로 제거되고, 두 번째 중요한 속성인 위험에서 경로대안 C가 B보다 평점이 낮으므로 제거되어 결국 경로대안 B가 최적 대안으로 남게 된다. 그러나 순차적 모형의 단점은 매 선택단계에서 가장 중요한 하나의 속성만을 고려하기 때문에 그 외의 다른 속성들은 무시된다는 점이다.

3) 최소기준 모형

이것은 속성별 최소 평점기준을 마련하고 하나의 속성에서라도 평점이 최소 기준을 상회하면 그 경로대안을 선택집합에 포함시키거나(최소기준 상회 선택모형), 하나의 속성에서라도 평점이 최소기준에 미달되면 그 경로대안을 선택집합에서 제거시키는(최소기준 하회 제거모형) 선택모형이다.

본 예에서 최소기준 하회 제거모형을 적용하고 목표와 제약 속성들 모두에 있어서 최소한의 평점기준을 5라고 한다면 대안 A와 B는 제거될 것이다. 대안 C만이 모든 목표나 제약 속성에서 최소한의 평점기준에 부합하여 최적대안으로 결정된다. 최소기준 상회 선택모형을 적용하고 목표 속성들의 최소기준을 4점으로 그리고 제약 속성들의 최소기준을 6으로 한다면 경로대안 A는 제거되고 B와 C가 선택집합에 남게 된다.

이러한 최소기준 모형은 각 속성에 대한 최소한의 선택기준이 적용된다는 점에서 꽤 실제적일 수도 있다. 본 예에서 순차적 선택모형을 적용할 때, 브로커와 식료품 유통업자를 사용하는 것(경로대안 B)이 위험을 최소화하고 투자를 가장 적게 한다는 평가를 받고 있다. 그렇지만 최소기준 하회 제거모형을 적용했을 때, 판매량, 수익성, 혹은 경로통제에 있어서 최소한의 평점기준인 5점에 미달하기 때문에 제거되었다. 그러므로 최소기준 모형은 경로선택에 있어 실패 가능성을 최소화하기 위한 방어적 전략에 유용한 선택모형이라는 것을 알 수 있다.

위와 같은 선택모형들은 상호 결합되어 사용될 수도 있다. 예컨대 일차적으로 최소기준 하회 제거모형을 적용하여 경로대안 A를 선택집합에서 제거하고, 그 다음에 경로대안 B와 C에 대해서 상대적 가중평균 모형을 적용하여 경로대안 C를 최적 대안으로 선택할 수 있다. 또한 일차적 선택단계에서 순차적 제거모형을 적용하여 경로대안 A를 제거하고, 경로대안 B와 C에 대해서는 가장 중요한 속성인 위험을 제외한 나머지 속성들에 대한 상대적 가중평균 방법으로 경로대안 C를 최적대안으로 선택할 수 있다. 그리고 일차적 선택단계에서 순차적 제거모형을 적용하고, 이차적 선택단계에서 최소기준 상회 선택모형을 적용할 수도 있는 것이다.

여러 가지 선택모형들은 유통경로 대안들을 비교할 수 있는 단순하고도 즉각적인 방법으로 유용하다. 그러나 사용되는 자료가 본질적으로 주관적이라는 한계점이 있다. 즉 다양한 목표와 제약 속성들의 중요성 혹은 가중치를 측정하기가 어렵다는 것이다. 실제로 한 기업 내에 있는 서로 다른 종업원들도 서로 다른 평가를 내릴 수 있다. 만약 속성들의 중요성에 대한 합의가 이루어지더라도 경로대안들에 대한 평점이 관리자들에 따라 상당히 다를 수 있게 된다.

이러한 한계점에도 불구하고 선택모형은 어떻게 유통경로 대안들이 서로 비교될 수 있는가에 대한 실제적 분석방법으로 유용하다. 특히 매출액, 비용, 수익성 등의 재무적 변수들이 유통전략 이외의 여러 가지 마케팅변수들에 의해 영향을 받으므로 각 경로구성원들의 제품판매에 대한 기여도를 평가하기가 어렵다는 점을 감안할 때 유통경로 선택시에 최선의 의사결정방법이 될 수 있다.

제 4 절) 경로구성원 평가

유통경로시스템 도입시의 경로구성원 평가는 경로구성원으로 참가할 적합한 도소매상을 선발하는 문제(예비 경로구성원의 잠재력 평가)이며, 유통전략 실행 후 피드백을 위해서(다시 말해, 동기부여나 경로구성원의 추가 혹은 제거를 위해서) 평가하는 경우는 경로구성원들 각각에게 배분된 유통기능을 어느 정도 잘 수행하고 있는지에 대한 평가(경로구성원 성과평가)가 될 것이다. 예비 경로구성원의 잠재력 평가에 대해서는 제8장 3절 경로구성원의 선택에서 구체적으로 언급하였으므로 여기서는 생략하기로

그림 12-3 경로구성원 평가 관계

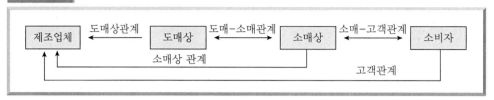

한다.

개별 경로구성원의 성과평가를 위해서 제조업체가 도매상 및 소매상 등에 대한 주관적인 점수를 부여할 수도 있으나, 보다 정확한 평가를 위해서는 유통경로상의 그 다음 단계에 위치한 경로구성원에게 평가를 받는 것이 바람직하다. 소매상은 소

표 12-5 경로구성원 성과평가표

유통목표	평가기준	평가방법	조사내용 및 방법
경로구성원 선정: 유통경로에 참가할 도매상과 소매상의 성과 평가	〈표 12-6〉에서	상대적 가중평균 선형모형	
1) 도매상의 평가	① 본사의 지원능력: 공급자의 평가기준 참조 ② 도매상의 성과평가: 구매자의 평가기준 참조 ③ 도매상의 일반적인 특성 평가기준: 이용가능성, 이용비용, 규모, 경영능력, 신용, 명성, 재정상태, 판매력, 취급제품, 시장커버리지, 목적일치성		도매상조사 본사에서 평가
2) 소매상의 평가	① 본사의 지원능력: 공급자의 평가기준 참조 ② 소매상의 성과평가: 구매자의 평가기준 참조 ③ 소매상의 일반적인 특성 평가기준: 이용가능성, 이용비용, 규모, 경영능력, 신용, 명성, 재정상태, 판매력, 취급제품, 시장커버리지, 목적일치성		소매상조사 본사에서 평가
3) 도소매관계 평가	① 도매상의 지원능력: 공급자의 평가기준 참조 ② 소매상의 성과평가: 구매자의 평가기준 참조		소매상조사
4) 소매상-고객 관계 평가	① 소매상의 지원능력: 공급자의 평가기준 참조 ② 고객 평가: 점포이미지, 일반적인 분위기, 접근용이성, 점포내 제품배열, 영업시간, 친절한 서비스 등		고객조사

비자들이 느끼는 점포서비스의 평가를 신속하게 파악하여야 하며, 도매상은 소매상
으로부터, 제조업체는 경로선도자일 경우, 최종 소비자와 도소매상으로부터 경로서
비스 평가를 신속하고 정확하게 수집하여 이를 다음의 유통계획수립에 반영하여야
한다. 예컨대, 제조업체의 입장에서 평가하여야 할 유통경로 관계는 〈그림 12-3〉에
서와 같이 제조업체와 경로구성원간의 직접적인 관계(도매상, 소매상, 고객 관계)뿐만
아니라 도소매상 관계 및 소매상-고객관계에 대해서도 평가하여야 할 것이다. 이는
제조업체 입장에서 경로상 어느 단계에서 유통목표가 만족스럽게 달성되지 못하였으
며 그 원인은 무엇인지를 항상 정확하게 파악하고 있어야 하기 때문이다.

또한 다음 단계의 경로구성원이 부여된 유통기능을 얼마나 잘 수행하였는지 뿐
만 아니라 전단계의 경로구성원의 활동에 대한 평가도 받아야 한다. 예컨대 도매상
에게 설문조사를 할 경우 도매상의 할인가격 판매비율이 어느 정도인지뿐만 아니라,
공급자인 제조업체의 할인가격 정책에 대해 도매상이 어떻게 느끼고 있는지(예컨대,
만족 혹은 불만족 정도)도 평가하여야 한다.

〈표 12-5〉와 〈표 12-6〉은 이와 같은 경로구성원 평가를 위한 평가기준들을 구

표 12-6 공급자 및 구매자 평가기준

A. 공급자의 평가기준	B. 구매자의 평가기준
① 재무: 초기의 지원, 영업에 따른 지원, 광고 원조, 마진 ② 촉진/판매: 수량할인, 리베이트, 경품 등 각종 판매촉진정책 ③ 출하: 출하의 신속성, 항상 구입가능성, 소량 출고 요구의 처리, 출하약속의 신뢰성, 편리한 배달시간, 손쉬운 주문, 파손품 수용성 ④ 수송: 손상된 상품의 비율, 수송착오 비율, 운반료소비용, 수송체계상의 분제섬, 수송소요시간, 수송중 파손처리 ⑤ 제품: 가격, 품질, 포장, 디자인, 원료, 이미지, 다양성, 구색, 반품 수용성 ⑥ 정보: 신제품정보, 판매관리정보, 세제 및 회계처리정보, 고객욕구 및 수요 정보 ⑦ 기타: 영향력행사 능력, 갈등관리 능력, 도소매 가격결정 과정상의 협상력, 업무상 유연성, A/S 능력, 판매직원의 전문성, 명성, 경영방식, 영업 및 마케팅능력, 동기부여, 중간상 교육훈련 능력	① 재무: 대금지급기간, 대금지급방법 ② 촉진/판매: 신시장에서의 매출비율, 할인가격 판매비중, 외상판매, 판매인력, 고객확보능력, 고객과의 관계 ③ 수송: 본사와의 거리 ④ 보관: 재고상황, 재고부족 비율, 진부한 재고의 비율 ⑤ 구매: 총주문량, 평균주문량, 주문빈도, 주문착오 선수 ⑥ 제품: 제품 판매량 및 비율 ⑦ 정보: 경쟁사의 재고상황, 제품특성, 가격구조 및 판매촉진 동향, 고객욕구 및 수요의 변화 ⑧ 기타: A/S능력, 협력수준, 결속 수준, 갈등(목표, 역할영역 불일치) 수준, 기능중복 수준, 업무상의 유연성, 신기술 습득 능력

체적으로 예시하고 있으며, 또한 상대적 가중평균 선형모형을 이용하여 각 경로구성
원의 성과를 비교 평가할 것을 제안하고 있다.

제 5 절 영향력의 평가

경로구성원간의 관계는 상호간의 만족이 전제되어야 한다. 그러므로 영향력의
효과를 평가함에 있어서 기업의 영향력 행사에 대해 경로구성원들이 어떻게 인식하
고 있는지 조사하여야 한다. 예컨대 기업이 사용한 특별할인, 광고보조금, 기업의 매
력도 등과 같은 경로영향력 변수들에 대한 경로구성원의 반응을 측정하고 그 결과를
바탕으로 영향력행사의 개선 방향을 도출할 수 있다. 이것은 다음의 3단계를 거치게
된다.

① 주요한 변수의 발견: 평가되어야 할 중요한 경로영향력 변수가 무엇인지를 초점집단면접
(Focus Group Interviews)을 이용하여 파악한다. 영향력의 평가기준이 될 수 있는 변수들
은 제9장의 〈표 9-3〉과 〈표 9-7〉을 참조하기 바란다. 이때 사용된 영향력 변수들과 그
중요성이 경로 유형이나 업태에 따라 다를 수 있으므로(예컨대, 도매상/소매상, 백화점/
슈퍼마켓/전문점/할인점) 별도의 초점집단이 선발되어야 한다.
② 영향력변수들에 대한 평가: 설문지를 작성하여 (i) 각 변수에 대해 경로구성원이 느끼는
중요성과 (ii) 각 변수에 대한 기업의 업무수행 정도가 측정되어야 한다. 예를 들어 각 변
수의 중요성에 대해 순위를 부여하거나 7점 척도(매우 중요함 — 전혀 중요치 않음)로 측
정하고, 기업의 업무수행 정도도 등급화하거나 7점 척도(불량함 — 우수함)로 측정할 수
있다.
③ 강점과 약점의 발견: 각 변수의 중요성과 업무수행 정도를 비교 분석하여 기업의 강점과
약점을 발견한다. 주요한 강점 혹은 약점이란 중요성이 높으면서 업무수행 정도가 유리
하게 혹은 불리하게 평가된 변수라고 할 수 있다. 〈그림 12-4〉는 전문품소매상에 대한
조사자료를 기초로 작성된 사례이다.

〈그림 12-4〉에서 살펴보면, 협동광고 프로그램의 개선과 주문처리시간의 단축
을 통해서 전문품소매상과의 관계를 향상시킬 수 있다는 점을 알 수 있다. 또한 제품
품질 수준, 수량에 따른 할인정책, 제품개발계획, 그리고 전국적인 광고의 수준 등을
현 상태로 유지하거나 더욱 강화하여야 할 것이다. 이러한 분석에서 주의할 점은 변

그림 12-4 영향력변수의 중요성 —— 업무수행 정도 매트릭스

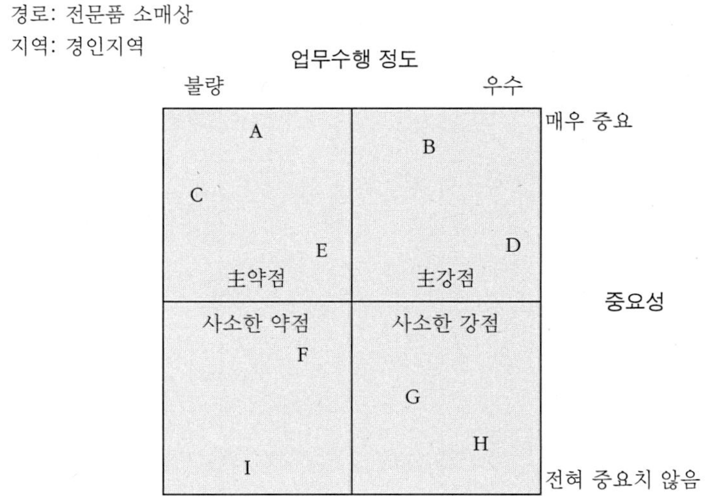

경로: 전문품 소매상
지역: 경인지역

업무수행 정도

불량   우수

A C 　　　E 主약점	B 　　　D 主강점
사소한 약점 　　　F	사소한 강점 G 　　H
I	

매우 중요

중요성

전혀 중요치 않음

경로영향력 변수들

A : 협동광고   D : 수량할인   G : 경로구성원 운영에 따른 융통성
B : 제품품질   E : 신용조건   H : 전국 광고
C : 주문처리시간   F : 영역보호   I : 마케팅 자문

수들이 상호 독립적이지 못할 수 있으므로 약점의 개선이 오히려 강점을 약화시킬 수도 있다는 것이다. 예를 들어, 협동광고 프로그램의 개선은 전국적인 광고에 대한 예산 감소를 초래할 수 있지만, 수량할인의 폭을 줄일 수도 있다. 따라서 경로구성원에 대한 지원정책은 상호 보완적인 것이 되도록 강구하여야 한다.

한편, 이와 같은 3단계 분석은 경로구조 성과평가 및 경로구성원의 선정 등에서 변수만을 달리하여 이용될 수 있을 것이다.

제 6 절 갈등의 평가

경로구성원간의 갈등의 평가도 영향력의 평가와 동일한 분석방법이 적용될 수 있다. 주요한 갈등변수의 발견은 초점집단면접을 통해 파악하고, 갈등변수에 대해 경로구성원이 인식하는 중요성과 갈등의 심각성(혹은 빈도)을 조사하여 측정한 후, 다음 〈그림 12-5〉를 통해 강약점을 발견할 수 있다.

그림 12 - 5 갈등변수의 중요성 —— 갈등의 심각성 매트릭스

경로: 전문품 소매상
지역: 경인지역

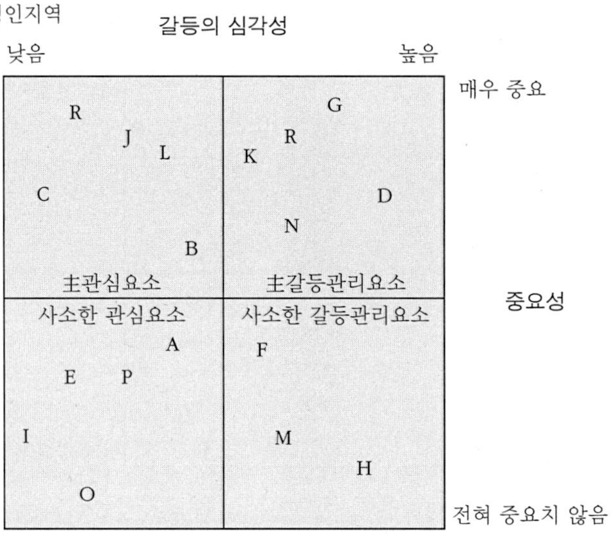

갈등의 심각성

낮음   높음

R 　J　L C 　　B	G 　R K 　　　D N
主관심요소	主갈등관리요소
사소한 관심요소	사소한 갈등관리요소
A E　P I 　　O	F 　M 　　H

매우 중요

중요성

전혀 중요치 않음

경로갈등 변수들(이 밖에 어떠한 갈등변수들이 존재하는지는 제 10 장의
표 10 - 1을 참조하기 바란다)

A : 소매가격결정   G : 주문량   M : 제품구입가격
B : 판매품목   H: 공동광고비용   N : 상품진열
C : 제품의 수   I : 판매원 교육   O : 재고관리
D : 입지   J : 대금지급기간   P : 경쟁제품 취급
E : 불량품 교환   K : 영업시간   Q : 종업원 채용
F : 애프터서비스   L : 매출할당액   R : 할인판매(할인율 및 기간)

◉ 요　약

　　본 장에서는 유통목표 및 전략의 수행에서 나타난 성과를 평가하는 기준과 방법
에 대해서 설명하였다. 보다 구체적으로는, 유통목표의 달성 여부에 대한 평가기준
및 방법, 경로구조 대안과 경로구성원에 대한 평가기준 및 방법, 그리고 경로구성원
들에 대한 영향력과 갈등에 대한 평가기준 및 방법에 대해서 설명하였다.

　　유통관리자는 유통계획의 수립시에 적절한 성과평가 방법을 개발하여 경로구성
원들과 공유하는 것이 바람직하다. 이는 평가결과를 향후의 전략수립에 정확하게 반

영할 수 있을 뿐만 아니라 경로구성원들에 대한 인센티브나 동기부여에도 중요하기 때문이다.

◆ 문제제기 ─────────────────────────

1. 유통목표의 효과성 측면과 효율성 측면의 평가기준과 방법을 제시해 보고, 양자의 관계에 대해서 토의해 보시오.
2. 한 가지 실례를 들어 경로구조 대안의 평가방법을 설명해 보시오.
3. 갈등의 평가에 있어 主갈등관리요소로 나타난 사항에 대해서 어떻게 대처해야 하는지 논의해 보시오(제10장 갈등관리 참조할 것).

◆ 참고문헌 ─────────────────────────

1) 박충환·오세조·김동훈, 시장지향적 마케팅관리, 박영사, 2004, pp. 440-443.
2) Dwyer, F. Robert, Paul H. Schurr, and Sejo Oh, "Developing Buyer-Seller Relationships," *Journal of Marketing*, 51, April 1987, p. 24.

제13장　유통조사

제1부　유통관리의 전반적 체계

제1장　유통관리의 전략적 접근체계
　　1. 유통관리의 접근시각: 시장지향적 접근
　　2. 유통경로 발생의 근거
　　3. 유통기능(역할)
　　4. 유통관리의 전반적 체계

⇩

제2부　유통환경변화의 이해 및 표적시장의 선정

제2장　유통환경변화의 파악과 영향 분석
제3장　구매욕구세분화, 표적구매자시장, 그리고 유통목표의
　　　　정립: 표적유통전략

⇩

제3부　유통전략의 수립 1: 유통경로구조(시스템)의 설계

제4장　소매: 형태(구조)와 전략　　　제7장　유통경로의 조직패턴
제5장　도매: 형태(구조)와 전략　　　제8장　유통경로구조의 설계
제6장　물류관리

⇩

제4부　유통전략의 수립 2: 경로구성원 조정체계의 설계

제9장　힘(영향력) 행사
제10장　갈등관리
제11장　경로의사소통 및 유통정보시스템

⇩

제5부　유통활동의 성과평가 및 조사

제12장　유통활동의 성과평가
제13장　유통조사

⇩

제6부　특정 상황 속에서의 유통관리

제14장　서비스산업에서의 유통관리
제15장　프랜차이즈 유통관리
제16장　인터넷 시대의 유통관리

DISTRIBUTION MANAGEMENT

제13장

유통조사

학습목표

1. 유통조사방법의 전반적인 이해

2. 유통조사의 주요 분석기법 및 수요예측방법의 이해

3. 상권조사 방법의 이해

4. 유통조사의 실무적 응용 예시

소매업 성공을 위한 첫걸음, 상권분석

중소기업청은 2014년 서울에서 음식점 창업에 필요한 상권 분석정보를 무료로 제공하기 시작하였다. 상권정보시스템(sg.semas.or.kr)을 구축하였고, 이 사이트에 접속하면 서울 16만개 음식점의 매출 추이와 입지, 임대료 정보 등을 찾아볼 수 있도록 했다. 7억4,000여건에 달하는 빅데이터를 토대로 서울 소재 음식점의 과거 이력과 매출 전망 등을 분석해 이 시스템에 담았다. 또한 2015년에는 전국 6개 광역시를 대상으로 상권 분석정보를 제공하고, 업종도 음식점에서 소매업 등으로 넓힐 계획이다.

이처럼 상권분석을 위해 많이 쓰는 빅데이터는 크게 3가지. 소상공인시장진흥공단의 '상권정보시스템'과 SK텔레콤의 '지오비젼', BC카드의 '앱인대박상권'이 있는데, 저마다 장점이 있다. 가장 알찬 정보가 돋보이는 것은 '상권정보시스템'이다. 유동인구와 상가 개수, 카드사를 통한 매출, 도시철도역 시간대별 이용 인원 DB를 담았다. 상권 지도를 통해 자신이 선택한 업종과 유사 업종을 비교할 수 있다. 업소 증감 추이를 비롯해 창업률과 폐업률 통계도 제공한다.

가령 해운대구 달맞이고개 상권 분석이 필요하다고 치자. 그러면 우선 지도상에 상권 범위를 지정한다. 업종에서 음식 → 커피점/카페 → 커피전문점/카페/다방 순으로 선택한다. 그리고 상권분석하기를 클릭하면 끝이다. 이 일대 세대 수, 인구수, 주요 시설 수, 상가와 업소 수가 한눈에 보인다. 업종 분석에 들어가면 커피전문점/카페/다방 업종 업소 추이가 나온다. 전국과 부산과 해운대구를 비교한 DB도 확인 가능하다. 증감세를 볼 수 있다.

이젠 중분류 업종 현황을 보자. 한식 45개, 양식 36개, 커피점/카페 24개, 일식/수산물 15개. 많다. 달맞이고개에 외식 문화가 발달했음을 알 수 있다. 다음은 매출. 주변 상권의 건당 매출이 8천108원인 데 반해 여기는 1만4천825원이다. 건당 매출이 높다. 요일별 매출 비율도 참고하자. 주말이 54.6%, 주중이 45.4%다. 전반적으로 매출이 안정적이다. 그렇다면 임차료 미납 가능성이 준다는 뜻이다. 유동인구는? 30대~50대가 오전 9시부터 오후 9시까지 가장 많이 이용하는 것으로 나온다.

지오비전은 상권 분석에 관한 기본 정보 외에도 추정 매물을 확인할 수 있어 유용하다. 대박상권은 전국적으로 뜨는 상권과 업종 조회가 가능하다. 이 3가지 분석 사이트를 비교해가며 사용하는 게 더 유익하다.

자료원: 세계일보(2014), "중소기업청, 서울 음식점 상권분석 해 드려요," 8월 7일자. http://www.segye.com/content/html/2014/08/07/20140807001243.html?OutUrl= naver. 부산일보(2015), "상권분석: 언제까지 발품만? 빅데이터를 분석하라," 2015년 6월 15일자. http://news20.busan.com/controller/newsController.jsp? newsId=20150616000010 소상공인포털, http://sg.sbiz.or.kr/main.sg#/main

제1절 유통조사의 이해

1. 유통조사의 정의와 필요성

유통조사는 기업이 당면한 특정 유통경로상의 의사결정에 필요한 정보를 제공하기 위하여 자료를 수집하고 분석하는 것이다. 유통조사는 기업 내부의 마케팅부서나 유통관련 부서에서 수행될 수도 있고, 외부 전문 조사기관에서 수행될 수도 있다. 어떤 경우에든 유통조사자와 조사 의뢰자인 유통관리자간에는 상당한 협력이 필요하다. 유통관리자는 당면한 문제가 무엇인지 혹은 조사의 목적이 무엇인지를 명확히 설명할 수 있어야 한다. 의사결정은 조사 결과 제공되는 정보와 아울러 의사결정자의 기존 지식과 경험을 바탕으로 이루어져야 한다. 유통 조사결과가 의사결정에 절대적 영향력을 미치지 못할 수는 있지만 위험 감소의 수단이 될 수는 있다. 경쟁이 치열한 오늘날 대부분의 유통구조에서 기업의 생존은 유통 관리자가 구매자의 욕구를 파악하고 예상하여 경쟁자보다 더 나은 유통서비스를 개발하고 관리하는가에 달려 있다. 유통조사는 이러한 유통 관리자의 임무 수행을 위하여 중요한 정보를 제공하는 수단이 된다.

2. 유통조사의 절차

(1) 문제제기와 조사목적의 설정

먼저 문제제기는 전체적인 유통조사의 방향을 설정하기 위한 단계로써 유통활동을 수행하는 데 발생하는 문제점을 해결하고, 기회를 포착하기 위해 가장 중요한 단계이다. 만약 조사 문제가 정확히 규정되지 못했다면, 즉 문제를 잘못 규정하거나 조사범위를 잘못 선정했다면 완벽한 조사를 실시한다 하여도 조사 결과가 유통관리자에게 실질적인 도움을 주지 못하게 되고 오히려 새로운 문제를 야기시킬 수 있다.

올바른 조사 문제를 설정하기 위해서는 조사를 통하여 해결하여야 할 유통문제 자체와 유통문제가 야기된 배경에 대한 분석이 병행되어야 한다. 이는 올바른 문제 설정뿐만 아니라 문제 해결을 위해서도 매우 필요하다. 배경 분석에는 상황 분석, 문헌 조사, 전문가 의견 조사와 그 외의 사례 연구들이 자주 사용되어진다. 다음은 유통조사시에 유념해야 할 다섯 가지 지침을 제시한 것이다.

표 13-1	유익한 유통조사를 위한 다섯 가지 지침

〔지침 1〕 조사의 목적을 선별한다
유통조사는 유통환경분석, 표적시장, 유통목표, 유통경로구조의 설계 및 조정체계의 구축, 성과평과 등을 어떻게 하면 좋은지에 대한 목적이 설정되어야만 한다. 만약 조사의 목적의식을 분명하게 해 주지 않은 상태에서 조사를 기획하면 조사 내용은 실태 추이나 사후 설명 쪽으로 빠지기 쉽다. 조사 목적을 선명하게 하면 조사의 범위가 좁은 대신에 조사의 내용이 풍부하고 유용한 조사가 가능하다.

〔지침 2〕 확인에 의한 발견을 중시한다
종래에는 조사 관계자 사이에 가설검증형으로 조사를 기획한 것만이 절대로 옳은 방법이라고 믿어 왔다. 그러나 가설검증만으로 모든 문제가 해결된다고 생각할 수 없다. 가설검증형의 조사는 실행상의 장애가 클 뿐만 아니라 방법론적으로도 완벽하지 않은 측면이 있다. 가령 유통조사가 유통계획의 수립에 적합하지 않다는 것을 알았다 하더라도 그것만으로 끝을 내어서는 안 된다. 그럴 경우 어디를 어떻게 개선하면 좋을까라는 약점의 발견과 수정안의 개발이 이루어져야 한다.

〔지침 3〕 두드려라, 그러면 열릴 것이다

시장의 욕구나 아이디어는 하늘에서 떨어진 것이 아니다. 기업은 고객의 유통서비스욕구를 파악한 후 그들에게 제공할 유통서비스개념을 제시하고 그에 대한 반응을 입수하여 유통계획을 수립하여야 한다. 여기서 명심할 것은 기업의 유통경로설계를 자신의 독단적인 생각만으로 추진하는 것은 잘못된 것이며, 동시에 구매자에게 귀를 기울이는 것만으로 성공적인 유통경로 조사가 되었다고 생각하는 것도 잘못이라는 점이다. 양자간의 끊임없는 상호교류가 있어야 한다.

〔지침 4〕 유통조사는 빠른 단계로 하라

항상 계획 수립에 알맞은 시의 적절하고 빠른 조사를 실시하는 것이 중요하다. 뒤늦은 조사는 유용성이 상실된다. 쓸데없는 조사를 많이 하게 되면 의사결정을 늦게 하게 하거나 의사결정 후에 자료가 제출되는 결과를 초래하기 쉽다.

〔지침 5〕 사용할 수 있는 방법은 무엇이든지 사용하라

현재는 조사의 변혁기이다. 직접 조사(direct research), 고도의 전문화된 기술적 조사(high-tech research)의 탄생 등이 그 예이다. 기업의 유통 담당자는 조사 방법에 있어 경직된 생각에 사로잡혀서는 안 된다. 아무리 전통 있는 교과서대로 조사를 하더라도 유용하지 못한 조사는 나쁜 조사라고 구분하는 것이 중요하다. "조사의 절차만 바르다면 기업의 문제 해결에 도움이 되지 않아도 상관없다"라는 태도는 조사의 독선주의일 수밖에 없다. 즉 "흰 고양이든 검은 고양이든 쥐를 잡는 고양이가 좋은 고양이다"라는 실용주의 정신을 가져야만 된다.

(2) 조사계획의 수립

유통조사의 두 번째 단계는 필요한 정보를 수집하기 위한 가장 효율적인 계획을 수립하는 것이다. 이와 같은 조사 계획은 구체적이며, 전문적으로 설계되어야 하므로 조사계획은 다음과 같은 활동 과제를 포함하여야 한다(표 13-2 참조).

① 제기된 문제에 대한 종합적인 검토이다. 문제의 검토란 조사목적, 조사문제, 조사가설의 검토를 말한다.

② 이용될 조사 방법의 제시, 조사시 따라야 할 전반적인 조사 골격(Research Framework)의 설정, 자료 수집 절차와 자료 분석 기법들의 결정이다.

③ 예산의 편성과 조사 일정의 작성이다. 예산과 조사 일정의 작성은 인원, 시간 및 비용을 고려하여 의사 결정에 공헌할 수 있도록 이루어져야 한다.

④ 유통조사 설계의 평가 과정이다. 조사 설계를 신뢰성, 타당성, 결과의 일반화 가능성 등을 기준으로 평가하는 것을 말하며, 이는 조사 절차와 기법들을 실제 상황이나 모의 상황에 적용시켜 봄으로써 가능하다. 특정한 조사 문제의 해결을 위한 조사 설계는 여러 대체안이 있을 수 있는데, 그중 유통 문제의 해결을 위한 정보를 가장 경제적으로 제공할 수 있는 방법을 택하여야 한다.

표 13-2 조사계획서의 예

> 조 사 명 : CVS(편의점)의 고객선호도조사
> 조사의뢰자 : ××유통
> 조사책임자 : 독수리 유통시스템
> 조사연월일 : 2015년 ×월 ×일

1. 조사의 목적
   ××유통은 경쟁자와 자사의 가맹점에 대한 고객들의 CVS선호도를 알아보고자 한다.
2. 조사방법
   CVS선호도를 알기 위해 자사의 가맹점 2군데와 경쟁사의 가맹점 2군데에 대해 가게에 들어오
   는 고객들을 대상으로 면접조사를 실시하여 자료를 수집한다.
3. 면접서 조사내용
   ① CVS에 대한 종합적 선호도
   ② 자사 가맹점의 선호의향
   ③ 경쟁사 가맹점의 선호의향
   ④ 피조사자의 특징(라이프스타일, 인구통계변수)을 면접조사를 통해 파악한다.
4. 표본추출단위
   가장 CVS를 많이 들리는 시간인 오후 4시-9시 사이의 20-30세의 고객
5. 표본의 크기
   각 가맹점당 100명의 고객을 대상으로 한다.
6. 표본추출절차
   서울의 10개 지역 중 2군데를 무작위로 추출하여 그 가운데 4개의 가맹점을 무작위로 선정
   한다.
7. 분석계획
   다양한 통계적 분석기법과 각종 통계 소프트웨어를 통해 분석한다.
8. 조사일정
   조사계획의 결정(1주일) → 조사지역의 선정 및 표본의 추출(1주일) → 조사실시(4주일) → 자
   료의 코딩 및 분석(3주일) → 보고서의 작성(1주일)
9. 조사비용
   ① 인건비 220만원
       연구책임자(월 50만원)×2개월 =100만원
       연구보조원(월 30만원)×2개월×2명 =120만원
   ② 조사비 4,050만원
       800명(조사대상)×5만원 =4,000만원
       교통통신비 50만원
   ③ 인쇄비 100만원
   ④ 기타 30만원
   ─────────────
       총계 4,400만원

(3) 자료의 수집

1) 자료원천

유통조사 자료는 크게 1차 자료와 2차 자료로 구분된다. 1차 자료는 조사자가 조사 프로젝트를 수행하면서 직접 수집하여야 할 자료이고, 2차 자료는 현재 조사 프로젝트를 수행하고 있는 조사자가 아닌 다른 주체에 의해서 이미 수집된 자료이다. 2차 자료는 일반적으로 손쉽고 값싸게 획득할 수 있기 때문에 2차 자료의 효과적인 획득, 이용이 성공적인 유통조사에 중요한 변수로 작용하기도 한다. 2차 자료는 조사의 출발점을 제시하고 또한 적은 비용과 신속한 이용 가능성의 이점을 제공한다. 그러나 한편, 조사자가 필요로 하는 자료가 없기도 하며, 또한 기존 자료가 시간적으로 너무 오래되고, 부정확하며, 불완전하거나 또는 신뢰할 수 없기도 하다. 이러한 경우 조사자는 비용이 더 소요되고 또한 오랜 시간이 소요되더라도 보다 조사목적과 관련되며 또한 정확한 1차 자료를 수집해야 한다.

① 2차 자료의 수집

일반적으로 2차 자료는 사내에서 먼저 구하고 다음에 사외의 연구기관이나 공공기관 등 여러 원천으로부터 구하게 된다.

2차 자료의 원천

- 기업 내부 자료 : 손익계산서, 대차대조표, 판매보고서, 송장, 재고 기록 등
- 정부간행물 : 경제기획원, 대한상공회의소, 한국은행, 한국산업기술연구소 등에서 발간하는 간행물
- 정기간행물 및 서적
- 유통관련 논문집 : 유통연구(한국유통학회), 마케팅연구(한국마케팅학회), 소비자연구(한국소비자학회) 등
- 경제신문 및 경제잡지 : 매일경제, 한국경제 등의 경제신문과 주간매경, 이코노미스트 등의 경제 관련 잡지
- 각종 협회지 : 체인스토어(한국슈퍼체인협회), 유통저널(한국백화점협회), 해외경제(한국무역협회), 물가자료(한국물가협회) 등
- 연구소 및 광고 대행사의 간행물 : CHEIL(제일기획), LGAD(엘지애드)
- 상업용 자료 : AC Nielsen Retail Index, TNS 소비자 패널 조사 등 조사회사의 상업용 조사 자료

---

② 1차 자료의 수집

대개의 유통조사 계획 실행은 1차 자료 수집과 관련된다. 1차 자료 수집은 다소 비용이 소요되지만, 그 자료는 당면한 문제와 보다 직접적으로 관련된다. 일반적인 절차는 사람들이 특별한 유통서비스에 대해 어떻게 느끼고 있는가에 대한 전반적인 느낌을 얻기 위하여 피조사자에게 개인적 또는 집단적으로 면접을 하고, 이러한 조사 결과를 기초로 하여 보다 공식적이며 포괄적인 면접방법과 조사도구를 개발하고, 그것의 결함을 찾아 고치기도 하며, 또한 실제 현장에서 그 방법을 수행한다.

2) 조사방법

1차 자료는 관찰조사, 심층면접법, 초점집단면접, 질문조사 및 실험으로 수집될 수 있다.

① 관찰조사

이것은 관련이 있는 사람들이나 그들의 행동 또는 상황 등을 직접 관찰하여 자료를 수집하는 방법이다. 식품회사의 직원들이 슈퍼마켓에 나와 타사 제품의 가격을 알아내고, 자사 제품과 타사 제품이 어떻게 얼마나 많이 진열되어 있나, 또는 소비자들이 어떤 제품을 많이 구입하는가를 관찰하는 것이 그 좋은 예이다. 백화점에서도 손님으로 가장한 조사요원을 자사의 점포나 다른 백화점에 보내 고객에 대한 서비스, 실내장식 등 필요한 정보를 수집하게 한다. 관찰은 사람들이 제공할 수 없거나 제공하기를 꺼려하는 정보를 얻는 데 적합한 방법이다. 그러나 느낌이나 태도, 동기 등을 관찰할 수가 없고, 소비자들의 장기적인 행태도 관찰하기 어렵다는 약점이 있다.

② 심층면접법

심층면접법은 어떤 주제에 대해 한 응답자가 그의 느낌과 믿음을 자세히 표현하거나 자유롭게 이야기하도록 하여 자료를 수집하는 방법이다. 이는 응답자의 표면적인 행동 밑에 깔린 태도와 느낌을 발견해 내는 데 많이 사용되는 방법이다. 보통 한 시간 이상 걸리며 질문의 순서와 내용을 면접자가 조정할 수 있어 좀더 자유롭고 심도 깊은 질문을 하게 된다.

이 방법은 비용과 시간이 많이 필요하며, 조사원의 면접 능력과 분석 능력에 따라 조사 결과의 신뢰도와 타당성이 크게 변하며 편견 등의 오류가 개입될 여지가 많은 단점이 있으나, 응답자의 폭넓은 의견이 반영되므로 문제점을 파악하거나 설문지 설계를 위한 탐색조사에 많이 사용된다.

③ 초점집단면접

이 방법은 조사자가 소수의 응답자 집단에게 특정의 주제에 대하여 토론을 벌이게 하는 것으로 자유로운 토론 가운데에서 필요한 정보를 찾고자 하는 것이다. 이때 응답자 집단은 나이, 성별, 특성 등을 비슷하게 선정하여야 하며, 토론 주제에 관하여 특정 사전 지식이나 이해관계가 없어야 하고 응답자간에 개별적인 친분이 많아도 좋지 않으며, 인원수는 6-12명이 적당하다. 면접시에 사회자는 편안한 분위기를 조성하여 응답자들이 골고루 자신들의 의견을 발표할 수 있게 하고 이들의 대화 내용을 분석해야 한다. 또한 주제와 관련된 전문가나 의뢰 회사의 담당자가 간단한 설명을 해 주든가, 응답자들의 반응을 이들이 직접 듣는 것도 효과적인 방법이 될 수 있다.

이 방법의 장점은 손쉽게 넓은 영역의 다양한 정보와 통찰력을 얻을 수 있다는 점과 응답자들의 토론 속에서 공통된 점을 쉽게 찾을 수 있고, 자발적으로 의사표시를 하게 되므로 타당성이 있는 정보를 얻을 수 있다는 점이다. 단점으로는 응답자들이 모집단을 대표하지 못할 경우가 있으며 사회자(Moderator)의 능력에 따라 조사 결과가 크게 좌우될 수 있다는 점이다.

④ 질문조사

가장 많이 쓰이는 방법으로 표준화된 질문서나 설문지를 이용하여 모든 응답자에게 조사하는 방법으로, 여러 면접원을 채용함으로 인하여 생길 수 있는 오류를 최소화하고, 응답자로 하여금 모든 응답자가 동일한 설문지에 응답한다는 것을 알려서 응답 과정에서 발생하는 모든 오류를 줄일 수 있다. 이와 같이 표준화된 질문이나 설문지를 작성할 때는 선행 연구에서 사용했던 것을 이용하거나 아니면 여러 번의 사전 조사를 통해서 설문내용의 신뢰도와 타당성을 검증하여야 한다.

이 방법의 가장 큰 장점은 관리가 간단하고 자료의 처리가 쉬우며 해석 및 분석이 용이하다는 점이다. 또한 오류를 방지할 수 있고 신뢰도를 높일 수 있으며, 전화, 우편, 면접 등의 어느 방법에나 사용할 수 있다. 그러나 응답자가 설문지를 제대로 이해하지 못하여 조사자가 원하는 정보를 제공하지 못할 수가 있으며, 응답을 거부하든가 무성의한 태도를 부여 줄 수 있고, 질문의 항목에 따라 편견이 개입될 수도 있다. 또한 설문지가 타당성이 없다거나 제대로 만들어지지 않은 경우에는 조사 자체의 결과가 쓸모 없게 될 수도 있다. 그러므로 응답자의 느낌이나 믿음 등의 태도를 전반적으로 조사하고자 할 때는 바람직하지 못한 방법이다.

⑤ 실험조사

가장 과학적으로 확실한 조사가 실험조사인데, 이 실험조사는 문제와 잘 맞는 집단을 선택, 그 집단을 상이한 실험설계에 맞추고, 외생변수를 통제하며, 또한 관찰된 반응의 차이가 통계적으로 유의하는가를 검토하는 것이 필요하다. 외생변수가 제거되거나 또는 통제되는 정도에 따라 관찰 조사된 결과는 자극에 의한 변화 차이와 관련을 맺을 수 있다. 실험조사의 목적은 관찰된 결과에 대한 상충적인 요소들을 통제함으로써 인과관계를 설명하는 것이다.

3) 조사 수단
① 설 문 지

설문지는 1차 자료를 수집하는 데 가장 보편적인 수단이다. 대체로 설문지는 해답을 적을 수 있도록 응답자에게 제시하는 일련의 질문들로 구성된다. 설문지는 여러 가지 방법으로 질문을 할 수 있기 때문에 매우 융통성이 있다. 설문지는 대규모로 조사를 실시하기 전에 신중하게 개발되고 실험되며 또한 검토를 거쳐야 한다. 대강 작성된 설문지에서는 앞에서 보는 바와 같이 흔히 발견되는 몇 가지 오류가 나타날

설문에서 흔히 발견되는 오류

어떤 CVS(편의점)점주가 소비자조사를 위해서 다음과 같은 질문을 한다고 가정하고, 이때 설문에서 흔히 발견될 수 있는 오류와 그 이유를 살펴보자.

1. 귀하는 자주 이 CVS에 들르시는 편입니까?
   오류: '자주'라는 말의 의미가 모호하다.
2. 귀하는 이 CVS를 좋아하십니까?   예(   )   아니오(   )
   오류: 이러한 질문에 소비자들은 솔직하게 대답하기 힘들 것이며, 또한 좋아한다는 말의 의미도 상대적임. 그리고 이 경우에 예/아니오의 이분형 질문이 가장 최선의 질문이라고 보기 어렵다.
3. 작년 4월과 올 4월에 본 CVS의 판촉물을 몇 번 받아보았습니까?
   오류: 이런 것을 기억할 소비자는 거의 없을 것이다.
4. 귀하께서는 정부의 CVS에 관한 정책이 옳다고 생각하십니까?
   오류: 질문 자체에 대해 알고 있을 확률이 매우 낮고, 소비자들이 쉽게 대답하기도 어렵다.
5. 귀하께서 CVS를 평가할 때 가장 중요시하는 속성은 무엇입니까?
   오류: 중요시하는 속성 등과 같은 포괄적인 의미의 단어를 사용해서는 올바른 응답을 기대하기 어렵다.
6. 가장 최근에 번 10만원의 소득은 어떻게 번 것입니까?
   오류: 사람들은 이러한 개인적인 질문에 대답하려 하지 않는다.

표 13-3	일반적인 질문의 유형

	항목선택형 질문	
유 형	설 명	예
이분형	응답 대안이 두 가지인 질문	소매점의 선택시 다른 사람의 제안에 따릅니까? 예( ) 아니오( )
선다형	응답 대안이 셋 이상인 질문	귀하의 월 평균 소득은? 100만원 미만 ( ) 100만원 이상 200만원 미만 ( ) 200만원 이상 300만원 미만 ( ) 300만원 이상 ( )
리커트척도	응답자의 동의 정도를 질문하는 척도	CVS(편의점)는 구매하기에 편한 장소이다. 전혀 동의하지 동의도 동의 전적으로 동의하지 않는다 부정도 한다 동의한다 않는다 아니다
어의차이 척도	양쪽 끝에 상반되는 뜻을 지닌 형용사를 표시한 척도	CVS는 구매하기에 편리하다 ⊦————⊦————⊦ 불편하다 　　　　 -3 -2 -1 0 1 2 3 고급스럽다 ⊦————⊦————⊦ 서민적이다 　　　　　 -3 -2 -1 0 1 2 3
중요성 척도	개별속성의 중요도를 나타내는 척도	CVS선택에 있어서 CVS본부의 명성은 매우 중요 보통 중요치 전혀 중요하다 하다 이다 않다 중요하지 않다
고정총합법	여러 속성들의 상대적 중요도를 나타내는 척도	CVS 선택시 다음 속성들의 상대적 중요도를 총합이 100이 되게 제시하여 주십시오. CVS본부 ( ) 편리성 ( ) 저렴한 가격 ( ) 산뜻한 디스플레이 ( ) 제품의 구색 ( ) 합계 (100)
	자유응답형 질문	
완전 비체계적	응답자가 형식에 구애받지 않고 답하도록 하는 질문	CVS에 대한 귀하의 의견은?
단어 연상법	응답자에게 단어를 제시하고 바로 떠오르는 생각을 간단히 나타내게 하는 질문	다음 단어들을 들었을 때 가장 먼저 떠오르는 생각은 무엇입니까? 세븐일레븐, GS25, 패스트푸드
문장 연상법	미완성적인 문장을 완성하도록 하는 방법	나는 CVS를 선택할 때 ( )를 가장 중시한다.

수 있다. 따라서 설문지를 준비하는 경우 유통조사자들은 질문의 내용, 질문의 형태, 질문의 단어, 순서 등을 주의 깊게 선택해야 한다.

질문하는 물음을 작성할 때 대답할 수 없는 질문, 대답하지 않을 질문, 불필요한 질문, 필요한 질문의 생략 등이 나타날 수 있으므로, 조사자는 각각의 질문이 조사목적에 공헌할 수 있는가를 검토해야 한다. 단순히 흥미 있는 질문은 빼야 하는데, 그 이유는 그러한 질문이 너무 많은 시간을 요하며 또한 응답자의 인내심을 실험하는 것이기 때문이다.

질문의 형태가 응답에 영향을 줄 수 있다. 유통조사자는 자유응답형 질문과 항목선택형 질문을 구분해야 한다. 항목선택형 질문은 모든 가능한 대답들이 제시되어 있어, 응답자들이 그중에서 선택을 한다. 〈표 13-3〉은 가장 일반적인 형태의 항목선택형 질문이다.

자유응답형 질문은 응답자가 자기 마음대로 대답을 할 수 있도록 하는 것이다. 일반적으로 말해서 자유응답형 질문은 응답자들이 대답을 하는 데 제한을 받지 않기 때문에 보다 많은 것을 표현할 수 있다. 그리고 자유응답형 질문은 조사자가 어떤 특정한 방식으로 생각하는 사람이 얼마나 되는가를 확정하려는 것이 아니고, 사람들이 어떻게 생각하고 있는가를 알려고 하는 탐색단계에 특히 유용하다. 반면에 항목선택형 질문은 해석과 도표화가 용이한 형태이다.

질문의 단어구성을 선택하는 것도 주의해야 한다. 조사자는 간단하고 직접적이며 편견이 없는 단어를 사용해야 한다. 그리고 그 질문들은 본 조사에서 사용되기 전에 응답자 중 어떤 표본에게 사전조사를 해야 한다.

또한 질문의 순서에도 주의해야 한다. 최초 질문은 가능하다면, 흥미를 자아내는 것이어야 한다. 어려운 질문이나 사적인 질문은 응답자가 방어적이 되지 않도록 맨 마지막 부분에서 질문하여야 한다. 질문은 논리적인 순서로 구성되어야 한다. 즉 응답자에 대한 분류자료(나이, 연령, 소득 등 개별자료나 매출액, 이익, 기업규모 등 개별기업 자료)는 보다 개인적이며, 또한 흥미가 없는 것이기 때문에 질문의 끝에 위치해야 한다.

② 기계적 수단

기계적 수단은 유통조사에서는 그렇게 흔히 사용되지는 않는다. 검류계 (Psychogalvanometer)는 피실험자가 어떤 특정한 것이나 그림에 노출되었을 때 일어나는 그 주체의 흥미나 감정의 강도를 측정하기 위해 사용되는 장치이다. 검류계는 감정적 흥분으로 생기는 약간의 땀까지도 측정한다. 순간주의력 측정장치는 1초의 1/100 이하로부터 수초에 이르는 노출구간을 가지고 피실험자에게 유통광고를 비추는 장치로써 노출 후에 응답자는 자기가 회상하는 것을 기술한다.

아이카메라(Eye Camera)는 응답자의 눈의 움직임을 조사하기 위하여 사용되는 것으로 응답자의 눈이 선 반대에 가장 먼저 머무는 곳과 특정 항목에 얼마나 오래 머무는가를 조사하는 것이다.

4) 표본추출계획
① 표본추출단위

이것은 조사대상이 누구인가를 결정하는 것이다. 유통조사자는 표본이 되는 표적 모집단을 정의해야 한다. 즉 특별한 표본추출단위를 구체화해야 한다는 것이다. 그러나 특별한 표본추출단위가 언제나 명확하게 드러나는 것은 아니다. 예컨대 백화점의 서비스 조사에서 표본추출단위는 고가선호 고객인가, 저가선호 고객인가 혹은 양자 모두인가? 21세 이하의 고객이 면접대상이 되어야 하는가? 부부 모두가 면접대상이 되어야 하는가? 등이 고려되어야 한다. 일단 표본추출단위가 결정되면 표본추출 프레임, 즉 표적 모집단 내의 모든 표본 단위가 수록된 목록이 마련되어야 한다. 이를 통해 모든 표본단위가 표본으로 추출될 동일한 기회가 주어지는 방법이 수립되어야 한다.

② 표본크기

얼마나 많은 사람을 조사해야 하는가를 결정하는 것이다. 일반적으로 큰 표본이 작은 표본보다 신뢰성 있는 결과를 제공한다. 그러나 믿을 만한 결과를 얻기 위하여 전체집단 또는 대량표본을 표본으로 할 필요는 없다. 표본추출절차가 믿을 만하다면, 대부분의 경우 모집단의 1% 미만을 표본으로 하여도 좋은 신뢰성을 보일 수 있다.

③ 표본추출절차

응답자를 어떻게 선정하느냐를 결정하는 것이다. 대표성이 있는 표본을 얻기 위하여 모집단으로부터 표본이 확률적으로 추출되어야 한다. 확률표본추출은 표본추출 오류에 대한 신뢰구간을 계산할 수 있다. 즉 '30대 주부들의 백화점 이용확률이 80%이다'라고 할 수 있다. 확률표본추출의 3가지 유형이 〈표 13-4〉에 설명되어 있다. 확률표본추출과 관련된 비용이나 시간이 너무 많이 소요될 때, 유통조사자들은 비확률적 표본추출을 사용하게 된다. 〈표 13-5〉는 비확률 표본추출의 3가지 유형을 설명한다. 조사자들은 비확률 표본추출이 표본추출 오류를 측정할 수 없다고 해도 대부분의 경우 그것이 더 유용하다고 믿는 경향이 있다.

표 13 - 4	확률표본추출의 유형
단순 무작위표본 (Simple Random Sample)	모집단의 모든 원소가 알려져 있고 선택될 확률이 똑같다.
층화 확률분포 (Stratified Random Sample)	모집단이 상호 배타적인 집단으로 나누어지며 무작위표본이 각 집단에서 도출된다.
군집(지역)표본 (Cluster(area) Sample)	모집단이 상호 배타적인 집단으로 나누어진다. 조사자는 면접할 몇 개 집단을 표본으로 추출한다.

표 13 - 5	비확률표본추출의 유형
편의표본	조사자는 정보를 얻기 가장 쉬운 모집단요원을 선정한다.
판단표본	조사자는 자기의 판단에 따라서 정확한 정보를 줄 수 있는 모집단 요원을 선정한다.
할당표본	조사자는 몇 개의 범주 각각에서 사전에 규정된 수의 사람을 찾아서 면접을 한다.

5) 응답자 접촉방법

이것은 응답자와 어떻게 접촉하여 정보를 수집할 것인가를 결정하는 것으로 전화, 우편, 면담, 인터넷을 이용한 방법 등이 있다. 경영자는 시간, 예산, 조사의 목적, 조사원의 자질 등을 고려하여 적합한 방법을 선택하여야 한다.

① 전   화

전화면접은 빨리 정보를 입수하는 가장 좋은 방법이며, 면접자는 피면접자가 이해하지 못하는 질문을 명확히 설명할 수가 있다. 이 방법은 전화를 가진 사람만이 면접을 할 수 있고 그 면접의 양이 적다는 점과 사적인 문제에 대해 전화로 이야기하기를 꺼린다는 두 가지의 중요한 결함이 있다.

② 우   편

우편질문은 사적인 문제에 대해 대답하지 않는 피면접자에게 도달하는 데 가장 좋은 방법이며, 면접자에 의해서 피면접자의 반응이 왜곡되거나, 잘못 반응하지 않게 하는 방법이다. 한편 우편질문은 간단하고 명확한 글로 표현된 질문이 되어야 한다. 대체로 우편에 대한 응답률은 매우 낮은 편이다.

③ 면   담

면담은 3가지 방법 중 가장 융통성이 많은 방법으로써 면접자는 많은 질문을 할 수 있으며, 또한 응답자에 대한 추가적인 조사 즉 의상, 몸짓 등을 조사할 수 있다. 대인면접은 3가지 유형 중 가장 비용이 많이 소요되는 방법이며, 보다 관리적인 계획과 감독이 필요한 방법이다. 또한 이 방법은 면접자의 왜곡과 편견이 개입될 수 있다.

대인면접은 2가지 형식 즉 계획적 면접과 보행도중 면접이 있다. 첫째, 계획적 면접에서 응답자들은 무작위로 선택되며 집을 방문하여 또는 집에 전화를 걸거나 점포 내에 입장한 구매자에게 면접에 응해 주기를 허락 받는다. 둘째, 보행도중 면접은 길거리에서 사람들을 멈추게 하고 면접을 요구하는 것으로써 이 면접은 비확률적 표본이 되는 결함이 있으며, 또한 그 면접시간이 극히 짧을 수밖에 없다.

④ 인 터 넷

최근 정보통신산업의 발달로 인터넷을 이용한 조사가 크게 증가하고 있다. 인터넷을 이용한 조사는, 설문지의 배부 및 회수가 쉽고 별도의 자료 코딩 과정이 필요 없다는 장점이 있으나 자료의 신뢰성을 확보하기가 어려운 단점도 있다. 따라서 일반적인 소비자를 접촉하기는 힘들지만, 대학생집단, 전문가집단을 대상으로 하는 조사에는 매우 유용한 방법이다.

(4) 자료의 분석, 해석 및 이용

자료의 분석은 수집된 자료의 편집, 코딩, 통계적 기법으로 이루어진다. 편집은 조사설계에 따른 분석을 행할 수 있도록 완전하고 일관성 있는 자료를 확보하기 위한 작업으로 주로 자료의 정정, 보완, 삭제 등이 이루어진다. 코딩은 자료분석을 용이하게 하기 위해서 관찰된 내용에 일정한 숫자를 부여하는 과정이다. 코딩 후 표본추출방법, 자료수집방법 및 측정방법을 고려하여 컴퓨터에 입력된 자료의 통계적인 분석방법을 선택한다. 통계적 분석방법은 분석기법별로 요구하는 자료의 형태가 다르므로 조사설계를 계획할 때부터 수집할 자료의 성격과 분석방법을 일관성 있게 고려하여야 한다.

수집된 자료들에 대한 분석이 이루어진 후에는 분석결과에 대한 의미 있는 해석이 이루어져야 한다. 동일한 과정으로 얻어진 동일한 자료도 분석자에 따라 다르게 해석되어 상반된 결론이 유도될 수 있으므로 최종적인 자료해석단계에는 신중한 고려가 이루어져야 한다. 즉 분석자의 통계기법에 대한 이해와 분석관점의 차이에 따라 결과 해석이 달라질 수 있으므로 분석자는 먼저 통계기법과 경영문제에 대해서 명확하게 이해하고 있어야 한다.

(5) 보고서 작성

조사보고서는 조사결과의 결론을 유통 의사결정에 도움이 되도록 문자나 도표로 정리해 놓은 것이다. 여기서 주의해야 할 사항은 의사결정자와 조사담당자 사이의

원활한 의사소통이 이루어져야 한다는 것이다. 조사내용과 결과가 아무리 좋아도 그
것을 정보의 이용자가 이해하지 못하면 아무런 효과가 없는 것이므로 이용자의 이해
도와 조사에 관한 지식정도를 고려하여 보고서를 작성해야 한다.

　이상에서 유통조사절차에 대해서 개략적으로 살펴보았으나 각각의 단계는 항상
순차적으로 이루어지는 것은 아니고 특정 단계가 생략되는 경우도 있다. 조사문제가
먼저 확실히 규명되어 있거나 조사목적상 표본설계방식이 이미 확정되어 있는 경우
가 그 예이다.

제 2 절 유통자료 분석기법

1. 유통조사기법 및 수요예측

(1) 유통조사기법

　유통조사자는 외부환경의 지속적인 분석을 통해 구매자의 욕구를 발견한 다음에
는 본격적인 시장의 분석단계를 수행한다. 이러한 시장기회를 확인하고 평가하기 위
해서 유통조사에서는 여러 가지 분석방법이 사용되고 있는데, 여기서는 그중 가장
널리 실무적으로 사용되고 있는 군집분석, 요인분석, 다차원척도법과 컨조인트분석
에 대해서 설명하기로 한다. 물론 이러한 분석들은 SPSS나 SAS 등 손쉽게 사용될 수
있는 PC를 이용한 통계패키지 프로그램을 통해서 할 수 있는데 이에 관한 자세한 내
용은 관련된 프로그램 해설서를 참고하기 바란다.

1) 군집분석

　유통 의사결정에서는 소비자들의 특성에 따라 동질적인 소비자군을 규정하여 시
장세분화전략을 구사하거나 유사한 제품들의 군집화를 통하여 경쟁관계를 파악하여
이에 대처하는 전략을 세우는 경우가 많다. 이러한 경우에 이용될 수 있는 대표적인
기법이 군집분석인데, 군집분석이란 다양한 특성을 지닌 대상들을 동질적인 집단으
로 분류하는 데 이용되는 기법이다. 남녀의 구분이나 연령 또는 지역에 의한 구분처
럼 대상을 분류하기 위한 명확한 분류기준이 존재한다면 대상들을 손쉽게 분류할 수
있으나, 대상들을 분류하기 위한 명확한 기준이 존재하지 않거나 기준이 밝혀지지
않은 상태에서의 분류는 쉬운 과제가 아니므로 군집분석을 이용해 이러한 작업을 수

행할 수 있다. 대상을 분류하는 방법으로써 유통분야에서 사용되는 방법들로는 군집분석 이외에도 다음에서 설명될 요인분석 중 Q-Type분석과 다차원척도법 등이 있다.

2) 요인분석

요인분석은 변수들간의 상관관계를 이용하여 서로 유사한 변수들끼리 묶어 주는 방법이다. 상관관계가 높은 변수끼리 동질적인 몇 개의 집단으로 묶어 준다는 점에서 다음과 같은 목적에 사용된다.

① 자료의 요약: 여러 개의 변수들을 몇 개의 공통된 집단(요인)으로 묶어 줌으로써 자료의 복잡성을 줄이고 몇 개의 요인으로 정보를 요약하는 데 이용된다. 예컨대, 어느 소매점포의 서비스는 교통편의성, 24시간 영업, 배달 유무 등의 편의성 요인과, 제품가격, 제품의 판매 단위, 대체품의 유무 등의 제품 요인으로 구분될 수 있을 것이다.

② 대상을 묶는 데 이용: 요인분석은 R-type과 Q-type 두 가지 방식이 있는데, Q-type은 군집분석과 같이 대상을 묶는 데 이용되며 변수를 묶는 경우에는 R-type이 이용된다. 대상을 동질적인 집단으로 묶는다는 점에서는 군집분석과 비슷하나, 요인분석의 Q-type은 자료의 상관관계를 이용하여 묶지만, 군집분석은 자료의 절대값의 차이에 의해서 묶으므로 그 방법은 다르다고 할 수 있다. 일반적으로 대상을 묶을 때는 군집분석이 이용된다. 예를 들어, 편의점을 이용하는 소비자를 묶을 때는 Q-type, 편의점이 갖추고 있는 제품의 구색과 가격 등의 제품요인으로 묶을 때는 R-type이 사용된다.

③ 측정도구의 타당성 검증: 동일한 개념을 측정하기 위한 변수들간에는 상관관계가 높아야 하므로 동일한 개념을 측정한 변수들이 동일한 요인으로 묶이는지의 여부를 확인함으로써, 측정도구의 타당성을 검증하는 데 이용될 수 있다. 편의점의 편리성을 교통, 시간, 입지 등의 변수들로 측정했다면, 이 변수들이 편의점의 편리성을 측정하는 동일한 변수들인지를 확증적 요인분석을 통해서 확인할 수 있다.

3) 다차원 척도법(Multi-Dimensional Scaling; MDS)

다차원 척도는 한 가지 척도에 의해서는 측정하고자 하는 개념을 충분히 측정할 수 없을 때 활용되는 측정도구이다. 예컨대, 편의점에 대한 선호도를 평가함에 있어서 연구자는 편의점이 가지는 여러가지 속성들인, 입지편의성, 제품가격, 매장배치 등을 사용하여 응답자들로부터 편의점의 선호도를 측정할 수 있다. 그러나 이와 같은 속성들 중에서 입지편리성이라는 한 기준으로만 편의점의 선호도를 평가하려 한다면, 다른 속성인 제품가격, 매장배치 등은 입지편리성에 대한 평가에 영향을 미치지 않도록 통제되어야 하는 것이다. 하지만 실질적으로 이러한 통제가 용이하지 않거나 불가능한 경우가 대부분이므로 이러한 한가지 기준에 의한 평가로는 편의점에 대한 선호도를 제대로 평가할 수 없는 것이다. 따라서 다차원 척도에서는 평가대상에 대한 특정한 평가기준을 제시하여 평가하게 하는 것이 아니고, 대상들간의 유사성(또는 선호도)을 평가하게 하여 평가자가 대상을 평가하는 데 있어서 내재되어 있는 평가기준을 발견하고, 각 기준에 따라 평가대상들이 갖는 측정치를 발견하고자 하는 것이다.

다차원척도법은 유통에서 경로 포지셔닝맵을 작성하는 데 주로 사용되는데, 포지셔닝맵이란 소비자(혹은 소매상, 도매상 등)들이 대상을 평가하는 기준에 비추어 볼 때 어떠한 평가를 하고 있는가를 나타내 주는 것이다. 따라서 포지셔닝맵은 여러 개의 경쟁제품군을 동일공간에 위치시켜 봄으로써 경쟁사의 강점과 약점을 파악하는 데 매우 유용한 정보를 제공해 주는 전략적 도구로 활용될 수 있다.

4) 컨조인트 분석(Conjoint Analysis)

유통 관리자가 소비자들이 특정유통서비스를 통해서 얻고자 하는 효용을 파악할 수 있다면, 유통 전략의 수립에 매우 유용하게 이용할 수 있을 것이다. 소비자 욕구 파악에 대한 요구는 기업생존의 필수조건으로 이미 오래 전부터 많은 기업에서 이의 중요성을 인지하고 그 연구를 계속해 오고 있다. 컨조인트 분석은 이러한 소비자의 욕구를 파악하기 위한 기법의 하나로 개발되어졌다. 소비자들이 소매점포 선택시 고려하는 여러 서비스들의 상대적 중요성과 이러한 서비스들의 가장 이상적인 조합으로 이루어진 유통서비스를 알려줌으로써 보다 성공적인 유통활동을 수행할 수 있게 해주는 기법이다.

컨조인트 분석의 가장 기본적인 아이디어는 어떤 소매점포이든 몇개의 중요한 서비스 기능(속성)들을 가지고 있으며, 각 기능(속성)은 다시 몇개의 수준이나 값들을 가질 수 있다는 것이다. 컨조인트 분석의 목표는 고객 개개인이 개별서비스 속성의 각 수준에 대하여 얼마만큼의 선호도를 부여하는지를 추정하고자 하는 것이다. 여기서 개별 속성의 각 수준에 부여되는 선호도를 부분가치라고 부르는데, 이 부분가치들을 합산함으로써, 개별 고객이 여러개의 대안들 중에서 어느 것을 가장 선호하게 될지를 예측할 수 있는 것이다. 컨조인트 분석은 인간의 선호도나 효용의 평가는 개인간의 차이가 매우 크다는 가정하에서 이루어지므로 컨조인트분석은 개인차원에서 수행된다.

(2) 수요예측

1) 판단적 판매예측기법

기업에서의 판매예측은 대개 과학이라기보다는 하나의 기술적인 성격을 띠는 경우가 많다. 보통 판단적/질적 판매예측기법은 객관적이고 정확도가 높은 방법이기보다는 경험을 근거로 자사의 미래 판매액을 예측하는 기법이다. 이에는 다음의 방법들이 있다.

① 최고경영자의 판단에 의한 방법은 최고경영자나 경험이 풍부한 중역진들에 의해 내려진 판단을 기업의 차기 판매예측치로 정하는 것을 말한다. 유능하고 경험이 풍부한 중역진들은 각종 기계적인 지수법과 같은 예측방법을 적용해서 얻는 자료들보다는 자신들의 판단을 더 신뢰하는 경향이 있다. 이 방법을 사용하면 예측결정이 신속하다는 것과 경쟁, 경기전망 등과 같은 주관적인 요소들을 한꺼번에 포함하여 예측치를 산출할 수 있다는 장점이 있다.

② 판매원 의견 통합법은 자사에 소속된 판매원들로 하여금 각 담당지역의 판매예측을 산출하게 한 다음 이를 모두 합하여 회사 전체의 판매예측액을 산출하는 방식이다. 이 경우에는 각 판매원들이 자신의 회사 내 지위나, 개인적 성향으로 인해 실제보다 과대 혹은 과소평가하여 예측할 수 있다는 단점이 있다. 따라서 기업은 보다 정확하고 양호한 예측을 할 수 있도록 판매원들에게 인센티브를 부여할 필요가 있다. 그리고 과거 몇 년간의 예측치와 실제판매액을 비교 분석하여 이를 토대로 금번 판매원의 추정치를 다소 조정함으로써 보다 유용하고 정확한 예측을 할 수 있다.

③ 델파이 조사법(Delphi Technique)의 목적은 불확실한 특정 문제에 대해 전문가들의 합의를 도출하는 데 있다. 델파이 조사법은 특정 기술의 개발가능성, 궁극적인 시장의 규모, 새로운 소비패턴의 출현가능성 및 정치성향의 변화추세 등과 같은 문제의 예측에 광범위하게 적용되어져 왔다. 이 방법의 절차는 다음과 같다. 우선 판매예측과 같은 특정 문제에 대해 각 전문가 그룹을 구성하여 각 개인에게 그 문제에 관해 나름대로의 예측을 하게 한다. 그리고 각자의 의사결정자료를 중간조정자가 취합해서 다른 구성원들에게 무기명으로 배부한다. 그 다음으로 각 전문가는 다른 사람들로부터 만든 자료를 보고 이를 바탕으로 재예측을 한다. 이러한 과정을 참가자들 간에 비슷한 결과가 나올 때까지 반복해서 최종적으로 합의에 도달한 결과를 예측치로 삼는다. 결국 판매예측에 있어서의 델파이 조사법은 한마디로 전문가 개개인의 의견을 통합함으로써 미래 자사 제품의 판매량을 예측하는 것이다.

④ 사례유추법은 기업이 시장에 판매하려는 제품과 특징이 비슷한 다른 제품의 과거 판매실태를 비교하여 대상제품의 판매나 도입 및 성장패턴을 예측하려는 방법이다. 앞의 방법들과 마찬가지로 그 대상을 제품이 아닌 유통서비스로 삼아 같은 방법으로 조사를 할 수 있다. 만약 현재 제공하고 있는 유통서비스와 유사한 속성이나 특성을 지닌 다른 유통서비스가 있다면 유통관리자는 그중에서 가장 유사하다고 생각되는 유통서비스들을 순서대로 선정해서 이들 유통서비스의 판매실적에 관한 자료를 분석하고 여기에다 자사 나름대로 고려할 요소들을 감안해서 판매예측에 활용할 수 있을 것이다. 이 방법은 보통 중장기의 비교적 긴 시간대를 요하는 예측에 적합하며, 대상 유통서비스와 비교 유통서비스간에 있어 차이 정도나 시장요소의 차이 정도를 얼마나 정확히 추정할 수 있느냐에 따라 예측의 질이 좌우된다. 사례유추법은 기본적으로 자사 유통서비스의 미래 판매가 분석하고자 하는 유사 유통서비스의 사례분석으로 얻어진 판매실적이나 패턴과 크게 다르지 않다는 가정을 밑바탕에 깔고 있다.

2) 시계열분석방법

특정 소매점의 매출액의 변화와 같이 시간의 영향을 받게 되는 형태의 자료를 시계열자료라고 한다. 예컨대, 과거 10년 동안의 매월 매출액을 기록한 자료라든지 과거 5년 동안의 광고비 지출액을 기록한 자료 등이 시계열자료에 해당된다. 시계열분석은 자료의 추세를 이해하고, 이를 통해 미래의 추세를 예측하기 위한 것인데 보통 자료의 추세를 시간의 함수로 나타내는 것이 일반적인 것이다. 이러한 시계열분석의 기본 가정은 시간을 가장 중요한 변수로 인식하는 것과, 과거의 자료들이 미래의 우리가 관심을 두고 있는 현상과 밀접하게 관련되어 있으며, 따라서 미래 현상을 예측하는 데 가장 유용하다는 것이다.

① 계절적 조정: 과거 몇 년 동안 특정 소매점 제품들의 판매수치를 관찰해 보면 1년 단위로 특정 시점에서 매출액의 두드러진 등락현상을 발견할 수 있다. 즉 동절기에 난방기의 수요량이 증가한다든지, 여름에 빙과류의 소비량이 늘어난다든지, 봄에 건축자재가 늘어나는 것과 같은 현상들이 1년을 주기로 하여 반복적으로 발생함을 볼 수 있다. 유통관리자는 우선 이러한 제품의 계절적 변동을 파악하여 각 기간별로 적절한 판매예측을 해야 한다.

② 평활법: 평활법(Smoothing Method)은 시계열자료의 체계적인 움직임을 찾아내기 위하여 과거자료의 불규칙한 변동을 제거하는 방법이다. 평활법은 이러한 불규칙

한 변동의 제거를 이동평균(Moving Average; 자세한 것은 통계학 책을 참고 바람)을 이용하여 분석한다. 이동평균을 이용하면 결국 과거자료의 추세를 전 기간, 또는 특정 기간별로 평균을 계산하여 이를 통해 미래의 자료를 예측하는 것이다. 이때, 기업의 유통관리자가 미래에 예측하고자 하는 판매액의 수치를 산정할 때는 각 과거자료들의 영향을 동일하게 고려할 수도 있고, 각 자료들에 가중치를 다르게 적용할 수도 있다. 이때 전자의 경우를 단순이동평균법이라 하며, 후자의 경우를 지수평활법이라고 한다.

3) 박스 젠킨스(Box Jenkins) 방법

박스 젠킨스 방법은 시계열자료들간의 상관관계를 예측에 이용하는 방법이다. 박스 젠킨스 모형은 자기회귀요인(Autoregressive Factor)과 이동평균요인(Moving Average Factor)으로 구성된다. 자기회귀모형의 경우 주어진 시간대의 판매액은 시계열자료의 평균과 과거판매액 중 일부의 합의 함수로 나타내어진다(식 13-1).

$$Z_t = \mu + \phi_1 Z_{t-1} + \phi_2 Z_{t-2} + \cdots + \phi_i Z_{t-i} + \alpha_\tau \qquad \cdots\cdots(\text{식 } 13\text{-}1)$$

μ : 평균
ϕ_i : 과거판매액의 일부
Z_t : 기간 t 의 판매액
α_τ : 오차항

한편 이동평균모형의 경우 판매액은 시계열자료의 평균과 과거오차의 일부의 합으로 구성된다(식 13-2).

$$Z_t = \mu + \theta_1 \alpha_{t-1} + \theta_2 \alpha_{t-2} + \cdots + \theta_i \alpha_{t-i} + \alpha_t \qquad \cdots\cdots(\text{식 } 13\text{-}2)$$

θ_i : 과거예측오차의 일부

박스 젠킨스 방법을 이용한 판매예측은 매우 복잡하여 상당히 많은 양의 과거자료를 필요로 한다. 최소한 50기에 걸친 자료가 있어야 신뢰성을 가질 수가 있는 것으로 알려져 있다. 또한 자기상관함수로부터 어떤 요소가 가장 나은 예측을 가능케 한다고 이야기하기란 쉽지가 않다. 따라서 이러한 특성으로 인해 예측상황에서는 비효과적일 수도 있다.

4) 확산모형방법

이동평균법이나 지수평활법과 같은 통상적인 시계열분석과는 성격이 다소 다른 독특한 시계열분석방법으로 시계열 확산모형이 있다. 이는 특정 제품의 최초 구매예측이나 신제품의 성장패턴예측에 이용된다. 이러한 특성을 가진 모형 중 가장 널리 알려진 것이 바스(Bass)에 의해 개발된 모형이다.

확산모형은 적은 양의 자료를 가지고 모수를 추정한 후 제품수명주기에 따른 판매량을 예측해 보는 것이라고 할 수 있다. 이 모형에서 추정되는 모수들은 과거에 소개되어졌던 유사한 제품의 수명주기패턴의 유추를 통해서, 혹은 신제품이 시장에 소개되어진 후 초기판매량을 기초로 추정되어진다. 최초 구매자의 성장을 모형화할 때 기본적인 확산모형은 확산과정에서 단지 잠재시장과 현재시장의 두 가지 세시장만을 고려하고, 제품을 수용하도록 잠재고객에게 영향을 주는 이전수단은 대중매체와 구전의 두 가지만을 고려한다. 따라서 기본성장모형의 관심은 "시장에 일정한 수의 잠재고객이 있을 때, 그들 중에서 몇 명이나 t시기까지 제품을 구매할 것인가?"를 파악하는 것이다. 따라서 X(t), 즉 잠재고객시장에서 현재시장으로의 고객의 흐름을 모형화하여 두 가지 이전수단을 각각 혁신계수와 모방계수로 나타내고 모형에 이를 포함시켜 확산과정을 설명하고 있다. 우선 바스모형의 주요 가정을 살펴보면, 소비자의 최초 구매시기는 이전의 구매자의 수와 관련되어진다는 것이다. t기에는 아직 아무런 구매가 이루어지지 않았다고 할 때, 그 시기에 최초구매가 이루어질 확률(P(t))은 이전의 구매자수의 선형함수라는 것이며, 아래 식과 같이 표현되어진다(식 13-3).

$$P(t) = p + (q/m)Y(t) \qquad\qquad \cdots\cdots (\text{식 } 13\text{-}3)$$

       Y(t) : t기 이전의 구매자의 누적수
       P(t) : t기에 최초구매가 이루어질 확률
       p : t = 0일 때 최초구매가 이루어질 확률
       q : 구매자의 구전효과를 나타내는 모방계수
       m : 잠재고객의 수

위의 식에서 t=0기 이전의 누적구매자수 Y(0)는 0이므로 P(0)는 결국 p가 된다. 즉 상수 p가 최초 구매자의 확률이며, 이 확률의 크기는 사회에서 혁신자들의 중요성을 반영하는 혁신계수를 나타낸다. m은 잠재고객의 수를 나타내고 q는 구매자의 구전효과를 나타내는 모방계수이며, (q/m)Y(t)는 잠재고객에 대한 이전의 누적 구매자의 비율에 이들 모방계수 q를 곱한 것으로써 이전의 구매자수가 증가하면서 모방자에게 작용하는 압력을 의미한다. 결국 t기에 아직 아무런 구매가 이루어지지 않았다고 할 때, 그 시기에 최초구매가 이루어질 조건 확률 P(t)는 혁신자들의 영향을 나타내는 혁신계수와 모방자에게 작용하는 압력을 나타내는 값의 합으로 표현되며, 이 조건부 확률은 이전의 누적구매자수에 대한 선형함수가 되는 것이다.

다음으로 관심의 대상이 되는 기간동안의 잠재고객수는 일정하며 m으로 나타내기로 한다. 이는 혁신을 수용할 최종고객수를 나타낸다. 위와 같은 가정을 토대로 하여 바스는 혁신효과와 모방효과를 비연속적인 형태로 결합하였다(식 13-4).

$$S(t) = P(t)[m - Y(t)] = [p + qY(T)/m][m - Y(t)] \qquad \cdots\cdots (식\ 13\text{-}4)$$

이것을 전개하면

$$S(t) = p[m - Y(t)] + q[Y(t)/m][m - Y(t)] \qquad \cdots\cdots (식\ 13\text{-}5)$$

$S(t)$: t 기의 수용자의 수
m : 시장내의 총수용자의 수
$Y(t)$: t 기 이전까지의 누적 수용자의 수
p : 혁신계수
q : 모방계수

(식 13-4)는 t기에 아무런 구매가 이루어지지 않았다고 할 때 구매가 이루어질 조건 확률에 비수용자수, m-Y(t)를 곱한 결과가 t기의 구매자수가 되는 것이다. (식 13-5)는 t기의 구매자수는 궁극적인 예상고객 중 t기 이전까지 비구매자수에 혁신계수를 곱한 외부효과와 t기 이전까지의 구매자수와 궁극적 예상고객 중 t기 이전까지 비구매자수에 모방계수를 곱한 내부효과를 합한 결과로써 나타내어진다는 것이다.

혁신자와 모방자들의 첫 구매에 대한 결합비율은 p+(q/m)×Y(t)에 의해서 설명되며, 누적사용자수(Y(t))가 시간이 지남에 따라 증가한다. 결국 첫 구매에 대한 비율은 이전의 첫 구매자의 누적 수에 대한 선형함수이다. 한편 시간이 경과함에 따라 누적사용자수가 증가하게 되므로 나머지 비수용자수 m-Y(t)는 감소하게 된다. 따라서 새로운 수용자의 판매곡선은 두 가지의 상반된 방향의 상대적 비율에 의해서 결정된다.

제 3 절 유통설문조사내용 사례

본 절에서는 유통조사 중 특히 제9장 힘(영향력) 행사와 제10장 갈등관리와 관련하여 실무적으로 적용시키기 위한 측정도구를 A 오디오사의 사례를 중심으로 제시하고, 또한 편의점(CVS)에서의 갈등측정방법을 함께 소개하여 유통조사에 도움을 주고자 한다. A 오디오사의 유통조사에 포함된 것은 첫째, 환경에 대한 조사, 둘째, A 오디오사의 대리점에 대한 힘의 원천, 셋째, 힘-의존관계, 그리고 넷째, A 오디오사의 대리점에 대한 힘(영향력)이다. A 오디오사의 사례는 9장에서 언급되어 있으니 참고하기 바란다. 다음은 이를 측정하기 위한 보다 구체적인 항목들이다.

(1) 유통환경의 조사

과거나 지금에 비해 향후 5년간 다음과 같은 환경변화에 대해 어떻게 생각하십니까?

① 고객에 대한 대리점(가맹점)의 판촉활동이 본사의 광고활동에 비해 그 중요성이 어떠해지리라고 생각하십니까?
　　a. 매우 덜 중요해짐　　　b. 보다 덜 중요해짐　　　c. 지금 수준
　　d. 더 중요해짐　　　e. 매우 더 중요해짐

② 고객에 대한 애프터서비스가 제품의 품질이나 기능, 디자인에 비해 그 중요성이 어떠해지리라고 생각하십니까?
　　a. 매우 덜 중요해짐　　　b. 보다 덜 중요해짐　　　c. 지금 수준
　　d. 더 중요해짐　　　e. 매우 더 중요해짐

(더 많은 환경내용이 포함될 수 있음 : 제2장과 책 부록 유통경로전략수립 매뉴얼에서 환경부문을 참조하기 바람)

(2) A 오디오사의 대리점에 대한 힘의 원천

대리점들은 다음과 같은 사항에서 대리점에 대한 A 오디오사의 조정 가능한 능력을(활용하든 안 하든) 어떻게 보십니까? 다음에 그 활용 여부를 지적해 주십시오.

	작다		중간		크다	활용 여부
a. 대리점 개설초기의 재무지원	1	2	3	4	5	(　)
b. 대리점 영업에 대한 재무지원	1	2	3	4	5	(　)
c. 대리점에 대한 광고원조(POP광고, PR팜플렛, 간판 및 네온사인의 제공 등)	1	2	3	4	5	(　)
d. 대리점관리지원(재고관리, 회계처리방법, 매장진열, 가격표제공 등)	1	2	3	4	5	(　)
e. 시장정보의 제공(국내외 경제, 경쟁, 고객, 산업 정보 등)	1	2	3	4	5	(　)
f. 판매를 주도하는 프로그램이나 관련 제품의 제공(마진, 경품, 선물 등)	1	2	3	4	5	(　)
g. 대리점에 대한 배달의 신속성	1	2	3	4	5	(　)
h. 대리점에 대한 배달의 빈번함	1	2	3	4	5	(　)
i. 좋은 제품의 제공	1	2	3	4	5	(　)

j. 다양한 제품의 제공   1   2   3   4   5   (   )

k. 대리점에 대한 교육훈련 지원   1   2   3   4   5   (   )
   (연수회나 강습회 개최, 종업원 교육 등)

l. 신제품개발   1   2   3   4   5   (   )

m. 본부 광고에 의한 뒷받침   1   2   3   4   5   (   )

n. 본부 영업사원들의 업계나   1   2   3   4   5   (   )
   유통에 관한 전문지식

o. 대리점의 결속, 신뢰   1   2   3   4   5   (   )

(3) 힘-의존관계

대리점이 A 오디오사에 의존하지 않는 이유는 다음 중 무엇입니까?

a. 교체비용이 많기(적기) 때문
b. 대리점이윤이 차이가 없기(있기) 때문
c. A 오디오사의 제품이 경쟁사들과 별 차이가 없기(있기) 때문
d. A 오디오사와 관계단절에 따른 심리적인 부담이 크기(작기) 때문

(4) A 오디오사의 힘

다음의 주요 의사결정사항에 대해 대리점과 A 오디오사에 의해 행해지는 상대적인 영향력은 어떠하십니까?

	대리점이 거의 통제		양자가 통제		A사가 거의 통제
a. 대리점의 소매가격결정	1	2	3	4	5
b. 대리점의 위치선정	1	2	3	4	5
c. 대리점의 주문량	1	2	3	4	5
d. 주문하는 제품의 종류	1	2	3	4	5
e. 대리점 광고	1	2	3	4	5
f. 고객들에 대한 신용제공	1	2	3	4	5
g. 판매원훈련	1	2	3	4	5
h. 판매원고용	1	2	3	4	5
i. 점포 내 상품의 배치	1	2	3	4	5
j. 대리점협회나 기타 전문협회의 참여	1	2	3	4	5

k. 대리점 판매지역이나 고객의 제한	1	2	3	4	5
l. A 오디오사로부터의 외상매입 여부	1	2	3	4	5
m. A 오디오사로부터의 외상매입금의 정도	1	2	3	4	5
n. 외상매입금의 회수기간	1	2	3	4	5

(5) CVS에서의 갈등의 측정

귀점은 본부와 다음의 항목에 있어서 얼마나 자주 의견불일치를 일으키고 있습니까?

	거의 없음		중간		매우 빈번
1) 귀점의 소매가격결정에서	1	2	3	4	5
2) 귀점의 판매품목이나 제품의 수에서	1	2	3	4	5
3) 귀점의 본부에 대한 주문량의 크기에서	1	2	3	4	5
4) 귀점과 본부의 공동 광고비용에서	1	2	3	4	5
5) 귀점의 판매원에 대한 교육에서	1	2	3	4	5
6) 본부로부터의 제품구입가격에서	1	2	3	4	5
7) 점포내의 상품진열에서	1	2	3	4	5
8) 귀점의 재고관리에서	1	2	3	4	5
9) 귀점의 내부 및 외부배치 및 장치에서	1	2	3	4	5
10) 그들에 대한 제품구입대금의 지급기한 등 지급방식의 결정에서	1	2	3	4	5
11) 본부와의 경쟁관계에 있는 회사의 제품판매에서	1	2	3	4	5
12) 판매된 불량품의 교환정책에서	1	2	3	4	5
13) 귀점의 영업시간에서	1	2	3	4	5
14) 귀점의 서비스수준에서	1	2	3	4	5
15) 근접지역 내에서 그들의 새 점포 허가에서	1	2	3	4	5
16) 귀점이 행하는 지역광고에서	1	2	3	4	5
17) 귀점이 채용하는 종업원에서	1	2	3	4	5
18) 보증금의 크기에서	1	2	3	4	5
19) 협회 등 특정 단체 가입 여부에서	1	2	3	4	5
20) 할인세일에 관한 방침(할인율 혹은 기간)에서	1	2	3	4	5
21) 귀점의 애프터서비스수준에서	1	2	3	4	5

22) 월평균 최저 판매책임액에서   1   2   3   4   5
23) 재고품의 반품에서   1   2   3   4   5

◉ 요   약

유통조사는 유통관리에 필요한 정보를 획득하는 것을 목표로 한다. 이에는 다음과 같은 다섯 가지 단계가 포함된다. 구체적으로 조사문제의 제기와 조사목적의 설정단계, 조사계획의 수립단계, 자료의 수집단계, 자료의 분석·해석 및 이용단계, 그리고 보고서의 작성단계이다. 문제제기와 목적설정단계는 전체적인 유통조사의 방향을 설정하기 위한 단계로써 유통경로활동을 수행하는 데 발생하는 문제점을 해결하고, 기회를 포착하기 위해 가장 중요한 단계이다. 조사계획의 수립단계는 필요한 정보를 수집하기 위한 가장 효율적인 계획을 수립하는 것이다. 자료의 수집단계는 2차 자료의 수집과 1차 자료의 수집으로 이루어지는데, 보다 초점을 맞추어야 하는 것은 1차 자료의 수집이다. 자료의 분석·해석 및 이용단계는 수집된 자료의 편집, 코딩, 통계적 기법 등으로 이루어진다. 마지막으로 보고서의 작성단계는 조사결과의 결론을 유통경로 의사결정자들에게 그들의 의사결정에 도움이 되도록 문자나 도표로 정리해 놓는 단계를 말한다.

유통조사 분석기법은 군집분석, 요인분석, 다차원척도법, 컨조인트 분석기법 등이 있으며, 수요예측기법으로는 판단적 판매예측기법, 시계열분석방법, 박스 젠킨스방법, 확산모형방법, 그리고 계량경제모형방법 등이 있다. 상권분석방법으로는 라일리의 중력법칙, 콘버스의 법칙, 케인의 흡인력모형, 허프모형 및 수정 허프모형, 그리고 공개자료에 의한 상권특성조사기 제시되었다.

유통조사에서 하나의 설문조사내용으로써 A 오디오사의 사례를 바탕으로 영향력과 갈등에 대한 측정항목과 측정수단 등을 제시하였다.

◆ 문제제기

1. 유통조사의 절차를 5단계로 나누어서 설명하라. 가능하면 실례를 들어 접근해 보라.
2. 유통조사기법 중 군집분석, 요인분석 그리고 다차원척도법의 관계에 대해 설명하라.

3. 상권분석에는 구체적으로 어떠한 기법이 있으며, 그중 하나를 들어 신촌의 CVS 예를 들어 접근해 보라.

◆ 참고문헌 ─────────────────────────────────

1) Philip Kotler, Marketing Management, 13th ed. (Prentice-Hall, 2008)

2) 이에 관한 보다 자세한 내용은 다음을 참고하시오.
G.A.churchill, *Marketing Research: Methodological Foundation*, 4th ed(The Dryden Press, 1986); T.C.Kinnear and J.R.Taylor, *Marketing research: An Applied Approach*, 4th ed(New York: Mcgraw-Hill, 1991)

3) David W. Cravens, Gerald M. Jenkins, Time Series Analysis: Forcasting and Control(San Francisco: Holden-Day, 1976), pp. 74－79.

4) 한국능률협회, 유통관리세미나, 사내교육용자료(미발표)에서 요약정리한 것임.

부 록
빅데이터를 활용한 상권분석

디지털 환경이 급변하면서 데이터 규모가 더욱 확장되고 있다. 데이터 간의 환경 분석을 통해 최상의 데이터를 얻고자 하는 분석방법을 빅데이터 분석이라 한다. 빅데이터에 대한 국내 시장의 수요는 급진적으로 발전하고 있다. 2013년 말, 소상공인시장진흥공단의 상권분석시스템, 나이스비즈맵, 현대카드의 마이메뉴, BC카드의 대박상권, Biz Gis 등이 개편됐다. 그러나 빅데이터를 100% 신뢰하는 데는 아직까지 한계가 있다. 국내 자영업자들과 컨설턴트들이 폭넓게 사용하는 상권분석시스템의 핵심적인 기능과 문제점들을 소개한다.

1. 창업시장 대장주가 누가 될 것인가?

원형지정, 반경설정, 다각형그리기 방식으로 설정할 수 있다. 특히 다각형그리기 방식을 통해 장애요소가 많은 상권 범위를 직접 지정할 수 있다.

2. 업종선정

업종분류체계는 KT의 업종별전화번호를 기본으로, 대분류〉중분류〉소분류로 일목요연하게 정리해 놓았다. 하지만 국내 외식업 환경에서 메뉴 간 경계가 불분명해 실제 보정을 거치지 않으면 낭패를 볼 수도 있다.

치킨호프섬을 예로 들어보자. 상권 내 경쟁업소를 파악하고자 할 때, 시스템의 분류체계로는 '닭,오리요리〉후라이드,양념치킨'에서 1차적인 업종을 찾게 된다. 하지만 실제 치킨호프점의 경쟁업소는 영업형태가 다른 배달치킨점까지 포함된다. 또 '유흥주점〉호프,맥주' 분류와 '양식〉바베큐'에서도 치킨호프집의 경쟁점을 찾을 수 있다. 정확한 정보 파악을 위해서는 현행 시스템에서 중복으로 도출되는 경쟁점 정보를 가지고 네이버나 다음지도를 보조적으로 활용해야 한다. 또 최종단계에서 현장확인을 해야 한다.

이외의 중복분류는 외식업 자체의 메뉴의 중복과 경계가 불분명한 데 원인이 있다. 따라서 이용자가 자체적으로 확인하는 것 외에는 방법이 없다.

3. 업종분석 결과

상권범위의 업종 선정을 한 후 상권 분석을 하면 가장 먼저 얻을 수 있는 것이 업종분석 결과 화면이다. 주요 내용은 다음과 같다.

① 업종선정결과

최근 6개월 단위로 선택업종의 증감추이와 경쟁업종의 업소 위치를 확인할 수 있다. 하지만 실제 경쟁업종 여부와 경쟁력 등은 직접 확인해야만 한다.

② 중분류와 대분류업종 현황

중분류를 통해 상권 내 외식업의 업종 트렌드 경쟁력을 파악할 수 있다. 대분류 업종을 통해서는 전체 상권의 특징과 질을 판단하는 자료를 얻을 수 있다. 단, 단순히 비율이나 숫자로만 판단할 수 없는 항목들이 숨어있으므로 주의 깊게 판단해야 한다.

③ 업소증감추이와 창·폐업률 통계

선택업종과 외식업종의 6개월 단위 증감추이와 지역 내 창·폐업률 통계를 통해서 업력을 확인할 수 있다. 이 자료로 선택업종의 가능성을 판단할 수 있다.

4. 매출분석

카드사 매출 자료를 토대로 현금매출을 보정해 매출 결과 값을 만든 자료다.

① 매출추이

상권범위 내 선택업종의 매출추이를 나타낸 자료다. 하지만 앞서 언급했듯이 업종 간 분류체계의 미비와 선택업종의 업소 간 경쟁력에 큰 차이가 나므로 참고용으로만 활용하는 것이 좋다.

② 매출비교

선택상권, 유사상권, 상위 상권의 매출을 확인할 수 있다. 하지만 이것 역시 직접적인 비교보다는 인접상권과의 비교수단으로만 활용해야 한다. 현장조사를 함께할 경우 고객의 1회당 결제금액 파악이 가능하다. 예상고객수나 테이블수를 곱해 실제 매출액을 도출하는 중요 자료로 쓸 수 있다.

③ 매출특성

요일별, 시간별, 성별, 연령별 매출비율을 도출함으로써 타깃에 대한 마케팅을 할 수 있다. 하지만 성별, 연령별 매출 비율의 경우 구매결정자와 지불결정자가 다를 경우 정보 자체가 왜곡될 수 있다.

5. 인구분석

① 인구분석

상권 내 연령별, 성별 거주인구 숫자와 직장인 숫자와 비율을 함께 도출했다. 개편 전 인구분석 시스템은 한계가 있었다. 예를 들어 강남의 테헤란로와 같은 오피스 상권에서 거주자 중심으로 배후세대만을 분석했기 때문이다. 실제 상권 내 영향을 미치는 직장인들의 세부적인 통계가 없어 정확도가 떨어졌다. 금번 개편시스템에서는 이를 보완했다. 직장인들의 전체적인 숫자뿐만 아니라 상권내의 직장 분포도, 연령별, 성별 분포까지 조사가 이루어졌다.

실제적으로 상권에 영향을 미치는 직장인들에 대한 고객 분석이 가능하도록 한 것은 상권 시스템의 진일보라고 평가할 만하다. 하지만 고객이 도시 전체에서 접근하는 도시중심상권이나 유동인구를 기반으로 하는 상권을 분석하는 데는 한계가 있다. 인구 숫자와 연령, 성별 비율뿐 아니라 세대수와 주거형태, 거주민들의 생활패턴을 종합적으로 판단할 필요가 있다.

② 주거형태/아파트

면적별, 기준시가별로 분류해 비교적 신뢰할 수 있다. 하지만 대도시 지역에서 증가하고 있는 임대아파트 특성을 평가하는 데는 부족함이 있으므로 별도 조사가 필요하다.

6. 지역분석

① 주요 집객시설현황

집객시설 현황과 위치를 파악해 상권의 활성화, 비활성화 여부와 입지의 등급을 판단할 수 있다.

② 학교시설

학교현황을 파악할 수 있다. 도보 통학거리에 위치한 초등학교 현황은 1차상권의 가족구성원의 안정성을 판단하는 데 중요자료로 활용할 수 있다.

③ 교통, 역세권

교통현황 분석을 통해 상권 내 주민들의 이동경로와 숫자와 이용객수를 파악할 수 있다. 상권의 활성도를 판단하는 데 적합하다.

④ 브랜드지수

상권의 질을 평가할 수 있다.

⑤ 임대료 시세

실제 임대료와 큰 차이가 있다. 손익분석과 직접적인 상권평가에서 활용할 목적이라면 현장조사가 수반되어야 한다. 그렇지 않으면 엉뚱한 결과를 도출할 수도 있다.

이렇듯 상권분석시스템은 빅데이터분석을 통해 보다 더 구체적이고, 정확해졌다. 그러나 실질적인 조사는 이들 분석치와 현장조사를 함께 수반해야 한다.

자료: 월간외식경영, 소상공인시장진흥공단 상권분석시스템 빅데이터를 활용한 상권분석 인용.

제 6 부

특정 상황 속에서의 유통관리

DISTRIBUTION MANAGEMENT

제14장 서비스산업에서의 유통관리

제 1 부 유통관리의 전반적 체계

제1장 유통관리의 전략적 접근체계
  1. 유통관리의 접근시각: 시장지향적 접근
  2. 유통경로 발생의 근거
  3. 유통기능(역할)
  4. 유통관리의 전반적 체계

⇩

제 2 부 유통환경변화의 이해 및 표적시장의 선정

제2장 유통환경변화의 파악과 영향 분석
제3장 구매욕구세분화, 표적구매자시장, 그리고 유통목표의
       정립: 표적유통전략

⇩

제 3 부 유통전략의 수립 1: 유통경로구조(시스템)의 설계

제4장 소매: 형태(구조)와 전략   제7장 유통경로의 조직패턴
제5장 도매: 형태(구조)와 전략   제8장 유통경로구조의 설계
제6장 물류관리

⇩

제 4 부 유통전략의 수립 2: 경로구성원 조정체계의 설계

제 9 장 힘(영향력) 행사
제10장 갈등관리
제11장 경로의사소통 및 유통정보시스템

⇩

제 5 부 유통활동의 성과평가 및 조사

제12장 유통활동의 성과평가
제13장 유통조사

⇩

제 6 부 특정 상황 속에서의 유통관리

제14장 서비스산업에서의 유통관리
제15장 프랜차이즈 유통관리
제16장 인터넷 시대의 유통관리

DISTRIBUTION MANAGEMENT

제14장

서비스산업에서의 유통관리

서비스품질 관리를 위한 준오헤어의 직영점 고수전략

1981년 서울 돈암동에서 시작된 준오헤어는 창업부터 지금까지 직영점을 고수하였다. 준오헤어가 매장 수를 지속적으로 확대하는 것은 강윤선 대표의 개인적인 바람 때문이었다. 강 대표가 무척이나 어려웠던 시절 꿈은 잘먹고 잘사는 '사장'이 되는 것이었다. 그리고 강 대표가 사장이 된 이후에는 그 꿈을 직원들에게 나누어주고 이들이 '사장'이라는 비전을 달성할 수 있도록 체계적인 경력제도(carrier path)를 만들었으며, 최종 목표를 현실화시킬 수 있도록 준오헤어의 매장 수를 확대해 나갔다.

준오헤어가 매장 확대를 추진하던 98년에는 미용실 개업이 허가제에서 신고제로 변하면서 미용실 개업이 과다하게 증가했다. 그리고 얼마 지나지 않아 과다경쟁에 따른 구조조정이 발생하면서 폐업하는 소형 미용실들이 속출하였다. 그리고 영세한 개인 사업자들의 대안으로 프랜차이즈 미용실의 규모가 점점 커지게 되었다. 프랜차이즈 미용실은 체계적인 교육시스템, 이종(異種) 산업과의 공동 마케팅 등 전문적인 마케팅과 홍보를 통해 세력을 빠르게 확대하였고, 미용 산업의 질서가 점차 빠르게 변하고 있었다.

예를 들어 이가자 헤어비스는 1972년 국내 최초 실명 브랜드 샵인 '이가자 미용실'을 설립하면서 시작되었다. 95년 이가자 헤어비스는 국내 최초로 미용 프랜차이즈를 개설했다. 우루과이라운드로 인한 자유무역이 시작되면 해외 미용실 프랜차이즈가 들어올 것으로 예상해 미리 사업을 진행했던 것이다. 그 후 국내에서도 박준(박준뷰티랩), 박승철(박승철헤어스투디오), 이철(이철 헤어커커) 등 창업자 이름을 단 프랜차이즈가 속속 등장해 경쟁이 더욱 치열해졌다. 이가자 헤어비스의 경우는 프랜차이즈 사업을 국내에서만 진행한 것이 아니라, 가맹본부를 설립한 2년 뒤인 97년에 미국 LA에 해외 1호점을 개설했다. 2014년 10월 현재 미국 14개, 중국 24개 등 총 41개의 해외 체인점을 보유했다.

당시 준오헤어 역시 프랜차이즈 사업, 즉 가맹점으로 확장할 경우 빠른 시간 안에 사세를 확대할 수 있었다. 그러나 강 대표는 자본만으로 돈을 버는 것보다는 미용인들을 위한, 미용에 대한 철학을 공유할 수 있는 사람들과 함께 하기로 결정했다.

"가맹점을 내는 것은 쉽지만 우리의 핵심가치가 그대로 전수되지 않아 직영점만 고집하였습니다. 한 달에 한 개 매장씩 늘어나니 2014년 말에는 100호점이 개설될 것입니다. 사람들은 매장 수가 늘어나니 돈을 엄청 많이 번다고 생각합니다. 하지만 진짜 돈을 벌 생각이면 더 이상 확장하지 않아야 합니다. 새로운 매장을 열려면 매장을 구하고 시설비용이나 인건비 등 투자비용이 만만치 않기 때문입니다."

실제 모든 미용 프랜차이즈 사업이 그런 것은 아니지만, 무리한 가맹점 확장을 하다가 사업이 어려워지는 경우도 있었다. IMF 시절인 98년 6월, 인천 효성에 1호점을 시작했던 블루클럽이 대표적인 예이다. 초기 블루클럽은 남성들이 헤어서비스를 받아왔던 이발소의 거부감, 즉 퇴폐 이미지나 아저씨 헤어스타일 등에 대한 불만을 집중 공략하였다. 5,000원의 저렴한 가격과, 빠르고 편리한 남성 미용실을 표방하며 이발소와 미용실의 단점을 보완해 블루클럽은 크게 성장하였다. 하지만 무리한 가맹점 확장과 서비스 질 저하 등의 문제가 겹치면서 한때 940개에 이르렀던 가맹점 수는 2009년 절반 수준인 480개로 줄었으며(2014년 10월 현재 364개 가맹점), 결국 다른 기업에서 경영권을 인수하였다.

강 대표는 이러한 프랜차이즈 사업의 단점을 잘 파악해, 이를 극복하고 동시에 조직원들의 비전을 달성시켜줄 수 있도록 '준오 파트너십(JP)'을 도입해 직영점 전략을 고수하였다. 강 대표가 직영점을 확대할 수 있었던 것은 직원과의 신뢰관계가 기반이 되었다. 강 대표는 일한만큼 월급을 주고 과감하게 인센티브를 지급함으로써 매장별 수익의 30~40%를 나누어 주었다. 그 결과 연봉 1억 원 이상의 헤어스타일리스트를 300여명 육성할 수 있었다. 그리고 이러한 신뢰관계를 기반으로 능력이 뛰어난 스타일리스트들에게는 70:30부터 50:50까지 지분을 공유하는 방식으로 매장을 내주고 수익은 정확하게 지분율만큼 나누는 소사장 제도를 도입했다. 또한, 소사장 제도의 원활한 확대를 위해 일정 기준을 만족하는 직원에게는 매장을 낼 수 있도록 은행 융자를 알선해주었다. 이런 소사장제 방식은 준오헤어의 매장당 매출액을 미용업계 최고 수준으로 올릴 수 있었을 뿐만 아니라 지속적인 직영점 확대의 밑거름이 되었다.

"준오헤어의 매장 가운데 상당수는 직원이 사장입니다. 미용 산업이 발전하려면 미용인들이 자긍심을 갖고 부자의 꿈을 꿀 수 있어야 합니다. 또한 회사가 성장하기 위해서는 직원의 성장과 함께해야 합니다. 제 역할은 많은 직원들이 사장이 될 수 있도록 돕는 것입니다."

준오헤어의 조직이 점차 대규모화되고 기업화되자 강 대표는 보다 체계적인 경영시스템을 도입할 필요를 느꼈다. 그래서 CJ 그룹 상무였던 황석기 사장을 영입하여 경영 총괄을 담당하도록 함으로써 미용업계 최초로 전문경영인 체제를 도입하였다. 준오헤어는 본사에서 전체 매장을 관리하는 직영 체제인 만큼 본사와 매장 간의 협력이 중요했고 이를 체계적으로 관리하는 능력이 필요했다. 따라서 대기업 출신의 황사장 영입은 준오헤어에 긍정적인 영향을 미칠 수 있었다. 황 사장은 영입 후 곧바로 신규 사업 전략 수립과 직원 교육에 집중했다. 황 사장은 직원들과 준오헤어의 비전과 목표를 공유함으로써 안정적인 성장의 견인차 역할을 했다.

자료원: 유효상, 이동현(2014), "준오헤어의 도전과 성장," 서비스경영학회지, 15(4), 191-210.

본 장은 앞서 우리가 토의한 유통관리체계가 서비스산업에서도 그대로 적용될 수 있다는 것을 밝히면서 그 응용상의 유의점과 실제 사례를 검토해 보기로 한다.

제 1 절   서비스 유통관리의 특징

서비스와 일반 재화를 구별하는 특징 중 유통전략에서 고려해야 하는 가장 중요한 요소는 바로 '서비스는 무형의 재화'라는 점이다. 무형성(Intangibility)은 ① 서비스가 저장되거나 이동될 수 없으며, ② 서비스는 생산되는 장소와 판매되어지는 장소가 일치한다는 점이다.

따라서, 서비스 마케팅에서 유통관리의 핵심적인 과제는 서비스를 폭넓게 이용할 수 있도록 만들어, 조직 구매자 혹은 개인 구매자들이 쉽게 서비스를 획득하도록 하는 것이다. 이를 위해서 서비스 마케팅을 담당하는 사람은 유통(마케팅) 경로상에서, 채택할 소매점의 수와 형태, 활용할 중간상의 종류, 필요한 대리점을 이용하는 방식 등을 결정짓는 전략에 초점을 맞추어야 한다.

은행 및 여행사와 같은 많은 서비스산업에서는 서비스 도매상(예를 들면, 은행의 본사)과 서비스 소매상(예를 들어, 은행 지점)이 쉽게 구분되어질 수 있다. 본 장에서 언급되어질 유통관리에 있어서의 기본적인 내용들은 이러한 서비스산업에서 적용되어질 내용들이다. 반면에 치과나 식당 그리고 이발소와 같이 서비스의 생산과 판매가 동시에 일어나는 서비스산업의 경우에는 경로구조상의 문제점이 거의 발생하지 않기

표 14-1	제품과 서비스관리의 차이와 변화요인
유형재와 비교되는 서비스의 특징	**서비스 소매점에서 필요한 경영상의 변화**
서비스 생산 ● 서비스를 생산하는 데 더 많이 관여해야 한다. ● 서비스의 품질통제에 더 많은 강조점을 두어야 한다. ● 소비자 만족도를 측정하는 것이 중요하다. ● 종업원 활용을 계획적으로 해야 한다. ● 서비스품질 수준은 어떤 매장에서건 동일해야 한다.	● 서비스산출기술은 관리자(감독관)를 통해서 획득되어질 필요가 있다. ● 관리자는 고객에게 행해진 서비스의 질에 대해서 측정할 수 있어야 한다. ● 중요한 고객들이 서비스에 대해서 만족하고 있는지에 대한 조사가 필요하다. ● 서비스맨(종업원)들의 시간당 효율성을 최대로 늘려야 한다. ● 서비스의 일관성을 위한 기준을 설립하고, 계속적으로 평가해야 한다. ● 다양한 영업부서에 있는 서비스맨들에게는 중앙집중식의 훈련이 필요하다.
촉　　진 ● 소비자들이 서비스의 가치를 결정하기는 어렵다. ● 상점 내에서 전시하기가 어렵다. ● 전시효과가 높은 방법이 효과가 좋다. ● 유형재와 같이 판매하는 것이 좋다. ● 카탈로그를 통해서 선전하는 것이 어렵다.	● 소비자들에게 인적 판매를 통해서 서비스의 가치를 확신시킬 필요가 있다. ● 가게 안에서 서비스를 담당하는 부서에게는 서비스를 제공해 줄 수 있는 소비자를 우선 파악하는 것이 요구된다. ● 새로운 서비스는 다른 서비스들과 함께 실험할 수 있다. ● 서비스를 판매한 판매원에게 주어지는 보상이나 보너스는 서비스판매를 증가시킬 수 있다. ● 상점 밖에서 할 수 있는 서비스의 종류를 명확히 규정해야 한다.
매장관리 ● 더 전문화된 관리가 필요하다. ● 서비스를 수행할 종업원을 잘 선택하여야 하고 이들이 더욱 전문화된 활동을 하게 하여야 한다. ● 종업원당 이익률이 더 낮을 수 있다. ● 숙련 서비스맨에게는 더 많은 돈을 지불해야 한다.	● 서비스의 영역별로 분리된 관리가 필요하다. ● 서비스맨(종업원)의 성격과 특징, 능력을 파악할 수 있는 과학적인 방법이 필요하다. ● 서비스맨의 성과와 급여간의 비교가 자주 행해져야 한다. ● 급여 수준은 서비스맨의 근무기간에 따라 조정되어질 필요가 있다.
가격책정 ● 서비스에 드는 비용은 다양하다. 따라서 가격책정이 무척 어렵다. ● 가격경쟁이나 가격에 바탕을 둔 촉진활동의 경우 운영상 어려움이 적지 않다.	● 가격은 구입 전에 명확한 숫자로 표시하기보다는 일정한 가격 범위를 제시해 줄 수 있다. ● 서비스는 가격보다는 다른 기준들에 의해서 촉진될 수 있다.

유형재와 비교되는 서비스의 특징	서비스 소매점에서 필요한 경영상의 변화
불 평 • 서비스는 환불하기가 어렵다. • 고객들은 사람이 참여하는 서비스에 대해서 민감하게 반응한다.	• 고객의 불만족 사항을 조정할 수 있는 제도가 만들어져야 한다. • 조정에 대한 특정한 보증과 정책이 만들어져야 한다. 그리고 서비스보증을 위한 새로운 제도의 개발에 노력하여야 한다.
성과 측정 • 자본 지출이 서비스의 종류에 따라 매우 다양하다. • 서비스를 제공하는 데 재고가 거의 들지 않는다. • 높은 노동 비용이 든다. • 서비스에 따라 서비스상품 판매에 도움을 준다. • 원가 회계가 더 중요하게 간주된다.	• 소매점에서의 서비스의 가치 측정에서 순자산에서의 이익률이 가장 중요한 것은 아니다. • 회전율, 가격할인 통제, 기타 유형재와 관련된 통제수단들은 적합하지 않다. • 노동비를 제거한 후의 비용이 서비스판매에서 증가하는 마진을 대체한다. • 판매를 지원하기 위한 서비스는 이익을 위해서 창출되어지는 서비스와는 다르게 평가되어질 수 있다. • 개개의 판매량에 대한 이익을 측정하기 위해서는 직무명세서가 필요하다.
통 제 • 소비자들을 다른 상점이나 서비스점포로부터 빼앗아 올 혹은 빼앗길 기회가 더 크다.	• 서비스 충성도를 얻기 위한 종업원들의 의지와 태도, 그리고 인내가 필요하다. • 고객의 점포 충성도에 대한 지속적인 개발과 유지 및 보호가 필요하다.

자료: J. Patrick Kelly and William R. George, "Strategic Management Issues for the Retailing of Services," *Journal of Retailing*, Vol. 58(Summer 1982), pp. 40－42.

때문에, 서비스를 담당하는 사람들의 주된 관심은 입지선정이 된다. 왜냐하면 이런 서비스산업은 이들이 제공하는 시간적 그리고 장소적 효용에 따라 최종 소비자에게 가치가 있는지 없는지가 결정되기 때문이다. 서비스에서의 입지선정은 소매점에서의 입지선정과 비슷하기 때문에 여기서는 생략하기로 한다.

비록 제품과 서비스의 판매가 많은 점에서 유사하지만, 동일하지 않은 점도 적지 않다. 현실적으로 이들 양자간의 차이점을 구분하지 못했을 경우에는 운영상에서 많은 어려움을 겪게 된다. 양자간의 차이점과 경영상에서의 변화요인을 정리한 것이 〈표 14-1〉이다.

제2절 서비스 유통경로구조와 경로조정 문제

1. 유통경로구조

서비스 부문에서 많이 쓰이고 있는 경로구조는 〈그림 14-1〉과 같이 나타낼 수 있다.

대리인 또는 브로커 형태의 중간상들은 특별한 서비스산업에서 나타난다. 이들 중간상들은 서비스활동을 수행할 뿐만 아니라 소비하는 역할을 동시에 수행한다. 이들은 서비스를 창출·제공하는 사람들을 대표하기도 하고, 소비자를 대표하기도 하며, 양쪽 모두를 대표하기도 한다. 예를 들어 스포츠 대리인 또는 매니저는 메이저리그에 자신의 서비스를, 즉 자신의 재능을 팔고 싶어하는 프로선수들을 대표한다. 또한 주식브로커는 회사와 투자기관, 개인투자자, 그리고 매각할 주식을 갖고 있는 사

그림 14-1 서비스 요소에서 많이 나타나는 경로환경

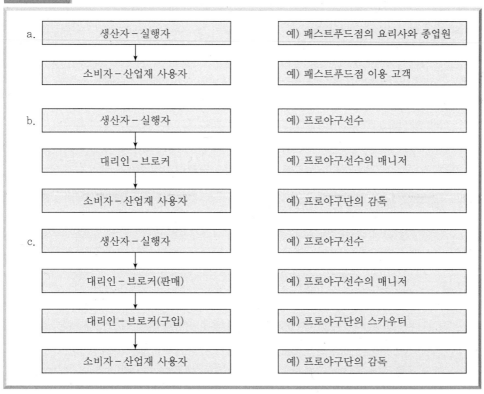

람들을 대표한다.

　유통경로에서 수행하는 과제들은 경로마다 매우 다양하기 때문에 서비스 경로에서도 다양한 대리인들과 브로커들의 기능을 유형화하기는 힘들지만, 서비스 대리인과 브로커들이 촉진과 협상 단계에서 중요한 역할을 한다는 점에서는 틀림없다. 예를 들어 자동차 수리점이나 식당에서는 상인 도매상이 서비스를 수행하는 데 필요한 기본적인 공급품들을 제공하는 데 있어서 중요한 역할을 한다. 하지만 실질적인 서비스는 소매점 수준에서 창출되어진다. 프랜차이즈업은 렌트카, 카펫 청소, 드라이크리닝, 모텔 등의 다양한 마케팅에서 매우 중요하다. 현실적으로 표준화된 서비스라면 어떤 것이든지 프랜차이즈화시킬 수 있다.

2. 경로조정 문제: 힘(영향력)과 갈등

　서비스 마케팅 경로는 종종 변화를 거부하기도 한다. 특히 경로구조가 작고 기업들마다의 독특한 경영기법이나 경영철학을 지니고 있는 회사들은 자신들의 기존의 생각과 관행을 탈피하여 새로운 변화를 받아들이기를 거부하곤 한다. 그러나 이러한 개개의 회사들도 수직적인 마케팅 시스템을 가지고 있는 조직 또는 경로와 성공적으로 경쟁하기 위해서는 경로 내의 다른 기업들과 같이 활동해야 한다. 효과적인 마케팅 경로관계는 힘을 경로 내에서 변화를 수행하도록 하는 데 사용한다. 그러나 힘의 사용은 경로구성원들 간의 갈등을 초래하기도 한다. 아래의 사례는 항공여행에서의 유통상의 변화가 어떻게 경로 갈등을 일으켰는지를 보여 준다.

사례: 美 항공사들의 경로상의 갈등

1. 1980년대 초기. 미국의 항공사인 Pan Am은 항공권의 가격을 지불하거나 판매하는 데 있어서 위험을 감수하거나 책임을 지는 계약자나 중간상에게 항공권을 도매가격으로 판매할 것을 신중하게 고려하고 있었다. 여행사들은 이 계획에 즉시 반대하고 나섰는데, 그 이유로는 기존의 여행사들끼리의 경쟁에서 자신들의 공급자인 항공사들과 직접적으로 경쟁해야 하는 쪽으로 자신들의 위치가 바뀌기 때문이다. 그들은 또한 이미 포괄적으로 정착되어 있는 운임료의 구조에 있어서 다양한 가격(예를 들어 도매가격)을 제시한다는

것은 기존의 구조를 엉망으로 만들 수 있다는 점을 지적했다. 뿐만 아니라 여행사들은 여행업과 아무런 관련이 없는 소매점들이 자신들의 제품 촉진을 위해서 비행기표를 도매가격으로 소매점에서 판매할 수 있다는 점에서 Pan Am의 계획을 일종의 위기로 여기게 되었던 것이다.

2. 전통적으로 항공사들은 국내 항공권 판매에 대해서 7%라는 고정적인 커미션을 지불했다. 여행사들이 이윤을 남길 수 있는 환경조건을 만들어 주는 보답으로, 항공사들은 언제나 여행사들간의 경쟁을 조정할 수 있는 규칙을 만들 수 있었다. 연방항공위원회는 1980년 4월부터 효력을 발휘하는 법률을 제정하였는데, 이는 기존의 고정화된 커미션을 폐지하고, 대신 항공사들에게 커미션 대신 여행사들을 보상할 수 있는 새로운 계획을 제공하라는 것을 주된 내용으로 하고 있다. 위원회는 이 법률의 의도는 소매가격을 통한 경쟁을 활성화시키고, 새로운 소매점 형태의 판매방법을 고무시키기 위한 것이라고 밝혔다.

United Airlines은 항공권당 $8.50씩 지불하겠다는 계획을 밝힌 최초의 회사이다. 하지만 여행사들은 더 높은 커미션을 제공하는 다른 항공사 쪽으로 전향하였다. 이에 따라 United Airlines은 첫 달에 13%의 판매량 감소를 겪어야 했다. 끝내 United Airlines은 자신들의 계획을 포기하고, 운항 거리에 따라 $7.50에서 $37.50까지의 커미션을 제공한다는 새로운 계획을 수립하였다. 다른 항공사들도 각자의 계획들을 제시하였는데, 예를 들자면, Eastern 항공사는 8-11%의 커미션을 지급할 것을 제안하였고, Frontier Airline은 10-11%의 커미션을 제공하는 계획을 가지고 있었다. 그리고 American Airline의 계획은 지나치게 복잡하여 대부분의 여행사들은 American Airline의 계획을 이해하지 못하겠다고 말했다.

자료: Josh Levin, "Pan Am Seeks Ticket Wholesaling," *Advertising Age*, January 23, 1980, pp. 1 and 84; "The Fracas over Who Will Sell Airline Tickets," *Business Week*, April 28, 1980, p. 107; "United Air to Pay Travel Agents Flat Fee, Replaced Commissions Based on Fares," *Wall Street Journal*, February 5, 1980, p. 5; "United Air, Responding to Complaints, Alters Travel Agent Compensation Plan," *Wall Street Journal*, February 19, 1980, p. 8.

제 3 절) 서비스 유통관리 사례

1. 이동통신 서비스

(1) 국내 이동통신 서비스 시장 현황

이동통신 시장은 3개의 이동통신망사업자(MNO; Mobile Network Operator), 즉 이동통신 서비스 공급업체에 의한 과점 시장으로 2014년 기준 총 가입자는 5,721만 명으로 꾸준히 증가하고 있다. 이러한 시장 과점 현상은 이동통신 시장이 전국 규모의 통신망뿐만 아니라 유통망을 구축해야 하는 등 대규모 시설 투자가 필요한 산업이므로 신규 이동통신 서비스 공급업체에 대한 진입장벽이 높기 때문에 발생하였다.

이동통신 서비스 공급업체 현황을 살펴보면, 1996년부터 신규업체 진입과 인수합병을 거치면서 2002년 이후 SKT, KT, LG U+ 3개의 이동통신 서비스 공급업체간 경쟁체제로 전환되어 현재에 이르고 있다. 2009년 KT가 KTF를 합병하고, 2010년 LG텔레콤, LG데이콤, LG파워콤 3사가 합병하여 LG U+가 출범함에 따라 유무선 통합 사업자 경쟁체제가 강화되었다.

2013년 기준 이동통신 시장의 총 가입자는 5,410만 명으로 꾸준히 증가하고 있지만 그 증가율은 크게 둔화되고 있는 상황이다. 또한 이동통신 전체 보급률이 2011년에 이미 105%를 상회함에 따라 시장포화 단계에 진입하고 있는 상황이다. 〈표 14-2〉에서 2007년과 2014년에 가입자 수가 일시적으로 증가하였는데, 2007년의 경우는 WCDMA 서비스의 활성화에 의한 것이고, 2014년의 경우는 단통법 시행이전 저렴한 단말기 구매의 증가에 의한 것이며, 그 이외에는 가입자 수 증가가 계속 정체되고 있다.

표 14-2 이동통신 서비스 공급업체별 누적 가입자 수 및 시장점유율 추이

구분		2005년	2006년	2007년	2008년	2009년	2010년	2011년	2012년	2013년	2014년
가입자수 (단위: 만명)	SKT	1,953	2,027	2,197	2,303	2,427	2,571	2,665	2,696	2,735	2,861
	KT	1,230	1,291	1,372	1,437	1,502	1,604	1,656	1,650	1,645	1,733
	LGU+	651	701	781	821	866	902	939	1,016	1,087	1,127
시장 점유율	SKT	50.9%	50.4%	50.5%	50.5%	50.6%	50.6%	50.6%	50.3%	50.0%	50.0%
	KT	32.1%	32.1%	31.5%	31.5%	31.3%	31.6%	31.5%	30.8%	30.1%	30.3%
	LGU+	17.0%	17.4%	18.0%	18.0%	18.1%	17.8%	17.9%	18.9%	19.9%	19.7%

자료: 한국통신사업자연합회 자료 재구성

| 표 14-3 | 이동통신 매출액 추이 |

구분		2004년	2005년	2006년	2007년	2008년	2009년	2010년	2011년	2012년	2013년
매출액 (단위: 십억원)	SKT	8,708	9,133	9,450	10,009	10,276	10,571	10,587	10,473	10,461	10,770
	KT	4,066	4,406	4,671	4,957	5,287	5,617	5,981	5,817	5,822	6,065
	LGU+	1,820	2,145	2,437	2,688	2,797	2,898	2,960	2,910	3,539	4,196
	합계	14,593	15,684	16,557	17,654	18,360	19,086	19,528	19,200	19,822	21,031
비중	SKT	59.7%	58.2%	57.1%	56.7%	56.0%	55.4%	54.2%	54.5%	52.78%	51.21%
	KT	27.9%	28.1%	28.2%	28.1%	28.8%	29.4%	30.6%	30.3%	29.37%	28.84%
	LGU+	12.5%	13.7%	14.7%	15.2%	15.2%	15.2%	15.2%	15.2%	17.85%	19.95%

자료: 정보통신정책연구원 (2014), 통신시장 경쟁상황 평가(2014년).

이동통신 서비스 공급업체별 가입자 수를 살펴보면, 2014년을 기준으로 할 때 SKT는 2,861만 명, KT는 1,733만 명, LG U+는 1,127만 명이며, 누적 시장점유율을 살펴보면, SKT가 50.0%, KT가 30.3%, LG U+가 19.7%로 나타났다(표 14-2 참조). 각 업체의 시장점유율은 2005년 이후 큰 변화 없이 고착되는 양상을 나타내고 있다. 이동통신 서비스 공급업체별 매출액을 살펴보면, 2013년 기준으로 SKT는 10조 7,699억 원, KT는 6조 650억 원, 그리고 LG U+는 4조 1,955억 원으로 3사 모두 매출액이 지속적으로 증가하였다(표 14-3 참조). 전체 시장 대비 매출액 비중을 살펴보면, SKT는 51.21%, KT는 28.84%, 그리고 LG U+는 19.95%으로 나타나 전반적으로 전체 시장 대비 매출액 비중에 큰 변화가 없고, SKT와 KT가 소폭 감소한 가운데 LG U+는 증가하였다(표 14-3 참조).

이동통신 시장의 전체 매출액은 2011년 잠시 감소되었다가 그 이후 2013년 약 21조로 성장해오고 있는 것을 알 수 있다. 이것은 전체 이동통신 시장의 가입자 수가 포화되었지만, 보조금 제공과 함께 고가요금제 가입이나 번호이동을 유도함에 따라 소비자들의 통신 과소비가 발생하였기 때문인 것으로 사료된다.

(2) 이동통신 서비스 유통구조

이동통신 서비스는 이동통신 단말기와 결합상품이다. 따라서 이동통신 서비스 유통구조는 이동통신 단말기 유통구조와 함께 이해할 수 있다. 먼저 이동통신 단말기 유통구조는 크게 폐쇄형 유통구조와 개방형 유통구조로 나누어질 수 있다. 이러한 유통구조를 구분하는 기준은 단말기 제조업체가 단말기를 직접적으로 유통경로상의 어떤 경로구성원에게 공급하는가이다. 폐쇄형 유통구조는 이동통신 단말기 제조업체가 이동통신 서비스 공급업체에게 직접 단말기를 공급하는 시장으로 이동통신 서비스 공급업체가 단말기 제조업체로부터 시장에 공급되는 모든 단말기를 구매하여 자사의 네트워크를 통해 최종소비자에게 판매하는 구조를 말한다. 다시 말해서, 단말기 제조업체가 이동통신 서비스 공급업체에게 단말기를 제공하여 이동통신 서비스 공급업체가 자사 대리점에서 판매점을 거치거나 직영점을 통해서 공급하는 것을 말한다. 반면, 개방형 유통구조는 단말기 제조업체가 유통업체에게 직접 공급하는 시장으로 이동통신 서비스 공급업체가 모든 단말기의 유통을 독점하는 것이 아니라 단말기 제조업체와 유통업체가 개별적으로 단말기를 유통하여 최종 소비자에게 판매하는 구조이다.

이를 좀 더 자세히 살펴보면 다음과 같다. 먼저 폐쇄형 유통구조를 보면 이동통신 서비스 공급업체가 단말기 제조업체와의 거래에서 상대적으로 보다 높은 협상력이 있을 때 형성되며, 그러한 협상력을 이용하여 이동통신 서비스 공급업체는 단말기를 브랜드화할 수 있을 뿐만 아니라 대량구매를 통해 규모의 경제를 실현할 수도 있다. 하지만 단말기 제조업체는 이동통신 서비스 공급업체를 통해서 단말기를 판매할 수 있기 때문에, 이동통신 서비스 공급업체가 낮은 구매가격을 요구하면 수용할 수밖에 없다. 그리고 유통업체인 대리점이나 판매점도 역시 이동통신 서비스 공급업체에게 종속되어 있다.

한편, 개방형 유통구조는 이동통신 서비스와 단말기가 각각 독립적으로 분리된 유통과정을 통해 최종소비자에게 판매된다. 최종소비자는 자신이 어떤 단말기를 가지고 있는지에 관계없이 자신이 선호하는 이동통신 서비스 공급업체에서 서비스를 구매할 수 있다.

국내 이동통신 서비스 유통구조는 이동통신 서비스 공급업체 3사가 제조업체로부터 단말기를 공급받아 그들이 직접 관리하는 대리점과 직영점에게 그것을 공급한 뒤 대리점이 또 다시 그것을 판매점에게 공급하는 유통흐름을 갖추고 있다. 이러한 유통흐름에 대해 좀 더 자세히 언급하면 다음과 같다. 먼저 제조업체가 생산한 단말기는 이동통신 서비스 공급업체를 통해 대리점으로 공급된다. 이동통신 서비스 공급업체는 대리점에 신용거래를 통해 단말기를 공급한다. 대리점은 독립적으로 운영되는 일반 대리점과 이동통신 서비스 공급업체의 직영 대리점으로 나누어진다. 그리고 대리점은 판매점과 위수탁 계약을 맺고 단말기와 함께 이동통신 서비스를 공급하게 된다. 대리점은 판매의 일부 또는 대부분을 판매점에 위탁하고 가입자 유치 실적에 따라 판매수수료를 판매점에 지급한다. 판매점은 이동통신 서비스 공급업체와 공식적인 관계는 없고 실질적인 전속관계도 없기 때문에 다수의 이동통신 서비스 공급업체의 서비스 상품을 함께 판매할 수 있다. 판매점은 개별 계약을 맺고 있는 대리점을 통해 영업 판촉물 등을 지원받고 이동통신 서비스의 신규 가입 및 변경 등의 업무를 수행한다.

결국, 국내 이동통신 시장의 유통구조는 주로 폐쇄형 유통구조라 할 수 있다. 이 러한 폐쇄형 유통구조에서는 이동통신 서비스 공급업체가 서비스 개발 단계에서 서비스에 특화된 단말기 사양을 결정하여 단말기 제조업체에게 제시하고, 제조업체는 이를 바탕으로 단말기 설계와 제조를 수행하게 된다. 이동통신 서비스 공급업체는 이러한 과정을 통해 제조된 단말기를 전량 구매하여 이동통신 서비스 공급업체 자신의 브랜드를 부착하여 최종소비자에게 판매할 수 있게 된다. 따라서 특정 단말기를 원하는 최종소비자는 해당 단말기에 통신서비스를 제공하는 이동통신 서비스 공급업체를 선택할 수밖에 없다는 것이다. 그러나 현재에는 개방형 유통구조도 나타나고 있어서 특정 단말기에 특정 통신서비스를 제공하는 성향이 사라지고 있고, 이동통신 서비스 공급업체를 구분할 수 있는 브랜드 로고 표시도 단말기의 후면으로만 국한되어 있다. 게다가 이동통신 서비스 공급업체 간 서비스 품질이 대동소이해짐에 따라 최종소비자들은 이동통신 서비스 공급업체가 아닌 자신이 선호하는 단말기를 최우선 고려사항으로 여기는 성향이 강하다.

(3) 이동통신 단말기 보조금 정책과 이동통신 서비스 유통경로의 문제점

1) 이동통신 단말기 보조금 정책

단말기 제조업체와 이동통신 서비스 공급업체가 제공하는 단말기 보조금은 대리점과 판매점의 유통망을 거쳐 최종소비자에게 지급된다. 이외에도 이동통신 서비스 공급업체는 단말기 판매와 연계한 판매장려금과 가입자 유지 등에 대한 수수료를 대리점과 판매점에 지급하는데 대리점과 판매점은 이 판매장려금 일부를 최종소비자에게 보조금으로 지급한다.

최종소비자들은 이동통신 서비스에 가입하고 단말기를 구매할 때 〈그림 14-2〉에서와 같이 다양한 보조금을 받을 수 있다. 이러한 단말기 보조금의 구성에 관해 좀더 구체적으로 설명하면 다음과 같다. 우선 단말기 제조업체는 '장려금'이라는 명목으로 보조금을 지원한다. 이 보조금은 단말기 제조업체들 간의 경쟁 속에서 해당 제조업체가 단말기를 많이 판매하기 위한 방안으로써 최종소비자에게 지원하는 보조금이다.

최종소비자는 단말기 제조업체의 보조금 이외에 이동통신 서비스 공급업체의 약정보조금뿐만 아니라 판매점과 대리점이 결정하는 약정외 보조금을 지원받을 수 있다. 약정보조금은 최종소비자가 특정 이동통신 서비스 공급업체를 일정기간 이상 가

그림 14-2 단말기 보조금 종류 및 지급 경로

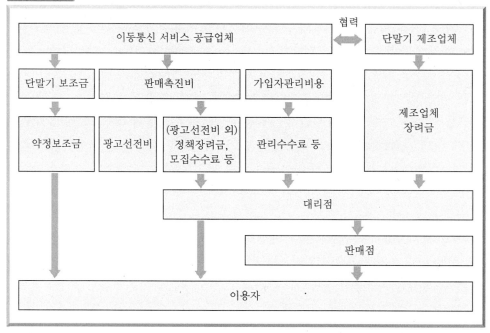

자료: 이상헌(2013), 바람직한 단말기 보조금 정책방향, ICT포럼 발표문, 2013. 3. 20.

입해주는 가입기간 약정을 전제로 이동통신 서비스 공급업체가 직접 가입자에게 지급하는 보조금이다. 약정 외 보조금은 가입자(최종소비자)에게 단말기를 출고가보다 저렴한 가격에 판매하기 위하여 제공하는 일체의 경제적 이익을 말한다. 이 보조금은 대리점이나 판매점에서 고객유치를 위해 가입자의 연령대나 신규가입, 번호이동 여부에 따라 차별적으로 지급하는 것으로, 대리점과 판매점에서 경쟁적으로 이것을 지원하다보니 최종소비자들 간에 그 금액이 매우 극심하게 차이가 난다. 약정 외 보조금의 재원에는 이동통신 서비스 공급업체가 제공하는 판매장려금(단말기 판매수수료), 가입자 모집 수수료, 그리고 관리수수료, 단말기 제조업체가 제공하는 판매장려금, 대리점 자체가 실행하는 선투자 등이 포함된다. 단말기보조금에서 가격차별이 일어나는 주된 원인이 바로 약정 외 보조금이라 할 수 있으며, 이 보조금으로 인해 최종소비자는 단말기 제조업체의 출고가보다 훨씬 낮은 가격에 단말기를 구입할 수 있는 것이다.

2) 단말기 보조금으로 인한 이동통신 서비스 유통경로의 문제점

이동통신시장이 이미 포화상태가 되어 국내 이동통신 서비스 공급업체들은 고객

유치를 위해 단말기 보조금을 이용한 공격적인 마케팅 활동을 수행해 왔다. 그로 인해 이러한 단말기 보조금에 대한 정부의 규제도 역시 끊임없이 논란의 대상이 되어왔다. 그렇다면 단말기 보조금이 어떠한 문제점들을 갖고 있는 것일까?

첫째, 단말기 보조금으로 인해 부당한 이용자(최종소비자) 차별이 발생되었다는 것이다. 동일 단말기를 구입하는 이용자들 간에도 유통망별 보조금 수준이 천차만별로 이용자 차별이 확대되었다는 것이다. 이것은 결국 모든 이용자들에게 받은 요금 수익으로 단말기 교체가 잦은 소수의 이용자들에 대한 보조금을 보전하게 된 것이다. 둘째, 보조금으로 인해 통신비 부담이 증가하였다는 문제점도 발견되고 있다. 우선 보조금을 제공하면서 고가 요금제를 가입하도록 유도함에 따라 통신 과소비가 조장되었던 것이다. 이동통신 서비스 공급업체는 단말기와 통신서비스를 결합판매하면서, 고수익을 기대할 수 있는 고가 요금제를 가입한 이용자들에게 보조금을 집중적으로 제공하였다. 그로 인해, 이용자들은 저가에 단말기를 구매하기 위해 어쩔 수 없이 고가 요금제에 가입하게 되어 불필요한 통신 과소비를 초래하게 되었다. 또한 보조금 과열 경쟁으로 인해 이용자들은 단말기를 빈번히 교체함에 따라 통신비 부담이 증가하게 되었다. 특히 스마트폰이 시장에 도입된 이후 단말기 출고가가 상승하여, 잦은 스마트폰 교체는 가계통신비 부담을 가중시켰다. 예를 들면, 한국의 월평균 가계통신비는 2008년 13만원에서 2012년 15만원으로 상승하였는데, 이는 OECD 국가들 중 두 번째로 높은 것으로 나타났다. 셋째, 소모적인 보조금 경쟁으로 인해 이동통신 서비스 공급업체들이 초과이윤이 축적되지 않아 미래 네트워크 투자가 위축되었다. 이동전화 보급률이 이미 100%를 초과한 시장상황에서 이동통신 서비스 공급업체들은 소모적인 가입자 뺏기에 마케팅비용 등의 자원을 소모하여 설비투자를 할 여력이 축소될 수밖에 없었다. 마지막으로, 단말기 보조금은 알뜰폰과 자급단말기 등 경쟁시장의 형성을 저해하였다. 이동통신 서비스 공급업체의 보조금 과열 경쟁으로 인해 알뜰폰 시장 형성을 통한 서비스 경쟁이 어렵게 되었다는 것이다. 보조금 지급능력이 미비한 소규모 이동통신 서비스 공급업체인 알뜰폰 이동통신 서비스 공급업체들은 기존 이동통신 서비스 공급업체 3사보다 20-30% 정도 저렴한 요금을 제시하지만, 과도한 보조금(예: 60-70만원)으로 인해 요금 경쟁력이 상쇄되어 기존 이동통신 서비스 공급업체와 경쟁하기 곤란하였다. 한편, 20만 원대인 중저가 자급단말기도 역시 가격경쟁력이 상실하여 자급제 시장 형성이 제한될 수밖에 없었다.

(4) 이동통신단말장치 유통구조 개선에 관한 법률(단통법)의 출현

단말기 보조금은 이용자의 초기 가입 부담을 줄이고 신규서비스 시장을 활성화하는 데 기여하는 측면도 있지만, 과도한 보조금 경쟁과 차별적 보조금 지급은 소비자 후생을 왜곡하고 이동통신 시장의 건전한 발전을 저해하였다. 그러므로 이동통신 서비스와 단말기 시장의 경쟁을 촉진하고 최종소비자의 후생 개선을 위해 제도적 보완이 필요하였다. 이에 정부는 단통법의 시행령을 2014년 5월에 공표하였고, 그 해 10월부터 시행하였다. 그 내용을 살펴보면 다음과 같다.

우선, 단통법은 차별적 보조금 제공을 금지하고 있다(제3조 지원금의 차별 지급 금지). 다시 말해서, 이동통신 서비스 공급업체, 대리점, 혹은 판매점은 이용자의 가입 유형(번호이동, 신규가입, 기기변경 등), 이동통신 서비스 요금제, 이용자의 거주 지역, 나이 혹은 신체적 조건 등의 사유로 부당하게 차별적인 보조금을 지급하는 행위를 금지하고 있다. 단통법은 또한 보조금 공시를 의무화하고 있다(제4조 지원금의 과다 지급 제한 및 공시). 보조금 지급의 투명성을 제고하기 위해, 이동통신 서비스 공급업체는 홈페이지 등에 이동통신 단말기별 출고가격, 보조금, 출고가격에서 보조금을 차감한 판매가격 등 보조금 지급 내용과 요건에 대해서 이용자가 쉽게 알 수 있도록 공시해야 한다. 단, 대리점이나 판매점은 이동통신 서비스 공급업체가 공시한 보조금의 15% 범위에서 이용자에게 보조금을 추가로 지급할 수 있다. 대리점이나 판매점은 이동통신 서비스 공급업체가 공시한 보조금 지급 내용과 요건, 그리고 추가 지급 보조금을 이용자가 쉽게 인식하도록 영업장 등에 게시해야 한다.

단통법의 또 다른 주요내용은 보조금 지급 조건으로 고가 요금제를 강제하는 계약체결을 제한한다는 것이다(제5조 지원금과 연계한 개별계약 체결 제한). 구체적으로 살펴보면, 이동통신 서비스 공급업체, 대리점, 혹은 판매점은 이용자와의 이동통신 서비스 이용계약 시, 이용약관과 별도로 보조금을 지급하겠다는 조건으로 특정요금제, 부가서비스 등의 사용 의무를 일정기간 부과하고 이를 위반할 경우 위약금을 부과하는 등의 개별계약을 체결해서는 안 된다는 것이다. 예를 들어, LTE 7만 2천원 요금제를 3개월 의무 사용 조건으로 보조금을 지급하는 행위는 금지된다는 것이다.

한편, 단통법에는 이용자의 차별 해소와 이용자의 합리적 선택을 지원하기 위하여 이동통신 서비스 공급업체는 보조금을 받지 않는 이동통신 이용자에 대해 혜택을 제공해야 한다는 내용이 포함되어 있다(제6조 지원금을 받지 아니한 이용자에 대한 혜택 제공). 좀 더 구체적으로 설명하면, 이동통신 서비스 공급업체는 이동통신 서비스 가입 시 보조금을 받지 않고 이동통신 서비스에 가입하려는 이용자(이동통신단말장치를 구입하지 않고 서비스만을 가입하려는 이용자를 포함함)에 대하여 보조금에 상응하는 수준의 요금할인 등 혜택을 제공하여야 한다는 것이다. 결국 이러한 법 제정은 이용자가 이동통신 서비스에 가입할 때 이동통신 서비스 공급업체가 단말기 할인과 요금할인을 분리하는 요금제를 실행하게 유도한다. 다시 말해서, 이동통신 서비스 공급업체는 자사에서 단말기를 구매하는 가입자에게 일정 금액의 단말기 할인(보조금)을 지원하는 '단말기할인코스'와 자급 단말기 이용자 등 서비스 단독 가입자 등에게 단말기 할인에 상응하는 요금 할인을 지원하는 '요금할인코스'를 분리하여 이용자들에게 제시하여야 할 것이다.

마지막으로, 단통법은 단말기 구매비용에 대해 명확히 고지할 것을 요구하고 있다(제7조 이동통신단말장치 구입비용 구분 고지 등). 다시 말해, 이동통신 서비스 공급업체는 이동통신 단말기 구입비용이 이동통신 서비스 이용요금과 혼동되지 않도록 명확하게 구분 표기하여 고지 및 청구해야 한다. 그리고 이동통신 서비스 공급업체, 대리점, 혹은 판매점은 서비스 약정 시 적용되는 요금할인액을 보조금으로 설명하거나 표시 및 광고하여 이용자로 하여금 이동통신 단말기 구입비용을 오인하게 해서는 안 된다. 또한 그들은 이동통신 단말기를 할부 판매하는 경우 이용자가 합리적으로 선택하도록 할부기간과 추가적인 청구비용 등에 관하여 명확하게 고지해야 한다.

(5) 단통법으로 인한 이동통신 서비스 유통경로의 변화 전망

1) 이동통신 유통경로의 양극화와 중소유통업체의 구조조정

단통법은 이동통신 유통경로 전반에 걸쳐 상위업체와 대형업체에게 유리하게 작용할 것으로 판단된다. 보조금을 이용한 가격경쟁이 어려워지면서 단말기 제조업체와 이동통신 서비스 공급업체는 브랜드 파워와 기존 시장점유율을 가지고 있는 상위업체에게 유리한 상황이 될 것으로 보인다. 이러한 현상은 이동통신의 주요 유통업체인 대리점과 판매점에서도 나타나서 경쟁력이 부족한 중소대리점, 특히 판매점의 구조조정이 활발히 일어날 것이다. 단통법 이전에는 판매점을 통해 이동통신 서비스 공급업체들의 보조금 규모를 파악하여 보조금이 많은 업체로 번호이동을 해야 단말기를 저렴하게 구입할 수 있었으나, 단통법 이후에는 차별적 보조금 제공이 금지됨에 따라 신뢰할 수 있는 대형 대리점이나 직영점을 통한 상담과 요금할인 정보를 확인하는 것이 중요하여 판매점이 존폐위기에 처할 것이다. 또한 프랜차이즈 형식을 이용한 대기업의 유통참여가 예상되기도 한다. 이는 이동통신 유통산업이 효율적인 구조로 변화한다는 장점이 있는 반면, 다른 산업과 마찬가지로 중소유통업에 타격을 줄 가능성이 높고, 서민경제에 악영향을 줄 수도 있기 때문에 중소유통업을 보호하기 위한 대책이 요구된다고 할 수 있다.

2) 타 유통경로의 확대와 대리점 유통경로의 축소

단통법으로 인해 경쟁력이 약한 중소대리점과 판매점이 폐업이 되면서 기존의 대리점 유통경로는 점포 수 및 매출액 규모면에서 축소될 것으로 판단된다. 이와 반대로 단말기 가격이 일정하기 때문에 인터넷쇼핑몰, TV홈쇼핑, 모바일커머스, 방문판매, 다단계판매 등 고객의 편의성을 높여주는 다양한 무점포 유통경로가 이동통신 유통경로의 새로운 대안으로 등장할 전망이다. 뿐만 아니라 단통법 시행 이후 단말기 제조업체와 이동통신 서비스 공급업체 간 협력관계가 과거에 비해 매력적이지 않기 때문에, 주요 단말기 제조업체인 삼성전자나 LG전자는 자사가 보유한 전속유통망(예: 디지털프라자, 베스트샵 등)을 이용한 단말기 유통을 확대할 가능성이 높다. 하이마트나 전자랜드21과 같은 카테고리킬러뿐만 아니라 이마트, 홈플러스, 롯데마트 등 대형할인점 업체에서도 단말기를 주요 품목으로 취급하려고 할 것이다. 이처럼 이동통신 유통경로는 업태 내 경쟁에서 업태 간 경쟁으로 전환되게 될 것이다.

3) 저가 단말기 전문매장 등장과 이동통신재판매 사업자의 성장

단통법은 저가 단말기 시장을 확대시킬 것이다. 그로 인해 저가 수입제품들을 주로 취급하는 저가 단말기 전문매장이 등장할 가능성이 있다. 뿐만 아니라 알뜰폰처럼 독자적인 통신망 없이 이동통신 서비스 공급업체 3사의 통신망을 임차하여 재판매하는 이동통신 재판매사업자에 대한 수요도 증가할 전망이다. 어차피 단말기 구매와 이동통신 서비스 구매를 한 매장에서 하지 않아도 된다면 가격에 민감한 소비자들은 저가 단말기 매장에서 단말기를 구입하여 이동통신 재판매사업자에게서 이동통신 서비스를 가입하는 방법으로 전체 통신비를 최소화하고자 할 것이다.

4) 음성적 장려금/Payback의 성행 가능성

기존에는 단말기 제조업체-이동통신 서비스 공급업체-대리점의 유통경로 전체에 걸쳐서 나타나던 보조금이 단통법으로 인해 상한선이 정해지고, 단말기 및 이동통신 요금에 대한 소비자의 부담이 줄어들지 않는다면, 비공식적인 음성적 장려금이 나타날 가능성이 높고, 이는 대리점을 중심으로 이루어질 수 있다. 또한 대리점들의 장려금에 대해 제조업체와 이동통신 서비스 공급업체가 리베이트 형태로 보전해 줄 가능성이 높다. 이는 단통법 시행의 근간을 흔들 수 있는 부작용이고, 이를 막을 수 있는 대책을 사전에 마련해 두지 않으면 단통법 이전보다 더 큰 정보의 비대칭성, 소비자의 혼란, 과도한 판매촉진 경쟁과 그로 인한 통신비의 인상을 초래할 것이다. 예를 들어, 대리점에서 신규 및 기변 가입상담을 하는 경우, 단통법에 따라 보조금 상한선이 있음에 따라 유무선 결합상품 가입을 통해 소비자에게 혜택을 제공하는 추세

가 확대되고 있다. 그런데 사실 결합상품은 상당히 설명이 복잡하고 약관상 알아두어야 할 내용도 많기 때문에 판매 후에 대리점과 고객 사이에 민원으로 이어지는 경우도 많이 있다. 현재 단통법 개정을 검토하고 있는 정부는 이에 대한 심도 있는 고려가 필요하다.

5) 이동통신 유통경로 내 파워 구조의 변화

단통법으로 인해 단말기 가격이 균일화된 상황에서는 기존 제조업체와 이동통신 서비스 공급업체 간 제휴형태의 유통경로가 더 이상 Win-win관계를 지속하기 어려울 것으로 전망된다. 삼성전자나 LG전자 등 자체 전속유통점이 있는 제조업체들은 기존 유통점을 활용하거나 프랜차이즈 형태의 신규 유통망을 구축하여 단말기 중심의 영업을 할 것이고, 이동통신 서비스 공급업체는 서비스의 차별화 중심으로 경쟁전략을 수정할 것으로 전망된다. 그로 인해, 보조금을 활용한 공동마케팅은 더 이상 효과가 없고, 서로 각자의 영역에서 제품과 서비스의 개선을 위해 노력할 것이다. 결국, 제조업체와 이동통신 서비스 공급업체 간 주도권 경쟁이 심화될 것으로 보인다. 뿐만 아니라 단통법 환경 하에서 생존한 경쟁력 있는 대형대리점들은 단말기와 이동통신 서비스를 대량으로 취급한다는 점에서 현재보다 더 많은 협상력을 가질 것이고, 만약 대기업 자본이 프랜차이즈 등의 형태로 유통업에 진출한다면 단말기 제조업체나 이동통신 서비스 공급업체보다 더 큰 협상력을 가질 가능성이 높다.

자료원: 송영욱, 성민, 김상덕(2015), "이동통신단말장지 유통구조 개선에 관한 법률이 이동통신 유통경로에 미치는 영향," 유통연구, 20(3), 1-26.

2. 여행업 서비스

(1) 여행산업 유통구조

국내 여행시장의 확대는 여행사들 간의 경쟁을 더욱 심화시키고 있다. 이와 더불어 항공권발권수수료 폐지 및 인터넷 시스템의 발달 등과 같은 여행사의 주 비즈니스 모델의 변화는 여행사 수익모델의 변경(항공권 판매 비중 축소, 여행상품 판매비중 확대), 여행사의 대형화 및 서비스 공동화 비즈니스 모델 도입을 초래하여 점차적으로 대형 여행사가 주도하는 유통구조가 형성되고 있다. 즉 관광목적 출국수요 비중, 여행상품 판매비중의 점진적인 증가, 여행사 간 제휴합병을 통한 대형화와 계약대리점 운영을 통한 계단식 유통구조 형성 등 해외사례와 유사한 형태로 변화할 수 있을 것이라는 문제들이 제기되고 있다.

심화된 경쟁에 따라 국내 여행산업 내 업체들(예를 들어, 호텔, 여행사, 항공사 및 랜드사 등)은 다양한 경로로 여행상품을 판매해야만 일정수준 이상의 매출액 확보가 가능하기 때문에 복잡한 유통구조를 보이고 있다. 그 가운데서도 가장 기본적으로 유통 및 제조 측면에서 여행산업을 분류하자면, 도매기능을 수행하는 업체와 소매기능을 수행하는 업체로 구분할 수 있다. 일반적으로 여행 도매업자는 수요를 미리 예측하고 여행목적지까지의 수송 및 목적지에서의 숙박, 기타 부가적인 서비스를 준비하여 이를 완전한 상품으로 제공하는 자를 의미한다. 또한 이를 여행사 혹은 자사의 영업소를 통해 개인과 단체에게 일정한 가격으로 제공하는 유통경로 상의 업체로 정의된다. 이와는 달리 여행 소매업자는 여행, 숙박 및 이에 수반되는 부가적인 서비스와 서비스 조건을 최종소비자에게 전달하고, 이를 서비스 공급자인 항공사(혹은 호텔)로부터 지정된 가격으로 판매하도록 인정받은 업체를 의미한다. 즉 여행 소매업자는 도매업자와는 달리 중간업자로서의 역할만을 수행하는 특징이 있으며, 여행상품을 판매하면 판매액에 상응하는 일정비율의 수수료를 받는 업체로 규정되어 있다.

즉 여행상품을 판매하는 관리적 차원에서의 여행사 유통구조는 두 가지 시스템을 이용하고 있다. 첫째, 직접유통으로 생산자가 상품 및 서비스를 직접 고객인 여행자에게 판매하는 것이며, 둘째, 간접유통으로 한 명 이상의 중개인이 여행사와 여행자 사이에서 여행상품을 연계하여 판매하는 것을 말한다. 이러한 유통시스템을 통해 여행자들은 직접 또는 간접경로의 과정을 거쳐 여행상품을 구매 및 이용하게 되고, 여행상품의 생산자는 유통경로별 영향요인을 고려하면서 유통경로를 선택하고 결정하게 된다. 이와 같이 여행사에 있어서 유통방식이 크게 직·간접(도·소매)의 유통형태를 유지하고 있는 여행시장의 환경, 여행상품의 특성, 여행사의 영업목표 등에 따라서 결정되어 여행시장에서 위치, 비용(원가 등), 지역, 고객구조 등의 요소들이 작용한다고 볼 수 있다.

(2) 여행사와 랜드사의 관계

여행사는 경영과 유통, 그리고 마케팅 등 다양한 분야에 걸쳐서 관계를 구축하고 있다. 즉 이들과 원활한 관계를 지향한다는 것은 여행사 입장에서 새로운 상품의 기획 및 효과적인 유통 시스템의 관리적 차원에서 매우 중요한 역할을 한다. 그러나 국내 여행산업의 특성 상 여행사와 파트너들간의 관계는 여행상품의 판매를 통해 일방향적인 관계를 유지하기 때문에 대부분 엄격한 수직관계로 이루어져 있다. 최근 몇몇의 여행사를 토대로 기존의 경영환경과 유통기능, 그리고 마케팅 수단을 보완, 파트너와의 결속과 협력을 넘어선 협쟁의 관계를 추구하는 다양한 방안을 모색하고

있지만, 여전히 전통적인 유통 시스템과 채널(여행사와 항공사, 랜드사 등과 같은)이 복
잡한 구조를 보이고 있다.

　　여행사와 랜드사의 관계는 불확실성 및 힘과 의존도의 문제, 프로그램 개발 및
연합을 통해 상호 간 관계성과를 고려한 수익적 측면이 포함되므로 더욱이 일방향적
인 관계를 유지하고 있다. 특히 랜드사의 경우, 주로 현지국의 패키지 위주의 상품을
취급하고 있고, 대부분 대형 여행사의 판매량에 의존한 거래를 통해 이익을 실현하
고 있는 실정이다. 그러므로 여행사-랜드사 간 유통경로는 전반적으로 여행사가 경
로 상 영향력을 가지고 있는 경우가 많다. 또한 랜드사의 여행 상품은 대부분 계절적
요인, 상황적 요인 및 환경적 요인으로 인한 제약요건이 강하고, 한정된 양만을 공급
하기 때문에 여행사의 경로통제권 내에서 경제적 관계를 유지해야 한다.

　　인터넷 및 모바일의 발전으로 인해 소비자는 관광 목적지에 대한 실시간 정보를
보다 쉽게 확인할 수 있으며, 기존의 여행사-랜드사의 패키지 상품이 아닌, 직접 해
당 국가를 여행하는 자유여행에 대한 선호가 지속적으로 증가하고 있다. 이러한 여
행산업의 환경적 요인은 랜드사 입장에서 여행사와의 거래를 더욱 원활히 해야 하는
요인으로 작용하게 되었다. 여행상품의 유통 및 마케팅 채널에 대한 새로운 기능과
특성을 요구하는 소비자의 수요가 점차적으로 증가하고 있어서 더욱이 여행사와 랜
드사 간의 공급사슬 관계를 연결하는 하나의 채널로 형성되고 발전해야만 하는 과제
를 안고 있다.

　　이에 따라 여행사와 랜드사 간의 우호적인 관계 질의 형성은 중요한 이슈로 작
용한다. 특히 여행사가 취급하는 패키지 상품의 유통경로는 경로 상 영향력을 대부
분 여행사가 가지고 있다. 즉 기존의 유통경로와 같이 구매자와 공급자 간 장기적인
관계 유지를 통한 상품화 작업뿐 아니라, 상품의 판매가 여행사 차원에서 대다수 이
루어지므로 경영성과 차원에서 여행사의 역할이 중요하다. 여행사와 랜드사의 우호
적인 관계형성은 성과적 차원에서 반드시 고려되어야 한다.

　　일반적으로 관계품질은 상호 간 관계의 전반을 측정할 수 있는 것으로, 과거의
성공적이거나 비성공적인 일련의 사건들을 판단의 기준으로 하여 당사자들의 필요
및 기대를 충족시키는 정도로 정의할 수 있다. 즉 여행사-랜드사의 관계품질은 유통
경로의 관계수준을 가늠할 수 있는 기준으로, 경로연구에서 중요한 의미를 지닌다.
특히 과거의 경험을 토대로 한 현재의 관계 현황을 대변하므로 향후 관계에 대한 의
사결정의 기준이 되기도 한다. 특히 유통경로연구의 대상이나 경로의 효율적인 운영
에 있어서 관계의 질을 측정하는 것은 성과를 측정하는 데 중요한 역할을 한다.

　　그러나 여행사와 랜드사의 유통구조는 여행사가 단독으로 유통과 마케팅 기능을

전환하기에는 무리가 있으며, 여행사의 경영특성 및 유통기능에 대한 발전을 위해서
는 외부환경 즉, 관광목적지의 실제 상황과 관광목적지에 대한 불확실성의 감소를
위한 협력적인 파트너십이 절실한 상황이다. 다시 말해서 여행사와 랜드사의 관계는
일차적으로 관광산업 내에서 수요자와 공급자, 구매자와 판매자의 거래관계로 파악
할 수 있는데, 효율적인 거래관계의 구조화를 위해서는 여행사와 랜드사 상호 간의
관계뿐 아니라, 보다 확장된 관계의 네트워크가 고려되어야 한다. 즉 거래의 핵심은
구매자와 판매자의 관계이므로 이들 간 관계가 우선적으로 정립되어야 할 것이다.

따라서 여행사의 유통과 마케팅 기능을 중심으로 랜드사와의 관광 목적지에 관
한 여행정보 네트워크를 구축하여 결속과 협력의 관계를 형성하는 것이 보다 중요하
게 대두되며, 신뢰수준에 의해 형성되는 서로 간의 관계에서 중심적인 역할을 하는
것으로 인식되고 있음을 감안하여 여행사와 파트너 간의 관계를 재조명하고 미래지
향적인 파트너십을 제시하기 위한 방안의 모색이 필요하다.

자료원: 채단비(2015), "영향전략 유형이 관계품질에 미치는 영향," 건국대학교 박사학위논문.

● 요 약

서비스는 무형의 재화이고, 서비스의 무형성(Intangibility)은 ① 서비스가 저장되
거나 이동될 수 없으며, ② 서비스가 생산되는 장소와 판매되어지는 장소가 일치한
다는 것을 의미한다. 따라서, 서비스 마케팅에서 유통관리의 핵심적인 과제는 서비
스를 폭넓게 이용할 수 있도록 만들어, 조직 구매자 혹은 개인 구매자들이 쉽게 서비
스를 획득하도록 하는 것이다.

서비스와 재화는 생산, 매장관리, 촉진, 가격책정, 불평관리, 성과측정, 통제 등
에서 차이를 보이고 있다. 유통관리 개념이 서비스의 유통경로구조와 조정에도 적용
되어질 수 있으며, 특히 건강관리 서비스와 숙박 서비스에 그 활용정도가 높다. 주로
미국의 경우에 준하여 사례가 설명되었으나 우리나라 입장에서도 향후 검토되어야
할 중요한 문제라고 판단된다.

◆ 문제제기

1. 재화와 비교되는 서비스의 특징을 설명하고 서비스 관리상에는 어떤 변화를 주어야 하는지를 설명해 보시오.
2. 이동통신 사업을 시작하려고 할 경우 어떠한 경로구조를 가져야 할 것인지 토의해 보시오.

◆ 참고문헌

1) Gregory D. Upah, "Mass Marketing in Service Retailing: A Review and Synthesis of Major Methods," *Journal of Retailing*, vol. 56, Fall 1980, pp. 60−61.

2) John M. Rathmell, *Marketing in the Services Sector*, Cambridge, Mass.: Winthrop Publishers, 1974, pp. 109−110.

3) 곽영대, 서헌(2012), "여행사 파트너십 연구,"『관광연구저널』, 26(2), 243−258.

4) 서선(2011), "여행사간 B2B 선택속성과 공정성이 B2C 여행사의 성과에 미치는 영향 연구,"『관광연구』, 26(4), 279−298.

5) 이낙귀(2005), "여행사의 서비스품질과 고객만족 및 재구매의도 간의 인과관계 : 랜드오퍼레이터의 서비스를 중심으로,"『관광연구저널』, 19(1), 113−126.

6) Zhang, X., H. Song and G. Q. Huang(2009), "Tourism Supply Chain Management: A New Research Agenda," *Tourism Management*, 30(3), 345−358.

부 록 1 ─────────────────────────────────
총각네 야채가게의 차별화된 서비스
───

   자그마한 야채가게 하나가 내노라하는 대형 유통업체들을 제치고 언론의 포커스를 받고 있는 비결은 무엇일까. 현재 서울과 부산 지역에 15개의 점포를 운영하고 있는 총각네 야채가게의 판매 전략은 최고의 품질과 최고의 서비스이다.

   총각네 야채가게는 과일, 야채, 어물 등 농수산물을 판매하는 가게로, 냉장고 없이 당일 들여온 야채의 당일 판매, 즉 재고율 0%에 도전하는 신선함과 맛을 판매한다는 일관된 판매전략을 구사함으로써, 최상 품질의 제품만을 취급함은 물론, 교환, 환불, 고정가격 등 기존의 야채가게에는 없던 서비스를 추가함으로써 새로운 부가가치를 제공하고 신업태를 창출한 블루오션형 기업으로 손꼽힌다.

   총각네의 서비스는 '정(情)'과 '재미(Fun)'로 요약할 수 있다. 90도로 인사하는 백화점식 서비스를 넘어서서 정형화되지 않은 정이 넘치는 서비스로 고객이 진짜 즐거워하는 서비스를 제공하고 있다. 지역상권에 최대한 밀착하기 위해 고객 한명 한명을 감동시키는 '정'이라는 한국적 정서로 공략하고 있는 것이다.

   제   품   이른 새벽 도매시장에서 신선한 상품을 직접 골라 고객에게 제공한다. 뿐만 아니라 그 날의 사정에 따라 다소 품질이 양호하지 않은 제품은 고객에게 알려주고, 그것은 그것 나름대로 가격의 혜택을 주어 고객 선택의 폭을 넓혀 주고 있다.

   배달서비스   총각네 야채가게는 구입가격에 상관없이 배달서비스를 제공한다. 하루에 1백-1백 50건 정도의 배달 주문이 있다. 수익의 효자 노릇을 하는 과일은 팩, 바구니, 박스 규격만 판매해 객단가를 높이고, 과일 맛이 마음에 안 들 때는 100% 교환해 줘 고객 이탈을 막고 있다.

   CRM   한번 방문한 고객에 대한 데이터를 머릿속에 저장해 놓고 있으면서, 고객이 어떤 맛을 좋아하는지, 외모에 변화가 없는지 등 세세하게 관심을 쏟아 고객과의 친밀성을 높이고 있다. 한 직원당 평균 1-2백 명의 고객을 외우고 있다. 단순히 고객이라는 호칭보다는 '어머니', '이모' 등의 호칭으로 가족애를 느끼게 하고 있다.

   POP   POP 문구 하나에도 감각과 유머가 넘친다. '한알한알 영글어 있는 정열의 캠벨포도', '총각들 팔뚝보다 더 굵은 무'라는 글귀로 고객에게 웃음과 재미를 선사해 준다. 단지 물건을 사고 파는 장소가 아니라 우리 조상의 옛 장터처럼 즐거움과 흥겨움이 넘치는 장소로 만들어 고객에게 즐거움을 주고 있다.

종업원의 서비스　　총각네 야채가게는 직영점뿐만 아니라 가맹점에도 본사에서 파견된 정직원들이 판매직원으로 일한다. 판매력이 생명인 만큼 점포의 서비스 질을 높이기 위해서이다. 매장의 직원들은, 점두에서부터 고객에게 말을 걸어 관심을 유발하고 손님을 맞는 직원, 내점한 고객들의 최종 구입을 도와주는 직원, 덤으로 하나 더 구입하도록 상품을 추천하거나 계산을 맡는 직원, 그리고 배달을 맡는 직원까지, 고객의 상품 구매의 모든 흐름에서 대면판매를 하고 있다.

이러한 고객에 밀착한 대인판매가 총각네 야채가게의 핵심이므로 이들에 대한 서비스 교육은 철저히 이루어진다. 직원들은 도제식으로 훈련을 받고 있고, 분기별로 교육을 실시하는데 2년 차 이상부터 해외연수 기회를 제공하여, 어디서 무엇을 배우고 올 것인지 연수계획서만 제출하면 원하는 국가는 어디든지 갈 수 있다. 그래서 종업원들은 세일슈머와 프로슈머로서의 역할을 수행할 수 있는 능력을 갖추게 된다.

총각네 야채가게가 강남구 대치동에 처음 야채가게를 창업했을 때, 까다로운 강남 주부를 상대하기에 싱싱한 야채와 과일만으로는 무언가가 부족했을 것이다. 그들은 차별화된 감성 서비스로 이 부족한 부분을 메웠다. 여성고객이 원하는 상품과 서비스를 적시에 맞춰 제공함으로써 오늘의 성공 신화를 이룩한 것이다.

부 록 2
서비스 품질 측정

서비스 유통에 있어서 품질관리는 매우 중요한 요소다. 뿐만 아니라 무형성, 이질성, 비분리성, 재고관리의 어려움 등 서비스는 일반 상품과는 다른 특징을 가지고 있기 때문에 서비스 품질관리는 더욱 어렵다. 학계에서는 서비스 품질에 대한 관리를 위해서 우선적으로 서비스 품질을 측정할 수 있어야 한다는 점에 합의를 두고 있다. 그래서 많은 연구들이 서비스 품질 측정을 위해 아이디어를 제시하고 실제 사용 가능한 측정 도구를 선보이고 있다.

가장 대표적이며 효시라고 할 수 있는 연구로는 Parasuraman, Zeithmal과 Berry(이하 PZB)가 개발한 SERVQUAL 척도가 있다. SERVQUAL은 기본적으로 고객만족에서 논의되어 온 기대-성과 이론에 기초를 두고 있다. 즉 고객이 가지고 있는 기대를 기업이 제공하는 실제 서비스가 충족시켜 주는가 아닌가에 따라 서비스 품질을 측정할 수 있다는 것이다.

PZB의 SERVQUAL모델에서는 우선 서비스를 다섯 개의 차원(신뢰성, 반응성, 확실성, 공감성, 유형성)으로 구분하고 22개의 측정 문항을 제시하였다. 구체적인 측정방법은 응답자들의 기대와 실제 성과를 모두 측정하고 통계적으로 처리된 차이를 중심으로 서비스 품질을 측정하였다.

(1) 신뢰성(Reliability)

서비스 품질 결정요인 중에서 신뢰성은 고객이 서비스 품질을 지각하는 데 가장 중요한 요소로 고려되고 있다. 신뢰성은 약속한 서비스를 정확히 제공하는 능력으로 정의된다. 고객은 약속을 지키는 기업과 지속적으로 거래하기를 원하며, 특히 핵심 서비스와 관련된 약속일 경우 더욱 그러하다. 고객이 기억하는 서비스 기업의 문제의 대부분은 핵심 서비스의 실패와 이를 해결하려는 후속 조치에 대한 미비 등을 들 수 있다.

(2) 반응성(Responsiveness)

반응성이란 고객을 도와주려는 의지와 신속히 서비스를 제공하고자 하는 의지이다. 반응성에서는 고객의 요구, 질문, 불만, 문제 등을 처리하는 배려와 신속성을 강조한다. 서비스 접점에서 서비스 제공자의 언행은 서비스 품질의 반응성과 가장 긴밀한 관계에 있다. 반응성은 도움, 질문에 대한 응답과 문제해결에 걸리는 시간으로 구성된다.

(3) 확실성(Assurance)

확실성은 서비스 기업의 지식 수준이나 정중한 태도 등 믿음직하게 느끼게 하는 능력으로 정의된다. 확실성 차원은 지각된 위험 수준이 높다고 알려진 서비스나 은행, 보험, 증권업, 의료, 법률 서비스 등의 서비스와 같이 결과를 평가할 능력이 부족한 경우에 특히 중요하다. 믿음과 확신은 증권 중개인, 보험대리인, 변호사, 컨설턴트 등과 같이 회사의 서비스를 고객에게 직접 전달하는 서비스 제공자를 통해서 구현된다.

(4) 공감성(Empathy)

공감성은 서비스 제공 기업의 고객에 대한 보살핌으로 정의된다. 공감성의 핵심은 개인화된 서비스를 통해서 고객이 고유하며 특별하다는 것을 느낄 수 있게 하는 것에서 출발한다. 고객은 서비스를 제공하는 기업이 자신을 이해하고 중요하게 느끼길 원한다.

(5) 유형성(Tangibles)

유형성은 물리적 시설, 장비, 인력, 각종 커뮤니케이션용품 등의 외형적으로 형태가 있는 서비스의 요인으로 정의된다. 이 모든 것은 고객, 특히 신규고객이 품질을 평가할 때 사용하는 서비스의 물리적 특징과 이미지 형성의 단서를 제공한다.

SERVQUAL 모델이 갖는 장점도 많지만 비판도 적지 않게 있다. 기대와 실제의

〈SERVQUAL 측정 문항(5점 리커트 척도)〉

---

1. 우수한 ＿＿기업은 최신장비를 갖추고 있을 것이다.
2. 우수한 ＿＿기업의 시설은 시각적으로 보기에 좋을 것이다.
3. 우수한 ＿＿기업의 직원은 옷차림과 용모가 단정할 것이다.
4. 우수한 ＿＿기업은 업무에 적합한 시설과 분위기를 갖출 것이다.
5. 우수한 ＿＿기업은 정해진 시간 안에 업무처리를 약속하였다면 반드시 지킬 것이다.
6. 고객에게 문제가 생겼을 때 우수한 ＿＿기업은 관심을 보이고 해결해 줄 것이다.

7. 우수한 ___기업은 믿고 의지할 수 있을 것이다.

8. 우수한 ___기업은 약속한 시간에 서비스를 제공할 것이다.

9. 우수한 ___기업은 업무기록을 정확하게 유지할 것이다.

10. 우수한 ___기업은 고객들에게 언제 업무를 처리해 줄 것인지 말해 줄 것이다.

11. 우수한 ___기업의 직원들은 고객에게 즉각적인 서비스를 제공할 것이다.

12. 우수한 ___기업의 직원들은 항상 자발적으로 고객을 도울 것이다.

13. 우수한 ___기업의 직원들은 아주 바쁠 때에도, 고객의 요구에 신속하게 대응해야 할 것이다.

14. 고객은 우수한 ___기업의 직원을 신뢰할 수 있을 것이다.

15. 우수한 ___기업은 고객이 안심하고 거래하기 위한 안전을 확보할 것이다.

16. 우수한 ___기업의 직원들은 예의가 바르고 공손할 것이다.

17. 우수한 ___기업의 직원들은 고객의 질문에 답변할 충분한 지식을 가지고 있을 것이다.

18. 우수한 ___기업은 고객에게 개별적인 관심을 기울일 것이다.

19. 우수한 ___기업은 고객이 편리하게 이용할 수 있게 영업시간을 맞출 것이다.

20. 우수한 ___기업의 직원들은 고객에게 개인적 관심을 가질 것이다.

21. 우수한 ___기업은 고객의 이익을 진심으로 생각해 줄 것이다.

22. 우수한 ___기업의 직원은 고객의 필요를 이해할 것이다.

차이에 근거하지만, 기대는 지속적으로 남아 있지 않기 때문에 굳이 기대를 포함할 필요가 없다는 주장이다. 더욱이, 서비스의 경우 구매하여 서비스를 받기 전에는 해당 서비스에 대한 경험이 부족하기 때문에, 이러한 경우 고객이 느끼는 기대는 현실적이지 못하다는 점이다. 이러한 문제를 극복하기 위해서 Cronin과 Taylor는 서비스 품질 차원을 늘리고, 성과 부분에 초점을 두어 측정도구를 개발한 SERVPERF모델을 제시하고 있다.

또 다른 단점은 SERVQUAL은 일반적인 서비스를 대상으로 하기 때문에, 고유한 서비스 산업의 특성을 반영하기 위해서는 제공하는 서비스의 유형에 따라 측정도구를 수정 반영하여야 한다는 점이다. 그래서 각 서비스 특성을 반영한 SERVQUAL이 등장하게 되었는데, 일반적인 판매 소매업의 특성을 반영한 것이 R-SERVQUAL 모델이다.

〈R-SERVQUAL 측정문항(5점 리커트 척도)〉

1. 이 점포는 최신장비를 갖추고 있다.
2. 이 점포의 시설은 시각적으로 보기에 좋다.
3. 이 점포의 서비스와 관련된 요소(쇼핑백, 카탈로그 등)는 시각적으로 보기에 좋다.
4. 이 점포는 깨끗하고, 편리한 공공시설(화장실, 탈의실)이 있다.
5. 이 점포의 배치는 고객이 원하는 제품을 쉽게 찾을 수 있도록 되어 있다.
6. 이 점포의 배치는 고객이 잘 돌아다닐 수 있도록 되어 있다.
7. 이 점포는 어떤 시간에 어떤 것을 하기로 약속했을 때, 약속을 지킬 것이다.
8. 이 점포는 그렇게 하겠다고 약속한 시간에 서비스를 제공한다.
9. 이 점포는 실수하지 않고, 한번에 제대로 서비스를 해 준다.
10. 이 점포는 고객이 원할 때 이용가능한 상품을 가지고 있다.
11. 이 점포는 업무기록을 오차 없이 유지할 것이다.
12. 이 점포의 종업원들은 고객의 질문에 답할 지식을 가지고 있다.
13. 이 점포 종업원들의 행동은 고객에게 신뢰를 준다.
14. 고객은 이 점포와의 거래에서 편안함을 느낀다.
15. 이 점포의 종업원들은 고객에게 신속한 서비스를 제공한다.
16. 이 점포의 종업원들은 언제 서비스를 제공해 줄 것인지 정확히 말해 준다.
17. 이 점포의 종업원들은 아주 바쁠 때에도, 고객의 요구에 신속하게 대응한다.
18. 이 점포는 고객에게 개별적인 관심을 가진다.
19. 이 점포의 종업원들은 지속적으로 예의가 바르다.
20. 이 점포의 종업원들은 전화상에서도 지속적으로 친절하다.
21. 이 점포는 교환과 환불에 기꺼이 응한다.
22. 고객이 문제가 있을 때, 이 점포는 그것을 해결하기 위한 진심어린 관심을 보일 것이다.
23. 이 점포의 종업원들은 고객의 불만을 즉각적으로 해결할 수 있다.
24. 이 점포는 높은 수준의 품질을 가진 제품을 제공한다.
25. 이 점포는 고객을 위한 많은 주차공간을 확보하고 있다.
26. 이 점포의 영업시간은 모든 고객들에게 편리하다.
27. 이 점포는 대부분 신용카드의 사용이 가능하다.
28. 이 점포는 이 점포만의 신용카드를 제공한다.

제15장   프랜차이즈 유통관리

제1부   유통관리의 전반적 체계

제1장   유통관리의 전략적 접근체계
  1. 유통관리의 접근시각: 시장지향적 접근
  2. 유통경로 발생의 근거
  3. 유통기능(역할)
  4. 유통관리의 전반적 체계

⇩

제2부   유통환경변화의 이해 및 표적시장의 선정

제2장   유통환경변화의 파악과 영향 분석
제3장   구매욕구세분화, 표적구매사시장, 그리고 유통목표의
        정립: 표적유통전략

⇩

제3부   유통전략의 수립 1: 유통경로구조(시스템)의 설계

제4장   소매: 형태(구조)와 전략   제7장   유통경로의 조직패턴
제5장   도매: 형태(구조)와 전략   제8장   유통경로구조의 설계
제6장   물류관리

⇩

제4부   유통전략의 수립 2: 경로구성원 조정체계의 설계

제 9 장   힘(영향력) 행사
제10장   갈등관리
제11장   경로의사소통 및 유통정보시스템

⇩

제5부   유통활동의 성과평가 및 조사

제12장   유통활동의 성과평가
제13장   유통조사

⇩

제6부   특정 상황 속에서의 유통관리

제14장   서비스산업에서의 유통관리
제15장   프랜차이즈 유통관리
제16장   인터넷 시대의 유통관리

DISTRIBUTION MANAGEMENT

제15장

프랜차이즈 유통관리

학습목표
1. 프랜차이즈의 개념 및 본부의 기능
2. 소매(가맹점)본부인 프랜차이즈본부의 유통관리
   체계의 이해
3. 프랜차이즈 시스템의 개발절차 및 조정상의 유의점

글로벌 외식시장은 프랜차이즈의 전장

국내 외식업계에서 대형 프랜차이즈의 비중이 커지고 있다. 일부 시민사회단체는 대기업 외식 브랜드가 소상공인의 생존권을 위협한다고 주장한다. 하지만 국내 외식산업의 경쟁력 측면으로 볼 때 오히려 프랜차이즈 육성에 나서야 한다는 주장에 더 큰 힘이 실린다.

세계 시장의 국가 간 장벽이 허물어진 뒤 외식시장도 글로벌 프랜차이즈 브랜드가 장악하고 있다. 글로벌 프랜차이즈 브랜드는 미국 등 외식 선진국을 기반으로 세계 외식시장 곳곳에 침투한 상태다. 우리나라보다 탄탄한 외식 시장을 갖춘 일본의 경우 상위 5개   프랜차이즈 브랜드는 1위 맥도날드(연 매출 약 2,810억 엔)를 비롯, 스타벅스(약 1,489억 엔), 얌 브랜드(약 1,400억 엔), 다든 레스토랑(약 628억 엔 · Darden Restaurants Inc), 오토그릴 스파(약 627억 엔) 순이다. 이 가운데 4위까지는 모두 미국 프랜차이즈 브랜드고 오토그릴 스파만 이탈리아 브랜드다. 일본 외식시장의 프랜차이즈와 개인업소의 연 매출 규모는 각각 14조3천억 엔, 3조6천억 엔으로 프랜차이즈의 매출이 약 4배 정도 많다. 이중에서도 프랜차이즈 매출의 대부분은 미국 브랜드가 가져가고 있다.

일본뿐만 아니라 세계 시장에서도 마찬가지다. 2014년 세계 100대 프랜차이즈에 선정된 기업 중 약 80%가 미국의 프랜차이즈다. 미국 현지의 프랜차이즈 시장도 탄탄한 기반 위에서 성장을 거듭하고 있다. 미국은 오랜 역사를 지닌 브랜드가 시장을 선도하고 있다. 미국 외식 프랜차이즈 기업의 아이템은 샌드위치, 피자, 커피 브랜드와 맥도날드와 KFC를 필두로 하는 패스트푸드 등 비교적 간단한 메뉴를 취급하는 업종이 대다수를 차지하고 있다.

미국의 창업 전문지 앙트레프레너(Entrepreneur)가 2014년 발표한 미국의 10대 프랜차이즈 순위를 살펴보면, 1위에 Anytime Fitness(피트니스), 2위는 Hampton Hotels(호텔), 3위는 Subway(샌드위치), 4위는 Supercuts(헤어살롱), 5위는 Jimmy John's Gourmet Sandwiches(샌드위치), 6위는 7-Eleven(편의점), 7위는 Servpro(재해복구 및 청소), 8위는 Denny's(패밀리레스토랑), 9위는 Pizza Hut(피자 및 파스타), 10위는 Dunkin Donuts(커피 및 도넛츠)가 차지한 것으로 나타났다. 이들 프랜차이즈 가운데 Subway, Jimmy John's Gourmet Sand-wiches, Denny's, Pizza Hut, Dunkin Donuts 등 5개 브랜드가 외식업종이다.

반면 우리나라의 외식 프랜차이즈는 질적 성장보다 양적 성장에 치중하고 있다. 국내 전 업종 프랜차이즈 가운데 외식 프랜차이즈 업체는 2010년 1,309개

(64.1%), 2012년 1,810개(67.5%), 2013년 2,089개(70.3%)로 전체 가맹본부 수의 절반 이상을 차지해 왔다. 브랜드 수 역시 2010년 1,661개, 2011년 1,962개, 2012년 2,246개, 2013년 2,623개로 각각 65.1%, 66.6%, 67.8%, 71.1%로 증가했다. 통계청에 따르면 전체 프랜차이즈 가맹점 수는 2013년 말 기준 15만1,100개를 넘어섰고, 매출액은 37조6,000억 원이다. 이 가운데 가맹점 수 1천 개 이상의 브랜드를 보면 가장 많은 매장을 보유한 프랜차이즈 브랜드는 편의점 CU로 7,939개다. 이어 GS25 7,774개, 세븐일레븐 6,224개로 편의점이 1~3위를 휩쓸었고 SPC그룹의 파리바게뜨가 3,258개로 4위에 올랐다. 이 밖에 강세를 보이는 국내 프랜차이즈는 해법에듀 등 학습 관련 업종이다. 특히 1천개 이상 매장을 가진 외식 브랜드 중 투다리, 뚜레쥬르, 페리카나 등 토종 프랜차이즈는 오히려 가맹점수가 줄었다. 이는 지속적인 내수시장의 경기부진과 뚜레쥬르의 경우 대기업 규제정책에 발목이 잡혔기 때문으로 풀이된다. 반면 글로벌 프랜차이즈 브랜드는 동반성장위원회의 출점거리제한 등의 규제에서 벗어나 승승장구하고 있다. 국내 외식기업에 대한 역차별이라는 지적이 나오는 것도 이 때문이다.

그럼에도 외식 프랜차이즈는 개인 외식업소에 비해 폐업률이 크게 낮아 지속 성장이 가능한 것으로 나타났다. 지난 2013년 폐점률이 낮은 프랜차이즈 브랜드는 파리바게뜨, 네네치킨, 교촌치킨, 이디야커피, 카페베네, GS25, 도미노피자, 본죽, 배스킨라빈스 등이었다. 이들 브랜드는 5% 미만의 폐점률을 기록했다. 특히 본죽은 폐점률이 1.7%밖에 되지 않았다. 영세 외식업소의 3년 이상 영업 지속률이 30~40%에 그치는 사실에 비춰볼 때 프랜차이즈 브랜드의 안정성이 두드러진다.

최근 국내 외식 프랜차이즈의 글로벌시장 진출도 활발하다. 상위권 프랜차이즈 기업들은 한류 바람을 타고 중국과 미국, 동남아 등 세계 각국으로 진출하고 있다. 2014년 말 기준 글로벌 시장 진출 브랜드를 국가별로 보면 중국(1,505개)이 전체의 40%를 차지했다. 이어 미국(959개), 베트남(307개), 필리핀(192개) 순이었다. 정부는 오는 2017년까지 세계 각국에 총 7천개 가맹점을 개설한다는 목표를 제시했다. 이를 위해서는 먼저 글로벌 외식 프랜차이즈와의 경쟁에서 살아남아야 한다. 또 글로벌 시장의 틈새를 공략하는 다양한 마케팅을 동원해야 할 것으로 보인다. 지난 5월 제너시스bbq그룹이 세계최대 외식기업인 컴패스(Compass)의 계열사 레비(Levy)와의 협약으로 2017년까지 미국의 풋볼 경기장과 메이저리그(MLB), 프로농구(NBA)장 92곳을 비롯해 유명대학 실내 스포츠 센터 125곳에 매장을 열기로 한 사례 등이 대표적인 틈새 공략 마케팅이다. 이같은 국내 외식

프랜차이즈의 기반을 강화하기 위해서는 정부의 전향적인 정책지원이 필수적
이다.

자료원: 식품외식경제(2015), "글로벌 외식시장은 프랜차이즈의 전장," 6월 29일자.
http://www.foodbank.co.kr/news/articleView.html?idxno=43991

지금까지 검토한 유통관리의 전반적인 체계는 판매회사를 포함한 도매상, 소매
본부(프랜차이즈본부, 편의점본부, 백화점본부, 할인점본부 등), 소매점 등에도 그대로 적
용될 수 있다. 본 장에서는 특히 프랜차이즈본부(제조업체가 될 수도 있고 따로 분리되어
전담회사가 설립될 수도 있음) 차원에서의 특수하게 고려되어야 할 유통관리의 주제에
대하여 살펴보기로 한다.

제 1 절 프랜차이즈의 개념

우리나라의 프랜차이즈는 체인점으로 1980년대 중반부터 본격적으로 소개되어
각광을 받고 있다. 프랜차이즈는 100여 년 전 미국의 서부개척시대부터 시작된 판매
제도로서 전세계에 보급되어 있으며 우리나라는 1979년 햄버거전문점인 롯데리아가
롯데1번가 지하에 점포를 개점한 것을 선두로 현재는 국수, 치킨, 팬시, 액세서리,
아동복, 가구, 구두, 가전제품 등 다양한 업종에 폭넓게 적용되고 있다.

프랜차이즈 시스템이란 상호, 상표, 기술을 가진 자가 계약을 통해 다른 사람에
게 상호의 사용권, 제품의 판매권, 기술 등을 제공하고 그 대가로 가맹금, 보증금이
나 로열티 등을 받는 시스템을 말한다. 이러한 프랜차이즈 시스템의 특징은 본부와
자본을 달리하는 독립사업자인 가맹점이 서로 협력하는 형태로서 본부와 가맹점 간
에는 계약된 범위 내에서만 서로 통제하거나 특정한 요구를 수행한다는 것이다. 여
기서 프랜차이즈본부의 기능과 역할은 프랜차이즈 가맹점을 운영하고자 하는 예비
경영자들이 프랜차이즈본부를 선정할 때 판단의 기준이 된다.

프랜차이즈 가맹점의 장점은 본부에서 체계적인 상품개발시스템으로 경쟁력 있
는 제품을 개발하여 공급하므로 실패의 위험성이 적고, 본부에서 일괄적인 영업, 광
고, 판촉활동을 지원하므로 효과가 크다는 것이다. 또한 가맹점에게 필요한 설비와
도구 등을 유리한 조건으로 구비할 수 있고, 대량구입에 따른 경비절감효과가 있어

저렴한 가격으로 판매가 가능하고, 안정된 품질의 제품을 공급받을 수 있다. 뿐만 아니라 판매활동 이외의 사무처리, 노무관리, 각종 관리 지원 등을 본부에서 수행하므로 가맹점은 판매에만 전념할 수 있고, 매장 디스플레이, 교육, 경영자문 등은 본부에서 지원받을 수 있기 때문에 사업 경험이 없는 초보자도 경영에 참여할 수 있다.

반면에 프랜차이즈 가맹점은 본부에서 제품개발 및 제반활동에 대한 원조를 하게 되므로 본부에 대한 의타심이 생겨 문제해결이나 경영개선의 노력을 게을리 할 가능성이 있고, 구입제품의 원재료, 판매방법, 가격, 점포디자인이 표준화되어 있으며, 통일적인 경영을 원칙으로 하므로 더 개선된 방법이 있어도 적용되지 못하고, 지역 및 상권 특성과 맞지 않을 수 있다. 또한 본부와 이해가 상반되는 경우 가맹점의 의사가 무시될 수도 있고 타 가맹점의 실패가 프랜차이즈 전체 가맹점의 신용에 영향을 줄 수도 있으며, 본부의 의사에 따라야 하는 계약이므로 계약 내용이 가맹점에게 불리할 수도 있다. 하지만, 전반적으로 프랜차이즈경로 형태는 소비자의 좋은 인식과 유통환경의 개선 가능성이 커 상당히 매력적 경로대안임에는 틀림없다. 이상에서 언급한 프랜차이즈 개념을 도식화하여 설명하면 〈그림 15-1〉과 같다.

그림 15-1 프랜차이즈 추진과정

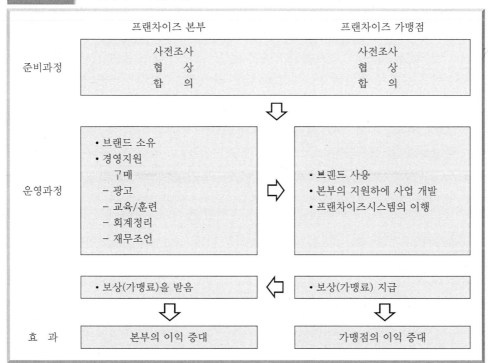

〈그림 15-1〉에서 나타난 것처럼 프랜차이즈 본부와 가맹점은 상호 파트너에 대한 사전조사를 수행한 뒤 협상과 합의 절차를 거쳐 프랜차이즈 계약을 체결한다. 프랜차이즈 계약을 체결한 프랜차이즈 본부는 가맹점이 본부의 브랜드를 사용할 수 있도록 허가해 주고, 구매, 광고, 교육훈련, 회계정리, 재무조언 등의 지원을 해 주며, 가맹점은 본부의 지원하에 사업을 개발하고, 프랜차이즈 시스템을 이행하게 된다. 이때 가맹점은 본부의 브랜드 사용허가와 각종 지원에 대한 대가로 보상(가맹료)을 지급하게 된다. 이런 식으로 운영이 되는 프랜차이즈 시스템은 본부와 가맹점이 모두 이익의 증대를 가져갈 수 있는 'win-win'시스템이라 할 수 있다.

제 2 절 프랜차이즈본부의 유통(마케팅)기능

프랜차이즈본부(Franchisor)는 프랜차이즈 패키지를 만들어서 그것을 프랜차이즈 가맹점(Franchisee)에게 지속적으로 제공하여야 한다. 따라서 본부는 프랜차이즈 패키지를 판매하는 기업체라고 할 수 있으며, 이 패키지의 지속적인 개발과 혁신이 무엇보다도 중요하다.

본부의 시스템 개발기능은 원재료 개발능력, 상품 및 서비스 개발능력, 교육·훈련·지도기능, 판매촉진기능, 금융기능, 정보기능, 경영관리기능 등 개개의 기능을 유기적으로 통합시킨 '프랜차이즈 패키지'를 만들어 내는 것이다. 프랜차이즈 패키지를 만드는 데에 유의할 점은 다음과 같은 것이 있다.

① 본부가 가맹점에 제공해야 할 기능을 본부의 각 부서에 안배하고 부서간의 상호작용이 원활하도록 하여야 한다.
② 각 기능이 제공됨에 있어 본부의 조직이 이에 충분히 대응할 수 있도록 정비해야 한다.
③ 가맹점에 제공할 개개의 기능을 어떠한 순서로 또 어떠한 방법으로 제시할 것인가를 결정해야 한다.
④ 외부환경조건의 변화, 내부환경조건의 변화, 기업의 성장 등의 경영조건의 변화를 감지하고 있어야 한다.
⑤ 상기의 경영조건 변화에 프랜차이즈 시스템 전체가 어떻게 대처할 것인지, 그리고 변화에 따른 개개의 기능은 어떻게 변화하는가를 명확히 해야 한다.
⑥ 경영계획에 대하여 프랜차이즈 시스템의 목적이 효과적으로 달성되고 있는가를 확인하여야 한다. 만약 그렇지 않다면 원인을 발견하고 올바르게 개선해 나가야 한다.

프랜차이즈 패키지 개발기능이란 프랜차이즈 시스템을 올바르게 운영하기 위한 노하우의 개발이라 할 수도 있다. 노하우의 개발에는 많은 시행착오가 있는 것이므로 체계적인 시스템 개발을 위한 제반 기법의 개발도 아울러 필요하다. 우선 프랜차이즈 패키지 개발에 있어 판매할 상품의 개발이 문제가 되는데 좀더 구체적으로 말하면 이러한 상품을 만들어 내기 위한 원재료 개발이 첫째 문제가 된다. 상품품질의 우수성은 원자재의 특성과 그 제품공정의 적합성 여부에 따라 결정되므로 본부는 원자재부터 개발한다는 발상이 필요하게 된다. 그러나 본부가 스스로 이러한 원자재를 모두 개발한다는 것은 거의 불가능하다. 적어도 1차 원자재 등은 본부 이외의 공급처에서 개발 공급되는 경우가 많다. 이러한 경우에는 원자재를 사용하여 2차 가공 등을 본부에서 행하거나 또는 그것을 원자재 회사와 공동 개발을 통하여 수행하는 대안이 있을 수 있다.

프랜차이즈 시스템을 운영하기 위해서는 각 점포단위에서 사용하는 원자재가 매우 많이 필요하게 된다. 그러기 위해서는 그들 자재를 본부가 일괄적으로 특정 제조업자와 협상해서 개발하는 것이 바람직하다. 이처럼 상품 또는 서비스의 개발기능이 본부 기능으로서 가장 중요한 기능이다. 이를 위해 다음의 네 가지 사항을 고려하여야 한다.

① 품질적으로 타사와 완전히 차별화된 새로운 상품을 만들어야 한다.
② 그 상품을 적절한 가격, 적절한 방법으로 가맹점에 제공해야 한다.
③ 차별화된 주력상품을 중심으로 적절한 상품구색을 갖추어야 한다.
④ 환경의 변화에 따라 품질, 상품구색, 제공방법 등을 변화시켜야 한다.

한편, 본부가 아무리 훌륭한 프랜차이즈 패키지를 개발한다 하더라도 소비자와 접점에서 직접 접촉하는 것은 가맹점이므로 가맹점이 소비자에게 확실한 판매활동과 서비스활동을 실시하지 못하고서는 프랜차이즈 시스템의 성공을 보장할 수 없다. 그러므로 본부가 소비자를 위해서 개발한 것을 가맹점이 올바로 이해하고 정확하게 소비자에게 제공하는 능력을 갖추어야 한다. 이를 위해 본부의 교육·훈련 기능의 중요성이 강조되며 다음과 같은 사항이 고려되어야 한다.

① 교육·훈련을 위한 커리큘럼(내용, 방법 등)을 작성한다.
 • 가맹점으로서 영업을 개시하는 사람에 대해서 지식, 기술을 몸에 익히게 하는 과정
 • 이미 가맹점이 되어 영업을 하고 있는 사람에 대해 필요한 지식을 전달하는 과정

> • 특수한 경우(예, 아무리 해도 생각대로 이익이 오르지 않는 경우 등) 특정 가맹점을 대상으로 지식, 기술을 전달하는 과정
> ② 교육 · 훈련을 지속적으로 시행하기 위한 조직의 구성 및 전담 기획자와 실제 교육담당자를 보유하고 있어야 한다.
> ③ 교육 · 훈련을 위한 시설과 기기를 갖추고 있어야 한다.

본부의 매우 중요한 기능으로서 정보기능이 있다. 정보기능은 정보의 수집, 정보의 분석, 정보의 제공이 포함된다. 정보의 수집에 있어서는 정확하고, 새롭고, 구체적이며, 일정표준을 토대로 해서 얻어지고, 가급적 시계열로 얻어진 자료를 수집하는 것이 중요하다. 수집된 자료에 대한 분석은 가급적 빨리, 일정한 기준을 토대로, 가급적 읽기 쉬운 형식으로 수행되어야 한다. 여기서 중요한 것은 분석된 정보가 무엇에 사용되는가, 어떠한 방법으로 쓰여지는가를 명확히 해야 한다는 것이다. 어떠한 결과를 필요로 하는가에 따라 분석방법 및 분석도구가 달라지기 때문이다. 정보의 제공에 있어서는 가능한 빨리, 읽기 쉬운 형식으로, 계속적으로 제공해야 하며, 본부의 각 부문과 가맹점의 양방에게 제공되어야 한다.

그런데 경영에 필요한 정보는 어디서 구하는 것이 좋은 것인가? 주로 가맹점의 구매보고, 본부의 관리자료, 시장조사, 일일상황 등의 네 가지 정보원을 생각할 수 있다. 이와 같은 정보를 기초로 본부는 적절한 판매프로그램의 실행, 판매촉진의 실시가 가능해진다. 그리고 본부는 가맹점에 대하여 행한 활동의 효과로서의 내부 자료를 통해 가맹점별 상품구입상황, 가맹점별 경영상황, 그리고 본부의 상품공급상황 등의 정보를 얻을 수 있다.

한편 시장조사에서는 다음과 같은 정보를 얻을 수 있다. 소비자가 프랜차이즈 시스템에 대하여 어떠한 이미지를 가지고 있고 무엇을 바라는가, 특정 상품서비스에 대해 어떠한 수요가 있는가, 그리고 신규 개점대상입지는 어디인가 등이다. 시장조사는 본부의 조사부문에서 조사하거나 또는 조사기관에 위탁해도 좋다(제13장 유통조사를 참조할 것). 또한 동업자, 가맹점 또는 매스컴 등을 통해서 발표된 자료 등의 정보도 활용할 수 있다.

제 3 절 〉 프랜차이즈본부의 유통관리

프랜차이즈본부가 앞서 2절에서 제시한 기능을 수행하기 위해서는 체계적인 유통전략의 수립이 필요하다. 즉 효과적이면서도 효율적인 프랜차이즈 경로시스템의 설계와 조정체계의 구축이 필요하며, 이에 대한 실행을 통하여 지속적인 평가와 개선을 도모하여야 한다.

1. 프랜차이즈본부의 유통관리 체계도

〈그림 15-2〉는 프랜차이즈본부의 유통관리에 대한 전반적인 체계로서 앞의 제1부에서 제5부까지의 체계와 그 맥락을 함께 한다. 즉, 프랜차이즈 시스템을 둘러싸고 있는 환경적인 요소로부터 프랜차이즈방식 또는 직영점 운영방식의 결정, 그리고 조정방법, 성과평가 등의 전체적인 흐름을 개괄적으로 보여 주고 있다. 프랜차이즈본부는 외부환경분석을 통해 시장기회 및 위협을 파악하고 내부환경분석을 통해 자신의 강점과 약점을 파악해 낼 수 있다. 유통전략은 이러한 환경분석으로부터 나와

그림 15-2 프랜차이즈본부의 유통관리 체계도

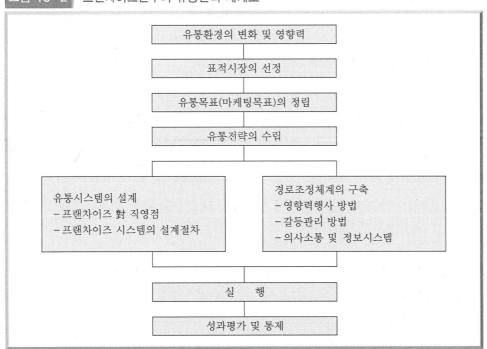

야 하고, 그를 바탕으로 표적시장의 선정과 유통목표의 정립 그리고 유통경로시스템의 설계와 조정체계의 구축 및 성과평가방법 등이 정립되어야 하며 이를 실행에 옮긴 후 지속적인 통제와 개선을 도모하여야 한다. 여기서는 중복을 피하기 위하여 프랜차이즈 시스템상에서 특히 유의해야 할 사항과 절차를 검토해 보기로 한다.

2. 유통경로구조: 프랜차이즈 對 직영점

프랜차이즈본부가 경로구조를 설정할 때 통상적으로 프랜차이즈가맹점과 함께 직영점을 운영한다. 특히 프랜차이즈 사업 초기에는 직영점 운영을 통하여 가맹점 모델의 개발을 시도하거나, 직영점의 성과를 높인 후 이를 높은 대금을 받고 가맹점으로 넘기는 경우가 많다. 또한 프랜차이즈 운영 중에도 가맹점과 직영점의 수를 적절히 조정하거나 양자의 경영성과를 비교하여 경로구조의 조정을 시도하기도 한다. 양자의 장점과 단점을 프랜차이즈본부 입장과 가맹점 입장에서 알아 둘 필요가 있다.

프랜차이즈본부 입장에서의 장점은 자본조달의 용이성, 규모의 경제 달성(구매 및 판매 등), 가맹점과의 협동적 광고효과, 지역적 특수성 고려 가능성, 과도한 관리업무의 배제, 낮은 노사문제 발생빈도 등이다. 한편, 직영점관리본부 입장에서의 장점은 높은 수익성, 높은 통제수준의 달성, 점포 관리자에 대한 융통성 부여, 전략선택의 탄력성, 피드백 용이, 시장조사 등 전반적 서비스 체계의 효율화, 낮은 법적 문

그림 15-3 프랜차이즈본부 對 직영점관리본부

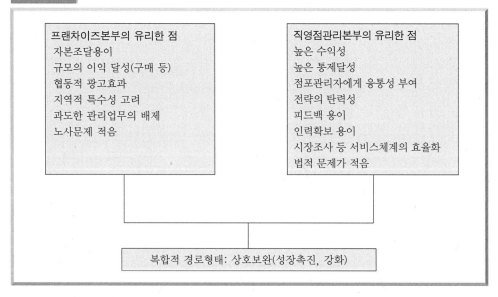

제 발생 등이다. 보통의 경우 본부는 프랜차이즈와 직영점을 서로 보완적으로 활용하는 경우가 많다. 이렇게 보완적으로 할 경우 두 경로 사이의 시너지효과를 고려하여 그 비중을 결정해야 한다.

또한 프랜차이즈 시스템으로 할 경우 가맹점 입장에서의 장점과 단점을 알아보아야 한다. 가맹점 입장에서의 장점은 독립사업가로서의 만족감(소규모 사업가의 욕구), 실패위험의 감소, 사업개시부터 효과적인 경영 가능, 사업의 경험이 없을 때라도 시도 가능, 본부의 광고지원, 안정된 공급, 그리고 판매에만 전념할 수 있다는 점 등이다. 그러나 가맹점 입장에서의 단점은 본부 제공 서비스 등의 경비항목이 애매하며, 최초 약속을 불이행하는 경우가 있고, 상표가치에 의문이 있거나, 의타심이나 매너리즘이 생길 수도 있으며, 특정 가맹점의 특수성 고려가 미흡할 수 있고, 다른 가맹점의 실패가 전체에 큰 영향을 줄 수 있다는 점 등이다.

두 경로대안의 설계에 대해서는 제8장 유통경로구조의 설계와 제12장 유통활동의 성과평가를 참조하기 바란다. 다음 절에서는 프랜차이즈 시스템을 중심으로 그 구체적 개발절차를 간략히 소개하기로 한다.

3. 프랜차이즈 시스템의 개발절차

〈그림 15-4〉는 프랜차이즈 시스템의 구체적인 개발절차를 보여 주고 있다. 우선 하나의 시스템을 개발할 경우 제일 먼저 고려해야 하는 것은 그 사업에 대한 충분한 경험이 있는가 하는 점이다. 예컨대, 직영점을 한두 점포 운영하여 경험을 쌓는 것이 중요하다. 이는 경로설계 단계에서 고객이 선호하는 점포(Outlet)를 디자인하는 것에서부터 유통 설계가 시작되는 것과 동일한 맥락이다. 우선 고객 욕구의 파악과 충족을 점포 운영이라는 방법을 통해 현장에서 축적하는 노력이 필요하다. 만약 이러한 면이 부족하게 되면 돌발적인 환경의 변화에 적응하는 데 그만큼 어려움이 따를 것이다. 직영점의 운영과 경험을 통해 축적된 노하우의 프랜차이즈화가 결정되면 프랜차이즈 사업계획이 수립되어야 한다. 이 계획에 따라 프랜차이즈 시스템의 기본 모형이 설계되고, 프랜차이즈 가맹점을 모집하기 위한 마케팅과 광고계획의 개발이 이루어져야 한다. 입지선정 및 교육실시, 대규모 개장전략 실시, 그리고 가맹점과의 지속적 지원방법도 신중히 검토되어져야 한다.

이때, 프랜차이즈본부가 가맹점에게 수행하는 지원 서비스는 사업시작 이전 서비스와 이후 서비스로 나누어 살펴볼 수 있다. 이에 대한 사항은 〈표 15-1〉에 나타나 있다.

그림 15-4   프랜차이즈 시스템의 개발절차

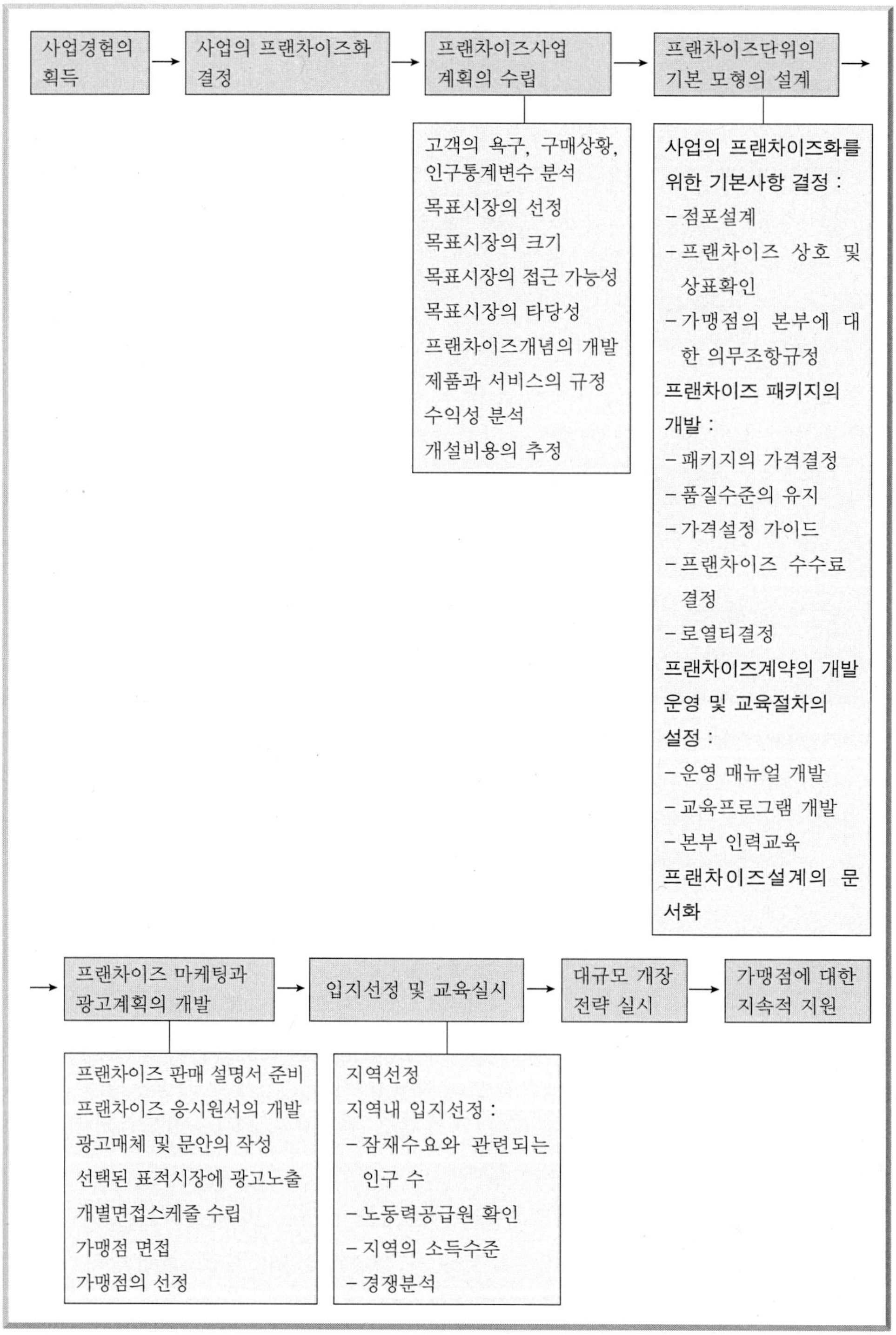

| 사업경험의 획득 | → | 사업의 프랜차이즈화 결정 | → | 프랜차이즈사업 계획의 수립 | → | 프랜차이즈단위의 기본 모형의 설계 | → |

프랜차이즈사업 계획의 수립:
고객의 욕구, 구매상황, 인구통계변수 분석
목표시장의 선정
목표시장의 크기
목표시장의 접근 가능성
목표시장의 타당성
프랜차이즈개념의 개발
제품과 서비스의 규정
수익성 분석
개설비용의 추정

프랜차이즈단위의 기본 모형의 설계:
사업의 프랜차이즈화를 위한 기본사항 결정 :
- 점포설계
- 프랜차이즈 상호 및 상표확인
- 가맹점의 본부에 대한 의무조항규정
프랜차이즈 패키지의 개발 :
- 패키지의 가격결정
- 품질수준의 유지
- 가격설정 가이드
- 프랜차이즈 수수료 결정
- 로열티결정
프랜차이즈계약의 개발
운영 및 교육절차의 설정 :
- 운영 매뉴얼 개발
- 교육프로그램 개발
- 본부 인력교육
프랜차이즈설계의 문서화

| → | 프랜차이즈 마케팅과 광고계획의 개발 | → | 입지선정 및 교육실시 | → | 대규모 개장 전략 실시 | → | 가맹점에 대한 지속적 지원 |

프랜차이즈 마케팅과 광고계획의 개발:
프랜차이즈 판매 설명서 준비
프랜차이즈 응시원서의 개발
광고매체 및 문안의 작성
선택된 표적시장에 광고노출
개별면접스케줄 수립
가맹점 면접
가맹점의 선정

입지선정 및 교육실시:
지역선정
지역내 입지선정 :
- 잠재수요와 관련되는 인구 수
- 노동력공급원 확인
- 지역의 소득수준
- 경쟁분석

표 15-1	프랜차이즈본부의 가맹점에 대한 지원 서비스
사업시작 이전	사업시작 이후
− 교육훈련 − 입지선정과 임대 − 점포구축 − 시설용품의 주문과 설치 − 개업을 위한 재고목록의 주문 − 기준 회계시스템의 제공 − 직원 선발 지원 − 개업식의 계획	− 정기적인 성과평가 − 새로운 종업원의 훈련과 보충교육 실시 − 구매 지원 − 광고와 홍보 − 경영 컨설팅

4. 프랜차이즈 조정체계의 구축

프랜차이즈 시스템의 조정을 위해서는 프랜차이즈본부가 가맹점들에 대하여 행사할 수 있는 영향력 행사 방법, 갈등 관리 방법, 의사소통 및 성과평가 방법 등에 관한 체계를 가지고 있어야 한다. 이에 대해서는 앞의 제4부와 제5부의 내용을 참조하기 바란다. 다만 의사소통과 성과측정에 있어 프랜차이즈 시스템 특유의 측면이 있기 때문에 그에 대해 간략히 살펴보고자 한다.

의사소통을 원활하게 하기 위해서는 첫째, 프랜차이즈 본부의 신뢰성이 제고되어야 하는데 이에는 프랜차이즈 패키지의 지속적 개발, 신용과 전문성, 프랜차이즈본부에의 이미지관리 담당자에 대한 신뢰가 포함될 수 있다. 둘째, 가맹점과의 의사소통시는 가급적 문서보다는 직접접촉과 전화접촉을 하는 것이 바람직하다. 물론 정규적이거나 간단한 것은 공문 발송, 팩스, 전자메일 등의 방법이 좋을 수 있으나 그 외에는 가급적 직접 혹은 전화 접촉이 신뢰감과 동참의식을 높일 수 있다. 셋째, 가맹점의 주의환기, 공감이 가는 소재와 언어사용, 가맹섬의 사회적 여건 등을 고려해야 하며, 그들의 신체적 상태, 심리적 상태, 선택적 노출 여부, 왜곡 가능성 확인, 기억의 정도 확인, 신념, 교육, 사회계층, 출생지, 가족사항, 학력 등의 면에서 공통경험영역의 확대가 필요할 것이다. 끝으로 무엇보다도 중요한 것은 본부와 가맹점간의 잦은 의사소통이 이루어져야 한다는 것이다(〈그림 15-5〉 의사소통매체 참조).

한편 프랜차이즈가맹점의 만족을 증가시키는 방법이 고려되어야 하는데 이에는 첫째, 가맹점들의 기대치를 너무 높이지 말아야 한다. 즉 프랜차이즈가맹점 모집시 왜곡이나 과장을 말아야 하고 기대 소득의 정도를 너무 높이지 않는 것이 중요하다. 둘째, 프랜차이즈가맹점의 욕구와 만족도를 계속 파악해야 하는데 일반적으로 가맹

그림 15-5 프랜차이즈 의사소통의 매체

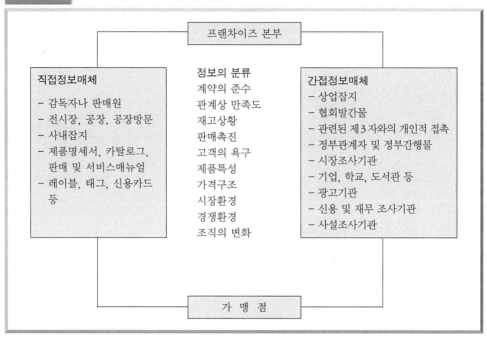

프랜차이즈 본부

직접정보매체
- 감독자나 판매원
- 전시장, 공장, 공장방문
- 사내잡지
- 제품명세서, 카탈로그, 판매 및 서비스매뉴얼
- 레이블, 태그, 신용카드 등

정보의 분류
계약의 준수
관계상 만족도
재고상황
판매촉진
고객의 욕구
제품특성
가격구조
시장환경
경쟁환경
조직의 변화

간접정보매체
- 상업잡지
- 협회발간물
- 관련된 제3자와의 개인적 접촉
- 정부관계자 및 정부간행물
- 시장조사기관
- 기업, 학교, 도서관 등
- 광고기관
- 신용 및 재무 조사기관
- 사설조사기관

가 맹 점

점들이 가장 중요하게 생각하는 만족 요소는 자기가 독립사업체를 운영한다는 점, 좋은 수익이 가능하다는 점 등이고, 가장 큰 불만족 요소는 금전적 보상, 본부의 지원 결핍 등이다. 셋째, 불만족 요소를 감소시키고 만족 증진에 노력해야 하는데 이를 위해서는 자긍심과 안정감을 고양시켜야 하고 개별적 인센티브나 지원도 고려하여야 한다.

● 요 약

본 장은 앞서 우리가 검토한 유통전략의 수립체계를 프랜차이즈 시스템의 특수 상황에 적용하여 본 것이다. 우선 프랜차이즈의 개념을 보다 명확히 하고, 프랜차이즈 본부의 기능이 무엇이고 이를 어떻게 상품화할 것인지에 대하여 살펴보았다. 프랜차이즈 사업계획의 수립, 프랜차이즈 시스템의 기본 모형의 설계, 프랜차이즈판매를 위한 마케팅과 광고계획의 개발, 입지선정 및 교육실시, 대규모 개장전략 실시, 그리고 가맹점에 대한 지속적인 지원 등을 순차적으로 고려해야 한다. 프랜차이즈 시스템의 성공을 위해서는 본부와 가맹점간의 적절한 의사소통과 가맹점의 지속적 만족이 뒷받침되어야 한다.

◆ **문제제기** ──────────────────────────────

1. 프랜차이즈본부의 기능에 대해서 토의해 보라.
2. 한가지 제품의 예를 들어(예컨대, 가전, PC 등), 프랜차이즈 시스템 개발절차를 간략히 정리해 보라.

◆ **참고문헌** ──────────────────────────────

1) 경영과 마케팅, 1993. 5, pp. 48-51에서 재정리한 것임.
2) 오세조, 김상덕 공저, 손에 잡히는 프랜차이즈 경영, 중앙경제평론사, 2008.
3) 오세조, 이철우 공저, 실전 프랜차이즈 마케팅 전략, 중앙경제평론사, 2007.

제16장   인터넷 시대의 유통관리

제 1 부   유통관리의 전반적 체계

제1장   유통관리의 전략적 접근체계
  1. 유통관리의 접근시각: 시장지향적 접근
  2. 유통경로 발생의 근거
  3. 유통기능(역할)
  4. 유통관리의 전반적 체계

⇩

제 2 부   유통환경변화의 이해 및 표적시장의 선정

제2장   유통환경변화의 파악과 영향 분석
제3장   구매욕구세분화, 표적구매자시장, 그리고 유통목표의
         정립: 표적유통전략

⇩

제 3 부   유통전략의 수립 1: 유통경로구조(시스템)의 설계

제4장   소매: 형태(구조)와 전략   제7장   유통경로의 조직패턴
제5장   도매: 형태(구조)와 전략   제8장   유통경로구조의 설계
제6장   물류관리

⇩

제 4 부   유통전략의 수립 2: 경로구성원 조정체계의 설계

제 9 장   힘(영향력) 행사
제10장   갈등관리
제11장   경로의사소통 및 유통정보시스템

⇩

제 5 부   유통활동의 성과평가 및 조사

제12장   유통활동의 성과평가
제13장   유통조사

⇩

제 6 부   특정 상황 속에서의 유통관리

제14장   서비스산업에서의 유통관리
제15장   프랜차이즈 유통관리
제16장   인터넷 시대의 유통관리

DISTRIBUTION MANAGEMENT

제16장

인터넷 시대의 유통관리

학습목표
1. 인터넷의 영향과 전자상거래의 정확한 이해
2. 인터넷 환경하에서의 고객 구매욕구의 변화에 대
   한 이해
3. 온라인·오프라인의 의미와 갈등 해결방안의 이해

소셜커머스의 해외 트렌드

소셜커머스는 판매 촉진을 목적으로 소셜네트워크서비스(Social Network Service)를 활용하는 것을 총칭하는 말이다. 전통적인 상거래가 공동체 내에서의 물물교환처럼 사회적 활동의 성격이 강했던 만큼 소셜커머스는 기존 커머스와 다르지 않았지만, 2005년 야후가 이 말을 특정지어 사용하기 시작하면서 지금의 의미를 가지게 되었다. 이러한 소셜커머스는 해외에서 크게 세 가지 형태로 나타나고 있다.

소셜쇼핑

소셜커머스 중 가장 주목받고 있는 것이 소셜쇼핑이다. 비즈니스 모델이 매우 단순하지만 매출창출 능력이 뛰어나고 시장의 성장세 또한 매우 가파르기 때문이다. 가장 대표적인 기업으로는 그루폰(http://www.groupon.com)이 있다. 2008년 11월에 창업한 그루폰은 미국 시카고에서 시작하여 지금은 미국 전역과 유럽, 러시아, 일본 등지로까지 서비스 권역을 확장하였다. 오프라인 기반이다 보니 지역별로 파는 상품이 다르다. 할인 쿠폰을 공동 구매방식으로 판매하는데, 2010년 처음으로 미국 전역에서 동시에 진행되었던 '갭' 의류 할인권 판매에서는 하루 판매량 44만여 장이라는 진기록이 세워지기도 했다. 당일 매출로 치면 천백만 달

〈Groupon 홈페이지〉

러다. 비즈니스 모델만 놓고 볼 때 흔한 공동 구매몰에 불과할 수도 있었던 그루폰이 이러한 대박을 터뜨린 비결은 매우 단순했다. 'SNS 입소문 아이콘'이다. 그루폰은 보통 하루 한 가지, 50% 이상 할인된 가격에 상품을 구매할 수 있는 쿠폰을 판매한다. 다만, 상품 공급자가 정해 놓은 최소 판매량이 달성되어야 할인이 유효하다는 조건을 내건다.

그러면 소비자들은 이 조건을 충족시키기 위해 사람들을 끌어 모은다. SNS가 힘을 발휘하는 것은 바로 이 부분에서다. 그루폰 홈페이지에 있는 상품 소개 페이지들을 보면 상단에 SNS와 연동되는 아이콘들이 있다. 이 아이콘들은 소비자들이 SNS 친구들을 공동구매로 끌어들일 수 있게 도와준다. 아이콘을 클릭하면 상품에 대한 간략한 정보와 상품 페이지의 URL이 자동으로 입력되어, 아주 간단한 절차만으로 SNS 친구들을 초대할 수 있게 된다.

그루폰은 SNS에 대한 입소문을 장려하기 위해 강력한 인센티브까지 내건다. 본인이 배포한 SNS 메시지로 다른 사람들의 구매가 이루어지면, 일정 금액을 마일리지로 적립해 준다. 참고로 소셜쇼핑 2위 업체인 리빙소셜(http://livingsocial.com)은 세 사람의 구매를 이끌어 낸 사람에게는 상품을 무료로 제공한다.

프라이빗쇼핑클럽

프라이빗쇼핑클럽은 멤버십으로 운영되는 쇼핑 사이트다. 주로 유명 브랜드 상품을 할인 판매하는데, 판매 수량이나 기간을 한정한다. 이미 회원 할인 이벤트를 진행하고 있는 기존 e커머스 사이트들과 다른 점은 오로지 초대에 의해서만 회원가입이 이루어진다는 점이다. 멤버십은 무료지만 회원의 초대를 받거나 대기자 명단에 등록한 후 운영자의 승인을 기다려야만 한다. 프라이빗쇼핑클럽을 소셜커머스의 범주에 포함시킨 것은 회원 초대와 상품 홍보에 소셜네트워크를 적극 활용하고 있기 때문이다. 소셜쇼핑과 마찬가지로 상품 페이지마다 페이스북 등과 연동되는 아이콘이 있는데, 이것을 클릭하면 회원 계정으로 상품을 소개하는 문구와 페이지의 웹링크를 자동으로 배포할 수 있다. 대개 초대 받은 사람이 회원 가입 후 상품을 구매하면 10달러 정도를 포상으로 주는 인센티브 프로그램을 운영한다.

다단계 네트워크마케팅을 소셜미디어와 결합한 듯한 이 모델은 실제 놀라운 성과를 보여주었다. 프랑스, 독일, 영국 등 유럽을 시장으로 하고 있으면서, 규모 면에서 세계 1위인 Vente-Privee는 매년 40% 이상 고속 성장을 거듭한 끝에, 2010년 매출 10억 달러를 기록하였다. 미국 1위 Gilt Groupe는 창업 원년인 2008년 3천만 달러였던 매출이 2009년 1억7천만 달러로 급증했고, 2010년에는 4억

〈Gilt 홈페이지〉

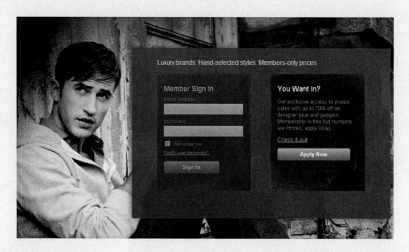

달러에 이르렀다. 회원 수는 2010년 6월 기준으로 3백만명에 달하며 매일 17개, 주당 70개 정도의 새로운 상품이 올라온다. 매출의 50%가 상품 정보가 등록되는 한 시간 안에 발생한다. 이 순간 최대 트래픽은 아마존에 맞먹는 수준까지 나온다.

프라이빗쇼핑클럽은 수익성 또한 우수하다고 볼 수 있는데, 기본적으로 광고비가 들지 않고, 주로 이익률이 좋은 고가의 브랜드 상품을 판매하기 때문이다. 그렇다보니, 인터넷비즈니스에 인색하기로 유명한 벤처캐피탈리스트의 자금도 몰리고 있다.

F-Commerce

페이스북에 쇼핑몰 페이지를 여는 것을 일컫는 신조어다. 소셜커머스라는 말이 있는데도 'F-Commerce'라고 따로 이름 지은 것은 F-Commerce의 기반이 되는 페이스북이 하나의 SNS를 넘어 월드와이드웹에 비견될 만큼 커다란 웹 생태계를 이루고 있기 때문이다. 전통적인 e커머스는 쇼핑몰을 구축하고, 검색 최적화나 검색 광고 등을 통해 고객 접점을 확보하며, 회원 가입을 받고, 회원들의 리뷰, 댓글, 평점 등으로 컨텐츠를 보강한다. 모든 과정에 투자와 개발이 필요하다. 프라이버시에 민감한 고객들을 회원으로 가입시키는 일 또한 쉽지 않다. 회원 아이디는 사실상 익명에 가깝기 때문에 상품 평에 대한 신뢰 문제도 생겨난다.

그런데, 페이스북은 이러한 문제를 한꺼번에 해결해 준다. 계정은 일단 무료다. 페이브먼트 같은 무료 쇼핑몰 빌더도 있다. 무료지만 상품 등록, 장바구니

등 웬만한 기능을 다 지원해 준다. 페이팔의 모듈로 결제도 가능하다. 알벤다 같은 유로 빌더는 공동 구매 이벤트, 활동에 따른 리워드 프로그램까지 제공해 준다. 무엇보다 중요한 것은 이미 준비되어 있는 5억 2천만명이라는 회원이다. 이들이 '팬' 되기를 누르는 순간, 개인 정보가 제공되고, 쇼핑몰운영자가 올리는 새로운 정보들은 이들에게 자동으로 전달된다. 전달로 끝나는 것이 아니라 팬들의 페이스북 계정에 등록되어 그들의 친구들도 열람할 수 있게 된다. 팬들이 자신들의 페이스북 계정으로 남기는 글들은 믿을 만하다. 팬들의 참여는 그들의 친구들과 즉시 공유된다.

이러한 장점들로 인해 베스트바이, 까르푸, 델, 스타벅스, P&G 등이 페이스북 안에 쇼핑몰 페이지를 개설하였고, 델타 항공은 얼마 전부터 티켓 예매 서비스까지 받고 있다. 씨화이(http://seewhy.com)의 2010년 6월 조사 결과에 따르면 미국 기업의 26%가 F-Commerce를 계획하고 있다고 한다.

자료원: 김철환(2010), "소셜 커머스 해외 추진 사례와 전망," DigiEco Focus, KT경제경영연구소.

제 1 절 인터넷의 영향과 전자상거래

최근 인터넷의 보급과 사용이 폭발적으로 증가하고 있다. 인터넷은 생성 당시의 군사적 목적에서 현재에는 학술 및 연구는 물론 상업적인 용도로 광범위하게 사용되고 있다. 인터넷의 활용은 하이퍼텍스트(Hypertext)를 기반으로 하는 이미지, 음성, 동화상 등을 조합하여 전달할 수 있는 World Wide Web(www)이 등장하면서부터 그 용도가 더욱 증대되고 있다.

이러한 인터넷의 의미를 유통관리의 관점에서 해석하는 것은 매우 중요한 의미를 갖는다. 인터넷의 등장은 경제활동의 전 분야에 영향을 미쳤으며, 이는 유통관리에서도 예외일 수는 없다. 본 절에서는 인터넷의 의미를 확인하고, 특히 인터넷을 전자상거래(Electronic Commerce)의 관점에서 살펴보기로 한다.

1. 인 터 넷

인터넷을 이해하기 위해서는 기술적 관점, 사회적 관점, 경제적 관점 등 다양하게 접근하는 것이 바람직하나 여기서는 주로 경제적 관점에 초점을 맞추기로 한다. 인터넷의 등장은 경제적으로 다음과 같은 변화를 가져다 준다.

첫째, 낮은 거래비용이다. 경제행위는 생산과 소비로 이루어진다. 그리고 그 사이에는 도매상, 소매상 등 다양한 형태의 중간상이 존재하게 된다. 인터넷의 도입은 이러한 경제적 구조, 즉 유통구조에 근본적인 변화를 초래한다. 인터넷은 경제활동에 참여하는 다양한 형태의 중간상 조직을 제거할 수 있는 기회를 제공한다. 물론 여기서 중간상의 제거는 조직적인 차원을 의미하는 것이며 기능의 제거를 의미하는 것은 아니다. 다시 말해서, 인터넷은 도매상과 소매상을 제거하면서 인터넷이라는 정보기술을 통하여 중간상 기능을 생산자와 소비자가 직접 분담하도록 하는 것이다.

그러므로 인터넷을 통한 상거래에 개입하는 인터넷 서비스 업체, 전자결제 시스템에서의 인증기관, 콘텐츠 제공자, 택배업체 등의 새로운 형태의 중간자(Intermediary), 즉 기능 분담 전문가가 등장하게 된다. 이들은 기존의 중간상과는 달리 인터넷이라는 새로운 도구를 지니고 경제활동을 개선하는 역할을 한다.

이러한 방식에 기초하여 생산과 소비 사이에서 효율을 창출할 때, 경제 전반 또는 개별기업 차원에서의 유통비용은 크게 절감될 수 있다. 그러므로 중간상을 대체하는 효과를 넘어 정보전달과 탐색, 거래의 개시, 거래 과정상의 점검, 거래 후의 제공되는 서비스 등의 유통과정상에서 효율화의 가능성을 열어 주고 있다.

둘째, 자유로운 진입이다. 인터넷은 실물 세계와 달리 비교적 저렴한 비용으로 시장에 진입할 수 있다. 실물 세계에서는 특정 지역에 점포를 개설하기 위해서 상당한 초기 투입비용을 부담하여야 한다. 그러나 인터넷 공간상에서는 임대료, 시설비용 등을 절약할 수 있다. 물론 통신비용과 인터넷 전문인력의 확보 등 고려해야 할 비용은 있겠지만 기존의 점포개설비용과 비교하면 매우 낮은 수준이다. 즉 인터넷에서의 경제활동은 가상공간에서 지식 집약적이며 효과적인 정보 흐름을 중시하는 효율적인 투자만 할 수 있다면 경제활동에 적극적으로 참여할 수 있다.

셋째, 자원으로서의 정보개념이다. 인터넷의 가장 큰 특징이며 장점은 원활한 정보의 생성과 유통이다. 정보의 원활한 흐름은 소비자들에게 유통과정상의 일련의 정보를 보다 정확하고 구체적으로 그리고 효율적으로 확보하게 해 준다. 이는 인터넷이 정보의 편재를 제거시켜 유통과정상의 거래비용을 제거할 수 있다는 것을 의미한다.

넷째, 낮은 가격수준이다. 할인점이 등장하면서 소비자들이 양질의 제품을 안정적으로 저렴하게 공급받을 수 있었던 것처럼, 인터넷의 등장은 기본적으로 가격 거품을 제거하는 데 기여하고 있다. 이는 인터넷이 가지고 있는 특성으로서, 합리적인 소비구조를 가능하게 하고, 합리적인 소비 성향과 정보 접근의 용이함으로 인해 가치를 제공하지 못하는 제품의 과다한 가격결정을 허용하지 않기 때문이다.

이러한 인터넷 환경하에서 기업들은 혁신과 변화를 요구받고 있다. 그러므로 인터넷 환경을 정확하게 이해하고 신속하게 대응하는 기업은 경쟁력을 유지할 것이지만 그렇지 못할 경우 낙오될 것이다. 다음에서는 개별 기업 입장에서 인터넷의 의미를 구체적으로 살펴보기로 한다.

첫째, 전산화 및 기업 정보 통신비용의 절감이다. 대부분의 기업들은 전용선으로 EDI시스템을 구축하고 있다. 그러나 인터넷 기술의 도입은 이러한 전용선의 확보보다 인터넷 기반이라는 효율적인 인프라의 사용으로 더 나은 효과를 달성하게 해준다. 구매비용의 절감, 재고비용의 감소, 적절한 생산계획 등을 위해 특히 외부의 조직과 정보를 공유해야 하는 상황에서, 인터넷 기반은 추가적인 정보통신 네트워크의 고정비 부담을 덜어 준다.

둘째, 효율적인 유통구조가 가능해진다. 인터넷 공간이 아닌 실물 거래의 세계에서는 하나의 제품이나 서비스가 생산자로부터 소비자에게 전달되기까지 복잡한 단계를 거친다. 이러한 유통단계에서 복잡성을 제거하고 유통경로상의 비용을 줄일 수 있다. 유통기능상에서 기여하는 것이 없는 중간상을 제거하기 위하여, 인터넷 기반으로 중간상을 참여시켜 양질의 중간상을 선별 또는 개발하는 데도 활용할 수 있게 된다.

셋째, 판매비용을 절감할 수 있다. 기업이 매출을 발생시키기 위해 사용하는 비용의 상당 부분은 판매인력, 또는 영업조직의 운영비용이다. 인터넷 공간이 아닌 실물 세계에서는 늘어나는 고객수에 따라 판매인력도 늘어나게 된다. 그러나 인터넷 공간상의 판매노력은 자동화되어 있어 처리 업무량이 혁신적으로 증대되어 있다.

넷째, 효과적인 고객 지원이다. 마케팅 중심적 기업들은 고객 만족이라는 과제를 달성하기 위한 많은 노력을 기울인다. 인터넷을 통하여 고객지원을 위한 창구 역할을 수행할 수 있다. 뿐만 아니라 고객의 회원화를 통하여 고객의 개별적이며 특수한 욕구에 대한 적극적인 대응을 가능하게 해 준다.

다섯째, 새로운 판매기회를 제공한다. 인터넷은 기업으로 하여금 새로운 유통경로를 제시하고 있다. 기존의 유통경로 이외에 추가적으로 제품을 유통시킬 수 있는 또 하나의 유통경로 역할을 담당하게 되는 것이다.

2. 전자상거래

전자상거래는 넓은 의미에서 기업이나 소비자가 컴퓨터 통신망상에서 행하는 광고, 발주, 상품과 서비스의 구매 등 모든 경제 활동을 뜻한다. 그러나 일반적으로 말하는 전자상거래는 인터넷을 통해 소비자와 기업이 상품과 서비스를 거래하는 협의의 개념을 의미한다. 이와 같은 인터넷 전자상거래는, 멀티미디어 기술의 발달, 소비자 라이프스타일의 변화 등으로 인하여, 새로운 유통경로로 부상하고 있다. 인터넷은 정보검색이라는 차원을 넘어 상품과 서비스 등의 가치를 교환하는 시장으로 자리잡아 가고 있다. 인터넷을 통한 전자상거래는 정보통신 기술의 급속한 발전과 함께 관련 인프라에 대한 집중적인 투자에 의해 가속화될 것이다.

인터넷 전자상거래는, 독립된 경제주체로서의 조직과 조직간에 이루어지는 B2B(Business to Business), 기업 등 조직이 개인을 대상으로 하여 상품, 서비스 등을 공급하는 거래유형인 B2C(Business to Consumer)로 기본적으로 구분되며, 거래하는 경제주체에 따라 기업과 정부간 거래인 B2G(Business to Government)와 중계업자가 상호 관여하는 거래 등 다양하게 분류할 수 있다.

B2C 중 우리가 가장 친숙하게 알고 있는 대표적인 인터넷 사이트로는 아마존, 다음, AOL 등이 있다. 아마존의 예에서처럼, B2C 기업은 사이트를 구축하여 소비자를 상대로 다양한 서비스를 제공한다. 일반 소비자들에게는 사이트가 백화점과 같은 역할을 하므로 많은 사람들이 알게 되고 대중적인 사이트로 자리잡게 된다.

B2B는 B2C 모델에 비해 늦게 시작된 형태이지만 잠재력과 수익모델 면에서는 가장 뛰어나다. 기업 대 기업간의 물류와 거래 등을 연결해 주는 역할을 한다. B2G는 기업 대 정부간의 거래로서 수요가 안정적이고, 가격 또한 입찰방식이어서 한번 결정하면 당분간 지속된다. 미국과 일본 등은 이러한 B2G가 활성화되어 있어 정부조달에서의 비용절감을 실현하고 있다.

최근 인터넷을 활용한 전자상거래 시장은 소비자들이 일정한 역할을 하는 모델들과는 달리 B2B 거래에서 발생하는 부가가치의 합이 훨씬 더 크기 때문에 발전의 속도도 증가할 것으로 예측된다. B2B 모델이 안정적으로 구축되면 효율적인 가격결정과 유연한 재고관리 등을 통하여 유통경로상의 효율성을 추구할 수 있는 다양한 기회가 제공될 것이다.

B2C의 대표적인 사이트인 아마존의 예를 보면 쉽게 이해할 수 있다. 한 권의 책이 아마존에서 팔렸을 때 성과의 분배는 다음과 같다. 저자 10%, 출판사 10%, 도매배급자 50%, 아마존 30%. 여기에서 보면 B2B 체인 안으로 들어갈 수 있는 출판사

표 16-1	전자상거래와 전통적 상거래의 비교	
	전자상거래	전통적인 상거래
유통채널	기업↔소비자	기업↔도매상↔소매상↔소비자
거래대상지역	전세계(Global Marketing)	일부지역(Closed 'Clubs')
거래시간	24시간	제약된 영업시간
고객수요파악	온라인으로 수시획득	영업사원이 획득
	재입력이 필요 없는 Digital Data	재입력 필요
마케팅활동	쌍방향 통신을 통한 1대1 Interactive Marketing	구매자의 의사와 상관없는 일방적인 마케팅
고객대응	고객의 수요를 신속히 포착 즉시 대응	고객수요의 신속한 포착이 어렵고 대응 지연
판매거점	Network상의 가상공간 (Cyberspace)	판매공간(점포) 필요

자료: 전경련·한미재단, 전자상거래확산과 기업의 대응전략 세미나, 1997. 9. 30.

와 도매업자에 대한 성과의 분배는 60% 정도이지만 B2C로 표현되는 아마존은 30% 정도로 비중이 약 반정도 밖에 되지 않는다. 현재 아마존을 비롯한 B2C기업의 규모와 지명도를 보았을 때 B2B 시장은 앞으로 훨씬 더 크게 성장할 수 있는 잠재력을 가지고 있다고 할 수 있다.

유통관리 측면에서 살펴보면, 인터넷 전자상거래의 B2C 모델에서는 인터넷 쇼핑 업체를 중심으로, B2B 모델에서는 새로운 공급체인을 중심으로 새로운 변화가 전개되고 있다. 인터넷 쇼핑업체는 지금까지의 다양성 확보 측면에서 전문성 확보의 노력을 기울이게 될 것이다. 이는 소매점의 상품구색과 같은 맥락이며, 전문성의 확보를 통한 쇼핑몰간의 전략적 제휴를 통한 다양성의 확보가 향후 전개될 것이다.

인터넷쇼핑몰은 IT인프라의 발전과 쇼핑할 시간이 없는 바쁜 현대인의 편의성 추구가 맞물려 급속히 성장하였고, 최근에는 스마트폰의 범용화와 소셜커머스 시장의 확대로 더욱 각광을 받고 있다. 또한 오프라인을 기반으로 한 기존의 유통업체들이 온라인 사업을 강화하면서 인터넷쇼핑몰의 성장세는 더욱 가속화되고 있다.

초기 인터넷쇼핑몰의 취급품목은 유통기한의 제약이 자유롭고 배송이 간편한 PC관련 제품이나 소형가전제품, 서적 및 음반제품, 여행 및 예약 서비스, 의류 패션 상품 등에 한정되었다. 이에 반해 상품을 직접 확인할 수 없고 배송 효율성이 떨어지는 식품이나 고가상품의 취급은 상대적으로 미흡했다고 할 수 있다.

하지만 자동주문 및 배송, 주문상품 익일 배송 등과 같이 배송 시스템이 강화됨에 따라 온라인쇼핑몰의 식품 취급 비중과 비율은 점점 증가하는 추세이며, 명품 브랜드와 같은 고가상품 역시 온라인몰을 런칭하거나 종합온라인쇼핑몰에 숍인숍 형태로 입점하면서 온라인쇼핑몰이 취급하는 상품군의 범위는 거의 전 품목에 걸쳐 확대되었다고 할 수 있다. 이에 따라 전통적인 오프라인 업태인 백화점과 대형마트, 편의점 및 슈퍼마켓 등의 업태는 성장률이 점차 둔화되고 있으나, 온라인쇼핑몰은 급격한 성장세를 바탕으로 기존의 업태를 압도하는 채널로 급부상하고 있다.

초기 인터넷을 통한 상거래는 거래 시스템상의 보안 문제와 결제 방법의 신뢰도 문제, 인터넷 쇼핑몰의 차별적 편익제공의 한계와 같은 문제로 성공에 대한 비관적인 시각도 존재했다. 그러나 다양한 기술상의 발전과 함께 온·오프라인 채널 간 통합화된 고객 경험을 제공하려는 유통업체의 노력에 힘입어 그 형태는 점점 진화하고 있다.

최근에는 모바일 간편결제 서비스의 도입과 다양한 애플리케이션의 등장 및 모바일 커머스에 따른 편의성 증대로 인터넷쇼핑몰은 모바일 인터넷의 시대로 접어들었다고 할 수 있다. 특히 소셜커머스 업체의 모바일 판매 비중은 2012년 20%에서 2014년 70%에 육박하며 모바일 상거래를 가장 효과적으로 활용하는 유통채널의 하나가 되고 있으며, 모바일 서비스와 연계된 카카오톡의 '선물하기' 서비스의 경우에는 2014년 250억 이상의 매출을 올린 것으로 나타났다. 추가적인 모바일 전자결제 시스템의 구축과 보안 인프라의 확대는 향후 모바일 쇼핑을 더욱 활성화시킬 것으로 예측된다.

제 2 절　인터넷 시대의 고객의 변화

인터넷의 도입은 고객의 변화를 가지고 왔다. 인터넷이라는 통신기술의 발전은 소비자의 생활을 변화시켰으며 이러한 생활의 변화는 소비자의 거래상의 욕구와 이의 해결 방법 모색에도 변화를 가지고 왔다. 본 절에서는 인터넷의 도입을 통한 소비자의 라이프스타일의 변화와 고객구매욕구의 변화를 살펴보고자 한다.

1. e-라이프스타일

인터넷의 사용으로 많은 소비자들의 라이프스타일에는 엄청난 변화가 생겼으며, 이러한 새로운 라이프스타일은 기존의 일상적인 라이프스타일과는 큰 차이가 있다.

기존의 라이프스타일에서 설명하였던 의생활, 식생활, 주생활, 문화생활, 소비생활 등에 관한 범주로는 설명할 수 없는 새로운 영역으로서의 인터넷 라이프스타일이 존재한다는 것이다.

그렇다면 소비자들은 노트북이나 태블릿PC, 스마트폰과 같은 휴대용 기기를 활용하여 인터넷이라는 공간에서 무엇을 하고, 무엇에 관심을 가지며 어떠한 생각이나 의견을 가지고 있을까? 이러한 질문에 답하기 위해서는 우선 인터넷 비즈니스에 대한 이해가 선행되어야 한다. 인터넷 비즈니스에 대한 이해는 인터넷 상에서 기업과 소비자가 교환하는 편익이 무엇인지를 알 수 있게 해주고, 인터넷 상의 라이프스타일은 이러한 편익의 종류에 의해 구분되어 접근되어야 하기 때문이다.

인터넷 비즈니스, 즉 인터넷 상에서 기업들이 소비자들에게 제공하는 편익은 4C

그림 16-1 인터넷 상의 소비자 라이프스타일의 네 가지 분야

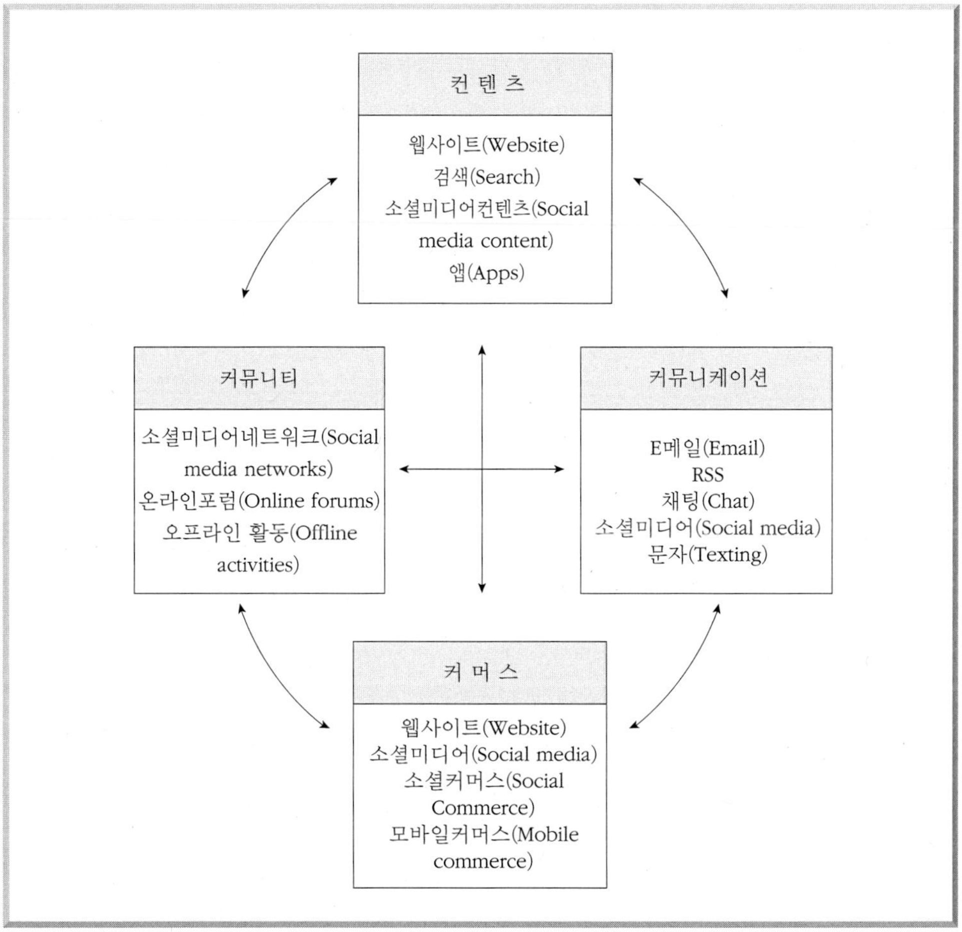

라고 할 수 있다. 4C는 컨텐츠(Contents), 커뮤니티(Community), 커머스(Commerce), 커뮤니케이션(Communication)을 의미한다. 4C는 인터넷 상에서 기업이 반드시 갖추어야 할 인터넷 비즈니스의 네 가지 분야를 나타내는 것으로 인터넷에서 사업을 하는 기업들은 고객에게 보다 나은 4C 서비스 제공을 목표로 하고 있다. 이것이 최근에는 인터넷 상에서 소비자들의 네 가지 욕구를 의미하는 것으로 발전하면서 4C는 인터넷 사용자들의 라이프스타일 파악의 해답을 제시한다.

소셜미디어의 혁명과 함께 메시지 내용의 중요성은 상당히 증가하게 되었고, 이에 따라 컨텐츠(Contents)는 기업의 마케팅 전략에 있어 핵심 구성요소가 되었다. 웹사이트와 검색엔진, 블로그, 유튜브, 팟캐스트 등의 소셜미디어, 스마트폰의 애플리케이션 등에서 생성되는 컨텐츠는 기업에게 상당히 중요한 자원이 되고 있다. 많은 소비자들의 상품이나 서비스에 대한 의견이나 생각을 인터넷 상에서 활발히 게재하거나 교환하고 있으며, 이러한 정보는 기업에게 유용한 통찰력을 제공해 줄 수 있기 때문이다.

많은 소비자들은 인터넷 상에서 여러 종류의 소모임(group)을 형성하고 있다. 페이스북과 같은 소셜 미디어 네트워크는 소비자들로 하여금 그들의 가족이나 친구, 사회적 모임에 더욱 활발히 참여하는 것을 유도하고 있고, 이러한 커뮤니티(Community)를 잘 활용하는 것이 기업에게는 고객과의 관계를 설정하는데 있어 상당히 유용한 수단이 되고 있다. 트위터챗과 같은 온라인 자유게시판은 기업의 웹사이트와 같은 다양한 형태로 사용되면서 상품에 대한 정보를 제공하기도 한다. 또한, 소비자들은 온라인 커뮤니티의 활동을 때로는 오프라인 활동으로 이어가기도 한다.

최근 소비자들의 쇼핑행동은 대부분 온라인 검색으로부터 시작된다. 이에 따라 기업들은 온라인상의 노출을 강화함으로써 소비자들의 고려상품군(consideration set) 안에 들어가기 위한 노력을 강화하고 있다. 기업들은 자사의 홈페이지에 상품에 대한 정보를 담은 비디오 영상을 점차 늘려가고 있으며, 페이스북과 같은 소셜미디어를 적극적으로 활용하고 있다. 또한 쿠팡이나 티켓몬스터와 같은 소셜 커머스(Commerce)와 스마트폰을 통한 모바일 커머스(Commerce)를 활용하여 고객들의 구매를 유도하고 있다.

전통적인 미디어에서는 일 대 다(one-to-many)의 커뮤니케이션(Communication)이 이루어졌다면, 디지털 기반의 소셜 미디어 네트워크에서는 다 대 다(many-to-many)의 메시지 전달이 가능해졌다. 이메일은 온라인 커뮤니케이션의 주축을 담당하고 있으며 소비자들의 모바일 인터넷 사용의 대부분을 차지하고 있는 부분이기도 하다. 따라서 기업들은 소비자들이 자사의 이메일에 끊임없이 반응할 수 있도록 유도하는 것이 중요하다고 할 수 있다. 또한 대부분의 기업들은 비용면에서 효과적인 채팅(chat)을 고객서비스로 제공하고 있다. 트위터, 페이스북과 같은 소셜 네트워크와 문자(texting)를 통한 메시지 교환도 유용한 정보교환으로 여겨지고 있다.

4C는 상호간 연관성을 가지고 보완적인 역할을 하기 때문에 기업은 소비자들의 인터넷 라이프스타일을 잘 파악하여 각각의 요소들이 효과적으로 기능할 수 있도록 노력해야 할 것이다.

2. 구매욕구의 변화

인터넷은 합리적인 소비자를 위한 새로운 기회를 제공한다. 합리적인 소비자는 자신에게 필요한 제품이나 서비스가 제공하는 편익과 가격에 대해 충분히 검토한 후 구매를 한다. 이 과정에서 소비자는 구매를 위해 기업이 제공하는 정보를 수집하는 것은 물론 주변의 다른 소비자들의 의견을 참고하기도 한다. 그리고 수집된 정보를 중심으로 자신에게 가장 적합한 제품이나 서비스 대안을 평가하고 선택한다.

상기의 일련의 정보처리과정에서 인터넷상의 정보는 소비자들로 하여금 효율적인 정보처리를 가능하게 해 준다. 그러므로 고객은 인터넷을 통하여 소비에 있어 주도적 역할을 수행할 수 있고, 충분한 쇼핑관련 정보를 제공받으며, 쇼핑 시간을 줄일 수 있고, 쇼핑에 있어서 편리성을 추구할 수 있다.

지금까지 소비자는 기업에 비해 상대적으로 힘의 열위에 놓여 있었다. 이는 정보의 편재를 야기했고 소비자에게는 정보가 원활하게 소통되지 못하는 원인이 되기도 하였다. 그러나 인터넷은 소비자와 기업간의 정보 편재의 문제를 바꿔 놓고 있다. 소비자들은 인터넷 공간상에서의 활발한 상호작용에 의해 이익집단화가 용이하게 되었고, 풍부한 정보를 기반으로 기업에 대해 보다 강력한 교섭력을 발휘할 수 있게 되었다.

구매과정에서도 짐포를 직접 방문할 필요없이 자신의 PC를 이용하여 인터넷의 사이트를 검색해 가면서 정보를 수집하고 쇼핑을 하고 상품은 택배를 통하여 원하는 장소에서 배달받는다. 이러한 구매과정에서 소비자들은 기업이 제공하는 많은 정보를 활용할 수 있으며, 시간상의 제약 없이 편리한 시간에 쇼핑을 할 수 있다. 또한 기업들이 제시하는 상품과 서비스를 큰 노력을 기울이지 않고 비교할 수 있으며, 개인화된(Customized) 서비스를 받을 수 있다.

이와 같은 인터넷 쇼핑의 장점은 합리적인 소비를 중시하는 소비자의 증대와 기업의 창의적 노력, 이를 지원하는 기술적인 발전 그리고 치열한 인터넷 시장의 경쟁 속에서 급속하게 확산되는 추세이다. 인터넷을 통하여 소비자들이 누릴 수 있는 혜택을 구체적으로 살펴보면 다음과 같다.

(1) 다 양 성

인터넷은 소비자로 하여금 제품 및 서비스를 선택할 수 있는 제품의 다양성을 크게 확대시켰다. 인터넷 기업의 가상 공간상의 편익 제공은 지리적으로 소비자가 이동할 수 있는 거리의 한계를 뛰어넘을 수 있게 했으며, 보다 다양한 기업에서 자신이 원하는 제품 및 서비스를 선택할 기회를 제공해 주었다.

이러한 다양성의 주제는 개별 기업이 제공하는 제품의 다양성에서도 반영되는데, 특정 인터넷 기업은 점포 소매상이 지니는 진열공간의 한계를 뛰어넘어 대단히 폭넓은 제품과 서비스를 제공할 수 있다. 물론 인터넷 이전의 무점포 소매상에 의해 공간상의 제약이 완화되기도 하였지만 인터넷 공간의 의미는 혁신의 수준이 기존의 무점포 소매상의 그것과는 비교되지 않을 정도로 넓다.

인터넷 도입 이전 소비자들은 도보 또는 교통수단을 통해서 가까운 점포에서 필요한 상품을 구매해 왔다. 그러나 인터넷의 출현은 이러한 지역적, 거리적 제약을 극복하여 국내 시장은 물론 세계 각국의 가상 상점(Virtual Store)을 자신의 PC 앞에서 찾아갈 수 있다. 이는 거리의 제약없이 사이버 공간에 존재하는 상품이라면 거의 동일한 조건하에서 거래할 수 있음을 의미한다.

(2) 편 리 성

인터넷을 통해 상품을 구매하는 이유 중 하나는 편리성이다. 인터넷 쇼핑 기업의 시간상의 편의 제공은 구매상의 편리성을 제고시켜 주며, 탐색비용을 들이지 않아도 되며, 구입한 상품을 직접 운송할 필요가 없어지게 된다. 쇼핑을 위한 이동거리가 줄어들게 되고, 제한된 점포의 영업시간에 맞춰 점포에 도착해야 하는 부담이 없어지게 된다. 이처럼 인터넷상의 쇼핑몰들은 편리한 쇼핑의 기회를 제공한다. 쇼핑몰을 운영하는 기업은 소비자들에게 점포의 판매원이 제공하는 정보보다 더 풍부한 정보를 제공할 뿐만 아니라 고객화된 서비스를 제공한다. 또한 다른 사이트로 전환하는 상황에서 감수하게 되는 심리적인 비용이 존재하지 않는다. 더욱이 최근 인터넷 쇼핑몰에서는 가상현실을 도입하여 직접 만지거나 눈으로 보지 않고도 제품에 대해 신뢰할 수 있는 기술적 개선을 적극적으로 추진하고 있다.

(3) 저 비 용

인터넷은 유통 기능상의 역할분담을 재조정하여 전통적인 유통체계에서 발생되는 거래상의 비용을 절감시킬 수 있다. 또한 점포를 개설하는 데 드는 비용을 절감하여 초기 투입비용을 줄일 수 있다. 이렇게 절감한 비용을 기초로 인터넷 쇼핑몰 기업들은 소비자들에게 저렴한 상품가격을 제시한다. Amazon.com은 실제 서점에서 판매되는 가격보다 20-40% 정도 저렴한 가격을 제시한다. 이 가격에 수송비용을 추가하여 소비자는 총 지불액을 산정하게 된다. 인터넷을 통한 주식거래에서는 영업사원에 대한 투자비용과 점포개설비용을 줄임으로써 고객의 수수료를 낮추고 있다.

심지어 인터넷상에서 제공되는 다양한 편익은 기존의 유통체계보다 저렴할 뿐만 아니라 무료 제공을 하기도 한다. 그러나 많은 기업들이 기존의 유통시스템상의 혁신을 통하여 가격을 인하하기보다는 회원확보를 위한 촉진적 성격의 가격할인이나 잘못 설정된 수익모델에 의한 무리한 무료 편익을 제공하기도 한다. 저렴한 가격에 길들여진 고객은 인상되는 가격에 경직성을 보이고, 그에 따라 가격 민감성이 증대될 수밖에 없다.

(4) 비교구매

인터넷에서는 정보에 대한 탐색비용이 거의 없다. 뿐만 아니라 다양한 정보 제공업체들에 의해 가격 등의 구매에 결정적인 역할을 하는 변수에 대한 정보를 가공하여 제공하거나, 최저가격을 확인해 주는 검색엔진이나 검색로봇이 구매상의 제품 비교가능성을 증대시켜 준다. 즉, 동일한 또는 유사한 제품에 대해서 가격과 품질을 비교한 후에 물건을 구매할 수 있는 기회를 제공한다. 인터넷 공간이 아닌 실제 점포에서는 가격은 물론 특정 제품에 대한 여러 변수들을 비교하기란 결코 용이하지 않다. 고객들은 인터넷 쇼핑을 통해 구매상의 비교 욕구가 증대하게 되고 이는 합리적인 구매과정을 촉진하게 된다.

(5) 개 인 화

인터넷은 양방향 커뮤니케이션이 가능한 상호작용적인 매체 특성을 갖는다. 웹 사이트를 찾아오는 고객에 대해서 고객이 원한다면 개인 특징을 반영한 욕구에 부합하는 정보나 서비스를 개별적으로 제공해 줄 수 있다. 마케팅에서 시장세분화는 시장을 전체로 해석하는 것이 아니라 유사한 욕구를 가진 고객의 집단으로 시장을 구분하여 접근하는 것을 의미한다. 이는 개인의 고유한 욕구에 대해 적합한 편익을 제공하겠다는 기업의 의지와 마케팅 기법의 도입을 통해서 가능하다. 인터넷은 이러한 마케팅 개념을 보다 정교하게 실현시켜 주는 역할을 수행한다. 뿐만 아니라 시장세분화가 가지고 있는 단점, 즉 '적절한' 구분에서 일 대 일 대응이라는 혁신적인 개선이 가능해진다. 시장의 세분화를 넘어서서 한 사람을 표적시장으로 하는 1인 시장에 대한 관리가 기술적으로 가능해질 수 있게 되었다.

인터넷을 통한 이러한 변화는 기존의 시장세분화 패러다임을 일 대 일 마케팅 (One-to-one Marketing) 패러다임으로 전환시키고 있다. 최근 선진적인 인터넷 기업에서는 개인화된 서비스를 제공하고 있다. 포탈에서도 개인화된 포탈 페이지를 제공하고, 인터넷 증권거래회사에서는 개인별 투자 주식에 대한 포트폴리오를 관리해 주고 해당 포트폴리오에 대한 정보를 제공해 준다. News나 신문기사를 제공하는 사이트는 특정 개인이 관심을 갖는 분야에 대한 뉴스를 선별하여 제공하고 있다. 개인화된 서비스를 통해 최근 각광받고 있는 관계마케팅도 가능해진다.

향후 인터넷에서는 개인화된 서비스가 지속적으로 발전하여 고객들의 관심과 개성에 따라 맞춤 서비스를 제공받게 되고, 이는 기업과 고객의 관계가 더욱 강화되는 방향으로 전개될 것이다.

(6) 부가가치 추구

인터넷이 생활화되면서 PC를 구입하면, 고객들은 기대 수준이 높아지게 된다. 단순한 소비재, 교육용으로서의 PC가 아니라 PC를 통해 무엇을 얻을 것인가, 어떠한 가치를 확보할 것인가에 관심을 갖게 된다는 것이다. 이는 초기의 무료 서비스를 즐기는 고객에게도 유료화이지만 제대로 된 편익을 제공하는 기업을 선택할 수 있게 한다.

(7) 공 동 체

인터넷은 소비자들간의 의사소통을 원활하게 하며 소비자들이 모일 수 있는 가상의 공간을 제공한다. 소비자들이 모여서 자신이 가지고 있는 정보를 구전하는데 실제 현실에서는 한계가 있지만 인터넷의 등장으로 이러한 공통체의 형성이 보다 용이해졌다. 공동체를 구성한 소비자들은 자신들의 관심영역에서 보다 심층적인 정보를 확보하고 이를 유통시킨다. 개인 차원의 소비자가 아닌 공동체를 중심으로 형성된 구매력을 바탕으로 판매자보다 우위에 설 수 있는 기회가 제공된다. 좋은 사례 중의 하나가 경매사이트이다. 경매는 소비자들이 가격을 주도적으로 결정한다는 차원에서 소비자 공동체가 취할 수 있는 긍정적인 방법 중의 하나이다. 전체적으로 인터넷을 통한 가상세계는 판매자 시장(Seller's Market)이 구매자 시장(Buyer's Market)으로 전환되는 현상을 촉진시킨다.

제 3 절 온라인과 오프라인

인터넷이 등장하면서 새로운 거래방식을 설명하는 용어도 새롭게 등장하고 있다. 그중 유통과 관련되어 가장 의미 있는 개념이 온라인(On-line)이라는 용어다. 온라인이라는 것은 컴퓨터 차원에서 다른 컴퓨터와 연결되어 있다는 것을 의미한다. 또한 서버들 차원에서도 온라인이라는 말을 사용하는데 이때 온라인은 서버가 네트워크에 연결되어 있다는 것을 의미한다. 그러므로 인터넷을 통한 사이버 시장에 접속이 되어 있는 상태를 온라인 상태라고 말한다. 그러나 이러한 기술적인 설명을 넘어 새로운 시장환경을 의미하는, 새로운 유통환경을 의미하는 대명사로서 온라인의 의미가 대두되고 있다. 이러한 온라인이라는 개념을 정확하게 이해하기 위해서는 오프라인(Off-line)이라는 용어로 재해석되고 있는 기존의 시장환경이나 유통환경과의 비교 이해가 필요하다. 본 절에서는 온라인과 오프라인, 즉 인터넷을 통한 새로운 온라인 시장환경과 지금까지 본 저서에서 논의해 왔던 오프라인에 대한 관계를 설명하고자 한다.

1. 온라인 비즈니스 모델

인터넷상의 비즈니스 모델을 설계하는 것은 최종고객에게 어떠한 가치를 제공하고 어떻게 수익을 창출할 것인가를 결정하는 것이다. 이는 기존 오프라인상에서의 비즈니스 모델 결정 방식과 큰 차이점이 없다. 그러나 온라인상에서 비즈니스 모델의 성공을 위해서는 온라인상에서의 특수한 요소를 감안하여야 한다. 인터넷에는 기존 오프라인 시장환경과는 상이한 인터넷 특유의 속성을 바탕으로 다양한 비즈니스 모델들이 존재하고 있으며, 다양성과 창의성 측면에서 기존의 비즈니스 모델과는 차이를 갖고 있다.

네이버, 다음, 구글 같은 포탈업체는 검색기능을 중심으로 이메일, 뉴스, 각종 정보 등을 무료로 제공하면서 확보된 회원을 중심으로 광고 수익을 올릴 수 있다. 이러한 비즈니스 모델에서는 회원의 확보를 위한 가치 제공과 회원에게 전달된 촉진의 섬세한 관리가 구체화된 비즈니스 모델이 될 것이다.

또한 다양한 형태의 제품을 판매하는 인터넷 쇼핑몰에서는 가상의 시장공간에서 거래를 형성시킬 수 있는 고유한 비즈니스모델이 필요하다. 아마존은 서적이나 CD

에 풍부한 정보를 가미하여 고객에게 판매하여 매출을 올리고 있다. 또한 PC 제조업체인 델(Dell)은 고객이 원하는 사양을 온라인상에서 주문을 받아 PC를 만들어 직접 판매하는 방식의 비즈니스 모델을 가지고 있다.

인터넷의 비즈니스 모델을 설계하기 위해서는 인터넷 비즈니스의 유형과 수입원을 확인할 필요가 있다. 비즈니스 유형으로는 온라인 판매, 검색서비스, 커뮤니티 운영, 전자출판, 콘텐츠 서비스, 온라인 광고 서비스 등이 있으며 이러한 온라인 비즈니스는 판매이익, 거래수수료, 광고수입, 후원금, 회원가입비, 구독료, 사용료 등의 수익을 확보할 수 있다. 그러나 상기에서 제시한 비즈니스 모델을 한 가지만 전개하는 경우보다 이를 복합적으로 구축하는 것이 현실이다. 이는 초기의 추세를 반영하는 것과 동시에 온라인상의 비즈니스 모델에 의한 수익원확보가 용이하지 않기 때문에 다양한 편익을 제공하는 것이라는 해석도 있다.

최근 운영되고 있는 온라인상의 서비스는 수익을 확보하지 못하고 제공하는 편익부분만을 고려하는 경향이 있다. 실물세계에서 통하는 비즈니스를 그대로 인터넷에 옮겨 놓으면 성공할 확률은 매우 낮다. 또한 온라인이 모든 것을 해결해 주는 것이 아니라는 점을 고려하여야 한다. 즉 오프라인과 조화를 이루는 방안에 대하여 검토하여야 한다. 조화를 이루지 못하면 갈등이 야기되며, 갈등의 발생은 새로운 환경에서의 유통의 기회를 저해하게 된다.

2. 온라인 · 오프라인의 갈등

인터넷을 통한 전자상거래가 활성화되면서 온라인과 오프라인간의 갈등이 심화되고 있다. 즉 인터넷을 통한 새로운 유통경로와 기존에 유지해 왔던 유통경로상의 갈등이 존재하게 되고 기업들은 이러한 경로상의 갈등을 어떻게 극복할 것인가를 고민하고 있다.

온라인과 오프라인의 갈등 양상으로는 가격에 대한 부분을 예로 들 수 있다. 인터넷 쇼핑몰에서 최종 소비가격을 저렴하게 공급하는 행위에 대해 제조업체들은 기존의 대리점이나 기타 경로와의 관계에서 혼돈을 가지고 있다. 그래서 쇼핑몰에 제품 공급을 중단하는 등 방법을 강구하고 있다.

이러한 갈등 상황에 대해 정부는 인터넷 전자상거래의 공정거래질서 확립을 위해 저가판매를 방해하는 행위에 대한 규제 방안을 발표하였다. 인터넷 쇼핑몰을 통해 상품을 저렴하게 판매한다는 이유로 제조업체가 대리점이나 인터넷 쇼핑몰에 상품을 공급하는 것을 중단하는 것을 강력하게 단속하기로 한 것이다.

또한 전체적인 역할인식의 차이를 갈등의 원인으로 들 수 있다. 온라인 경로와 오프라인 경로의 뚜렷한 구분이 없이 하나의 판매 경로로만 온라인을 인식할 때, 기존 대리점들은 자신들의 몫을 나누어야 한다고 생각하기 때문에 상당한 반발과 저항을 나타내게 된다. 이는 온라인 경로 구축 사업을 적극적으로 추진하는 데 장애요소가 된다. 기존 대리점들은 온라인 경로의 구축이 기존 오프라인의 제거를 의미하는 것으로 받아들여, 생계를 위협하고 있다는 우려가 팽배해 있다. 가능한 갈등의 예를 살펴보면 〈표 16-2〉와 같다.

표 16 -2 온라인-오프라인 갈등의 예

자동차	인터넷 자동차 할인 판매 회사에 자동차를 유통시킨 대리점에 대한 제재
가 전	대리점 판매비중의 지속적인 감소(전체 85%에서 70% 이하로 감소)
여 행	항공사의 항공권 사이버 판매 여행사들의 수수료 감소
중공업	기존 협력업체 저항에 의한 글로벌 소싱 시스템 가동 유보
운동화	온라인 쇼핑몰 운영에 따른 대리점의 반발

3. 갈등 극복과 유통의 새로운 기회

온라인과 오프라인 유통경로간 갈등은 제조업체에 큰 부담으로 작용하고 있지만 아직 많은 기업들은 채널 갈등 해결 방안 마련에 별다른 노력을 기울이지 못하는 실정이다. 우선 인터넷 경로를 통한 매출 비중이 현재 그리 크지 않다는 점이다. 그래서 기존 오프라인 유통망과의 관계에 보다 많은 노력을 기울이는 입장이다. 그러나 인터넷 비즈니스의 성장으로 결국 주도적인 역할을 하게 될 온라인 경로의 규모가 확대되면 될수록 기업들은 유통경로상의 갈등에 대해 체계적인 접근을 시도하여야 할 것이다.

특히 대리점을 통한 유통 비중이 큰 산업에서는 준비단계에 들어갈 시점에 있다. 우선 가장 큰 가닥은 기존 오프라인 유통체계를 어떻게 개선할 것인가를 고려하는 것과, 온라인 유통체계의 성공을 위한 오프라인상의 노력이 무엇인가를 결정하는 것이다. 결국 온라인과 오프라인상의 차별화와 조화를 누가 체계적으로 접근하는가로서 갈등을 해결할 수 있게 될 것이다.

온라인과 오프라인의 문제를 잘못 해결하여 실패한 경우를 토이저러스에서 찾을 수 있다. 잘 아는 바와 같이 토이저러스는 전세계적인 유통업체다. 토이저러스는 월마트의 장난감 유통시장 진출과 온라인상에서의 e-Toys의 적극적인 시장 공세로 인해 완구시장 점유율이 하락함에 따라 본격적인 인터넷 사업에 진출하였다. 그러나 사업에 대한 의욕에 비해 기본적인 전산망이 제대로 갖추어져 있지 않았고, 시스템 과부하로 시스템이 멈추는 등 사이트 운영상의 많은 문제점이 발생하였다. 또한 온라인 경로를 통한 판매 상품과 오프라인 대리점 경로를 통한 상품이 차별화되지 않아 대리점들의 반발을 유발하였다. 결국 토이저러스의 온라인 비즈니스 모델은 실패하였다. 토이저러스의 실패는 온라인 비즈니스를 성공시키기 위해서는 온라인과 오프라인상의 차별화와 조화라는 방법으로 가능한 갈등을 해결하는 것이 우선되어야 함을 시사하고 있다.

온라인과 오프라인간의 갈등은 새로운 유통환경으로의 과도기적인 현상이다. 그러나 온라인 유통경로만 남고 오프라인 유통경로는 없어지는 것이 아니며 양자의 차별화와 조화를 통한 시너지의 창출이 중요한 과제로 남는다. 온라인·오프라인간의 갈등을 최소화하며 상호간에 시너지를 확보할 수 있는 방안을 살펴보면 다음과 같다.

첫째, 온라인과 오프라인간의 차별화를 철저히 하는 전략의 마련이다. 표적구매 고객은 물론 취급하는 상품, 촉진, 가격에서 차별화를 추구하여 온라인 오프라인 경로간의 보완성을 확보하여야 할 것이다. 예컨대, 소니(Sony)는 온라인 전자제품 거래점인 sonystyle.com을 개설하여 인터넷 사업에 진출하였다. 소니는 정보와 오락 관련 제품군 등은 인터넷을 통해 직접 판매를 하고 있으며, VCR, TV 등의 가전 제품군은 기존의 유통채널을 활용하고 있다. 고객이 인터넷을 통해 VCR, TV를 주문하는 경우 주문 정보를 가장 가까운 대리점에 연결시켜 대리점으로 하여금 제품 배달이 가능하도록 하고 있다. 이러한 채널 분리와 보완관계 유지 전략을 시도하기 위해서는 기존 대리점들과의 정보시스템 공유작업이 선행되어야 한다.

온라인·오프라인 경로의 차별화는 경로별 상이한 브랜드 또는 상이한 모델의 운영을 통해서 달성될 수도 있다. 특정 브랜드의 경우는 특정 유통경로에서만 취급하도록 제한하는 것이다. 인터넷 쇼핑몰에서만 취급되는 전용 브랜드의 개발을 고려해 볼 수 있다.

둘째, 온라인과 오프라인의 역할상의 장점을 조화롭게 조정하는 전략이다. 유통경로간 역할을 분리함으로써 상호 공존하는 방법을 찾을 수 있다. 예컨대, 인터넷에서는 고객 획득과 정보의 전달, 사후관리, 의사소통의 창구 역할을 수행하고, 실제 매출과 거래는 오프라인에서 담당하는 것이다. 이는 현재의 수익이 나지 않는 온라인 경로의 성공적인 운영에 필수적인 사항으로 대두되고 있다. 인터넷의 장점과 단점을 파악하여 온라인과 오프라인 유통경로의 양자택일이 아닌 온라인과 오프라인의 역할을 구분함으로써 시너지를 달성하는 것이다.

제16장 인터넷 시대의 유통관리 **449**

셋째, 글로벌 기준으로 시장을 구분하여 접근하는 것이다. 즉 내수시장과 해외시장을 분리하여 접근하는 것이다. 세계 어디에서도 접속이 가능하다는 인터넷의 특징을 살려 해외시장에서는 온라인을 통한 제품을 취급하고, 내수시장에서는 기존의 오프라인 유통경로를 이용하는 것이다.

기업들은 기존 대리점들과의 갈등을 해결하고 시장변화에 능동적으로 대처할 필요가 있다. 또한 오프라인상의 경쟁력과 온라인상의 경쟁력은 차이가 없다. 고객에게 제공할 가치를 확인하고, 이를 촉진하고, 적합한 유통경로를 개발하여 제공한다는 원칙에는 변함이 없다. 변화하는 환경의 흐름에 맞는 유통경로의 설계 및 운영이라는 측면에서 온라인과 오프라인의 활용은 새로운 기회로 관리자에게 의미를 가져다 줄 것이다.

옴니채널 환경에서 살아남기 위한 오프라인 매장의 공식

2013년 영국 유통업계는 큰 충격에 빠졌다. Comet, Jessops, HMV, Blockbuster 등 가전·미디어 부문 주요 유통 기업 4사가 한 달 사이 연이어 파산했기 때문이다. 미국에서도 이미 2009년부터 주요 대형유통 기업이 도산했고, 국내에서도 소매시장을 주도하는 백화점의 매출이 2013년 사상 첫 감소 추세를 보이는 등 유통 기업의 세력 약화가 전 세계적으로 일어나고 있다. 이들 기업에는 공통분모가 있는데 전통 오프라인 유통 업체라는 것과 온라인 구매로 빠르게 전환되는 품목을 취급하면서 온라인 채널에 급격히 매출을 빼앗겼다는 점이다.

이렇게 온라인 채널이 전체 소매 시장을 무서운 속도로 잠식하자, 위협을 느낀 리테일러들은 살아남기 위한 다양한 시도를 하고 있다. 이는 채널 간 경계가 모호해진 옴니채널 환경에 맞춘 방법들로서, 오프라인 매장의 강점을 살리면서도 자연스러운 온·오프 통합 경험을 이루어 낼 수 있는 데 목표를 두고 있다.

Pick-up Service, 편할 때 구매하고 어디서든 픽업한다

제품을 직접 보고 수령할 수 있다는 것이 오프라인 매장의 이점이다. 이를 적극 활용한 것이 바로 픽업 서비스. 온라인에서 언제든 미리 주문한 후 지정한 날짜에 매장에서 수령하는 서비스로서 현재 대부분의 전통 리테일러가 채택하고 있다. 오프라인 매장으로서는 가장 매력적인 고객 유인 요소이자 구매를 확장시키는 기회라 할 수 있다. 영국의 국민 백화점인 John Lewis의 경우 해당 서비스를 영국에서 처음 적용하고 가장 효과적으로 활용했는데, 계열사인 Waitrose 체인과 기타 지역 슈퍼마켓을 픽업 포인트로 써서 쇼퍼의 편의성을 증대시켰다.

'Click and Collect'로 칭하는 이 서비스는 온라인 채널을 24시간 오픈시켜 언제든 맘껏 둘러보고 구매할 수 있다는 이점과 열악한 영국의 배송 시스템에 반해 편리하게 지정한 날짜와 장소에서 수령할 수 있다는 점 때문에 열렬한 호응을 불러일으켰다. 서비스 시작 이후로 온라인 매출이 2013년 기준 전년 대비 49% 늘었을 뿐 아니라, 매장 유입 고객도 늘어 픽업을 위해 매장에 방문한 고객에 크로스c 혹은 업셀링d 등의 기회를 발굴하는 효과도 얻어냈다.

국내에서도 이러한 픽업서비스를 제공하고 있는데, 롯데닷컴과 롯데백화점의 '스마트픽(Smart-pick)' 경우 지난 4월 서비스를 리뉴얼하면서 단순 픽업을 넘어, 픽업 방문 시 제품 착용 및 교환 등을 백화점 현장에서 바로 진행할 수 있도록 개선해 좋은 반응을 얻고 있다. 온라인의 다양한 가격 혜택과 물건을 직접 확인하고 구매할 수 있는 오프라인의 장점을 확실히 융합시킨 사례로 롯데닷컴의 매출 증대와 롯데백화점의 방문객 유입 효과를 기대할 수 있었다.

In-store Mobile, 한층 스마트해진 쇼핑

매장에서 모바일 디바이스를 효과적으로 사용할 수 있는 환경과 서비스를 제공하는 인스토어 모바일은 픽업과 더불어 대표적으로 사용되는 솔루션이면서 매장에서 온라인으로의 쇼퍼 이탈을 막는 기본적이고 실질적인 방안이기도 하다. 쇼퍼들이 온라인으로 정보 검색을 하고 비교한 후 구매 결정을 한다면, 제품을 확인하는 오프라인 현장에서 직접 해당 온라인 검색이 원활히 이루어질 수 있게 하거나 그에 상응하는 정보를 효과적으로 전달할 수 있도록 무료 인터넷과 앱 등을 제공해 주는 것이 인스토어 모바일의 기본 개념이다. 성공적인 리테일 혁신 사례로 꼽히는 대부분의 리테일러가 해당 요소를 적용한 바 있다.

모바일 앱에는 다양한 기능을 담을 수 있는데 가장 유명한 사례로는 월마트 모바일 앱의 인스토어 모드(In-store Mode)를 들 수 있다. 월마트는 자사의 앱으로 매장 위치 찾기(Store Locator), 지역 매장의 프로모션 정보, 물품 재고 검색 등의 방문 전 검색은 물론, 매장 안에서는 인스토어 모드로 매장 내 물품 위치를 찾을 수 있는 제품 위치 찾기(In-store Navigation) 기능, 소비자가 직접 바코드를 스캔하고 바로 지불할 수 있는 Scan & Go 기능 등 다양한 셀프 서비스 기능을 지원하고 있다.

특히 Scan & Go는 대기 없이 쉽고 빠르게 결제할 수 있다는 점 때문에 호응이 높으며 덕분에 매장 순환율이 높아지는 효과도 얻을 수 있었다. 월마트 앱은 매장 안에서 온라인 정보 비교 등의 이점을 효율적으로 이용할 수 있는 점 이외에도 온라인의 쇼핑 방식과 비슷한(셀프·개인화) 맞춤 서비스를 직접 수행할 수 있어 오프라인의 강점과 융합된 시너지 효과를 구현, 가장 이상적인 옴니채널 쇼핑 경험에 가까워지는 모습을 보였다.

좀 더 확장된 매장 경험을 제공하는 디지털 스크린

매장에 설치된 디지털 스크린은 온라인에서 제품 정보, 리뷰 등을 비교하고 바로 구매할 수 있게 해 웹 기반의 온라인 구매 경험을 매장 및 제품에 최적화시켜 놓은 형태이다. 자사의 온라인 사이트와 연동된 터치스크린은 좀 더 편리한 탐색 환경을 조성해 주거나 매장에 진열된 실제 제품과 직접적이고 쉬운 비교 분석을 제공해 구매까지 가능케 한다. 이러한 방식은 그간 쇼루밍으로 이탈했던 고객들의 구매 전환율을 높여나가기 위해서다. 제품 라인업이 많을 때는 스크린을 통해 편리한 제품 브라우징(Browsing)을 도와줘 쇼핑 효율을 높여주는가 하면, 원하는 제품이 전시돼 있지 않을 경우 해당 제품 카테고리에 설치된 스크린을 통해 동일 제품 카테고리 내의 다른 모델과 브랜드 등을 확인해 볼 수 있다. 또 진열이 안 된 모델도 디지털 스크린을 통해 바로 구매할 수 있도록 서비스하고 있다.

몇몇 리테일러들은 매체 특성을 활용한 인터랙티브 체험 콘텐츠로 소비자의 적극적인 체험을 유도하기도 했는데, 미국 Macy's 백화점의 'Magic Fitting Room'은 카메라를 통해 쇼퍼의 모습이 스크린에 비춰지고 가상의 옷을 입어볼 수 있는 방식으로 인스토어 인터랙션 체험의 정석으로 꼽힌다. 2010년 시행된 'Magic Fitting Room'은 이후 많은 의류 리테일러가 차용, UI 및 UX를 개선하여 지속적으로 선보이고 있다. 하지만 아직까지는 실제 의류 피팅을 대체하기에는 한계가 있어 구매로 직결되는 데 큰 영향을 미치지 못하고 있다. 실제로 John Lewis의 경우 자사의 'Virtual StyleMe Mirror'를 실패한 프로젝트로 자체 평가하고 있다. 새로운 경험만 제공할 뿐 매출 향상에는 영향을 주지 못했다는 것이다.

조금 다른 개념으로 디지털 요소를 가미한 사례도 많이 볼 수 있는데 멀티 LFD 혹은 대형 스크린이나 고화질 스크린을 통해 제품을 1:1 스케일 혹은 그 이상으로 보여주며 실제품보다 더 쉽고 직관적으로 비교 탐색할 수 있게 하는 경우이다. 또는 디지털 쇼윈도(Digital Showwindow)나 미디어월(Media Wall) 등 매체를 활용해 각 접점에 맞는 정보나 이미지를 보여주는 것도 효과적인 쇼핑 경험을 도와준다. 매장에 너무 많은 제품 라인업이 있어, 쇼퍼가 모든 제품을 한눈에 비교하기 어렵거나 매장이 협소해 라인업을 모두 효과적으로 연출하기 어렵고 제품 특성을 살리는 체험이 어려운 경우 이러한 디지털화된 연출 방식이 빛을 발한다. 리테일러들이 디지털 요소를 적용해 새로운 인스토어 체험을 창출함으로써 노리는 것은 버즈(Buzz)도 있겠지만 결국 구매 확대이므로 다양한 시도와 시행착오가 이뤄지고 있다. 체험 방식이 너무 현란하거나 인터랙션 요소가 너무 강조되면 제품 자체에 집중되지 못하는 결과를 초래하므로 제품과의 연계 진열, 컨텐츠 수위의 적절한 조절이 성공적인 디지털 스크린 활용의 관건일 것이다.

Ultimate Showroom, 제품을 가장 잘 볼 수 있는 최적화된 환경

오프라인 매장의 최대 장점은 역시 실제 제품을 확인할 수 있다는 것이다. 온라인에 방대한 정보와 리뷰가 있지만 실제로 소비자 본인이 직접 눈으로 실물을 보고 만지고 제품 체험을 하는 것만큼 확실한 것은 없다. 오프라인 매장들은 자사의 주력 제품들이 눈에 잘 띄고, 매력적으로 어필돼 구매로 연결될 수 있도록 여전히 매장 연출에 고심하고 있다.

특히 대형 가전제품 등은 도어를 열어보거나 다이얼을 돌려보거나 혹은 표면을 만져보는 것이 구매 결정에 상당한 부분을 차지하는 감성 품질 중심 제품이다. 가전은 오프라인 매장 방문을 통해 실물 확인이 가장 많이 이뤄지는 제품군이기도 한데, 대형 전자제품 전문 리테일러인 Bestbuy의 경우 이 부분에 주목해 전자제품군의 쇼루밍을 되레 극대화해 주는 전략 'Ultimate Showroom'을 내세우기 시작했다.

쇼루밍 때문에 타격을 받아온 오프라인 유통이 그것을 권장하다니 의아할 수 있겠지만, '어차피 쇼루밍을 할 것이라면 다른 매장에 가지말고 우리 매장으로 오세요!'라는 의미로 매장 유인을 꾀하는 것이라 생각하면 고개가 끄덕여진다. 이를 위해 Bestbuy는 기본적으로 쇼루밍에 최적화된 제품 탐색 및 체험 환경을 제공하고자 노력했고, 이를 위해 브랜드들의 숍인숍(Shop-in-Shop)도 지속적으로 유치해 나가며 브랜드 간 경쟁을 통한 효과적인 비교 체험 환경을 조성해 쇼퍼를 유인하고 있다.

더불어 전문적 고객 서비스를 제공, 어필함으로써 오프라인 특유의 대면 응대 강점을 훌륭히 활용해냈다. 무엇보다 온라인과의 가격 경쟁력을 갖출 수 있도록 'Price Matching' 프로그램을 운영해 최저가 가격을 보장함으로써 고객이 Bestbuy에서 사지 않을 이유가 없게끔 했으며, 실제로 Bestbuy는 이 새로운 전략 이후 다시 살아나고 있다.

Integrated Seamless Retail Experience

오프라인 유통업체들의 다양한 노력은 대부분 다원적으로 이뤄진다. 픽업 서비스를 통해 매장으로 고객을 유인한 후 인스토어 모바일을 통해 쉽고 빠르게 원하는 제품을 찾아 최적화된 쇼룸 환경 하에서 제품을 확인할 수 있게 한다. 그리고 디지털스크린을 통해 한 차원 더 깊은 정보 탐색 혹은 경험을 제공한 후 이를 통해 바로 구매해 가게 하거나 재고가 없을 경우 스크린을 통해 온라인에서 바로 구매해 집으로 배송을 보내는 등 일련의 쇼핑 여정에 여러 디지털·온라인 인풋을 동시 적용하는 것이다.

리테일러들에게는 온·오프의 넘나듦이 자연스럽게 매장 쇼핑 경험 전반에 녹아들어 시너지를 낼 수 있도록 최적의 환경을 조성하는 것이 최대 과제다. 아직까지는 기존 전통 매장에 그저 디지털·온라인 요소를 가져다 얹는 형식으로, 요소들 간 연결성이 그리 강하지 않거나 쇼핑 여정을 제대로 이해하지 못한 매장 내 온라인 접속 권유는 고객에게 거부감을 느끼게 한다. 과도한 디지털 요소의 적용은 제품이 아닌 재미에만 집중하게 해서 실제 제품 구매 제고에는 기여하지 못하는 주객전도 현상이 나타나기도 한다.

자연스러운(Seamless) 리테일 경험의 대표 사례로 비콘(beacon)을 활용한 매장 경험을 얘기할 수 있는데 데이터를 기반으로 특정 소비자의 위치와 쇼핑 의도를 인식해 모바일에 맞춤형 광고나 정보를 지속적으로 제공하고 구매 가이드를 해주는 것이다. 소비자의 매장 입장에서부터 구매 후 퇴장까지 쇼핑 여정 동안 함께한다. 현재 Macy's를 비롯한 몇몇 리테일러 매장에서 시도되고 있으며 국내 신세계 백화점에서도 실내 위치기반 서비스(LBS)e를 활용해 개인화된 쇼핑 경험을 제공하고 있다. 비콘이나 비슷한 개념의 디바이스를 활용한 새로운 솔루션 아이디어가 지속적으로 개발되고 있어 그 추이를 눈여겨봐야 할 것이다.

제일기획 RX(Retail Experience)그룹은 급변하는 리테일 환경에 이러한 최적화된 통합 경험을 제고하기 위해 노력하고 있다. RX그룹은 리테일 환경에서의 쇼퍼 경험을 설계, 기획, 디자인해 최종적으로는 구매에 이르게끔 하는 일을 하고 있는데, 제품(브랜드)과 공간(리테일러), 쇼퍼, 그리고 디지털과 기술의 이해를 통한 통합 환경 구축을 위해 당사의 DX, UX 및 DnA센터와 지속적으로 협업하고 있다.

이제 더 이상 물리적인 공간 디자인만을 통한 매장 솔루션은 쇼퍼를 유혹하기 어렵다. RX그룹은 급변하는 쇼퍼를 항상 예의주시하여 최적의 리테일 경험이 이루어질 수 있도록 매진할 것이다.

자료: 프로 리테일익스피리언스 그룹(2014), '매장, 온·오프를 넘나들다. 옴니채널 환경의 리테일 매장'.

4. 옴니채널

여러 채널을 유기적으로 결합해 소비자들의 경험을 극대화시키는 옴니채널 전략은 기업들에게 점점 중요해지고 있다. 스마트폰 사용인구가 지속적으로 증가하고, 온라인 및 모바일 쇼핑을 이용하는 소비자들이 증가하면서 온라인 대 오프라인 매장의 경쟁 구도가 아닌 옴니채널을 바탕으로 한 온·오프라인 통합의 중요성이 증가하고 있는 것이다.

스마트폰 보급의 확산으로 소비자들은 시공간의 제약을 벗어나 상품에 대한 정보를 얻을 수 있게 되었다. 신속한 정보 획득이 가능해진 소비자들은 다양한 채널을 통해 더 저렴하고 좋은 품질의 제품을 구매하려는 합리적인 소비성향을 보여주고 있다. 실제로 많은 소비자들이 오프라인 매장에서 상품을 직접 살펴본 후 가장 저렴한 온라인 유통채널을 검색해 상품을 구매하는 소비형태를 보이고 있다. 옴니채널은 이와 같이 온·오프라인 및 모바일에서의 고객과 유통채널 간 쇼핑 경험을 일원화해 통일된 상품과 서비스를 제공함으로써 통합된 고객 경험을 제공하는 개념이라고 할 수 있다.

즉 옴니채널의 확대는 모바일 시장의 확장과 그 맥락을 함께 한다고 볼 수 있다. 스마트폰의 보급을 통해 최근 소비자들은 상품의 구매의사결정의 모든 단계를 스마트폰을 통해 진행한다. 특히 장소 및 시간을 불문하고 대다수의 소비자들은 스마트폰을 통해 제품의 가격 비교, 브랜드별 탐색, 그리고 제품의 결제까지 진행할 수 있다. 이러한 상황을 반영하듯 여러 기업들은 소비자들의 소비 패턴을 반영한 복합 채널 전략을 구사하고 있다.

구체적으로 살펴보면 기업들이 구사하고 있는 옴니채널 전략은 온라인 채널 활성화를 위한 복수 채널 활용과 오프라인 경험을 온라인으로 연계시키는 형태로 실현되고 있다. 미국의 주방용품 판매업체인 윌리엄소노마는 채널별 역할을 명확히 정립해 전체 채널 간 균형을 확보했다. 즉 오프라인 매장은 상담 및 체험이 가능한 쇼룸 역할로 정의하고, 온라인 채널은 실제 판매 영역을 담당하는 채널로 활용하는 것이다. 또한, 월마트의 경우에는 고객들이 오프라인 매장에서 모바일 서비스를 보다 적극적으로 이용하도록 모바일 앱 전용 쿠폰 및 모바일 결제 활성화에 힘쓰는 등 채널 간 유연한 연계강화에 주력하고 있다.

온라인과 오프라인의 경쟁이 심화되는 상황 속에서 스마트한 소비자들은 온라인과 오프라인의 장점을 모두 향유하는 합리적인 쇼핑 성향을 보이고 있으므로 기업들은 온·오프라인 채널을 넘나드는 최적의 쇼핑 환경을 제공하려는 노력을 해야 할 것이다. 옴니채널은 이에 대한 효과적인 전략이 될 수 있으므로 기업은 온라인과 오프라인을 효과적으로 연동한다면 고객들의 쇼핑체험을 극대화할 수 있을 것이다.

이와 더불어 기존의 인터넷 쇼핑이 주를 이뤄오던 온·오프라인 시장뿐 아니라, 모바일 시장의 연계를 통한 기업의 쇼핑환경 제공은 소비자 차원에서 보다 편의성이 확보된 소비가 가능하다는 특화된 장점이 있다. 따라서 기업 차원에서는 이들의 활용을 통해 보다 강화된 마케팅 및 채널 전략을 구사할 수 있어야 할 것이다.

◉ 요 약

최근 인터넷의 사용과 스마트폰의 보급이 증대되고 있다. 유통관리자의 입장에서는 환경의 변화는 물론 새로운 시장기회로서 온라인시장을 바라보는 시각이 필요하다. 이에 본 장에서는 인터넷에 대한 이해를 유통관리자의 시각에서 조명하고 있다. 인터넷과 전자상거래, 그리고 인터넷 시대에 변화한 고객의 모습과 구매욕구의 변화, 온라인과 오프라인의 이해와 유통관리자가 취해야 할 전략에 대하여 설명하고 있다. 결론적으로 인터넷의 등장과 스마트폰의 보급은 새로운 기회를 제공하고 있으며 이러한 기회를 놓치지 않기 위해서는 기존 유통경로와 새로운 유통경로의 조화 및 차별화를 통한 시너지의 확보가 무엇보다 중요하다고 할 것이다.

◆ 문제제기

1. 전자상거래의 유형별로 유통관리상의 의미를 설명해 보시오.
2. Cyber 공간에서만 적용되는 라이프스타일이 존재히는가에 대해 토론해 보시오.
3. 온라인 유통경로의 성공을 위한 요건을 제시해 보시오.

◆ 참고문헌

1) http://real.smdb.or.kr/DigitalSME/erp/b2b1.htm의 내용을 재정리한 것임.
2) 한국경제신문, "인터넷 키워드 '4C'의 흐름을 알면 성공예약," 2000. 1. 5.
3) http://210.118.51.48/unierp17/ERP_News_1.htm의 내용을 재정리한 것임.
4) http://home.hanmir.com/~hjbspark/public.html의 내용을 재정리한 것임.

부 록 1

Mobile Commerce

인터넷 관련 산업 추세의 변화를 단계별로 구분한다면 첫째, 검색엔진 개발경쟁 시대로 커뮤니케이터(넷스케이프)나 익스플로러(마이크로소프트)와 같은 검색엔진을 개발하고 사용자로 하여금 이를 많이 사용하도록 하게 하는 시대였다. 둘째, 포탈사이트 경쟁시대로서 네이버, 다음, 네이트, 구글 등 인터넷 사용자들이 통과하는 그러므로 반드시 접속하게 되는 사이트 경쟁시대였다. 최근에는 콘텐츠의 시대에서 커머스의 시대, 즉 포탈사이트가 정보를 제공하는 것을 기반으로 가치를 사고 파는 단계로서 인터넷 쇼핑몰, 각종 정보제공사업이 전개되는 시대다.

이러한 커머스, 즉 전자상거래의 시대에 또 다른 조류로서 또는 완전히 새로운 단계로서 M-커머스를 주목하고 있다. 단순히 정의하자면 M-커머스는 휴대폰과 같은 무선통신을 이용한 상거래 행위다. 이는 상대적으로 기존 인터넷 조류에서 뒤지고 있다고 할 수 있는 유럽을 중심으로 활발하게 전개되는데 표준 기술에 합의하는 등 이 분야에서 미국을 앞지르고 있다. 노키아, 에릭슨 등 유럽기업이 중심이 되어 기존 인터넷 웹브라우저와도 접속할 수 있도록 개발된 무선통신프로토콜 WAP(Wireless Application Protocol) 규격이 체계화되고 있다.

M-커머스는 PC의 단점을 휴대폰 등이 극복할 수 있다는 점에 착안한다. 고객이 특정 점포를 지나면 휴대폰에서 백화점의 주력 세일 품목에 대한 정보가 전달된다. 최근 휴대폰 이용자의 소재지 파악이 기술적인 개선을 거듭하여 현재 반경 100m 수준에서 5m 안으로 좁혀질 것으로 예상하고 있다.

또한 휴대폰 단말기가 고급화되고 있으며 비용 측면에서도 PC와 휴대폰의 가격 차이, 인터넷망 접속 요금과 이동통신 요금을 비교한다면 상대적으로 저렴하다고 할 수 있다. 이미 많은 기업들이 휴대폰을 통해 다양한 마케팅 정보를 제공하고 있으며, 은행업무, 각종 예약 업무 처리 등 고객들은 전화로 해결할 수 있는 서비스에 익숙해져 있는 상황이다. 추가해서 이제는 사용자들이 편리하게 휴대폰으로 일상적인 쇼핑을 할 수 있는 시대가 전개되고 있다.

부 록 2 ────────────────────────────────

온·오프라인 탈경계 시대, 커넥티드 컨슈머 맹활약

───────────────────────────────────────

소비자들의 온라인 접속이 보편화되고, 온라인 채널을 통한 구매 활동이 활발해지고 있는 가운데 커넥티드 컨슈머가 **빠른** 속도로 증가하고 있다. '커넥티드 컨슈머(connected consumer)'란 인터넷 네트워크를 비롯해 정보화 기기에 실시간 접속하는 사람들을 지칭한다. 커넥티드 컨슈머의 대두는 유통업체에게 기회가 될 수 있지만, 이들의 니즈에 제대로 대응하지 못하면 고객 이탈이 늘어날 수 있다. 따라서 최근 대두되고 있는 온라인 소비행태에 대한 심층적 이해가 필요하다.

AT커니는 2014년 7월 전 세계 1만 명의 커넥티드 컨슈머를 선정, 다양한 내용으로 설문조사를 실시했다. 설문 내용은 커넥티드 컨슈머의 행동을 유발하는 주요 동기, 소비자가 온라인에 접속해 구매에 이르게 되는 구체적 과정 등 총 29개 항목으로 구성됐으며, 이를 토대로 유통업체에 대한 시사점을 도출했다. 이번 조사는 미국, 영국, 독일, 일본, 브라질, 러시아, 중국, 인도 등 총 10개국 소비자를 대상으로 했다.

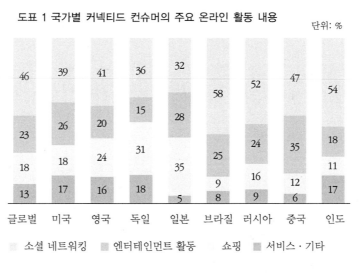

도표 1 국가별 커넥티드 컨슈머의 주요 온라인 활동 내용

단위: %

소셜 네트워킹 　 엔터테인먼트 활동 　 쇼핑 　 서비스·기타

커넥티드 소비자, SNS에서 가장 많은 시간 소비

이번 조사 결과, 응답자의 51%는 1시간에 1번 이상 온라인에 접속하며, 이 중 28%는 거의 하루 종일 접속하는 것으로 나타났다. 온라인 접속은 PC를 통한다는 응답자가 58%로 가장 높게 나타났으며, 28%는 스마트폰, 11%는 태블릿PC를 활용하는 것으로 조사됐다.

커넥티드 컨슈머의 온라인 접속 동기는 소셜 네트워킹, 정보 탐색, 의사표현, 제품

구매 편의성, 엔터테인먼트 활동 등 다양하다. 특히 전체 응답자의 65%가 SNS에 접속하기 위해 온라인을 이용한다고 답했다. 브라질, 인도 등 소셜 네트워킹 관련 인프라스트럭처가 선진국대비 취약한 국가에서도 SNS 활동을 목적으로 인터넷에 접속하는 비중이 높게 나타났다. 온라인에서 가장 많은 시간을 소비하는 활동 또한 소셜 네트워킹(46%)이었으며, 엔터테인먼트(23%), 쇼핑(18%)이 그 뒤를 이었다.

AT커니의 파트너로 이번 연구를 공동 수행한 하나 벤-사밧(Hana Ben-Shabat)은 "지인과의 소통, 의사 표현, 새로운 것에 대한 탐색, 구매 편의 등 다양한 온라인 활동 니즈로 인해 유통업체 역할이 변화하고 있다."고 말했다.

커넥티드 컨슈머가 빠르게 증가하면서 각 유통업체들은 소비자들의 온라인 접속 동기뿐 아니라 접속에서 구매에 이르는 과정, 그리고 각 단계별 구체적 니즈를 파악하려 하고 있다. 이를 기반으로 소비자 커뮤니티를 구축하고, 색다른 고객 경험을 제공해야 구매자들의 호기심과 편의에 대한 니즈를 충족시킬 수 있으며, 이를 통해 진정한 쌍방향 소통을 지속할 수 있다.

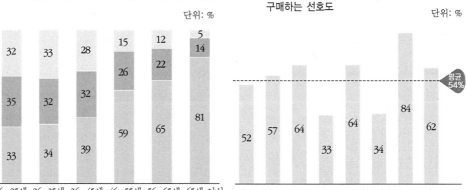

도표 2 연령별 제품 구매시 SNS평가에 의존하는 비중 (단위: %)

도표 3 국가별 소비자들이 온라인에서 제품을 구매하는 선호도 (단위: %)

유형별 커넥티드 컨슈머 특징 달라

커넥티드 컨슈머는 온라인 접속 빈도와 수준, 소비 성향에 따라 네 가지 유형으로 구분된다.

① **온라인 챔피언**　온라인 챔피언 유형의 소비자들은 온라인에 접속, 활동하는

것 자체를 즐기는 계층이다. 전자제
품, 가구, 의류 및 패션 잡화, 식료
품, 도서에 이르기까지 매우 다양한
제품들을 온라인에서 구매하며, 대
부분이 스마트폰을 즐겨쓰는 헤비유
저(heavy user; 우량 이용자)들이다. 특
히 이들은 소셜 네트워크상의 제품
및 서비스 평가에 매우 적극적으로
참여하며, 이들 평가를 토대로 제품
을 구매한다. 또한 온라인 배너 광고
에도 다른 유형의 고객들보다 적극
적으로 반응한다. 유통업체와 제조

도표 4 커넥티드 컨슈머의 유형

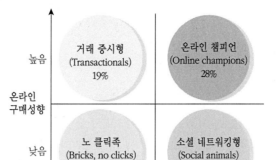

업체 마케터들이 집중 공략해야 할 대상이라고 할 수 있다.

② **소셜 네트워킹형**　　소셜 네트워킹형 소비자들은 지인을 비롯한 타인과의 소
통, 온라인상에서의 다양한 엔터테인먼트 활동, 웹 서핑 등을 즐기며, 온라인보다 오프
라인에서 구매하는 경향이 강하다. 물론 온라인에서도 제품을 구매하지만, 온라인 챔피
언에 비해 온라인 구매 성향이 낮다. 온라인을 통한 탐색 활동에 적극적이지만 무엇을,
어디서 구매할지 결정할 때는 신중한 모습을 보인다.

③ **거래 중시형**　　거래 중시형 계층은 가장 이성적인 고객들이며, 온라인에서 많
은 시간을 소비하지 않는다. 필요한 정보를 탐색하거나 구매할 상품이 있을 때만 온라
인에 접속하며, 온라인 구매를 즐기지만 구매하는 제품은 매우 제한적이다.

④ **노 클릭족**　　노 클릭족은 온라인 활동과 구매에 가장 소극적인 계층으로, 오
프라인 구매를 선호한다. 스마트폰 사용 비율도 다른 유형의 소비자들에 비해 높지 않
다. 온라인상에서 브랜드나 제품에 관여하는 수준 또한 낮고, 제품 구매시 소셜 네트워
크 평가를 참고하는 데도 소극적이다. 온라인 플랫폼을 활용한 다양한 마케팅 활동의
효과가 가장 낮은 소비자 계층이라고 할 수 있다.

자료: 리테일매거진(2015), "온 오프라인 탈경계 시대, 커넥티드 컨슈머 맹활약" 2015년 1월호, pp. 108-
　　111의 내용을 토대로 재구성.

부록 : # 유통경로전략수립 매뉴얼

I. 유통경로계획의 수립절차

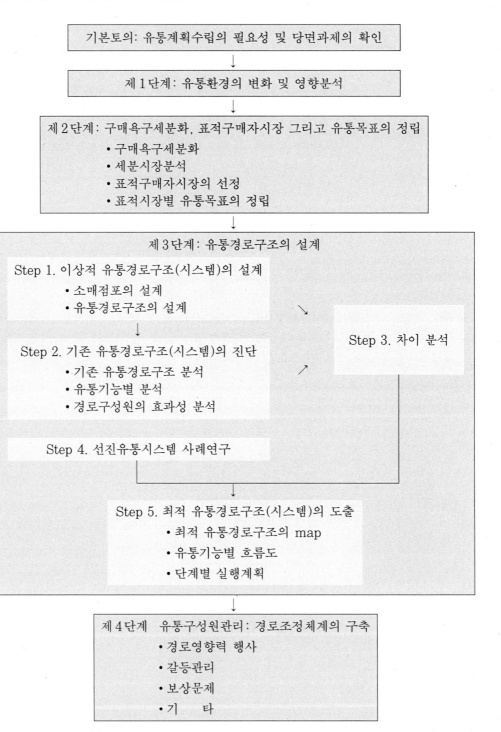

기본토의: 유통계획수립의 필요성 및 당면과제의 확인

↓

제1단계: 유통환경의 변화 및 영향분석

↓

제2단계: 구매욕구세분화, 표적구매자시장 그리고 유통목표의 정립
- 구매욕구세분화
- 세분시장분석
- 표적구매자시장의 선정
- 표적시장별 유통목표의 정립

↓

제3단계: 유통경로구조의 설계

Step 1. 이상적 유통경로구조(시스템)의 설계
- 소매점포의 설계
- 유통경로구조의 설계

↓

Step 2. 기존 유통경로구조(시스템)의 진단
- 기존 유통경로구조 분석
- 유통기능별 분석
- 경로구성원의 효과성 분석

Step 3. 차이 분석

Step 4. 선진유통시스템 사례연구

Step 5. 최적 유통경로구조(시스템)의 도출
- 최적 유통경로구조의 map
- 유통기능별 흐름도
- 단계별 실행계획

↓

제4단계 유통구성원관리: 경로조정체계의 구축
- 경로영향력 행사
- 갈등관리
- 보상문제
- 기　　타

II. 기본토의: 유통계획수립의 필요성 및 당면과제의 확인

◆ 마케팅진단을 통하여 제품의 가치개선 혹은 신제품방향을 확인하고, 나아가 유통전략수립의 필요성을 공유함

◆ 유통관리에 있어 현재의 문제점과 그 원인 그리고 향후의 나아갈 방향에 대하여 자유롭게 토의함

주요한 문제점 및 과제	원 인	향후 방향 및 주요 전략 대안

III. 유통환경의 변화 및 영향분석

◆ 각 환경변화의 징후를 사전에 파악하여, 그것이 각각 고객의 구매서비스욕구 및 행동, 그리고 도소매점의 구조와 전략에 어떠한 영향을 미치고, 그에 대해 기업이 어떻게 대응해야 하는지를 검토함
◆ 환경변화의 긍정적 영향→기업의 활용가능성→새로운 유통경로의 창출(예컨대, 새로운 소매업태 선택 및 진출모색)
◆ 환경변화의 부정적 영향→기업의 해결방안 강구→기존 유통서비스의 가치제고(개선)

주요 환경 요소	구매욕구 및 도·소매업태 등 경로구성원에의 영향	전략적 대응방안
〈거시환경〉 ◆ 경제 환경 　• 경 기 　• 인플레 ◆ 경쟁 환경 ◆ 법·정치 환경 ◆ 기술환경 ◆ 사회문화적 환경		
〈과업환경〉 ◆ 고객, 소비자주의, 　환경주의 ◆ 유통업자 ◆ 유통조성기관 ◆ 공급자 ◆ 대 중 ◆ 채권자 ◆ 노동조합 ◆ 정 부 ◆ 주 주		
〈내부환경〉 ◆ 마케팅 ◆ 생 산 ◆ 재 무 ◆ 인 사 ◆ 연구개발 ◆ 구 매 ◆ 회 계		

IV. 구매욕구세분화, 표적구매자시장, 그리고 유통목표의 정립

1. 구매욕구세분화(시장세분화)

◆ 제품구매서비스욕구를 중심으로 접근함
- 왜, 언제, 어떻게 그리고 누가 이 제품을 구매하는가?
- 왜, 언제, 어떻게 그리고 누가 이 목표브랜드를 구매하는가?
- 왜, 언제, 어떻게 그리고 누가 이 경쟁브랜드를 구매하는가?
- 브랜드를 구매할 때 장애요인은 무엇인가?
- 왜, 언제, 어떻게 그리고 누가 대체품을 구매하는가?

제 품

	왜	언제	어디서	누가	어떻게			구매장애 요인
					영향자	구매패턴	지불수단	

목표브랜드

	왜	언제	어디서	누가	어떻게			구매장애 요인
					영향자	구매패턴	지불수단	

경쟁브랜드

	왜	언제	어디서	누가	어떻게			구매장애 요인
					영향자	구매패턴	지불수단	

대체제품

	왜	언제	어디서	누가	어떻게			구매장애 요인
					영향자	구매패턴	지불수단	

2. 세분시장분석

(1) 고객분석

◆ 추출된 세분시장은 구체적이고 분명하게 정의되어지고, 그 특징이 기술되어져야 함

추출된 세분시장	세분시장별 잠재성 및 시장규모분석	표적시장가능성

(2) 경쟁분석

◆ 추출된 세분시장별로 경쟁브랜드와 비교우위평가
◆ 대체제품과도 비교우위평가

세분시장 1

주요서비스	고객만족도	경쟁적 우위평가	표적시장가능성

세분시장 2

주요서비스	고객만족도	경쟁적 우위평가	표적시장가능성

(3) 기업분석

◆ 기업의 총체적 유통관련 능력분석
◆ 지점관리, 유통경로관리, 집행능력, 자산, 인력개발, 내부정치관계, 조직구조, 경영자의 편견, 기업문화 등

3. 표적구매자시장의 선정

◆ 향후 기업이 어떠한 세분시장에서, 어떠한 서비스개념과 경쟁적 우위요소를 가지고 기존의 능력을 최대한 발휘할 수 있을 것인가를 고려하여 표적시장을 선정함

◆ 표적시장전략의 선택: 차별화, 집중화, 비차별화

◆ 차별화전략의 경우 표적시장별 중요도를 평가하여야 함

◆ 초기에 하나의 표적시장에 집중화전략을 구사하고, 단계적으로 차별화전략을 구사하는 등의 청사진 제시

표적시장 1

◆ 표적시장의 선정

◆ 표적고객선정 근거

◆ 표적고객의 구체적 기술: 인구통계적, 사회경제적, 심리적 요인 등을 통해 '어떠한 사람이다'라는 것을 분명히 기술

---

4. 표적시장별 유통목표의 정립

◆ 효과성 목표: 유통서비스 개념 및 유통기능의 수준 결정

_____

_____

◆ 효율성 목표: 기능별 효율성

_____

_____

◆ 기타고려사항: 공정성, 유연성, 장기 경영목표, 브랜드개념 등
  매출액, 이익

_____

_____

V. 이상적 유통경로구조(시스템)의 설계

1. 소매점포의 설계

표적 세분시장	
유통목표의 정립	
이상적인 소매점포 형태	

2. 유통경로구조의 설계

(1) 유통기능별 접근

◆ 제공되는 기능별로 어떠한 흐름이 가장 이상적인 것인지를 flow chart로 그려봄.

◆ 각 flow chart에서는 관련조직형태(도·소매업태, 창고 및 수송기관, 기타 조성기관)
와 수, 조직패턴 그리고 관련비용에 대해 언급함

유통기능(흐름)	관련비용 분석	조직 패턴	비고
1. 상 품	보관 및 배달 비용		
2. 소유권	재고 및 운반 비용		
3. 촉 진	광고, 판촉, 홍보, 인적판매		
4. 협 상	시간 및 법적 비용		
5. 위 협	가격보증, 품질보증, 보험		
	시설, 수선 및 A/S 비용		
6. 재 무	신용기간, 판매기간 및 조건		
7. 주 문	주문과정에 드는 비용		
8. 지 불	수집, 회수 불능 손실		

(2) 유통경로구조의 설계

◆ 앞의 기능별 접근을 취합하여 경로구성원(도·소매, 물류 등)들의 전반적 구조를 그
려봄

◆ 각 구성원별 담당기능, 업태, 수, 조직패턴 등을 언급함

Ⅵ. 기존 유통경로구조(시스템)의 분석

1. 기존 유통경로구조의 분석

---

2. 기존 유통기능흐름의 분석

◆ 앞서의 이상적 접근과 비교하면서 접근하여도 좋음. 또한 차이분석과 함께 해도 좋음

유통기능흐름 및 조직패턴	평가 및 문제점(경제성 포함)	개선방안
1. 상 품 2. 소유권 3. 촉 진 4. 협 상 5. 위 험 6. 재 무 7. 주 문 8. 지 불		

3. 경로구성원의 효과성 분석

소매상: 고객입장에서 평가

서비스 내용	평 가	전략적 시사점

도매상: 소매상 입장에서 평가

서비스 내용	평 가	전략적 시사점

지점: 도매상 입장에서 평가

서비스 내용	평 가	전략적 시사점

본부: 지점 입장에서 평가

서비스 내용	평 가	전략적 시사점

Ⅶ. 차이분석

◆ 유통시스템상에서 이상적인 것과 기존의 것(경우에 따라서는 경영진이 제안한 것도 포함할 수 있음)에서 어디서 차이가 나타나고 있는지를 명확히 함. 예컨대 소매업태나 물류기관에서 혹은 어떤 기능면에서 차이가 나타날 수 있음.

◆ 이상적인 구조와 기존 구조와의 차이의 극복이 가능한가를 확인

◆ 가능하다면 구조의 단계적 발전방향은?

◆ 불가능하다면 그 원인은 무엇인가? 경영진에 대한 설득은?

◆ 구조적인 차이보다 운영적인 문제가 더 큰지를 확인

VIII. 선진유통시스템 사례연구

◆ 우리 기업의 유통관리의 모델 케이스가 될 만한 기업의 선정

◆ 벤치마킹 파트너로부터 배울 점은? 실제 접근이 가능한가?

CASE 1.

CASE 2.

IX. 최적유통경로구조(시스템)의 구축

1. 최적유통구조의 Map

2. 유통기능별 흐름도

3. 단계적 실행계획

X. 유통구성원 관리: 경로조정체계의 구축

1. 경로영향력 행사

(1) 접근체계

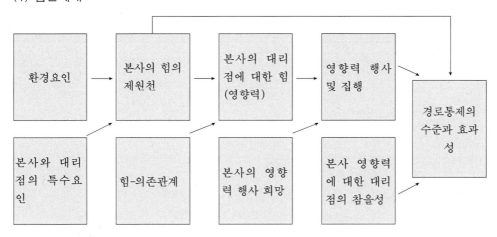

(2) 환경의 변화와 대리점 통제의 필요성

주요 유통환경의 변화	기회/위협 정도와 통제의 필요성

(3) 본사와 대리점의 특수 능력 요인

특수 능력 요인	본 사	대 리 점	본사의 힘의 원천에 미치는 영향
① 경로상의 위치			
② 경로상의 전문력			
③ 거래의 크기			
④ 경제적 성공			
⑤ 재무적 자원			
⑥ 인력 자원			
⑦ know-how			

(4) 본사의 힘의 제 원천과 사용

힘의 원천	본사의 사용 가능한 힘의 크기			본사의 힘의 실제 사용 여부			대리점이 본사에 바라는 영향력의 순위
	반 응		무반응	반 응		무반응	
	크다(A)	작다(B)		하고 있다 (C)	안하고 있다(D)		
〈경제적 힘의 원천〉 -대리점 초기의 재무지원 -대리점 영업에 따른 재무지원 -대리점 광고 원조 -대리점 광고 지원 -시장정보 제공 -판매 프로그램이나 제품의 제공 -배달의 신속성 -배달의 빈번함							
〈비경제적 힘의 원천〉 전문력 -좋은 제품의 제공 -다양한 제품의 제공 -교육 훈련 지원 -신제품 개발 -본사광고에 의한 뒷받침 -영업사원의 전문지식 준거력 -대리점과의 결속, 신뢰 -본사와의 업무 만족도 -본사에 대한 신뢰도 -본사와의 관계 지속성 합법력 -인간관계 중시 혹은 계약중시							

(5) 힘-의존 관계의 구조

	본　사	대 리 점
1. 판매액 2. 판매선/공급선의 다양화 3. 교체 가능성 4. 교체/비교체 이유 　① 교체비용 　② 대리점 이윤 　③ 제품 차이 　④ 심리적 부담		

(6) 본사의 대리점에 대한 힘

통　제 의사결정요소	대리점이 통제	양자 합의	본사가 통제
대리점 소매가격 결정			
대리점 위치 선정			
대리점 주문량			
주문제품의 종류			
대리점 광고			
고객에 대한 신용제공			
판매원 훈련			
판매원 고용			
점포내 배치			
협회참여			
판매지역제한			
외상매입 여부			
외상매입금액 정도			
외상매입금 회수기간			

(7) 본사의 영향력 행사 희망

영향력이 행사될 주요 의사결정요소	영향력 행사의 기대 효과	행사될 힘의 원천

(8) 힘(영향력)의 행사 방식

유통경로 상황	영향력 행사 방식
① 거래구조 ② 분위기 ③ 힘 ④ 갈 등 ⑤ 상대방의 참을성	① 의사소통 내용, 양식, 방향, 양 ② 리더십 스타일

(9) 경로통제의 수준과 효과성

_____

_____

2. 갈등관리

◆ 주요한 갈등사항은 무엇인가?
◆ 그 주요 원인은 무엇인가?
◆ 해결방안은?

주요갈등사항	주요 원인	해결방안

3. 보상문제

◆ 기능수행에 따른 보상의 적정화 노력

마케팅 흐름	비 중 도	제조업자	소매점포	고 객

◆ 전략적 시사점

_____

_____

4. 기   타

◆ 여타 유통경로구성원과의 협력방안 모색

찾아보기

공저자약력

오 세 조

약 력
- 연세대 상경대학 경영학과 졸
- 美 신시내티대학 경영학 박사(유통 및 마케팅 전공)
- 美 보스톤대학 및 신시내티대학 교환교수
- 현재 연세대학교 경영대학 교수

논문 및 연구분야
- Journal of Marketing, Journal of Marketing Research, Journal of Marketing Channels, 경영학연구, 유통연구, 마케팅연구 등에 다수의 논문 발표
- 주요 저서: 마케팅원론, 마케팅관리, 소매경영, 프랜차이즈경영실무 등 다수

수 상
- American Marketing Association에서 수여하는 Best Paper Award 수상(1987)
- 저서「시장지향적 유통관리」로 정진기언론문화상 수상(1997)

박 진 용

약 력
- 연세대 상경대학 경영학과 졸
- 연세대 대학원 경영학 석사 및 박사(유통 및 마케팅 전공)
- 美 오클라호마 주립대학교 초빙교수
- 美 캘리포니아 주립대학교 초빙교수
- 현재 건국대학교 경영학과 교수

논문 및 연구분야
- 경영학연구, 유통연구, 마케팅연구, International Marketing Review 등에 다수의 논문 발표
- 주요 저서: 마케팅관리, 소매경영, 유통·마케팅 기본상식 등 다수
- 주요 연구분야: 마케팅관리, 소매마케팅, 관계마케팅, 인터넷마케팅

수 상
- 연세대학교 대학원 우수논문상 수상(1999)
- 한국유통학회 최우수논문상(2001), 우수논문상(2008)
- 건국대학교, 교육상(2014)
- ICAMA(아시아 마케팅 국제학술대회), Honorable Research Paper Award(2014)

김 상 덕

약 력
- 연세대 상경대학 경영학과 졸
- 연세대 대학원 경영학 석사 및 박사(유통 및 마케팅 전공)
- 아모레퍼시픽 마케팅기획팀 대리
- 삼성전자 유통연수소 과장
- 美 아이오와 주립대학교 방문학자
- 현재 경남대학교 경영학부 교수

논문 및 연구분야
- 경영학연구, 유통연구, 마케팅연구 등에 다수의 논문 발표
- 주요 저서: 그림으로 쉽게 배우는 유통실무 기본상식, 프랜차이즈 창업경영실무, 손에 잡히는 프랜차이즈 경영
- 주요 연구분야: 유통관리, 소매관리, 관계마케팅, SCM, 화장품산업, 전자산업

수 상
- 대한경영학회 우수논문상(1999)
- 한국유통학회 편집위원추천논문상(2014)
- 한국전략마케팅학회 우수논문상(2014)

제 3 전정판

유통관리 — 소비자지향적

초판발행	1996년 4월 25일
개정판발행	2001년 3월 10일
전정판발행	2006년 3월 10일
제2전정판발행	2009년 3월 10일
제3전정판발행	2015년 9월 20일
중판발행	2024년 2월 15일

지은이	오세조·박진용·김상덕
펴낸이	안종만·안상준

편 집	마찬옥
기획/마케팅	조성호
표지디자인	홍실비아
제 작	고철민·조영환

펴낸곳	(주) **박영사**
	서울특별시 금천구 가산디지털2로 53, 210호(가산동, 한라시그마밸리)
	등록 1959. 3. 11. 제300-1959-1호(倫)
전 화	02)733-6771
f a x	02)736 4818
e-mail	pys@pybook.co.kr
homepage	www.pybook.co.kr
ISBN	979-11-303-0235-5 93320

copyright©오세조·박진용·김상덕, 2015, Printed in Korea

정 가   33,000원

"정진기언론문화상 수상(1997)"